CENGAGE Learning™

"十二五"国家重点图书出版规划项目

当代财经管理名著译库

工商管理经典译丛

MANAGING HUMAN RESOURCES

17e

Scott A. Snell Shad S. Morris George W. Bohlander

人力资源管理

第17版

[美] 斯科特·A.斯耐尔 沙德·S.莫里斯 乔治·W.伯兰德 著

张广宁 王天晓 胡文华 译

东北财经大学出版社
Dongbei University of Finance & Economics Press
大连

辽宁省版权局著作权合同登记号：图字 06-2013-294 号

Scott A. Snell， Shad S. Morris， George W. Bohlander： Managing Human Resources， 17e
Original ISBN： 978-1-285-86639-0

Cengage Learning Asia Pte. Ltd.
5 Shenton Way， # 01-01 UIC Building， Singapore 068808

图书在版编目（CIP）数据

人力资源管理 /（美）斯科特・A. 斯耐尔（Scott A.Snell）等著；张广宁，王天晓，胡文华译.—17 版.—大连：东北财经大学出版社，2017.7（2018.11 重印）
（工商管理经典译丛）
ISBN 978-7-5654-2781-7

Ⅰ.人… Ⅱ.①斯… ②张… ③王…④胡… Ⅲ.人力资源管理 Ⅳ.F241

中国版本图书馆 CIP 数据核字（2017）第 122770 号

东北财经大学出版社出版发行
大连市黑石礁尖山街217号 邮政编码 116025
网 址：http：//www. dufep. cn
读者信箱：dufep @ dufe. edu. cn
大连新兰德印刷有限公司印刷

幅面尺寸：185mm×260mm 字数：632 千字 印张：27.25
2017 年 7 月第 1 版 2018 年 11 月第 2 次印刷
责任编辑：刘东威 刘慧美 刘贤恩 孟 鑫 责任校对：刘 慧 刘 鑫
封面设计：冀贵收 版式设计：钟福建
定价：82.00 元

教学支持 售后服务 联系电话：（0411）84710309
版权所有 侵权必究 举报电话：（0411）84710523
如有印装质量问题，请联系营销部：（0411）84710711

译者前言

进入21世纪第二个十年，我们所熟知的《人力资源管理》的两位作者——斯耐尔和伯兰德——携手莫里斯孜孜以求，不断探索，紧跟人力资源管理学术研究的步伐，于2015年完成了《人力资源管理》第17版。从英文书名我们可以窥见，第17版的《人力资源管理》将管理视为人力资源研究的重中之重。翻译第17版时，我们心中怀揣对中国人力资源管理实践的责任感和对作者的钦佩，也以严谨、求真的态度对这一版进行了仔细的修订，感谢三位与时俱进的学者，让我们在翻译过程中不断有新的感悟和收获。

《人力资源管理》第17版从内容到形式都有很大变化。多年以来，这本教科书已在美国成为多所高校相关课程采用的范本，它以前沿、积极的学术态度汲取了该领域的最新研究成果，并且用生动、易懂的语言表达出来。尤其是作者莫里斯的加入，更使本书大放异彩。读者可在轻松自然的气氛中学习高度凝练的概念和理论，从理论本身的阐释到对企业经理个人感受的注解，从管理困境的导入到小企业创业者们的探索，从电子商务时代的管理到劳动力管理多元化，各种主题遍布全书。特别需要指出的是，第17版增加了"小企业应用"专栏，让我们切实感受了美国中小企业创业者们的人力资源管理实践。第17版《人力资源管理》更新了12章中的绝大多数案例，这些案例呈现了近年来大量企业人力资源管理的实践经验，让读者了解企业是如何有效发挥其人力资源职能的；同时增加了近年来发展迅速的网络媒体——如LinkedIn、YouTube、Twitter、crowdsourcing——与移动技术如何广泛地影响人力资源经理以及公司经营如何得以扩展等内容。三位作者通过灵活多变的方式向我们展现了人力资源管理学丰富多彩、激动人心的内容。在经济全球化、经营国际化的今天，每个企业都不得不面对全球化的挑战，本书作者以真正国际化的视野，试图反映全球企业人力资源管理的问题。

本书不仅是MBA和EMBA课程理想的教科书，也是各级管理人员在职培训的优秀教材。译者在本领域有着丰富的研究成果和教学经验，全书由辽宁大学商学院张广宁副教授负责统稿审校工作，参与这一版翻译的还有：沈阳师范大学国际商学院王天晓老师、大连理工大学外国语学院胡文华老师，同时感谢为本版以及前几版的整理、校订以及课堂使用提供帮助的下列同行和学生，他们是：王沛、王玉营、孙清涛、原林、余婷、张正、李鸿翠、陈永恒、仲绍玲、栗宏业、马潇潇、田与明、崔倩楠、王悦、王涛慧、李安、余翔飞、丁喜悦、王志文、孙琳、景婧、陈海东、李文、熊朗羽、程旭、张微微、张惠、邢进、李闯、邓晶晶、易为、陈静宜、曾祥浩等。

要感谢的人很多，感谢东北财经大学出版社国际合作部编辑以独到的眼光引进了这部经典教材，同时也要感谢其他各位译者及其家人，以及其他直接和间接为本书的出版提供过帮助和支持的人，在此难以一一列举。

虽然译者倾尽全力，但因为水平有限，译释不当之处在所难免，敬请各位读者和同仁指正。

张广宁

2017年春

前言

第17版《人力资源管理》将使你的学生站在学术前沿理解组织如何通过人获得潜在的竞争优势。今天，人力资源经理的作用不再局限于诸如招聘、工资和福利之类的服务功能，在组织中，人力资源经理在战略规划和决策制定方面扮演着积极的角色。这些经理在企业通向成功之路上善于对其施加重要影响，提升了最高管理层的人力资源实践。人力资源管理不仅涉及从事人力资源工作的员工——最好的组织已认识到与人力资源部门一同管理人是每个经理的工作。

这本书的每个版本都在强调人力资源管理的环境时时在变，而人尽其才是组织永恒不变的主题。因此，本书的目的有二：(1) 用人力资源管理的工具和实践经验武装学生，并通过理解怎样管理人才是最好的，评估其所带来的变化；(2) 展现应届毕业生们身临今天的人力资源管理环境时所面对的最新挑战。不仅是那些即将成为人力资源经理的人，其他类型的经理人也面临这个挑战。

为此，本书第1章用大量的篇幅展示了人力资源管理的主要挑战，包括对企业所追求的人力资源战略的讨论，以及留住和激励员工的重要性。第1章还涉及了医疗改革法案，即企业正在持续进行的控制医疗成本的某些战略；社交媒体如何影响雇佣、人力资源管理、雇员隐私权；好的人力资源实践如何帮助公司履行企业社会责任、达成持续发展的目标。第1章也讨论了与生产线经理合作的重要性，以及必要的人力资源管理能力，并继续介绍、解释和讨论了个人实践和组织人力资源管理的政策。我们已经认识到经理的角色正在变化，并强调了当前的问题以及与之匹配的人力资源管理政策和实践。

战略和人才已经成为当前人力资源管理关注的焦点，本书第2章继续强调第17版的这一主题。第5章聚焦于组织中拓展和管理人才的工具。雇员多元化，以及在战略优势中企业如何平衡雇员间的各种差异将面临挑战。

在今天的竞争环境中，组织正在探索如何将各个独立的人力资源主题结合起来。通常，经理们并没有关注有关员工、培训以及薪酬等的人力资源问题。这些人力资源实践的每一项都被融入一个总的系统——一个提高员工参与度和生产效率的企业战略。

第17版的变化

也许这一版最大的变化是我们有了一个新的合著者——沙德·莫里斯（Shad Morris），他来自杨伯翰大学万豪管理学院。沙德的新思维和新视角为这本书提供了无可估价的宝贵思想，令老师和学生教学相长。他的加入令我们如虎添翼，相信阅读了本书以后，你会感同身受。

如其他版本一样，这次修订我们提供了大量新的信息，以准确反映如今商务世界中的人力资源管理状况，帮助读者更有效地理解当今的人力资源问题。在第17版中你将了解社交媒体——如LinkedIn、YouTube、Twitter、crowdsourcing（众包），以及移动技术如何广泛地影响人力资源经理和公司经营的扩展。第17版还阐明了全球正在经历的变化以及国际人力资源管理关注的问题，包括跨国环境、合资企业以及世界贸易组织；低工资、高增长国家如巴西、印度的人力资源管理；自“9·11”后美国面临的人才短缺和工作签证挑战；移民改革和全球权利问题，如数据保护、知识产权；以及国际劳工组织努力促进国家间的公平。当然，第17版也对所有的规制有关人力资源管理的法案、管理条例、指导方针以及法庭判决等进行了彻底的更新。例如，新法规规定企业必须支付实习生工资，以及申请人的犯罪记录多大程度上能用于遴选和雇用过程等。

除了我们已经提及的一些变化，下面列示了各章主要增加的内容：

第1章

- 新增了市场上现存的企业类型的话题。
- 更新了国际贸易和竞争的讨论。
- 更新了工作场所社交媒体政策的信息，包括携带自己的设备（BYOD，Bring Your Own Device）办公的政策；以及雇员隐私，如通过员工的移动设备追踪他们。
- 更新了移民及相关立法的信息。
- 更新了工作场所人口统计趋势以及工作场所少数族裔发展的信息。

第2章

- 更新了美国劳动力供应的统计信息。
- 新增一节有关如何塑造企业使命、愿景和价值观的内容。
- 拓展讨论了能力分析。
- 新增一节关于如何实施企业文化审计的内容。
- 新增了案例研究——达美乐（Domino）薪酬体系和战略。

第3章

- 新增了由美国国会提议的《雇员非歧视法案》的话题，该法案延伸了联邦雇佣歧视保护政策，如今该法案囊括了种族、宗教、性别、年龄、性取向和性别认定缺陷等内容。

第4章

- 扩展讨论了团队和团队工作。
- 新增了什么时候团队是必要的和不必要的话题。
- 新增了案例研究——为什么雅虎中止了员工的远程办公选择权。

第5章

- 新增了一节有关决定人力资源招聘和雇用时机的内容。
- 更新了企业如何运用社交媒体招收和雇用员工的话题。
- 更新了移动设备招聘的话题。
- 新增了劳工部有关企业需要支付实习生工资规定的信息。
- 新增了有关为什么经理倾向于雇用外部候选人而不是内部候选人，以及这样做产生的问题和强加的成本的内容。
- 新增了如何用YouTube来招收候选人及其为候选人提供现实工作预演的话题。

• 新增了反向指导的话题。

• 新增了一节关于招收和雇用老兵的内容。

• 新增案例研究——Mary Barra，新任通用汽车CEO。

第6章

• 更新了有关运用互联网筛选候选人和“生活方式歧视”的内容。

• 新增了有关EEOC（平等就业机会委员会）新规则的内容，即雇主在遴选有犯罪记录的候选人时应当面陈述规则，防止歧视长期失业人员。

• 新增了在一些州大麻合法化如何影响企业的药物检测的内容。

• 新增案例研究——使用电子简历筛选候选人的利弊，以及它如何导致好的候选人无人问津。

第7章

• 新增了慕课（MOOCs）如何进入公司培训领域的内容。

• 新增了企业如何将YouTube用于新入职员工的话题。

• 新增了多样化培训的局限。

• 新增案例研究——惠而浦的封闭式培训体系。

第8章

• 新增了有关非正式的反馈会议及其相对于正式绩效评估的优点。

• 新增了有关众包的内容作为对正式绩效评估的补充。

• 新增案例研究——谷歌如何用它自己的数据和算法来决定谁是表现不佳的主管，以及改变他们绩效的方法。

第9章

• 新增讨论美国企业（包括制造商）如何看待把工作机会重新返还美国的战略价值并增加补偿。

第10章

• 扩展讨论为什么有巨大潜力的员工会离职。

• 新增讨论基于任务型工作绩效付酬制的缺点，以及企业如何围绕员工的整体绩效重建一揽子薪酬计划。

• 扩展讨论CEO高薪的利弊。

第11章

• 更新了《患者保护与平价医疗费用法案》（Patient Protection and Affordable Care Act, PPACA）的内容。

• 新增讨论工人对企业提供的福利日益提高的意识及其如何影响企业。

• 扩展讨论企业如何为员工提供最好的福利，以及他们在此过程中的参与度。

• 更新了有竞争力的薪资信息的来源。

• 更新了有关医疗术语中新出现的费用遏制战略以及员工收到的其他福利的信息，如限制健康计划雇员入选人数，并实施审计以确保无资格享有这个计划的员工不被覆盖。

第12章

- 更新了如今美国雇员受伤和安全情况的统计数据。
- 扩展讨论在组织中过于强调安全的危险，即企业有瞒报的情况。
- 更新了分心驾驶的信息。
- 新增讨论员工压力的最大来源。

本书的特点

为了便于学生理解并记忆学习到的内容，每章都包括以下适于教学的特点：

- 基于整合学习系统（Integrated Learning System）在每章开头列出学习目标。每个目标都设计了发人深思的问题，让学生思考相关内容如何学以致用。所修订的学习目标同样也出现在本章小结、讨论题以及本书的教辅资料中。
- 小企业应用专栏。这些专栏的设计有助于创业者、小企业主以及经理思考如何组织、落实和制衡人才，并吸引他们的注意力。我们觉得把这个内容涵盖进来是很重要的，因为今天的许多学生对创业很有兴趣，他们会创建自己的企业。而且，小企业为美国提供了大多数工作岗位。
- 聚焦HRM。这一广受欢迎的专栏提供了企业执行人力资源管理职能的真实案例。亮点在于章节中引入了小企业和国际化问题等主题。
- 关键术语用粗体表示。关键术语也列在每章末尾的关键术语专栏中。
- 图。丰富的图形材料提供了可视化、动态演示的概念，所有的数字都被系统地引用。
- 小结。在每个章节中，每完成一个学习目标，都会有一到两个段落进行简短的重点回顾。
- 在每章小结之后提供讨论题，能够强化每章的学习目标，并激发学生的批判性思维。这些问题大部分都可以通过小组分析和课堂讨论来完成。
- 人力资源管理体验。每章都模仿人力资源活动设计一个体验活动。
- 章尾案例。每章都至少有两个案例分析，讨论当今比较流行的人力资源管理问题，让学生思考并做批判性分析。

数字教育平台MindTap

《人力资源管理》第17版包括一个新的学习体验——数字教育平台MindTap，它强力推出了一系列丰富的在线资源，打造学习和培训课程的一站式解决方案。下面列示了MindTap的学习路径：

- 设计一个参与活动，激发学生兴趣。
- 做一个预考，以评价初步的理解。
- 提供丰富的多媒体电子版本，针对重点内容设计交互式视频，测试读者对一些重要概念的理解。另外，课文的每个部分还包括了吸引人的动画剪辑，故事融入了课文中提到的概念。
- 一系列新视频案例涵盖了有关人力资源的概念，这些概念常用于现实企业中，这些视频含有互动式的跟踪评估。
- 设计了一个包罗万象的Aplia问题包，以指导学生从理解基本的原理到学以致用。

- 设计了案例活动，以指导学生的案例分析过程。
- Biz-LX练习可使学生像人力资源经理那样去思考。
- 写作体验活动，考查学生的开放式写作技巧（选定某些章）。
- 课后测试评估学生对每章概念的综合理解。

教辅资料

本书教辅资料可从www.cengagebrain.com找到。

- 《教师资源指南》。《教师资源指南》包括各章大纲、学习目标；详细的讲义；章后讨论题答案以及案例学习；课文中扩展案例的解决方案；创建新的“翻转”活动以为翻转课堂提供思路。

- 《教学辅助手册》。《教学辅助手册》提供额外的教学手段，如“克服难点”专栏提供了应对挑战的资源，“关于学生”一节针对活动和资源给出了建议。

- 题库。由Cognero负责开发的圣智学习测试系统是一个弹性的在线学习系统，它可帮助你：

（1）利用圣智学习方案编写、管理考试题库的内容。

（2）瞬间创建多样的测试版本。

（3）上传你的学习管理系统给班级或你想发送的人。

每个考试题库提供了100多个问题，并标注了考查的目标、国际高等商学院协会（AACSB）标准、布鲁姆分类（Bloom's taxonomy）。每章的题型包括判断题、多选题和论述题。

- PPT幻灯片。这些幻灯片为课堂增添了色彩和趣味性。

- Aplia。这种在线学习解决方案可以帮你备课。Aplia管理方案可确保学生有计划、按部就班地完成作业，自动地为学生打分，并即时反馈问题。互动式的教学工具和内容可进一步帮助学生强化和理解知识。Aplia作业与第17版的《人力资源管理》的语言、风格和结构完全匹配，让你的学生能运用所学直接完成作业。

致谢

由于准备《人力资源管理》这个较大项目的手稿是一个持续漫长的过程，我们要感谢这一版和以前各个版本为我们提供全面的反馈意见的同事。我们很幸运地得到了许多参与调查人员的帮助，他们基于对书本和其他教科书的课堂上的实际使用效果，对本书提出了许多有益的建议。我们非常感谢以下各位：

Steve Ash，University of Akron

Michael Bedell，California State University， Bakersfield

Brad Bell，Cornell University

Katherine Clyde，Pitt Community College

Mary Connerley，Virginia Tech University

Susie Cox，McNeese State University

Paula S. Daly，James Madison University

Sharon Davis，Central Texas College

Douglas Dierking，University of Texas， Austin

Suzanne Dyer-Gear, Carroll Community College
Joe J. Eassa, Jr., Palm Beach Atlantic University
Summer Zwanziger Elsinger, Upper Iowa University
Robert E. Ettl, SUNY Stony Brook
Diane Fagan, Webster University
Angela L. Farrar, University of Nevada, Las Vegas
Lou Firenze, Northwood University
Olene L. Fuller, San Jacinto College
Judith Gordon, Boston College
Dr. Rita G. Greer, Spalding University
Mike Griffith, Cascade College
Daniel Grundmann, Indiana University
Adrian Guardia, Texas A&M University, San Antonio
Xuguang Guo, University of Wisconsin, Whitewater
Sally Hackman, Central Methodist College
Kevin Hale, Lonestar College
Mike Hashek, Gateway Technical College
Rich Havranek, SUNY Institute of Technology
Kim Hester, Arkansas State University
Stephen Hiatt, Catawba College
Alyce Hochhalter, St. Mary Woods College
Madison Holloway, Metropolitan State College of Denver
David J. Hudson, Spalding University
Karen Jacobs, LeTourneau University
Avan Jassawalla, SUNY at Geneseo
Michelle Jetzer, Madison College
Nancy M. Johnson, Madison Area Technical College
Jeffrey Johnston, Alpena Community College
Pravin Kamdar, Cardinal Stritch University
Cheryl L. Kane, University of North Carolina, Charlotte
Jordan J. Kaplan, Long Island University
Steve Karau, Southern Illinois University at Carbondale
Joseph Kavanaugh, Sam Houston State University
John Kelley, Villanova University
Dennis Lee Kovach, Community College of Allegheny County
Kenneth Kovach, University of Maryland
Trudy Kroeger, Wisconsin Indianhead Technical College
Chalmer E. Labig, Jr., Oklahoma State University
Alecia N. Lawrence, Williamsburg Technical College

Scott W. Lester, University of Wisconsin, Eau Claire
J. Jonathan Lewis, Texas Southern University
Corinne Livesay, Bryan College
Beverly Loach, Central Piedmont Community College
L. M. Lockhart, Penn State Greater Allegheny
Gloria Lopez, New Mexico Highlands University
Barbara Luck, Jackson Community College
Larry Maes, Davenport University
Jennifer Malfitano, Delaware County Community College
Michael Matukonis, SUNY Oneonta
Doug McCabe, Georgetown University
Lee McCain, Seminole Community College
Marjorie L. McInerney, Marshall University
Veronica Meyers, San Diego State University
Robert T. Mooney, Texas State University
Julia Morrison, Bloomfield College
Jim Nichols, Crown College
Harold Nolan, Georgian Court University
Sue Norton, University of Wisconsin Parkside
David Nye, Kennedy-Western University
Paul Olsen, Saint Michael's College
Donald Otto, Lindenwood University
Charles Parsons, Georgia Institute of Technology
Dane Partridge, University of Southern Indiana
Bryan J. Pesta, Cleveland State University
Theodore Peters, Hartwick College
David Pitts, Delaware Technical and Community College
Amy Pogue, Valencia College
Alex Pomnichowski, Ferris State University
Victor Prosper, University of the Incarnate Word
Michael Raphael, Central Connecticut State University
Charles Rarick, Barry University
Eladio D. Reid, University of Houston
Downtown June Roux, Salem Community College
Robert Rustic, University of Findlay
Laura L. Sankovich, Capella University
Machelle Schroeder, University of Wisconsin-Platteville
Kelli Schutte, Calvin College
Mike Sciarini, Michigan State University

Tom Sedwick, Indiana University of Pennsylvania
Jim Sethi, University of Montana Western
Patricia Setlik, William Rainey Harper College
William L. Smith, Emporia State University
Norman Solomon, Fairfield University
Emeric Solymossy, Western Illinois University
Carol Spector, University of North Florida
Howard Stanger, Canisius College
Scott L. Stevens, Detroit College of Business
Michael Sturman, Cornell University
Nanette Swarthout, Fontbonne College
Michael T. Korns, Indiana University of Pennsylvania
Karen Ann Tarnoff, East Tennessee State University
Thomas Taveggia, University of Arizona
Donna Testa, Herkimer County Community College
Alan Tillquist, West Virginia State College
Sue Toombs, Weatherford College
Richard Trotter, University of Baltimore
William Turnley, Kansas State University
Catherine L. Tyler, Oakland University
Melissa Waite, The College at Brockport, SUNY
Harvell Walker, Texas Tech University
Barbara Warschawski, Schenectady County Community College
Steve Werner, University of Houston
Liesl Wesson, Texas A&M University
JoAnn Wiggins, Walla Walla University
Jim Wilkinson, Stark State College
L. A. Witt, University of New Orleans
Evelyn Zent, University of Washington, Tacoma
Ryan Zimmerman, Texas A&M University

另外，我们要感谢以下学生审稿人，他们为我们提供了怎样学习人力资源课程的信息，以至于我们能够运用他们的洞见建立我们的数字化学习平台，他们甚至帮我们选定了封面！他们是：

Ashley Estrada, Cornell University
John Gyorke, Clayton State University
Matt Harkins, Cornell University
Savannah Hussey, Texas A&M University-San Antonio
Oscar Mitchell, Texas A&M University-San Antonio
Samuel Richter, Cornell University

Haley Rosenspire，Cornell University
Jared Saulque，Cerro Coso Community College
Juan Serrano，Texas A&M University
Ross Shaiman，Cornell University
Ty Smart，Cerro Coso Community College
Kristen Jessica Smith，Cornell University
Dustyn D. Taylor，Texas A&M University-San Antonio
Sherilynn Vineyard，Texas A&M University-San Antonio

在这一版的手稿中，我们不但汲取了当前的学术理论，而且还加入了很多当今的组织实践，它们丰富了有关人力资源管理的信息和例证，我们非常感激曾在人力资源管理领域工作的专家、领导们，他们留下了丰厚的信息资源和可实践的方案，他们的著作及其所在的专业协会影响了我们的思维。我们也得到了班级的学生、毕业的学生、曾与我们合作过的管理领域专员、人力资源经理和同事的惠助。我们要特别向Dorothy Galvez和Amy Ray表示感谢，他们对这一版提供了许多有益的见解和支持。我们也感谢圣智公司每个人的努力，他们帮助我们完善和补充文字，这些人是：高级产品经理Michele Rhoades、文字编辑Josh Wells、高级项目经理Joseph Malcolm、设计经理Kristina Mose-Libon以及产品助理Brian Pierce。

我们最要感谢的还是我们各自的妻子——Marybeth Snell、Mindi Morris与Ronnie Bohlander，这些年来，她们为这本书的出版做出了很大的贡献。她们经常提出宝贵的建议和帮助。另外，她们不断的热情支持让我们写作的过程更加愉快并获得有益的经验。我们很感谢她们对本书、对我们各自的生活和家庭做出的贡献。

斯科特·A.斯耐尔
弗吉尼亚大学
沙德·S.莫里斯
杨伯翰大学
乔治·W.伯兰德
亚利桑那州立大学

目 录

第一部分　人力资源管理视角/1

第1章　人力资源管理带来的回报与挑战/3

学习目标/3
1.1　你为什么学习人力资源管理？你会成功吗？/3
1.2　战略挑战与全球化挑战/6
1.3　技术挑战/10
1.4　生产率和成本挑战/12
1.5　雇员的挑战/15
1.6　人力资源经理的作用以及与其他部门经理的合作关系/22
小　结/27
关键术语/28
讨论题/29
案例学习1　新的人力资源战略使劳埃德变成“最好的公司”/29
案例学习2　壳牌公司顶层招聘人员从市场获得线索/30

第2章　战略与人力资源规划/32

学习目标/32
2.1　战略规划与人力资源/33
2.2　步骤一：使命、愿景和价值观/35
2.3　步骤二：外部分析/37
2.4　步骤三：内部分析/40
2.5　步骤四：制定战略/52
2.6　步骤五：战略实施/56
2.7　步骤六：评价和评估/58
小　结/63
关键术语/64
讨论题/65
案例学习1　达美乐力图获得战略食谱权/66
案例学习2　Capital One人员精简到科学水平/68
附　录/69

第二部分　符合人力资源管理要求/73

第3章　平等就业机会与人力资源管理/75

学习目标/75
3.1　平等就业机会立法的历史视角/76
3.2　政府调控平等就业机会/77
3.3　其他平等就业机会的问题/88
3.4　《雇员选拔程序统一指南》/92
3.5　平等就业机会法的实施/93
3.6　反歧视行动与多样管理/97
小　结/101
关键术语/101
讨论题/102
案例学习1　带狗上班/103
案例学习2　错位的感情：摆脱性骚扰/104
附　录/105

第4章　职位分析与设计/106

学习目标/106
4.1　什么是职位分析，它如何影响人力资源管理？/106
4.2　职位分析信息的来源/108
4.3　职位设计/116
4.4　弹性工作时间/120
小　结/129
关键术语/130
讨论题/130
案例学习1　雅虎掐断了远程办公的电缆/131
案例学习2　虚拟团队在行动：开发F-35战斗机/131

第三部分　人力资源开发效率/133

第5章　扩大人才库储备：雇员招聘和职业生涯/135

学习目标/135
5.1　企业战略及其与战略招聘的联系/135
5.2　外部和内部招聘方法/141
5.3　提高招聘的有效性/152
5.4　职业生涯管理：即时开发人才/155
5.5　发展多元化人才库/165
小　结/171

关键术语/172
讨论题/173
案例学习1　本土人才：Mary Barra升到通用汽车的最高职位/173
案例学习2　准备职业生涯发展规划/174
附　录/175

第6章　遴　选/183

学习目标/183
6.1　遴选过程概述/183
6.2　初　选/186
6.3　雇用面试/189
6.4　面试后筛选/195
6.5　雇用前测试/197
6.6　做出雇用决策/204
小　结/209
关键术语/210
讨论题/211
案例学习1　求职者评估走向虚拟化/211
案例学习2　厘清简历的利弊/212

第7章　培训与开发/214

学习目标/214
7.1　培训的范围/214
7.2　第一阶段：进行培训需求评估/215
7.3　第二阶段：设计培训方案/220
7.4　第三阶段：实施培训方案/224
7.5　第四阶段：评估培训课程/231
7.6　其他培训和开发方案/235
小　结/241
关键术语/242
讨论题/242
案例学习1　惠而浦混合式管理培训：闭环式方法带来完整的学习循环/243
案例学习2　Loews酒店：四钻级及以上服务的培训/244

第8章　绩效管理/246

学习目标/246
8.1　绩效管理制度/246
8.2　建立有效的绩效管理制度/251

8.3 绩效评估方法/262
8.4 绩效评估面谈和会议/272
小 结/277
关键术语/278
讨论题/279
案例学习1 “氧气项目”拯救了谷歌绩效差的主管/280
案例学习2 绩效管理系统助推Freeport-McMoRan切换战略齿轮/281

第四部分 实施薪酬与安全性措施/283

第9章 薪酬管理/285

学习目标/285
9.1 什么是薪酬？/285
9.2 战略薪酬计划/287
9.3 确定薪酬——薪酬组合/294
9.4 工作评价体系/299
9.5 薪酬执行——工资工具/302
9.6 政府薪酬法规/307
9.7 重要的薪酬问题/311
小 结/312
关键术语/313
讨论题/314
案例学习1 Performance运动公司的薪酬决策/314
案例学习2 一个In-N-Out薪酬战略：Costa Vida公司决定提高工资/315

第10章 绩效工资：激励性报酬/317

学习目标/317
10.1 激励计划的战略动因/318
10.2 制定绩效衡量指标/321
10.3 管理激励计划/322
10.4 个人激励计划/324
10.5 团队激励计划/330
10.6 公司激励计划/333
10.7 专业雇员激励计划/336
10.8 高管人员工资待遇/338
小 结/342
关键术语/343
讨论题/344
案例学习1 美国汽车行业垫底而CEO工资居高不下/345

案例学习2　基于团队的激励性报酬：不同以往的办公室/345

第11章　雇员福利/347

学习目标/347
11.1　一项成功的福利计划的要素/347
11.2　法定雇员福利/354
11.3　工作生活自由裁量福利/362
小　结/373
关键术语/374
讨论题/374
案例学习1　Adobe公司的家庭友好福利：不曾预料到的强烈反对/375
案例学习2　评估你公司的工作-生活环境/376

第12章　改善安全与健康/378

学习目标/378
12.1　健康与安全：法律的规定/378
12.2　创造安全的工作环境/385
12.3　营造一个健康的工作环境/396
小　结/408
关键术语/409
讨论题/409
案例学习1　“兰博”施暴/409
案例学习2　过度疲劳和压力？由你决定/410

第一部分

人力资源管理视角

第 1 章

人力资源管理带来的回报与挑战

学习目标

通过本章的学习，你应该能够：

目标 1　解释人力资源经理和其他经理如何通过人才的战略运用帮助企业获得持续的竞争优势，从而使自身的职业生涯有意义。

目标 2　解释人力资源实践如何帮助企业实现全球化、承担社会责任以及获得持续性成果。

目标 3　描述技术如何改进、人员如何执行，以及如何对他们进行管理。

目标 4　解释人力资源经理的双重目标：提高生产率、控制成本。

目标 5　讨论企业如何权衡相对于战略优势而员工尚有差异，以及劳动大军在教育和文化方面的变化如何影响人力资源经理聘用员工。

目标 6　举例说明今天的人力资源经理的作用与能力以及他们与其他经理的关系。

我们用了很多词汇来描述人对组织的重要性。术语“人力资源”“人力资本”“知识资产”“人才管理”意味着人有能力（与其他资源一起，如货币、原材料、信息）来提升组织的绩效。成功的组织特别擅长将不同类型的人聚集起来完成一个共同的目标，这就是**人力资源管理**[①]的实质。人力资源管理涉及各种广泛的活动，包括分析公司的竞争环境、设计岗位，唯有如此，企业才能成功地执行战略，战胜竞争对手。反过来说，人力资源管理需要为工作岗位识别、招聘、遴选合适的人；培训、激励、评价这些人；开发有竞争力的薪酬政策以留住员工；培养他们以便将来能领导企业等。

1.1　你为什么学习人力资源管理？你会成功吗？

下面哪些活动是你喜欢从事的：

- 为你的企业确立战略方向。
- 吸引一流的人才为你和你的企业工作。
- 决定雇用合适的人，这样你的团队和企业才能成功。
- 帮助和训练职员，使他们成为一流的执行者。

对于这些问题，如果你回答“是”，那么对你来说管理人的工作可能是一份有意义的职业，这是你为什么要学习人力资源管理的一个极好的理由。不光是人力资源部门，对于各类经理和创业者来说，很好地理解人力资源管理是很重要的。所有的经理都有责任至少

---

① 人力资源管理是为实现组织目标管理人才的过程。

将某些活动列入管理日程。经理在选择、培训、激励、评价、提拔雇员等方面扮演着重要的角色。这是一个非常有价值的工作——就像观察你的孩子如何迈出他或她的第一步。Michele Rhoades——圣智学习的高级产品经理，也是本书的出版人——把她雇用和培训的人比作自己的“宝贝儿”：“经我雇用和开发的人才创造出来的留给后人的东西令我感到满足，我非常自豪地看到他们的职业生涯蓬勃发展，为我们的事业发挥了积极的作用。”

Rhoades是一位经理，她在雇用和培训员工并帮助他们获得成功方面做了大量的工作。但是你认为这些工作微不足道吗？不管你信不信，许多商人有着伟大的经营策略、经营计划，但是所提供的产品和服务却失败了，因为他们没有完全领会人力资源管理的重要性。Laments，一位创业者如是说：

我投资一家小企业仅一年就失败了，我把企业扩大了两倍，赚了很多钱，但是我没有回报给我的员工或者激励他们。他们最终离开了我，一个更大的竞争对手把我挤出了市场。我现在理解了人员在企业中的重要作用。水能载舟，亦能覆舟。

另外，伟大的商业计划、产品和服务很容易被竞争对手复制，而人则不会。他们的知识和能力是一个企业所拥有的最与众不同、会自我更新的资源。正如IBM的创始人Thomas J. Watson所说：“得到资本和厂房并不难，但事业最终是由人创造的。”[①]

最后，即使你不会成为一名经理，但是理解人力资源可以帮助你了解作为雇员的责任和权利。比如，如果你的雇主索要你的Facebook或其他社交媒体网站的密码，你怎么办？你有必要向经理提供这些信息吗？本书将为你解答诸如此类的问题。

1.1.1 人力资本和人力资源管理

组织“通过人来竞争”的概念强调了获得成功的企业正越来越依赖管理人力资本的能力。术语“**人力资本**”[②]说明了雇员的知识、技能、能力以及其他特性（KSAOs）都是企业的经济价值。尽管这些资产价值可能不会直接体现在企业的资产负债表上，但却对组织的绩效有着巨大的影响。许多知名CEO的话都阐明了这一点：[③]

- “看看我们的半导体，它的主要成分是硅，占成本的很小一部分，其余的是人力资源知识成本和由于误差带来的成本。”（Gordon Moore，英特尔公司）
- “一个组织的学习能力，以及将知识迅速转化成行动的能力，是其最终的竞争优势。”（Jack Welch，通用电气公司）
- “21世纪的成功企业，将是那些尽力开发、存储并运用员工智慧的企业。”（Lew Platt，惠普公司）

几乎近半数的组织报告表明组织下一个十年面临的最大投资挑战是获得人力资本以及优化其人力资本投资。[④]正是由于其雇用和管理的人才公司才会真正地“赢”。

---

① T. J. Watson, Jr. A Business and Its Beliefs: The Ideas That Helped Build IBM (New York: McGraw-Hill, 1963).

② 人力资本是指个人的知识、技能和能力对组织具有的经济价值。

③ Donald C. Busi, "Assignment Reviews (ARs): Moving toward Measuring Your Most Valuable Asset," *Supervision* 66, no. 1 (January 2005): 3–7.

④ "Poll Identifies Top Challenges for HR during Next 10 Years," *HR Magazine* 55, no. 11 (November 2010): 80.

- 全食超市公司，它赋予员工本地决策权——这种决策权从总体来说，对个体商店、顾客、地区种植业户、社区乃至企业都有好处。
- 诺德斯特姆公司，它赋予员工权利通过个人力量满足顾客需要。
- 谷歌公司，它给予员工机会构思和创造新的发明，如Gmail。
- 马丁公司是创建于里士满-弗吉尼亚的广告代理商，它为美国盖可汽车保险公司和有线电视频道制作的有创造力的广告赢得了业界大奖。

然而，不同于物质资本和资源，人力资本是无形的，组织不能用管理工作、产品和技术的方法来管理人力资本，理由之一是人力资本的拥有者是雇员自己，而不是组织。如果有价值的雇员离开公司，同时就把他们的人力资本带走了，公司用于培训和开发他们的投资也就付诸东流。

要在组织内建立人力资本，经理就必须不断地开发雇员的知识、技能和经验，留住和提拔一流的执行者。[①]组织除了要在雇员的发展上进行投入，还必须找到运用现有知识的途径。最常见的情况是雇员的才能没有得到利用。正如Dave Ulrich（一位著名的人力资源专家）所说："学习能力等于g乘以g，即创造（generate）新理念的能力乘以它在整个公司的推广（generalize）程度。"[②]雇员招聘计划着眼于确定、招聘和雇用最好、最出色的人才。培训计划则着眼于提高雇员技能，特别是那些即使当雇员离开后也不会变成其他公司财富的技能。另外，雇员需要在工作中获得发展的机会。其实，与竞争能力相关的最有价值的知识是在实践中获得的经验，这也是最难教会的。因此，经理必须要做好的一个工作就是为雇员提供可以从中获得发展的工作任务，并确保这些工作任务有足够的灵活性，让雇员能在其中不断地学习和成长。

人力资源计划和任务通常是知识在雇员之间进行传播的途径。人力资源规划协会最近做的一项调查显示：接受调查的公司中有65%的公司相信，人力资源部门在人力资本的开发中扮演着关键角色。Arvinder Dhesi是韬睿惠悦——一家知名的人力咨询公司——的人力资源部门的负责人，他认为公司的目标应该是把所有员工都当作人才来对待，而不只是关注少数人。他说："我们不但考察员工的经验，而且还要看员工的技能。"

尽管"通过人来竞争"是人力资源管理的主题，但在日常工作中，经理通常只关注那些对组织有效的特定活动。图表1-1给出了人力资源管理的整个框架。从这个图中我们可以了

---

① David Lepak and Scott Snell, "Managing the Human Resource Architecture for Knowledge-Based Competition," in S. Jackson, M. Hitt, and A. DeNisi (eds.), *Managing Knowledge for Sustained Competitive Advantage: Designing Strategies for Effective Human Resource Management*, SIOP Scientific Frontiers Series (San Francisco: John Wiley & Sons, 2003), 127 - 54; David Lepak and Scott Snell, "Examining the Human Resource Architecture: The Relationship among Human Capital, Employment, and Human Resource Configurations," *Journal of Management* 28, no. 4 (2002): 517 - 43; Steve Bates, "Study Links HR Practices with the Bottom Line," HR Magazine 46, no. 12 (December 2001): 14; Ann Pomeroy, "Cooking Up Innovation: When It Comes to Helping Employees Create New Products and Services, HR's Efforts Are a Key Ingredient," *HR Magazine* 49, no. 11 (November 2004): 46 - 54.

② Dave Ulrich, Steve Kerr, and Ron Ashkenas, *The GE Work- Out: How to Implement GE's Revolutionary Method for Busting Bureaucracy & Attacking Organizational Problems* (New York: McGraw-Hill Professional Publishing, 2002).

解到，人力资源经理有助于协调（blend）管理的各个方面，我们可以简单地把它们分成“竞争挑战”和“雇员关注的问题”。我们将以这个框架为基础，在本章后面继续讨论。

图表1-1 **人力资源管理的整体框架**

竞争挑战	人力资源	雇员关注的问题
市场和经济的变化	计划	工作安全
全球化	招聘	保健问题
技术	雇员配备	老龄化和代际工作问题
成本控制	工作设计	退休问题
平衡雇员差异	培训和开发	性别问题
	评价	教育水平
	沟通	雇员权利
	补偿方案	隐私问题
	福利	工作态度
	劳动关系	家庭关心的问题

如果你是一名经理，你认为与人力资源有关的最大挑战是什么？一些专业化组织（如人力资源管理协会和人力资源规划协会）指导了正在进行中的关于企业面临的最大的压力性竞争问题的研究。企业面临的主要趋势或者说挑战包括接下来要讲的部分。

1.2 战略挑战与全球化挑战

鉴于商业的发展速度，企业很少能长期停滞不前。能否适应这种发展速度，已经成为捕捉国内外机会和克服障碍的关键。事实上，它经常成为组织生存的关键。许多500强企业（通用电气和通用汽车）是50年前建立的，现在还在。然而，许多其他企业，如埃斯马克钢铁公司已经消失了，甚至你可能从来没有听说过它。推而言之，想想在我们这个星球生存时间最长的物种，它不见得像恐龙那样是最大的或最强悍的物种，实际上只有适者生存。不只是物种，个体雇员和企业也是一样的。

1.2.1 对变化的战略性反应

哈佛商学院教授Rosabeth Moss Kanter说，成功的公司会与时俱进。①换言之，即“没有变化就没有机会”。在上一次经济衰退中，在美国三大汽车商——通用汽车、克莱斯勒和福特——破产时，为其提供零件的供应商大多是这三大汽车公司的独家供应商。结果，他们不得不迅速寻找其他市场，为这些市场提供产品，并想办法售出——所有这些都对人力资源提出了巨大的变革与挑战。

人力资源管理和企业战略

在10年或20年以前，人力资源部门通常被归为实施行政任务的部门，但是现在已经变了。行政人员知道人力资源专家不仅能够帮助他们通过削减雇员成本提高收入，也能预

① John P. Kotter, "Ten Observations," *Executive Excellence* 16, no. 8 (1999): 15 - 16.

测劳动力发展趋势，设计新的方法来获取和利用雇员，评估他们的绩效，帮助经理们进入新的市场。

德勤人力资源咨询部门的Robin Lissak说："大多数企业领导人希望（人力资源）能够专注于企业需要和想要的新型服务，包括推动兼并与收购，帮助公司进入新的市场，比如进入中国。"这些公司的行政人员期望他们的人力资源部门能够回答诸如此类的问题："我们的进入战略是什么？我们应该派谁去？我们应该在哪儿设销售人员、生产部门和其他人员？我们怎么做才能使他们在国外很安全？当发生危机时我们应该怎么去管理？"

为了回答这些问题，人力资源经理需要对企业内部的竞争性业务运作和战略有一个了解。有时这意味着通过缩减规模、外包和离岸对劳动力做调整。缩减规模是有计划地缩减岗位；外包简单来说是雇用公司外面的人来执行生产过程，而这以前是由公司内部的人来做的；离岸也指"全球外包"，涉及把工作转到国外。

在经济低迷的时候，公司经常将削减成本战略诉诸实践，如削减工人福利。但是另有一些公司却采取了不同的战略：它们提高福利项目以吸引一流人才，防止他们加入别的公司；进行扩张生产以便为经济复苏做好准备。还有其他一些战略，比如努力提高质量、扩大企业市场份额和产品线，或者转产。

这些战略的共同特点是要求企业致力于创造和管理组织变革以及个人变革。英国智囊机构罗菲帕克的调查显示，有2/3的企业认为管理变革是企业最大的挑战。尽管雇员理解变革——责任、工作分配、工作过程的变革——是持续的，但人们经常抗拒它，因为它要求人们改变或放弃他们一直以来成功的或至少是自己已经熟悉的工作方式。成功的变革极少是自然发生或很容易做到的。

为了管理变革，行政人员和经理，包括人力资源部门，要预想未来，针对这一愿景与雇员沟通，为绩效设定明晰的期望，通过重组人员和重新分析资产来挖掘企业的能力。一个组织通过下面的措施成功地实施变革：

- 将变革与企业的战略相关联。
- 表明变革如何能够创造量化的收益。
- 当进行变革时要提早吸引核心雇员、顾客和供应商。
- 投入所执行和维持的变革中。①

有些企业进行的一些战略变革是迫于外部压力——如竞争、衰退、法律修订或危机（发生激烈反应的是嘉年华游轮公司，2012年其一艘船在海上沉没，而另一艘船发生侧翻）影响了组织的绩效——而发生的反应式变革。另一些战略变革则是放射性变革，是因经理想利用看中的机会而发起的，特别是在那些"好花不常开"的快速变化的行业，这种变革经常发生。

优秀的经理知道当其所在的组织为了进行变革启动企业战略时自己所承担的关键角色。这就是为什么有远见的CEO，包括西南航空、星巴克、通用电气公司的CEO让某些

① M. Hammer and J. Champy, *Reengineering the Corporation* (New York: HarperCollins, 1994). See also Michael Hammer, *Beyond Reengineering: How the Process-Centered Organization Is Changing Our Work and Our Lives* (New York: HarperBusiness, 1996); William M. James, "Best HR Practices for Today's Innovation Management," *Research-Technology Management* 45, no. 1 (January - February 2002): 57 - 61.

一流的人力资源管理人员直接向他们报告，帮他们处理一些重要问题。

一些快速发展的公司，如福特、英特尔、联合技术公司以及娱乐软件开发商电子艺界公司，委派人力资源代表到他们的核心业务团队，以确保他们对核心业务问题了如指掌。另外，许多公司越来越多地把非人力资源经理轮岗到人力资源部门，向他们公开组织的不同领域。这些公司培养提拔人力资源专员并为他们提供能够使用的关键业务的统计数据以评估劳动力的效率，而不是强调人力资源的管理方面。

我们将在第2章讨论更多的关于竞争的人力资源战略以及人力资源问题。同时，请记住人力资源的作用不是为CEO和监管者提供建议。另外，作为管理方面的战略伙伴，人力资源经理有责任倾听并主张代表雇员的利益，以确保雇员的利益与企业的利益保持一致，反过来也一样。有大量证据显示这是人力资源经理最艰难的工作之一。在本章的稍后部分我们将更多地讨论这一方面的工作。

1.2.2 竞争、招聘和员工全球化

你是否想过到海外工作，或者学第二外语（或第三外语）？这样做在今天的职场会更有优势。为什么？因为今天的战略化公司越来越多地涉及一种或多种元素的全球化。随着世界经济与市场的整合，企业将业务扩展到海外以寻找机会，并找到合适的雇员帮助它们避开国内的外国竞争者。

今天世界上的消费者希望能“在任何地方、任何时间买到任何东西”，公司使这种要求变为可能。想在巴基斯坦买瓶可乐？没有问题。可口可乐公司煞费苦心地设计了配送系统，可以把它的产品运到这个星球一些最偏远的地方。事实上，可口可乐公司海外的营业收入远远超出它在美国的收入。但是全球化不只是像可口可乐这样的大公司的兴趣所在。粗略地估计，今天有近70%~85%的美国企业受国际竞争的影响，包括小企业。

每年大约有10%的美国产品被精明地卖到国外。根据小企业管理协会的统计，有近97%的美国出口商是小企业。这些企业提供了美国约一半的就业岗位。另外，自20世纪70年代以来，每年美国居民和企业从海外购买的产品和服务——包括劳动力——比他们卖出去的多。

合伙、兼并和收购是大大小小的企业全球化的另一种方法。随着巴西中产阶级的迅速崛起，巴西已成为外国企业试图渗透进去的国家。许多美国企业和其他外国企业与中国公司合作，到中国扩展业务。反过来，中国和其他外国企业也正在兼并美国企业。2013年，双汇国际集团——中国最大的猪肉生产商——收购了美国史密斯菲尔德公司（Smithfield Foods），它是全球最大的猪肉生产商。位于俄亥俄州Lodi的小企业Spring Hill Greenhouse，联合了香水制造商FTD和Teleflora，并与荷兰的百合花、郁金香种植商以及哥伦比亚玫瑰花种植商合作，为全世界的消费者提供服务。

全球化的结果之一，就是国家身份也变得模糊。宝马公司传统上是一家德国品牌，但现在它在美国、中国及其他地方都生产汽车。同样，你会想到生产百威啤酒的美国公司安海斯-布希，你会惊讶地发现它现在被一家比利时的公司“英博”拥有。像许多其他公司一样，英博的安海斯-布希公司已经通过收购或与其他国家（如中国和墨西哥）的品牌厂家合作来扩展它的销售。2014年，美国著名的占边威士忌和美格波本威士忌的生产商被

日本的一家饮料公司收购。

20世纪后半叶各国之间签订了大量的自由贸易协议，这有助于加快全球化的步伐。20世纪第一个主要的贸易协议是《关贸总协定》（GATT），它为国家之间以及国家集团之间的全球商务建立了规则和方针。自《关贸总协定》签订以来，全世界贸易增长的速度超过了全世界总产出增长的速度。尽管在大萧条期间全球贸易出现下降，但其迅速恢复了活力，并且如今全球总贸易额是《关贸总协定》签订前的近30倍。《关贸总协定》为签订贸易协议和建立相关机构（如1986年欧盟建立和1994年《北美自由贸易协定》签署）铺平了道路。以美国、加拿大、墨西哥为主的世界贸易组织（WTO）的总部设在瑞士洛桑，如今已有近160个成员方。现在，貌似每年都有新的自由贸易协议签署。

全球化怎样影响人力资源管理

由于全球化，企业不得不平衡一大堆复杂的有关地理、文化、劳工法、商务实践以及员工安全和国外设施的差异问题。人力资源的问题隐藏在这些问题的背后，包括如何很好地解决现有雇员问题，如通过网络社交媒体，雇员可以更容易地获知全球的工作机遇的信息，愿意从事这些工作，有时甚至愿意为竞争公司或外国公司工作。企业还会遇到这样的问题：如何评价国际雇员的知识技能，如何以最好的方式雇用和培训他们（有时需要把资料翻译成不同的语言）等。重新安排经理、培训海外的外国经理，以及管理国际化的劳动力也是企业面临的挑战。

1.2.3　建立并实现企业社会责任和持续发展的目标

20世纪后半叶全球化提高了人们的生活水平。自由贸易的结果之一，是美国人从国外买东西更便宜。相应地，低工资国家的人通过生产产品和提供服务变得更加富裕，开始购买美国制造的产品。尽管如此，全球化还是引发了激烈的争论——特别是在涉及工作问题时。自21世纪初起，美国数百万的工作岗位——无论是白领还是蓝领岗位——都已输出到低工资国家，一些人担心自由贸易正在创造“有/没有”的世界经济体制，在此当中，发展中经济体和全球环境已被更发达的国家、更富有的公司掠夺了。这在许多国家引起了反自由贸易的抗议活动。

企业开始关注一个新问题，那就是企业社会责任[①]或良好的公民关系。公司正试图努力承担其在国内或海外的社会责任，这不但有助于其避免法律诉讼，也有利于提高收益。比如，波士顿大学企业公民中心的研究者发现，当公司的声誉提高以后，推荐这个公司的人会增多。近2/3的8 000万千禧一代（20世纪80年代和90年代出生的人）在决定去哪儿购物时会考虑一个公司的社会声誉，他们当中十个有九个人会基于对一个公司社会责任的评价而转换品牌。[②]此外，未来的工人会说企业社会责任比就业更重要。

持续性[③]

持续性与企业社会责任密切相关。持续性指一个企业生产的产品或提供的服务少耗费

① 企业社会责任:企业以最符合人民的社会利益的方式进行运作的责任。

② Laura McKnight,“For Companies,Doing Good Is Good Business,”Kansas City Star(December 26,2010),http://www.kansascity.com.

③ 持续性是指以对环境危害最小、尽可能少地耗费自然资源的方式运营企业。

自然资源并尽可能少地对环境造成伤害的能力。要获得完全的持续性几乎是不可能的，但是公司可以大幅度减少“碳足迹”。不仅是消费者和社会团体会向它们施加压力，看一下惠普公司，当惠普公司2009年食言于根除计算机的有毒材料时，绿色组织成员把“危险产品”的字样喷在了位于加州帕洛阿尔托市的惠普公司总部的屋顶上。同时，电影《星际迷航》的主演威廉·夏特纳还给整个大楼的手机用户发了语音信息：“求你们的领导（惠普的CEO）像苹果那样制造无毒的计算机。”这种噱头和宣传确实产生了作用。惠普公司采纳了这个谏言，最后履行了承诺。①人力资源的领导作用之一是在企业中带头开发和执行企业公民的角色，特别是在公平对待员工方面。②

1.3 技术挑战

信息技术的进步使组织能够从信息爆炸中获益。通过计算机网络和云计算（互联网计算机服务和数据存储），无限量的数据能够被存储和检索，并能够用于广泛的领域。协作软件③允许员工在任何地方、任何时间与另一电子设备交流和分享信息，维基、谷歌文件共享平台、在线聊天和即时发送信息、网络和视频会议、电子日历系统以及社交媒体已经使企业和员工如何做和在哪做的方式发生改变。比如，波音卫星系统把“经验教训”放到了互联网上，公司在世界各地的员工都可以储存这些知识，而外部人也可以访问网站。波音的管理者估计，这项措施可以减少2 500万美元的开发成本。④

社交媒体网络已经成为员工找工作以及企业招聘、检验聘用候选人是否胜任的一个新途径。很多公司都在雇用Social Intelligence这样的公司，它们能够通过Facebook、LinkedIn、Twitter、Flickr、YouTube以及成千上万的资源来形成报告，反映一个“真实的你”而不是你的履历上呈现的“你”。⑤（改变你的Facebook的网页，有人想这样吗？）人力资源经理也正致力于开发博客和社交媒体政策：一个员工可以在线上待多长时间，是否可以访问网站；员工是否可以使用自己的设备——智能手机、平板电脑——工作，或者必须使用企业的设备。

1.从体力劳动者到知识工人

先进技术的引入削减了技术含量低的工作岗位数量，同时增加了技术含量高的工作岗位数量。总的来说，这次转变带来的是从“体力劳动者”到“知识工人”⑥的转变，雇员

---

① Jeff Tanner and Mary Anne Raymond, *Principles of Marketing* (Nyack, NY: FlatWorld Knowledge, 2010), Chapter 10.

② Nancy R. Lockwood, "Corporate Social Responsibility: HR's Leadership Role," *HR Magazine* 49, no. 2 (December 2004): S1 - 11.

③ 协同软件允许员工与另一电子设备交流和分享信息。

④ Benoit Guay, "Knowledge Management Is a Team Sport," *Computing Canada* 27, no. 3 (July 13, 2001): 23; Pimm Fox, "Making Support Pay," *Computerworld* 36, no. 11 (March 11, 2002): 28; "Visions of the Future," *Human Resources* (January 2008): 22.

⑤ Carol Carter, *Keys to Business Communication* (Upper Saddle River, NJ: Pearson, 2012), 414.

⑥ 知识工人：职责超出工作的实体执行范畴，扩展到计划、决策及解决问题等范围的工人。

的责任扩展到大量的非常规活动，包括分析信息和解决问题。[①]

技术行业、运输业、通信业和公用事业的培训时间花费得比较多。基于知识的培训变得越来越重要，美国最大的就业机构万宝盛华公司通过其培训和开发中心和在线网络大学提供免费的技术培训，万宝盛华公司的网站提供数千小时的在线技术应用学习，主要包括职业发展规划、商务技巧和电信课程。雇员通过互联网"即时"（just-in-time）学习、随时随地接受培训，已经成为司空见惯的事。

"虚拟"学习也出现了。在网上的第二人生真人体验游戏中，IBM、Cisco、Kelly Services和Manpower等公司增加了培训设备、办公室和会议室。相比真实世界，用网络做同样的事——例如，把各国的人聚到一起进行培训或新聘人员的入职培训[②]——既方便又便宜。

2.技术对人力资源管理的影响

也许技术在人力资源管理方面最核心的应用就是人力资源信息系统（HRIS）[③]。人力资源信息系统的影响是巨大的，因为它涉及所有雇员。人力资源部负责管理所有员工的招聘、培训、薪酬、晋升等问题，在自动处理工资单、管理福利项目等方面，人力资源信息系统绝对是有效的工具。在互联网上建立人力资源信息系统允许经理基于管理的目的使用员工各项记录，允许员工访问并改变自己的福利和其他个人信息。

在聘用员工之前，企业也使用人力资源信息系统进行招聘、筛选和预选线上申请人，聘用员工之后使用人力资源信息系统进行培训、跟踪和提升员工技能。制药商默克公司的人力资源信息系统利用职位招聘系统和社交网络平台如LinkedIn审查申请人的简历，并即刻将信息传递给经理，以便他们能全面地搜寻到他们想要的人。经理可以在线搜索内部和外部按技能组合分类的候选人。[④]消费品生产商宝洁公司的人力资源信息系统能让经理看到优秀的内部候选人而不是让经理搜遍整个公司来找到他们。这个系统为国家、业务和地区层面的员工造拔晋升服务，包括了100 000多条世界各地员工的信息。

Corning公司用人力资源软件设定雇员发展目标并评测他们目标的完成程度。雇员可以上网查看他们自己的目标并且标记目标的完成进度，还可以从链接中看到其他所有人的目标——从CEO到他们最直接的负责人。这种"连锁"（cascading）目标让Corning公司的雇员能够使个人目标与组织的整体目标保持一致。"像其他大公司一样，我们越是壮大，往往越会变得孤立与分散，"一家与Corning公司运用类似人力资源系统的公司的副

① "China Engineers Next Great Leap with Wave of 'Knowledge Workers,'" *Milwaukee Journal Sentinel* (December 31, 2003), http://www.jsonline.com; "Edward Yourdon's New Book Helps 'Knowledge Workers' Put Emotion Aside to Look at the Facts of the New Economic Reality," *PR Newswire* (October 4, 2004); Marshall Goldsmith, "Supervisors of the Smart," BRW 30, no. 20 (May 22, 2008): 57 - 57.

② Ben Worthen, "Measuring the ROI of Training," CIO 14, no. 9 (February 15, 2001): 128 - 36; Hashi Syedain, "Out of this World," *People Management* 14, no. 8 (April 17, 2008): 20 - 24.

③ 人力资源信息系统:为控制和做出决策提供及时、准确的信息的计算机系统。

④ Scott A. Snell, Donna Stueber, and David P. Lepak, "Virtual HR Departments: Getting Out of the Middle," in R. L. Heneman and D. B. Greenberger (eds.), *Human Resource Management in Virtual Organizations* (Columbus, OH: Information Age Publishing, 2002): 81 - 99. Samuel Greengard, "How to Fulfill Technology's Promise," *Workforce, HR Software Insights* supplement (February 1999): 10 - 18.

总说，“我们需要一个方法，它能更好地把我们的国际团队凝聚在一起并且让员工把精力集中在事业真正需要的地方。”①

那么人力资源专员应该选择什么样的人力资源系统呢？首先，该人力资源系统要为人力资源部门评估他们最“头疼”的问题，或者最耗费时间的任务；然后选择那些对公司财务评估影响最大的解决方案，即能给公司带来“一本万利”的方案。现成的基于网络的解决方案是常用的客户定制系统。在网上有免费的、资源开放的人力资源信息系统软件，Orange HRM就是一个例子。对于想寻找低成本的人力资源信息系统方案的刚成立的企业和小企业来说，开放资源的软件是一个很好的选择。

聚集 HRM 1

评估人力资源信息系统要考虑的因素

- 适合公司员工的基础应用程序：如果公司的许多员工在车间工作，这个系统是否恰当？人力资源部门是否要在员工区域安装电子资讯站？员工能进入网站或他们智能手机上的人力资源信息系统吗？如何确保信息安全？员工需要有指定的密码吗？
- 更新或定制应用程序的能力：未来更新应用程序需要哪些费用？
- 与当前系统的兼容性：人力资源信息系统能链接到现有的或已规划好的信息系统吗？是否轻而易举、成本低廉？
- 用户界面友好：应用程序能提供额外的帮助（如学习资源链接或者其他经理及雇员需要的帮助）吗？
- 合作：系统是否直接与雇员相联，让他们协同解决问题和项目。
- 招聘和申请人跟踪：基于雇用员工的目的，这个系统能很容易地招聘、跟踪申请人以及公司目前的员工吗？
- 做出计划安排：这个系统有能力确保因岗设人、工作时间适宜、项目恰当吗？
- 运用人力资源信息系统培训员工（包括人力和薪酬专员、经理和雇员）所需要的时间。培训雇员是谁的责任，将如何培训？
- 初始成本和年维修成本：需要一套应用程序还是几个关键程序？专家建议人力资源经理单独计算出每个应用程序的价格，然后要求供应商给出一个捆绑价。

最后，无论如何，人力资源信息系统应该为人力资源部门提供信息分析服务——统计、计量等，帮助他们分析、提炼并更好地执行企业战略方向。这包括对人事需要的预测（特别是企业的扩大、合约和并购计划），为职业生涯和雇员晋升进行规划，评估企业政策与人力资源功能和其他功能有关的影响。

1.4 生产率和成本挑战

劳动力成本通常是公司最大的费用，尤其是在服务型和知识密集型企业。公司如何能在员工身上加大投入而又使总成本降低呢？答案是：更高的员工劳动生产率。员工劳动生产率是雇员在工作中的能力、动机与工作环境以及技术相结合的产物。

---

① Drew Robb, "Building a Better Workforce: Performance Management Software Can Help You Identify and Develop High-Performing Workers," *HR Magazine* 49, no. 10 (October 2004): 86 - 92.

1.4.1 劳动生产率最大化

劳动生产率可以被定义为：以一定数量的固定投入获得的产出。组织能通过减少其投入提高劳动生产率（成本法），或通过增加人力或物质资本提高员工产出数量。例如，西南航空、纽柯钢铁公司以及丹纳赫制造和技术公司都在它们的领域取得了低成本，不是因为它们精打细算，而是因为它们是有生产效率的。

按绝对价值计算，美国仍是世界上生产效率最高的国家。就制造业来讲，现在美国服装业和纺织制造业是非常小的行业，相比它以往的规模来说，它已被依赖技术精度和脑力而不是低技术含量劳动的行业——航空、复杂机械、医疗装备等行业——所代替。[①]然而，在欠发达国家（比如中国）单位员工产出增长得很快，这些国家以前缺乏专业知识和技术，而现在这种差距正在缩小。当对更快的计算机和更有效率的机器的投资趋于平衡时，会限制为员工提高劳动生产率的辅助技术的发展。任何额外的劳动生产率的提高都归功于对雇员能力、动机和他们的工作环境的改善，这使得未来人力资源经理的工作更加重要。[②]

1.4.2 管理劳动力的规模

管理劳动生产率的工作之一，是使劳动力的规模与企业所能提供的技术要求、战略方向以及全球竞争相匹配。有时这项任务牵涉扩大员工队伍以拓展企业产能。在其他时候，离岸外包被用于提高产能。离岸外包能帮助企业更快地交付产品，如果世界各地的人能夜以继日地工作。比如，为迎合需要，也为降低成本，一些美国诊所和医院已经将扫描X光诊断的工作外包给其他国家，如印度。在国外白天照X光，当天晚上读取，第二天传回诊所和医院。[③]当公司想把业务扩展到其他国家并占领其市场份额时，也常运用离岸外包。

外包能帮助企业管理劳动力的规模，降低成本，把焦点集中于它所擅长的活动。比如，公司聘用广告公司处理其促销活动，让软件公司为它开发数据处理系统，请律师事务所帮助处理法律问题，而不是在企业内部做这些事情。企业将维修、安全、接待以及薪酬（在小公司，有时是整个人力资源部）都外包以增加组织的弹性，并管理劳动力的规模。

尽管离岸和外包有其优势，但越来越多的企业正把工作岗位移回国内市场或企业内部。达美航空公司自从接到外国人抱怨其服务后，就把它的呼叫中心运营业务转回到美国。另外一些企业则选择近岸[④]，即把工作岗位转移到离本国较近的国家。家包（home-shoring）是指把外包的工作转移给国内在家工作的员工的实践。

---

① Bruce Stokes, "Is There a Future for 'Made in America,'" *The Atlantic* (December 9, 2010), http://www.theatlantic.com.

② Patrick Barta and Andrew Caffrey, "Productivity Leap Shows Potential of U.S. Economy—Rise at 8.6 Percent Pace, Positive for Profits, Doesn't Bode Very Well for Employment," *The Wall Street Journal* (May 8, 2002): A1; Jon E. Hilsenrath, "The Economy: Big U.S. Service Sectors Boosted Late 1990s Surge in Productivity," *The Wall Street Journal* (April 22, 2002): A2; Karen Lowry Miller, "Economy: Out of Steam—A Dip in U.S. Productivity Provokes Anxious Questions," *Newsweek International* (February 21, 2005): 34; Milan Yager, "Outsource to Gain-Human Resources Expertise," *Hotel & Motel Management* 223, no. 7 (April 21, 2008): 14.

③ Pete Engardio, Michael Arndt, and Dean Foust, "The Future of Outsourcing," *Business Week* (January 30, 2006): 50 - 58.

④ 近岸是指企业重新把国外的岗位安置到离国内市场更近一些的国家。

当然，降低规模是另一个管理劳动力规模的方法，如裁员。休假[①]是指要求员工一段时间内要么无工资要么降低工资的实践。约翰·苏利文（一位人力资源专家和顾问）认为更缜密的劳动力规划相比裁员和休假是更好的解决方案。企业收入很少会一夜之间减少。苏利文说，最好的经理是在危机之前能发现警示信号，精准地指出企业不再需要的、低强度工作的、业绩不佳的执行者。取而代之的是聘用兼职或合同员工，将他们的工作时间调整成必要的时长。[②]

1.4.3 管理薪酬和福利

大多数企业都严密管控雇员的薪酬和福利计划。当涉及补偿和福利时，价格飞涨的医疗卫生成本以及遵守美国新的医疗卫生改革法案——《患者保护与平价医疗费用法案》(奥巴马医改计划）——是公司最大的关注点。公司正采取多种不同的方法以尽力确保医疗成本得以控制，包括如果能通过自己的雇员获得保险，则支付额外的费用以涵盖他们的配偶。还有一个方法是给雇员一定数额的钱以便他们自己购买健康保险，这是连锁药店沃尔格林所采取的方法。一个更有前瞻性的方法是激励雇员保持健康，如有效戒烟、减肥或锻炼。[③]

另一种方式是公司通过雇员租赁来管理福利。当使用雇员租赁[④]时，公司要与专业雇主组织（professional employer organization，PEO）签约。PEO——通常是大公司——接管小公司的人力资源工作，成为雇员的联合雇主。PEO为雇主执行人力资源所有的职责——招聘、薪酬管理、绩效评估。因为PEO能雇用到大量的人到许多不同的公司工作，他们能为雇员提供小企业不能提供的福利，如医疗卫生计划、工人薪酬方案甚至抚养援助。

一些公司如谷歌，通过提供大量的工作安全措施及吸引人的福利而能雇用到优秀的人才。然而，大多数公司尤其是小企业或正在打拼的那些企业，很难与大公司（如谷歌）比拼奢华的福利方案。那么小企业靠什么来吸引雇员而同时控制成本呢？许多公司正发现提供弹性工作是提高劳动生产率的好方法，对有价值的员工也是激励，尤其是再给他们更大的福利包而不是一种选择。比如，当美国油价涨到超过4美元时，大多数小企业不会自动提高员工工资，因为他们面临更高的产品和服务运输成本。但有些公司会让员工选择远程工作（在家工作），或者像犹他州那样，允许雇员一天工作10小时，一周工作4天。

小企业应用

为帮助小企业而成立的小企业

作为有经验的、受人尊敬的人力资源专业人士，Delise West和Tonya Rochette能够通过捕捉大型公司或学术界的职位轻而易举地提升他们的职业生涯。然而，

---

① 休假是指组织请求或要求雇员进入一段时间内要么没有工资要么降低工资的状态。

② John Sullivan, "Employee Furloughs Can Be a Bad Alternative to Layoffs," *ere.net* (February 9, 2009), Http://www.ere.net/.

③ Mike Stobbe, "Dieting Like It's Your Job: Does Paying for Healthy Habits Work?" *USA Today* (June 1, 2010), http:// www.usatoday.com; Tom Murphy, "To Cut Health Costs, Firms Target Spousal Benefits," *Fort Worth Star-Telegram* (September 16, 2013): 1D.

④ 雇员租赁：先与雇员解除雇佣关系，然后由租赁公司雇用该雇员并与其之前供职的公司签订合约，将该雇员再次租赁到该公司的流程。

他们选择了通过建立人力资源合伙公司——一家位于新罕布什尔州Concord市的小型人力资源咨询公司——来建立新的渠道。他们的朋友和家人都觉得他们的做法有点儿疯狂并进入了“有风险”的世界，但自从12年前成立以来，他们已成功地为许多像他们一样的小企业和创业型企业提供了服务。

West和Rochette都很早就认识到小企业也像大企业一样需要重视人力资源问题，而小企业主通常没有时间和专业知识来解决这些问题，并且通常没有财力雇用一个全职的、精明的人力资源经理。这两位创业者看到了为有需求的企业提供全方位的人力资源服务的现实性。

“有很多企业没有恰当的人力资源基础架构，”West说，她提供服务的大多数企业的雇员人数不超过70人。“经常是一个正在成长中的企业业主过来跟我说‘我不能再管了，它太耗费时间了’。”这些企业——包括一个汽车代理商、一家地区建筑公司和一个当地的幼儿园——转而来找West和Rochette帮助其建立人力资源功能和战略。

与一个新客户打交道通常要从评估企业利用人力资源的水平和最佳实践开始，如工作岗位描述、薪酬体系、合法的面试实践。以此为起点，人力资源合伙公司为客户开发战略；实施招聘、筛选、面试、雇用新员工的工作；评估和重新认识当前员工的绩效；改善雇员关系；开发监督技巧。

通过为小企业提供所需要的工具、服务和培训，West和Rochette使客户把注意力集中在他们的核心业务上。West说，人力资源合伙公司让小企业“认识到对它们的资产投资最大的回报是：它们的员工”。

West和Rochette的战略开始奏效。人力资源合伙公司迅速扩展，现在也服务于大型企业和中等规模企业。为了满足丹佛和新罕布什尔州的业务需求，两位创业者又吸纳了两位人力资源专业人士作为合伙人。West说，因为资源外包模式给予小企业和中等规模企业更高水平的人力资源知识，所以她相信人力资源合伙公司会继续成长。

Sources: Kim Murdoch, “Celebrating 10 Years: Concord and Dover-based HRP Marks Milestone,” ConcordPatch (May 24, 2013), http://concord-nh.patch.com; Michael McCord, “Outsourcing Frees Owners from Time Consuming Tasks,” SeaCoastonline.com (January 10, 2011), http://www.seacoastonline.com; company website: hrpartners.com.

1.5 雇员的挑战

你认为一个公司有更多的义务照顾它的员工吗？你喜欢为什么样的企业工作？当你准备开始你的职业生涯时这些可能是你要问自己的问题。很清楚的是，企业除了要面临战略挑战，也要注意一些员工所关注的很重要的东西。这些挑战涉及很大范围，如工作安全、医疗卫生、多元化、雇员权利等问题。

1.5.1 对员工的人口统计学和多元化挑战的反应

为了预测支持组织的战略，人力资源经理经常分析不同的人口统计群体的能力、在快速增长和缓慢增长的职业岗位中每个群体的表现。比如，妇女不只在快速增长的职业岗位中（比如医疗卫生）表现得相当好，在缓慢增长的职业岗位中（比如管理、计算机和账务记录处理岗位）也表现出色。黑人和西班牙裔人在几个缓慢增长和下降的职业中过于集中。美国劳动力在过去十年比以前增长得更为缓慢，这个趋势预计将持续下去。劳动力参与率——人员被雇用的数量或积极找工作的人——在美国正在下降。这个比率在2000年达到峰值，大约为67%。然而，在过去的大萧条期间以及之后，参与率已下降。美国劳工部统计预测，到2050年，劳动力参与率将仅为58.5%。企业为适应这种转变，就要找到有资历的人才，扩大消费者基础。更加努力地招聘和留住更多样化的劳动力绝对是至关重要的。多样化的劳动力是为了迎合雇主对部分员工的预期。

1.劳动力伦理和种族多样化

美国的少数族裔相对于总人口正在增长。美国工人也正变得多样化。少数族裔劳动力的大幅度增长不仅归因于移民，也由于少数族裔的高出生率，如西班牙裔人。如图表1-2所示，到2050年，美国的西班牙裔工人将从最初的占劳动力人口的15%增长到30%。尽管他们的人数相对少一些，但亚洲血统的劳动力人数预计也会增长1倍。①

长期以来企业雇用移民工人（合法移民和非法移民）备受诟病——因为人们认为这妨碍了美国公民获得工作。另外，自从“9・11”事件以后，美国政府给外国人签发的工作签证数量在下降。这成为一个问题，因为尽管美国有着高失业率，但是许多美国雇主缺少他们所需要的关键岗位的高水平工人。为了从国外找到所需要的人才，微软在总部华盛顿雷德蒙德以外的加拿大开设了一家工厂。过去这些年，美国吸引了世界上最好、最聪明的人才，这些人助推了美国的发展。

图表1-2 **最初的西班牙裔与非西班牙裔工人劳动力参与率对比**

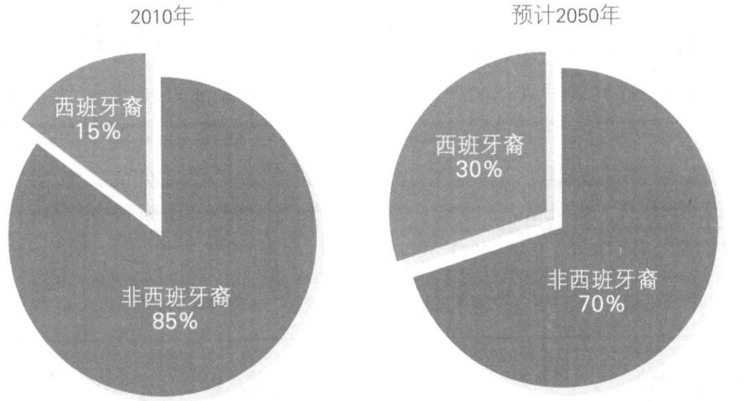

Source: U.S. Bureau of Labor Statistics.

不仅仅是受过高等教育的人是被需求的。一些企业，包括农业企业，也面临着劳动力短缺，甚至严重到无一技之长的移民也不愿意接受低工资、低福利或无福利的工作。这些人做的经常是劳动密集型的工作——在恶劣天气条件下或在枯燥的农业设施条件下进行工作。这些人并不急切地想要这些工作。

此外，在近些年，联邦政府和州政府正尝试从更大程度上严厉打击企业雇用非法移

① “Table 4. Projections of the Population by Sex, Race, and Hispanic Origin for the United States: 2010 to 2050,” *U.S. Census Bureau* (August 14, 2008), accessed January 1, 2011 at http://www.census.gov; Mitra Toossi, “Projections for the labor force to 2050: A visual essay,” *Monthly Labor Review* (October 2012): 3 - 16.

民，或通过法令使他们在美国生活和工作更加困难。自从佐治亚州和阿拉巴马州这样做之后，这些州的农作物就烂在地里，因为缺少工人收割庄稼。

国会郑重宣告要彻底修订移民法案，可能会给移民工人访客身份，长期移民工人可以获得合法身份。然而，这仍需以观后效。本书稍后会详细讨论更多的有关公司如何应对少数族裔和移民的挑战与机会问题。①

2.劳动力的年龄分布

占美国工人显著比例的（7 700万名）婴儿潮一代到了面临退休的年龄。②据美国劳工部统计，只有40%的55岁以上的人还在工作。上一次大萧条时被解雇的人无法找到工作，许多婴儿潮一代从此脱离了劳动大军。

不是所有的婴儿潮一代都脱离了劳动队伍或者要退休，由于医疗行业的先进性，他们这个年纪的人还很健康，许多人仍可在劳动队伍中待更长一段时间。这包括种种原因，美国官方退休年龄从65岁延长到67岁也使婴儿潮一代继续工作。而经济因素则是：许多婴儿潮一代没有攒够退休用的钱，或者他们的退休账户没有如预期的那样增长。实际上，劳动力中更老一点儿的美国人是增长最快的一部分，他们被期望在接下来的十年中继续留在劳动大军中，如图表1-3所示。到2050年你多大？如果你会继续工作，谁会雇用你？

图表1-3 适龄劳动力就业率

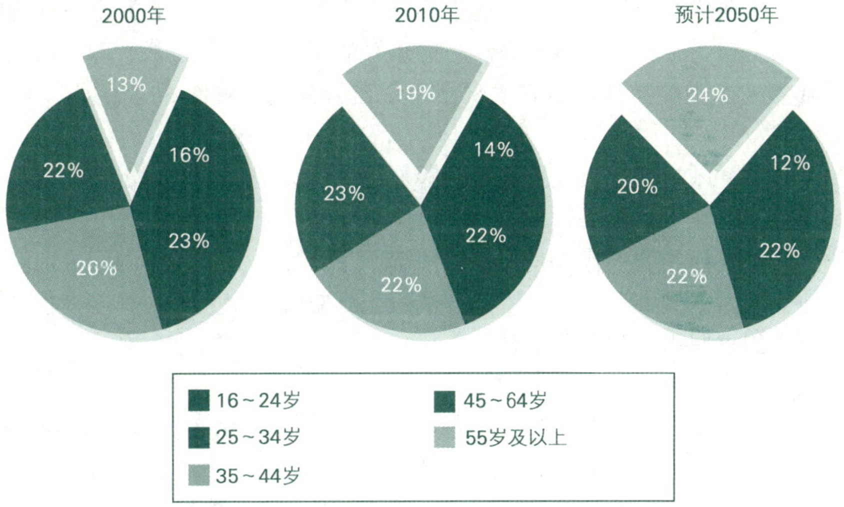

Source: U.S. Bureau of Labor Statistics.

① Irwin Speizer, "Diversity on the Menu: Rachelle Hood, Denny's Chief Diversity Officer, Has Boosted the Company's Image. But That Hasn't Sold More Breakfasts," Workforce Management 83, no. 12 (November 1, 2004): 41; Patrick Purcell, "Older Workers: Employment and Retirement Trends," *Journal of Pension Planning & Compliance* 34, no. 1 (Spring 2008): 32 - 48.

② Dan Barry, "For Those Who Seemed Forever Young, Old Age is Arriving," *Fort Worth Star-Telegram* (January 1, 2011): 5A; The U.S. Department of Labor's Bureau of Labor Statistics also maintains projections and percentages in these categories. Interested readers can access this information at http://www.bls.gov.

实际上，今天的人力资源经理发现雇用更老一点的人对上年纪的雇员和其企业来说是双赢的事。许多企业发现上年纪的员工更成熟、可靠，比年轻的员工待在岗位上的时间更长——他们更像自由职业者。上年纪的员工也经常愿意弹性工作。一些网站会为雇主联系上年纪的员工，如retirementjobs网站、seniors4hire网站、seniorjobbank网站和yourencore网站。家得宝、AT&T、必能宝这些公司参与了由美国退休者协会（AARP）赞助的计划，旨在吸引上年纪的员工。

千禧一代[①]——你可能是其中一员——现在正在劳动力市场发挥作用。千禧一代，也是Y一代，通常被视为有良好的专业知识和首创精神，特别是当他们开始建立自己的企业时（Facebook的创始人马克·扎克伯格就是一个著名的例子）。他们对有意义的工作投入极大的兴趣，改善了他们周围的世界。正如我们在本章开始时所指出的，这个群体有超过8 000万人，是目前人数最多的一代人。千禧一代与婴儿潮一代有着相似的趋势，他们构成新的人口膨胀，并为了职业的提升与同龄人进行更激烈的竞争。

其他主要的劳动力是X一代。他们出生于1964—1979年，在他们人生中的某一时刻，目睹了婴儿潮一代人规模的缩小。现在他们正在抚养自己的孩子，X一代人的价值观是工作安全。然而，他们很少像他们父母那样执着于做一个雇员。X一代人也是独立的，他们更喜欢挑战性的工作而不是重复性的工作，不喜欢严密监视自己的监工。

经理们会发现他们在与这三代人一起工作时面临很大的挑战。婴儿潮一代有时会给年轻一点的员工贴上缺乏工作伦理的标签。一些年轻的员工有一种看法，即年龄大的员工循规蹈矩，面临着技术上的挑战。这种情况会产生监管问题。一个55岁的人在接受一个20多岁或30多岁的人管理时会做何反应呢？为了帮助公司克服这些障碍，人力资源部门和专家正在开发项目，以帮助各代人更好地理解彼此，这样他们能利用各自的优势，而不是攻击彼此的弱点。

记住我们在这里描述的三代人是普遍的情况。个体雇员之间受不同因素的激励而迥然不同，即使他们是同一代人。这取决于经理能否找到驱动每个人最大程度发挥其才能的因素，并满足个人的求职需求和职业抱负。

3.员工的性别差异分布

现今女性劳动者占据了美国劳动力不到一半的比例。16岁及以上的女性劳动者占60%。大约70%的学龄儿童的母亲在工作。图表1-4显示，近年来女性加入美国劳动力大军的人数在变少。相对于男性，预计这种趋势还会持续下去。[②]

相比男性，女性的受教育程度也在增长。如今，每5个大学毕业生中有3人是女性。女性的工资水平也在增加。1979年，女性的平均工资是男性的62%。虽然工资的差距现在还存在，但是差距水平正在缩小。现在，做全职的女性占全职男性的79%。

然而，一些研究发现，城市里的女性比同一领域的男性挣得更多。一个市场研究企业

① 出生于20世纪80年代初到90年代中期的人，又被称为Y一代——译者注。

② U.S. Bureau of Labor Statistics, "Occupational Employment," *Occupational Outlook Quarterly Online* (Winter 2013 - 2014), http://www.bls.gov.

分析了人口调查数据，它发现美国最大的50个城市区域中有47个中年轻女性的平均全职工资比同龄男性高8%，但是通常顶层管理职位仍然由男性控制。

图表1-4 劳动力性别分布

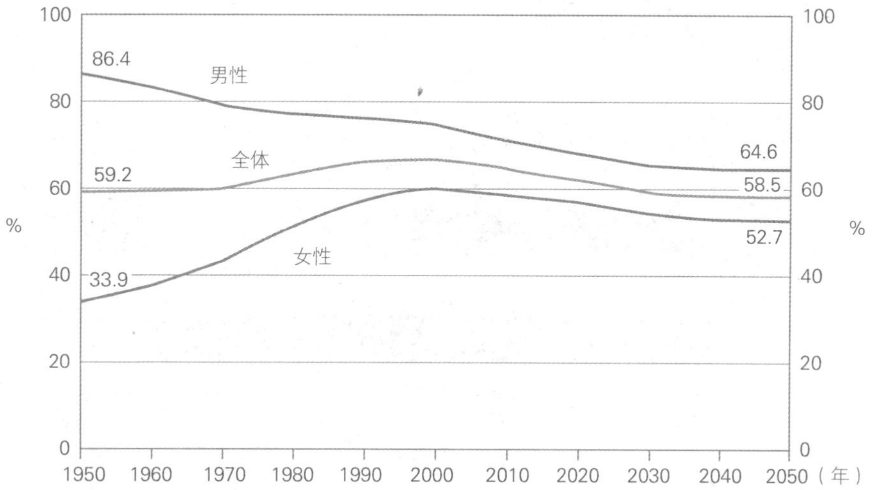

Source：U.S. Bureau of Labor Statistics.

雇主希望吸引人才，而女性在职场上则需要确保她们在晋升和薪酬等方面有同等的机会。另外，越来越多的企业为已经身为父母的员工提供育儿假、兼职工作、弹性工作时间、工作分担、远程办公以及对儿童和老年人的照顾帮助。

正如我们所提出的，利用公司的人才意味着认识到员工存在的共性，而在管理员工时要把员工视为个体。这就是说，不仅要容许或适应员工存在的各种差异，也要支持、培育、利用这些差异，用于组织的优势。换句话说，企业要从战略上权衡这些差异，而非简单地管理他们，要公正地对待他们，“彼此相处融洽”。[①]

1.5.2 适应影响劳动力的教育变化

近年来，美国劳动力人口的受教育程度显著上升。图表1-5清楚地显示了要雇用一名有本科学历的员工的成本。教育也有助于一个人脱离失业大军。比如，在大萧条期间，20~24岁的年轻人的失业率达到17%。但同一年龄段受过高等教育的人则过得更好些，他们的失业率仅为9%多一点。

然而，尽管美国受教育的劳动力人口总体有所上升，但美国学生的数学和科学考试分数却远落后于中国、日本、新加坡、芬兰和其他一些国家。美国教育部发现，只有不到一半的高中生能处理涉及分数、小数、百分数、初等几何和简单代数这样的问题，美国成年人的情况更为糟糕。最近第一次针对24个发达国家成年人的调查显示，美国人在读写能

① Kathleen Iverson,“Managing for Effective Workforce Diversity,” *Cornell Hotel and Restaurant Administration Quarterly* 41, no. 2 (April 2000): 31 - 38; Gail Johnson,“Time to Broaden Diversity Training,” *Training* 41, no. 9 (September 2004): 16.

图表1-5　**教育花销**

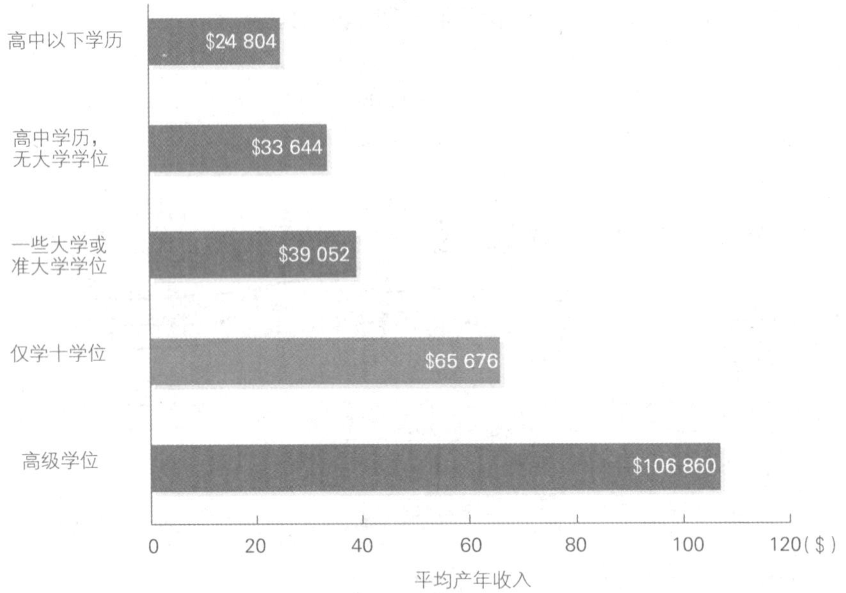

Source: U.S.Department of Labor.

力、数学、计算机技能考试中得分低于日本、加拿大、澳大利亚、芬兰和其他得分最高的发达国家的平均分。[①]

这对美国意味着什么？施乐公司著名的前CEO，同时也是热心的教育倡导者David Kearns说："美国的劳动力正处在严重的危险之中。我们现在已经没有合格的人选。如果现在的人口和经济变化趋势持续下去的话，美国企业不得不每年雇用数以百万计的不会读、不会写以及不会算的员工。"[②]随着婴儿潮一代的退休，这个问题很可能恶化。人力资源经理应该做些什么？最好的方法是找到帮助企业竞争、应对这些挑战的战略。

1.5.3　适应影响劳动力的文化和社会变革

人们的态度、信仰、价值观和个人习惯是构成文化的必要部分。当然，他们的文化和交往影响他们的行为和所在组织的环境，影响他们对工作任务的反应、领导风格和奖励体系。文化和社会变革正在持续进行，人力资源政策和程序也因而必须针对这些变革而进行调整。

1.雇员权利

影响雇员权利的法律正在不断地变革。本书我们将讨论影响今天的公司的主要法律。这其中包括法律赋予雇员享有平等雇用机会的权利（第3章）、安全和健康的工作环境

---

① Lyndsey Layton, "U. S. Adults Lag Most Countries in Literacy and Computer Skills," *Washington Post* (October 8, 2013), http://washingtonpost.com.

② "Corporate America Can't Write," *Work & Family Newsbrief* (January 2005): 4; J. R. Labbe, "Future of an Illiterate Citizenry Is Dim," *Fort Worth Star-Telegram* (August 26, 2007): C1, C8.

（第12章）、法律规定的失业和医疗卫生福利以及政府制订的养老金计划（第11章）、同工同酬（第9章）等。

2.关注雇员的隐私

在责任岗位上的人力资源经理和员工，以及部门经理，普遍意识到拥有辨别力的重要性，这种辨别力可以使他们掌握所有雇员的信息。自从1974年通过《联邦隐私法》以来，对隐私的重视更为明显，身份盗窃现象近年来有所增加。而该法案仅仅适用于联邦机构所持有的记录，这引起了对隐私的重视，使得其他隐私法案得以通过。1996年颁布的法案包括《健康保险携带和责任法案》（HIPAA）以及卫生与公众服务部颁布的与隐私有关的法案，这些法案对个人医疗信息的正确使用和披露起到了保护作用。

为了执行隐私保护法案，现在大多数企业试着限制在时间表、登录表和其他的雇佣表格上使用社会保险号。一些企业封存了雇员的档案，对可以获得其他人的资料的雇员进行背景检查，教育员工谨防欺诈并且与专门从事防止身份盗窃的公司合作签约。全球化成为保护隐私的另一个转折点。比如，欧盟国家禁止把个人数据转移到数据保护法律不充分的国家。①

尽管1986年通过的《电子通信隐私法案》保护了人们在电子通信过程中的隐私，如电子邮件，但是当涉及雇员在工作环境中的电子通信的隐私保护时，规则就不同了。雇员们也必须明白雇主是有权监管他们的电子邮件、电话、短信和网络使用情况的。雇员在网上——如在Facebook、LinkedIn等社交网站上——发布的信息也成了雇主监管审查的对象。有些雇员甚至为了申请工作把自己的密码告诉了社交媒体网站。

因为总是存在潜在的诉讼可能，所以企业在遇到雇员隐私问题时总是小心翼翼地处理。企业因为员工在互联网上对组织进行了诽谤性的评论而对其进行惩罚或开除时，往往成为被告，雇员和劳动组织声称这样做侵犯了员工自由交流和集会的权利。类似地，美国平等就业机会委员会指出，它将控告组织对候选人进行背景调查（揭示犯罪背景、信用历史等），这是对少数群体的歧视。

在工作场所安装摄像头也是一个问题，使用全球定位系统（GPS）同样如此。“非营利组织的工作场所公平报告”称，雇主对雇员驾驶的公司汽车使用GPS定位以跟踪员工去了哪儿、驾车速度有多快，以及通过监控汽车有多长时间没有移动来判断休息的时长；使用员工智能手机上的应用程序来看员工在哪儿，如果他们已及时到岗，要派他们到离得最近的岗位。②

这些事情是合法的吗？在许多情况下，是的。在美国的大多数州，雇主要求员工提供社交网站密码是合法的。在大多数州，监视员工而无须告知他们是合法的。立法者无法列举所有这些情况，但其中一些可以在法庭——一个雇主们都不希望出现的地方——上评判。这些实践会严重挫伤员工的士气，阻碍企业吸引一流的人才。

3.对工作态度的转变及其与员工敬业度的关联

当今的员工已不太可能仅仅用金钱来判断自己成功与否。很多雇员，特别是年轻人，

---

① "Avoiding Identity Theft," *Aftermarket Business* 114, no. 12 (December 2004): 10.

② "Your Rights: Surveillance at Work," *Workplace Fairness* (December 2010), http://www.workplacefairness.org/.

认为对生活满意度高的人更善于平衡工作中的挑战和生活中的收获之间的关系。虽然大部分人还是热爱工作，并且希望能做得很好，但是他们更喜欢在工作中寻找乐趣，追求职业的多元化，而不仅仅满足于“有份工作”的状态。事实上，在一项针对3 000多名雇员的调查中，有86%的人表示完成工作和平衡工作与家庭是他们的头等大事。只有35%的人表示在工作上的成功和向上晋升是最重要的事。

人们还表露出追求更加有意义且简单的生活方式的迹象。这种新的生活方式不得不让雇员管理变得更加积极。员工敬业度可以被定义为员工对其工作倾注热情和承诺的程度。员工敬业度不容易获得。许多研究表明，非常少的员工能如企业所期望的那样对待他们的工作。结果是，人力资源管理要比员工最为关注的经济生存更复杂。

4.平衡工作与家庭

尽管最近的统计局数据显示情侣在推迟结婚和生育，但是平衡工作和家庭仍然是企业和雇员主要关心的问题。自1973年以来，雇员的工作时间在持续增加，凭借通信技术，越来越多的员工时间更多地被公司事务占用。使任务更加复杂化的是，当前家庭也更加多元化，包括双薪族（two-wage-earner）家庭、单亲家庭、同性伴侣家庭，以及几世同堂的家庭。

竞争性组织发现给雇员提供更多的家庭友好型（family-friendly）选择能够使它们占据优势。这些选择包括远程办公、弹性工作时间、日托服务、老年人护理、兼职工作、工作分担、产假、育儿假、行政调任、夫妻参与职业生涯规划、家庭问题援助。大多数《财富》500强公司，包括沃尔玛和埃克森・美孚石油开始提供同性伴侣健康保险福利。①

那些适应雇员个人需求和情况的企业发现，通过这些办法，企业可以更好地吸引和留住顶尖的人才。例如，安泰人寿提供6个月的产假，员工在返回工作岗位时还可以选择兼职，通过实施这一措施，安泰人寿减少了50%的离职率。美国银行鼓励它所有的员工在上班时间拜访他们子女所在的学校或是做任何学校的志愿者。②

家庭友好型公司必须在有家庭的员工和单身的员工之间平衡利益分配。大部分员工没有18岁以下的子女。根据世界大型企业联合会（Conference Board）的一份对实施家庭友好计划的企业的调查结果，没有子女的雇员对已有子女的雇员心存不满，因为他们得不到这些计划的好处。③

1.6 人力资源经理的作用以及与其他部门经理的合作关系

本章到目前为止已经列出了当代企业所面临的一系列挑战。人力资源经理在帮助企业应对这些挑战时发挥了关键作用。例如，利用商务统计与调查，人力资源经理能够评估企

① Ashley Surdin, "Benefits for Same-Sex Couples Expanding," *Washington Post* (November 27, 2009), http://www.washingtonpost.com.

② Todd Raphael, "The Drive to Down-shifting," *Workforce* 80, no. 10 (October 2001): 23; Jim Olsztynski, "Flexible Work Schedules May Make More Sense: One in Six Americans Qualifies as a Caregiver Who May Benefit from Flextime," *National Driller* 26, no. 2 (February 2005): 16 – 19; Karen Springen, "Cutting Back Your Hours," *Newsweek*, 151, no. 19 (May 12, 2008): 60.

③ Leah Carlson, "Flextime Elevated to National Issue," *Employee Benefit News* (September 15, 2004): 1-16.

业员工的雇用和效率——员工如何思考、学习、工作、解决问题、管理自己的时间，进而发现他们如何为组织提供价值，人力资源经理可以权衡这些差异。

相似地，通过跟上劳动力的趋势并挖掘、收集、分析数据，人力资源经理会帮助企业在与全球企业竞争时选择最好的战略，选择对企业和员工来说最好的人力资源系统，最大化劳动生产率，管理福利方案等。例如，堪萨斯城一个中等规模的技术型企业——Cerner公司，没有选择削减福利计划，而是通过统计数据和其他数据找出员工易患的疾病，相应调整员工的健康福利计划。结果是公司降低了医疗卫生成本。

人力资源经理对其他部门经理也提供了有价值的服务，包括生产线经理。生产线经理是监督其他员工工作的非人力资源经理。成功的组织能够开发和利用员工的最大潜能。根据待处理情形中的员工类型，CEO和生产线经理在不同的时间与人力资源经理一同工作。

不同类型的生产线经理有不同的职能——运营、会计、营销等，对应不同类型的人力资源经理（他们有不同的人力资源职能）。他们当中一些人做专职培训和开发、招聘或赔偿；一些人专职研究行业和职业趋势；还有一些聚焦于劳动关系，为经理准备与工会谈判的信息。相比之下，人力资源通才可以处理人力资源工作的方方面面，这取决于雇主的需要。图表1-6表明了我们所讨论的人力资源职位的薪酬信息。

图表1-6　**人力资源职位及平均年薪**

职位	平均工资（美元）
培训和开发专职人员	59 560
培训和开发经理	103 810
补偿和福利经理	105 920
人力资源经理（所有其他的）	109 590

美国劳工部统计预测，对人力资源经理的需求在2012—2020年间有望增长。尽管如此，我们知道本书的大部分读者将会成为生产线经理和主管，而不是人力资源专职人员。所以本教材是应“帮助人更有效地管理人”的需要而写的。现在正在准备职业规划的学生们将会发现，研究人力资源管理为其提供了一个背景，对于将来谋求管理或主管职位是很有价值的。熟悉人力资源经理所发挥的作用将有助于与企业的不同部门合作，使生产线经理和高管充分利用其人力资源团队提供的帮助和服务。

1.6.1 人力资源经理的职责

一名人力资源经理的主要职责如下：

（1）战略建议与策略。人力资源经理经常作为一个内部顾问，为主管、经理和高管服务。鉴于他们懂得内部雇佣（internal employment）和劳动生产率指标，同时也懂得外在环境的趋势（经济和就业数据、法律和规则问题等），在做决策方面，人力资源经理是宝贵的资源。在一些公司——通常是大公司，首席合规官和伦理官在雇员面对大是大非时，帮助他们顺利渡过难关，确保员工遵守他们所在行业的法律和法规。这个工作很适合企业的高层人力资源经理。人力资源经理现在正被委以重任，向薪酬委员会提供建议，和前几年相比，这样能更密切地监督高管的薪酬。

（2）服务。人力资源经理作为企业的一员还要进行主要的服务工作，如招聘、甄选、测试、计划和指导培训项目等。为人力资源设计和执行人才管理计划，这些方面的专业知识是人力资源经理必不可少的。

（3）政策制定与执行。人力资源经理通常会提出政策建议，或起草新的政策并提出修订建议，以解决经常出现的问题和防止可能产生的问题。通常这些建议都提交给高管，因为他们经常发布各种政策。人力资源经理负责监督经理和员工的绩效，以确保符合已制定的人力资源政策、程序和惯例。他们更是一种资源，管理者可以向他们寻求政策的具体解释。

（4）雇员辩护（advocacy）。人力资源经理一直以来的角色是雇员的支持者——倾听雇员关注的问题并把他们的需求告诉管理者，以确保雇员的利益同组织的利益一致。

1.6.2 人力资源经理应具备的能力

正因为优秀的高管希望人力资源经理在组织的全局战略上发挥更大的作用，所以很多管理者要求他们有一系列互补的能力。图表1-7对这些能力进行了总结。

图表1-7 人力资源能力模型

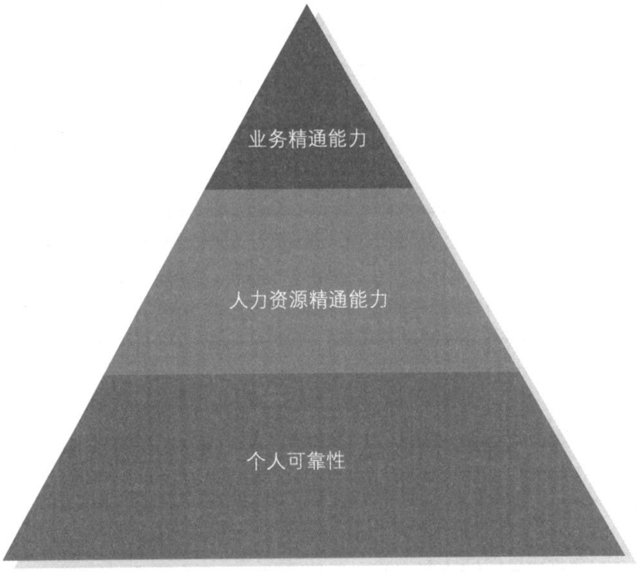

Source: Adapted from Arthur Yeung, Wayne Brockbank, and Dave Ulrich, "Lower Cost, Higher Value: Human Resource Function in Transformation," reprinted with permission from Human Resource Planning, vol. 17, no. 3 (1994). Copyright 1994 by The Human Resource planning Society, 317 Madison Avenue, Suite 1509, new York, nY 10017, (212) 490 6387.

（1）业务精通能力。正如我们所阐述的，人力资源专家应该知道所在组织的整体业务和战略。这就要求他们了解组织的客户、经济能力和财务能力，帮助企业如愿实现战略方向，并做必要的调整。人力资源经理应该具有良好的解决问题的技能，同时他们也是企业创造性的、创新性的战略资产。

（2）人力资源精通能力。人力资源专家应该是组织中的行为科学专家。人力资源专家应该精通招聘、开发、评估、奖励、团队建设、绩效评估和沟通等领域的知识。良好的人际交往技能也是必要的。

（3）个人可靠性。与其他的管理专家一样，在内部和外部的客户眼里人力资源专家必须是可靠的。可靠与信赖是从开发与企业内部和外部良好的客户关系、表明公司价值观、坚定自己的信念以及公正地对待各方来讲的。“聚焦HRM 2”根据社会对人力资源管理的要求，列出了人力资源专家应该遵守的道德准则。

聚焦HRM 2

人力资源管理的道德守则和职业标准

人力资源管理协会守则条款

职责

核心原则

作为人力资源的专业人士，我们的责任是使我们所服务的组织增值，并且帮助这些组织在道德方面获得成功。我们应对个人的决定和行动尽职尽责。我们还应该通过增加组织的信誉和价值，使它们成为行业的领导者。

目标

- 在我们的组织、企业界和我们的工作社区，建立起人们对人力资源专业的重视，以及提高对其可信度和战略的重要性的认识。
- 帮助我们所服务的组织实现其目标和宏图。
- 在当前和未来的从业者、我们所服务的组织以及公众中，宣传和学习对专业有帮助的原则和实践经验。
- 对工作场所和招聘活动产生积极的影响。
- 要鼓励进行专业决策，明确岗位职责。
- 明确社会责任。

方针

（1）坚持道德和职业行为的最高标准。

（2）衡量人力资源在促进或实现组织目标中的有效性。

（3）遵守法律。

（4）在工作中体现专业价值。

（5）在服务及社会责任方面努力实现最高水平。

（6）倡导适度用工与赞赏员工。

（7）提倡公开辩论，以及建立论坛进行讨论，以便对决策和结果产生积极影响。

专业发展

核心原则

作为专业人士，我们必须努力使自己的能力达到行业的最高标准，并且不断提升自身的业务水平。

目标

- 扩展我们的人力资源管理知识，加深我们对组织如何履行职能的理解。
- 加强我们对组织如何工作的认识（the business of the business）。

方针

（1）寻求正规学习的机会。

（2）持续地学习和提高技能，不断地应用与人力资源管理和与我们所服务的组织有关的新知识。

（3）促进知识体系和行业发展，并且通过教学、研究和传播知识使个人能力得到提高。

（4）进行相关能力考核的认证，如CCP、CEBS、PHR、SPHR等。

道德领导

核心原则

作为维护道德操守最高标准的榜样，人力资源专家被期望展现个人领导力。

目标

- 建立标准，并为他人树立榜样。
- 赢得人们尊重并增加对服务的人群的诚信度。

方针

（1）在每一次职业互动中有道德地展开活动。

（2）在进行个人和集体行动前，确保在决策和实施时符合道德伦理。

（3）在对道德问题产生疑惑时，寻求专家的指导。

（4）通过教学和指导，倡导其他人在行业和组织中做有道德的领导者。

公平和正义

核心原则

作为人力资源专业人士，我们应弘扬和培育全体员工和组织的公平性和正义感。

目标

营造和维持这样一种环境，鼓励个人和组织以积极有效的方式发挥其最大潜能。

方针

（1）尊重每一个人的独特性和内在价值。

（2）尊重和同情他人，营造没有骚扰、恐吓和歧视，并相互信任的工作环境。

（3）确保每个人都有机会发展自己的技术和新技能。

（4）创建包容、奉献的工作环境，促进组织的多样化。

（5）改进、管理和宣传对所有人都公平的政策和规定。

（6）以组织利益为重，支持、拥护组织做出的符合道德和法律的决定。

（7）在一个健全的组织或国家中，每个人应对自己的行为负责。

利益冲突

核心原则

作为人力资源专业人员，我们必须保持对利益相关者的高度信任。我们不但必须要保护利益相关者的利益，而且还要维护我们的职业操守，不应创造实际、明显或潜在的利益冲突。

目标

避免涉及或可能出现的与人力资源管理道德和职业操守有任何条文冲突的行为；避免发生与人力资源专业人士或组织中任何雇员的责任和义务相冲突的行为。

方针

(1) 坚持和倡导使用已经公布的有关组织内利益冲突的政策。

(2) 不应利用职权牟取私人利益，那些都是表面上的蝇头小利。

(3) 不提供或寻求在人力资源环节上的特惠待遇。

(4) 当冲突发生时，向利益相关者披露，在确定其中出现的利益或冲突时优先考虑自己的义务。

信息的利用

核心原则

人力资源专家重视并保护个人的权利，特别是在获取和传播信息时，要确保沟通的真实性并促进知情决策（facilitating informed decision-making）。

目标

通过充分利用开放的信息交流，在组织的所有成员间建立信任感，同时消除对不适当和/或不准确的信息采集和共享的忧虑。

方针

(1) 通过道德和负责任的方式获取和传播信息。

(2) 进行影响雇佣关系的决策时，要确保只采用适当的信息。

(3) 在允许其用于与就业有关的决定之前，调查信息的准确性和信息来源。

(4) 保持最新的和准确的人力资源信息。

(5) 维护机密信息。

(6) 采取适当步骤，确保所有关于人力资源政策和实践的交流信息的准确性和完整性。

(7) 采取适当步骤，确保所有用于人力资源培训的交流信息的准确性和完整性。

小　结

目标1　理解人力资源管理实务与问题能帮助你在市场上更好地竞争——作为雇员、产品经理或者人力资源经理。对所在企业有很好的了解的雇员和经理通过有效地利用人和他们的才能可以帮助企业实现战略——无论是什么战略。一个组织的成功越来越依赖知识、技能以及雇员的能力。为了“通过人来竞争”，组织不得不做好管理人力资本——知识、技能以及对组织有价值的能力——的工作。经理必须用战略性的思维去识别、招聘和雇用人才；要用公司独有的方法对雇员进行开发；要帮助他们形成创造性的思维并在全公司推广；鼓励信息共享；鼓励协作与团队精神。

目标2　全球化在市场上已经变得无处不在了。它影响了可获得的工作的数量和种类，要求企业平衡一系列复杂的问题，包括管理在不同的商务条件下，在不同的地理区域、文化和法律环境中工作的人。人力资源战略和职能应考虑这些差异并做调整。

在过去的几十年，随着全球化的快速发展，丑闻也随之发生，这引起人们对企业社会责任（良好的公民关系）的关注。公司发现这些努力会获得良好的声誉，提高企业的收入，改善它们吸引人才的能力。人力资源的领导作用之一是通过组织成为开发和执行企业公民责任的先锋，尤其是在公平对待员工方面。

目标3 先进技术减少了技术含量低的工作岗位，同时增加了技术含量高的工作岗位。这就是我们所说的从体力劳动者到知识工人的转变。有些人因此而失去了工作，而有些人需要重新进行培训。另外，利用信息技术建立的人力资源管理信息系统也对人力资源管理产生了很大的影响。数据的处理更加流畅，经理和雇员更容易获得信息，使人力资源部门能集中关注公司的战略。互联网和社交媒体也在影响着企业雇用员工、管理员工，以及人们找工作的方式。

目标4 劳动生产率被定义为“以一定数量的固定投入获得的产出”。组织通过减少投入（成本法）或者增加更多的人或物质资产提高员工生产的数量来提高劳动生产率。西南航空、纽柯钢铁公司以及制造和技术企业丹纳赫在它们所在的行业获得了低成本，不是因为它们克扣员工，而是因为它们是最有生产效率的。

为了最大化劳动生产率、遏制成本，组织必须控制劳动力规模，具体的措施包括离岸、外包、降低规模、休假、聘用兼职员工以及从专业雇佣代理机构处租赁员工等。人力资源管理的作用不仅是实施这些措施，而且也要考虑这些措施的优缺点，诸如它们可能影响企业的竞争能力，甚至可能导致企业失去了有才能的员工。

目标5 劳动力正变得越来越多元化，组织不得不更加重视员工关注的问题，使不同类型的员工福利最大化。人力资源经理要使人才的教育能力与组织的需要相匹配。雇员权利、对隐私的关注、对工作的态度以及在工作和家庭之间所做的平衡，作为劳动力转变中的文化动态正变得越来越重要。组织发现，作为这些转变的结果，适应员工个人的需要是吸引并留住顶级人才和提高员工敬业度的一个有效的方式。

目标6 当应对企业所面临的挑战时，人力资源经理发挥了许多重要的作用。他们提出了战略建议和伦理忠告、组织各种服务活动、制定政策并实施、向员工提出倡议。为了有效地发挥这些作用，人力资源经理必须对企业的运营、财务、员工能力有很深入的了解，并与生产线经理以及高管上下通力合作。人力资源经理所做的创新性和创造性工作有助于形成企业的战略，并帮助企业成功地应对市场上发生的变化。对人的管理不仅是人力资源部门的职责，每个经理的工作都包括对人的管理。成功的公司能够把人力资源专家的专业知识同部门经理的个人发展经验以及最大限度地利用雇员的才智结合起来。

关键术语

collaborative software 协作软件

corporate social responsibility 企业社会责任

downsizing 削减规模

employee engagement 员工敬业度

employee leasing 雇员租赁

furloughing 休假

homeshoring 家包

human capital 人力资本

human resources information system（HRIS） 人力资源信息系统

human resources management（HRM） 人力资源管理
knowledge workers 知识工人
line managers 生产线经理
nearshring 近岸
offshoring 离岸
outsourcing 外包
sustainability 持续性

讨论题

1.人是组织最有价值的资产吗？为什么？假设你的老板要在中国设立办事处，要你概括与人有关的要注意的问题，你会列出哪些要点？

2.指出一家你想要就职的公司，它过去的企业社会责任和持续性记录怎么样？这些因素对你来说重要吗？为什么？

3.技术的进步会减少对人力资源经理的需求吗？

4.削减成本的压力和对人的有效管理之间有冲突吗？为什么？

5.劳动力多样化的优缺点各有哪些？在全球竞争中，美国是因为人口多样化取得领先地位的吗？

7.在你看来，人力资源经理最重要的职责是什么？

案例学习1 新的人力资源战略使劳埃德变成“最好的公司”

几年前，经营了300多年的保险业标杆式企业伦敦劳埃德以雇用Suzy Black作为人力资源主管为开端，着手建立了它的第一个真正的人力资源战略。“我受命于把人力资源职能从老式的人事科室转变为削减边缘性业务、集中于核心业务并进行价值增值的职能，”Black说。

Black发布的第一个工作令是评估公司事务的当前状况，尤其是评估公司的高层经理是如何理解人力资源的作用的。根据手中的资料，Black和她的团队开始开发重要的战略议程以及具体策略，处理招聘、执行管理、基本政策制定、奖励制度制定、薪酬制度制定等事务。

雇员很快开始认识到Black行动的价值，改变了长期以来对人力资源的认知。逐渐地，他们看到了人力资源战略如何有效地为他们创造条件，开发他们的职业生涯，让他们发现自己工作的意义和价值。如今，劳埃德的员工列示了愿意为这个保险巨人工作的主要原因——公司的挑战性工作环境、健康激励计划、有意义的社区延伸服务项目等。

Black的努力赢得了劳埃德之外的人对她的赞誉，提高了劳埃德的地位，成为一个人们渴望为之工作的公司。劳埃德员工的平均任职时间是21年，简直不可思议。劳埃德被《星期日泰晤士报》评为（英国）“最值得为之工作的百家企业”之一，被独立研究人员誉为“英国最佳40强企业品牌”之一。

每年，应届毕业生争相竞聘劳埃德。新进人员轮流完成三至四个劳埃德指派的任务，以便他们能对公司和保险市场有一个认识，也对自己最终想要做的工作有一个更好的想法。除了产品和福利，公司也为员工提供机会做慈善，以及其他活动，以进一步使他们获得个人的成长。Black说："员工是非常复杂的人，驱动他们的除了赚钱还有很多别的因素。"

具有讽刺意味的是，Black一直在其他业务领域奋斗而获得职位晋升，这个职位是她的第一个人力资源职位。但她的经验却给了她人力资源专业人员的理想特征的清晰定义。"他们必须理解变革和转变，擅长运营，并平衡策略性、战略性的思维和行动，"她说，"他们要能管理和驾驭组织的复杂性和模糊性，偶尔为了给企业建立适当的范围不畏惧说'不'。"

思考题

1.Black认为员工要在人力资源领域成功地工作需要具备什么技能?

2.公司新的人力资源战略的成果有哪些?

3.你认为对一个全球化公司来说，制定人力资源政策有哪些挑战?

4.你认为什么情况会要求人力资源经理说"不"?

Sources: "Lloyd's: A Top Place to Work," Lloyds.com (March 16, 2011), http://www.lloyds.com; Helen William, "City Slicker" Personnel Today (August 11, 2009): 10 - 11; Digby Morgan Human Resourcefulness Newsletter, February 2010, http://www.digbymorgannewsletter.com/story04_ HR_02_10.htm; Company website: www.lloyds.com.

案例学习2　壳牌公司顶层招聘人员从市场获得线索

21世纪初，Navjot Singh加入皇家壳牌公司时，公司正面临着特殊挑战：壳牌公司工程师的离职率大约是全球需要新招入人员数量的3倍，新招聘的人数为2 500人，而工程师离职的人数是8 000人。而在那时，壳牌不考虑员工的选择。这个全球性的石油公司需要设计一个全新的形象——快。Singh说："同样地，市场营销人员知道他们需要做广告，以成为市场的领导者，人力资源部门也知道怎样去创造公司口碑。营销是确保消费者购买产品的唯一方法，也是确保壳牌成为人才的首选的唯一方法。"

"等一下！为什么壳牌的人力资源专员在谈营销?"你可能会很诧异。作为人力资源和市场营销的专家，Singh明白这两者间的协同效应。"我50%的精力用在营销——剩下50%的精力用在人力资源、沟通和招聘，"Singh说。Singh最初是负责客户关系管理的副总裁，但是当他发现壳牌出现了对新的人才的需求，并且对他个人来说运用自己出色的市场营销技巧来帮助企业达成目标有巨大的潜力时，他就迅速加入了人力资源团队，他的开阔的视野、成熟的技巧和经验都与企业的状况完美地匹配。

所以在Singh的心里，指出企业对新的人才的需求对雇主来说是建立声誉，也反过来传递了企业富有凝聚力的信息。但是壳牌的全球招聘方法除了凝聚力也没有什么。"那时我们有1 200个招聘系统，35个招聘公司，400个高管在为我们搜罗人才，"他回忆说，"我参加了剑桥大学举办的人才大会，那里壳牌有三个展台——英国、马来西亚、尼日利亚。这种支离破碎的方法让应聘人一头雾水。"如果为了迎合补充全球人才库的期望来满足对人才的各种需求，壳牌有必要创建统一的外展计划。公司每年从90个不同的国家招聘员工，是因为它认识到文化多元化的好处。

"仅仅告诉应聘人为什么要加入壳牌是不够的，我们要通过面试过程和应聘人亲历的过程——从某个人听说壳牌的一瞬间到他们加入我们当中——来展示这些理由，"Singh解释说，“招聘规则中有一个协调的方法：营销人员、经营人员、招聘人和一线经理要一起工作。”对人事部门来说，很有必要将以壳牌公司为中心的视角转移到以应聘人为中心的视角。

Singh和他的团队开始将各种营销技巧运用到招聘过程，结果削减了80%的招聘成本，雇用新员工的时间缩减了20%，并使壳牌在其细分市场上成为一流的雇主。实际上，壳牌公司因它的卓越的人力资源战略而赢得了超过75项的大奖。

Singh相信壳牌公司是众多公司中的代表，他解释说：“未来，公司将请求有技能的人才为公司工作，而不是应聘人申请为组织工作。人力资源应该意识到它所带来的战略价值。”

思考题

1.人力资源管理职能与市场营销职能的相似之处在哪儿？怎么理解通过“营销”一个公司的岗位来改进人力资源专员的战略焦点？

2.如果你打算把利用营销战略来使公司“品牌化”作为雇主的一个选择，你会考虑哪些因素？

3. Singh说，未来公司将请求有技能的人才为公司工作，而不是应聘人申请为组织工作，你同意他的观点吗？为什么？

Sources：Excerpted from Don Wood，“Lateral Thinking，” Human Resources （January 2010）：12 - 13；Christopher Van Mossevelde，“Views from the Top，” Employer Branding Today （April 16，2009），http：// www. employerbrandingtoday.com；Peter Crush，“Shell UK Combines HR and Marketing to Sell the Brand，” HR Magazine （August 25，2009），http：// www.hrmagazine.co.uk；Navjot Singh and Ana Maria Santos，“How Shell Recruited More for Less，” Marketing Society （July 9，2012）；https：// www.marketingsociety.co.uk.

第2章

战略与人力资源规划

学习目标

通过本章的学习，你应该能够：

目标1　解释人力资源规划和公司使命、愿景、价值观是如何与企业战略有机地联系在一起的。

目标2　理解组织外部环境是如何影响战略规划的。

目标3　理解为何进行内部资源分析对组织十分重要。

目标4　解释竞争战略与人力资源的关系。

目标5　了解组织如何成功实施战略并评估其有效性的必备因素。

目标6　描述企业如何评估其战略和人力资源执行情况。

在公司年报中有个话题反复被提及，即“人才是企业最重要的资产”。你认为这句话对吗？然而在过去，即使企业的管理者相信其正确性，也并没有真的去执行，他们通常致力于削减企业员工的数量而不是战略性地利用其拥有的人才。

但是，对许多企业来说，这一切正在发生变化。调查显示，现在有92%的财务总监相信人力资本影响组织的消费者服务，82%的人相信有影响的可能性，72%的人相信人力资本影响创新。[①]德勤咨询公司的一项调查显示，80%的公司高管认为，同以往相比，他们企业中人力资源的重要性有了显著的提高，2/3的高管认为人力资源已从尽量降低成本向作为一种战略投资方式转变。

在过去的两三年里，具有前瞻思维的公司也在建立自己的人力资源小组以推动实施中的短期项目，提供具体的需求预测和相关成本。甚至连小企业也意识到它们的员工是确保其竞争和生存能力的关键。正如富有传奇性的通用电气公司前CEO杰克·韦尔奇所说：“我们生活在全球化的经济时代，为了赢得战斗的机会，每一个公司需要每一位员工用他们头脑里的每一个思想火花和身体里的每一份能量投入比赛。”[②]

---

① Chistopher Rees, Hasanah Johari, “Senior Managers’ Perceptions of the HRM Function during Times of Strategic Organizational Change,” *Journal of Organizational Change Management* 23, no 2. (2010): 517.

② “The Importance of HR,” *HR Focus* 73, no. 3 (March 1996): 14; “Retiring Workforce, Widening Skills Gap, Exodus of ‘Critical Talent’ Threaten Companies: Deloitte Survey,” *Deloitte Consulting* (February 15, 2005), http://www.deloitte.com. Brian E. Becker and Mark A. Huselid, “Strategic Human Resources Management: Where Do We Go From Here?” *Journal of Management* 32, no. 6 (January 2006): 898 - 925; Jack Welch, “The ‘But’ Economy,” *Wall Street Journal* (October 30, 2003), http://online.wsj.com.

2.1　战略规划与人力资源

正如第1章所言：此书的主题是“企业的竞争是人才的竞争”，但是此想法仍只是停留在纸上谈兵的阶段，唯有通过真正的实践才能体会其深层含义。为了达到这个目的，我们需要理解一些与人力资源管理和战略管理相关联的系统和过程。以下定义可以加深读者对此的理解。

首先，战略规划（strategic planning）①就是制定组织的长期目标并将其付诸实施的一系列的程序和过程。本章立足于将战略规划定位成覆盖组织大部分行为的强外部性活动。战略规划尤其关注企业如何针对竞争对手的策略进行自身定位，以保证企业长期生存、持续创造价值和向前发展。人力资源规划（human resources planning，HRP）②与战略规划不同，它对要进入组织、离开组织，以及在组织内的员工来说是一个期望与供给的过程。总而言之，HRP的目的在于协助经理有效地配置人力资源以满足企业的需要，最终实现企业的目标。战略人力资源管理（strategic human resources management，SHRM）③将战略管理与人力资源规划有机地结合在一起，是一种保证组织实现战略目标的人力资源配置及人力资源活动的模式。

人力资源规划是组织的一项不可或缺的基本活动。例如，CNA公司是一家成立于芝加哥的保险公司，它通过实施人力资源规划发现企业的资金周转率在未来的两年里若以现在的速率发展，可能不会有担保人，这显示出人力资源规划是企业工具池中的重要工具。具有全球战略视角的公司热衷于并购、合资、离岸外包、重新布局工厂、开发产品创新计划和裁员等活动，进一步促使经理认识到人力资源规划的重要性和复杂性。

正如人力资源规划协会主席、执行总裁Walt Cleaver所言，在许多工业国家里，与日俱增的全球竞争压力引起了以价格为基础的商品化，从而使人才成为企业的巨大优势。正如第1章所讲的，复制竞争对手的产品相对容易，并且更容易成功，但是雇员的才能很难复制。④全球化与劳动力构成的转变影响到人力资源实践的各个方面（如员工招聘、选拔、培训、薪酬和激励），因此要求人力资源经理更多地参与到规划之中。

2.1.1　战略规划和人力资源规划：联系的纽带

优秀的人力资源经理需要把人力资源规划和战略规划作为一个有机结合的整体来对待。人力资源规划和战略规划在很多方面有联系，但是最根本的是两个方面：战略制定和

---

① 战略规划：制定组织的长期目标并将其付诸实施的一系列程序和过程。

② 人力资源规划：在企业内外部全面核查现有的人力资源的过程。

③ 战略人力资源管理：将战略管理与人力资源规划有机地结合在一起，是一种保证组织实现战略目标的人力资源配置及人力资源管理活动的模式。

④ Scott A. Snell, Mark Shadur, and Patrick M. Wright, “Human Resources Strategy: The Era of Our Ways,” in M. A. Hitt, R. E. Freeman, and J. S. Harrison (eds.), *Handbook of Strategic Management* (Oxford, UK: Blackwell, 2002), 627-49; Patrick M. Wright, Benjamin Dunford, and Scott A. Snell, “Human Resources and the Resource-Based View of the Firm,” *Journal of Management* 27, no. 6 (2002): 701 - 21; “What's Affecting HR Operations? Globalization, Sustainability, and Talent,” HR Focus 84, no. 8 (August 2007): 8; Doris Sims, “Do You Know Where Your Talent Is?” *Training* 45, no. 1 (January 2008): 46.

战略实施。人力资源规划为战略制定过程的各个方面提供一系列的基础，即组织需要一定类型和数量的员工去实施既定的战略。例如，Barnes & Noble公司准备进入网上购物领域，且要与亚马逊公司展开竞争，这时高管就不得不考虑他们是否拥有能够在这个领域取得成功所必需的人才。2009年，Barnes & Noble公司通过同样的实践再次率先登陆Nook电子书领域。

除了战略制定之外，人力资源规划对战略实施也很重要。换句话说，一旦公司制定了战略，公司的管理人员需要做出资源分配决定以制定相应决策（与组织的结构、过程和人力资本相关的决策）去实施战略。[①]像GE、IBM、CIGNA等公司在战略制定和战略实施的结合运用上取得了很大的进展。[②]3M公司将这两方面进行了科学化，不仅致力于精心设计劳动规划，而且指出如何利用员工来扩展世界市场。如今它70%的产品已卖到了国外。按照3M公司的人力资本经理Brian Ronningen的说法，公司能够设计“任何劳动工种的需求——在世界任何地方，适用于任何业务”。[③]

图表2-1作为本章讨论的线索，显示公司如何将人力资源规划与战略规划以这种方式匹配起来：公司业务战略与公司的总体宗旨、目标、价值观一起构建人力资源战略，匹配相应数量和类型的人员、所需具备的技能以及类似的东西。换句话说，人力资源战略要配合业务战略，以有助于执行。例如，如果企业的战略是基于效率，则人力资源战略将聚焦于鼓励员工寻找更好、更快以及更有效率的方法为企业完成这些任务。如果企业的战略是基于创新竞争，那么它的人力资源战略就是鼓励和激励员工创新和创造性地完成这些工作。例如，在通用电气公司，员工为企业开发和设计专利产品将收到金钱奖励。

尽管企业的业务战略为人力资源战略创建了环境，但它不是单行道。一个企业的员工类型与文化和氛围反过来将约束企业所能取得的战略成果。所以人力资源规划和战略规划是融为一体的：战略规划决策影响人力资源关注的东西，同时也被其影响。正如人力资源规划专家James Walker所言：“今天，几乎*所有*的商业活动都需要人的参与，*所有*的人力资源活动都有商业的参与。”

研究人员Douglas Conger和Jeff Ready研究了那些因缺乏人才而使战略最终失败的企业。为了强调人才对企业是多么的重要，他们指出了一个实例，伦敦的一个开发商不得不放弃一个价值5亿美元的重建项目，因为没有一个训练有素的有才能的人来领导这个项目。人才问题在企业当中是一个太普遍的问题——Conger和Ready得出了这一结论。

---

① "The Importance of HR," *HR Focus* 73, no. 3 (March 1996): 14; David Brown, "HR's Role in Business Strategy: Still a Lot of Work to Be Done," *Canadian HR Reporter* 14, no. 19 (November 5, 2001): 1 - 20; "How Should the HR Dept. of 2004 Be Structured?" *Human Resource Department Management Report*, no. 3 (November 2003): 1.

② T. J. Watson, Jr., *A Business and Its Beliefs: The Ideas That Helped Build IBM* (New York: McGraw-Hill, 1963), 5; James W. Walker, "Integrating the Human Resource Function with the Business," *Human Resource Planning* 14, no. 2 (1996): 59 - 77; James W. Walker, "Perspectives," *Human Resource Planning* 25, no. 1 (2002): 12 - 14.

③ Patrick Kiger, "Serious Progress in Strategic Workforce Planning," *Workforce Management* (July 1, 2010), http:// workforce.com.

图表2-1 战略规划与人力资源的联系

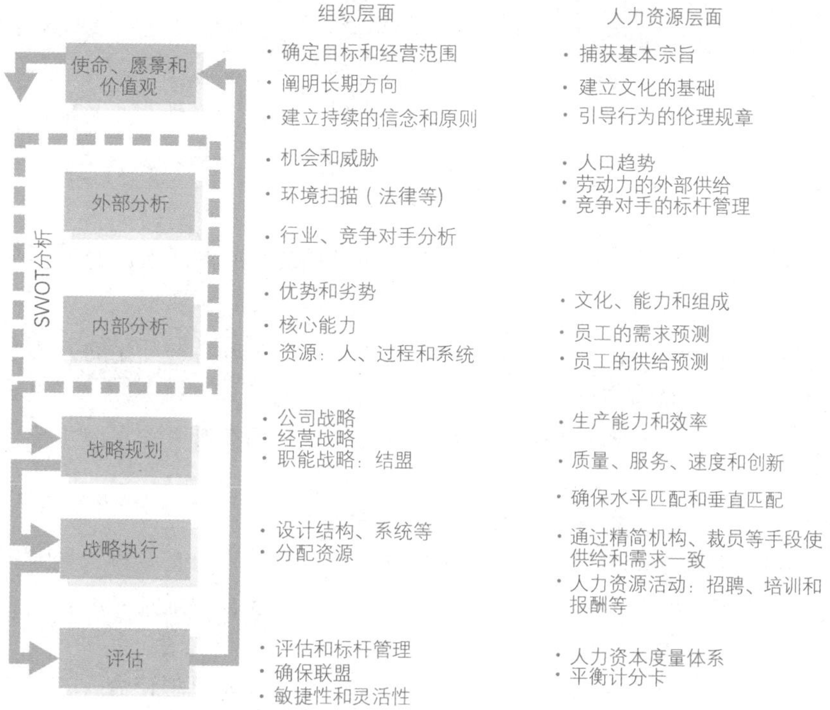

2.2 步骤一：使命、愿景和价值观

当你进入大学时，你可能思考了很多你一生中要做的事。信不信由你，当企业开发它们的战略规划时也经历了同样的思索过程。企业战略规划的第一步是确立组织的使命、愿景和价值观。像组织的经营范围一样，使命①是组织的基本目标。它解释了组织存在的原因，以及组织里员工的共同目标。使命是向消费者提供各种服务的一种书面的成文的规定。使命的宽与窄取决于组织的经营范围。例如，谷歌的使命是："搜集全球信息，使人们更容易地获取更具价值的信息。"②

组织的战略愿景③是建立在组织的使命的基础上的，提供组织向何处发展以及组织未来会成为什么样的视角。虽然使命和愿景两个术语经常交替使用，但是愿景理想化地、清晰地陈述了组织的长期发展方向和战略意图。

组织的核心价值观④是组织长期坚持的信念和原则，是企业决策的基础。它们是组织文化的精华以及组织的个性化表达。⑤例如，全食公司的核心价值观如下：

---

① 使命：向消费者提供各种服务的一种书面成文规定。使命的宽与窄取决于组织的经营范围。

② Bala Iyer, "Deconstructing Google," *Computerworld* 42, no. 15 (April 7, 2008): 32 - 33.

③ 战略愿景：描述组织走向何方，未来会变成什么样子，明确公司的长期方向和战略意图。

④ 核心价值观：组织长期坚持的信念和原则，是企业决策的基础。

⑤ "Core Values and the Companies that Do Them Well, Grapper," *Grasslands: The Entrepreneurial Blog* (April 4, 2010), http://grasshopper.com.

- 销售质量最好的可获得的天然有机产品。
- 使顾客满意和高兴。
- 使团队成员幸福和卓越。
- 通过利润和发展创造财富。
- 关注社区和环境。
- 与供应商一起创造持续的双赢伙伴关系。
- 通过健康饮食教育促进股东的健康。

这些核心价值观都是一个公司对待消费者、雇员和公众所需要考虑的重要参数。

2.2.1 开发使命宣言

作为经理和企业主，你将如何为你的企业精心设计使命宣言？开始的方式之一是思考下面这些问题，并写下你的答案。

- 你建立企业的原因是什么？我们所需要做的事情是不是有另一家公司已能满足要求或者更符合要求？
- 我们怎么做，或者做得更好，来满足这些要求？
- 我们的市场和客户在哪里？我们如何经营？在本地，在本区域内，还是遍布全球？
- 在我们的组织中员工所分享的核心价值观是什么？我们能继续把它作为使命的一部分吗？这些价值观如何把我们与其他公司区别开？

一旦组织或创业者对这些问题有了答案，他们就可以开始草拟使命宣言，合成这些信息。例如，万豪酒店的使命或愿景宣言是："成为世界第一大酒店。"公司的核心价值观如下：

- 以人为本
- 追求卓越
- 拥护变革
- 正直行事
- 服务世界

2.2.2 在建立和强化企业使命、愿景和价值观中人力资源的作用

作为一个宣传者，通过这种服务，人力资源经理在制定、审视和调整企业使命时扮演着重要的角色。使命宣言准确反映了员工的信仰吗，还是只是反映了上层管理者的意图？如果使命宣言没有准确反映员工的信仰，应该怎么改？企业的使命宣言应使每个人的立场一致，朝着同一个方向前进。因而，它应做到准确无误。

人力资源经理通过以下措施帮助组织体现企业使命、愿景和价值观：

- 以员工会议、电子邮件、时事通讯、公告牌、企业网站、年报以及员工导向等口头或书面沟通的方式经常与员工进行正式或非正式的交流。一些企业，包括诺德斯特龙（Nordstrom），向一般员工询问有关新员工工作的事情，显示他们把企业使命、愿景和价值观付诸行动。这样做比仅仅口头说说或印在纸上更有正能量和激励性。
- 招聘和雇用员工时，他们的价值观必须与组织保持一致。"这能帮助组织吸引有长性的员工，他们把就业放在优先的位置上，就业对他们非常有意义，与他们的目标和价值观非常一致。"Dov Seidman（一位重要的人力资源顾问）说。

- 把使命、愿景和价值观转换成特定工作岗位的行为规范和职位说明，在认可和奖励员工时以此为基础。

就像组织本身一样，企业要时刻准备着改变使命宣言，当条件发生变化时，跟踪这些变化，持续审视环境威胁与机会。

2.3 步骤二：外部分析

在你决定学什么专业之前，你可能会看一些与职业有关的信息：在那些职业当中是否有很多机会；某些领域是否正变得比其他领域更有需求，或者有更多的利润？企业也在做同样的事情。基于此，企业要分析外部机会和威胁。环境调查（environmental scanning）[①]是系统地分析、监督那些影响组织的主要外部环境因素的方法，外部环境因素包括商务环境、偏远环境、竞争环境等因素，我们将逐个讨论。[②]

2.3.1 商务环境

企业的商务环境包括一般环境中的各种外部因素——企业不能直接控制但会影响企业战略的因素。在下一节，我们将着眼于这些因素，看看人力资源部门如何帮助企业了解商务环境。

2.3.2 偏远环境

偏远环境是商务环境的一部分。它包括常见的那些影响因素，但不是全部——实际上也包括企业无法控制的因素。经济变化、技术变化、人口变化、法律和监管变化就是例子。大体而言，当自己所在的行业发生变化时，一个企业只有适应这些变化，而不是影响它们。

1.经济和生态变化

所有的企业必须对经济变化（包括常规的、地区的和全球的经济变化）做出反应。在经济繁荣时期，企业更有可能去扩张。在经济衰退时，它们通常收缩。但不是所有的企业都这样，这取决于企业战略。一美元商店，如家庭美元商店和美元树商店，在上一次经济衰退时的销售额和商品价格都在上升。因为生意如此兴隆，它们又新开了几千家店，雇用了上千名员工。[③]

与经济密切相关的是生态条件。2011年，日本灾难性的海啸除了影响其世界供应链上的合作商，还影响了上千种不同类型的企业。一个日本半导体制造商相比其他企业率先恢复过来，这要归功于它在地震发生前三年开发的战略：公司创造了柔性制造能力，该规划使企业能够将生产转移到日本和亚洲其他地区，而不受制造设备的影响。[④]

---

① 环境调查：系统分析、监督影响组织的主要外部环境因素的方法。

② Jay J. Jamrog and Miles H. Overholt, "Building a Strategic HR Function: Continuing the Evolution," *Human Resource Planning* 27, no. 1 (March 2004): 51; Gary L. Nielson, Karla L. Martin, and Elizabeth Powers, "The Secrets to Successful Strategy Execution," *Harvard Business Review* 86, no. 6 (June 2008): 60 - 70.

③ Ann Zimmerman, "Dime a Dozen: Dollar Stores Pinched by Rapid Expansion," *WSJ Online* (February 4, 2013), http:// www.wsjonline.com.

④ Kelly Marchese, Siva Paramasivam, and Michael Held, Deloitte Consulting, "Bouncing Back: Supply Chain Risk Management Lessons from Post- tsunami Japan," *Industry Week* (March 9, 2012), http://www.industryweek.com.

2.技术变化

像经济和生态变化一样，技术变化如自动化对企业有着广泛的影响——企业不得不从战略上适应这些变化。互联网理所当然地影响着每个国家各行各业的企业。想一想旅游代理商，几十年来，他们通常是人们寻找航班、住酒店、租车以及诸如此类的事情的关键资源提供者，然而，随着在线预订系统的到来，旅游代理商不得不适应这些方法。今天他们有可能基于其提供的服务和擅长的某些领域来竞争。

同样，报纸发行商的目标客户也不得不从纸质订户向数字订户转变，同时调整其销售和收益战略，以与新媒体相配合，否则就得停业。许多技术专家期待未来3D打印技术和其他先进的技术能给“制造什么产品、怎样制造产品以及由谁来制造”等问题的答案带来戏剧性变化。

3.人口变化

在第1章，我们讨论了人口与劳动力市场的趋势，包括年龄、构成、劳动力文化素养以及移民等话题。从战略观点来看，劳动力供给的变化会限制企业战略的实施。尤其是高速成长的企业可能会发现，找到其所需要的人才来拓展业务很困难。虽然失业率各不相同，但是高技能岗位人才的缺乏给企业带来了战略挑战。20个增长最快的职位中，12个要求专科以上学历。这些劳动力需求趋势说明，作为环境调查的一部分，监控人口变化十分重要。它是人力资源经理的核心责任。

4.社会变化

社会态度在持续改变着各个行业的业务环境。我们在第1章曾谈到社会变化的问题，如人们对工作态度方面的变化，对环境和持续性的关注等。这些变化是如何影响企业的战略，尤其是人力资源战略的呢？

看看沃尔玛，几十年来，它一直以低价销售产品为主要关注点。但现在零售商正面临着日益增长的社会压力，即要像许多快餐公司一样给员工提供更好的薪资待遇。对于2013年执掌沃尔玛的CEO Doug McMillon来说，提供低价产品和更高的员工薪资是一个重大的战略挑战。

5.法律和监管变化

政府和立法问题——包括法律和管理条例——对于偏远环境来说有着广泛的影响。任何一个变化都能要求企业和整个行业显著地调整它们的战略方向。比如，美国政府2006年颁布了一项禁止屠宰马匹的法令，美国的马匹屠宰厂被迫退出这一行业，或者将工厂移到海外，如墨西哥——这可不是一个廉价的提议。不只是美国的法律和监管是偏远环境的一部分，其他国家也影响着企业。

2.3.3 竞争环境

竞争环境比偏远环境的意义要窄，企业更有能力影响它。正如图表2-2所示，竞争环境包括一个企业所在的特定行业，包括这个行业的客户、竞争对手、新进入者、替代者以及供应商。企业分析其竞争环境是为了适应或者影响竞争的实质。这种分析一般的经验法则是：这些力量中，每一个力量越大，这个行业的利润则越低（因为吸引力大）。

图表2-2 五力模型

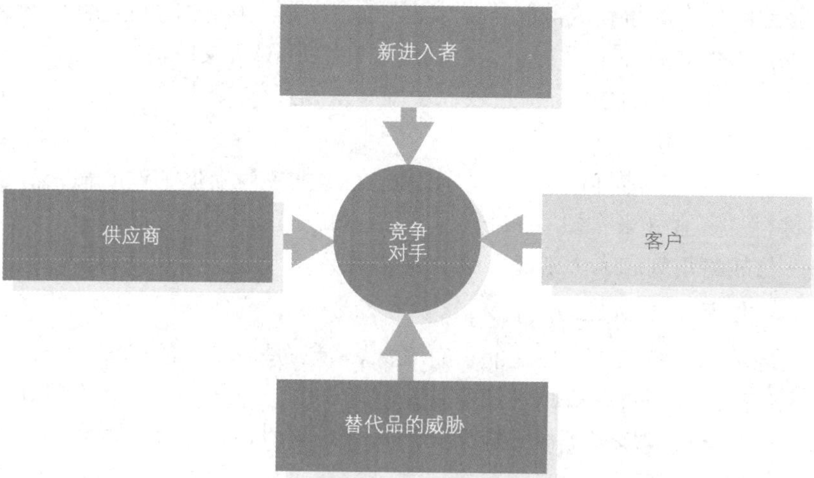

1.客户

一个企业的战略应该集中于为客户创造价值，客户通常想要不一样的东西。比如，在酒店行业，商务旅行者想要带有便利会议设施的酒店，度假者想要有游泳池、高尔夫课程和豪华的温泉浴场的度假酒店，其他旅行者可能想要一个不太贵的靠近高速公路的住处。这个关键点是“无法以不变应万变”法则，所以组织需要知道如何给客户提供价值。这是战略的基础，它影响员工所应具备的技能和行为的各种表现。比如，卓越的客户服务取决于行为和态度，包括满足客户各种特殊要求的友善和意愿等。

2.竞争对手

也许行业分析最主要的就是研究竞争的本质。竞争对手是谁？通常对每个人来说，答案很清楚，但有时却不是。多年来，玩具反斗城（Toys“R”Us）把其他的玩具商店如FAO Schwarz或KB Toys视为竞争对手。然而，其他的零售商如塔吉特和沃尔玛很快就成功地进入这个领域。在过去，玩具反斗城是以量取胜，但比它更大的沃尔玛在这一点上要远好过它。结果玩具反斗城不得不改变战略，更多地在客户服务和员工的专业性方面与对手竞争。

3.新进入者

有时新公司进入一个行业，可以与已建立的公司展开有力的竞争；有时，它们无能为力。为了保持自己的地位，企业通过建立进入壁垒阻止新公司进入此行业。尽管如此，当新公司进入时，经常有不同的——也许是更好的——方法为顾客提供价值。当维珍航空公司刚进入市场时，它的目标不仅是卖廉价票，而且承诺通过提供其他的福利，如提供空中音乐会、WiFi、MP3、在卫生间播放音乐等一流服务，[①]使乘客再一次选择维珍。像这样的新进入者能改变一个行业的“游戏规则”。

① Jan Alexander, “Virgin America's Guide to Not Screwing Up Customer Service,” *BNET* (February 22, 2010), http://bnet.com.

4.替代品的威胁

有时，行业的最大的机会或威胁不是来自于直接的竞争对手，而是来自购买者选择其他产品作为替代。例如，在电话行业，移动电话和互联网协议电话（voice-over-the-internet-protocol）以及Skype的服务快速取代了固定电话通信系统。

5.供应商

组织很少自己独自创造每样东西，取而代之的是供应商提供关键的输入。这些输入包括产品的原材料、资金（来自银行和股东）、信息和人员。最后的因素——人，传统上称为劳动力——与战略规划和人力资源规划直接相联系。

2.3.4 人力资源的外部分析

有关偏远环境和竞争环境的变化的信息来源，尤其是劳动力的外部供应，在经营上和战略上都是无价的。人力资源规划关注的就是这两个方面。在经营层面，劳动力供应变化直接影响组织所在区域或规划所在区域的雇用计划。相似地，要想拥有一个成熟的劳动力队伍，人力资源规划必须考虑招聘和替代政策的蕴意。其他劳动力市场的“气压计”包括进出该区域的移民政策、人口的流动性、企业对特殊技能的需求、失业率、劳动力教育水平、政府劳动力法规等。与年轻人密切相关的是，受过教育的工人以及高收益的消费者将引领数字化的未来。大型企业如摩托罗拉、雅虎以及其他公司几十年前曾搬到郊区，现在又重新回到城市或在那儿设立卫星办公室。

对外部劳动力市场的分析要依赖公开的文件。在美国，美国劳工部公布失业率、劳动力预测数据和人口特征。①美国劳工部统计局每个月发布的《劳动评论和职业展望手册》包括从业人员特征和劳动力的预期变化数据。此外，各地商会和各州政府的发展规划机构为帮助大企业和新企业进行投资，向它们提供本地区的劳动力市场的分析情况。海外咨询公司像IBM和埃森哲咨询公司是海外劳动力市场趋势信息的可靠来源。例如，3M公司人力资源团队定期地咨询他们正在做的或想做的业务所在的各个国家的人才供应情况。

进行劳动力外部分析包括评估你自己所在行业的人才——换句话说，要看劳动力的竞争环境。有意招聘来的一流候选人是从哪些学校毕业的？什么公司吸引大多数的候选人，为什么？什么公司最终得到了最好的候选人，为什么？精明的人力资源经理会追踪与竞争有关的其所在企业雇用和招聘人才的标准，这是诸如此类的外部劳动力“智慧”无价的来源。参加行业会议，与企业的供应商讨论有关业务和雇用的趋势，是另一个汇集竞争智慧的好方法。面试求职候选人也是这样。简单地询问候选人拒绝工作机会的理由，会产生大量的信息。我们将在第5章讨论这一方面的内容。

2.4 步骤三：内部分析

当你在选择专业时，你不但要看什么职业有需求，而且还要认真审视你自己能给别人带来什么好处。例如，石油工程师能为组织赚很多钱，因而有极大的需求。但是你有什么

① For example, see U.S. Department of Labor, Bureau of Labor Statistics, Geographic Profiles of Employment and Unemployment. The data and information are accessible via the Office of Employment Projections home page at http://www.bls. gov/emp.

本事能成为其中的一员呢？类似地，组织也分析自己的优势和劣势。

2.4.1 核心能力

现如今，越来越多的专家认识到企业的成功基于建立的一系列核心能力[①]，这种能力使本企业同竞争者区分开来，并向客户输送价值。你可以把价值创造视为成本/收益方案（价值=收益-成本）。例如，什么正激发或将激发客户从你的公司而不是其他公司购买的意愿？客户确实或将从你的公司花成本而获得或将获得什么收益？在什么领域你的组织吸引潜在的客户？大多数企业认识到要有3～6个核心能力，它们是关键的因素，使自己区别于竞争者。核心能力包括三个资源的组合：（1）做事方法；（2）系统（技术）；（3）人才。

做事方法对于如何做工作和达成想要的结果是一个“处方”或者标准程序。例如，山间医疗保健（Intermountain Healthcare）——一家位于犹他州的连锁医院和诊所——的公司高管分析企业的能力，发现不到10%的做事方法决定了超过90%的成本、时间和病人健康医疗的质量。这些被选定为组织将集中精力来提高其核心能力的做事方法。

一流的系统也是核心能力等式的一部分。它们包括信息系统、数据库、专有技术等。比如，大系统和技术是亚马逊的核心能力——它们是亚马逊重要的竞争优势。

另外，人才一定是关键资源，它是企业核心能力的基础。尤其在知识型行业中，如软件业、信息服务业，成功取决于“人才所拥有的专有技术”。这包括知识、技能、员工能力，它们对于执行公司计划以为客户创造最大的价值是极为关键的，这些技能很难被复制或替代。

结果是，大量的公司以前依靠标准计划来招聘和管理员工，现在正为员工量身打造计划，以满足员工的个人需求，这样他们会在更好的岗位上帮助执行企业战略。到目前为止，微软公司要求某些类型的员工设计自己的职业生涯路径。例如，公司为软件工程师提供以管理为主的岗位和技术专家两种职业路径，允许他们在两者之间转换。

2.4.2 通过人才维持竞争优势

如果组织能符合以下标准，则能够通过人才取得持续的竞争优势：[②]

1.资源具有价值。当员工提高效率或公司效益时，他们就是公司竞争优势的来源。当员工找到降低成本或者合并两项成本的方法时，价值增加。为提高净利润，诺德斯特龙和联邦快递公司放手并激励员工，激发他们的创造力。

2.资源具有稀缺性。当员工的知识、技能和能力不能同样用于竞争者时，他们就是竞争优势的来源。一些公司如微软、四季酒店、维珍航空公司之所以投入巨大，以雇用和培训最优秀、最耀眼的员工，就是为了获得超越竞争对手的优势。

---

① 整合组织内部的知识体系以使本企业与竞争者区分开来和为客户创造价值。

② For more information on methods to identify a firm's core capabilities, see Khalid Hafeez, YanBing Zhang, and Naila Malak, "Core Competence for Sustainable Competitive Advantage: A Structured Methodology for Identifying Core Competence," *IEEE Transactions on Engineering Manage ment* 49, no. 1 (February 2002): 28 - 35; J. B. Quinn, "The Intelligent Enterprise: A New Paradigm," *Academy of Man agement Executive* 6, no. 4 (2002): 48 - 63; Jane Wollman Rusoff, "Outsourced Solutions: Brokerage Firms Looking to Focus on Their Core Competencies Find the Most Value in a Resource-Rich Clearing Partner," *Research* 27, no. 11 (November 2004): 37 - 40.

3.资源必须难以模仿。当企业员工的能力和贡献不能被其他人复制时，他们就是竞争优势的来源。迪士尼、西南航空以及星巴克闻名于世界，是因为它们创建了独一无二的文化，进而从员工那里获益良多（通过团队合作），这是难以模仿的。

4.资源必须被组织起来。当企业的人才在短时间内被集合起来并委派到新的工作任务中时，他们就是竞争优势的来源。如你在第1章中了解到的，IBM、GE以及宝洁等公司密切“追踪”员工。结果是，这些企业能根据需要快速地重新指派人才去企业的不同区域。

这四个标准强调了人才的重要性，表明人力资源管理与战略管理之间的密切程度。

2.4.3 劳动力中人才的类型和他们的构成

对于组织而言，内部分析的一个相关因素是能力方面的竞争，这决定了所需要的人才的类型和企业当前劳动力的构成。正如我们所指出的，经理们需要决定员工是否有能力，内部是否有人才去实施组织的战略。管理者不得不做出艰难的选择——哪些人从内部雇用，哪些人从外部签约，以及如何考核具有不同技能的不同类型的员工对组织的不同形式的贡献。

图表2-3显示任何一个组织的不同技能类型的员工是根据他们创造的战略价值及其对组织的特殊性进行分类的。该图表明一家澳大利亚生物科技公司的各个部门和象限中的那些小组一样，致力于战略组织转移，集中于客户服务。作为一般准则，经理们认为对组织核心能力不重要的技能领域应该采取外部签约（外包）。人力资源规划在帮助管理者权衡雇佣方式与另一种方式的成本和收益方面扮演着重要的角色。

研究证据显示，他们在矩阵中的位置决定不同员工的雇佣管理和人力资源实践的变化。下面是一些主要趋势：

1.战略知识员工。这一类型的员工倾向于拥有与组织战略紧密相连且难以复制的独特技能（像制药公司的技术研发专家或软件公司的电脑专家）。这种员工通常从事具有自治权和自主权的知识工作。公司倾向于为员工做出长期承诺，投资于他们的持续性培训和开发，也可能分配一些公司的股权给他们。

2.核心员工。这类员工拥有的技能对于组织相当有价值，不是特别独特或很难复制（像百货公司的销售员或快递服务业的卡车司机）。这些员工趋于从事传统类型的工作，他们的技能是可转移的，只要有可能，他们会离开去另一家公司谋职。结果，经理通常对他们投资较少的培训和开发，更多地倾向于支付短期绩效任务薪酬。

3.支持性员工。这类员工通常对组织的价值相对较小，一般可以在劳动力市场获得（如办事员、维修工人、会计和人力资源方面的行政人员）。这些员工可以通过和外部代理商签订契约快速获得，以支持战略知识员工和核心员工的工作。他们的职责范围受到局限，雇佣关系基于交易达成，重视规则和程序，企业对他们的开发投入很少。

4.外部伙伴。这类人员的技能是独特的，但是通常与组织的核心战略不是直接相关的（像聘请的律师、顾问和研究实验室专家等）。组织倾向于与其建立更长期的联盟和伙伴关系，培育相互学习的持续性关系，在与这些人交流信息和知识方面进行大量投资。

图表2-3 人力资本图

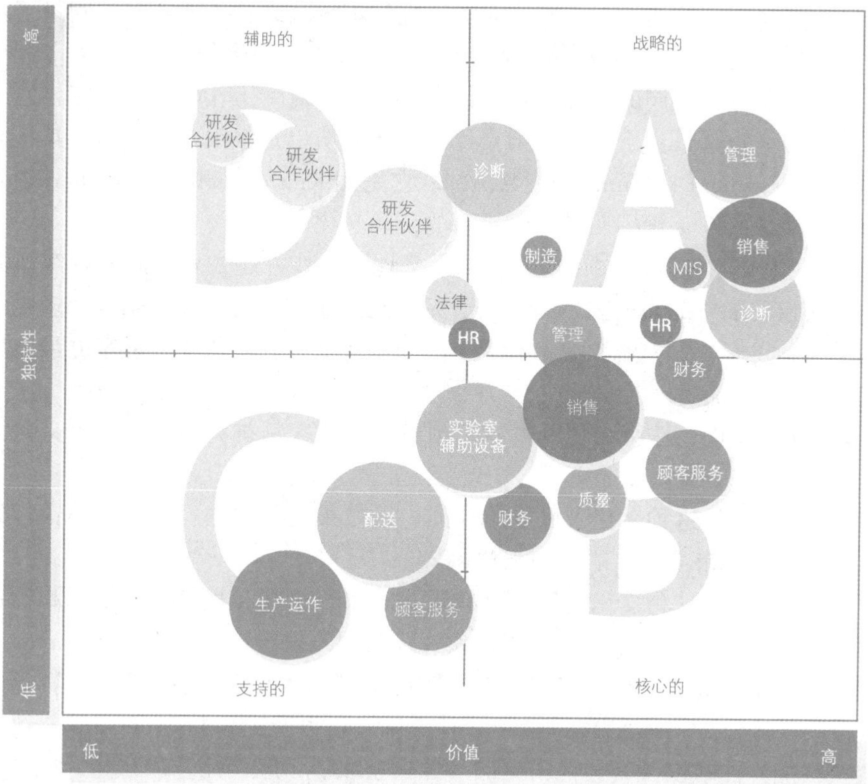

2.4.4 公司文化

回想一下我们在步骤一中讨论的使命、愿景和价值观。由于越来越多的管理者意识到员工对组织成功的重要性，他们经常进行企业文化审查[①]——审视企业员工的价值观、态度、信仰以及期望。他们能为企业制定出差异化战略吗？是的。文化审查能够帮助企业决定战略投资，也可用于分析当发生企业兼并时，两个企业的文化能否互为补充。正如我们将在后面讨论的，许多兼并失败都归因于公司的“文化冲突”，这通常发生在公司试图向兼并公司补充自己的员工队伍时。

1.进行文化审查

对一个企业进行文化审查，通常要调查其员工对下面这些问题的感受：你的组织经营得怎么样？员工之间是如何沟通的？你们如何化解冲突和危机？

SAS公司（一家商务分析公司，经常名列《财富》杂志“最值得为其工作的公司”榜单）列出了一些详细问题，包括公司薪酬、福利方案以及一系列关于公司雇佣实践、内部沟通、培训、识别程序、多元化成果等开放式问题清单。[②]通过文化审查，SYSCO、西尔斯和

① 企业文化审查：审视企业员工的态度以及工作生活质量。

② “‘SAS Again Ranks No. 1 on FORTUNE Best Companies to Work For’ List in America,” *SAS.com* (January 20,2011),http://www.sas.com.

大陆航空公司找到了让大多数员工将自己的价值观和获得收入的想法联系起来的方法。[①]

为了防止法律和道德违约，一些企业进行文化审查时设计了问题，询问员工对于为了满足企业的收入目标和方案而进行违背道德和非法行为的恐惧程度。[②]文化审查也常用于判断在组织中是否存在不同的群体或亚文化，它们是否对于工作的性质和应该怎么做有着显著不同的观点。也许最为广泛使用的文化审查问题清单是组织文化评估工具（Organizational Culture Assessment Instrument，OCAI），它是由Kim Cameron和Robert Quinn开发的。这个问题清单有助于识别四种不同类型的公司文化：

➢“宗族”文化：在这种文化中，员工紧密地联系在一起，对彼此和顾客倾注极大的关注力，忠诚和凝聚力是非常宝贵的。星巴克的文化被归类为宗族文化。许多中小型企业也属于此类型。它们的人力资源战略有更多的非正式性，并聚焦于营造家庭型感受，把员工与组织的感情联结起来。[③]

➢“偶发性”文化：这种文化以冒险、创新和企业家精神为特征。谷歌文化很明显属于这类文化。

➢“市场”文化：这种文化鼓励竞争性的、以结果为导向的行为。投资银行聚焦于实现财务数据就是这种市场文化的典型表现。

➢“等级”文化：这种文化的特征是有正式的组织机构和程序，视效率和稳定性为最大价值。效用型公司和信誉卓著的公司（如铁路公司）属于这种类型。

有些文化相比其他类型在某些战略上更有备无患。然而，大多数企业兼具这四种类型的元素。比如，W.L. Gore & Associates公司——一家生产戈尔特斯（Gore-tex，有防风、防水、透气性能）面料以及其他前沿产品（如太空服、手术产品）的公司，就具有高度企业家精神这种偶发性文化特征。然而，这家公司，是由创业者Bill Gore和他的妻子发起设立的，始创于20世纪50年代，仍然保留私有化特征，显示了其“宗族”文化的特征。

2.基于价值的雇佣

本章在开篇时提到，许多企业试图雇用价值观与企业文化相符的员工。这一实践就是基于价值的雇佣。[④]计算机网络供应商Juniper Networks挑出了四到六个行为，列示了每个行为的核心价值。“我们正在升级我们的游戏，准备挖掘更多的在Juniper看来最好的人才，”Juniper公司副总裁Greg Pryor说。[⑤]

按照作者James Clawson的说法，定位于员工价值的领导人在态度、信仰和期望方面比其他仅仅简单地关注员工行为和思维过程的经理人更有效率，这是有意义的。回顾第1章那位销售额增长了3倍的创业者的故事，他仅仅因为把员工行为视为理所当然的就被竞争对手驱逐出了市场。如果企业缺乏对员工是如何看待企业的了解，无论组织计划是多么

---

① Ken Carrig and Patrick Wright, *Building Profit through Building People: Making Your Workforce the Strongest Link in the Value-Profit Chain* (Alexandria, VA: Society for Human Resources Management, 2006).

② Joseph F. Castellan and Susan S. Lightle, "Using Cultural Audits to Assess Tone at the Top," *CPA Journal* 75, no. 2 (February 2005): 6 - 11.

③ Patrick M. Wright, "Human Resource Strategy: Adapting to the Age of Globalization," *SHRM Foundation.*

④ 它是指概述体现企业公司文化的过程，并雇用适应这一文化的员工。

⑤ Jennifer J. Salpeck, "Firms Tally the Value in Values-Based Recruiting," *Workforce Management* (January 2011), http://www.workforce.com.

宏大，那些计划都可能无法成功地得以执行和持续。

2.4.5　预测

一个组织的内部分析揭示了它现在仍然存在的许多问题。然而，事物总是在变化的。从一个重要的意义上来讲，战略规划就是管理这些变化。经理人需要长期地预测组织未来的需要和应对未来的能力，以便保持战略规划的有效性。如图表2-4所示，经理至少需要关注3个因素：(1) 预测人力资源的需求情况；(2) 预测人力资源的供给状况；(3) 平衡劳动力的供需状况。仔细关注每个因素可以帮助高层管理者满足人力资源的需求。

图表2-4　　人力资源预测模型

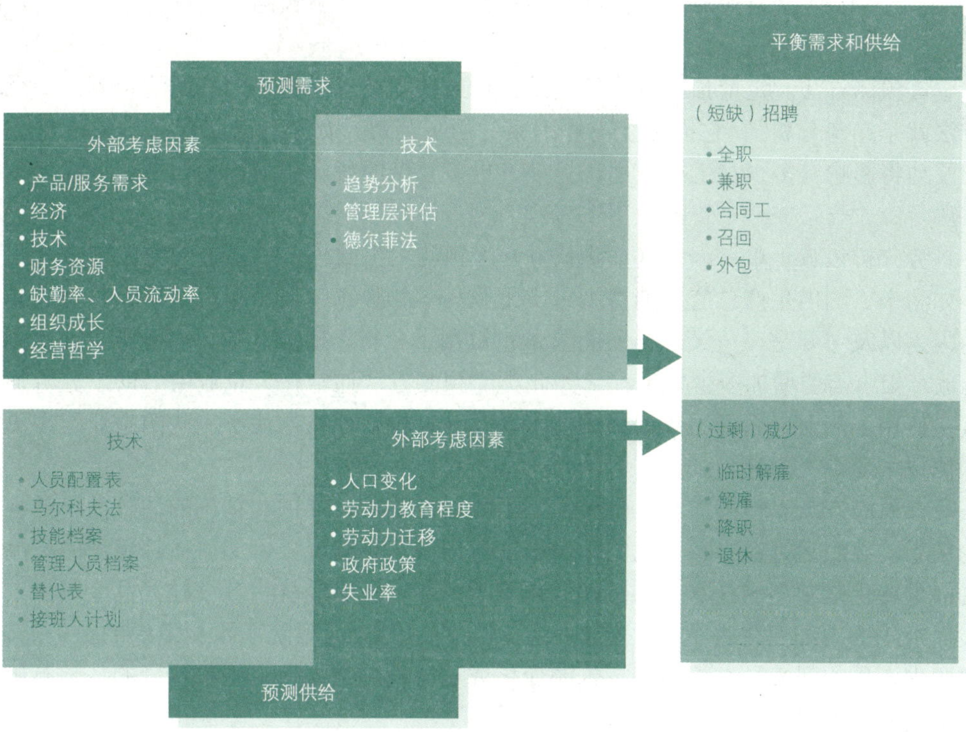

不预测或缺乏预测会带来高成本，如果岗位空缺没有补上，效率损失的成本是昂贵的，企业特别需要花费大量的时间去招聘和培训替代员工。这听起来也许毫无意义，但现实中我们经常看到这样的情况，一个部门解雇员工，而另一个部门进行相似工作的员工招聘。不准确的预测可能导致不必要的解雇行为，导致员工很难精确地评价自己的职业前程和发展路径。当这种情况发生时，一些有能力、有抱负的员工会去寻找能够为其提供更好职业机会的企业。[①]

---

① Stephenie Overman, "Gearing Up for Tomorrow's Workforce," *HR Focus* 76, no. 2 (February 1999): 1, 15; Kathryn Tyler, "Evaluate Your Next Move," *HR Magazine* 46, no. 11 (November 2001): 66 - 71; Bill Leonard, "Turnover at the Top," *HR Magazine* 46, no. 5 (May 2001): 46 - 52.

另外，精确的预测会为经理制定合理的决策提供信息，可以帮助经理做到人尽其才、岗得其人、能位匹配，在正确的时间和正确的地点提供正确数量和类型的员工——为组织和员工共同创造价值。

1.预测组织人力资源的需求状况

如果预测的关键是预测要满足组织目标所需的劳动力的数量和类型，那么问题依然是：我们应该怎么办？各种各样的因素，包括竞争对手的战略、技术结构和生产能力等因素都会影响劳动力的需求状况。例如，在第1章提到的，先进技术的运用可以减少对低技能员工的需求，同时增加对知识型员工的需求。外部因素——像商业周期（经济和季节性趋势）也扮演着重要的角色。例如，零售商（如Gap、Bath & Body Works、Marks & Spencer）在11月、1月和节假日大量招聘临时工。人力资源预测有两种方法：定量预测方法和定性预测方法。

定量预测方法。定量预测方法是使用统计或数学技术进行人力资源的预测。一个常用的方法就是趋势分析①，它描绘了商业因素的历史趋势，如销售额、员工数量。趋势以及它的波动将影响有多少员工被雇用。另外，更多复杂的统计规划方法包括模型或者多种预测方法。

趋势分析依赖于单一因素（如销售额）来预测用工需求，更先进的方法则结合几个因素，如利率、国内生产总值、消费者可支配收入、销售额，来预测用工需求。企业战略之类的因素以及“要是……又怎样”的情景也被用于分析。比如，如果企业想要扩大10%的销售额，相应需要增加多少员工？诸如此类的预测方法通常在大企业中借助于分析师和统计人员使用。然而，先进的数据集成技术以及计算机软件技术使小一些的企业运用更复杂的预测技术变得更为容易。

定性预测方法。预测与其说是科学，不如说是艺术，提供非精确的估计而不是绝对精准的结果。组织运行在不断变化的环境中就适用于这种情况。例如，估计组织的产品或服务的需求变化是预测的基本主题，就像预测国家和地区的经济状况一样。

而组织的内部变化也是至关重要的。例如，一个社区医院在预测组织的员工需求时，必须预先考虑的因素是组织内部技术的变化或这些设施是如何组织和管理的。预测组织员工需求也必须考虑到组织的资金来源。

与定量预测方法相比，定性预测方法很少使用数据。管理层预测②是组织的管理人员、部门经理以及专家或其他人对组织未来的人力资源需求的推断和预测观点。例如，在Souplantation and Sweet Tomatoes——美国一家汤类和烘焙连锁店，每个店的经理负责其连锁店的人力资源预测。另一种定性预测方法——德尔菲法，则通过征集和汇总一些对预先选定人员的判断来降低预测的主观性，提高预测的客观性。人力资源专员可以列出一系列的问题并对本公司的管理者进行提问。聚焦HRM 1包含一些有价值的问题，因此最终的预测转变成集体或团队的判断。

---

① 趋势分析：基于销售额等指标来预测劳动力需求的定量方法。

② 管理层预测：组织的管理人员、部门经理以及专家或其他人对组织未来的人力资源需求的推断和预测观点。

聚焦HRM 1

需要向财务经理问的关于人力资源规划和战略的问题

人力资源计划要求人力资源部的领导定期对经理进行访谈，以预测未来的人力资源需求。下面是一些样题：

- 企业管理面临的最迫切的问题是什么？
- 竞争对手的优势有哪些？我们如何与其竞争？
- 要赢得市场，我们需要哪些核心能力？
- 我们需要何种必要的知识、技能和能力去实施制胜战略？
- 实现战略的障碍有哪些？
- 哪种类型的技能和职位是组织所需要的或不再需要的？
- 组织内部需要何种技能才可以对抗外部合约供应商？
- 为了资源和战略优势的匹配，我们需要采取哪些行动？
- 为了吸引、激励和挽留所需雇员，我们需要什么样的奖励计划？

Source：Agilent Technologies for The Conference Board and the Society for Human Resource Management.

理想地讲，人力资源需求预测应该包括定量预测方法和定性预测方法两种。有些数据没有来龙去脉，包括一些由有技能的人力资源专业人士（熟知商业运作，能很好地分析和理解数据的人士）提供的数据没有人们想象的那么有用。“最重要的软件在你的大脑里。”一位人力资源主管解释了战略人力资源规划的本质。①例如，太阳微系统公司从更大范围的外部资源（如世界银行、欧盟统计机构以及商务期刊）收集国际市场人力资源数据。但是公司会整合内部数据以及从人力资源专业人士的角度观察得到的数据，来帮助太阳公司主管做决策。②

2.预测人力资源的供给状况

正如组织必须预测劳动力的未来需求情况，组织也必须判断是否能够获得充足数量和类型的劳动力以满足组织预测的空缺。和需求预测一样，这一过程包括了追踪当前劳动力水平和预测未来的劳动力水平。

（1）人员配置表（staffing tables）和马尔科夫法（Markov analysis）。内部供给分析从准备人员配置表开始入手。人员配置表③是组织所有工作岗位的图表显示，包含了组织现在各种工作岗位的实际员工人数（可能也包括预测的组织未来需求的人力资源的数量）。另一种方法叫马尔科夫法④，显示了公司每个工作岗位从这一年到下一年仍在组织工作的员工比例（和实际数量），也包括晋升、降职、调任和离职员工的比例。如图表2-5所示，马尔科夫法追踪各种工作的人员流动的模式并开发预测劳动力供给的转换矩阵。

---

① Carolyn Hirschman, “Putting Forecasting in Focus,” *HR Magazine* 52, no. 3 (March 2007): 44–49.

② Patrick Kiger, “Serious Progress Workforce Planning,” *Workforce Management* (July 1, 2010), http://workforce.com.

③ 人员配置表：组织所有工作岗位的图表显示，通过现在占据这些工作岗位的员工数量和未来工作岗位需要的员工数量来显示。

④ 马尔科夫法：跟踪各种工作岗位的员工流动模式的方法。

图表 2-5 **一个零售公司假定的马尔科夫分析**

2014 → 2015	商店经理	助理商店经理	科长	部门经理	销售代表	缺口
商店经理 (n=12)	90% 11					10% 1
助理商店经理 (n=36)	11% 4	83% 30				6% 2
科长 (n=96)		11% 11	66% 63	8% 8		15% 14
部门经理 (n=288)			10% 29	72% 207	2% 6	16% 46
销售代表 (n=1 440)				6% 86	74% 1 066	20% 288
预测供给	15	41	92	301	1 072	351

.转换百分比　　实际员工数量

预测人力资源的供给状况要求管理者更深入地了解员工的流动和旷工行为。本章的附录中有计算流动率和缺勤率的公式，同时也包括一个计算衡量公式，叫作**填充质量**[①]。这个方法得以发展是因为经理人知道不能仅仅是人在岗就可以了。填充质量衡量方法试图评估新进员工的履职情况，以便公司有足够的人员向战略目标推进。我们将在第5章介绍我们所讨论的招聘衡量方法。

（2）技能档案（skill inventories）和管理人员档案（management inventories）。人员配置表、马尔科夫法和员工流动率等类似方法倾向聚焦于有特定工作岗位的员工的数量。其他技术更多定位于员工的类型、技能、知识和经验。**技能档案**[②]记录员工的受教育程度、以往的工作经验、职业兴趣、特殊能力和技能、历史薪酬和工作年限。技能档案可以帮助组织找到满足即将出现的职位空缺的相关背景的员工。当收集资料的对象是管理人员时，这种方法称为管理人员档案。

（3）替换表（replacement charts）和接班人计划（succession planning）。技能档案和管理人员档案——广义上的才能档案——都可以用于开发员工的**替换表**[③]，用于列出现有的固定工作者并识别可能的替代空缺。图表2-6描述了组织如何开发一个部门的经理替换表的实例。请注意，这个图表提供了有关现在的工作绩效表现和替代升迁的可能性的信息。

---

① 用来评估新雇用的员工上岗以及履职情况的衡量方法。

② 技能档案：记录员工的受教育程度、以往的工作经验和技能等信息，以便管理者可以通过识别员工的背景资料快速地补充职位空缺。

③ 替换表：用于列出现有固定工作者并识别可能的替代空缺。

图表2-6　**经理人员替换表**

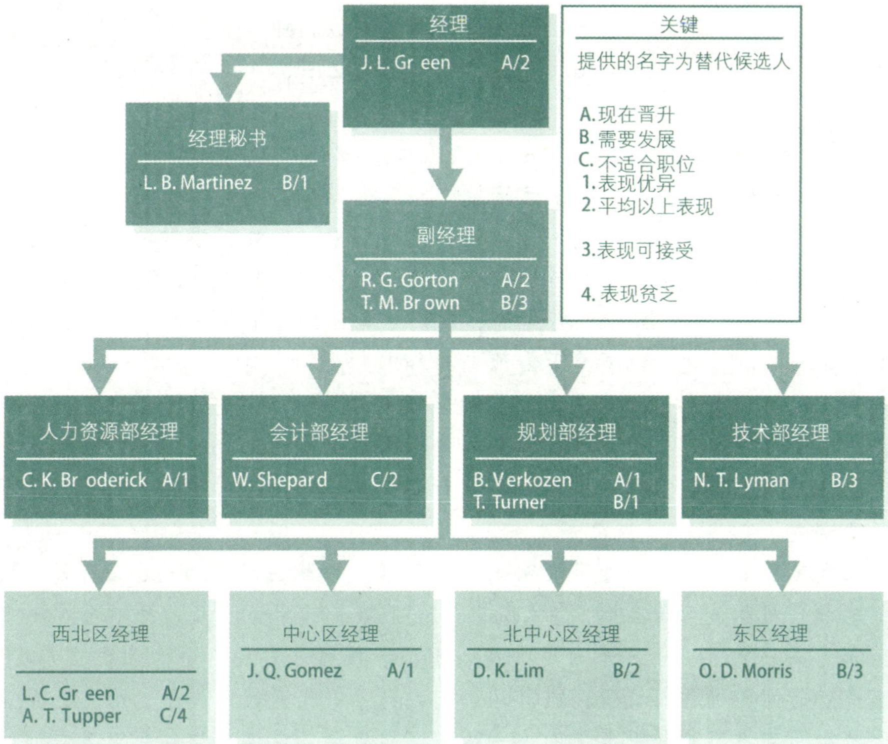

替换表与接班人计划一样被用于识别、挖掘、跟踪人才，以便他们最终能担任高层职务。比如，软件开发商Taleo基于企业组织机构表和代表员工的棒球卡设计了一个申请表。点击卡片，翻开它就能显示这个员工个人绩效的数据、职业信息以及其他一系列数据。埃森哲也开发了申请表，上面列示了员工在哪个岗位及其擅长的领域。申请表有助于经理部署决策，使埃森哲的员工无需彼此认识或在一起工作就能更为容易地与他人互相协作。

人力资源经理经常在挽留经理人包括CEO时痛心疾首，问题的关键就在于接班人计划。很有可能是因为CEO越来越多地来自企业外部招聘，他们很少关心内部的接班人计划，而是“带来一套自己的人马”。当然，因为劳动力流动性也日益增加，有些经理人想知道为什么要从内部选拔员工，他们最终可能会离开组织，还不如从外部招聘合格的人才。“经理人也因为迫在眉睫的问题而被搅得心烦意乱，尤其在困难时期，”哈佛商学院教授Ranjay Gulati解释说。取代接班人计划的是，经理从外面寻找救星式的员工来拯救组织，因为他们已不能应对竞争。[①]

① Leslie Kwoh, “Are Firms Neglecting Succession Planning?” Wall Street Journal (September 5, 2012), http://www.wsj.com.

小企业应用

缺乏接班人计划威胁家族企业

Sisters Craigie 和Debbie Zildjian是Zildjian Cymbal公司的第14代领导人，Brothers Mark和 Massimo Brooke是John Brooke & Sons公司的第15代领导人，金刚组父子（Toshitaka and Masakzu Kongo）是日本金刚组公司第50代和51代领导人。家族企业正在世代相传，而普华永道对全球范围内的家族企业所进行的调查显示，许多家族企业因缺乏接班人计划而倒闭。例如，根据最近的研究，尽管美国80%~90%的企业是家族企业，但继续生存到第2代的不到1/3，只有10%的企业生存到第3代。只有合伙人死亡或企业主生病，他们才意识到应该有接班人计划，以维持企业经营，继续为家族做贡献，或不至于使他们的员工失业。

企业主有时不愿意制订接班人计划，是因为害怕交出控制权。“企业主不愿意面对这一问题，是因为他们不想交出控制权，觉得他们的继承人还没有准备好，或者希望保持工作带给他的认同感。” IMD家族企业中心执行主管Al Agamy博士说，IMD是位于瑞士的一个国际商学院。

然而，在某些情形下，企业没有明确的继任者。Ashraf Mahate博士是一家迪拜经济开发部的代理机构的主管，他说：“所有的企业都要感谢企业家精神不会在一个人或一代人身上消亡——它取决于一个人要寻找、选择、执行和发展机会的动机。”如果这些活动的回报随着时间的推移而减少，或者从一代人到另一代人就消失了，那么，企业家精神就会随之减少。回报不只是财务上的——尽管它很重要，它会延伸到非财务方面，比如控制水平、职位等。

有时下一代并不热衷于加入家族企业，通常不建议逼迫家庭成员加入，相反，家族企业必须寻求能带来新一代接班人的方法。

因而，选择和推荐恰当的继承人是关键。J.Davis在国际家族企业挖掘继承人研究的演讲中，建议企业寻找一个具有以下特质的接班人：了解和热爱企业实质的人；通过教育和先前的经验，深谙他或她的优点和缺点的人；有领导和服务意识的人；想获得其他利益相关者尊重的人；一个知道什么时候去信任知识渊博的指引方向的顾问的人；一个在技能和能力上都符合家族企业战略需求的人。

即使有一个企业所有者愿意放弃这一控制，并有一个精心挑选的接班人蓄势待发，仍然要有一个实际的——事先就公开并众所周知的——过渡计划。“过渡计划的提出不要引起利益相关者的恐慌——就是说，金融机构可能担心这种变化会增加公司特定风险，” Mahate说，“供应商可能会担心影响未来的信贷提供，甚至影响与该公司的业务。客户可能会担心与公司的长期关系。因此，它事关每个人的利益，新结构要循序渐进地变化。”

sources：“Next in Line：The Advantages of Succession Planning，” *Forbes* （July 30，2013），http：//www.forbes.com；“Canada’s Banks Eye Succession Plans for Boomers，” Reuters （December 20，2012），http：//www.reuters.com；Manoj Nair，“Succession Planning Is the Key，” gulfnews.com （January 19，2011），http：//gulfnews.com；Ernesto J. Poza，Family Business，South-Western/Cengage Learning，（2010），85-89；Don Schwerzler，“Family Succession Plan First，” http：//www.family-business-experts.com/family-succession-plan.html.

如本章小企业专栏说明的那样，没有制订接班人计划会危及小企业。聚焦HRM 2列示了成功的接班人计划备忘录。

聚焦HRM 2

接班人计划备忘录

最佳实践的接班人计划和管理人员项目的每个特点在下面左栏列出，在右边填入数值——你认为这些组织管理特点的优劣。要求组织中其他决策者独立完成这个表格，并汇集得分，交换意见。

最佳实践的接班人计划和管理人员项目的特点		你对接班人计划和管理人员项目的特点的评价				
你的组织已经成功地……		比较差（1）	差（2）	中（3）	好（4）	非常好（5）
1	阐明接班人计划和管理人员项目的目标和预期结果					
2	通过建立胜任力模型确定组织各类工作的绩效要求					
3	制定一种测量与成功执行者所展现的能力紧密相连的个人绩效的方法					
4	通过建立各类工作的未来胜任力模型确定未来所需要的绩效					
5	在胜任力模型背景下创造持续的方法评估个人潜力					
6	通过个人发展计划的使用，制定缩小差距的方法					
7	创造追踪和保持员工应负责任的方法					
8	创造证明能力和快速发现组织人才（当组织需要的时候）的方法					
9	创造和保持研发员工的报酬					
10	制订评估接班人计划和管理人员项目效果的方法					

总计（将所有项目的合计数填到右边方框中）

分数

分数	评价
50~40	祝贺。接班人计划和管理人员项目与最佳实践相符
29~20	好。虽然你的组织需要改进，但是主要部分是适当的
39~30	非常好。组织正在建立一流的接班人计划和管理人员项目
19~10	不好。组织实施按需分配职位
9~0	失败。需要立即采取步骤改善接班人计划和管理人员项目

Source: From William J.Rothwell, "Putting Success into Your Succession Planning," The Journal of Business Strategy 23, no.3 (May/June 2002): 32-37.Republished with permission-Thomson Media, One State Street, 26th Floor, New York 10004.

2.4.6 评估一个企业的人力资本准备：对盖普的分析

一旦公司进行了员工技能、人才和诀窍的供给和需求的评估，它就能了解其后备人才情况。对比盖普（Gap）要求的员工数量和质量与其实际可用的员工数量和质量两者之间的差异，企业需要采取措施进行补救。加利福尼亚一个医疗系统发现，不久的将来，它将因为缺少护士——尤其是会说两种语言的护士——而无法满足人们的需求。它卓有成效地开展工作，从拉丁美洲如墨西哥招聘了合格的护士。

图表2-7显示Chemico这家化学制造公司如何运用Chemico系统评估它的后备人才情

况。与前几节我们的讨论相似，经理人的评估从识别公司的核心能力、主要的员工以及与这些能力关系重大的过程开始。Chemico的管理团队确认了八个重要工作“家族”，包括公司1 500名员工中的100人（换句话说，不到员工总数的10%）。对于这些重要家族，经理人确认了关键知识、技能以及建立核心能力的必要行为，以及目前合格的员工人数。正如图表中所示的低比例，公司不同岗位的后备人才范围从供应链管理设计专家无人胜任，到75%的人可以胜任呼叫中心代表。一旦企业的人力资本评估是全面的，经理人将有一个更好的基础为未来制定战略，并为应对执行战略的特殊要求而开发人才。①

图表2-7　　评估Chemico公司的人力资本系统

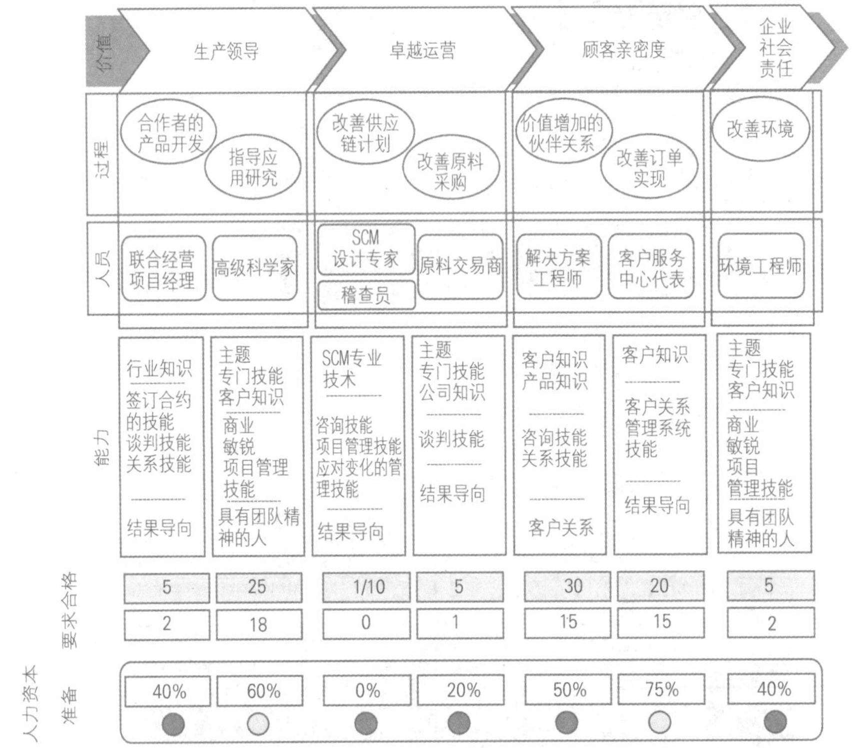

Source: Reprinted from Rebert Kaplan and David Norton, Strategy Maps: Converting Intangible Assets into Tangible Outcomes (Boston: Harvard School Press, 2006), Chapter 8.

2.5　步骤四：制定战略

再考虑一下你的教育背景、你的专业和你的职业取向，当你看到一份可能会做的职业、他们所给的工作机会、你的能力和择业的欲望时，你可能要制定一个战略：选择上一个大学去追求这其中的一个目标。当你毕业时，你可能会制定一个战略，以便按你的专业

① Robert Kaplan and David Norton, *Strategy Maps: Converting Intangible Assets into Tangible Objectives* (Boston: Harvard Business School Press, 2006), Chapter .

在一个地方成功地找一个你想做的工作。类似地，经理人在分析了企业内部的优势和劣势，以及外部的机会和威胁后，也会获得他们所需要的用于制定组织的公司层面、业务层面以及人力资源层面的战略的信息。

优势、劣势、机会和威胁的组合分析通常称为SWOT分析。SWOT分析①帮助管理者归总内外部分析中的重要因素和预测结果。战略制定以SWOT分析为基础，利用组织的优势抓住机遇、消除威胁并且减轻内部劣势的影响。简言之，战略制定是从简单的分析发展到设计连贯性行动的过程。图表2-8以一家时装公司Liz Claiborne为例做了SWOT分析。

图表2-8　Liz Claiborne公司SWOT分析实例

优　势	劣　势
• 品牌认知度 • 了解顾客需求 • 新产品线 • 广告推广 • 产品多元化战略 • 根据变化的需求偏好和生活方式进行剪裁	• 不断变化的顾客需求 • 竞争激烈的市场 • 向市场投入新款式的研制周期较长 • 服装生产线要么一举成功要么一败涂地
机　会	**威　胁**
• 海外市场 • 在世界范围做广告 • 进入大规模的消费市场 • 混搭装备的设计 • 男士运动服饰	• 主要的竞争者 • 严苛的政府管制 • 不断变化的店铺模式 • 配额限制

Source：“Liz Claiborne SWOT Analysis，” WikiSWOT，http：//www.wikiswot.com.

2.5.1　公司战略

公司战略包括竞争地点、竞争对象以及如何竞争。某些公司选择聚焦战略，它们只集中于行业中极其有限的一部分。例如，Visteon公司专注于为汽车提供电子设备、空调系统、照明系统和动力传动技术。相反的是福特公司，曾一度全面地整合公司——覆盖了从开采矿山到制造钢铁的各个方面，再到汽车的展示销售等活动。

1.成长和多元化战略

新兴和成长型企业的战略执行方式不同于成熟或衰退的企业。当公司成长时，公司的战略倾向于以地域、销售量和产量的扩张为中心。人力资源规划是战略的重要投入。成长发展取决于三个相关因素：（1）提高员工的生产效率；（2）大幅度增加员工的数量；（3）员工挖掘或掌握新技能。因此，一个企业的招聘、培训和员工激励等类似活动，既可以促进企业的成长，又可能限制潜能的发挥。

随着多元化发展，公司进入新行业，管理者不可避免地面对“自己制造还是买”的决

① SWOT分析：优势、劣势、机会和威胁的组合，为战略制定服务。

策，即企业是需要开发内部能力还是将业务外包出去。例如，当IBM在20世纪80年代初期进入个人电脑市场时，与英特尔和微软（新创公司）签订合约，它们为个人电脑提供硬件和操作系统。这个决策不单单取决于人力资源方面，但是不容置疑的是人力资源是决策时需要重点考虑的问题。戏剧化的事情发生了，2005年，IBM退出了个人电脑市场，并把个人电脑的整个业务卖给了中国电脑制造商——联想。今天，IBM正在集中精力开发客户技术服务，IBM相信这个业务从长期看是有利可图的，提供的产品也是竞争者难以复制的。为了实施这一新战略，公司利用10年的头几年时间购买了几十项与公司和其人才有关的商业服务。

一些公司多元化发展到远远超出自己的核心业务的程度。例如，同一时期的GE发展了为数众多的电子产品和家用产品。今天，它的产品涉及医疗、财务、卡车和航空运输、石油和天然气，以及动力和水力行业。为了管理这种多元化组合业务，GE投重金开发人才以及领导力，相比过去，现在它的传统产业集中于制造业，且大多数是资源外包。

2.兼并与收购

正如我们所解释的，近些年全球发生了大量的企业兼并和收购。这其中包括卡夫食品与英国糖果制造商吉百利的合并，美国航空（American Airlines）与全美航空（U.S. Airways）的合并，宝洁与吉列的合并等。当公司合并时，它们经常通过消除重复的职能部门，如重复的会计、财务和人力资源部门来削减成本。

然而有些合并进展得不是很顺利（通过投资回报、股东价值及其类似的指标进行衡量）。失败主要来自于文化的不兼容，也包括不同公司管理层间的冲突。德国企业戴姆勒-奔驰（梅塞德斯-奔驰汽车制造商）和克莱斯勒的合并就是一个例子。尽管德国这家企业有一流的技术，但是有报道说它没有太多的热情与美方分享技术决窍。诸如此类的问题直接表明有效的人力资源管理在合并期间的重要性。

3.战略联盟和联合经营

有时，公司并不兼并或收购另一家公司，取而代之的是采取战略联盟和联合经营等合作战略。特别是在公司进行国际联合经营时，文化问题（公司文化和国家文化）是最主要的。首当其冲的是，人力资源在判断文化的相容性和存在的潜在问题上扮演了重要的角色。当战略联盟形成时，人力资源部帮助其从各自的员工中选拔出优秀的管理人员并组成团队。此外，人力资源部参与设计绩效评估和联盟的相互激励机制。

2.5.2 经营战略

公司战略是经营范围的选择，经营战略则是经营领域的各个部分，更多地关注于企业是如何与竞争对手展开竞争以实现顾客价值的创造。企业可以通过降低产品和服务的成本或增加收益的办法提高顾客价值（或者二者共同使用）。经营战略表现为如下这些选择：

1.低成本战略：基于生产能力和效率的竞争

低成本战略意味着成本足够低，与竞争对手相比，能够为顾客提供具有吸引力的价格。如戴尔、沃尔玛和西南航空公司等都实施低成本战略。效率、生产能力和减少浪费是此战略成功的重要因素。这类公司通常比较大，并在产品以及货物和服务的分销方面具有规模经济优势，能低价销售，这会带来更高的市场份额、销售数量和利润。尽管如此，低成本领导者提供的产品和服务需要有顾客价值。正如大陆航空公司的CEO Gordon Bethune所言："你可以制作足够廉价的披萨，但是无人问津。"[①]总之，企业实施低成本战略是增加顾客的价值而不是赶走顾客。

低成本战略与人力资源规划有着很多的联系。首先，要对生产效率开刀。低成本战略的一个普遍误区是不可避免地降低劳动力的成本。恰恰相反，很多公司给出了示范，员工通过卓越的生产效率可以获得高薪，并同时为企业取得了低成本优势。就是说，这个战略绝对是物有所值，既可以以企业拥有的劳动力生产更多的产品，又可以用较少的员工生产相同数量的产品。按照宾夕法尼亚大学沃顿商学院人力资源中心主管Peter Cappelli的说法，最佳绩效员工的生产率比最差绩效员工的生产率高5~20倍，这要视行业而定，好市多公司就是一个例子。好市多公司和山姆俱乐部都采取低成本高数量战略。然而，一项研究发现，好市多员工的薪酬和福利远高于山姆俱乐部的员工，每位员工所贡献的利润也是如此。另外，好市多的员工离职率和相关的成本却低很多。[②]类似地，奥克兰运动家棒球队的总经理Billy Beane以充分利用运动员有限的工资而闻名。Beane通过认真地挑选和开发球员，做得比那些工资预算高的主要球队更加出色。

低成本战略与人力资源相关的第二个方面即人力资源与外包策略紧密相关。在一些例子中，公司通过与提供低成本的特定产品或服务的公司合作签约以获得低成本优势。这样的决策直接把战略规划和人力资源规划联系起来，也经常会导致裁员和员工的调任。公司采取外包策略主要基于对成本的考虑，如果员工的技能基础遭到损害且核心能力受到侵蚀，就会带来长期的不利影响。

2.差异化战略：基于附加值的竞争

另一种方式是向顾客提供某些独特的、与众不同的东西。实施差异化战略有很多途径：高质量的产品、创新特征、快速反应或优质的服务。里兹-卡尔顿酒店的定位是高品质和奢华，联邦快递聚焦于快速和灵活地递送，Neiman Marcus定位于时尚和顾客服务，苹果定位于创新和产品开发，它们都是很容易识别的采用差异化战略的例子。

这些战略都建立在人力资源管理的基础之上。例如，致力于服务的公司需要掌握和采取某些方式以授权员工更好地为客户服务。与致力于强调低成本和高效率的公司不同的是，实施差异化战略的公司鼓励员工灵活地运用规则，而不是把员工限制在严苛的规则下，公司让员工更灵活地选择"适合自己的方式"。

在严苛的规则下，服务导向型公司通常把员工的价值观深植于企业的文化价值之中。例如，高质量的星巴克咖啡店需要具有发展潜力的员工，他们可以自主做出决策。相似的是，诺德斯特龙公司的员工手册只是5英寸×8英寸大小的卡片，上面写着："欢迎到诺德斯特龙公司。规则一：任何情况下，自主进行判断。没有其他规则。"

2.5.3 职能战略：保证一致

除了制定公司战略和经营战略，管理者需要将战略重点转化到组织的各职能领域（像市

---

① John Huey, "Outlaw Flyboy CEOs," *Fortune* 142, no. 11 (November 13, 2000): 237 - 50; "Visions of the Future," *Human Resources* (January 2008): special section, 22.

② Patrick Wright, "Human Resource Strategy: Adapting to the Age of Human Resources Management," *SHRM Foundation* (2008), http://www.shrm.org/foundation.

场、制造和人力资源等其他活动)。这涉及经营战略的各个部分，但特别地是要保持人力资源和战略需要的一致性。基于这个考虑，人力资源政策和实践需要达到外部配合和内部配合。①

1. 外部协调/配合

外部协调/配合主要聚焦于经营目标和与人力资源相联系的重要活动。例如，我们前面提到，如果一个公司的战略目标是低成本，那么它的人力资源策略和实践需要通过改进员工的效率并施行可靠的行动、提高劳动生产率等方式进一步强化低成本目标。另外，如果企业通过创新和新产品的开发进行竞争，它的人力资源策略和实践将更加注重培育组织的创新性和灵活性。

为了确保外部协调或者配合，企业要自问其能力（包括它的员工）是否与企业的价值观相一致。大多数观察家赞同达美乐的创立者Tom Monahan的做法，他改变了披萨行业，不是因为他创造了更好的产品，而是因为他能提供与众不同的价值观——超过30分钟就免费，他创造了递送承诺的能力。案例1讨论了达美乐在更多细节上的协调一致。

2. 内部协调/配合

除了外部协调/配合以外，管理层需要确保人力资源的实践活动和内部相协调，建立相互影响的结构。人力资源的实践活动的整个范围——从工作设计、招聘、培训到绩效评估和薪酬——都需要关注员工的共同目标。不幸的是，人力资源实践活动中的培训主要集中于团队的工作和分享，而公司的绩效评价和薪酬项目往往强调个人成就。Charles Schwab公司就面临这样的局面。该公司在财务咨询服务领域享有盛誉，开发了对组织战略至关重要的团队文化。尽管如此，当公司改变薪酬战略、倾向于奖励高绩效的经纪人时，则向雇员传递了混乱的信息，使员工不知所措。到底哪个更重要？团队合作，还是个人的雄心？②

2.6 步骤五：战略实施

正如老话所说："好的开始是成功的一半。"——记住，也只是一半而已。对于任何规划，只制定合适的战略是不够的，仅仅是计划去上大学并为职业生涯制定一个战略是无法成功的。你还得去行动。如你所知，说起来容易做起来难。

战略实施对组织来说也很难。调查中有一半的经理人说他们的组织开发愿景和战略制定的能力与实际执行有一定的距离。零销商J.C.Penney在执行战略时的经历就是一个很好的例子。为了增加收入，公司在2012年年初经历了改头换面，试图吸引年轻的买家，结果销量暴跌，甚至威胁到了公司的生存。

图表2-9显示的是现在经典的7S结构，人力资源管理几乎对战略实施的每一个方面都有益处。7S包括战略（strategy）、结构（structure）、制度（system）、风格（style）、技能（skills）、员工（staff）和共同价值观（shared values）。7S中的硬性因素是战略，它指明了组织未来发展的路线，结构是组织成员相同行为的框架。如果战略需要重新组织、配置员

① Brian Becker, Mark Huselid, and Dave Ulrich, The HR Scorecard: Linking People, Strategy, and Performance (Cambridge, MA: Harvard Business School Press, 2001). See also Shari Caudron, "How HR Drives Profits," Workforce 80, no. 12 (December 2001): 26 - 31.

② A Singular Sensation for Schwab Brokers," *Businessweek* (January 24, 2002), http://www.businessweek.com.

工，那么人力资源部门需要密切参与。

图表2-9 7S模型

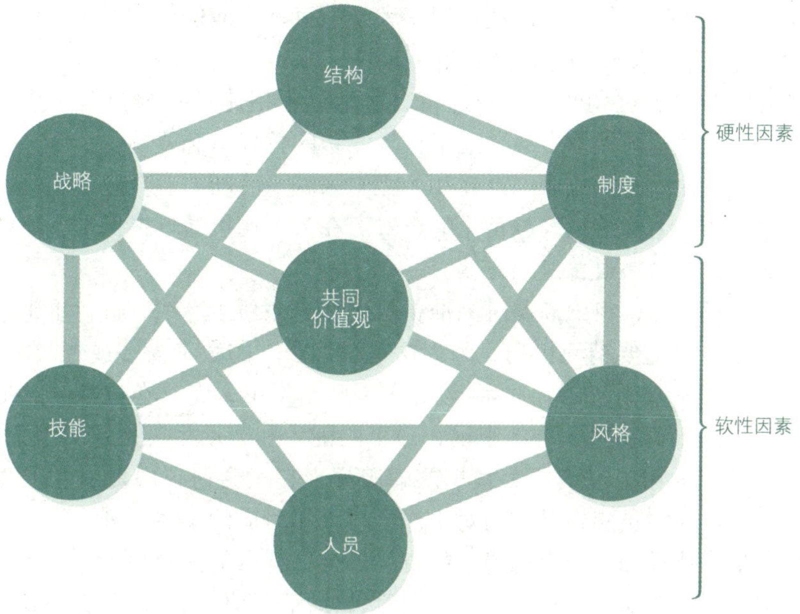

7S中与结构紧密相连的硬性因素是制度和过程，包括管理组织日常活动的正式和非正式过程。当组织考虑重新规划和设计过程去执行战略时，人力资源经理应确保最好的工作流程模型在适当的位置上，重要的是员工也可以彼此分享信息。随着战略的开发，员工能成为价值理念——工作流程应如何建立——的来源。

7S中的软性因素是共同价值观，或者称核心价值，它在本章前面作为战略规划的指导因素已经讨论过，它事关战略的实现。战略的变化经常要求员工和经理人校正或放弃他们过时的做事方法。人力资源经理作为企业文化——公司成立的原则及开展业务的基本思路——的守护者发挥了中心作用。这与风格问题紧密相联，它不仅指的是高层管理者的领导方式，也是员工向外界（供应商、客户等）展示自己的方式。技能和员工直接与人力资源管理有关，因为在最基本的层面，在战略执行过程中人力资源部门的作用是调和人力资源的需求和实际可获得的人力资源数量。

2.6.1 采取行动：调节供需

通过人力资源规划，组织努力追求需求因素和供给因素的适当平衡。需求情况取决于经营活动的预测趋势。供给情况牵涉到如何决定以及在何处找到填补职位空缺的合格候选人。

为尽力满足人力资源的需求，组织有很多员工选择方式，包括雇用全职员工、减少他们的离职率、让现有员工加班、召回解聘的员工、使用临时工或合同工、资源外包或离岸外包一些业务流程等。公司正在使用，或即将使用这些方法，以吸引和留住婴儿潮一代，避免未来的劳动力短缺，包括为员工提供灵活的休假安排、医疗保健，当他们最终退休时提供长期护理福利。[1]

如果劳动力短缺严重，公司恐怕要从基层开始培养人才。比如，得知有40%的年龄大的员工将在5年后符合退休条件，沙特一家国有石油公司Saudi Aramco开发了一个在国内雇用一流高校毕业生的系统，资助他们接受大学教育，给他们提供就业培训。该公司雇用了400名规划师分析其未来10年及更远的劳动力需求。[2]

当预测显示劳动力过剩时，组织通常会采取以下措施：限制招聘，减少员工工作时间，考虑裁员，有时用削减董事会薪酬来作为裁员的替代措施或额外措施。一些组织设法通过人员的自然消耗（例如辞职、退休和死亡）来减少劳动力。在过去的几十年里，提前退休是减少过剩劳动力供给越来越常见的方式。在大公司里通过提供“变甜的”退休福利鼓励雇员提前退休，这是很普遍的方案。

正如我们所讨论的，组织需要时刻准备退出和进入新生产线、进行重组、采取外包和离岸生产，并且有时需要精简机构，因为这些公司员工的数量太多或者员工的技能太差。雇员解聘的决定通常基于资历和/或绩效。在一些组织里，尤其在日本企业中，资历更是成为首要的考虑因素。在另一些组织里，员工的能力和劳动生产率这类因素优先于资历。在有工会组织的企业中，以资历为根据的解聘标准在工会协议中提出。工会通常重视资历，是因为他们认为雇员应该具有与对工作的投入相对应的某些权利。

虽然雇主也承认没加入工会的员工的资历，但这样做的一个缺点是，不太能干的员工最终得到的奖励和更有能力的员工一样。同时，使用资历作为解雇员工的基础的实践，可能对女性和少数种族员工产生不同的影响——他们普遍比别的员工资历低。

当企业规模缩小时，人力资源经理必须确保在此过程中没有违反法律，有许多这样的例子。当公司要裁减一定数量的员工时，会涉及保护少数种族与老员工被公平对待的法律，法律要求企业要有60天到6个月的预先通知时间。企业必须遵守政府条例，给一些已经下岗的工人和他们的家庭提供团体临时医疗保险。

2.7 步骤六：评价和评估

你可能知道有人毕业后在某个领域找到工作，取得了成功（或失败），然后为了生活决定去做其他的事情。同样的再评价和评估对企业来说也是一个重要的职能。在某个层面上，似乎评估一个公司的有效性是规划过程的最后一步，但它也是第一步。规划是一个循环的过程。为了方便起见，我们把评估放到这一章的最后部分，实际上它提供的信息也为规划过程中下一个循环提供必要的投入。

2.7.1 评价和评估问题

为了评估绩效表现，公司需要建立一整套的聚焦于战略规划预期效果的参数——就像它们使用度量标准来监测组织如何达到这些目标一样。目标包括取得一定水平的生产率、收益、利润、市场份额、市场渗透率、顾客满意度等。例如，Barnes & Nobles公司的

---

① "Poll Shows Concern about Aging Workforce," *Credit Union Management* 34, no. 1 (January 2011): 36.

② Patrick Kiger, "Serious Progress in Strategic Workforce Planning," *Workforce Management* (July 1, 2010), http://workforce.com.

Nook阅读器销售低迷被证明是拖了公司利润的后腿，于是在2013年公司重新评估了战略，开始考虑卖掉Nook分部。

由于战略管理的最终目标是创造竞争优势，很多公司评价绩效需要和其他公司相比较。标杆管理[①]是在特定领域中识别实践和绩效并和其他公司比较的过程。为了达成这样的目标，标杆管理团队需要收集本公司和其他公司的运作信息以揭示两者之间的差异。这种差异是绩效表现不同的原因，最终企业确定了一整套最佳实践活动，从而达到世界一流的绩效表现。对于客户来说，管理咨询公司普华永道发布月度和年度人力资源标杆信息，就包括了近900家公司的度量标准。

有趣的是，标杆管理的目标对象没有必要是竞争对手。例如，施乐想学习最优的顾客服务理念，它的标杆对象是L.L.Bean公司。通过与非竞争性的公司合作，施乐可以获得竞争对手所不知道的信息。

一个企业收集的人力资源指标可以分成两个基本类别：人力资本度量标准和人力资源度量标准。人力资本度量标准评估劳动力的各个方面，而人力资源度量标准评价人力资源功能本身的绩效表现。聚焦HRM 3展示了公司使用的一些基本的人力资源度量标准。大多数大型公司在一段时间内使用软件跟踪它们的人力资源度量标准。图2-10列示了人力资源“仪表盘”，它用软件跟踪，用图说明人力资源统计数据，以便经理人能一目了然(就像你在驾车时看仪表盘一样)。

图表2-10　一个人力资源仪表盘的示例

① 标杆管理：对比组织和向其他组织学习实践的过程。

聚焦 HRM 3

人力资源管理的亮点

不同的公司有不同的人力资源管理度量标准，这取决于它们的战略目标。下面是一些最普遍使用的度量标准：

一般标准	雇佣和离职率
总的薪酬和福利成本	总离职成本（遣散费等）
每个员工的薪酬和福利成本	每个员工的离职成本
每个员工赚取的收益	填充（一个职位）的平均时间
每个员工的平均薪酬	填充质量
员工工作的总时长	填充一个职位的成本
每个员工的工作时长	从内部填充职位的百分比
每个部门的员工数量	员工离职率
员工的平均年龄	自愿离职率
每个员工的缺勤率	非自愿离职率
培训和发展	人力资源度量标准
总培训成本	每个人力资源专家对应的员工数量
每个员工的培训成本	总人力资源费用
为现有员工提供的平均培训时间	每个员工的人力资源费用
为新雇用的员工提供的平均培训时间	花在资源外包功能上的人力资源费用百分比

正如我们所解释的，如果敏锐的人力资源经理能收集有关竞争对手的战略和人力资源管理实践等非正式的信息或者“情报”，那么可以显著地提高他们对组织的价值。这可以通过合法手段实现，如浏览行业博客、查阅竞争对手的新闻稿和Facebook网页、盯住他们提供的新闻、关注他们在Twitter上推出的信息，以及当竞争公司的名字出现在新闻中时设置谷歌电子邮件的提醒。

仅仅收集竞争对手和标杆企业的情报不会为企业赢得竞争优势。按照作者和人力资源管理顾问Mark Huselid的说法，一个竞争性优势取决于公司的人力资本、战略和核心能力的完美融合——各个公司各不相同。就是说人力资源经理不能简单地依赖标杆和其他企业的战略。相反，他们必须自力更生。如果他们能成功地这样做并加以贯彻，他们将取得持久的竞争优势。[①]

2.7.2 测量战略的协调性

本章前面介绍了战略协调和配合作为战略制定和实施的组成部分的重要性。作为评估的元素，一些有用的技术可以帮助经理人评估他们实现目标的程度。

---

① Ray Brillinger, "Best Practices: Human Resources Benchmarking," *Canadian HR Reporter* 14, no. 12 (June 18, 2001): 12; Chris Mahoney, "Benchmarking Your Way to Smarter Decisions," *Workforce* 79, no. 10 (October 2000): 100 - 103; Brian E. Becker and Mark A. Huselid, "Strategic Human Resources Management: Where Do We Go from Here?" *Journal of Management* 32 no. 6 (January 2006): 898 - 925.

1.战略地图和平衡计分卡

绘制公司战略地图的一个工具是平衡计分卡（balanced scorecard，BSC）[①]，以此来保证战略协调，它是由哈佛大学教授Robert Kaplan和David Norton提出的，BSC是帮助管理者将战略目标转化为操作目标的工具。这个模型有4个相关的因素：财务、顾客、过程和学习。BSC的逻辑深深扎根于人力资源管理。人员管理和学习有利于组织改善内部过程和提供优质的客户服务。内部过程——开发产品、服务等——对于提高顾客满意度和忠诚度非常重要，同时对于确保生产效率来控制成本，以及取得更好的财务绩效（包含成本）也很重要。顾客价值创造反过来帮助企业提高收益，进而提高利润。

图表2-11指出了星巴克是如何运作的。在每一部分中，星巴克都确定了重要的度量指标以使战略目标转化为操作准则。例如，在顾客度量指标下，星巴克需要着眼于重复消费顾客的百分比、新顾客的百分比和增长率等；在人员度量指标下，管理者需要观察员工提出建议的数量、对股票分享计划的参与、人员流动率和花费的培训时间等。这些因素中的每一个都与其他因素垂直相关。人员管理问题，如报酬、培训以及建议和有效的过程联系在一起（制造完美的杯子、提供一流的服务等）。这些过程可以提高顾客的忠诚度并使其增长。提高顾客忠诚度反过来会带来较高的利润和市场价值。

图表2-11　**建立度量模型**

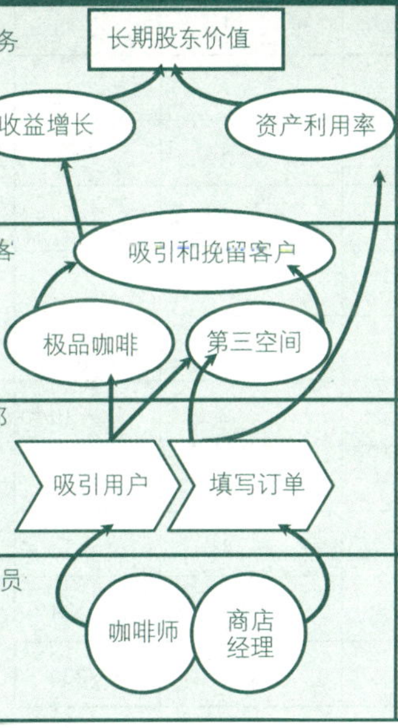

战略主题："第三空间"	目的	测量	目标	主动权
财务	• 盈利能力 • 收益增长 • 改进成本结构	• 市场价值 • 收益 • 一般费用与行政费用占销售额的比重	• 20%的复合年增长率 • 30%的复合年增长率 • 5%的复合年增长率	• 国际增长 • 美国增长 • 公司裁员
顾客	• 新客户 • 为现有客户创造更多的价值	• 顾客 • 新店 • 回头客 • 相同商店销售	• 20转/周 • 1 500/年 • 15%/周 • 13%的增长率	• 商店发展 • 新产品 • 客户忠诚度计划 • 新的合作伙伴
内部	• 友好服务 • 精确的订单 • 快速实现	• 客户反馈 • 第一次正确 • 订单实现	• +90满意度 • +99%精确度 • 少于3分钟	• 客户互动 • 自动化 • 周期选择
人员	• 商店性 • 咖啡师参与	• 平均任期 • 自愿流动率 • 参与调查	• 管理时间多于3年 • 80%的咖啡师 • 85%的等级	• 40小时的培训 • 音乐游戏奖品 • 咖啡豆股票

2.评估行业匹配性

回顾一下，内部匹配意味着人力资源实践活动彼此相协调，建立起相互加强的结构。

① 平衡计分卡：帮助管理者将战略目标转化为生产目标的测量模型。

图表2-12显示了一个例子——组织如何评价内部匹配性。首先，管理者需要确定他们希望实现的关键劳动力目标，此类型信息可以从平衡计分卡中人员/学习因素中找到，也包括忠诚度、客户服务、生产效率和创造性等信息；其次，管理者需要识别经常引起或加强这些劳动力目标的每一个人力资源实践活动（工作设计、人员编制、培训、评估和薪酬等活动）；最后，赋予每个人力资源活动从-5（强烈不支持）到5（强烈支持）的分数。管理者将这些分数加总，组织就可以清晰地了解人力资源实践活动是否相互协调以实现劳动力目标。

图表2-12 **评估内部匹配性**

劳动力目标

	销售效率	客户服务	商品信息	仓库维护	总计
结构/工作流程					
• 交叉功能团队	3	2	0	-1	4
• 工作轮换	3	3	-1	-1	4
全体员工					
• 测试组合	2	2	1	1	6
• 经验选择	5	3	2	2	12
培训					
• 零售销售技能	4	5	1	1	11
报酬					
• 结果评估	5	-4	-2	-5	-6
• 个人激励	5	-5	-3	-5	-8
领导力					
• 公司	3	3	1	0	7
• 核心管理者	4	2	2	2	10
技术					
• 商品信息系统	5	2	5	1	13
• 日常记录	4	-3	4	-1	4
	43/45	10/55	10/55	26/55	57/220

组织　　功能内聚

系统连贯性　26%

5=强烈支持

0=中性

-5=强烈不支持

这种分析方法的一个重要警告是：内部匹配是必要的，但是不会成为战略协调的充分条件。一个公司在人力资源活动中原本可以有着几乎完美的协调性，但是它们依然可能无法与竞争战略相匹配。鉴于此，评估内部匹配性和外部协调是管理者的重中之重。

2.7.3 确保未来战略的灵活性

除了需要在人力资源和战略之间建立和衡量匹配性之外，在环境发生变化时，人力资源也致力于确保战略的灵活性和敏捷性。最终，成功的人力资源规划可以提高组织能力——持续采取行动和变革以追求可持续竞争优势的能力。[①]灵活性可以通过两种重要方式实现：协调灵活性和资源灵活性。

当通过快速资源再分配以满足新的或变化的需求时，就会出现协调灵活性。通过人力资源规划，管理者可以预见近期活动、了解法律法规的最新变化、预测经济走势以及识别竞争者的动向等。在事先预知的情况下，管理者可以把人员投入和调离某些工作岗位，重新培训，以满足新技能的需要，并调整激励方式。使用应急工包括兼职工、临时工和外部合作者等也可以获得协调灵活性。[②]

另外，资源灵活性来源于员工可以以不同的方式做不同的事。交叉培训、团队工作模式等类似的活动都致力于形成具有灵活性的劳动力群体。

我们可以从上文中提取这些观念。但在本章的最后，我们想要强调战略规划为确保现在的优异绩效而设计的一个过程，就像通过提高能力和敏捷性来应对明天一样。正如著名的冰球运动员 Wayne Gretsky 所言："我不会滑向冰球现在的位置，我将滑向冰球未来的位置。"

小　结

目标1　战略人力资源管理（SHRM）是战略规划和人力资源规划的结合体。它被看作人力资源配置和活动的模式，用来确保组织实现战略目标。组织的使命、愿景、价值观为组织将在哪方面领先以及未来组织将成为什么样提供了一个视角。理想的情况是，它们明确了公司的长期发展方向和战略意图。

目标2　分析公司的竞争环境是战略规划的中心工作。环境扫描是系统监控影响组织的主要外部力量，包括商业环境、偏远环境和竞争环境。外部环境的变化对于组织运营和人员管理方式有直接的影响。有些变化代表机会，有些变化则代表对组织真实的威胁。

目标3　进行内部分析需要评估组织的优势和劣势，包括考虑公司的3种因素——文化、能力和组成。内部分析促使战略决策者评估组织的员工——他们的技能、文化信仰和价值观。

组织的成功越来越取决于员工的知识、技能和能力，特别是建立一整套核心能力——与竞争对手区分开来的能力。当员工的才能是有价值的、稀缺的、很难模仿的并可以组织的时候，公司可以通过人获得持续的竞争优势。人力资源规划是一个系统性过程，它涉及预测劳动力需求、进行供应分析、平衡供求。定量和定性方法有助于企业识别符合组织目

---

① 组织能力：一个组织连续执行活动和持续改善以获取持续竞争优势的能力。

② R. Sanchez, "Strategic Flexibility in Product Competition," *Strategic Management Journal* 16 (1995): 135–59; Wright and Snell, "Toward a Unifying Framework," 756–72.

标的员工类型。

目标4　经理人分析了企业内部优势和劣势之后，也要分析外部的机会和威胁，根据掌握的信息制定公司层面、经营层面和人力资源部门的战略。公司战略包括公司的竞争市场在哪，竞争对手是谁，如何与他们竞争。经营战略被视为公司的航向，它更关注的是公司将如何与竞争对手竞争，为客户创造价值。一个企业的人力资源战略和实践应与公司战略、经营战略相一致。

目标5　战略规划决策在影响人力资源功能的同时也被人力资源功能所影响。通过人力资源战略规划，人力资源经理可以主动识别和启动未来战略实施所需要的组织能力。当人力资源规划和战略规划之间建立起一种互惠关系时，两者才是最有效率的。

目标6　制定人力资源战略只完成了人力资源任务的一半而已。战略必须被实施。基于组织现有的内外部劳动力供给，人力资源预测必须与其保持一致性。这包括增加已有雇员的工作时间，雇用全职、兼职或合同工，精简机构，外包和离岸生产。如果劳动力短缺，那么公司不得不重新制定长期和短期战略规划，或者从底层挖掘人才。

企业也需要针对战略规划的“预期目标”建立一系列参数指标，以及监控企业完成这些目标的程度的标准。度量问题、标杆、一致性、协调性和灵活性是评估过程的核心。企业使用标杆、战略地图和平衡计分卡以及其他与人力资源有关的度量标准，以达到这些目标。

关键术语

Balanced Scorecard（BSC）　平衡计分卡
benchmarking　标杆管理
business environment　经营环境
competitive environment　竞争环境
core values　核心价值观
core capabilities　核心能力
cultural audits　文化审计
environmental scanning　环境扫描
human capital readiness　人力资本准备
human resources planning（HRP）　人力资源规划
management forecasts　管理层预测
Markov analysis　马尔科夫分析法
mission　使命
organizational capability　组织能力
quality of fill　填充质量
replacement charts　替换表
remote environment　偏远环境
skill inventories　技能档案
staffing tables　人员配置表
strategic human resources　战略人力资源

management 管理
strategic planning 战略规划
strategic vision 战略愿景
succession planning 接班人计划
SWOT analysis SWOT分析法
trend analysis 趋势分析
value creation 价值创造
values-based hiring 基于价值的雇佣

讨论题

1.指出人力资源规划模型的三个关键要素并讨论它们之间的关系。
2.影响企业战略的外部力量是什么?
3.如果企业想通过员工获得竞争优势,员工需要符合哪些标准?
4.解释公司战略和经营战略的差异。为什么组织需要考虑这两个战略?
5.对企业来说,为什么使其战略与多元化的人力资源相匹配通常是很难的?
6.企业要实施战略和结果评估要采取什么步骤?

HRM 实训

为不同类型的人力资本制定人力资源战略规划

人力资源战略规划的部分工作是确定组织的人力资本。当我们把员工的技能和独特性看成战略价值时,会发现组织是由具有不同技能的不同员工组成的——一些是知识型员工,一些是具有更传统工作基础的员工,一些是合同工,还有一些是外部伙伴。在这种情境下,我们不可能用一成不变的方式管理所有类型的员工。因此,在人力资源实践活动中,不同组合的员工的管理方式是有差异的。这并不糟糕,但是这加大了人力资源经理的管理难度。

任务

下面是对3种不同类型的员工的描述。你如何描述每个员工的特征?每个人在组织战略里扮演着什么角色?

Sobadia Bascomb是一个有着很高天赋的应用软件解决方案公司的计算机程序员。她是电脑行业的工程师精英,从事先进计算机模型的前沿工作。事实上,CEO Bill Ding相信计算机的未来取决于Sobadia 和她的团队所从事的创新工作。他很担心某些公司挖走Sobadia,因此给予Sobadia Bascomb成长和继续致力于公司发展的充分空间。

Calvin Duff是这家公司零售方面的销售员。他每天接触客户,负责销售以及和服务人员进行沟通。对于大多数客户而言,Calvin和同事是MiniFluff的"门面"。Calvin希望得到更好的环境,他考虑过到竞争对手桃树电脑公司工作。事实上,其他销售员发现他们可以离开,在其他公司更容易得到快速的发展。他们的技能是可转移的,并且转移的难度不大。但是当Bill和其他管理者认识到很多员工最终想离开的事实时,他们试图让销售员保持忠诚度和效率。

Chandra Singh是应用软件解决方案公司的行政助理。她负责日常打字和整理文件归档工作，特别是在夏季的高峰时期和节假日，她经常每次工作几周，然后离开。公司的经理们已经考虑将她的工作外包给一个机构，或者通过一个新的计算机系统进行自动化操作，但是现在会保持不变。

案例学习1　达美乐力图获得战略食谱权

信不信由你，几年前人们花一个小时或更多时间拿到预订的披萨是很正常的，但是那是在没有达美乐以前的事了。从20世纪60年代开始，Tom Monahan和他的哥哥在密歇根伊普西兰蒂市创造了一直以来人们所期盼的价值：披萨在30分钟或更短的时间内送到。更绝的是，如果30分钟内没有送到，披萨免费。这在披萨行业里闻所未闻。

Monahan改变了披萨行业，不是因为达美乐创造了更好的产品，而是相比其他人，他能提供不同的价值定位——将人员、过程和递送系统与承诺融合起来。达美乐运用装配线生产系统和标准过程来提高效率，减少顾客等待时间。例如，它是第一个使用传送带烘箱技术来确保温度不变的披萨公司，减少了烘焙时间。达美乐通过强调和鼓励快速制作和配送披萨向员工传递它的战略思想。每年公司都举办“世界最快披萨制作人”大赛，比赛获胜者将赢得奖金和其他奖品。

和达美乐所做的一样重要的是不能做什么。战略其实就是选择。达美乐并没有致力于制作大披萨，而是专注于快速制作披萨。它并没有定制化的订单，但是为订单提前做了准备。它没有雇用那种把披萨面团抛到空中而使表皮松软的大厨，也不使用柴炉以给披萨一个老味道。它不提供店内用餐服务。

Monahan方案的每一份原料都精准奉行快速配送的价值定位——达美乐多年来一致秉持的战略。这个战略和专有模式帮助企业跨越式成长。今天，有超过10 000家达美乐披萨店遍布世界70多个国家。

有一段时间，达美乐的竞争环境发生了变化。其他公司也开始在30分钟内配送披萨，相比更快的配送，消费者希望得到更多：他们想要好的披萨。问题是达美乐在这一点上无法做到。在口味测试中，消费者抱怨达美乐的披萨味同嚼蜡。达美乐在食品和服务上的顾客满意度得分比其他披萨连锁店低。也许这并不奇怪，公司的股票价格对此反映得够多了。

为了扭转局面，公司不得不重新构思价值定位，不仅改造食谱，而且调整了人力资源战略和政策。达美乐在改造中遇到的一个问题也是快餐行业同样面临的：员工离职率高。达美乐员工的年离职率为158%。换句话说，一年中雇用1个员工，却有1个半员工离职。

那个时期达美乐的CEO David Brandon不相信提高员工时薪是好的解决方案：“如果我们为每个员工提薪20%，我们能多争取一些员工的忠诚度吗？可能会，但这不是长久之计。”而且，因为大多数达美乐的店铺都是个人所有而不是公司所有，都是由店主个人决定是否提高时薪。

相反，Brandon专注于店铺经理的素质——选择更好的人，找到留住人才的方法，指导他们培训员工，培养员工尊重人、有礼貌。公司也开始为经理人提供股票期权，以使店铺收入增长。

“能否留住员工取决于店铺经理。”Rob Cecere说。他是达美乐的一个地区经理。员工在麦当劳或者必胜客跟在达美乐赚得一样多。"你必须确保他们很高兴为你工作，" Cecere解释说。达美乐也通过举办"世界最快披萨制作人"大赛和其他举措更加努力地促进"趣味"文化。Brandon非常重视员工，以至于把公司的人力资源部改为"以人为本（People First）"部。

但是人力资源不是达美乐想要变革的"食谱"的唯一部分。它也得为它的食物创造新的价值定位。2009年，它着手开始一项与营销有关的活动，准确地说叫"披萨逆转"。作为这项成果的一部分，公司开发了一种新配方的披萨皮；开始使用更新鲜、精致的食材；开始提供新产品，如手工披萨、意大利面和甜点；重新设计了店铺模式，增加了店内用餐服务。

达美乐的主要优势仍然定位在系统和技术。公司总部最大的部门位于密歇根安娜堡，是技术部门。多年来，该部已建立了新的应用程序，允许消费者"建立"他们自己的披萨在线业务，并跟踪披萨的备料、烘焙和配送时间。这个部门发展了95%的手机App终端用户市场。电脑和手机用户订单现在已占达美乐销售额的40%。2011年，技术人员开发了一个受欢迎的游戏"达美乐披萨英雄"，让玩家挑战、学习制作披萨饼的工作，并快速完成。在比赛中表现优异的玩家，机器会提示其申请达美乐的工作。

达美乐的新食谱起作用了吗？许多调查的结果显示：是的。自从有了Brandon的倡议，员工的离职率下降了100%多，消费者满意度分数也快速攀升。在这点上，达美乐已经在披萨行业中处于领先地位。华尔街已经注意到了这家公司，股价有了空前的高涨。

对企业来说，战略在变化，挑战变革也一直在进行，达美乐也不例外。该公司仍面临着人力资源的难题，并要确保其战略与食物链的各环节是一致的。2011年，公司遭遇了一系列负面的报道，两个达美乐工人故意把污染的比萨饼以很恶心的方式上传到YouTube。2013年，在曼哈顿有20个达美乐的工人因参与全国范围的食品业罢工而被解雇。工人们宣称他们拿到的工资低于法定最低周工资线。最近，该公司在获知欧盟放宽移民法的消息后，可能会从国外引进非技术工人以满足其需求。一位移民局官员建议达美乐多支付给员工一些工资来解决用工问题。

多支付给员工一些时薪来购买达美乐员工的忠诚，防止其对公司的负面宣传——CEO不认为这很有必要吗？如果这样，这些成本值得吗？既然大部分店铺都是私人所有，会发生这些成本吗？这些问题都是耐人寻味的，达美乐会解决的。毕竟有再好的技术和系统，披萨不会自己烤出来并送出去，要有人来做这些事。

思考题

1.请解释达美乐的战略与竞争对手有什么不同。

2.依你来看，这个企业的战略和人力资源实践与它的长期战略匹配吗？为什么？

Sources：William James，"Domino´s Pizza Group PLC：UK Minister Tells Domino´s to Pay Higher Wages to Attract Staff，" 4-Traders （December 11，2013），http：//www.4-traders.com；David Kretzman，"Why Domino´s Digital Component Is Important，" Motley Fool （December 10，2013），http：//motleyfool.com；"Lawmaker：Domino´s Employees Were Fired after Complaining about Conditions，" CBS New York （December 8，2013），http：//newwork.cbslocal.com；Erin White，"To Keep Employees，Dominos Decides It' s Not All about Pay，" The Wall Street Journal （February 17，2005），http：//online.wsj.com.

案例学习2 Capital One人员精简到科学水平

2007年当金融服务行业陷入危机时，Capital One公司的董事长兼CEO Richard Fairbank签署了一项命令，剥离经营成本7亿美元。成本降低计划包括稳固和精简机构，减少管理层级，削减近2 000个岗位，但是这一命令并没有引发劳动力规划的混乱。相反，精减人员规划只是新定义了变量，以模拟和修改公司对人才需求的预测。

“劳动力规划的关键是以组织长期愿景和未来经营目标开始，以工作为结束，” Capital One公司的人力资源主管Matthew Schuyler解释说，“我们预见到企业的战略需要，并确保我们拥有满足这些需求的劳动力。以7亿美元作为目标和界限是前所未有的。我们做了调整。”

Capital One和其他企业正在开发一套最好的劳动力规划实践，延伸到每个业务单元的未来及发展并设计企业战略规划。在越发不稳定的全球经营环境中，长期愿景的价值观很明晰，但有效的劳动力规划需要有专门的资源、大量的分析，也许最重要的是业务单元领导和生产线经理的全面参与。

背后的工作

Capital One的劳动力规划源于20人组成的评估分析小组再加上几百名管理人员、经理和从业务及职能部门抽调的分析师所执行的过程。企业领导、来自各行业部门的分析师、人力资源专家以及评估小组成员共同组成的团队，为每个业务部门和整个员工队伍建立模型。该模型到了Schuyler手里后，直接汇报给CEO。“你已经从你的角度获悉了企业的长期愿景，从这一刻起你要花时间和业务领导人一起研究你能获得的数据，” Schuyler说，“你要研究业务领导人，了解他们，知道他们所能得到的结果是什么。”业务不同，规划不同。有些行业是稳定的，而有些行业则在重组或正经历快速增长。

Schuyler的部分工作是确保高级业务生产线领导人投身于工作中，“他们的门是敞开的，”他说，“你进门的门票是向业务领导人出示他们所能节约的一叠钞票——如果他们的劳动力规模和技能结合得恰到好处。一旦你加入了，你就得践行承诺。”所能节约的潜在成本来自最大限度地减少与劳动力规模相关的固定成本，加上减少招聘和离职成本并避免遣散费用所带来的成本。“遣散的成本是很难量化的，但业务领导人可以直观地理解这个成本，” Schuyler说，“当员工失去劳动能力、空闲或者不够忙时，企业有一个费用支出。”

Capital One公司的劳动力规划预测不仅要满足未来业务的人数需要，而且也要适应人员编制的组合——内部和外部资源的比例，与技能的组合，包括业务向前推动所要求的任何变革。Schuyler要使这些变革在其可控制的范围内，变革决定组织层级的数量、员工管理定位的最佳方法及相关成本。规划者也记录理性和感性员工的敬业度，它们影响当前和未来员工的生产率、招聘、培训以及离职成本。

在Capital One公司，劳动力规划的责任属于人力资源部门，但繁重的工作发生在业务部门内部，因为它是混合式团队运作。人员规划工作放在基层，是因为业务部门要使劳动力规划服从于公司目标。当劳动力规划与那些了解企业需要并能将其业务发展和生产率变动的一线管理者联系在一起时，就会真正得到牵引力。在Capital One公司，劳动力规划的时间框架因业务单位和职能不同而不同。例如，法律职能部门非常稳定，很容易就做出两年到四年的规划。而在信贷部门，变化很快，因此它的预测虽然延伸两年到四年，但每个季度都要审核。同样，对某些工作岗位的需求遵循商业周期。例如，在Capital One公司，收集和回收工作是稳定的，并且在几年前就预测好了。“但由于当前的经济条件，这一工作现在更重要，需求上升得很快，”Schuyler说。

管理需求和供给

Schuyler拒绝在人员不足和过剩中选择。他说：“劳动力规划的精妙之处在于为了契合目标所具有的灵活性，我们不需要等到下一周期来更正它。”

这种灵活性来自于一个更复杂的方法：在一个具备业务条件的可能的场景范围内，计算与之匹配所需的劳动力。Capital One公司劳动力规划模型允许业务领导人为每项业务选择人力资源，并预计这个选择的劳动力成本的后果。尤其是那些已经开始执行劳动力规划过程的公司，最好的方法是先把重点放在组织中的关键角色上，然后扩展到更多的职位、更多的细节。在关键的工作岗位应打破数据的禁锢，避免经理人淹没于数据的趋势。在Capital One公司，劳动力规划要通过每个业务单元——五个或六个领导层级——再加上经理人团队传递到整个行政机构。业务领导人可观察到人才管理成本和他经手的业务选择的后果。对于一段时间中内部和外部的人员配置水平、招聘、培训、晋升、雇用、摩擦以及总的薪酬成本，每一个选择都有它自己的意义。更重要的是，劳动力规划允许业务领导人和生产线经理观察人才管理的不同方法实际上如何拓宽了他们的业务选择，提高了绩效。“如果劳动力规划做得好，人力资源能帮助业务领导人思考结果会是什么。” Schuyler说。

思考题

1. 当谈到劳动力规划时，为什么Capital One公司认为员工的遣散因素是很重要的？

2. 由业务单元通过多层领导打破规划过程有什么优点？你知道这样做有什么缺点吗？

Source: Excerpted from Fay Hansen, “The Long View,” Workforce Management 87, no. 7 (April 21, 2008): 1, 19.

附　录

计算员工流动率和缺勤率

本章自始至终反复强调，人力资源管理依赖于对雇员需求和供给的精确规划。对人力资源规划战略和招聘过程有着直接的影响的两个因素是员工流动率和缺勤率。在附录中，我们将详细讨论员工流动率和缺勤率，以及测量它们的方法和管理它们的影响的建议。

1）员工离职率

员工离职率简单而言是用来描述员工从组织流出的状况的指标。员工离职率是美国员工生产效率无法与国外并驾齐驱的重要原因。它是劳动力需求的主要决定因素。即使组织中的任何事务都和员工离职率一样保持不变，劳动力的需求也还是会下降。这包含了直接成本和间接成本。

（1）计算员工离职率

美国劳工部建议采用下列公式计算员工离职率：

员工离职率=（每月员工离开数目÷每月中旬的总员工数目）×100%

因此，假如一个月员工离开数目是25人，月中旬的总员工数目为500人，那么员工离职率为：

（25÷500）×100%=5%

员工离职率是以科系、部门以及工作团队等为单位进行定期计算的，在很多的例子中，还需要与竞争对手的数据进行比较。国家事务局的工作缺勤率和员工离职率的季度报告是获得竞争对手员工离职率的有效途径。

另一种计算员工离职率的方法是只反映可避免离职员工（avoidable separation，S）的数目。员工离职率可以用可避免离职员工数目减去不可避免离职员工数目（unavoidable separation，US）来计算，不可避免离职员工包括怀孕、继续求学、死亡或结婚的员工等。此方法的公式如下：

（S−US）÷M×100%

用M代表月中旬的总员工数目。例如，如果一个月员工离职数目是25人，不可避免的离职员工是5人，月中旬的总员工数目为500人，那么员工离职率为：

（25−5）÷500×100%=4%

在考虑员工离职率对人力资源规划和招聘的影响时，认识到定量的员工离职率不是唯一的考虑因素是极其重要的。离职员工的质量也同等重要。如果低技能员工离职，只视为“功能性的员工离职率”，那么这对组织是有益的。保留低效率员工的成本可能远远超过招聘和培训一个新的高效率的员工的成本。

（2）确定员工离职率的成本

替换员工是需要耗费时间和精力的。其成本通常分为3个部分：离职员工的成本、替代成本和新员工的培训成本。对离职员工的成本进行两至三次谨慎的评估，不包括间接成本（由于腾出工作而导致的其他员工加班、士气低落和离职之前的低效率等）。总之，降低员工的离职率可以为组织节省很大的开支。聚焦HRM 4详尽展示了一个计算机程序员离职对组织成本的影响。注意主要的成本是培训新的替代者。

聚焦HRM 4

计算机程序员的相关离职成本

单位：美元

总成本=离职成本+替代成本+培训成本

离职成本

1. 离职谈话成本=离职谈话过程中面谈者和离职人员的薪酬和福利=30+30=60
2. 行政活动和记录保持活动成本=30

离职成本=60+30=90

替代成本

1. 招聘广告成本=2 500
2. 录用前行政活动和记录保持活动成本=100
3. 面谈成本=250
4. 雇佣考试成本=40
5. 讨论候选人会议成本（参加会议的经理的薪酬和福利）=250

替代成本=2 500+100+250+40+250=3 140

培训成本

1.小手册、指南和报告成本=50

2.教育成本=240/日（新员工的薪酬和福利）×10日（讲习班、讨论会或课程）=2 400

3.一对一的指导成本=[240/日（新员工的薪酬和福利）+240/日（每个员工培训官或工作专家的薪酬和福利）]×20日（一对一的培训）=9 600

4.新员工达到标准前的薪酬和福利=240（每天薪酬和福利）×20日=4 800

培训成本=50+2 400+9 600+4 800=16 850

总成本=90+3 140+16 850=20 080

Source：Adapted from the book Turning Your Human Resources Department into a Profit Center™ by Michael Mercer，PhD（Barrington，IL：Castlegate Publishers，Inc.）.Copyright 2002 Michael Mercer. Reproduced with permission from Michael Mercer，PhD，http：//www.DrMercer.com.

2）员工缺勤率

员工缺席他们工作的频率——员工缺勤率——也是和人力资源规划和招聘直接相关联的因素。当员工缺席工作时，产生了组织工资损失的直接成本和下降的生产效率。对于组织而言，雇用额外员工弥补组织员工缺席的数目是比较常见的方式。除了直接成本之外，过度的缺勤率会导致间接成本。当然，一定程度的缺勤是不可避免的。一些员工经常因为疾病、事故、严重的家庭问题或其他的法律问题而缺席工作。尽管如此，长期缺勤就意味着组织工作环境的深层次问题。

（1）计算员工缺勤率

管理者需要确定缺勤问题的情况，如果有的话，就可以通过组织保存的员工个人和部门的出勤记录来计算员工缺勤率。虽然对于缺勤率的计算没有一个普遍接受的定义或标准计算公式，但是有一个使用最频繁的方法（美国劳工部推荐），即：

一定时期缺席的工作日天数÷（平均员工人数×工作日天数）×100%

如果一个月的缺勤工作日为300，一个月有25个规定的工作日，组织雇用员工500人，员工缺勤率为：

300÷（500×25）×100%=2.4%

（2）比较员工缺勤率

美国劳工部的劳动力统计局从人口普查局指导的《家庭现有人口普查》中获得工作缺勤率的数据，分析之后定期出版。这些分析识别问题的各个层面——行业、职业或员工组合的最高缺勤率或急速增加的缺勤率。其他公司的比较数据可以从劳动力统计局公告的《每月劳动力评论》或国际事务局和CCH（美国威科集团旗下的专业信息出版商——译者注）所指导进行的报告中获得。

（3）员工缺勤率的成本

传统的会计和信息系统经常不产生反映员工缺勤率的数据。因此，它们在人力资源规划中的使用是受到限制的。为了强调员工缺勤率对组织绩效的重要影响，管理者需要把数据转化为货币成本。对于组织而言，计算员工缺勤率的系统是极其有价值的。拥有电脑化的缺勤报告系统的组织，很容易发现额外的信息和低成本的生产方法。每个人每小时的缺勤成本是以每小时加权平均薪酬、员工福利成本、监督成本和附带成本为基础的。

例如，XYZ公司拥有1 200名员工，缺勤损失为78 000员工小时，总缺勤成本为560 886美元。用总成本除以总人数，每个员工成本为467.41美元。在这个例子中，我们假设缺勤员工可以得到薪酬。如果缺勤员工薪酬不被支付，那么他们的薪酬数据可以从计算中省略掉。

（4）缺勤率和人力资源规划

即使雇主发现总缺勤率和成本在可接受的范围内，仍需要研究数据以确定这些数据是否存在某种规律模式。可能的是一个领域（或职业组合）有着几乎完美的出勤率，而其他领域可能缺勤频繁。通过观察不同的出勤率，管理者需要找到问题所在，更重要的是，开始规划方法去解决或改进潜在问题。例如，为有完美出勤率的员工提供激励。相反地，对那些反复的、频繁的缺勤员工使用渐进式纪律程序。

通过建立综合的缺勤政策，Allen Bradley在25个月内将缺勤率减少了83.5%。这减轻了企业的劳动力成本压力并提高了生产效率。

第二部分

符合人力资源管理要求

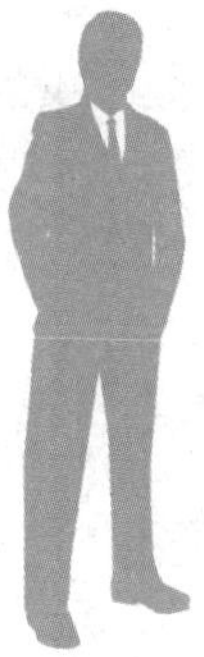

第3章

平等就业机会与人力资源管理

学习目标

学习完这一章后，你应该能够：

目标1　准备一份提纲，描述涉及年龄、性别、宗教、体重和性倾向等的主要平等就业机会法律。判定法律禁止的雇佣惯例以及平等就业机会立法背后的原因。描述什么是真正的职业资格。

目标2　请解释雇员选择程序是如何被开发出来的，以及企业如何运用它们以确保遵守法律。理解负面影响和差别对待。

目标3　理解平等就业机会委员会的记录保存和发布要求，并描述平等就业机会委员会是如何处理歧视收费的。

目标4　解释什么是肯定性行动，企业如何看待自愿性多元化劳动力的价值。

人力资源管理教材最重要的主题就是**平等就业机会（EEO）**[①]。平等就业机会，即个人以一种公平、无偏见的方式被雇用，它引起了媒体、法庭、从业者和立法者的关注。2012年，99 412个私人部门工作场所的歧视诉状被投到了美国平等就业委员会——一个代理联邦政府执行国家公平就业法律的机构。[②]这些诉讼有些是经济条件恶化的结果，有些是人们丢了工作而产生绝望的发泄。一个更加多样化、多元化的劳动力市场要求管理者了解并遵守平等就业机会法律。

当经理忽视公平就业法时，他们和他们的企业将面临昂贵而又耗时的诉讼、负面的公众态度、潜在的销量减少、低落的士气，甚至是损害他们个人事业的风险。[③]因为即使是无意的歧视也可能是非法的，管理者必须认识到他们的个人偏见，以及这些偏见如何影响他们与下属的交往。[④]当前，美国八字胡协会认为公司正在歧视在工作场所留有八字胡或其他类胡须的人。[⑤]显然这不是好笑的事。美国八字胡协会在宾夕法尼亚匹兹堡注册，自

---

① 平等就业机会：个人在就业各方面如雇用、升职、培训等方面得到公平和无偏见的待遇。

② U.S. Equal Employment Opportunity Commission. “EEOC Reports Nearly 100,000 Job Bias Charges in Fiscal Year 2012,.” U.S. Equal Employment Opportunity Commission. *USA.gov*,.(28 January. 28,2013). http://eeoc.gov/eeoc/ newsroom/release/1-28-13.cfm(accessed January 12,2014).

③ Mercado,Darla Mercado,. “Morgan Stanley Settles $46 Million Discrimination Suit,.” *Workforce.com* .(16 October. 16,2007),. <http://www.workforce.com/articles/morgan stanley-settles-46-million-discrimination-suit>.

④ Michael Orey,“White Men Can't Help It,” *Business Week*(May 15,2006):54.

⑤ “Mustachioed group studying facial hair discrimination in the workplace,.” *WDRB.com*.(24 October. 24, 2013),. <http://www.wdrb.com/story/23774070/group-studying -facial-hair-discrimination-in-the-workplace>.

1965年开始致力于面部毛发宣传。

就业歧视不仅是一个法律问题，也是一个情绪化的问题。它涉及所有个人，无论他们的性别、种族、宗教、年龄、国籍、肤色、性取向、身体状况、在组织中的职位甚至面部毛发怎样。幸运的是，这个问题可以被好的人力资源实践最小化。本章将帮助你更好地理解应该怎样做。我们也将讨论公司正在积极寻求的多元化的努力，不是出于法律的原因，而是作为获得战略优势的途径。人力资源专业人士赞同这个观点，即当人力资源管理的所有职能都符合法律要求时，这个组织将成为一个更公平的工作场所和一个更有效的竞争者。

3.1 平等就业机会立法的历史视角

平等就业机会在美国是优先发展的事情，但却出现得很晚。直到20世纪50年代中期和60年代初，非歧视就业实践才成为一个社会关注的重要问题。三个因素似乎推动了平等就业机会立法：（1）对就业歧视态度的改变；（2）公开发行的报告强调了经济问题和少数种族工人经历的不公平待遇；（3）不同层级的政府制定的各不相同的歧视法案和规章越来越多，立法者需要统一规范。

小企业应用

不遵守的危险

新创立的企业都期待有回报并受到关注。具有讽刺意味的是，随着规模的增长和人员的增加，这种成功的小企业也面临新的风险：因未能遵守联邦和国家的雇佣条例而导致的巨额罚金和处罚。很少有创业者懂得或有时间处理这样的问题，如果忽略了复杂的、不断发展的法律，他们将陷入危险之中。

这就是为什么正在成长的小企业主和经理在每年或者每次企业人员编制有显著的增加时——如从少于5人到接近15个人——需要进行日常人力资源合规性评估的原因。

还有一些契机是小企业检查它是否遵守法律的时候。Eric A. Marks——纽约一家会计公司的负责人力资源咨询实践的合伙人说："对于企业来说重大的变化，如兼并；高管退休；新聘用或提拔的主管和经理人没有人力资源经验；创建和修订雇员手册；员工士气变化；发生离职、缺勤或违纪问题；与政府签订合约，履约要求更严格；州或联邦法规发生主要变化——所有这些都是危险的信号。它们表明企业要遵守新的要求，确保自身合法有序。"

简言之，人力资源法律遵守评估检验了雇主在雇佣、福利和安全法律方面遵守的情况，尤其是评价了公司程序上的公平性、适当性和合法性，以及政策方面的遵守情况，如有关保留详尽、机密的记录，招聘和筛选过程，面试技巧，性和歧视教育，补偿方案，绩效评估过程，纪律和终止过程，健康和安全规定，员工手册等方面的情况。

幸运的是，小企业主不必滞留在危险地带。有为数众多的人力资源咨询公司不仅能指导企业进行评估，而且可以帮助业主纠正任何不符合标准的系统、程序，培训公司的管理人员和主管以留住他们。甚至有在线人力资源合规自我评估表格可供利用，只需点击鼠标即可获得帮助。

Source："New Risks to Small Businesses" Marketwire，(February 28，2011)，http：//www2.marketwire.com； "HR Compliance Assessment Overview，" http：//www.the- arnold- group.com/hrassessment.cfm；"HR Challenges：Compliance，" http：//www.strategic-workplace -solutions.com/services/compliance.

3.1.1　改变民族价值观

美国文化是建立在个人价值、勤奋和平等的原则之上的。尽管有宪法的保障，就业歧视在美国仍具有悠久的历史。

声称公平对待雇员的组织明里暗里都会涉及歧视活动。一些著名的企业，如沃尔玛、道氏化学、星巴克、美国三菱电机制造、美国军队、洛克希德·马丁、波音、家得宝、摩根士丹利和美国航空等公司都有违反平等就业法律的行为。

随着民权运动的开始，公众的态度发生了巨大的变化。在20世纪50年代及60年代早期，少数群体尤其是黑人通过游行、静坐、集会以及与公共机关的冲突来引起公众对他们较低的经济条件和工作职位的注意，在这一时期妇女的低就业问题也得到了关注。在有关个人、教堂和公民领袖的支持下，人权运动和妇女运动得到了媒体的广泛关注。这些运动使社会的态度发生了明显的改变，这些群体不再被公然歧视。

不管怎样，歧视仍在持续。近来由美国国会提出的《反就业歧视法案》将目前对就业平等的保护扩展至种族、宗教、性别、国籍、年龄、残疾、性取向和性别认同等方面。

3.1.2　早期的法律发展

关注歧视的立法自19世纪开始盛行。1866年，美国国会通过了《公民权利法案》，该法面向所有公民，不分种族，全民享有所有法律的充分及平等的权益。1933年，国会制定了《失业救济法案》，该法禁止基于种族、肤色或信条（宗教信仰）的雇佣歧视行为。1941年，总统富兰克林·D.罗斯福发布第8802号行政命令，确保每个美国公民“无论种族、宗教、肤色或国籍”，在第二次世界大战的防御合同中均得到平等的就业机会。在后来的20年中，其他的许多立法都进行了修改以解决雇佣时的不平等行为。

不幸的是，这些早期的努力对纠正就业歧视问题几乎没有什么作用。第一，在国家和联邦这两个层面上，反歧视法常常不能为机构提供任何执法力量来维护法律。第二，这些通过的法律经常忽视了列出具体的歧视行为和纠正这些行为的方法。第三，涉及此事的雇主只需要自觉遵从平等就业机会的法律就可以了。因为没有强制要求，通常雇主们即使违反了这些法律也不会受到惩罚。

3.2　政府调控平等就业机会

尽管存在缺点，但在前面讨论的法律和行政命令为一系列禁止就业歧视的重大法律奠定了基础。

今天的经理、主管要理解和应用平等就业机会律例的部分原因是，雇员作为雇主的代理人来完成他们的工作，如果经理或主管违反法律，他或她的组织将面临法律后果，因为组织无法宣称它对于经理或雇主所做的·切不负法律责任。

图表3-1表明了各种有关雇佣、激励、补偿员工等平等就业机会法案所禁止的人力资源活动。如果你认为已了解了什么是合法或非法的雇佣实践，你可能会感到惊讶。聚焦HRM 1将测试你目前对于平等就业机会法案如何应用于工作场所的理解情况。

图表 3-1 **禁止的歧视就业实践**

在就业的以下方面有歧视是违法的：
- 雇用和解雇
- 补偿、分配或进行员工分类
- 工作推广
- 测试
- 公司设施的使用
- 培训和学徒项目
- 附加的福利
- 薪酬、退休方案、病假
- 其他就业条件

这些法律下的歧视实践包括：
- 基于种族、肤色、宗教、性别、国籍、残疾、遗传信息或年龄的干扰
- 对个人提出歧视诉讼、参与调查、反对歧视活动进行报复
- 对已有的或假设的能力、特征，或者某一性别、种族、年龄、宗教、人种、残疾人的个人绩效所做的雇用决定，或者根据凭空杜撰个人遗传信息所做的雇用决定
- 因结婚或者与人种、宗教、国籍或有残疾等有关的因素而被拒绝雇用。《平等机会就业法》第7章也禁止歧视参加在学校或宗教场所举办的某一种族、文化群体或宗教群体的活动

聚焦 HRM 1

测试你对平等就业机会法律的了解

以下问题在对主管和经理进行平等就业机会法律培训时，被雇主和顾问作为“开场白”提问。你对平等就业机会（EEO）法律的了解有哪些？ 答案在本章的结尾可以找到。

1.两个男性员工讲荤笑话，这个笑话无意中被一个女员工听到，这位女员工对她的上司抱怨说这是性骚扰。请问她的投诉是否合法？

____是　____否

2.根据《民权法案》第7章，用人单位必须从事州际业务并聘用25名以上的雇员。

____对　____错

3.在1990年的《美国残疾人法案》中，沉溺于毒品的人被归类为残疾人。

____是　____否

4.1963年的《平等待遇法》允许雇主对从事实质性类似工作的男人和女人支付不同的工资。有哪3条辩护可以支持雇主支付不同的工资？

(1) ____________________

(2) ____________________

(3) ____________________

5.有人向你申请一个门卫的工作。在面试的过程中，这个人提到自出生以来，他有时会有短期的记忆丧失。你必须根据1990年的《美国残疾人法案》来考虑这个人是否是残疾人吗？

____是　____否

6.在周五下午，你告诉计算机分析员Nancy Penley，她第二天必须加班。她拒绝，并说星期六是她惯常的宗教节日，那天她不能工作。你有合法权利要求她在周六工作吗？

____是　____否

7.你刚才告诉一个申请人，她不可能得到她所申请的那份工作。她声称，你拒绝给她工作是因为她的年龄（她是52岁）。你认为她不受年龄歧视法律的保护。你的推论是正确的吗？

____是　____否

8.作为雇主，你可以选择在教育和经验方面最合格的申请人。

____是　____否

9.作为一个管理人员，你有合法权利批准产假日期。

____对　____错

10.州与地方的平等就业实践法涵盖了在联邦立法中没有涉及的较小型的用人单位。

____对　____错

3.2.1 主要联邦法律

主要的联邦平等就业机会法案已经制定，用来阻止歧视很多经常受不公平就业实践影响的工人群体。这些群体被称为受保护阶层①。它的定义广泛，包括特殊的种族、肤色、宗教、国籍、性别、年龄以及身体或精神有残疾的人。独立的联邦法律涉及了这些人群。图表3-2列出了主要联邦法律和它们对平等就业机会的重要规定。

图表3-2　**影响平等就业机会的主要法律**

法　律	条　款
1963年的《平等待遇法》	要求在公平劳动标准法中涉及的所有雇主和其他人，对同样的工作提供同样的报酬，无论性别
1964年的《民权法案》的第7章（于1972年、1991年、1994年和2009年修订）	禁止基于种族、肤色、宗教信仰、性别和国籍的就业歧视；建立平等就业机会委员会来执行第7章的规定
1967年的《年龄歧视就业法》（于1986年和1990年修订）	禁止私营和公共雇主在任何就业领域内因为年龄问题而歧视40岁以上的人。如果年龄作为一个真正的职业资格，则是例外情况
1972年的《平等就业机会法案》	1964年修订的《民权法案》第7章的条款；加强平等就业机会委员会的执行权力和扩大第7章对政府员工、接受高等教育中的员工、其他雇主和员工的覆盖范围
1978年的《孕妇歧视法》	扩大对性别歧视的定义，包括怀孕、分娩或相关医疗状况；禁止雇主在职工福利方面歧视那些能够完成她们的工作职责的孕妇
1990年的《美国残疾人法案》（于2008年修订）	禁止对患有身体或精神障碍或慢性病的人进行就业歧视，要求雇主对有就业需求的残疾人给予适当的通融，包括有15名或15名以上雇员的雇主
1991年的《民权法案》	对涉及故意歧视行为的案件，提供损害赔偿金和陪审团审案；要求雇主证明，工作实践是与工作相关的，而且符合工作的必要性；扩大适用范围使其涵盖在美国海外公司工作的美国公民
1994年的《军警部门就业和再就业的权利法案》（于1998年、2004年和2008年修订）	保护在军队中从事短期服务的个人的就业权利
2010年的《不问不说禁令》	禁止酒吧根据性取向歧视军人

① 受保护阶层：在关于平等就业机会的联邦法律中涉及的少数群体、女人、老年人和残疾人。

1.1963年的《平等待遇法》

《平等待遇法》宣布对于做同等工作的员工来说，在工资、员工福利以及退休金方面基于性别的歧视是违法的。当工作需要完全相同的技巧、努力与责任时，其就被认为是“平等”的。例如，在一家位于得克萨斯的医疗塑料实验室工作的男性和女性员工，不会因为性别不同而被公司支付不同的工资。然而同等工作中的男女工资因资历、绩效、产品数量或质量不同而有所差异，在这种情况下雇主不违反《平等待遇法》，并且用人单位不能因为遵守法律而降低某一性别人员的工资，相反地，他们必须提高被少付薪水的那类性别的员工的工资。《平等待遇法》作为《公平劳动标准法》（FLSA）的一个修正案得以通过，并且由平等就业机会委员会执行，它涉及了从事州际商务的雇主和大多数政府雇员。①

2.1964年的《民权法案》

1964年的《民权法案》是一项具有里程碑意义的法律，它是最广泛和最重要的反歧视法律。该法第7章明确禁止所有人力资源活动中的就业歧视，包括雇用、培训、晋升、转岗、雇员福利以及其他雇用条件。基于人种、肤色、性别和种族等的歧视是被禁止的。以禁止就业歧视为契机，《民权法案》第7章创设平等就业机会委员会来执行法律，以促提供进平等就业机会。

为应对不断增长的移民工人和工作场所不同的文化和民族意识，平等就业机会委员会发布了有关种族歧视的重要指导方针。②

“国籍群体”是指一群人分享共同的语言、文化、血统和/或相似的社会特征。这个定义包括在美国出生的不是本种族的人或少数族裔。该法案也同样禁止歧视孕妇或者与孕妇医疗有关的产妇。法律保护时薪员工、监事、专业的员工、部门经理及高层管理者免受歧视性的对待。

尽管《民权法案》第7章覆盖范围非常广泛，但法律确实允许有各种例外的豁免。例如，根据《平等待遇法》，如果这些差异是基于如功劳、资历或奖励报酬这样的客观因素，则允许经理有差异地运用聘用条件。例如，如果晋升是基于男性优越的技能和能力，那么法律允许公司对男性员工的晋升多于女性员工。没有法律要求雇主雇用、提升或者留住那些不符合工作职责条件的人。如果奖励的差别不是基于员工的种族、肤色、性别、宗教或国籍的话，那么经理们可以对员工实行不同的奖励。

1964年的《民权法案》涵盖了广泛的组织，具体管辖范围如下：

（1）每年雇用15名或15名以上的雇员，雇用时间为20周或20周以上的所有州际商务私人雇主。

（2）州和当地政府。

（3）私人和公共就业部门，包括美国就业服务机构。

（4）管理学徒或培训计划的联合劳动管理委员会。

---

① 使用因特网复习细节，解释平等就业机会委员会的责任，完成所有的平等就业机会法律的习题。登录学生资源网站：www.cengage.com/international。

② For information on national origin discrimination, go to http://www.justice.gov/crt/publications/natorigin2.php.

（5）有15名或更多的成员或员工的工会。

（6）公立和私立教育机构。

（7）美国组织的雇用美国公民的外国子公司。

某些雇主不在《民权法案》涉及的范围内。在广义上，它们包括：（1）美国国有企业；（2）真正免税的私人俱乐部；（3）雇用有特别信仰的人的宗教团体；（4）雇用在居留地或附近的印第安人的组织。

根据1964年的《民权法案》，平等就业机会委员会成立，用来执行法律和促进平等就业机会。委员会的结构和运行方式将在本章后面阐述。

真正的职业资格（BFOQ）。《民权法案》的第7章规定，如果就业的偏好是基于真正的职业资格，那么雇主们可以从非歧视规定中得到有限豁免。如果对于正常的商业业务操作来讲，雇主的偏好是合理的和必要的，那么真正的职业资格允许这种意义上的歧视存在。法院已经裁定，**商业必要性**是指为安全和有效运营组织而采取的必要的实践。

然而，真正的职业资格指：只有当年龄、宗教、性别或国籍是执行工作所需的真正资格时，它才是应对歧视问题的合理的防御手段。例如，如果要雇用青少年品牌牛仔裤的模特，那么年纪大的人就不应该在考虑范围之内。芝加哥熊队或美国橄榄球联盟雇用男性做更衣室的服务员，或者Fitch服装店雇用女性作为女装模特，这些都是合理的。同样，宗教是组织中的一个真正的职业资格，它要求员工共享独特的宗教教义。如果是应实际工作所需，国籍也能够作为真正的职业资格。为了确保就餐体验的“真实性”，亚洲餐馆可能合理地利用防御措施来支持他们更愿意招聘亚裔服务员这一偏好。同样，电影制片人可以找一个美国本土人扮演一个美国本土人的角色，以合法地体现角色特征。

平等就业机会委员会的例外也不适用于基于种族和肤色的歧视。当一个组织声称真正的职业资格的时候，它必须能够证明其基于性别、宗教、年龄或国籍的招聘是出于商业必要性。

宗教信仰。《民权法案》第7章同样禁止根据宗教做出雇佣决策，第7章不要求雇主在就业形势下给予员工完全的宗教自由，雇主只需要对现在的员工或求职者的雇佣实践做出合理的调节，就不会在事业中面临不必要的困难。经理或主管也许会在一些特定的领域为有宗教信仰的员工提供方便：（1）假期和仪式（计划）；（2）个人形象（留胡子，戴面纱或头巾）；（3）工作上的宗教行为（在其他雇员中的传教工作）。

“合理的调节”所包含的内容难以界定。例如，一个图书馆的员工因为戴了一个十字架被解雇了，她根据美国宪法第一修正案提出诉讼。法院发现，图书馆对强制执行其着装的权利并没有超过该雇员的言论自由或自由行使宗教的权利。相反，当一个办公室的工人控告她的雇主未能迎合她的宗教惯例以“Have a blessed day”结束谈话时，上诉法院裁定她败诉。法院说，这句话不是宗教所要求的，并认为雇主不必满足员工的每一个愿望。[①]

最高法院试图厘清TWA诉哈迪森一案中宗教问题的裁决——雇主不得不承担最低成

---

① U.S. Equal Employment Opportunity Commission, “Library Fires Employee for Wearing Cross,” (October 6, 2003) *EEOC News*, accessed November. 12, 2013, at http://www.eeonews.com; U.S. Equal Employment Opportunity Commission, “Have a Blessed Day,” *EEOC News*, (November 20, 2009). accessed November. 12, 2013, at http://www.eeonews.com.

本，以体现对员工的通融。原告哈迪森在TWA（一家24小时运营的店）工作。因为宗教信仰的关系，哈迪森在安息日要换班休息。问题是TWA不能违反年资条例通融他，因为那样做会允许其他员工有更多的换班休息。为了能让哈迪森换班，TWA不得不额外雇用一名员工，或者让当班的员工加班。哈迪森案例非常重要，因为它支持了工会管理年资制度，依据这个年资制度，雇主在没有过度负担的情况下可以合理地调整员工的工作安排。

当遇到员工便利问题时，包括出于宗教原因的问题，雇主与员工的合作和灵活性经常成为关键因素。继“9·11”事件以后，五角大楼在楼里开设了一间小教堂，供人祈祷。周五领拜人带领穆斯林在教堂里做祈祷。同样，除了像圣诞节和复活节这样全员放假的日子，有些公司允许员工为了遵守自己的信仰与其他员工换休。平等就业机会委员会的立场是，不是让公司废除员工在工作场所进行宗教表达的权利，而是做出合理的努力来适应有不同信仰的人。

3.1964年《民权法案》的修改

1972年《平等就业机会法案》。1972年《平等就业机会法案》修改了1964年的《民权法案》。这里有两个重要变化：第一，法案的涵盖范围扩展到包括州和地方政府、公共和私人教育机构。第二，法案强化了平等就业机会委员会的执行力，通过了允许该机构在法庭上要求雇主执行该法案的规定。

1991年《民权法案》。1991的《民权法案》针对的是：最高法院发布了一系列判决限制了那些控告他们雇主歧视的雇员的权利。法律的主要内容之一是，能够证明雇主是故意歧视的员工可以寻求货币损害赔偿。赔偿损失包括对情绪痛苦、身体痛苦、精神痛苦等的货币赔偿。在处罚性赔偿中，如果员工能证明雇主是恶意歧视或漠视法律，可以要求额外的赔偿。

1991年《民权法案》也阐明了被美国公司派往海外工作的员工受美国反歧视法律关于监管年龄和无行为能力的规定保护以及1964年《民权法案》的保护。

1991年《玻璃天花板法案》。1991年《玻璃天花板法案》与1991年《民权法案》同时获得通过。该法案禁止企业对受保护的阶层成员到达组织职位的顶层设置一个看不见的障碍。法案创建了“玻璃天花板委员会”，以研究和报告少数人在争取顶层管理职位时面临的状况和障碍。委员会最近的报告可以从平等就业机会委员会的网站上找到。额外的讨论见第5章。

《莉莉·莱德贝特公平报酬法》（2009年）。《莉莉·莱德贝特公平报酬法》颁布了向EEOC提起同工同酬诉讼时效为180天的法令，以员工收到的每一笔新的歧视性工资日期，而非员工接到的最高法院裁定的他或她的第一笔歧视性工资日期为准。它的意思是员工可以在得到不公平的待遇后数年内索赔，要求得到失去的工资。

4.1967年的《反就业年龄歧视法》

《反就业年龄歧视法》禁止特定的雇主在任何就业领域因为年龄而歧视40岁及40岁以上的人。受制约的雇主包括：有20名或20名以上雇员的雇主；工会有25名或更多的成员的雇主；职业中介；联邦、州和地方政府。近年来，就年龄歧视向平等就业机会委员会投诉的员工数量一直呈上升趋势。经理或主管可能通过下列行为歧视年龄较大的员工：

- 不允许年龄较大的员工从事重要工作。

- 对年龄较大员工的工作表现评估做出负面的改动。
- 拒绝给予年龄较大的员工与工作相关的职业发展、教育或晋升的机会。
- 在年龄较大、更有资历的候选人中选择年轻的求职者。
- 施压给年龄较大的员工，让他们提前退休。
- 减少年龄较大的员工的工作义务与责任。[①]

法律允许的例外情况，是当年龄是一个真正的职业资格时。当雇主可以表明高龄可能会影响到公共安全或组织效率时，会存在一个真正的职业资格。例如，对于公共汽车或卡车司机，或者机车工程师，年龄可以是一个真正的职业资格。

2009年美国高等法院在酒吧员工试图证明被歧视并要求索赔的案件中，判定雇主没有违反法律，因为有“合理的因素而非年龄”影响员工被如何被对待。

5.《反就业年龄歧视法》的修订

《老年工人利益保护法》（1990年）特别禁止雇主拒绝给予老年工人福利，除非条件有限。该法还允许雇主向雇员征询意见，基于《反就业年龄歧视法》放弃他们的法定权利，以遣散费或庭外和解作为补偿费用。由于该法案的出台，许多公司已经缩减人员，合法提供给老年员工提前退休的遣散费。然而，《老年工人利益保护法》弃权声明书必须以书面的、明确的并可理解的方式订立，给接受者一定的时间考虑。

6.1978年的《怀孕歧视法》

在《怀孕歧视法》通过之前，孕妇可能会因为她们的情况而被迫辞职或休假。此外，雇主没有为孕妇提供疾病或医疗保险的义务。《怀孕歧视法》修订了1964年的《民权法案》，孕妇是有身体障碍的人，怀孕的员工与有其他医疗情况的员工必须得到平等的对待。根据法律规定，如果雇主拒绝给有孕吐或患有与怀孕有关疾病的员工病假，而给有流感或外科手术等其他医疗情况的员工病假，那么这种行为是违法的。具体地说，《怀孕歧视法》对雇员福利的影响涉及：（1）住院和主要的医疗保险；（2）暂时性残疾和工资持续计划；（3）病假政策。[②]此外，法律禁止在雇用、晋升或解雇方面歧视孕妇。用人单位必须以女性完成工作任务上的能力来评价她们，不得任意设定强制性产假。离开日期是基于怀孕员工个人的工作能力而定的。

7.1990年的《美国残疾人法案》

在1973年联邦政府修订的《职业恢复法》（将在以后讨论）中首要禁止的就是歧视残疾人。然而，在1964年的《民权法案》中，残疾人却不在受保护群体的范围内。为了弥补这一不足，国会于1990年通过了《美国残疾人法案》（ADA），禁止雇主歧视有身体和心理残疾以及有长期疾病的个人。[③]

---

① Lynn D. Lieber,“As Average Age of Workforce Increases, Age Discrimination Verdicts Rise,” *Employment Relations Today* 34, no. 1(Spring 2007):105.

② Maria Greco Danaher,“Include Pregnancy Leave in Pension Credit,” *HR Magazine* 52, no. 11(November 2007):98.

③ United States Department of Justice Civil Rights Division. “The Americans with Disabilities Act of 1990 and Revised ADA Regulations Implementing Title II and Title III.” United States Department of Justice Civil Rights Division. ADA.gov ,. accessed Jan 2014 at <http://www.ada.gov/2010_regs.htm>.

该法律对残疾的定义为：（1）身体或精神损伤大大限制该人员一个或多个关键活动；（2）有这种损害的记录；（3）认为有这样的损害的任何人。注意该法案也保护通常被人们“看作”（并非真的认为）有残疾的人，如被火烧伤的人。

企业的经理、主管认为，《美国残疾人法案》难以执行，因为该法案对残疾人，特别是对有心理障碍的人的定义模棱两可。问题在于什么是残疾人。这听起来是一个简单的问题，然而实际不是这样。根据法律规定，并不是每一个有精神或身体缺陷的人都可以被认为是残疾人。例如，平等就业机会委员的“依据美国残疾法案和精神障碍来执行”的条款适用于人格障碍。人格障碍包括精神分裂症、双向性精神障碍、主要情绪性障碍和焦虑症。这些障碍的表现特征为：异常行为、自我挫败的行为、控制他人和闹事行为。然而，心理障碍被描述为“适应障碍”，归因于压力的精神障碍没有包含在《美国残疾人法案》的适用范围内。因此，声称是由于婚姻问题、财务困难、工作环境的要求、工作职责或受到主管不合理的对待而受到“过度压力”的雇员，不被《美国残疾人法案》划为残疾人。

该法案要求用人单位为那些有资格从事工作的残疾人提供合理的调整①，除非这样做会对雇主产生不必要的困难。“不必要的困难”是指雇主为提供调整而发生的工作异常变动或过度的花费。合理的调整包括“为残疾人定制易于接触和使用的设备，重组工作，允许兼职或改变工作时间表，再分配空缺职位，更换装备和/或费用”。“合理”的主要决定因素包括：（1）调整的本质和成本；（2）财务资源、规模、设备的收益率以及母公司。

此外，雇主不能用筛选来淘汰或禁用残疾人，除非选择程序“可以证明与工作相关，而且是符合业务必要性的”，或通过合理的调整也不能收到可以接受的工作表现。（“基本功能”是确保合理调整的关键问题，我们将在第4章讨论。）与员工个人健康有关的信息和表格必须保密并与他们的常规个人档案分开存放。

该法禁止雇主歧视有职业资格的残疾人申请就业、晋升、补偿、培训或其他就业条件。该法纳入《民权法案》第7章程序和补救措施，允许求职者或雇员在初聘、恢复健康和其他方面反对违反法规的雇主。该法涉及有15名或15名以上雇员的雇主。平等就业机会委员会采用与《民权法案》第7章相同的方式来执行法律。

雇用残疾人不仅是一种法律授权，同样会使企业受益。有些受《美国残疾人法案》支配的雇主重视残疾人的技能和能力并前瞻性地将法律作为一种商务的需要。雇用残疾人要强调的是这些人都可以做什么，而不是他们不能做什么。两项最主要的综合研究表明《美国残疾人法案》对企业收入和残疾员工都有积极的影响。国家残障会议讨论、研究了《美国残疾人法案》要实现的关于残疾人的4项主要目标：平等机会、全员参与、独立生活和经济自足。

图表3-3列出了使工作场所更容易被残疾人接受的具体方法。

8.2008年的《〈美国残疾人法案〉修订法案》

《〈美国残疾人法案〉修订法案》是为了回应在法庭裁决中已有削弱的《美国残疾人法案》。《〈美国残疾人法案〉修订法案》扩大了构成无行为能力的定义。以前，高等法院规定对无行为能力的定义——“一个身体或精神损伤持续地限制一个或多个主要活

① 雇主试图为残疾人或有宗教偏好的个人适当调整工作条件或计划，事实上并没有无法解决的困难。

动”——须有严格的解释与标准。新的法案因为他或她的条件似乎并不严重，或是因为药物、人工设备等得以改善而拒绝对其进行保护。

图表3-3 《美国残疾人法案》为一个可访问的工作场所提供的建议

• 安装能够得着的开关	• 提供闪光报警灯
• 提供倾斜的人行道和入口	• 去掉旋转门或者提供别的通道
• 安装轮椅坡道	• 在卫生间安装扶手
• 重新放置货架以方便拿到材料	• 重新设计卫生间以增加可用空间
• 重新排列桌子、椅子、自动售货机与其他家具和固定物	• 换掉绒毛多、低密度的地毯
• 拓宽门和走廊	• 重新放置电话、饮水机等所需设备
• 在控制按钮上添加凸起的记号	• 增加坐便的数量
• 提供指定的可使用的泊车位	• 提供一个浴室的全身镜
• 安装手动控制或操纵装置	

法案通过之后，平等就业机会委员会收到了一系列的诉讼控告公司。例如，一个长时间工作的出纳员因为严重的关节炎被公司拒绝提供便利设施——凳子，这位女士用了7年凳子，但新任经理不喜欢她这样做而辞退了她。[①]

9.2008年的《遗传信息反歧视法案》

雇主必须知道不能基于员工的遗传信息歧视他们。2002年BNSF铁路公司支付了数百万美元以解决平等就业机会委员会诉其在未经员工知晓或同意的情况下测试他们的遗传信息。该检测作为员工向公司提出索赔而进行医疗检查的一部分，或者因与职业腕管综合征有关的内部报告的一部分。人们开始担心他们的雇主会经法律允许，检查他们的遗传信息，并且如果发现他们有生病的倾向，会歧视他们。

《遗传信息反歧视法案》实施于2008年，以减缓人们对遗传信息被误用的担心。法案的第2章规定，禁止雇主要求、询问或追查员工或者其家庭成员的遗传信息。如果雇主恰好有遗传信息，作为医疗保险记录，必须保守信息秘密，将其独立于员工人事档案。[②]

10.1994年的《军警部门就业和再就业的权利法案》(USERRA)

《军警部门就业和再就业的权利法案》涵盖了所有的军事人员，即在和平或战争时期无论是自愿还是非自愿参军的人员，包括国民警卫队成员、预备役军人与现役军事人员。根据这一法案，进入军队的人满五年就可以回到他们原来的部门工作，而不会有失去职业

① “Broadening the Coverage of the ADA: The 2008 Amendments to the Americans with Disabilities Act,” *INSIGHT into Diversity*(November 2010): 32 - 35.

② “Genetic Information Nondiscrimination Act: A Primer on Title II,” *Venulex Legal Summaries* (Winter 2010): Special section, 1.

资格或利益的风险。[①]该法案防止履行地区军事义务的人员在招聘、工作保留和晋升方面受到歧视。该法案的其他规定要求雇主做出适当的努力去再培训或提高员工的技能，使员工有再就业资格，扩大医疗保健和员工养老计划的范围，视同他们一直被持续雇用。法律不要求雇主在员工应征时支付其工资，然而，一些公司确实在员工服役时为其支付部分工资。

11.《军警部门就业和再就业的权利法案》的修正

在2004年，该法被《退伍军人福利改善法案》修正，提供给员工和雇主相应的权利、利益和义务。为了得到下岗职工再就业条例的保护，服役人员必须事提前告知雇主他们的服役义务。劳动部门的退伍老兵就业机构和培训服务机构有责任执行该法。

3.2.2 其他联邦法律和行政命令

因为影响平等就业机会的主要法律不涵盖联邦政府机构，国家法律也不适用于联邦雇员，所以有时需要总统发布行政命令来保护联邦雇员。行政命令也被用来为受雇于政府承包商的个人提供平等的就业机会。由于许多大雇主——如通用汽车、英特尔、戴尔和摩托罗拉——还有众多小型公司都与联邦政府有合约，经理们应去了解并遵守行政命令和其他法律的规定。适用于政府机构和政府承包商的联邦法律和行政命令在图表3-4中做了总结。

图表3-4 **适用于联邦承包商和机构的平等就业机会规则**

法 律	规 定
1973年的《职业康复法案》（于1974年修订）	禁止联邦承包商在任何联邦财政资助的项目或活动中歧视残疾人；要求联邦承包商发展维权行动，雇用和晋升残疾人
第11246号行政命令（1965年，1966年被第11375号命令修订）	政府承包商签订合同超过1万美元的，禁止基于种族、肤色、宗教信仰、性别、国籍的就业歧视行为；与政府合同每年超过5万美元的，要求承包商雇用50名或50名以上的员工来发展维权行动计划
第11478号行政命令（1969）	联邦政府有责任确保所有求职的员工不受基于种族、肤色、宗教信仰、性别和国籍的歧视

1.1973年的《职业康复法案》

残疾人遭受歧视，既因为雇主对他们的工作能力持消极态度，又因为组织设施对其身体障碍有影响。《职业康复法案》是在1973年通过的，用来纠正这些问题，要求签订了2 500美元以上联邦合同的私营雇主聘用精神或身体有残疾的人。

联邦财政资助的接受者，如公立和私立的学院和大学，同样是该法案的适用对象。雇

① Gary L. Tidwell, Daniel A. Rice, and Gary Kropkowski, "Employer and Employee Obligations and Rights under the Uniformed Services Employment and Reemployment Rights Act," *Business Horizons 52, no. 3, (May 2009): 243 - 250, DOI:* Horizons 52, no.3, (May 2009): 243-250, DOI: 10.1016/j.bushor.2009.01.003. Find additional information on the law at the USERRA Advisor at the Department of Labor's website, http://www.dol.gov/elaws.

主必须进行合理的调节来雇用残疾人，但并非要雇用不合格的人。根据该法保护措施的实行，残疾人定义是：(1) 身体或精神损伤相当大地限制了该人员一个或多个生活中的关键活动；(2) 有这种损害的记录；(3) 被认为有这样的损害的任何人。这个定义与我们之前讨论的由《美国残疾人法案》提出的残疾人的定义是极为相似的。

一个经常被问到的问题是："员工得了传染病，如肺结核，在该法案所保护的范围内吗？"答案是肯定的。在这种情况下，得传染病的人有"其他资格"开展他们的工作。法律要求雇主进行合理的调节，让残疾人完成他们的工作。艾滋病患者或感染艾滋病毒的人同样在康复法所规定的残疾人范围之内。因此，歧视艾滋病患者或感染艾滋病毒的人，就违反了法律，雇主必须为这些条件下有就业需求的人进行合理的调节。然而，《职业康复法案》不要求雇主雇用和留住残疾人，如果他或她患有会对他人的健康和安全构成直接威胁的传染病，这样的人不能被安置。同时，雇主不需要雇用在某些方面无法执行工作最重要的部分的残疾人，也不需要雇用没有"其他资格"工作的残疾人。

2.第11246号行政命令

如果政府承包商和联邦机构签订了1万美元或价值更高的合同，他们必须遵守第11246号行政命令的反歧视规定。这一命令禁止基于种族、肤色、宗教信仰、性别或国籍的所有就业歧视活动。此外，它要求拥有50名或50名以上的雇员并与政府签订超过5万美元的合同的承包商或者分包商发展维权行动计划，这些计划将会在本章后面讨论。

根据第11246号行政命令建立了联邦合同执行规划办公室（OFCCP），以确保平等就业机会在联邦采购区的实现。这些非歧视的代理问题，与平等就业机会委员会的指导和规定相似。不遵守OFCCP政策会导致合同的取消或中止。OFCCP进一步要求承包商为残疾人、伤残军人和越南战争的退伍军人提供就业机会。

2010年《不问不说禁令》。2011年9月20日，《不问不说禁令》开始实施，以结束对男同性恋者、女同性恋者或双性恋者在美国军队公开服役的禁令。禁令的颁布是克林顿政府和国会之间的一种妥协，以避免在20世纪90年代中期军人因同性恋被开除军籍。该法案废除该禁令，允许男同性恋者、女同性恋者、双性恋者在美国武装部队公开服役。

3.2.3　平等就业实践法律

联邦法律和行政命令提供主要法规来管理平等就业机会。但是，除此之外，几乎所有的国家和许多地方政府都通过了禁止就业歧视的法律，这些法律被称为**平等就业措施（FEPs）**①，它们往往比联邦法律更加全面。由于国家和地方的有关法规太多了，所以无法在这里一一回顾，但是经理们应该了解它们以及它们在组织中是怎样影响人力资源管理的。

州和地方平等就业措施是仿照联邦立法制定的，但经常把歧视法律延伸到那些拥有1名或1名以上员工的雇主。因此，管理者和经营小生意的企业要高度重视这些法律，因为

---

① 平等就业措施(FEPs)：国家和地方法律在管理平等就业机会方面，比联邦法律更全面，而且更适用于小型用人单位。

他们可能会十分受限。这些州或地方可能禁止基于外表、婚姻状况、逮捕记录、色盲或政治派别的歧视。州和地方代理机构会执行反歧视法案，称为平等就业措施代理机构。俄亥俄民权委员会和马萨诸塞反歧视委员会就是例子。平等就业措施代理机构与平等就业机会委员会经常一起协作，共同处理歧视方面的投诉。

3.3 其他平等就业机会的问题

联邦法律、行政命令、法院案件还有州和地方法规为平等就业机会提供了广泛的法律框架。在这些主要法令中，有些具体问题对主管或经理来说具有特别的意义。在这里讨论的情况就发生在日常对雇员的监督中。

3.3.1 性骚扰[①]

性骚扰指的是令人厌恶的性暗示，要求（提供）性服务或指其他本质上的性行为，如用语言或肢体行为进行骚扰。然而，按照平等就业机会委员会的说法，它也包括有关性的攻击性言论。受害人和骚扰者可以是一个女人或男人，与受害人和骚扰者可以是同一性别。骚扰者可能是受害者的主管、其他领域的主管、同事，或者客户。[②]

按照第7章的规定，平等就业机会委员会认为有两种形式的性骚扰是非法的。第一，交换条件性骚扰，其发生在当“服从或拒绝性行为是雇佣决定的基础”[③]的时候。这种类型的骚扰包括的要素有有形资产或经济后果，如降级或减少薪水。如果一名管理者提升一位女性员工仅有的原因是她同意他下班后和他约会，那么这种行为显然是违法的。

当不受欢迎的性行为“具有无缘无故妨碍工作绩效或产生胁迫性的、敌意的、攻击性的工作环境的效果”时，便出现了第二种性骚扰类型——恶劣环境。[④]按照平等就业机会委员会的说法，如果是基于在工作场所多次要求（提供）性服务的偏爱，而员工不喜欢这种行为，就构成敌意的工作环境，不管是否有针对他们的不良行为。

当员工发现他们被下流的笑话、粗鄙的俚语、裸体照片、嘲笑和辱骂冒犯的时候，这些就构成了敌意的环境。电子邮件、即时消息和短信，以及在社交网站上的帖子已经成为一种方便的工具，让雇员以电子方式骚扰他们的同事。

在全美国范围内，仅2011年，平等就业机会委员会和国家平等就业措施代理机构就接收了11 364件雇员投诉雇主性骚扰的事件。有大约16%的投诉是男性申请的。然而，这些年来投诉案件的数量稳步下降的原因在于，他们对法律规定的、在特定职位上构成性骚扰的行为有了更多的了解。通过问卷调查就有可能测试出员工对什么是性骚扰和什么不是性骚扰的理解。聚焦HRM 2中的问题可以用于对这方面知识的判断。

---

① 在工作环境中，不受欢迎的且有性意向的偏好、口语和肢体行为。

② Oncale v. Sundowner Offshore Services, Inc. 72 PED 45, 175; WL 88039(U.S. 1998), http://www.eeoc.gov/laws/types/sexual_harassment.cfm.

③ *Guidelines on Discrimination Because of Sex*, 29 C.F.R. Sec. 1604.11(a)(1955).

④ *Guidelines on Discrimination*, Sec. 1605. 11(a).

聚焦 HRM 2

用于验证性骚扰的问题

行为	这是性骚扰吗?	你在组织中发现这种行为了吗?
• 员工在公告栏上张贴包含性方面材料的漫画	是 否 不确定	是 否
• 一位男员工对一位女员工说，她有美丽的眼睛和漂亮的头发	是 否 不确定	是 否
• 男经理习惯性地称所有女职工“亲爱的”或“宝贝”	是 否 不确定	是 否
• 经理因为没有得到性利益而不提升女（男）性员工	是 否 不确定	是 否
• 男性员工用粗俗的语言谈论性笑话，不是直接地，而是无意地被女员工听到	是 否 不确定	是 否
• 一位男员工在一位女员工穿着一件低胸洋装时，倚靠她的后背	是 否 不确定	是 否
• 一位主管在女（男）下属生日时给了她（他）一份很好的礼物	是 否 不确定	是 否
• 两位男员工互相讨论赤裸裸的色情杂志时被一位女性员工注意到	是 否 不确定	是 否
• 女性办公人员通过男员工的办公桌时被“评价”	是 否 不确定	是 否
• 在办公室的生日聚会上给女性暴露的衣服作为礼物	是 否 不确定	是 否
• 供应商的销售代表对接待员有“暗示”性语言	是 否 不确定	是 否

但是，对性骚扰的困惑依然存在。“交换条件性骚扰变得不太常见了。”费城的一个劳工律师David Bowman说。员工的优点不被接纳，并且其工作的能力被阻碍，如果同事没有这方面的意识，那么员工就更有可能抱怨被性骚扰了（见本章结尾案例研究2）。因为这个原因，一些人力资源顾问建议公司的律师制定严格的工作场所反亲善政策。

平等就业机会委员会认为如果雇主知道或本应该知道该行为违法却没有采取补救或纠正措施，那么雇主就犯有性骚扰罪。当雇主允许非雇员（顾客或推销员）对雇员进行性骚扰时，也犯有性骚扰罪。[①]当性骚扰指控成立时，受害者被迫离职，可以索回工资、福利费、律师费和利息，并要求恢复他们的工作。对那些涉及身体行为的性骚扰可以提出刑事诉讼，对雇主和个人罪犯都可以要求惩罚性赔偿。

3.3.2 性取向

美国近一半的州和一些城市已经通过了在工作场所禁止性取向歧视的法律。[②]尽管1964年《民权法案》把“性”列为受保护类别，目前没有联邦法律禁止基于性取向的歧视 。1998年克林顿总统签署第13087号行政令，禁止基于性取向歧视联邦政府的文职雇员。一个例外是军人，他们那个时期适用《不问不说禁令》。按照平等就业机会委员会的说法，第13087号行政令并没有创造新的权利。然而，它确实为联邦政府的所有部门开创

① Chasen, Jeffrey I. Chasen, “Discrimination and Harassment in the Workplace: Five Essential Strategies for Smarter Risk Management.” *Risk Institute. PERI*, accessed Jan 2014, at <http://www.riskinstitute.org/>.

② Laura G. Barron, “Sexual Orientation Employment: Anti-Discrimination Legislation and Hiring Discrimination and Prejudice,” *Academy of Management Annual Meeting Proceedings*(2009): 1.

了一个阶段，确保工作场所不受骚扰和歧视。许多内阁级机构还发布了禁止基于性取向歧视的政策声明。一些机构还颁布了平等就业机会投诉程序，允许联邦雇员基于性取向歧视向其书面投诉。另外，它为废除军队的《不问不说禁令》铺平了道路。[①]

一些组织，如S.C. Johnson & Sons、伊斯曼柯达、朗讯科技、微软及南加州爱迪生等公司开展培训课程，旨在超越影响男女同性恋工作者的固定模式。国防承包商Raytheon和Lockheed Martin赞助同性恋支持派，同时沃尔玛对同性恋采取了无歧视政策。在美国500强企业中，大多数公司都对同性情侣提供保健福利。

3.3.3 移民改革和管理

良好的就业状况是吸引大家涌进美国的主要原因。然而，无论是在联邦立法还是州际立法上，或是在雇主、联盟、民权组织和普通大众中，目前的非法移民都成了国家的大问题。[②]

雇主们必须遵守《移民改革控制法》(IRCA)。该法对雇主有两个授权：第一，所有提及的雇主不得在知情的情况下，雇用和聘用非法移民；第二，拥有4个以上员工的雇主，不得以原国籍或公民身份为由，在雇用或做最终决策时歧视员工。

对来美工作的申请人的合法权益要进行核实和记录，以此来依法进行雇用。由美国司法部公布的《雇主手册》列举了5条雇主必须遵守的行为：

(1) 让员工填写表I-9中自己的部分。

(2) 审查员工身份和工作资格文件。

(3) 完成表I-9中雇主部分。

(4) 保留表I-9至少3年。

(5) 根据要求将表I-9提交给移民局官员或劳工局官员以待审查。

与联邦政府有大额合同的雇主也必须使用电子验证系统。电子验证系统能够自动链接到联邦数据库的系统，以帮助雇主确定工人的法律资格和社会保障号码的有效性。跟政府没有业务往来的雇主也可以使用电子验证系统。一些州要求某些组织使用它，亚利桑那州就要求州内所有的雇主使用电子验证系统。[③]

雇主违反《移民改革和控制法案》的规定将被责令停止歧视性做法。被歧视的员工可以直接被雇用；个人因歧视受到伤害，每个人可获得1 000美元；也可以基于国籍或公民权向司法部特别法律顾问办公室提交歧视诉讼。

3.3.4 新出现的雇佣歧视问题

1.体重歧视

有些研究表明企业有体重歧视现象，尤其是对于女性，这种歧视不仅日益严重，而且

---

① U.S. Equal Employment Opportunity Commission, "Facts about Discrimination Based on Sexual Orientation, Status as a Parent, Marital Status and Political Affiliation," *EEOC.gov*, *accessed November 20, 2013*, at http://www.eeoc.gov.

② Mark Schoeff, "DHS Rule Rankles Employer Groups," *Workforce Management* 86, no. 14(August 20, 2007):1.

③ U.S. Citizenship and Immigration Services. Department of Homeland Security. "What is E-Verify? ." U.S. Citizenship and Immigration Services Department of Homeland Security, accessed Jan 2014, at <http://www.uscis.gov/e-verify/what-e-verify>.

到了几乎与种族歧视一样严重的程度。[①]按照辩护小组——身高和体重歧视委员会（Council on Size & Weight Discrimination）的说法，超重员工的小时工资比平均工资低1.25美元，在40年的职业生涯中，他们的税前收入将比同行业的瘦人少100 000美元。

没有联邦法律规定禁止体重歧视，尽管平等就业机会委员会已声明病态肥胖是《美国残疾人法案》下一种受保护的无行为能力，但是一些州或城市，包括旧金山、华盛顿、麦迪逊、威斯康星州，已禁止基于一个人体重的歧视。密歇根州禁止基于身高和体重的歧视，在该州，至少有两名女服务员起诉Hooter餐厅的歧视，其中一个服务员体重为145磅。当时，雇主建议她去健身房以便能穿XS号的制服。“Hooter的正式制服有三种尺寸：XXS，XS，S，”她回忆说。[②]对员工来说，这是一个好消息，因为超重日益受到法律的保护。在某些时候，他们可以成为一个受保护的阶层。[③]

2.吸引力和歧视

一些地区，包括圣克鲁兹、加利福尼亚和哥伦比亚区，将禁止基于“身体特性”或“个人外貌”的歧视作为保护范畴。然而，没有联邦法律禁止在工作场所基于人的吸引力而进行歧视，尽管无疑会发生这种事。《新闻周刊》对招聘经理人所进行的一项调查显示，有57%的人认为符合要求但没有吸引力的应聘者很难找到工作。执行法律的一个问题是，基于一个人的外表的歧视将取决于按照法律其外表有多大程度缺乏吸引力才受法律的保护。此外，在某些情况下，美貌可以是一个真正的职业的资格，模特职业就是一个例子。

然而，像Hooter餐厅一样，公司基于员工的外貌进行区别对待很容易出现法律问题。零售商Abercrombie & Fitch就是一个例子。2005年，它解决了平等就业机会委员会提交的4 000万美元的集体诉讼。零售商雇用和提拔有吸引力的、面部白皙、体型瘦的男员工。“并非所有的美国人都是白种人，” Jennifer Lu说，她曾在Abercrombie & Fitch工作过，因外貌不符合零售商的要求而被解聘（平等就业机会委员会基于种族歧视而受理了她的诉讼）。

3.照顾者与歧视

2007年，平等就业机会委员会发布了新准则，有助于防止歧视员工的照顾责任。联邦成文法尚没有禁止对唯一监护人的歧视。然而，当负有照顾责任的雇员反对歧视——基于平等就业机会法律下（如性别、种族、年龄等）受保护的性质，会有不同的处理方法。平等就业机会委员会已经提出了许多歧视照顾者的情形。拒绝带小孩的女性的工作申请而给予有小孩的男性工作机会就是一个例子。另外的例子还有因为假设照顾责任会使员工不受信赖，而将带着残疾儿童的单亲妈妈拒之门外。平等就业机会委员会发展了“最佳实践”以帮助公司避免歧视照顾者。它还源引了相关的研究成果——弹性的工作场所政策会提高员工的工作效率、减少缺席和成本、协助招聘、留住员工、为雇主处理劳动力减少问题提供更多的选择。

---

① Svetlana Shkolnikova, “Weight Discrimination Could Be as Common as Racial Discrimination,” *USA Today*, (May 28, 2008), http://www.usatoday.com.

② Nathan Koppel, “Hooters Sued for Weight Discrimination,” *Wall Street Journal*, (May 24, 2010), http://blogs.wsj.com.

③ Ballman, Donna Ballman, “Is Weight Discrimination At Work Illegal?” *AOL Jobs*. (6 November 6,. 2012),. <http://jobs.aol.com/articles/2012/11/06/is-weight-discrimination -illegal/>.

3.4 《雇员选拔程序统一指南》

雇主们通常不确定特定选拔程序的适应程度，特别是涉及考试和选择的程序。为了解除这种担忧，公平就业机会委员会与其他三个政府组织一起正式通过了现行的**《雇员选拔程序统一指南》**[1]。在雇用、保留、晋升、调任、降职、解雇和推荐领域，统一指南是非常重要的文件。它的设计初衷是要保证雇主、劳动力组织、就业机构以及许可和认证委员会遵守联邦关于禁止就业歧视的相关法律。

3.4.1 有效性

当采取考试或其他选拔工具进行选拔时，雇主必须能够证明该选拔工具与就业成功有直接关系。基于效度的研究证明了测试与工作的相关性。在验证选拔程序的时候，统一指南为雇主提供了严格的标准。检测有效性的不同方法详见第6章。

3.4.2 负面影响和差别性对待

对于申请人或员工来说，要想成功起诉歧视行为，他们需要证明雇主的选拔程序对受保护阶层产生了负面影响。**负面影响**是指相对于非受保护群体来讲，有相当大比例的受保护群体在雇用、安置或晋升过程中遭到排斥。虽然统一指南没有要求雇主对无负面影响的选拔程序的有效性进行研究，但是它确实鼓励雇主使用有效的选拔程序。为了避免负面影响，定期检验自身选拔程序并采用面试、考核和类似方法的其他程序的组织，通常都会服从公平就业法的行为准则。

证明负面影响的存在有两个基本方法：

（1）负面拒绝率，或是五分之四原则。根据《雇员选拔程序统一指南》，当对于任何种族的、文化的或是性别的等级的采纳率低于最高采纳率等级的五分之四（或80%）时，该选拔程序就具有负面影响。平等就业机会委员会通过**五分之四原则**[2]，将其作为执行诉讼程序时判定负面影响的头号准则。与其说五分之四原则是对歧视行为的法律定义，倒不如说它是平等就业机会委员会及其他执行机构用来监督在雇用、晋升或其他就业问题中出现重大问题的方法。本章结尾处的附录解释了怎么判别负面影响，以及使用五分之四原则估算的实例。

对五分之四原则的替代选项，是在歧视诉讼中经常用到的一个方法，即对所观察的申请人的流动数据进行标准误差分析。在黑泽尔伍德学区诉美国联邦一案中，最高法院宣布了一项标准误差分析，该分析被许多下级法院沿用。这个统计学程序测定了受保护小组的期望聘用率与实际聘用率间的差异是否是偶然。如果偶然性被排除，那么就假定雇主的选拔方法对该小组的就业机会具有负面影响。

（2）受限政策。一旦在选拔程序中有雇主排斥受保护阶层成员的证据，无论是否是有意的，都构成负面影响。例如，有身高限制或长相限制（在有损受保护阶层成员权利的情况下）的招聘就是受限政策的证据。在据作者所知的一个案件中，某公司在缩小规模时，首先裁掉年龄在40岁以上的员工。这些员工根据《反就业年龄歧视法》联名投诉其负面影响。

---

① 《雇员选拔程序统一指南》是联邦公报发表的一份程序性文件，以此来保证雇主遵受反歧视法。

② 五分之四原则：公平就业机会委员会执行诉讼程序时判定负面影响的头号准则。

就业选拔程序的基准案件是Griggs诉Duke Power公司案（1971）。当Griggs应聘Duke Power公司区域管理员一职时，他的请求因他不满足职位的必需条件——高中毕业——而被拒绝。Griggs声称该职位标准具有歧视性，因为高中毕业与否与能否胜任该工作无关，而且此标准对受保护群体有负面影响。

在Griggs案中，最高法院制定了两条影响公平就业机会的重要准则。第一，法庭规定，员工不必在遭受雇主过分的或者故意歧视之后才提出捍卫自身的权利，当然，即便是平等应用于所有员工时，雇佣行为仍可能是违法的。例如，在此规定下，一个新的营利性制药公司对所有销售人员的身高都要求在6英尺以上，这一要求就会对亚洲人或妇女产生负面影响，限制他们的就业机会。第二，根据要求，雇佣行为必须与工作相关。当出现歧视指控时，雇主有责任证明此职位要求是与工作相关的，或是出于业务需要。当雇主将学历、身体状况或智商作为雇用或晋升标准时，这些因素的确是工作成功的必要条件。根据第7章的规定，好的初衷或没有歧视意向都不是有力的辩词。

在公平就业机会案件中，将负面影响和区别对视区分开是非常重要的。负面影响案件处理的是无意的歧视行为；**区别对待**[①]案件则涉及目的性很强的歧视行为。举例来说，当某个雇主聘用带着学龄孩子的男性而不要女性时，这就是区别对待。给男性提供诸如木匠或电工等技术型工作，而不给女性提供相同机会，同样是区别对待的表现。要打赢区别对待的官司，原告必须证明雇主行为是有意的，但这通常很难。

3.4.3　劳动力利用分析

雇主必须注意筛选过程对受保护群体成员的影响，当与外部劳动力市场对比时，他们也必须关注公司内部劳动力的构成。平等就业机会委员会称这种对比为**劳动力利用分析**[②]。这个概念简单地将某一雇主的特定工作岗位的种族与性别状况同周围的劳动力市场的状况进行了对比。用人单位的相关劳动力市场就是选拔具有能够胜任工作技能的雇员的地方。例如，Vision Track高尔夫公司现在从一个劳动力市场招聘电脑技师，该劳动力市场是由10%的黑人工人、8%的西班牙工人和2%的美国本土的工人组成的，并且他们都拥有该工作的任职资格，而该用人单位的劳动力就应该反映出这种种族构成。在这种情况下，就可以说该用人单位的劳动力与相关的劳动力市场是同等水平的。如果该用人单位的少数种族劳动力比例构成低于外部数据，则称被保护群体*没有被充分利用*，则该用人单位应该采取积极的措施来调整这种不平衡。

3.5　平等就业机会法的实施

连同禁止雇佣歧视一起，《民权法案》第7章规定建立平等就业机会委员会。作为联邦政府主要的民权机构，平等就业机会委员会负责确保其管辖范围内的雇主遵循本条例。委员会主要通过以下途径达成目标：（1）发行不同的工作指南并监督组织的雇佣行为；（2）通过调查和起诉歧视的指控来保护员工权益。需要记住的是，平等就业机会委员会的准则并非联邦法律，而是发表在联邦公报上的行政法规。而法庭在解释该法律时也已经为

---

① 区别对待：群体成员受到不公平对待或被不同标准来评估的情况。

② 劳动力利用分析：确定在企业中被保护群体成员数量和他们所从事工作类别的过程。

不同的原则赋予了权重，因此不应轻视。

3.5.1 平等就业机会委员会

平等就业机会委员会的工作就包括制定公平就业机会的政策以及审批有关维护平等就业机会的诉讼。

该委员会的日常管理工作由位于华盛顿的行政总部、50个地区和区域办事处负责，包括歧视诉讼案件处理，及所有的合规性和诉讼执行功能。平等就业机会鼓励员工向其委员会拨打免费电话或在线填写一份问卷申请索赔，以便委员会可以评估该投诉是否属于法律执行的涵盖范围。雇主，尤其是小企业的雇主，如果有平等就业机会委员会管辖范围的法律执行问题，或特定工作场所情形的问题，可以联系网站上平等就业机会委员会小企业联络人请求指导。

3.5.2 记录以及发布要求

组织应按《民权法案》第7章的要求保留特定的聘用记录和报告。平等就业机会立法包含的联邦承包商与转包商对这些雇主有特殊的报告要求。不符合记录和发布要求的或故意伪造记录的雇主会招致处分，包括罚款甚至入狱。见聚焦HRM 3，由平等就业机会委员会及其他行政机构最近制作的海报解释了公司需要在显要位置如餐厅的时钟或水冷却器旁等地方来突出法律要求。它应该比在《瓦尔多在哪里》这本书里找到瓦尔多更容易。如果不这样，那么平等就业机会委员会将允许雇员稍后（180天的申请截止时间）提出歧视指控。

聚焦 HRM 3

平等就业机会委员会海报

平等就业机会受法律保护

私人雇主、州和当地政府、教育机构绝大多数的私营雇主、职业中介和劳工组织的求职者和雇员受到以下联邦法律的保护：

种族、肤色、性别、国籍

1964年修订的《民权法案》第7章保护申请人和雇员在录用、晋升、解聘、工资、附加福利、就业培训、分级、推荐以及其他方面不因种族、肤色、宗教、性别（包括怀孕）或国籍而被歧视。宗教歧视包括在没有过度负担的情况下未能给有宗教活动要求的员工提供合理的便利。

残疾人

1990年修订的《美国残疾人法案》第1章和第5章保护符合条件的个人在录用、晋升、解聘、工资、附加福利、就业培训、分级、推荐以及其他方面不受歧视。残疾人歧视包括在没有过分困难的情况下，没有为符合条件的肢体或精神上受限的残疾人（申请人或雇员）提供合理的便利。

年龄

1967年修订的《反就业年龄歧视法案》保护40岁或40岁以上的求职者和雇员在录用、晋升、工资、附加福利、就业培训、分级、推荐以及其他方面不因年龄而受歧视。

性别（工资）

除了《民权法案》第7章的禁止性别歧视（见上）条款外，1963年修订的《同等待遇法》也规定禁止在男女员工完成实质上相同的工作时，在工资支付上实行性别歧视。

遗传

2008年的《遗传信息反歧视法案》的第2章保护申请人和雇员在录用、晋升、工资、附加福利、就业培训、分级、推荐以及其他方面不得因遗传信息而受歧视。《遗传信息反歧视法案》也严格限制雇主获得遗传信息并严格限制遗传信息的披露。遗传信息包括申请人、雇员或者他们的家庭成员的基因测试；家庭成员疾病或身体机能失调的出示（家庭病史）；申请人、雇员或家庭成员要求提供的基因服务。

报复

这些联邦法律都禁止针对指控歧视、参与歧视诉讼，以及其他反对非法就业的个人进行报复。

如果你认为被歧视，应该怎么办

提起雇佣歧视诉讼有严格的时间限制。为了保护你提出诉讼的权利，当你认为有被歧视之嫌时，你还是应该立刻与平等就业机会委员会联系：

电话：1-800-669-4000（免费）或者 1-800-669-6820（有听力障碍的人免费传真号码）

网站：www.eeoc.gov or.

雇主持有联邦合约或分包合约

具有联邦政府合同或分包合同的公司的求职者或雇员受到以下联邦法律的保护：

根据修订的第11246号行政命令，禁止基于种族、肤色、宗教、性别或国籍的工作歧视，并要求企业采取反歧视行动以确保各方面工作的公平就业机会。

残疾人

1973年修订的《康复法》第503节保护符合条件的个人在录用、晋升、工资、附加福利、就业培训、分级、推荐以及其他方面不受歧视。残疾歧视包括在没有过度负担的情况下，未能为符合条件的身体或精神受限的申请人或雇员提供合理的便利。第503节也要求联邦承包商积极承担责任，在所有的就业层面，包括行政层面，雇用和优先雇用符合条件的残疾人。

残疾人、其他受保护者，以及部队退伍军人

1974年修订的《越南退伍军人调整援助法》(the Vietnam Era Veterans Re-adjustment Assislance Act) 即《美国法典》第38卷的4212节（38 U.S.C. 4212）禁止就业歧视，并要求采取反歧视行动雇用以及优先雇用残疾军人、最近离队的退伍军人（在三年之内退伍或现役退伍军人）、其他受保护的退伍军人（在战争中服役的老兵，或者在战役或远征军中被授予勋章的人），以及武装部队服役老兵（现役军人，在美国军队服役获得奖章的人）。

报复

禁止对提起歧视诉讼、参与联邦契约计划办公室诉讼或者其他违反联邦法律歧视活动的人进行报复。

任何人认为承包商违反了反歧视法或当局应采取反歧视行动可通过以下方式立即联系美国劳工部联邦合约计划办公室（OFCCP）：

地址：200 Constitution Avenue, N.W., W ashington, D.C.

电话：20210, 1-800-397-6251（免费），(202) 693-1337 (TTY)

e-mail：OFCCP-Public@dol.gov.

接受联邦财政资助的项目或活动

种族、肤色、国籍及性别

除了1964年修订的《民权法案》第7章，1964年修订的《民权法案》第6章也禁止在联邦财政资助的项目或活动中基于种族、肤色、国籍及性别进行歧视。雇佣歧视包括第7章所说的在提供就业中发生的歧视。1972年的《教育修正案》第6章禁止在接受联邦财政资助的教育项目或活动中基于性别进行雇佣歧视。

残疾人

1973年修订的《康复法》第504节禁止在接受联邦财政资助的项目或活动中基于残疾进行雇佣歧视。禁止在所有方面对残疾人的就业歧视，无论是否有合理的便利设施，残疾人只要能完成工作的基本职能即可。

如果你认为在联邦资助的机构中受到歧视，可以立即联系提供这类帮助的联邦代理机构。

3.5.3 提交歧视诉讼

图表3-5概述了向平等就业机会委员会提交歧视诉讼的流程（联邦雇员和求职者的诉讼过程是稍有不同的）。雇员或求职者确信他们受到了歧视，将首先向平等就业机会委员会提交歧视诉讼或投诉表。涉嫌非法行为的指控必须在180天内提出。起诉的过程包括通知雇主已提交了就业歧视诉讼。雇主将会在10天内收到一份提起诉讼的副本。双方——原告（雇员）和被告（组织）——必须做好准备以支持他们的观点或行动。

图表3-5 提交就业歧视指控流程

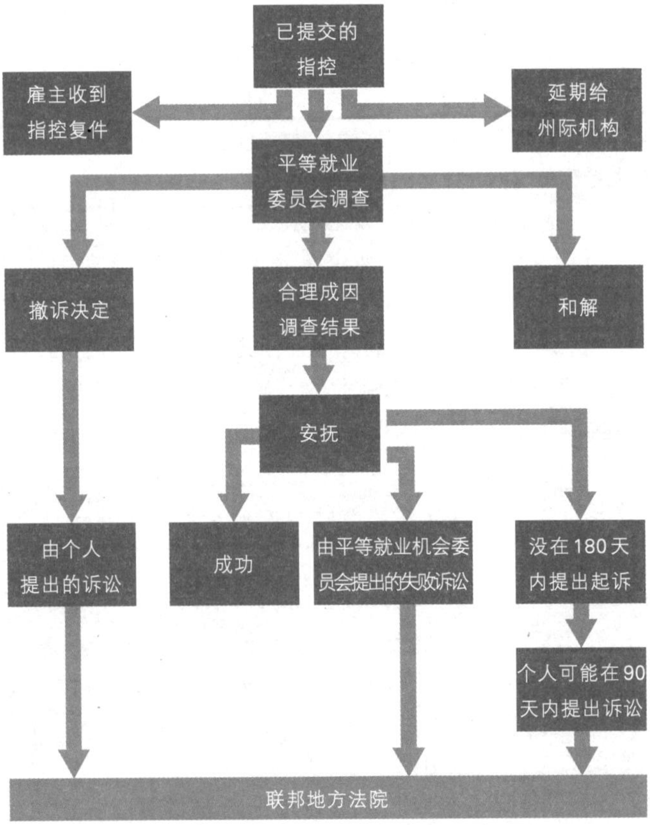

如果有人使用他们的合法权利提起指控，或是在公平就业机会委员会诉讼过程中支持其他员工，管理者和监督者不能对其进行报复。《民权法案》第7章称，雇主不可以因某个员工反对非法雇佣行为，指控、作证、帮助或以任何形式参与调查、诉讼或听证会而对其有歧视行为。在近期的一个案子中，芝加哥的一个饮料经销商——百事可乐通用罐装厂——的一名女调度员引用1964年《民权法案》第7章，对遭受到的性骚扰和暴力报复提起控诉，并获得了40万美元的损失赔偿。当员工在任意平等就业机会机构中选择履行自己的合法权益时，任何惩罚性行为都可被视为是报复。这些行为包括解雇、给予他们不合理的负面评价、使他们受到更多的监督、重新雇用他们、降级、减薪、简化工作职责以及调任到不重要的职位上。[①]当然，不能因为员工向平等就业机会委员会提起申诉或反对歧视，就可以对其免除继续履行工作的义务或服从其公司的合法工作场所规则的义务。如果他们从事非法活动或进行暴力威胁，平等就业机会委员会有关报复的规定也不能保护他们。

3.5.4 防止歧视诉讼

大小雇主都明白，对任何形式歧视的防范之本是制定综合性的平等就业机会政策。最高法院强调，对歧视行为的防止和纠正意味着不遵循平等就业机会政策的雇主在法律上是易被攻击的。反歧视法声明必须全面，必须包含所有适用的法律和平等就业机会委员会的指导方针，还要包含特定不当行为的实用案例。为了使政策具有价值，必须使其在经理、监督者和所有非管理层员工间广泛传播。一套完整的政策还要包括对那些有歧视行为的人的制裁办法。

作为防止和纠正歧视行为的关键，管理者和监督者们尤其要明确员工的权利和管理职责。[②]综合培训课程包括：（1）在平等就业机会法中多处提到的禁令；（2）应对歧视控告指南；（3）调查投诉程序；（4）纠正不当行为的建议。或许，管理者和监督者们防止就业歧视的终极武器是营造一种组织氛围，在这里需要尊严、尊重和对不同工作的赞同。

3.6 反歧视行动与多样管理

平等就业机会法要求管理者对所有职位申请人和员工都提供同样的就业机会，不分种族、肤色、宗教信仰、性别、国籍或年龄。**反歧视行动**[③]就是在员工中无歧视。当雇主采取积极措施来帮助扭转过去对少数群体的歧视时，就是反歧视行动。雇主实行自愿性的反歧视行动项目，积极致力于雇佣多样化，通过少数群体就业机构设立岗位，清除不必要的障碍，为受保护阶层人士提供广泛的培训和指导。

雇主要起草反歧视行动方案有多个理由。反歧视行动方案是应联邦合约计划办公室（OFCCP）的要求对与联邦签约额达5万美元以上的雇主制订的方案。联邦合约计划办公室为建立反歧视行动方案提供规章和建议。雇主必须：（1）提供组织简介，要以图表形式描述其劳动力数据（查看事前讨论过的劳动力利用分析）；（2）给未充分利用的受保护阶

---

① Jathan Janove, "Retaliation Nation," *HR Magazine* 51, no. 10(October 2006): 62.

② Michael W. Johnson, "Harassment and Discrimination Prevention Training," *Labor Law Journal* 55, no. 2 (Summer 2004): 119.

③ 反歧视行动：一种超越平等就业机会的政策，要求组织通过增加特定职位上少数群体和妇女的数量，依法纠正过去的歧视行为。

层的就业建立目标和时间表；（3）起草方案计划以减少利用不充分的情况，包括启用先进的补充和筛选方法；（4）监督整个反歧视行动方案的进程。

当发现雇主过去有歧视行为，特别是当歧视行为很普遍且是组织的长期行为时，法庭有时会制订反歧视行动方案。例如，某个雇主不给妇女或是有色人种提供升职机会，反歧视行动的法庭指令就可以纠正该行为。法庭指令通常是通过法庭与雇主间的《同意令》来执行的，它要求按承诺在时间表上确定雇用与晋升。一旦符合《同意令》的条件，雇主们就不再受法庭指令的约束。

有时雇主会自愿地开发自己的反歧视行动方案，以此来确保受保护阶层成员在各方面都能得到平等的待遇。英特尔、李维·斯特劳斯、希尔顿酒店和波特兰市在展示诚信就业的同时，把这些措施作为监督员工发展的有效工具。另外，一些公司雇用首席多样化官。**首席多样化官**是负责企业多样化工作的高层管理者。然而，作为人力资源专业人士应随时注意，任何自愿性的反歧视行动方案或多样化努力很大程度上依赖于组织中各层面高级经理和监管者所给予的支持。[①]平等就业机会委员会要求，采取反歧视行动方案的组织要遵循以下具体步骤，如聚焦HRM 4所示。

聚焦 HRM 4

发展一项反歧视行动方案的基本步骤

提起就业歧视诉讼

1. 发布书面平等就业机会政策和反歧视行动承诺宣言。
2. 宣传政策和组织的反歧视行动承诺。
3. 在组织中任命一名高层官员来指导和实施该计划。
4. 通过部门和就业分类对少数人和女性进行调查。
5. 开发目标和时间表以改善对各领域少数人群和女性员工的充分利用。
6. 发展和执行具体方案以达成目标。
7. 建立内部审查和报告制度，以监督和评估该方案各方面的进展。
8. 开发有赞助的内部和社区方案。

Source：U.S. Equal Employment Opportunity Commission.

在追求反歧视行动的过程中，可能会有人指责雇主有**逆向歧视行为**[②]，或是在未受保护的个人自认为受到歧视的时候，指责其给予受保护类成员优先权。反歧视行动的一个缺点是，雇主可能被指控反向歧视，或优先考虑受保护阶层的成员，使得不到保护的个人认为他们受到歧视。当类似的指责出现时，组织就会处于一个很尴尬的境地，在试图纠正过去的歧视行为的同时，还要处理那些声称人力资源政策不公正的未受保护成员的投诉。正是这种尴尬境地使得这些反歧视行动成了过去50年中最饱受争议的话题。对反歧视行动方案的批评声称，受保护群体的雇佣地位并没有持续地改善，并认为被聘用的人经常被认为不那么能干，即使现实不是这样。

3.6.1 法庭判决

20世纪70年代有两个反歧视的先例：加州大学董事诉Bakke案和美国钢铁工人联合会诉

① “Voluntary Diversity Plans Can Lead to Risk,” *HR Focus* 84, no. 6(June 2007): 2.

② 逆向歧视行为：在未受保护的个人自认为受到歧视的时候，指责组织给予受保护类成员优先权。

Weber案。高等法院做出裁决，要求必须以个体为单位对申请人做出评估，种族可以作为评估过程中的一个因素同其他竞争性因素一样列入考虑范围。法院称，只要刚性的配额系统不是为不同受保护人群量身定做的，反歧视行动方案就是合法的。同样，当试图剔除传统工作分工中的种族失衡时，自愿肯定性行动方案也是可取的。虽然联邦最高法院并没有通过全部自愿反歧视行动方案，但该方案的自由运行和策划的确对纠正过去的种族和性别失衡给予了莫大的推动。

然而，在过去的几十年中，对反歧视行动计划的司法支持已有所削弱。20世纪90年代中期，联邦法院在颁布奖学金、决定高校招生、做出裁员决定、筛选员工、员工晋升以及授予政府合同等方面日益限制少数种族的雇佣和少数种族地位。接着在2009年的Ricci诉DeStafano一案中，康涅狄格州纽黑文市的19名消防员提起诉讼，声称消防部门歧视他们，因为在晋升测试中没有一个黑人消防员以足够高的确保晋升的分数通过。这些消防员中有17名白人、2名拉美裔，他们声称被拒是因为种族歧视。在独立裁决中，高等法院没有支持消防员一方。裁决没有质疑消防部门为确保少数种族得到公平晋升所做的努力。然而，抛开中立测试（由一个外部咨询公司设计的测试，采取一视同仁的做法）对那些通过的人是不公平的。在裁决中，法院称："一旦这个程序已经建立并且雇主有明确的选择标准，他们就不会废除检验结果，那样做会破坏员工对不因种族遭受歧视的合法预期。"该裁决强调了设计谨慎选择程序的重要性，一旦设计好，就要遵循。它也表明执行一个反歧视行动计划是多么棘手。①

3.6.2　反歧视行动：利用多样性

反歧视行动未来可能不会出现在判决中或法案中，但它取决于经理人的态度，并且自愿行为会使职场更公平、更有竞争力。拥有多样化员工的管理者知道，员工个体能力的差异和贡献是构建竞争优势的途径之一。例如，有些研究发现，具有渐进的反歧视政策的公司远胜过没有这些的竞争公司。②平等就业机会委员会的其他研究表明，雇主给予照顾者可以利用的弹性职场政策，使企业的客户基础得以扩大，利润增加。同样，许多公司发现，雇用老一点的员工也有优势，因为他们有知识、更可靠，并且通常更愿意有灵活的工作时间。当越来越多的企业在全球范围内扩大它们的实体公司或网络公司时，它们意识到需要雇用多样性的、具有不同才能的，或者能更好地了解海外市场并在不同的海外市场竞争的员工。

另外，多样化的员工队伍能使公司在当前的竞争环境发生巨变的时与时俱进。敏锐的管理者都知道，雇用同类型的有着相同背景和技能的员工，在市场发生变化时，会有明显的劣势。再有，接受多样性员工文化的雇主会向其所在的社区表明，在对待企业社会责任方面，企业是严肃的。

按照弗吉尼亚大学达顿商学院的研究者Martin Davidson教授的说法，战略性地利用员工的差异性意味着不仅仅看到人表面的差异，诸如他们的背景、性别、年龄、宗教等，也看到了他们在思想、学识、工作及其相互作用方面的差异。他们如何利用时间？他们是怎么解决问题的？为什么有些人能跳出思维框框而有些人却不能？什么是经验、思维模式以

---

① Daniel A. Biddle and Richard E. Biddle, "Ricci v. Destefano: New Opportunities for Employers to Correct Disparate Impact," *Labor Law Journal* 61, no. 3 (Fall 2010): 123 – 41.

② Peng Wang and Joshua L. Schwarz, "Stock Price Reactions to GLBT Nondiscrimination Policies," *Human Resource Management* 49, no. 2 (March – April 2010): 195.

及不同群体人才的战略利用？

利用人的差异性的步骤涉及观察、了解和评估，如图表3-6所示。聚焦HRM 5表明个人和组织可以采取的实际行动。我们将在第5章和整部教科书中讨论更多关于多样性的问题。

图表3-6　**利用员工差异性的步骤**

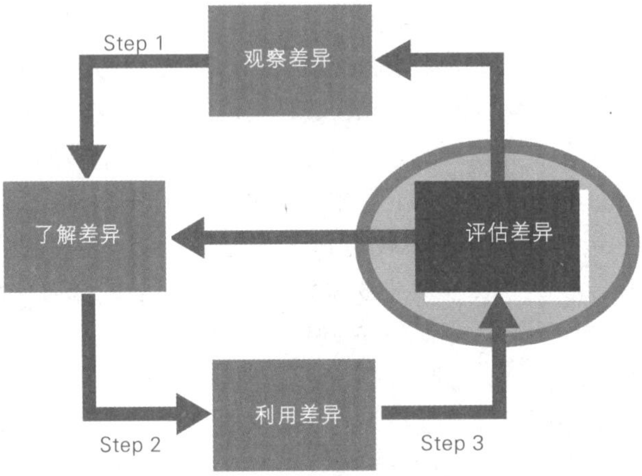

聚焦 HRM 5

接受差异并利用差异

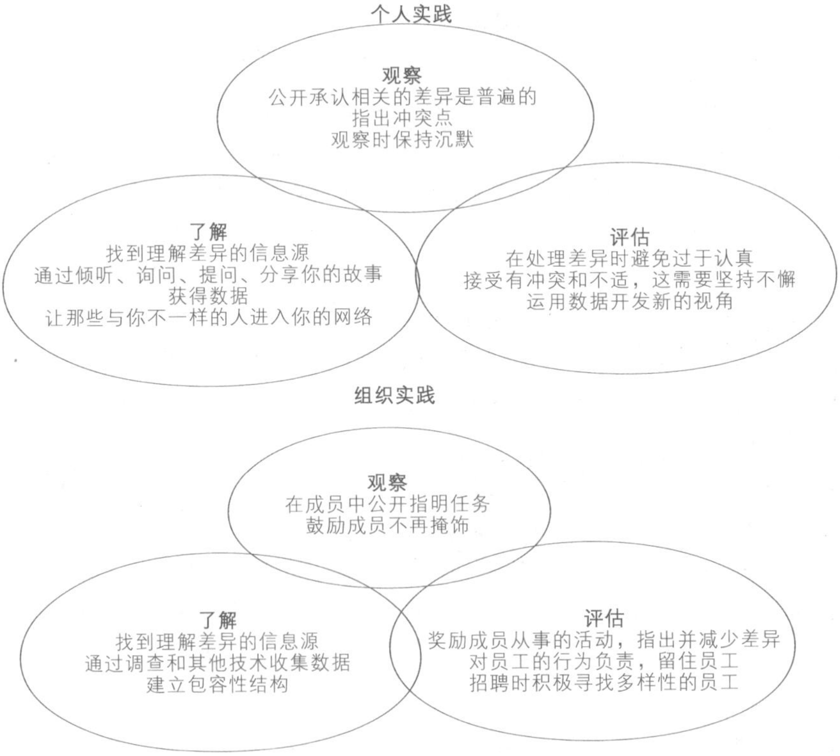

Source：Adapted from Martin N. Davidson，*The End of Diversity as We Know It：Why Diversity Efforts Fail and How Leveraging Difference Can Succeed.*（San Francisco：Berrett-Kohler Press，forthcoming，2011）.

小　结

目标1　政府报告显示，少数种族的工资和工作机会明显少于男性白人。平等就业机会委员会的创立是为了确保不分种族、性别和年龄的平等就业实践。要做到公平需了解雇佣关系的法律规定，包括本章中所提到的法律和各种行政命令。其他领域在最近也得到了越来越多的关注，包括对残疾人、性取向、体重、外貌或者照顾者身份的歧视。

目标2　《雇员选拔程序统一指南》的制定有助于雇主遵守联邦对就业者基于种族、肤色、宗教、性别或国籍歧视的禁令。《雇员选拔程序统一指南》为雇主提供了一个强制执行雇用决策的框架。当预测一个员工的工作绩效时，雇主必须明示其投票程序是有法律效力的。

目标3　平等就业机会委员会的建立是为了监督雇主行为，以此确保其公司严格遵守反歧视法。遵从联邦法律的雇主们必须保留必要的数据，同时要在接受委托时记录所需的雇佣统计数据。雇主需要在遵守联邦和州际法律的前提下，收集雇佣数据及文件报告。

坚信自己受到歧视的员工或应聘者可以向平等就业机会委员会对其受到的歧视行为提出指控。如果不能达成共识，那么平等就业机会委员会可能会将雇主上告到联邦法院。图表3-5列举了提交歧视行为指控的步骤。

目标4　对员工来说，反歧视行动胜过提供公平的就业机会。与联邦有合约的企业和被发现过往有歧视罪的企业可以被要求使用反歧视行动计划。要达到这个目标，就要求雇主在受保护阶级没有充分代表的岗位上雇用他们，从而成为雇主的相关劳动力市场内部劳动力平衡的代表。反歧视行动未来可能不会出现在判决中或法案中，但是经理人会自愿接受或培养员工多样性。在劳动力中，人们之间的差异是无处不在的。管理者需要利用这些差异，因为他们可以是组织力量的来源。

关键术语

adverse impact　负面影响
affirmative action　反歧视行动
bonafide occupational qualification（BFOQ）　真正的职业资格
business necessity　业务需要
charge form　诉讼表
chief diversity officer　首席多样化官
disabled individual　残疾人
disparate treatment　区别对待
equal employment opportunity　平等就业机会
fair employment practices（FEPs）　平等就业实践
four-fifths rule　五分之四原则
protected classes　受保护阶层
reasonable accommodation　合理的便利
reverse discrimination　逆向歧视

sexual harassment 性骚扰

workforce utilization analysis 劳动力利用分析

Uniform Guidelines on Employee Selection Procedures 《雇员选拔程序统一指南》

讨论题

1.《平等就业机会法案》是由重大社会事件促成的。列举这些事件，并描述它们是怎样影响各种平等就业机会法案的通过的。引用并描述影响大型和小型组织雇用程序的主要联邦法律以及法庭判决。在收到多次性骚扰控告后，市图书馆的人力资源部决定制定一套应对性骚扰的政策。它应该包括哪些内容？要怎样实施？

2.什么是《雇员选拔程序统一指南》？指南适用于谁？涵盖哪些内容？Joe Alverez就平等就业机会控诉他的雇主——Universal Mort gage公司——相比西班牙裔提拔更多的白人到管理岗位。阐述平等就业机会委员会调查这一具有负面影响的指控时所需使用的统计方法。

3.理解平等就业机会委员会如何影响公司。作为经理人，你对联邦政府发布的规则和条例应如何做出恰当的反应？作为市场经理，你最近把Nancy Conrad降为销售总监。Nancy认为对她的否定是出于她的性别，所以她向平等就业机会委员会提交了性别歧视指控。阐述平等就业机会委员会在处理指控时所遵循的步骤，包括处理过程中Nancy的选择权。

4.反歧视行动既是影响雇员和雇主的法律问题也是情感问题。发掘尽可能多的论点，你既可以支持也可以反对作为雇主政策的反歧视行动。如果你被要求执行这样一个项目，你要采取哪些步骤？

HRM实训

性骚扰：坦率的讨论

在过去的10年间，性骚扰问题已经受到了所有管理者和员工的关注。尽管性骚扰被公认为既不道德也不合法，性骚扰事件仍然困扰着商务活动。不幸的是，当性骚扰发生时，它引发了员工间的道德问题、对组织的困扰以及昂贵的法律代价。因此，在避免性骚扰诉讼中，管理者和监督者扮演了核心角色。管理者了解性骚扰的含义、性骚扰指南包括哪些人以及如何防止其发生是非常重要的。下面的技能训练可以帮助你了解以上各方面的知识。

任务

1.男女混合工作，展开一系列可以分类的代替骚扰或不善环境的行动。探索男女员工看待性骚扰行为的角度可能会有不同的可能性，给出实例。

2.许多性骚扰事件都没有上报。全面探讨怎么会出现这种情况，并找出解决该问题的办法。

3.处理性骚扰的基础是通过培训提高组织的觉悟。为一个拥有250名员工的公司开发一项性骚扰培训课程：（1）谁应该参加培训会议；（2）培训课程的要点（团队想要教授的材料清单）；（3）阐明培训材料的特定例子；（4）怎样对性骚扰投诉进行调查。

4.本章将帮助你完成该任务。你可以从平等就业机会委员会办公室和各种人力资源杂志那里得到进一步的材料。

5. 做好准备向班级其他同学介绍你的培训要点。

案例学习1　带狗上班

我们都承认，除了少数人我们都爱狗。我们喜欢和我们的狗在一起，我们的狗也喜欢和我们在一起，这种想法很自然——甚至在我们上班的时候。国际宠物保护协会认为这是一个很好的想法，他们已经制定了“带狗上班日”，用一个一年一度的节日来鼓励收养宠物。

但可能你想有更多的时间，比如每天都带着“菲多”去上班。根据2006年美国宠物产品生产协会的一个调查，可能不难找到这样的一个机会，已有5家公司允许带宠物上班，你甚至会在DogFriendly.com网站上找到这些雇主的名单。拥护带狗上班政策的粉丝们说，这可以提高员工士气、减少压力。

然而，在你想得更远之前，也请注意那些反对带狗上班的言论。首先，有些人力资源专家如Ethan Winning就警告说，狗很脏，会给雇主带来不公平的事后清理的负担。狗也可能分散注意力，其他员工可能过敏或有不安感。当有两个或更多的员工在同一天带狗上班时会怎么样呢，“菲多”和“菲菲”[①]会相安无事吗？

当然，有些人实际上需要带狗上班，这就是为什么《美国残疾人法案》允许利用“服务类动物”来帮助那些残疾人。例如，导盲犬可以随盲人一起去上班。平等就业机会委员会认为这是合理的，因为导盲犬对盲人是必要的，更进一步说，导盲犬是受过训练的，无妨害。

然而，这可能是具有挑战性的。对雇主来说，要知道底线在哪儿。拿Elizabeth Booth这个案例来说，Case Services公司雇用四肢瘫痪的Booth做会计部的会计。Booth移动要靠轮椅，她训练了她那只小小的乖乖狗去捡她弄掉的小东西。Booth除了向雇主正式请求带狗上班外，她还提交了医生出具的狗能帮助她缓解压力的声明。当Case Services的人事部门拒绝了她的请求时，Booth立即向平等就业机会委员会提起控诉，宣称公司没有为她的残疾或她的健康需要提供合理的便利。

在制定宠物政策时，通常要平衡雇主的需求和责任以及员工的需求和愿望，有时会面临两难选择。

思考题

1. 你对这一问题的观点是什么？提出两个或三个理由支持你的论点。

2. 如果你是一个公司的人力资源经理，你会制定什么样的宠物政策并如何执行它？

3. 对于Elizabeth Booth一案你会怎么判决？你将依据什么法案做出判决？请解释理由。

---

① 菲多和菲菲是狗的昵称——译者注。

案例学习2 错位的感情：摆脱性骚扰

2008年7月15日，Peter Lewiston被Pine Circle统一学区（PCUSD）治理委员会以违反区性骚扰政策为由被解雇。在被解雇之前，他是PCUSD一名资深维修人员，在这个学校已工作了11年。他自2003年就成为鳏夫，他的同事描述他是一个为人友好、外向但孤独的人。Beverly Gilbury是区高级进修学校的一名小学五年级教师。她28岁，已婚，在PCUSD工作了6年。事件发生时，Lewiston和Gilbury都在辛普森小学工作，他们的关系被描述为"合作关系"。在这桩性骚扰案的调查期间，Lewiston和Gilbury分别报告了后来的一系列事件。

Gilbury报告说她与Lewiston的关系发生变化是始于2007—2008学年的最后一个月。她认为Lewiston格外注意她，他的行为"超出了普通关系"，"有时有点奇怪"。他开始花更多的时间在她的教室里，与她谈论孩子和她。当时，她没对他说什么，因为"他是一个帅气、孤独的老男人，我不想伤害他的感情"。然而，5月25日，当Lewiston告诉Gilbury他"很喜欢"她，她有一双"很漂亮的眼睛"时，她回应说："记住，Peter，我们只是朋友。"这个学期的剩下时间，他们之间没有联系。然而，当他们看到对方时，Lewiston看起来都"过分友好地"对待她。

2008年6月7日，在暑期学期的第一天，Gilbury返回学校发现有一打玫瑰和一张Lewiston送她的卡片。卡片上写道"请原谅我以为你可能喜欢我，我是个大傻瓜。永远的，P.L.。"之后不久的一天，Lewiston请Gilbury吃午餐。她回答说："我已经很久没有收到玫瑰花了，但我不想去吃饭。"Gilbury告诉另一位老师她接到Lewiston的花和卡片很不舒服，她不想单独和他在一起。她表示担心Lewiston可能要与她有"更多的浪漫"。

2008年6月8日，Gilbury到校发现了另一张来自Lewiston的卡片。里面是一张手写便条："我希望有一天你能喜欢我。我非常需要你。"这天之后不久，Lewiston再次邀她吃午饭，她拒绝了并说："我是个幸福的已婚女人。"当这一天下班时，Gilbury走向她的汽车时，Lewiston突然出现。他请求为自己辩解，但Gilbury情绪激动，大声喊道："我现在就要走了。"Lewiston钻进车里，据说是为了拍她的肩膀，但反而是碰到了她的头。她认为他想要抚摸她的头发。他声称他仅仅是想让她安静下来。她开车走了，很难过。

2008年6月9日，Gilbury收到另一张卡片和一封Lewiston写的长信。信中说他极力要发展他们的关系是不对的，并希望他们仍能做朋友。他祝她家庭和工作都美满。

2008年6月11日，Gilbury收到了西部法院禁止Lewiston对她性骚扰的禁令。不久之后，Lewiston针对禁令上诉。写有聆讯日期的通知寄给了Gilbury。通知上说："如果你没有出庭，禁令将被撤消，指控将被驳回。"Gilbury未能出席聆讯，因而禁令被搁置。此外，6月11日，她向区平等就业机会委员会官员控诉Lewiston性骚扰。经过调查，区平等就业机会委员会得出结论，Lewiston给Gilbury创造了"极为性敌意"的环境。调查报告建议，基于Lewiston严重的行为以及起初法院发布的禁令，应解雇Lewiston。

思考题

1. 请评价Peter Lewiston违反平等就业机会委员会关于性骚扰定义的行为。
2. 当确定性骚扰行为时，要考虑Lewiston背后的意图和动机吗？请解释。

3.如果你是区平等就业机会委员会的官员，你会做什么样的结论？你会做出什么纪律处分？

Source：This case is adapted from an actual arbitration hearing conducted by George Bohlander. The background information is factual. All names are fictitious.

聚焦HRM 1的答案

1.是

2.错

3.否

4.优势、资历、奖励计划

5.是

6.否，如果不能提供合理的便利

7.否

8.是的，除非在法庭命令下

9.错

10.对

附　录

确定负面影响

五分之四原则

雇主可以利用《雇员选拔程序统一指南》中列出的方法来判断负面影响。

（1）计算每组的选择比率（用每组中选择的人数除以该组全体申请人数）。

（2）观察哪一组的选择比率最高。

（3）通过将每组的选择比率同比率最高的组进行比较，计算影响比率（用一组的选择比率除以最高组的比率）。

（4）把每组的选择比率同最高的一组进行比较，看是否相差太多（通常少于4/5或80%为相差太多）。如果是，就说明负面影响在多数情况下有代表性。

例子

	职位申请人	总录取人数	受雇百分比
步骤A	白人 100	52	52÷100=52%
	黑人 50	14	14÷50=28%

步骤B　具有最高受雇比的组是白人组，为52%。

步骤C　用黑人受雇比（28%）除以白人受雇比（52%）。黑人比率是白人比率的53.8%。

步骤D　由于53.8%低于4/5或80%，负面影响有代表性。

Source：Adoption of Question and Answers to Clarify and Provide a Common Interpretation of *the Uniform Guidelines on Employee Selection Procedures*，*Federal Register* 44，no.43（March 2，1979）：11998.

第 4 章

职位分析与设计

学习目标

通过本章的学习，你应该能够：

目标 1　解释什么是职位分析，以及它所产生的信息如何与企业人力资源管理职能联系起来。

目标 2　解释如何收集职位分析的信息，并将其纳入工作描述的各个部分中。

目标 3　举例说明设计职位时应该予以考虑的各种因素，包括激励员工。

目标 4　描述用于扩大工作职能以及使雇员贡献最大化的不同团队技巧和各类工作安排。

组织的存在是因为人们聚集在一起相比依靠个人能够完成更多的工作。然而，组织的行为需要协调，并且它需要每个人能够胜任这些工作或者做得最好。一个“职位”可以被定义为人们所做的一项活动，并因此而获得报酬，尤其是作为经营或所占据的职位的一部分。问题是职位应如何准确地加以划分，哪些人完成哪项任务或工作？这是至少一个世纪以前像亨利·福特那样的生意人、科学管理研究者弗雷德里克·温斯洛·泰勒以及今天的经理人仍然一直在寻找的答案。

4.1　什么是职位分析，它如何影响人力资源管理？

思考一下一个工作或你现在所拥有的职位。一段时间之后，你想过更好地完成工作的方法吗？你分析过你正在做的任务，或者反过来说由其他人来做会更好吗？如果是这样，你正在做的就是一项非正式的职位分析。职位分析（job analysis，也有译作工作分析）[①]是收集与工作相关的参数的系统过程，这些参数包括基本职责、行为、技能，以及对做这项工作的人的身体和精神方面的要求。

职位分析也应该概述完成工作所需的工具、环境和时代的需要，运用它们来做以及达到的效果或者产生的绩效水平。[②]一般来说，一位经理人或者人力资源经理（如职位分析师）有责任收集职位分析的信息。这些人依赖员工及与管理者的合作来收集职位分析所需要的信息。

4.1.1　职位分析的主要部分

让我们来看一下由职位分析衍生出来的两项主要信息：

---

① 职位分析：通过确定工作的目标、任务或者行动来收集与工作相关的信息的过程。

② Rehman Safdar, Ajmal Waheed, and Khattak Hamid Rafiq, “Impact of Job Analysis on Job Performance: Analysis of a Hypothesized Model,” *Journal of Diversity Management* 5, no. 2 (Summer 2010): 17 - 36.

1.**职位说明（job description）**[①]是涵盖某项工作的目标、任务、职责及责任的书面说明，或者人力资源人员所称的TDRs（tasks，duties，and responsibilities，TDRs）。下面是一则加利福尼亚德尔马市消防员职位说明的摘录：

目的

响应紧急呼叫，保护生命及财产安全；参加培训、演习和独立学习活动；参与消防部门的仪器、设备和设施维护；执行各种支持性工作；执行分配的相关工作。

任务、职责和责任

- 应对各种各样的紧急警报，如建筑及周边火情、交通事故、天然气泄漏、医疗急救和有害物质泄漏。
- 为维持基本生命体征提供第一响应医疗求助，包括患者及其情况的初期评估、心肺复苏和创伤急救；准备并协助医护人员紧急救助濒危病人。

2.**职位规范（job specification）**，或者资格，它是书面职位说明的一部分，概述了执行这项工作的人所要具备的特定知识、技能、能力以及其他特性（通常称为KSAOs）。知识是指你所知道的东西。你所受的教育就是知识的一个例子。例如，有些城市要求消防员是经认证的医护人员，其他城市则没有这个要求。技能是你已学会做的事情。如果你是一名消防员，那么经验可能包括知道如何对一些消防设施进行小维修。能力是你与生俱来的能力。你无师自通或者在工作中掌握。一个消防队员应能举起消防设备，并在紧急时保持冷静的能力。其他特性指你的个性、价值观等。乐于助人和团队合作的素质都是消防员需要具备的“其他特性”。

你想从事人力资源管理吗？如果是这样，聚焦HRM 2会让你提前看一下这个领域的入门级职位的职位说明。注意这个职位说明不一定是你在工作中会看到的职位说明，这个常常用来打广告。聚焦HRM 2中的职位说明是一个企业及其人事部门应其规划和员工需要所用的内部文件。例如，注意编制这个信息的职位分析师以及职位被分析的时间在文件的顶部。我们将在本章后面仔细看看文件中的内容。

那么职位分析将如何促进企业承担的人力资源工作呢？如图表4-1所示，职位分析的信息是一系列人力资源管理职能的关键内容，包括以下部分：

- 战略人力资源规划。一项职位分析常用于检验公司的组织结构和未来的战略定位。企业现在和未来有所需的合适的人员、职位和技能吗？另外，是否与他人的工作相一致，或是彼此的目的或任务有冲突？组织里这些需要完成的任务还没有清楚地指派给某个岗位吗？进行职位分析可以确保人岗匹配。
- 工作流分析和岗位设计。职位分析产生的信息也可用于分析公司的工作流程——工作是如何完成的。重新安排组织的工作流或者岗位有助于公司更好地竞争吗？把工作外包怎么样呢？重新设计岗位的性质能提高企业的绩效吗？
- 招聘和筛选。通过职位分析得到的信息包含在招聘广告中，无论它们是出现在组织公告板上、互联网网站上、招工出版物上还是就业机构列表中。
- 培训和拓展。从业人员的能力和企业的岗位描述之间的差异提供了有关培训继任人

① 职位说明：对所履行工作的任务、目标和责任的书面描述。

员的线索，除了需要提供培训以外，应提前进入不同的岗位。

- 绩效评估和补救方案。职位分析提供了优秀绩效与不良绩效的评估标准，企业进而能够采取改善后者的措施。
- 薪酬管理。进行职位分析有助于人力资源经理找出有价值的职位，能够给予员工公平、合理的薪酬，使员工能留在企业而不是另找工作。
- 遵守法律。如果用于雇用和评估员工的标准与工作无关，雇主更有可能发现自己被指控歧视。在过去几十年里，在公司定期分析工作之前，非工作相关标准普遍存在。例如，对体力劳动者要求有更高的学历；管道工、电工和机械师有时要求是男性。正如我们在第3章中学习到的，这类职位规范就是歧视。

图表4-1　**职位分析：人力资源管理职能的基础**

一致性	岗位说明（TDRs）	职位规范（KSAOs）
人力资源战略和规划	机构的性质以及取得业务成果和目标的工作	劳动力供给和需求，需要填补空缺职位的员工数量和类型
工作流分析和工作设计	相关工作的排序或分组，以及相互依存的性质	丰富或扩大职位数量，进一步发掘和激励员工
招聘和筛选	对补充的职位以及责任的性质通过张贴海报、做广告等宣传	评估申请公开职位的候选人的雇用标准
绩效评估过程	定义所要达到的绩效目标、责任和行为	用于评估绩效并给予反馈的属性和表现出的品质
薪酬和福利	工作责任和工作条件的岗位评估	被奖励的技能、所要求的努力程度等的岗位评估
遵守法律	平等就业要求	公平待遇和有效的就业实践

4.2 职位分析信息的来源

你已了解了职位分析是重要的人力资源构件。你现在可能想知道的是应如何做。第一步是收集分析职位所需要的信息。收集这些信息最普遍的方法是面谈、问卷调查、观察法和记日记。

面谈。一个职位分析师或监管者与员工个人及其经理面谈职位的各种特征。聚焦HRM 1显示了职位分析面谈所问的部分类型的问题。当职位特别复杂时，企业有时会召集专家并与专家小组面谈，他们是某一领域的专家。这些专家其实是在这一岗位工作或培训和主管其他在这一岗位工作的人。

聚焦 HRM 1

职位分析面谈

下面的实例是人力资源专业人员在面谈时用于收集职位分析信息所问的一些典型问题。

1. 职位目的

- 你的这一职位的工作性质是什么？这一职位的总体目标是什么？

- 你如何看待现在和将来你的工作有助于组织的总体任务或目的?

2. 职位职责

- 用术语描述你的职责是什么，你怎么做的，你用多久完成这些职责，完成每一项职责要花多长时间。
- 你是按照你所接受的培训来做这项工作，还是有办法改进它?
- 你履行的职责包括在你的职位描述中吗？请阐述。
- 你从监管者那里得到的指导清楚吗，与你的职位说明一致吗?

3. 职位标准和结果

- 制定工作标准了吗（允许犯错，完成特定任务的时间等)？如果有，有哪些?
- 描述成功完成和/或结束工作的结果。

4. 背景和知识

- 在这一职位成功的个人特征是什么?
- 描述这一职位所要求的水平、学历和知识面。
- 表明这一职位所要求的教育背景、资格和许可等。

5. 培训

- 描述你在这项工作中第一次受到的任职培训，并评估其有效性。
- 针对这一职位什么样的在职培训是必要的，培训时间是多长?
- 针对这一职位充分培训（而不是执行）需要什么类型的工具、设备或其他资源?
- 胜任这一职位需要什么评估测试?

6. 必要的能力

- 操作机器、车辆、设备需要什么人工技能或需要什么工具?
- 你使用特定的工具、设备或其他辅助资源吗？如果是，列出主要工具、设备或你使用的辅助资源的名称。
- 你有什么样的推理或解决问题的能力?
- 有必要的监管或管理能力吗?
- 你的身体素质如何，如力量、协调性或视力?

7. 工作条件

- 描述你的工作条件。
- 描述你接触这些工作条件的频率和程度：接触危险材料、繁重的体力付出、拥挤的宿舍、搬动物体、震动、通风不良。

8. 权力

- 责任有多大，你要对谁负责?
- 允许你采取什么类型的独立行动?

9. 责任

- 你负责任何机密材料吗？如果是这样，描述你如何处理它。
- 你负责金钱或货币价值的东西吗？如果是这样，描述你如何处理它。

10. 评估和补偿

- 以什么方式或多长时间来评估和反馈你的绩效?
- 你认为评估过程应采用什么标准?

- 考虑到你的生产率水平和履行职责所需的技能水平，你是否认为你得到了充分的补偿？
- 描述你认为应该使用的标准，以确定履行该职位对应的责任、技能、经验、知识、工作环境、安全隐患等所应得的补偿。

Sources: David Ngo，"Job Analysis Questions，" hrvinet.com，accessed March 3，2011，http://www.human-resources.hrvinet.com; "Job Analysis: Overview，" HR Guide to the Internet，http://www.job-analysis.net/G000.htm; "Job Analysis: Asking Questions，" Department for Business Innovation & Skills，http://www.bis.gov.uk.

问卷调查。职位分析师或主管发放由从业人员个人填写的标准化问卷表。问卷表中包括类似于面谈所问的那些问题，但是由员工自己独立完成表格。

观察法。职位分析师或主管通过观察和记录与标准表格有关的活动来了解职位。

记日记。要求从业人员针对他们的整个工作循环的过程记日记。日记通常在工作转换的特定时点填写（如一小时或半小时一次），并坚持两到四周。

软件和互联网工作分析应用程序已大大促进了职位分析的过程。这些程序通常包括适用于许多不同职位的任务说明。经理人和员工选择那些面谈中描述得最好的说明，指出对职位来说很重要的任务。

图表4-2所示的职位分析过程包括我们在图表4-1中讨论的人力资源职能所收集和反馈的信息是如何被分析的。

图表4-2　　职位分析过程

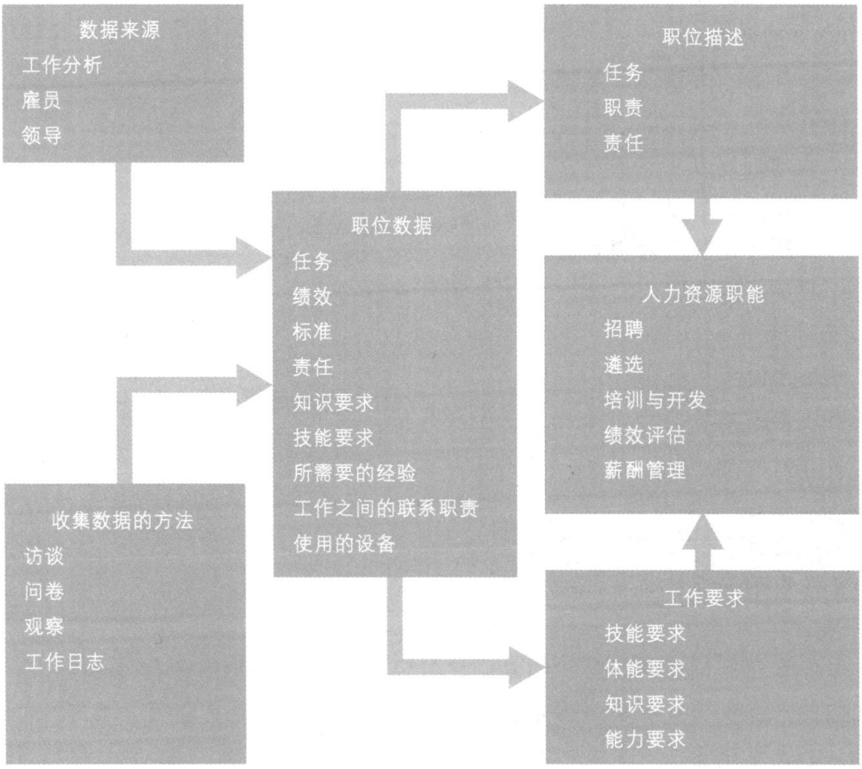

4.2.1 控制收集职位信息的准确性

当与员工面谈时或者审查他们的问卷时，职位分析师必须挑出那些与自己从其他渠道获得的事实或印象不符的回答。有时雇员喜欢夸大其工作难度，以炫耀自己的能力或得到更多的报酬。[①]夸大职位的责任也可能是无意中发生的。比如，那些在他们的岗位上工作很长时间的人很擅长其所做的工作，有时会误以为他们的职位所需要的技能比实际上要高得多。正如一个职位分析师所指出的："当怀疑员工回答的准确度时，要向其他人核实数据。"[②]换句话说，要从做同样工作的代表性个人那里收集信息，而不是一两个从业者。而且，一旦做了职位分析，应该通过从业者和他们的经理人来验证准确度。

4.2.2 职位分析信息的其他来源

当收集工作信息并做分析时，经理和职位分析师设计问卷必须从零开始吗？不，没有必要，甚至职位是新设的。已经有几个不同的量化工作分析方法了。每一个都有自己的优势和不足。[③]有五种比较流行的方法：职能性职位分析方法、职位分析问卷系统、关键事件法、任务清单分析法和基于能力的分析法。

1.职能性职位分析方法

它是由美国培训和就业服务机构开发的，职能性职位分析方法利用构成任意工作的各种工作活动类型的目录。基本的活动称为员工的职能，是用来形容什么人做什么，以"信息、人和物"作为这个系统的一部分。例如，当涉及人时，一个职位的基本职能包括协调和监督他们。每一个职位职能都根据这个职位的重要性分配一个百分比（例如，监督可能占这个职位的75%）。

美国劳工部有一个很全面的职位信息网站叫O*NET在线。它包括了上千个免费职位说明，为初始职位分析服务。该网站上的职位被分成广泛的职能领域，从入门级到高级，跨专业，并包含有关任务、工具和技术、KSAOs、教育、兴趣、工作风格、工资以及与工作有关的就业前景的全面信息。从结果来看，对于找工作的人来说，它是一个很好的工具，它将兴趣和能力匹配起来，作为个人进行职位分析的起点。免费的职位分析问卷可从O*NET网站上下载。尽管它们是通用的，但可以定制，作为从业人员和经理人收集职位信息的起点。

2.职位分析问卷系统

职位分析问卷系统（PAQ）[④]是一种可以计量的数据收集方法，覆盖了近200种不同

---

① Fredenick P. Morgeson, Kelly Delaney-Klinger, Melinda S. Mayfield, Philip Ferrara, and Michael A. Campion, "Self-Presentation Processes in Job Analysis: A Field Experiment Investigating Inflation in Abilities, Tasks, and Competencies," *Journal of Applied Psychology* 89, no. 4 (August 2004): 674.

② Interview with job analyst Carol Tucker, Mesa, Arizona, (May 10, 2006).

③ A detailed description of different job analysis techniques is beyond the scope of this text. For those interested in more comprehensive information or job analysis tools, see Michael T. Bannick, Edward L. Levine, and Frederick P.Morgeson, Job and Work Analysis: Methods, Research, and T. Bannick, Edward L. Levine, and Frederick P.Morgeson, *Job and Work Analysis: Methods, Research, and Applications for Human Resource Management*, 2nd ed. (Thousand Oaks, CA: Sage, 2007).

④ 职位分析问卷系统(PQA)：一种可以计量的数据收集方法，覆盖了近200种不同的任务。职位分析问卷系统运用5点量表来确定完成某项工作不同任务的级别。

的任务。自20世纪70年代以来被用于收集和分析职位信息。职位分析问卷系统运用5点量表来确定某项工作中不同任务或因素的级别。

职位分析问卷系统所得出的结果是可以计量的，因此可以用于统计分析。职位分析问卷系统还允许对不同工作中的行为方式进行比较，并允许按照工作的特点对其进行归类。尽管职位分析问卷系统分析的趋势是准确的，但它要求有很高的阅读能力水平。[①]为获得最好的结果，应该由职位分析师指导员工填写而不是由员工独立完成。问卷不是免费的，企业要付费。

3.关键事件法

关键事件法（critical incident method）[②]的目标是识别关键的工作任务。所谓关键的工作任务，就是那些能够带来成功的重要任务、工作责任和行为。这一方法可用来辨别行为是正面的还是负面的，并显示这个方法的有效性。关键工作任务的信息可以通过与雇员和经理进行面谈或通过雇员自己写的报告来收集。

例如，假设职位分析师正在研究图书管理员的工作。他会向雇员提问，请他描述这个工作做些什么事情，怎么做，用到什么工具和设备。图书管理员可能会这样描述这项工作：

我负责回答读者有关借阅图书、借阅周期或者其他图书资料方面的问题。同时，我还告诉他们如何寻找馆内的其他资料。为了做好我的工作，我会自己寻找资料，或者告诉读者谁能够直接帮助他们。有些读者需要进行培训，教他们如何使用参考资料或特殊的图书馆设施。我还给新来的读者做图书馆的向导。我工作时使用计算机和内容广泛的参考书。

收集完工作数据后，职位分析师会列出一份任务说明，提炼出这个职位的关键工作任务。对图书馆管理员的任务说明可能是这样写的："聆听并回答读者有关寻找图书资料的问题。"一般来说，职位分析师在研究中对每项工作会写出5~10个重要的任务说明。最终的成果是清楚的、完整的，即使不熟悉这项工作的人也容易理解。关键事件法是一种重要的职位分析手段，它能引导职位分析师关注那些对工作起到关键作用的雇员行为。

4.任务清单分析法

任务清单分析（task inventory analysis）[③]这种方法是美国空军专家开发出来的，用于美国空军的职位分析。与PAQ不同，PAQ使用标准化的表格对不同组织的职位进行分析，任务清单问卷则是为具体组织量身定做的。在员工和管理人员的帮助下通过识别任务清单和不同工作成分的描述所开发的技术，目的在于开发出一个任务说明的综合清单，这个清单用于所有的工作。然后，列在任务清单调查表上的任务说明由职位分析师来完成。任务说明可以是："列表上的供应量是为了维持现有的库存水平。"职位分析同样可以注明为了成功地完成工作而使用任务清单的重要性和频繁程度。

5.基于能力的分析法

传统的职位分析方法总是假设工作环境是静态的，在这个环境下，工作保持相对的稳

---

① V. S. Rama Rao, "Quantitative Job Analysis Techniques," *The Cite Man Network*, accessed March 4, 2011 at http://www.citeman.com.

② 关键事件法：为了成功完成任务而确定重要任务的一种工作分析方法。

③ 任务清单分析：一个组织特定任务的清单和对任务的描述，作为识别工作组成部分的基础。

定，且与谁是在职者没有什么关系。这里，工作可以完整地定义为完成工作所必需的任务、职责、过程和技能。但是这种假设忽视了技术进步对提高工作效率的影响，今天的定义到了明天可能就过时了。两位人力资源专家的话很明确地道出了他们的担心："一般来说，职位分析只关心这项工作现在做些什么事情，但职位分析很难跟上持续变化的市场。另外，公司要求雇员承担更多的工作，那么就产生了这样一个问题：我们所知道的那些'工作'会不会过时？" 此外，全球环境变化会改变工作的性质，为顺应此趋势，员工要适应这些转变，以圆满完成工作。因此，在动态环境中工作要求会迅速改变，过于简单和绝对的职位分析数据会降低组织适应环境变化的能力。

组织在一个快速变化的环境中运营，管理者可以采用一种基于能力的分析方法进行能力分析。这种职位分析方法需要建立工作档案，这一档案记录了工作的责任和活动，为适应新的工作挑战，员工完成工作所必需的能力。

目标是为了识别公司成功的"核心"能力。这些能力可以通过讨论小组、调查研究或者面试识别，也可以包括人际沟通技巧、决策能力、冲突解决技巧、适应能力或者自我激励等。图表4-3显示了基于能力的分析法收集的信息。

图表4-3　**用基于能力的职位分析来收集信息**

第二部分：Dejobbed 公司的技能矩阵

职位名称：XYZ

8	8	8	8	8	8
7	7	7	7	7	7
6	6	6	6	6	6
5	5	5	5	5	5
4	4	4	4	4	4
3	3	3	3	3	3
2	2	2	2	2	2
1	1	1	1	1	1
技术专长	沟通和人际关系能力	经营头脑和决策制定	领导和指导	计划和组织	创新和解决问题

➢1，2，3等是一个技能的每个级别的描述符号。例如，在技术专长1的情形中，可以读成：处理机器的基本知识，而8可以读成：指导和监督复杂任务需要有一系列技能的高级知识。

➢图中数字带有灰度的表明XYZ职位每个技能类别所需要的技能水平。

➢在职者要求从最低水平达到更高的水平。评估和报酬与达到更高水平紧密相关。

Source：Feza Tabassum Azmi，"Job Descriptions to Job Fluidity：Treading tho Dojobbing Path，" *EBS Review* no. 23（2007）：8. Reprinted by permission.

4.2.3　职位说明部分

大多数职位描述至少包括三个部分：（1）职位名称和定位；（2）职位识别部分，包括职位号码的管理信息，从业者向谁汇报，以及工资信息；（3）岗位责任部分。职位分析的其他重要成果就是职位说明或KSAOs说明。如果职位要求没有作为单独文件备好，则它通常包含在职位说明的总结部分，如聚焦HRM 2所示。

职位要求对雇员和雇主都很重要。从雇员这方面来说，职位要求有助于他们了解自己的任务和预期要达到的结果；从雇主这方面来说，书面的职位要求能够最大限度地减少经理和其下属之间关于工作要求的误解。同时，如果职位要求上规定的任务雇员没有按要求完成，管理层就有权采取行动进行纠正。

聚焦 HRM 2

职位说明

职位名称：人事助理

分公司：南方地区

部门：人力资源管理

职位分析师：Virginia Sasaki

分析日期：12/3/14

薪资目录：未定

汇报给：人力资源经理

职位代码：11-17

复核日期：12/17/14

职位综述

专业从事人力资源管理工作，负责雇员的招募和遴选、测试、定位、转岗以及雇员人力资源档案的管理，负责处理与公平就业机会/平权行动（Equal Employment Opportunity/Affirmative Action，EEO/AA）有关的特定任务和计划、雇员抱怨、培训或雇员定级与薪资等事务，在工作中接受一般性的监督，在执行所分派的任务中负责策划在职培训并独立判断。

任务、职责和责任

1.负责草拟、发布招聘广告。

2.安排并进行面试，以确定应聘者是否符合录用标准。其中包括审核申请表和简历、筛选合格人员。入职考试监督管理。负责建立并完善考试手段和程序。

3.向新雇员告知入职手续，审核和开发入职手续的材料和程序。

4.协调分公司工作岗位招聘的发布和雇员转岗事务。设定岗位发布的程序。负责审核转岗申请，安排转岗面试，决定转岗的生效日期等。

5.就人力资源相关事宜与分公司经理保持日常工作联系，包括招聘要求，试用期雇员的留用或解约，正式雇员的纪律考核以及解聘等。

6.通过电子邮件、公司局域网、会议、备忘录以及日常接触，向所有雇员和经理发布新的或经过修订的人力资源政策及程序。

7.完成人力资源经理交办的相关任务。

岗位要求

1.四年制大学本科毕业，主修专业为人力资源管理、工商管理或工业心理学；或者具有与之相当的经验、学历或受培训经历。

2. 对雇员的遴选和人员安排具有丰富的知识。

3. 良好的书面和口头表达能力。

4. 独立计划和安排工作的能力。

5. 熟练掌握与人力资源相关的计算机软件的应用。

1.职位名称

职位名称之所以重要，有以下几个原因：第一，职位名称在心理上很重要，它反映了雇员的地位。比如，“卫生工程师”就比“拾荒者”有吸引力得多。第二，如果可能的话，职位名称在某种程度上能指明职位所承担的任务，如“肉制品检查员”“电子装配员”“销售员”“工程师”之类的职位名称。第三，职位名称还能表明从事该工作的雇员在组织层级中的相对级别，例如“助理工程师”的级别就比“高级工程师”的级别要低。

2.职位识别部分

通常，职位名称之后就是职位识别部分。它包括职位所在地点、向谁汇报、职位说明修订的日期等项目。有时它还会包括工资、代码、工作雇员数量、工作所在部门的雇员数量以及该工作在O*NTE上的代码。“职位综述”一般放在这一部分的最后，与其他职位区别开来，对职位名称无法说清的内容进行说明。

3.任务、职责和责任部分

包含职位责任的说明通常要按照其重要程度排列先后顺序。说明应该表明各项职责的重要性或者其价值。通常（但也不总是这样），任务的重要性可以用花在它上面的时间来衡量。作为1991年《民权法案》《美国残疾人法案》和法院判决的结果，雇主需要证明，他们为某一职位有关的具体工作职责筛选员工所使用的职位标准，而且职责必须是在这一职位上成功的必要职能。例如，如果工作需要任职者读极小的字，爬梯子，记股票代码，这些身体和脑力要求必须包含在职位说明中。要记住，一旦职位的基本职能被定义了，法律会要求组织为残疾人提供合理的便利，在提供便利的情况下他们能够完成职能。

4.工作要求部分

通常工作要求包含两个部分：（1）胜任该工作所需要的技能；（2）该工作对雇员的身体要求。与工作相关的技能包括：受教育程度或经验、专业培训、特长或手艺。为遵守平等就业机会委员会的要求，工作对身体的要求是指行走、站立、传递、抬举或言谈等工作中必须做的动作。体力工作的环境条件和可能造成的伤害也应该在工作对身体的要求里加以说明。

如果使用基于能力的职位分析法，工作要求还应该包括胜任该工作所需要的人际沟通技巧。例如，在信息不完善的情况下进行决策的能力、处理多项任务的能力、解决矛盾的技巧等。

4.2.4 撰写清晰、详细的职位说明

通常有几个与职位说明有关的问题，包括以下几个方面：

1.如果工作说明写得含糊不清，用词不规范、不专业，那么它对该职位的雇员就起不了作用。

2.工作任务或要求发生变化时不能及时更新。

3.可能因为包含与工作无关的要求而违反法律规定。

4.可能会限制雇员的工作范围，降低组织的灵活性。

撰写职位说明时，用词必须简明扼要、直截了当，去掉那些不必要的词汇和句子。术

语“有时”用于描述那些一段时间才执行一次的工作。术语“可能”用于描述岗位工作中部分雇员需要承担的职责。

联邦指南和法庭判决现在要求提供基于有效的、与工作相关的标准的特定绩效要求。那些包括工作申请者或雇员的人事决策基于一定的标准，但是当这些标准是模糊的或与工作无关时，这些人事决策就越来越多地受到挑战。那些其雇员可能同时从事多种不同工作任务的小企业的经理，必须特别注意撰写特定的职位说明。有了减少员工声称“这不是我的工作”之类的问题，组织通常在其职位说明中包含说明任职者要执行“其他任务”这类的语句。请注意在聚焦HRM 2中，岗位职责部分包括下面这句话：“完成人力资源经理交办的相关任务。”

4.3 职位设计

职位设计（job design）则是从职位分析中派生而来的，它关注的是为有才能的员工重新安排岗位，以发挥员工的才能，提高员工对工作的满意度，促进组织的效率。Harley-Davidson，Banner Health等公司不断改进工作，剔除那些不必要的工作任务，寻找更好的方法来改善员工的工作。如图表4-4所示，职位设计是由4种基本因素结合形成的：自上而下的方法（工业工程学和人体工程学）关注工作任务以及如何能做得更好。自下而上的方法（工作丰富化和加大授权）更关注于人。这两种方法背后的想法是设计工作以便人们受到更多的激励，做得更好。当考虑到你面对的是人——而不是机器——时激励人尤其重要，他们是当今企业拥有的最重要的战略资产。记住，当设计单个职位时，这四个方法必须考虑进去。当然，不同的职位需要予以不同程度的关注度。图表4-4是自上而下与自下而上的职位设计方法。

图表4-4 **自上而下与自下而上的职位设计方法**

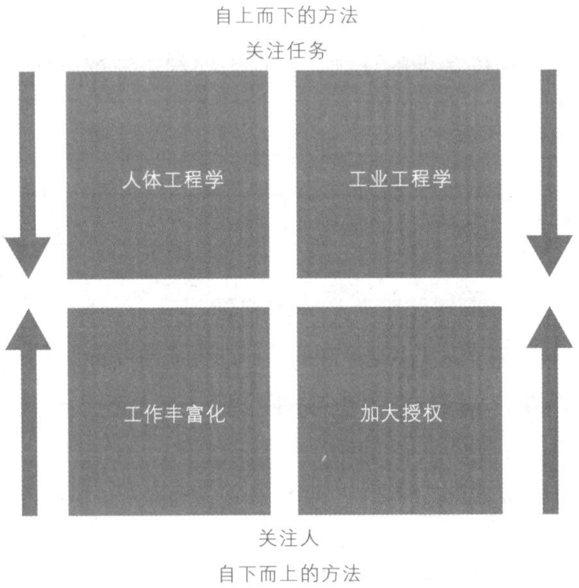

工业工程学，自上而下的职位设计方法是研究工作以决定哪些工作因素要被修改、合并、重新安排或者去掉，以减少完成工作周期所需的时间。时间标准是通过记录完成一个

工作循环的每项要素所需的时间来建立的，即使用秒表或工作抽样技术。自20世纪初开始，工业工程学极大地改变了人们的工作方式，几十年来持续不断直到今天。例如，我们可以考虑在纳斯卡比赛中担任工作的人员。这里的工作人员都采用机械化的动作，他们在周末比赛日为赛车换轮胎只需要30秒。今天，这里的工作人员换轮胎要在12秒以下才能为团队赢得胜利。做这种工作的人以前都是赛车手，他们更强，速度更快，不断地练习，观看录像带以提高速度，更好地设计动作，当赛车进站时，他们要完成70次以上的动作。[①]

4.3.1 人体工程学

人体工程学，图表4-4中自上而下的方法，它是研究和设计对员工来说容易并有效的设备和系统，以便他们的身体健康不会受到损害，并且工作起来更有效率的过程。例如，员工工作的气候因素、设施的温度、噪声和灯光条件、工作时间以及疲劳因素等都需要检验。UPS快递公司事实上已经开发出了一种人体工程学模拟器，以帮助训练司机在冰上行走，而不会伤到自己。[②]

但是，人体工程学尽可能使事情变得不复杂。它可以简单地重新安排工作流程，工作人员需要更少的步骤，或摆放物品以便能触手可及。人体工程学的一部分设计思想是视不同操作者的身体能力而相应地有所不同。那也许是更低的架子，以便女性员工更容易够得着它，或者重新设计手动控制器，以便女性用起来更容易。人体工程学将在第12章进一步讨论。

4.3.2 工作丰富化

如果你的上司对你工作的每一个任务都计时并要求你遵守时间的话，你会喜欢吗？会激励你吗？可能不会。在致力于研究因员工做标准化、重复性的任务时出现的激励问题，研究人员开始提出他们认为可以同时提高组织效率和员工工作满意度的理论。[③]通过给雇员的工作增加更有意义的任务使工作带来更多回报或更加令人满意，这就叫做**工作丰富化**（job enrichment）[④]。工作丰富化最初由弗雷德里克·赫兹伯格大力推广，并深受称赞，工作丰富化能对那些有高度自尊、渴望实现自我价值的雇员产生极大的激励作用，并有助于提高工作的满意度和实现长期的绩效目标。[⑤]相对于外在激励，对员工来说，工作丰富化属于内在激励。外在激励因素是外部的回报，如金钱、奖金等。但是多数的雇主希望员工看在薪水的份上能做更多的工作。当员工的内在被激发出来以后，他们会以自己的工作为自豪，并希望做好工作，因为这是他的兴趣所在，他们会觉得自己正在做的事情是不一样的。

最近以来，Richard Hackman 和 Greg Oldman 做了一个工作丰富化的假设模型，叫作工作特性化模型[⑥]（job characteristics model）。工作特性化模型假设从业者拥有3种心理状

---

① Jay Heizer and Barry Render, *Operations Management*, 11th ed.(Upper Saddle River, NJ, Pearson: 2013), 396.

② Jay Heizer and Barry Render, *Operations Management*, 11th ed.(Upper Saddle River, NJ, Pearson: 2013), 396.

③ Pooja Garg and Renu Rastogi, "New Models of Job Design: Motivating Employees' Performance," *The Journal of Management Development* 25, no. 6(2006): 572.

④ 工作丰富化：通过增加更多有意义的职责和任务，使工作回报率更大并令人满意。

⑤ Narasimhaiah Gorla, Ravi Chinta, and Tam Wai Chu, "An Enhanced Business Process Re-engineering Model for Supply Chain Management and a Case Study," *Journal of Information Technology Case and Application Research* 9, no. 2(2007): 5.

⑥ 工作特性化模型：一种工作设计理论，工作拥有者的3种心理状态（感到自己的工作特别有意义，感到自己对工作结果负有责任，明确自己的工作要达到的目标，可以改善工作绩效、内部激励，并降低缺勤率和离职率）。

态可以改善其工作绩效，提高内在激励水平，降低缺勤率和离职率①：有进取心的、满意的并且有生产力的员工是：(1) 感到自己的工作特别有意义；(2) 感到自己对工作结果负有责任；(3) 明确自己的工作要达到的目标。Hackman 和 Oldman 认为，图表4-5中有5种核心的工作维度标准造就了这3种心理状态，它们分别是：

(1) 技能的多样性。一项工作需要不同类型的活动，要求雇员使用多种技能和才干。

(2) 任务的完整性。完成整体工作和部分工作的程度，即从工作开始到最后有一个清晰可见的成果。

(3) 任务的重要性。无论是在组织中还是在外部环境中，一项工作对其他人的生活或工作产生重大影响的程度。

(4) 自主性。在工作安排和决策实施过程中为员工个人提供实质上的自由、独立和决定权的程度。

(5) 反馈机制。雇员完成工作任务后直接得到个人绩效有效的、直接的、清楚的信息。

图表4-5 工作特性化模型

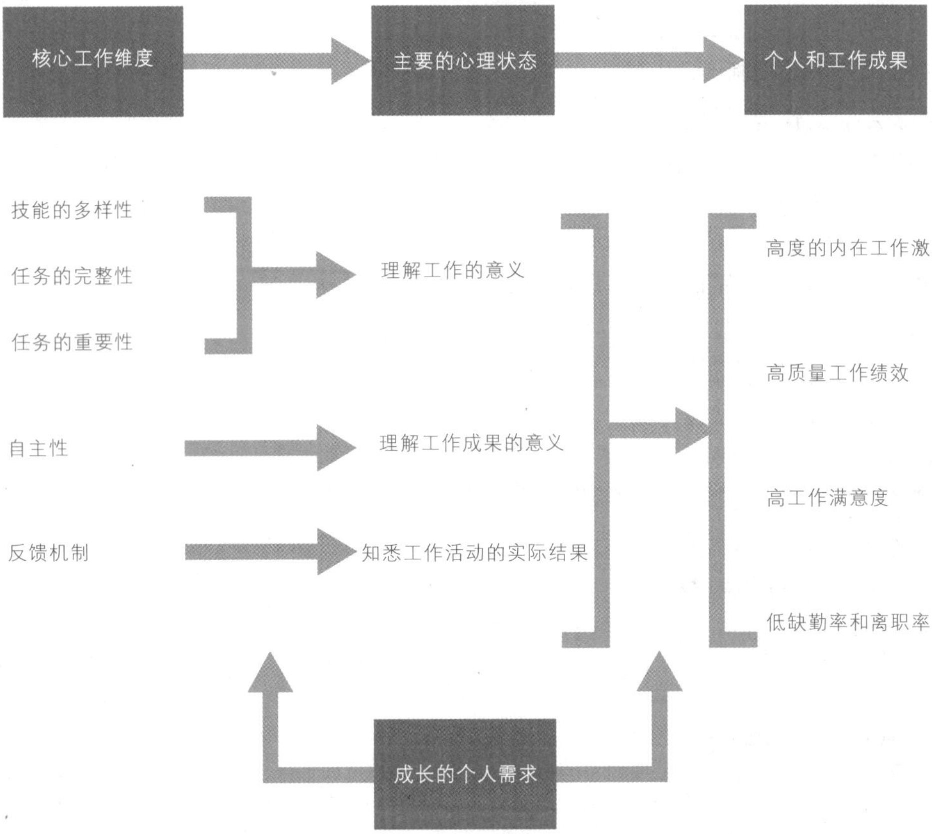

Source: Richard Hackman and Greg R. Oldham, "Motivation through the Design of Work: Test of a Theory," *Organizational Behavior and Human Performance* 16, no. 2 (August 1976).

① Jed DeVaro, Robert Li, and Dana Brookshire, "Analyzing the Job Characteristics Model: New Support from a Cross-Section of Establishments," *The International Journal of Human Resource Management* 18, no. 6 (June 2007): 986.

工作丰富化可以通过增加员工的自主性和责任完成，也可以通过组织员工团队并赋予他们更大的自我管理权利来完成。今天人们在致力于工作丰富化时运用了一系列工作设计技巧。这些技巧包括工作扩大化和岗位轮换。工作扩大化是针对某个工作赋予更多任务的过程。Maytag，IBM和AT&T这些公司就用工作扩大化来激励他们的员工。[①]岗位轮换是员工轮流进出不同工作的过程。

工作扩大化和岗位轮换都有助于缓解员工在履行工作面窄、专业性工作时的枯燥感。经历过轮岗的员工能够避免做重复性的体力劳动产生的身体问题和工伤。例如，药店的收银员在站了数小时之后，可能会转到摄影部，坐下来处理照片。

员工授权

我们目前所描述的技术都是由管理者或主管正式改变员工工作的。一个精减机构的方法是通过授权的概念让员工自己实施工作变革。员工授权鼓励员工成为创新者和他们自己的管理者，它涉及员工在工作中以自己的方式进行自我控制和自主决策的能力。

MetLife、AT&T和Sports Authority这几家公司已经分权给其业务部门，在需要决定产品生产的交付服务时，让员工直接做决策。[②]这些员工有一定的自主权和灵活性来满足顾客需求。[③]授权对象是开发工作和基本工作单位，以适合在一个高速变化的世界中茁壮成长。

化妆品生产商雅芳就授权给少数管理者，以提高公司对市中心市场的销售额和服务质量，借此雅芳把无利润市场转变成高利润市场。见聚焦HRM 3更多有关授权员工的例子。

如果一个企业的文化对变革是开放和包容的，则员工授权会成功。[④]一个组织的高级经理会设定组织的基调。如果组织追求成功的信条是忠实、自信、信任、接受新思想、尊重员工视其为伙伴，则企业真的可以授权给员工。

聚焦HRM 3

向雇员授权所取得的成果

各种不用类型的公司，像家得宝、沃尔玛、信诺医疗、好市多、汽车地带、迪士尼和苹果蜂公司依靠其雇员获得了竞争优势。结果，员工提高了产品或服务的质量，降低了成本，改进了产品设计，也创造了新的产品。

- 卡夫食品公司位于威斯康星州苏克塞斯市的车间雇员积极参与工作流程的重新设计和团队建设，提高了生产效率，降低了管理费用，减少了装配时间。
- 在位于密歇根韦恩的福特工厂有一组员工提出了一个建议，在购买用于保护工人处理板料和玻璃的手套方面，每年可节省115 000美元。这个小组提出，手套可以

---

① O. C. Ferrell, Geoffrey Hirt, and Linda Ferrell, *Introduction to Business* (Burr Ridge, IL: McGraw-Hill, 2008), 309.

② For Herzberg's important article on job enrichment, see Frederick Herzberg, "One More Time: How Do You Motivate Employees?" *Harvard Business Review* 46, no. 2 (January - February 1968): 53 - 62.

③ Peter Coy, "COG or Co-worker? The Organization Man Isn't Extinct or Even Endangered—but the Role Has Been Refined over the Past 100 Years," *Business Week*, no. 4047 (August 2007): 58.

④ Michael Hammer, "The Process Audit," *Harvard Business Review* 85, no. 4 (April 2007): 111.

洗，可重复使用多次。

- 家得宝特殊项目支持团队（SPST）的主要工作是提高组织的业务水平和信息服务质量。拥有广泛背景和技能的员工通力合作，以应对各种战略和战术业务需求。
- 美国航空公司由同性恋员工组成的“彩虹团队”每年通过同性恋社区为公司带来1.92亿美元的收入。

下面是给想授权于员工的经理人的一些贴士：

- 参与。必须鼓励雇员对自己的工作任务拥有控制权。而作为雇员来说，必须用心改进流程并处理好工作中的人际关系。
- 创新。必须创造这样一个环境：鼓励创新，鼓励雇员以合理的风险和成本去探索新的方法。在这个环境里，好奇心和技术专长具有同等重要的地位。
- 信息通畅。必须给予雇员多种获得信息的渠道，让他们决定获得哪些完成工作所需要的信息。
- 有责任心。授权本身并不能保证你能完成所要做的工作。被授权的雇员应该向其他人负责，建立信任感，并以积极的态度进行工作。

另一种引人注意的授权技术是作业工艺。按照耶鲁管理学院Amy Wrzesniewski的说法，作业工艺是当员工将任务与自己的优势、热情和动机融于一体时自然发生的现象。[①]亚利桑那州立大学W. P. Carey商学院管理学助教Dorothy Galvez就是一例。Galvez找到一个方法使她的工作更有意义，即做更多的比传统的管理工作更多的工作。她通过策划学院的活动和节庆活动、准备特别的学院报告以及作为主任代表在学院和业务活动中服务等扩大了她的影响。Wrzesniewski说，员工经常会重塑自己的工作，不管经理人希不希望他们这样做，在许多情况下，作业流程会导致更显著、更多的员工敬业度，这是一种员工在工作中积极的、全身心投入从而提高公司业绩的情形。

4.4 弹性工作时间

你喜欢团队工作的方式吗？如果不是，你可能想了解如何由自己来安排工作时间。过去的几十年中，对员工来说与团队一起工作不是标准形式，它已经发生了巨大的变化。在组织中越来越多的是，团队如何完成工作。一家私人投资管理公司——Barksdale的主席兼总裁Jim Barksdale说：

“这些天似乎每一个任务都需要由一个组织来完成，形成一个团队来做它。”另外，公司看到了修正和重新设计工作的优势，这使其更加灵活，提高了员工工作的弹性。

4.4.1 员工团队

团队工作已经成为职场的普遍结构。各类组织——联邦快递、惠普、崔克自行车、CK制衣、卢卡斯电影公司——制作了电影《星球大战》和《夺宝奇兵》——都利用员工

① Richard E. Wilmot and Robert Galford, “A Commitment to Trust,” *Communication World* 24, no. 2 (March - April 2007): 34.

团队来解决非同寻常的、复杂的问题，加强他们之间的合作，提高他们的士气。[①]通过团队工作，员工为组织减少了成本，创造了更好的产品和服务，并快速传递给市场。员工团队可以被定义成：为一个共同的目标在一起工作的一群员工。在这个团队中，他们技能互补、相互依靠，自行决定分担的任务。

进一步说，为了团队绩效，团队成员要分担职责和责任。团队存在的部分原因是组织里的员工（而不是经理人）最接近实际的工作。因而，他们所处的位置能更好地了解工作该如何做才更好。正如本章的小企业应用专栏中所清楚解释的，尤其对小企业和那些因经济下滑而面临生存危机的企业来说，团队合作更有效。

团队工作也含有协同的概念。当团队成员的互动和结果的总和大于个人努力的总和时，会发生协同效应。[②]团队协同不会自动发生，它产生于团队环境。[③]图表4-6列示了有助于团队开发协同效应的行为。

图表4-6 **团队协同的特点**

当团队成员有以下积极行为时，团队的协同度就会提高：
• 支持。整个团队有一种包容的氛围。团队的所有成员都可以大胆地说出自己的想法，或对别人的想法提出建设性的意见
• 倾听与阐述。每个成员都积极倾听别人的想法，不带个人成见，并努力找出所阐述的要点。团队成员对所进行的讨论加以总结
• 提出不同意见。把不同意见作为一种非常自然并值得期待的现象。团队成员的评论并不是最终的结论，并且只针对事实本身，而非因人而异
• 少数服从多数。决策遵循少数服从多数的原则。要找到一个团队所有成员都接受的计划，即使它们不是某些个别成员的第一选择，寻求想法之间的共同点。这样计划的执行才会有坚实的基础
• 信任同伴。要认识到，团队的每一个成员都是很有价值的，每个人的技能和能力对团队的运作都是必不可少的
• 质量为先。团队每个成员都追求有益的绩效，强调不断的进步和对细节的关注

团队可以在各种结构中运作。每一种都有不同的战略目标或者职能活动。图表4-7描述了普遍的团队形式。它们包括跨职能部门团队、项目团队、自我领导团队、任务攻坚团队、流程改进团队和虚拟团队。自我领导团队经常被视为团队的最高级形式，也称为*自主工作团队*、*自我管理团队*或*高绩效团队*。团队内的各成员对整个工作过程或者向内部或外部客户提供产品或服务的局部工作负责。例如，在生产平台，一个团队可能对整个产品（如计算机屏幕或明确定义的某生产过程的局部）负责，如制造载客的汽车引擎。类似于此，在服务平台，团队通常对产品和服务的整体负责，或者团队负责某个地理区域的客户服务。

典型的团队职能包括制订工作计划、直接与外部客户打交道、培训团队成员、设立绩

---

① Feza Tabassum Azmi, "Job Descriptions to Job Fluidity: Treading the Dejobbing Path," *EBS Review* 2, no. 23(2007): 8.

② Brian Hindo, "The Empire Strikes at Silos," *Business Week* (August 20, 2007): 63.

③ Vojko Potocan and Bostjan Kuralt, "Synergy in Business: Some New Suggestions," *Journal of American Academy of Business* 12, no. 1(September 2007): 199.

效目标、编制预算、进行库存管理、购买设备或服务。为了有效地运行，团队成员通常要求有多项技能，以便执行团队中的各种任务。岗位轮换也经常用于团队工作，这样团队成员能交替做各种必要的不同任务。

图表 4-7　**团队的形式**

跨职能部门团队。由各部门（如营销、生产和设计）专家组成的团队，为了完成某个特定的目标。
项目团队。为设计新产品或新服务而特别组成的团队。其成员由管理层根据每个人的能力指派，一般随着任务的结束而解散
自我管理团队。由受过专门培训的雇员组成的自然工作单元，用于独立完成一系列任务。团队成员内部达成一致后完成工作任务，解决问题，或者与内部和外部的客户打交道
任务攻坚团队。由管理层组成的迅速解决重大问题的团队。该团队负责为解决问题制订一个长期的计划，并负责计划的实施
流程改进团队。由各部门有经验的雇员组成的团队，负责解决与各部门相关的问题，如改善质量、减少浪费或提高生产效率等，团队成员通常由管理层指定

与团队密切相关的是职位弱化。职位弱化是指企业组建机构不是围绕职位而围绕项目的过程，它们经常变化，并且有不同的团队成员。在一个职位弱化的组织中，如图表 4-3 所示的技能矩阵经常被用于取代定义某一工作的职位说明。Hackman and Oldham 预测这类组织结构在未来将成为常态。[①]

可以肯定的是，很难想象一个没有工作的世界。然而，这个想法可能不会像你认为的那样遥不可及。想想 W.L.Gore 公司，生产 GoreTex 面料、手术服、太空服和其他产品的这家公司。在 Gore 公司，没有老板和传统的工作。所有员工都以“朋友”的身份被雇用，并连同其所在的工作职能团队分配给“赞助商”。这种结构有助于在组织中创造一个创新文化，这家公司经常荣列《财富》杂志每年评选的美国“100家最值得为其工作的公司”。

1.虚拟团队

公司已认识到项目的最佳人选是经常在不同位置呆过的人。结果，现在公司正越来越多地利用虚拟团队。虚拟团队利用远程通信技术联系位于不同地理位置的团队成员——经常是跨文化和跨时区的世界范围。技术虚拟团队利用包括维基、文件共享平台，如 Google Docs、在线聊天室和即时通信、网络和视频会议、电子日历系统等。一家美国大型电信客户端——IBM 利用全球团队开发一个基于网络的工具，推出新的服务。团队成员来自日本、巴西、英国，可以在两个月内传递完工产品，产品运送时间大大缩短。[②]

软件公司 My SQL 也在利用虚拟团队。My SQL 在世界范围内有员工但没有办公室。

---

① Nick Tasler, "Help Your Employees Do a Better Job," Business We e k(March 26, 2010), http://www.businessweek.com; Leigh Thompson, "Improving the Creativity of Organizational Work Groups," *The Academy of Management Executive* 17, no. 1(February 2003): 96.

② Michael Mandel, "Which Way to the Future," *Business Week* (August 20, 2007): 45.

员工虚拟办公，自我管理，[1]而且虚拟团队也不只是为一家公司工作。许多虚拟团队成员来自不同的组织。例如，为了改善供应链工作流程，让制造商的员工与供应商、购买制造商产品的零售商的员工合作是很常见的事。

尽管虚拟团队有很多好处，但也不是没有问题。[2] 一家团队培训公司Organizational Renaissance的总裁Paulette Tichenor指出，应关注虚拟团队的这些问题：语言和文化障碍、在协同工作环境中工作的成员的能力。[3]美国宇航局就遇到了这类棘手的问题，其空间探测器因使用不同的计量单位——英制和公制单位，而损失了1.25亿美元。

网络创新专家Navi Radjou指出："分配工作的问题之一是你失去了在当地咖啡馆和同事促膝交谈的机会。"为了帮助虚拟团队"提高凝聚力"，更多的企业开始利用线上合作小组会议空间，让团队成员分享自己的照片、简历到他们频繁联系的社交媒体网站，并鼓励私人间的聊天。Go-To-Meeting和iMeet就是在线会议空间的例子，以在团队成员间创造更多的亲密感。在诺基亚，鼓励团队成员在线工作，分享他们的照片和个人简历。将团队成员聚集在一起，尤其在团队成立之初和一段时间后，有助于团队在成员中建立信任和凝聚力。

2.促进团队

不论团队的结构和目的如何，下面这些特征是一个成功团队所具有的：

- 有一个共同的目的和目标的承诺
- 积极和充满活力的团队成员
- 开诚布公的沟通
- 共同领导
- 明确角色分工
- 协助、合作、信任和有担当的氛围
- 对冲突的认识和积极解决

不幸的是，并不是所有的团队都能成功或发挥其全部潜能。权力斗争、角色扮演的不确定、缺乏资源、利益冲突、个人差异是团队的普遍问题。团队的另一个困难是要改变传统的经理-雇员关系，经理人有时会感觉受到团队日益增长的势力的威胁，以及自己管理权力的削弱。

组织可以防止某些团队问题的发生。首先，企业应决定何时有必要组建和解散一个团队。因为某项任务组建一个团队是不常见的，它比单独一个人做或者独立工作并偶尔与另外一个人合作更好。为了决定组建一个团队是否是恰当的，研究者Jeffrey Polzer建议企业做一个过程分析，以评估完成这项工作的复杂性和关联性。复杂的任务包括要完成的项目是大型的、不确定的、没有标准程序。关联性任务是指任务要求员工严重依赖于另一个人

① O. C. Ferrell, Geoffrey Hirt, and Linda Ferrell, *Introduction to Business* (Burr Ridge, Ill: McGraw-Hill, 2008), 310.

② Laura A. Hambley, Thomas A. O'Neil, and Theresa J. B. Klien, "Virtual Team Leadership: The Effects of Leadership Style and Communication Medium on Team Interaction Styles and Outcomes," *Organizational Behavior and Human Decision Processes* 103, no. 1 (May 2007): 1.

③ Interview with Paulette Tichenor, Arizona State University, Tempe, Arizona, (January 18, 2007).

的执行结果。如果项目是复杂的，有高度的关联性，则组建团队是理想的选择。①

一旦决定有必要组建团队，公司可以帮助它做后续的薪酬设计，使团队的成员共同为取得成绩而奋斗，并对成员进行团队培训。完整的培训团队将涵盖一些重要的技能：(1) 团队领导力；(2) 使命和目标设定；(3) 如何举办会议；(4) 团队决策制定；(5) 冲突解决；(6) 有效的沟通；(7) 多元化意识。②另外，研究表明，当他们开始为如何运行以及成员应如何表现建立“基本规则”时，这个团队是有效的。此外，研究表明，当团队开始为其应该如何运作及成员行为建立“基本规则”时，团队更有效率。本章结尾的HRM实践展示了一个确立团队基本规则的实例。

4.4.2 弹性工作安排

雇主可以改变传统的公司作息时间，通过让雇员自己掌控每天的工作时间和每周的工作天数，来提高组织的生产效率和雇员的士气。③正如我们在前面所说的，当公司面临困境时或者不能为员工提供好的福利或支付比竞争对手多的工资时，弹性工作安排常常能吸引和留住员工。在一项调查研究中，42%的雇主在无法为员工提高工资时愿意以提供弹性的工作时间作为替代。④更为普遍的工作安排是缩短工作周、弹性工作时间、工作分担和远程办公。

1.弹性工作时间

弹性工作时间（flextime）⑤让雇员有权选择每天上班的起始和结束时间，当然每天或每周总的上班时间是一定的。有了弹性工作时间，雇员就有了很大的自由度来安排自己的工作。不过每天的上午和下午还是有一个“核心时间段”，要求所有雇员都在岗。弹性工作时间在服务型组织中是最常见的，像金融机构、政府部门或其他人员众多的组织。位于亚利桑那州斯科茨代尔市的Sentry保险公司的核心时间对于在理赔、签订保单以及人力资源领域工作的雇员有很多好处。Sentry保险公司的核心时间段是上午9点到下午3点。弹性工作时间段是从上午6点到9点，下午3点到7点。

弹性工作时间给雇员和雇主带来了不少好处。给予雇员更灵活的上班时间安排后，可以减少因此而导致的缺勤和工作拖拉。⑥雇员得以调整工作安排使之适应自己的生活方式，提高工作满意度。雇员还能在自己每天工作效率最高的时间段工作。另外，错开上下班时间还能缓解通勤高峰时的交通堵塞。这样雇员花在路上的时间就减少了。

弹性工作时间除了对招聘和留住人才有很大帮助外，还能够使组织改善服务客户的水平或延长服务时间。一家通信公司CenturyLink，利用弹性工作时间延长营业时间，方便那些白天没有空的客户。研究显示，弹性工作时间对于雇员工作的可靠性、质量和数量的绩效指标都有着积极的影响。

---

① Jeffrey T. Holzer, Leading Teams (HBS 9-403-094) (Cambridge, MA: Harvard Business School), 1 - 23.

② Jay F. Nunamaker Jr., Bruce A. Reinig, and Robert O. Briggs, "Principles for Effective Virtual Teamwork," *Communications of the ACM* 52, no. 4 (2009): 113; Stephen B. Knouse, "Building Task Cohesion to Bring Teams Together," *Quality Progress* 40, no. 3 (March 2007): 49.

③ Michelle Conlin, "Smashing the Clock," Business Week (December 11, 2006): 60. See also Susan Meisinger, "Flexible Schedules Make Powerful Perks," *HR Magazine* 52, no. 4 (April 2007): 12.

④ "Employers Willing to Negotiate Salary," *OfficePro* 7, no.1 (2011): 4.

⑤ 弹性工作时间：让雇员有权选择每天上班的起始和结束时间，当然每天或每周总的上班时间是一定的。

⑥ Rita Zeidner, "Bending with the Times," *HR Magazine* 53, no. 7 (July 2008): 10.

当然，弹性工作时间也有其不利的方面。首先，它对某些工作并不适用。例如，某些需要持续有人值守的特殊工作站点。其次，弹性工作时间使得经理在与雇员沟通及组织员工方面面临许多问题。对员工来说也有缺点。在一些公司里，管理人员很早就出现在办公室，直到太阳落山还没有离开。选择弹性工作的员工也很难晋升到高层。

2.压缩工作周

在这个计划下，每周的工作天数减少了，而每天的上班时间延长了。常见的计划是每周工作4天，每天工作10小时，从周一工作到周四，通常简称为4/10或4/40工作制。除了常见的4/10工作制外，其他压缩的计划包括将每周工作时间缩短至38或36小时，或者9天工作80小时，然后每周多增加一个休息日等。

让我们通过几个例子来看看这种比较普遍的压缩工作周（compressed workweek）制度。位于亚利桑那州Tucson的AVT文件交换软件集团公司，其所有普通员工都是每周工作4天，每天工作10小时，休息日由雇员自己选择。公司信息技术部门的雇员因为需要日夜倒班，工作4天，每天9个小时，但工资也就有1小时的差额。我们来做一下对比，明尼苏达州的圣云市Nahan印刷公司实行每周工作4天，每天工作12小时，而位于纽约和佛罗里达的CRC出版公司则实行周一到周四工作，每周工作38小时。另外这家公司雇员上班开始时间可以自己选择，从早上7：30到早上9：30。

经理压缩每周工作天数一般出于以下原因：

- 有利于招聘或留住优秀雇员。[1]
- 协调雇员的工作安排与生产安排的需要。
- 使雇员有合适的闲暇时间处理个人事务，比如看病、修牙、去银行等。
- 增加雇员的工作满意度，提高雇员士气。

压缩工作周的主要不利之处是美国联邦法律对加班的规定。《公平劳动标准法案》对每周工作时间超过40小时以上的非领导职位的雇员的加班工资标准有严格的规定（参见第9章）。压缩工作周的另一个不利之处是增加了经理和雇员的压力，每天的工作时间延长也容易导致疲劳。

3.工作分担

由两个非全职人员承担原本由一个全职人员做的工作称为工作分担。这两个人通常每周各工作3天，重叠的那一天用于面对面的工作交接。他们的工资各为原工作工资的3/5。雇主发现如果不采用工作分担，就会同时失去两名好雇员。采用工作分担计划的著名公司有Sprint公司、美国运通公司，还有美国最大的健康护理组织——恺撒医疗机构。

工作分担适合那些夫妻一方或双方希望非全日制工作的家庭，对那些面临退休，希望逐渐减少工作时间的老雇员也同样适合。对雇主来说，可以把非全日制雇员安排在每天工作高峰时段上班。在经济萧条时期，工作分担还能减少一部分失业。最后一个好处是，雇员有时间去处理个人事务，可以降低缺勤率。

不过，工作分担确实也存在一些问题。因为要为一项工作招聘和培训另一名雇员，这会给雇主增加额外的负担。此外，管理者发现工作分担中更难的问题是监督两个员工，特

① Kathy Gurchiek, "Good News for Moms Reconsidering Work," *HR Magazine* 51, no. 7(August 2006): 39.

别是当其中的一个工作分担者不可靠，工作分担者不能有效地协同工作，或者他们根本彼此就不信任对方的时候。让工作共担发挥作用的关键是合作伙伴之间的沟通，要充分利用各种手段保持彼此的联系，如打电话、书面报告最新情况、发电子邮件、发语音邮件等。

4.远程办公

全球化和技术彻底地改变了“未来的工作”，那就是，我们如何完成工作和我们如何在办公室内完成它们。

远程办公（telecommuting）①是利用个人计算机、互联网和其他沟通技术在家中从事那些传统意义上在工作场所完成的工作。远程办公的一种变化形式是虚拟办公室，一般用于雇员在现场帮助客户解决问题，或在其他较远的地方工作，就如同在家里办公一样。

管理者和人力资源专家都认为远程办公有下列优势：②

- 增加雇员的灵活性——更好地调整工作/生活。
- 降低缺勤率。
- 留住可能会辞职的有价值的雇员。
- 通过尽可能少的每日通勤减少“碳足迹”。
- 减少浪费在办公上的时间，提高生产率。
- 降低间接成本并减少工作空间。

远程办公可能会减少压力。按照威斯康星-密尔沃基大学的一项研究，工作周里大部分时间是远程办公的员工对他们的工作很满意，因为他们很少被打扰，并且少了一些办公室政治。③

然而，远程办公也有一些潜在的缺点，有些员工在家办公缺乏自律。另外，由于雇员不能与其他雇员像通常那样面对面互动，而在合作和沟通方面变得糟糕。即使员工远程办公的数量一直在稳步增加，2013年雅虎和百思买都因在各自的行业处境困难而缩短了在家办公的时间。习惯于通过观察来管理的传统一线管理者可以找到调节雇员压力的办法。

一些公司已经发现，允许员工在家里工作的时间不工作，不如在办公室里工作至少一天或两天的时间，人力资源管理协会Lisa Horn说。一周有两天时间在办公室工作可以使沟通更开放、有效，有助于人们维系在组织中的关系。④

希望让自己的雇员进行远程办公的雇主必须遵守工资和工作时间方面的法律、工人的薪酬规定、雇员的设备购买或租赁协议以及联邦的《平等就业机会法案》的要求（见第3章）。有一些雇员拒绝在家里工作，因为这使他们感觉受到了歧视，并抱怨远程办公者。图表4-8为建立成功的远程办公计划提出了一些建议。

---

① 远程办公：利用个人计算机、互联网和其他沟通技术如传真机，从而实现在家中从事那些传统意义上在工作场所完成的工作。

② Tony Bradley, “Another Good Reason to Work from Home,” *Globe and Mail* (February 11, 2011), http://www.theglobeandmail.com.

③ Wendell Joice, “Implementing Telework: The Technology Issue,” *Public Manager* 36, no. 2 (Summer 2007): 64.

④ Elizabeth Weise and Jon Swartz, “As Yahoo Ends Telecommuniting, Others Say It Has Its Benefits,” *USA Today* (February 25, 2013), http://www.usatoday.com.

图表4-8 **远程办公成功的关键因素**

◆确认适合远程办公的职业。那些需要面对面与顾客交流，或者需要使用特殊的装备，或者需要有人亲自展示，如保安等，就不适合这种职业。同时，确定谁是否符合远程办公资格标准，还要基于诸如工作类型或者集体谈判协议

◆建立正规的远程办公指南。远程办公指南应该包括上班时间、工作报告时间段、绩效指标、每周进度报告或者电子邮件更新

◆鉴定设备。用于远程办公的设备必须是指定的。公司应该提供什么设备？远程办公的员工要提供什么设备？当发生设备故障时谁来提供技术帮助？

◆加强联络。物理空间上的分隔会使远程办公者感到孤立，什么都看不见、摸不着。及时通报部门或者同事的最新变化，包括项目团队的远程办公者，要求他们经常出席会议，在网络上开辟“聊天室”，让远程办公者处于“在线”状态

◆认识到远程办公不是一直在办公。声明如果员工的绩效下降，不再满足公司的服务要求，远程办公安排的政策可以中止

Source：Barbara Hemphill，“Telecommuting Productivity，” *Occupational Health and Safety* 73，no. 3 (March 2004)：16；U.S. Office of Personnel Management，“Guide to Telework in the Federal Government” (April 2011)，I.D. No.：ES/WLW-04-11，http：//www.telework.gov.

小企业应用

在小企业环境下组建团队

专业化和员工只专注于明确定义的任务，可以在大公司实行，但不是小企业所能真正负担得起的“奢侈品”。在创业型企业中，只有极少数员工能一人多岗。他们需要了解他们的同事在做什么，以及他们如何做这一工作，使企业无论在什么情况下都能够始终保持正常运行。这就是为什么对小企业主来说，在一个团队的环境中，一小部分员工要接受交叉培训，执行各种角色是一个理想的策略。

印第安纳州伊凡斯维尔市人力资源中介机构企业发展经理Debra Bolin说，团队氛围使她的公司在两方面受益匪浅：“我们是一家提供全方位人力资源服务的小公司，所以了解团队工作很重要。我们必须在一起和谐地工作并互相交换想法。否则，我们就可能出现重复劳动了。”

在某些方面，小企业建立团队环境很容易，因为很明显个人服务于整体——这是成功地组建团队的关键要素。人力资源与管理开发顾问Susan M. Heathfield补充说：“培养团队精神是创造一种价值合作的工作文化。在一个团队环境中，当人们合作时，能更好地相互理解和信任彼此的思维方式、计划、决策和行动。”为了营造这种环境，Heathfield建议针对合作及目标举行定期讨论，在公开场合和私下场合认可和奖励团队，并且除了进行艰难的工作之外，寻找一些有趣的方法来组织团队活动。

当然，成功的团队始于有效的领导者。有些团队有唯一的领导者，而其他人则可能轮流做领导者。然而在有些情形下，所有的团队领导者需要有良好的岗位技能。企业战略家Rick Johnson说，团队管理者需要知道如何把自己的期望表达清楚，如何避免微观管理，以及如何在团队成员中建立自信，赋予他们权力更好地完成工作。这意味着领导者需要了解如何扮演促进者的角色。Johnson 补充说：“应该培养一种技能，这是所有管理者都需要培养的技能，以提高团队管理水平。”

擅长团队组建的讲师和培训师Craig Wagganer开发了一个有效领导团队的易学易记的方法，被他称为CARE法。他建议团队领导人：

- 考虑每个团队成员的实力、目标以及与团队的关系。一个优秀的领导者不仅能充分

利用团队成员已有的能力，也会帮助成员挖掘出他或她的潜力。

- 对每个团队成员的天赋和贡献给予赞赏，经常表达对他的赏识。
- 尊重团队中各成员的差异，以便冲突得以公平而客观地解决，错误得以恰当地处理，而不怪罪成员。
- 鼓励团队成员作为个人或小组成员为团队做出努力。

Wagganer继续描述由专家领导的优秀团队的涟漪效应："当团队的领导首先把每个团队成员的心激发起来时，那么这个团队将时刻为对方加油。它从顶层开始。当一个人感觉受到鼓舞时，他们的面貌会改变，并成为一种热情，成为团队正能量的诱因和兴奋点，因而在努力中获得成功。" 这种乐观的愿景在小企业环境中有很长的路要走。

Sources: "Building a High-Performance Sales Team," *Atlanta Journal-Constitution* (January 30, 2014): http://ajc.com; Chuck Stinnett, Evansville Courier Press, February 26, 2011, http://www. courierpress.com; Rick Johnson, "The Six Principles of Effective Team Management," www.teambuildingtips.com; Susan M. Heathfield, "How to Build a Teamwork Culture," http://humanresources.about.com; Craig Wagganer, "Team Building Starts with Team Member Building," www .leadershipinstitute.com.

HRM 实训

为团队的成功建立基本法则

职业培训者理解设立的基本法则对团队来说是其不断成功的基石。基本法则或者团队规范是团队一致同意的指导成员行为的正式规则。用实施任务之前建立的法则来规范团队成员的行为。基本法则简单地规定了成员希望如何被对待以及成员如何对待其他人。当团队成员遵循建立的规范时，规范有助于维持正常的秩序，促进积极的行为，矫正错误的行为。记住，因为团队在不同的环境中运作，所以不同的规范适用于不同的范围。

任务

1. 把你的班级同学分成几个团队，与你的团队一起工作，选择你认为团队行为最重要的10条规范。

2. 在下列行为清单中，每一个团队成员都要选出10项准则，这些准则是成员认为对团队成功起最关键性作用的。第一份清单（A表）被认为是对规范团队行为最为重要的。第二份清单（B表）中的选项包括期望的行为。

3. 在小组讨论中，团队的所有成员在两份清单中最终选择出10项。这些将成为团队最终的规范。选项不得超过10项。在团队讨论中， 项目可以进行修改或合并，以满足你的团队的特殊要求。

行为列表

当我们进行团队工作时，员工应该：

1. 完成分内的工作。
2. 检查以确保每个人都能清晰地知道该做些什么。
3. 进行自我规划，包括短期工作日程以及长远的目标。
4. 鼓励成员开诚布公地阐述自己对问题的看法。
5. 倾听他人的想法，即便这些人有各自的观点。
6. 充分地准备会议。

7. 使团队成员在放松的环境中讨论问题。

8. 当自己不是很清楚地了解任务和程序时就应该提问。

9. 建议详细地分析团队所做的决策的利弊。

10. 在分派任务后付诸行动。

11. 当其他成员需要援助时，要帮助他们。

12. 平等地对待每一位成员。

13. 为了核对信息，成员要解释和重申刚才对方所说的。

14. 公开表达意见并交流彼此的想法。

15. 灵活地安排会议时间表。

16. 称赞他人曾经说过的话或做过的事。

17. 凡是遇到有必要进行讨论的问题时，什么时候都愿意见面。

18. 让团队注意冲突问题，并直接处理冲突。

19. 表达对这个团队所做的事的热爱。

20. 提倡预计团队的工作时间。

21. 会议结束时，要对他们各自的职责予以重述以核实达成一致的内容。

22. 认真对待团队的工作。

23. 准时参加定期会议。

24. 愿意倾听其他成员的想法。

25. 在重要行动开展之前需要得到团队的认可。

小 结

目标1 职位分析是收集有关职位所有参数信息——基本职责、行为、技能以及做这一工作身体和精神所应具备的要求的系统化过程。一项职位分析应该概括出这项工作所需要的工具、环境以及花在这项工作的时间，由谁来做，应达到的成果或绩效水平。职位分析收集的信息可用于人力资源的各项职能，包括企业的工作流和岗位设计、法律遵守情况、招聘、筛选、培训和开发、绩效评估、员工薪酬方案等。为了遵守法律，人力资源决策必须基于所收集的每个职位要求确立的标准。

目标2 职位分析通过几个方法来收集——面谈、问卷调查、观察法以及工作日记。其他常用的量化方法包括美国劳工部职位分析系统、职位分析问卷系统、关键事件法、任务清单分析法、基于能力的分析。职位描述的表格多种多样，它反映组织的需求和撰写人的专业水平。职位说明至少应该包含职位名称、职位类别和职位职责以及职位要求。职位说明应该清晰具体，并且符合法律规定。

目标3 职位设计是职位分析的产物，它专注于重组工作，以捕捉员工的才能，提高他们的工作满意度以及组织的绩效。自上而下的职位设计技术（如工业工程学、人体工程学）注重于更多的任务；自下而上的技术（如工作丰富化和工作授权）将更关注于员工以及如何激励他们更好地工作。在职位特性化模型中，有五个职位因素影响员工的满意度：技能的多样性、任务的完整性、任务的重要性、自主性以及反馈机制。这5个因素都应加以考虑，因为每个因素都会对雇员的心理状态产生不同的影响。

目标4 越来越多的企业正利用员工团队来解决特殊的、复杂的问题，以加强员工间的合作，提高他们的士气和绩效，形成企业的稀缺资源。员工团队是小组的人为了共同的目标一起工作，团队成员技能互补，成员工作中互相依赖，分担任务。通常团队的类型包括跨职能部门团队、自我管理团队、任务攻坚团队、流程改进团队和虚拟团队。有时摆脱传统的工作日和工作周可以提高员工的生产率，通过让他们自己掌握工作时间，可以提高他们的士气。压缩工作周、实行弹性工作时间、进行工作分担、实行远程办公，可以让员工调整他们的工作时间，以适应他们的特殊生活方式。

关键术语

Critical incident method 关键事件法
employee empowerment 员工授权
employee engagement 雇员参与小组
employee team 雇员团队
ergonomics 人体工程学
flextime 弹性工作时间
industrial engineering 工业工程学
job 职位
job analysis 职位分析
job characteristics 工作特性化模型
job design 职位设计
job description 职位说明
job specification 职位规范
job enrichment 工作丰富化
job rotation 岗位轮换
position analysis questionnaire 职位分析问卷系统（PAQ）
task inventory analysis 任务清单分析
telecommuting 远程办公
virtual teams 虚拟团队

讨论题

1.假设你是某服务性部门的最高领导。请说明正式的书面工作要求如何才可能有助于你管理工作团队。

2.对完成职位分析的不同方法进行讨论，对这些方法进行比较，指出各种方法的优缺点。

3.为什么在今天的职位设计中有责任激励员工成为一个重要的方面？职位特征模型有5个组成部分——技能的多样性、任务的完整性、任务的重要性、自主性和反馈机制。举例说明各个部分如何提高组织和雇员的效率。（提示：思考你目前或最近的工作）

4.图表4-7显示了员工团队的不同形式。举例说明每个类型的团队适用情况。团队如何创造协同？

案例学习1 雅虎掐断了远程办公的电缆

不是每个人都认为远程办公对他们的组织来说是个好主意。2013年年初，Marissa Mayer，刚被任命为雅虎新首席执行官还不到一个月，就中止了正处于艰难之中的这家互联网搜索公司的远程办公。雅虎的决定令人惊讶，因为远程办公尤其在高科技行业盛行，特别是雅虎所在的硅谷。这家公司指望拿什么在这一领域抢人呢？一个科技新闻媒体称之为“Marissa Mayer在她的雅虎首席执行官任期内做出的最糟糕的决定”。硅谷并不是唯一启动远程办公的地方。在美国，过去的6年中远程办公的员工增长了75%。按照一些统计数据，有300多万人，约10%的员工所有的工作时间都是远程办公，16%的人有一天是远程办公。许多公司接受远程办公，宣称它促成了更高的生产率、更好的工作—生活平衡。

然而，最近有一家独立的ORC国际公司调查发现，大约75%的美国劳动力不通勤了。尽管大多数被调查的人认为远程办公很有效率，但29%的人说他们相信远程办公的人大部分时间是在“偷懒耍滑”。据了解，Mayer得知很多雅虎的远程办公者本该在网上却没有登录雅虎网，这家公司的办公室在周五几乎空了。

同样，Mayer认为一些协同正在消失，因为只留下极少的远程办公的雅虎员工在面对面地彼此沟通。雅虎发给员工的备忘录中宣布将停止远程办公：“全员到办公室是很重要的。很多最好的决策和洞见来自走廊和餐厅的讨论、会见新朋友和即兴小组会议。”

《纽约客》的作家James Surowiecki赞同Mayer的看法。“像这样的在线对话是有可能的，但在大多数组织里，它们不会发生。”对于像雅虎这样的公司——依赖于下一个伟大的想法——却止步不前，是一个很严重的损害。而一家企业创造的大部分价值发生在员工们彼此亲密接触、互相请教、互相学习中，Surowiecki说。他指出，拿谷歌来说，谷歌工作区的装饰使每个地方都充满想象力，鼓动员工出现在办公室。

最后，Mayer并不认为远程办公就一定是一个糟糕的做法，如果公司要适应不断变化的经营状况，人力资源政策和其他政策不能一成不变。换句话说，公司必须调整自己的人力资源战略和职位设计，以符合它们所面临的实际情况。雅虎面临的情况是努力拼搏，与当前可怕的竞争者并驾齐驱。

思考题

1. 一个企业如何知道实行远程办公好还是不好？
2. 你能想一想其他一些关于这个案例中提到的远程办公的优缺点吗？

Sources：James Surowiecki，“Face Time，” *The New Yorker*（March 18，2103），http：//www.newyorker.com；Chris Isidore and Paul Steinhauser，“Americans Say Te-lecommuting Works，” CNNMoney（March 14，2013），http：//money.cnn.com；“Best Buy Copies Yahoo，Reigns in Telecommuting” *USA Today*（March 6，2013），http：//www.usatoday .com；John Challenger，“Yahoo’ s Telecommuting Ban Shows Mayer Is Working，” MarketWatch（Marcy 4，2013），http：//www.marketwatch.com.

案例学习2 虚拟团队在行动：开发F-35战斗机

F-35闪电战斗机第二代方案也被称为“联合战斗机”计划，是美国下一代隐形战斗机。美国国防部命令位于得克萨斯沃思堡的洛克希德·马丁航空部，以Northrop Grumman公司以及BAE系统公司作为主要合作伙伴，设计和制造战斗机。有几个国家，包括意大利、澳大利亚、加拿大、土耳其、印度、以色列，共同分担开发成本。

大型项目的成功很大程度上取决于复杂的团队协作和无数人的相互合作。例如，有超过80个供应商，分布在全球187个地点共同完成战斗机的组装，在洛克希德·马丁航空部由75名成员组成的技术小组与美国空军、海军和英国国防部海军陆战队的供应商进行联系，跟踪进度、设计与生产变革。四年来为诞生第一架战斗机，人们在超过40 000台的计算机站上合作。曾参与其中的洛克希德·马丁航空部信息系统副总裁Mark Peden说："这是真正的虚拟联接。"

无论是国内团队工作还是国际团队工作，都好像是在同一间办公室里工作一样。团队借助计算机沟通，共享文件，通过电子邮件聊天，在电子白板上画图表，让地理上分散的团队成员实时地观看，做出反应。互联网的设计，让来自不同公司的人在兼容的计算机系统中用一种通用语言在网站上进行互动。

思考题

1.洛克希德·马丁航空部利用虚拟团队获得了什么优势？请解释说明。

2.找出并讨论利用虚拟团队有什么潜在的问题——比如，从人际间、技术上或者地区上考虑？

3.虚拟团队要接受什么样的特殊培训？

第三部分

人力资源开发效率

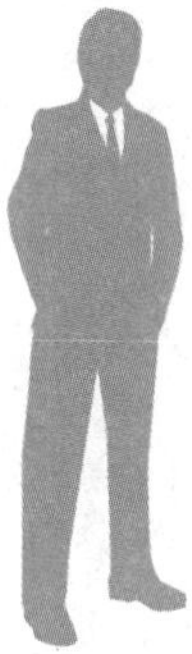

第 5 章

扩大人才库储备：雇员招聘和职业生涯

学习目标

通过本章的学习，你应该能够：

目标 1　描述一个企业的战略如何影响它的招聘结果，并勾勒出战略性招聘策略的组成部分。

目标 2　描述企业外部招聘和内部招聘的方法。

目标 3　列出企业招聘的一些方法以及常用的指标。

目标 4　解释职业生涯开发计划如何整合个人和组织的需要。

目标 5　解释多样的招聘渠道和职业生涯发展计划对公司的重要性。

在本章，我们将讨论组织从外部和内部招聘所需要的人才运用的战略和技巧。人才的竞争不仅需要从人才库中遴选员工，而且要努力找出企业想要的人才，把公司建成人们因选择雇主而为它工作的企业。本章中我们也将讨论组织如何进行职业生涯管理。这很重要，因为它不像有形资产，人力资产（员工）可能会决定离开企业。互联网能帮助员工更好地获得有关这种机会的信息。因此，竞争对手如果有更好的位置，会吸引员工。最后在本章末尾，我们特别关注各类员工的招聘和职业发展。

5.1　企业战略及其与战略招聘的联系

假设你是创业者，正在利用下一个“奇思妙想”。你已为企业开发了战略愿景，分析了你要做的工作，以及需要多少人。现在你到哪儿去寻找人才呢？

你所做的关于人才的决定——无论是否涉及招聘、转岗、晋升、发展或部署人才——需要在你的经营策略和优先考虑之内。考虑一下外包和离岸的决定：大多数美国成衣制造商因为美国之外的劳工成本更便宜而将工作外包或离岸加工（今天在美国几乎所有的衣服都是进口的，看一下你衣服的标签）。但位于俄克拉荷马的 Round House 制衣公司却没有采用这种战略。在俄亥俄州，人们推崇美国制造的衣服。这些公司把带有“美国制造”标签的产品卖给外国人（他们把标签视为一种显赫的标志），以及不想购买外国产品的美国人，从而开辟了自己的利基市场。这个故事的关键点在于招聘者要始终考虑企业的战略。

5.1.1　招聘战略的因素

图表 5-1 表明各种因素应被列入招聘战略的一部分的考虑范围。这些因素包括企业要招聘的职位类型，哪些部门缺人，什么时候需要人，企业雇用“品牌”的优势，谁来负责招聘以及做出招聘决策。我们下面要谈一下这些因素。

请注意，在任何特定的时间，一个公司可能需要使用多个招聘战略，而且用于某个企业的工作或岗位的战略可能对其他企业不起作用。例如，一个工程公司可能把招聘高素质的人才作为优先考虑，而对于迎接新一季的游乐园来说，可能把快速招到人作为优先考虑。招聘战略及其影响一直都在变化。所以，企业需要经常检查它们的工作并加以改善。因此，如果工程公司签订了一个大的施工合同，能够很快地雇用到工程师成为一个优先考虑的事。

图表 5-1 招聘战略的因素

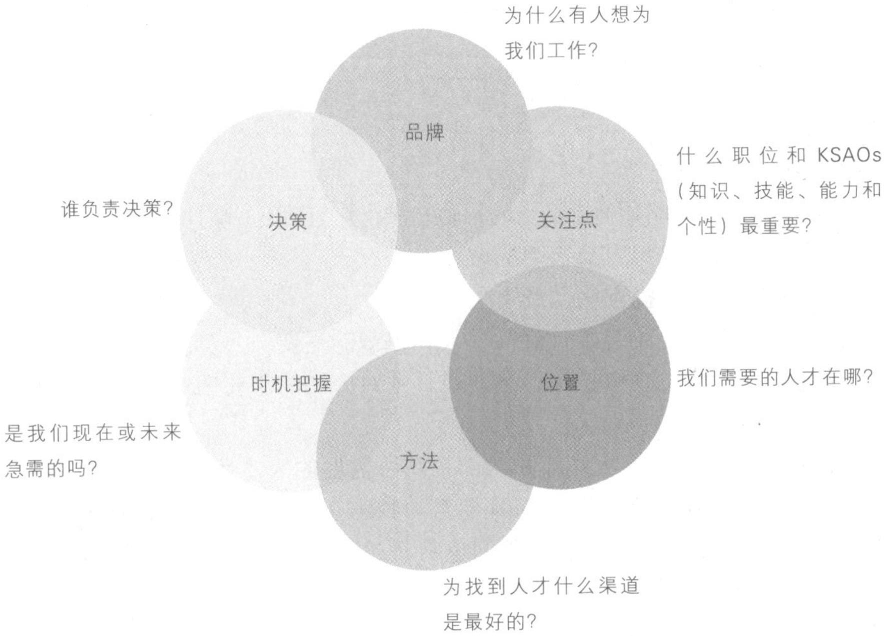

1.关注点：需要什么类型的职位？

从第2章我们已经了解到，人力资源管理的主要责任是知道什么职位是企业所需要的，以及未来这些岗位所要求具备的知识、技能、能力和个性。对于这些要求，劳动力条件对于企业招聘计划有很大的影响。在高失业率期间，组织可能会收到主动投递的简历以及来自企业内部的申请，因而有充足的后备人才供给。内部劳动力市场是指那些在工作中被雇用为初级职位和高层次职位的员工来自内部。[①]相反，在劳动力紧缺市场，即低失业率市场，雇主可能被迫投重金或到当地就业代理机构寻求帮助。记住，一个企业面临的实际劳动力市场取决于企业所在行业运营的情况以及所要找的职位类型。在一个行业中，对于某个特定职位来说，有资质的人才供给可能相当充分，而在另一行业，则可能不是。

2.位置：哪个岗位需要人才，到哪儿去找人才？

主要有两种方法可以找到求职者，即企业内部（内部求职者）以及企业外部（外部求职者)。这两种招聘方法稍有不同。内部求职者在企业需要的时候可以很快地找到并随时可用。通常这一招聘过程容易且迅速。

---

① Edward P. Lazear, Paul Oyer, Internal and External Labor Markets: A Personnel Economics Approach, NBER(Working Paper, 2003), accessed at http://www.nber.org/papers/w10192; Debbie Mack, "P&G Fights to Protect Its Bounty," *Corporate Legal Times* 13, no. 135(February 2003): 64.

内部与外部招聘市场。并不是所有的职位都能从内部补充。比如，要求有特殊培训和经历的职位不太容易从组织内部找到人选，而是需要从外部补充。这在小企业中很普遍，因为它已有的人才储备有限。此外，在快速变化的行业中，可能不会有时间开发全面的、一系列的新技能。所以，这就是从外部招聘的意义。

另外，从外部雇用的人，尤其是有一定技术和管理头衔的人，可能会成为新思想和创造力的源泉，他们会带来从原雇主那里获取的最新知识。对企业来说，从竞争者那里雇用离职的员工以获取其秘密并不少见。当宝洁公司的竞争对手聘请拥有大量的关于生产Charmin卫生纸及Bounty纸巾（都是宝洁公司的产品）知识的宝洁前雇员时，宝洁公司起诉了这一公司。再如，沃尔玛起诉亚马逊网站，指控其聘用了掌握沃尔玛精密库存系统知识的员工。

有些申请人给新雇主带来的不只是知识。他们也带来了收益。有才能的销售员、医生、会计师、律师以及美发师就是例子。当这些人离开企业时，他们的客户也经常随之离开，这种情形的外部招聘的意义就在于此。达到多元化目标是导致企业从外部招聘的另一个因素。

区域招聘市场。你注意到没有，竞争企业经常也定位于同一区域。石油和天然气公司大多数集中在休斯敦。电影和电视公司则聚集于洛杉矶。这并非偶然。集聚之所以发生，是因为企业所需要的资源——人力和自然资源——都位于一些区域而非其他地方。许多制造商坐落于南部，是因为那里有大量的低成本劳动力，而工会相比北方却不太普遍。同样，因为斯坦福大学是美国的一所顶尖的计算机科学院校，所以高科技公司都聚集在加利福尼亚的硅谷。①你可能会在北达科他州Bismarck市开一家高科技公司，但是你可能会因为缺乏人才而搬离那里。

全球招聘市场。除了出于靠近人才的考虑，为了紧跟竞争者的步伐、扩大世界范围的经营业务，公司也要寻找全球性的商品与服务，包括劳动力。企业正在做的已不再是为了节约劳动力成本。他们要吸引最好的人才，招聘有才能的苏联科学家，这些科学家曾为政府工作，现已失业。像中国和印度这样新兴国家的企业，同样热衷于人才的竞争，这些国家的公司试图通过给员工提供迅速发展的高科技产业的工作来吸引人才。

并不是仅仅技术型定位的企业正在招揽人才，低技能职位的情形也是这样。休闲和度假村也经常面临寻找员工维持经营的问题。“美国没有足够的青少年和20多岁的年轻人来填补这些服务岗位，”一家与企业签订合同，提供客户服务和销售培训的公司Signature Worldwide的主管Rebecca Wolever说。

人力资源经理好的起点是雇用美国之外的人，这句话出自Salvador del Rey和Robert J. Mignin主编的*Hiring the Best Qualified and Most Talented Employees: Handbook on Global Recruiting, Screening, Testing and Interviewing Criteria*一书。该书其中一章涵盖了55个国家的参考书和法律指南。海外招聘是非常复杂的。除了要应对无数的当地、各国以及国际法律法规，也有签证和工作许可问题，雇主不得不考虑不同的劳动力成本、岗前培训和补偿措施、与招聘所在国的文化差异。在世界的动荡地区，安全问题也要考虑。为了帮助

① Jeff Tanner and Mary Anne Raymond, *Principles of Marketing* (Nyack, NY: FlatWorld Knowledge, 2010): 77.

他们应对诸如此类的方向性挑战，许多公司利用如Genpact和Robert Half International这样的擅长全球招聘的企业。

3.时机把握：什么时候需要人才？

你可能听到一句谚语："时机决定一切。"对于招聘者来说尤其如此。人力资源专业人员不能只在职位出现空缺时才想办法招人。相反，他们要了解企业的经营战略，研究继任人计划、企业现有的人才以及未来需要的人才，并把这些信息纳入招聘计划中。企业要快速扩张吗？如果是这样，哪些岗位需要人，各需要多少人？有多少申请者需要在一次招聘中被录用？如果企业招聘时间太久，竞争者会利用这一新出现的业务机会。

另外，人力资源经理也要考虑哪个职位对企业的财务成果影响最大，并优先补充这一职位。对企业来说，管理职位空缺几个月，而先分派一些人到其他职位工作也是有可能的。相比之下，让能产生大量收入并有高度竞争力的销售区域的销售员岗位空缺，会严重威胁企业的收入。

在招聘过程中把握时机也发挥了作用。有些职位，像行政助理，可以进行广告招聘，并能很快找到人。而其他职位，像找一个CEO，则要花几个月的时间。在招聘和让求职者经历各个招聘阶段时，这些因素需要予以考虑。

4.方法：怎样找到人才？

企业运用不同的方法去试图为不同的职位招聘不同类型的人才。当技术变革和求职者资源发生变化时，方法也要一直随之改变。例如，在过去的几十年中，印刷广告是招聘人才的主要渠道。今天，互联网和社交媒体如LinkedIn和Twitter已取代印刷广告。

图表5-2表明主要的外部招聘方法。"积极的"和"消极的"标签表明有些方法对某些申请人和/或招聘企业来说比其他方法更有效。本章稍后我们将讨论图表5-2的方法以及每个方法的优缺点。

图表5-2

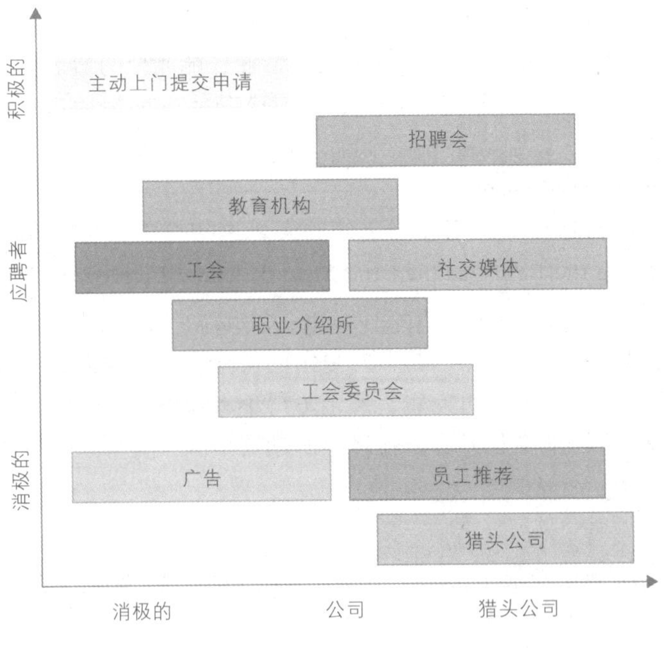

5.决策：谁负责招聘，谁来做决策？

一个组织的规模通常影响到由谁来执行招聘职能。多数的大企业有专职的人力资源招聘人员。在小一点的组织里，招聘可能由人力资源通才来做。如果组织没有人力资源职能部门，则由经理和主管自己招聘员工。在Macy's和Williams-Sonoma这样的公司里，团队成员也会协助他们的小组招聘新员工。

想关注核心功能的组织，包括没有时间或者没有人力资源专员的小企业，有时要将招聘职能外包给外部企业。这一实践被称为招聘过程外包。当组织要雇用很多员工或者要尽快招到人，有时也利用招聘过程外包。当一家公司在过去没有找到合适的求职者，或者需要用不同的方法去挖掘不同的人才库，或者想找到更多不同的求职者时，招聘过程外包提供商很有用。

不管谁负责招聘，每个人都有必要彻底地了解职位所要求具有的知识、技能、能力、经验，以及其他必备的个性特征——风度翩翩、热情、有能力。招聘者通常会提高一个职位或组织的吸引力，也会降低它的吸引力。他们往往是申请者选择一个组织而非另一个组织的主要原因。

6.品牌：如何吸引人才？

不管企业招聘谁、从哪招聘，它都希望选择想要的人才，抢在竞争对手之前吸引并雇用到一流的求职者。品牌能帮助企业做到这一点。品牌化指企业努力帮助现有的和未来的员工理解为什么它是一个理想的工作场所。

那么一个公司如何“打磨”它的雇用品牌呢？一种方法是把申请人当成消费者，把重点放在他们想要的职位和事业上，而不是一个组织必须“卖”的东西上。密苏里州堪萨斯城的一家招聘公司Executive Pursuits的Diane Delich说。Delich建议说，公司应聆听申请者的意见并接触申请者，就像它们对消费者一样。实际上，一些企业甚至把它们的顾客当成雇主。Container Store招聘的人才中有很高比例的人是顾客，他们喜欢与仓储解决方案的公司一起做生意。“基本上，我们在每个商店都有小的人力资源部门。我们的挑战是每4 000名员工中有一个是招聘人员，并给我们介绍更好的人。”Container Store的招聘主管Karyn Maynard说。[①]

另一种方法是通过社交网站找到人才。企业正在网站上如LinkedIn、Facebook及Google等创建主页，宣传它们的组织以及它们能提供的岗位。这些网站允许招聘人员与潜在的申请者进行对话，并向他们提供一个预览：这是什么样的工作。为行业公开发行物写博客和文章也是一种方法。

利用互联网和社交网站相比印刷广告是一个便宜的招聘方法，运营一个网站只需花几百美元。对小企业来说这个战略尤其有效，它们负担不起大量的广告促销费用来吸引求职者。

Luke's Lobster，纽约一家连锁餐厅，非常依赖线上传媒来促销它的品牌。因为没有钱做广告，公司在很多网站上开发了线上展示——Facebook、LinkedIn、YouTube、Twit-

---

① Blake Landau,"The Uncontained Culture of the Container Store,"Human Resources IQ(March 6,2008), http://www.human resourcesiq.com.

ter、Tumblr、Pinterest，以及Vimeo——在这些网站上上传餐厅的照片、视频；宣布特价信息、比赛活动并提供就业机会；提供链接到餐厅的网站和博客。这使公司很容易招聘到优秀的员工，他们中每一个人丰富多彩的档案都贴在公司网站上。本章稍后会把社交网站作为招聘工具来讨论。

慈善活动是另一个找到未来员工的途径，特别是一些年轻的求职者，他们在职业生涯中寻找的不仅仅是薪水和职业。例如，为了与有前途的年轻人建立关系，德勤会计和咨询公司已经与United Way Worldwide和 Teach For America公司联合赞助为本科学生制订的春蕾计划，这些学生与员工一起工作，帮助社区有需要的群体。

在全球范围内，品牌化非常有助益，因为本地人通常对外国公司不熟悉。在印度，应聘者会为对他们本人及其家庭都非常重要的公司工作。Genpact公司在印度的主要城市都设有店面，以推广其企业客户的人才品牌。求职者可以与公司代表边走边聊有关这些企业在做什么以及能给他们提供什么机会的话题。

然而，企业需要确保其推广人才计划能真正反映其内部文化。如果你的组织有过多的粉饰可能会适得其反，因为一旦求职者被雇用后，他们的理想会破灭（为了防止发生此类事件，有些公司会利用真实的职位预览，本章稍后讨论）。聚焦HRM 1表明连锁酒店万豪在如何建立自己的品牌、使雇主有选择权方面，有着良好的招聘实践。品牌实际上反映了万豪的文化。①

聚焦HRM 1

万豪国际酒店集团的招聘原则：为雇用品牌而奋斗

1.建立雇用品牌。万豪吸引员工的方法和吸引顾客的方法一样。就像顾客花钱购买的是体验，而不光是产品一样，潜在的员工在找工作时是在寻找伟大的工作体验。交流伟大的工作体验的承诺就是所谓的雇用品牌。它基本上是一个价值命题。按照万豪的CEO J.W.Marriott的说法："70多年以来，我们一直坚守这样一个信念，即只有爱护好自己的雇员，才能服务好我们的客户。这不仅是一种想法，而且是一种战略——任何一家企业要保持竞争力，就必须贯彻这种战略。因为人力资本是我们最宝贵的资源，是他们为公司创造着价值。"

2.从一开始就把事情做好。万豪推行"友善聘用"和"严格培训"的方针。它聘用那些"具有服务精神"的人，然后进行培训，而不是聘用会做生意的人，并且教会他们如何从为客户服务中找到乐趣。万豪聘用热爱烹饪的人当厨师，聘用喜欢清洁的人做管家。万豪懂得如何在为客人提供优质服务的同时，又能留住自己的雇员。

3.金钱不是万能的。万豪的雇员看重的是整体薪酬。无形的因素，如工作与生活的平衡、领导的水平、省钱的机会、工作环境、培训等叠加在一起，远比金钱更能左右他们的去留。更多地从这些方面关心雇员，反而使他们更愿意留在万豪工作。从弹性工作计划到福利以及发展机会，万豪建立了一整套非金钱的激励机制。

4.充满关爱的工作场所是基本问题。要让雇员来上班时，感觉到自己是安全的、受

---

① J. W. Marriott, "Our Competitive Strength: Human Capital," *Executive Speeches* 15, no. 5 (April-May 2001): 18-21.

欢迎的。全身心投入工作的雇员是不会想要离开的。而全身心投入工作正是提高客户满意度的关键因素之一。经理要对雇员的满意度和流动率负责。每家万豪国际酒店的雇员每天都要参加一个15分钟的例会，对一些基本的概念（如如何尊重客人）进行审视。同时经理要鼓励雇员提出他们自己的见解。他们抽出时间为雇员庆贺生日和其他周年纪念。万豪称之为忠诚计划，因为它能提高雇员的忠诚度，从而增加回头客。这样做的结果是每个人都把酒店的成功看作与自己休戚相关的事情。

5.内部晋升。万豪现有的管理人员超过50%是从内部提拔上来的。每名雇员都有机会把自己的能力发挥到极致。把他们提拔到领导岗位有助于万豪一代一代地传承企业文化，也就是企业的灵魂。另外，内部晋升在招聘和留用雇员时也是个有用的工具。雇员把“发展的机会”看作决定自己去留的关键因素（每年还可以节省100万美元的培训费用）。

5.2　外部和内部招聘方法

当你毕业时，你希望用什么资源来找工作？反过来说，企业应该运用什么样的资源、方法招到像你这样的人才？从本质上说，这两个问题是同一枚硬币的两面。雇主寻找适当的员工，并将他们安置在适当的职位上。相反，人才也要寻找他们所能找到的最好的公司，想尽办法联系到它们。

正如你所知的，公司有时会到外部寻找资源，从中招聘到公司需要的员工，而求职者也刚好到公司外面找工作。在其他时候，企业和员工要从公司内部寻找招聘资源。

5.2.1　外部招聘方法

雇员招聘的外部来源根据职位需求的不同而有所差别。例如，计算机程序员和机器操作员的招聘途径就不同。商贸学校可以提供具有入门水平的候选人。一些公司保留了对它们所招聘的员工的来源的详细统计资料并按照工作类型进行分类，这可以帮助人力资源经理在不同职位出现空缺时选择合适的招聘途径。我们将在本章稍后讨论招聘统计资料。

1.广告

广告的优势就是能吸引大量的潜在求职者。当然从这些广告资源中选择会有不同的效果。专业杂志和商贸杂志、博客、专业社交网络（如LinkedIn）、工会的公开发行物以及各种友好组织或非营利组织将吸引不同类型的需要帮助的求职者。

准备招聘广告不仅需要时间，而且页面设计和广告内容的编写也需要有创新性。优秀的广告强调职位的主要优点，同时也应适当地反映出组织对求职者在工作、职业生涯和生活方式方面的相应要求。在广告中普遍包含的信息是招聘机构会提供平等的就业机会。

同时，招聘广告中提供的信息的准确性和完整性同组织的成功招聘之间有相关性。信息披露得越多越好。然而，尽管工作的详细要求已经在广告中描述清楚了，但是许多知道自己不符合工作要求的求职者仍然提交申请，本章稍后会讨论企业如何筛掉这些求职者。

2.主动提交的申请和简历

主动上门来应聘小时工岗位的人在小企业里很普遍。雇主也会收到主动提交的申请和简历。主动上门求职者投递简历对企业来说也许是好事也许不是，然而，却是一个不能被忽略的来源。实际上，人们通常认为主动联系招聘者的人较之通过招聘广告前来应聘的人，将会成为更好的雇员。

组织对一个主动申请以寻求工作的人应以礼相待，并且尊重他们。如果组织现在或者将来并没有招聘的计划，求职者应该被诚恳地告知。研究表明：平均来看，一位被潜在雇主以礼相待的求职者会把这事告诉给另一个人。相反，一位被冷落的求职者——可能很晚才接到拒绝信或者组织根本就不给他发送信件——他会将这件事告诉给11个人，这将伤害公司的雇主品牌形象。[①]

3.互联网招聘

在互联网上寻找最新的职位信息是求职者和招聘人员最常用的方法之一。公司和求职者发现这种方法更便宜、更迅速并且可能更有效。目前在网站上估计有数以万计的独立招聘广告。发布招聘广告最多的网站是Monster、Career-Builder、Indeed、GlassDoor，尤其是互联网招聘网站，如AttorneyJobs.com、Medzilla.com（制药行业）、AMFMJobs.com（无线电人员）、Vets4Hire.com及6FigureJobs.com（执行管理者）等，都是常用的专业招聘网站。招聘者把广告放在这些网站上，并用关键词在网上搜索求职者。招聘专家说，把你的公司的职位上传到自由贸易联合组织的网站上也是一个不错的主意，那里最可能聚集你的公司所需要的标准人才库。[②]当然多数大公司把空缺职位登在自己的网站上，标题通常与职业生涯链接起来，包括为公司工作所提供的福利信息。

4.社交媒体

正如我们所指出的，为有助于建立雇主品牌也为了招聘人才，企业正在利用社交媒体网站，那里有许多公司主页、海报和招聘广告，展示公司吸引人的特点，企业可把一定类型的专业人士组织起来。潜在的求职者能够“追踪”他们感兴趣、想为之效力的公司。通过利用社交媒体，UPS的招聘者说，他们能够进入一个新的求职者池——千禧一代——申请到他们公司的人明显增加。UPS让这些求职者与自己的员工对话，播放员工一天工作的实况视频，让求职者与高级经理面谈，听他们解释自己与公司的第一次接触以及可能的职业路径。[③]

在过去的几年里，LinkedIn成为招聘者主要的社交媒体选择——如此之多以至于它瓦解了求职板、广告商、招聘服务公司和招聘软件公司市场。只要交一下会员费，企业就可以使用LinkedIn的招聘网站，里面收录了2亿名被动求职者人才数据。被动求职者是那些不去找工作但可以被说服接受所给予的新的适当机会的人。软件开发商如TalentBin和Zoominfo.com还创建了应用程序，基于它们在行业博客、社交网站等的信息，为被动求职者搜索工作信息。

---

① Rob Yeung, "Finders Keepers," Accountancy Magazine 134, no. 1335(November 2004): 42–44; Joe Dysart, "New Directions in Internet Recruiting," *Contractor Magazine* 53, no. 7(July 2006): 33–36.

② Douglas P. Shuit, "Monster Board Games," *Workforce Management* 82, no. 2(November 2003): 37–42; Joe Dysart, "New Directions in Internet Recruiting," *Contractor Magazine* 53, no. 7(July 2006): 33–36.

③ Mike Vangel, "Social Recruitment Delivers Results for UPS," *Talent Management*(August 13, 2013), http://www.talent-mgt.com.

尽管运用社交媒体招聘相比印刷广告是个便宜的方法，经营网站只花几百美元，但仍需要投入成本。马里兰医疗行业的招聘机构Patrice and Associates的总裁Patrice Rice指出，在Facebook的推广活动中，一年中在品牌建设上她花了60 000美元，雇了一个兼职经理来维护公司的在线展示，虽然不一定要这样，但是可以更快地回应潜在求职者的查询。①

通常来说，使用社交媒体和互联网还有一个潜在的缺点，那就是有一些人不太喜欢被网络化。残疾人就是一个例子。凯斯勒基金会和国家残疾人组织的研究表明，大多数成年残疾人不上网，只有少部分成年残疾人会上网。结果，过于依赖电子招聘渠道会伤害公司的多元化努力成果。

5.移动设备招聘

移动设备招聘是通过移动设备招聘求职者的过程。世界上大多数人都有移动电话。正因为这一点，一个使用社交网站和互联网平台的组织应该建立与那些求职者和提交申请的人紧密联系的应用平台。

Macy的行政招聘主管Owen Williams的生活范围只限于办公室和停车场三个街区之内，他在LinkedIn和Twitter上利用手机应用程序发布招聘广告，与潜在的求职者联系，跟踪行业发展。Williams说手机招聘有方便快捷的优点，在竞争激烈的劳动力市场，当企业要快速招到人才时，这一点很重要。"你从来都不会知道市场上抢手的人才会那么快就被挖走。"Williams说。②

招聘者也使用短信。有时发布职位招聘信息、安排面谈计划、加快招聘进程，都是靠短信沟通信息。短信很有用，因为它不太贵，发送很容易，也很快。另外，因为大多数人手机一直随身携带，他们会立刻收到消息，而不像在Facebook或LinkedIn网站，不得不在手机上登录和启动应用程序。

6.招聘会

在一定区域内为不同的申请者撒一个很大的网，招聘会是一个好的方法。在招聘会上，各家公司和它们的招聘人员设立展位，与潜在的申请者见面，交流雇用信息。通常招聘会是针对特定行业的。

尽管招聘会经常吸引到大量的申请人，但他们当中有很多人并不符合要求。另一个问题是只能吸引它们所掌握的一定区域的申请人。

解决后一个问题的办法是举办在线虚拟招聘会。利用网站（如Facebook或LinkedIn，以及Twitter）来通知潜在的求职者。在虚拟招聘会举办期间，招聘者在线建立虚拟展位，在那里设有职位链接，收集简历，通过在线聊天功能与求职者交谈。公司也可以管理筛选问卷，如果安装摄像头，也可以看到求职者。举办虚拟招聘会能为招聘者和求职者节约成本，因为他们不用支付路费。

一些大公司，如宝洁，会在自己的网站上设立虚拟招聘会。还有些公司（包括波音、西尔斯、花旗），会在其他网站上，如job board Monster和Unicruit.com，联合举办招聘

① "The Pros and Cons of Online Recruiting," *HR Focus*, *supplement* 81(April 2004): S2.

② Michelle V. Rafter, "Goin' Mobile," *Workforce Management*(February 2011): 26.

会。设立这样的虚拟招聘会的公司是为了吸引刚毕业的大学生。①

7. 员工推荐

公司现有员工推荐的人员或提交的推荐信，对公司的招聘工作起到了极大的辅助作用。事实上，绝大多数的工作岗位已经被口碑推荐的方式给排满了（“这不是你懂得什么，而是你认识谁”，显然这是真理）。事实上，许多研究发现，员工推荐是申请人最好的来源，然而员工通常会犹豫，担心推荐的人表现得不好。

研究者发现，由员工推荐的申请人一旦被雇用，则趋于在公司待很久。②有些公司在互联网上创立了推荐主页，使员工很容易推荐申请人，也方便跟踪雇用过程的进展。③聚焦HRM 2列示了有些公司鼓励员工推荐的一些额外方法。

聚焦HRM 2

制订员工推荐计划

- 使员工了解组织想雇用什么样的员工。
- 及时地确认推荐。不这样做员工会感觉好像他们推荐的人很差或者感觉自己被忽视了。应该让候选人和推荐人即刻知道该推荐已进入了系统。
- 对员工有价值的推荐进行奖励（如奖金）并认可其推荐行为。推荐的候选人符合公司的要求但未被录用，给予推荐人小的奖励，对于成功录用的给予大的奖励。
- 给予员工正确的工具。考虑给员工提供一种特别的“我们在招聘”的卡片，在与其他人见面时可出示卡片，也使员工在他们的在线社交网站上发布招聘信息很方便。
- 评估项目执行的结果，研究推荐的数量、候选人的资质情况以及新录用者在岗位上的成绩。

Sources: “How a Talent Management Plan Can Anchor Your Company's Future,” HR Focus 81, no. 10 (October 2004): 7-10; Susan M. Heathfield, “You Can Inspire Great Employee Referrals,” http://humanresources.about.com; John Sullivan, “Advanced Employee Referral Programs—Best Practices You Need to Copy,” www.drjohnsullivan.com.

雇员推荐的招聘方式蕴含着一些潜在的消极因素，包括企业“近亲繁殖”和违反平等就业机会的规定的可能性，因为雇员和他们推荐的人选通常具有相同的背景，那些依赖于雇员推荐的招聘者可能会有意或无意地区别对待不同的求职者、受保护阶层。有些研究者发现，近亲繁殖通常会有三个趋势，即吸引-选择-摩擦（ASA）模式：第一阶段（吸引），与组织有相似价值观的人会被吸引从而成为组织的一员；第二阶段（选择），员工会选择与他们相似的人；第三阶段（摩擦），不适合的员工会离开。结果组织成为超均质组织。④

---

① Emily Glazer, “Virtual Fairs Offer Real Jobs,” *Wall Street Journal* (October 31, 2011): B9.

② Jennifer Salopek, “Employee Referrals Remain a Recruiter's Best Friend,” *Workforce Management* (December 2010), http://www.workforce.com.

③ Jennifer Taylor Arnold, “Employee Referrals at a Keystroke,” *HRMagazine* 51, no. 10 (October 2006): 82-88; Victoria Furnes, “The New Frontier,” *Personnel Today* (January 22, 2008): 13-16.

④ Greg Patrick Haudek, “A Longitudinal Test of the Attraction-Selection-Attrition Model,” ETD Collection for Wayne State University (January 1, 2001), Paper AAI3010091, http://digi-talcommons.wayne.edu.

雇用亲属的行为，也称裙带关系（nepotism）[①]，可能会导致偏袒问题，尤其在填补好的职位的时候。然而，在全球范围内招聘雇员就要了解不同国家的文化，包括亚洲和中东国家，这样来看裙带关系就很正常了。即使在美国，裙带关系也得到形形色色的评价，部分是因为家庭成员可以彼此互相交流工作的知识和技能。许多公司（包括福特汽车公司和洛克菲勒基金会）的宏伟大业都是建立在裙带关系上的，工会没有裙带关系也不可能繁荣起来。近年来，许多律师事务所和综合性大学也放弃了限制雇用配偶的做法，它们认为这样做存在偏见。[②]

8.再招聘

再招聘是跟踪并维护与前员工的关系，看他们是否愿意回到公司。返回他们的前公司的前员工有时被称为“回飞棒”员工。例如，德勤会计与咨询公司，有75 000名前员工通过在线校友网站保持联系。校友网站经常被托管在Facebook和LinkedIn或者员工以前公司的网站上。

9.猎头公司

与帮助求职者选择合适的工作的公众和私人的招聘代理机构相比，猎头公司（head-hunter）则可以帮助招聘者选择适合的候选人。例如，Korn /Ferry、Heidrick & Struggles、Mercer & Associates和Hunter集团公司就帮助它们的客户公司寻找满足要求的合格人才。猎头公司不在媒体上打广告，它们也不向求职者收取费用。

猎头公司收取的费用大约是该职位年薪的25%~40%。对于高级管理人员的招聘，无论招聘成功与否，这些费用都要由招聘职位的公司支付，这也是猎头公司经常被人指责的地方。

前面提到过，通常公司的首席执行官是从组织外部聘请的。而其中大部分新的首席执行官是通过猎头公司聘请的。然而，新的数据表明，实际上在公司组织内部提拔的首席执行官胜过从外面聘请的。

10.教育机构

教育机构通常是经过正规培训而没有全职工作经验的年轻求职者的来源。高中毕业生通常是办公室文职人员和蓝领人员的来源，有各种专业培训的社区学院可以提供合适技术工种的求职者。这些机构也是各种类型白领岗位的来源，包括销售和零售领域。一些管理培训生也来自于这一途径。

对于技术型和管理型的工作职位来说，通常的主要来源是学院和大学。校园招聘对公司和求职的学生来说是双赢的。不光是大企业到校园招聘人才，最近的一项调查表明，新成立的多数企业会到校园招聘人才。另外，许多美国大学开始在海外设立学校。因此，未来人力资源部的工作人员将会把海外学校作为招聘雇员的一个来源。

鉴于从数十所学校招聘比较昂贵，更多的公司瞄准少数几所院校，与它们保持密切关系。员工旁听学校的课程，与导师建立密切的联系，导师也会为学生推荐工作（是的，对

---

① 裙带关系：雇用现有员工的亲戚。

② Joanne B. Ciulla, "In Praise of Nepotism?" *Business Ethics Quarterly* 15, no. 1 (January 2005): 153-161; Richard Reeve and Gavin Sheridan, "Nepotism: Is It Back?" *New Statesman* 135 (September 29, 2003): 22-25.

老师来说很有利)。图表5-3表明一些公司加强校园招聘联系的一些步骤。

图表5-3 **加强公司校园招聘联系的步骤**

- 邀请教授和顾问去参观你的办公室，之后带领他们去吃午餐
- 邀请教授和顾问带学生小组去参观办公室
- 通过邮寄或电子邮寄的方式把到目前为止与公司有关的最新消息、发表的新闻稿及时事通讯发送给教授和顾问
- 邀请客座讲师上课
- 进行模拟面试，特别是在非全职或实习生岗位面试的时候
- 给学生提供奖学金
- 参加校园招聘会，即使该公司不打算聘请雇员，但因为有校园招聘会，教师和学生知道了该公司的名字
- 为学生提供“工作跟随计划”

Source：Bruce Busta，D'Arcy Becker，and Jane P. Saly，“Effective Campus Recruiting：The Faculty Perspective，” *CPA Journal* 77，no. 7（July 2007）：62-65；Deborah J. Sessions，“Recruiting Made Easy，” *Journal of Accountancy* 201，no. 5（May 2006）：31-34.

工作-学习计划与实习。为了吸引那些要求较高的大学毕业生，除了提供高薪外，有时公司采用工作-学习计划，为新招聘的人提供低息贷款、奖学金和实习。实习对企业来说是一个“试炼”大学生的好方法，检验他们是否想在这一领域工作，学生亦可决定他们是否愿意长期为这个组织工作。

然而，许多实习并没有取得它应有的功效，因为赞助企业没有彻底想清楚该如何有效地利用实习。这导致实习的人觉得无聊，反过来对这个领域的理想破灭。聚焦HRM 3表明企业为确保实习成功采取的一些步骤。

聚焦 HRM 3

让你的实习计划成功

- 与学院和大学建立关系。让这些学校的职业咨询师知道你在找什么样的人，你能连续给实习生提供什么样的实习工作。
- 弄清楚你要找的求职者的类型——比如，必要的GPA成绩，首选或要求的专业，特定的技能、特质和其他经验。
- 为每个实习生开发工作-学习计划。
- 撰写实习手册，内容包括实习方向、导师、执行主管、项目工作和跨职能部门活动的机会。把这些分发给该计划涉及的所有主管、导师以及实习生。建立提供实习绩效反馈的机制，最好是在实习进行到一半和做出结论时。

Source：“Getting the Most from Internship Programs，” *Supply Chain Management Review* 13，no. 8（2009）：34；Audrey Watters，“5 Tips for Creating an Internship Program for Your Startup，” www.readwriteweb .com；Jean Scheid，“Designing Internship Programs，” www.brighthub .com；Penny Loretto，“Developing an Internship Program，” http：//internships.about.com

企业也会对是否支付实习生工资非常小心。近些年来，实习生因工资而投诉企业，声称他们做了员工的工作，应该得到补偿，或者企业本来承诺实习结束给他们全职工作，但

却没有雇用他们。图表5-4列示了美国按照劳工部的规定，如果没有付实习生工资必须符合的标准。

图表5-4 **不支付实习生工资指南**

1.实习工作即使包括雇主设施的实际运行，也是类似于教育环境中所给予的培训
2.实习经验对实习生有助益
3.实习生无法取代普通员工，是在现场员工的监督下工作的
4.提供培训的雇主不能直接从实习生的活动中获得好处，有时它的运行可能会受到阻碍
5.在实习结论中，实习生的工作不是非做不可的
6.雇主和实习生双方都明确实习生实习期间没有工资

11.专业协会和工会

许多专业组织和社团把向其会员提供求职信息作为其服务项目之一。会员求职的清单会详细地列在它们的杂志或全国性的宣传会议上。为了维护招聘者和求职者双方的利益，工作介绍中心通常在全国性的会议上成立。例如，对于人力资源管理来说，人力资源协会（SHRM）可以把雇主和期望找到工作的人聚在一起。工会是蓝领工人和一些从事专业性工作的求职者的主要来源。一些工会，例如那些在航海、印刷和建筑行业的工会，依然保留着工作介绍所，满足组织的短期需求。希望面向此招聘来源的招聘者出于对资质的需求和求职者的有效性的考虑，与当地的工会取得联系。工会还为它们的成员提供培训和学徒计划，使这些组织成为一个好的候选人来源。

12.公共就业机构

美国50个州都有就业机构来管理失业保险计划。许多这样的州立机构被称为招聘部门或者人力资源部门，它们受美国职业培训行政管理部门的管制。就业机构为雇主在美国工作交流网和美国职业信息网（ACINet）上发布空缺职位，给符合条件的失业人员牵线搭桥，让他们去申请工作。另外，为了让失业的求职者与招聘的职位相匹配，除了将失业的求职者和空缺的工作相匹配外，公共就业机构还可以帮助招聘者进行招聘测验、职位分析、评估计划和社区工资调查等。

13.私人就业机构

通过收取一定的费用，私人就业机构能够向客户提供所需的服务。根据谁获得了最多的服务，可能由招聘者也可能由求职者支付费用，也有可能双方都支付费用。如果招聘者通过私人就业机构雇用到合适的雇员，私人就业机构通常向雇主收取该工作职位年薪的25%~30%作为费用。

私人就业机构往往专为特定的职业或地理领域提供服务。在海外招聘时，公司经常利用当地就业机构，因为它们了解这个国家的文化、劳动力市场，更了解如何招到当地的工人。以前当公司遇到招聘不足的情况时（或者没有适当的求职者），或者公司没有时间或没有专门人员来招收、筛选和雇用员工时，有时也利用私人就业机构招收大量的人员。

14.临时工机构

临时工机构是雇用员工并把他们安置在临时的公司。临时雇员（temps）通常是指短期的工作人员或者是在经理们没有招聘到全职人员时帮忙的人员，如在假期、营业高峰、员工休产假或病假时临时填补职位空缺的人员。公司与临时工机构签订合约，受雇的员工由临时工机构支付工资，而且为多家企业工作。

临时工给予组织很多灵活性，只有在需要的时候才雇用他们。另外，临时雇员的成本通常低于长期雇员的成本，这是因为不需要为临时雇员提供福利，而且解雇临时雇员时不需要支付失业保险。自最近的大衰退以来，临时工的雇用激增，以填补长期员工的职位。实际上，临时就业机构（像Kelly Services）是美国第二大雇主，仅次于沃尔玛。[①]

尽管临时岗位增多，但许多临时工最终被聘为全职雇员，所以在签订劳动合同前，允许员工和企业在磨合期中有更多的选择机会。一种与利用临时工相关的问题是，他们不太愿意忠于雇主和客户或付出额外的努力去帮助一个公司取得成功。不同于雇用临时工，希尔顿连锁酒店派遣全日制员工来往于各个酒店以解决临时的人员短缺。这种策略不仅有效地利用了连锁酒店的员工，而且有助于培养灵活的员工队伍。

15.独立合同工

独立合同工是自谋职业者和与组织签订合同做项目的员工。通常这些员工被称为“自由职业者”，因为他们可以“自由”地在同一时间为多个组织、多个项目工作。独立的合同工可以在自由职业公告板、临时工机构以及elance.com这样的网站上找到。对企业来说，以前的员工或辞职的员工想做自由职业的，是雇用独立合同工好的来源。因为他们熟悉企业的业务、人际关系并知道如何与组织打交道。

由于是临时工，企业可以在需要的时候利用独立合同工，他们没有福利。另外，公司不用支付社会保障金、失业金或员工补偿税。独立合同工自己支付这些税费。然而，大量公司包括微软和联邦快递已被罚款数千万美元，因其为削减雇用相关费用，错误地将永久工人划分为独立合同工。为防止这种滥用，美国国会和劳工部已针对企业如何定性员工规定了标准。聚焦HRM 4提供了企业利用这一规定的指南。

然而，美国高级法院规定没有独立的测试，以决定员工是否是独立合同工。为了避免任何不当，企业越来越多地要求独立合同工与临时工机构签订合约，然后通过临时工机构雇用他们。

聚焦HRM 4

员工是不是独立的合同工？

- 不受直接的监督和控制
- 有自己的业务
- 在设施、设备和用品上能及时跟进业务并投入
- 他或她自己支付开销
- 他或她自己安排计划
- 他或她自己设定工资率
- 为其他企业（有竞争关系或没有竞争关系）提供服务

---

① Ashe Schow,“Recovery Woes:America’s Second Largest Employer Is a Temp Agency,”*Washington Examiner*(July 8,2013),http://washingtonexaminer.com.

- 自主拒绝工作
- 可能会选择寻求雇用求助
- 自付保险
- 在电子或印刷媒介做广告
- 使用名片、信函以及空白单据

Source：Adapted from "Independent Contractor," New York Department of Labor，http：//www.labor.ny.gov.

16. 员工租赁

由职业雇主组织发起的员工租赁业务自1982年发布《税收权益财政责任法案》后迅速壮大。正像我们在第1章中描述的，根据美国职业雇主组织协会（the National Association of Professional Employer Organizations，NAPEO）的调查，职业雇主组织管理着美国25万~250万名工人。基本上，一个职业雇主组织——通常是大公司——负责小公司的人力资源管理工作，并成为这些小公司雇员的联合雇主。职业雇主组织扮演了人力资源管理人员的所有角色——招聘、背景调查、雇用、支付工资、绩效评估、福利管理和其他日常人力资源活动——反过来，职业雇主组织一般将会获得员工工资的4%~8%，再加上总工资的9%~20%，以此作为福利和职业雇主组织的利润。根据美国职业雇主组织协会的说法，40%的小型企业能够通过与职业介绍所订立合同来提升员工的福利。不像那些仅在限定的时间提供员工的临时工机构，员工租赁公司让它们的员工与客户建立长期的关系。

因为职业雇主组织能够与许多公司联合雇用大量员工，所以它们能为员工提供小企业不能提供的401（K）计划和医疗计划福利（职业雇主机构的大部分客户为有19名左右雇员的企业）。按照美国职业雇主组织协会的说法，通过与职业雇主组织签约，40%的小企业能够提升员工的福利。而且，美国人力资源管理协会报告说：少于50名员工的公司聘请一家职业雇主机构，在时间和劳动力成本上每年能节约5 000~50 000美元。①

5.2.2 内部招聘方法

大多数公司最初对于入门级别的岗位是通过晋升和转岗的方法来填补空缺的。内部候选人随时都可找到，并能很快地进入角色，他们的执行力也少一些不确定性。你无须打广告来找他们，成本很低。

通过这种方式填补空缺，公司可以在现有雇员的招聘、筛选、培训和晋升等方面进行投资。晋升是对雇员过去业绩的奖励，可以激励他们继续努力。从内部提拔的政策给万豪国际酒店集团、诺德斯特龙、纽卡钢铁以及全食超市等公司带来了全面的发展和成功。②

然而，至少有一项研究发现，经理人经常会从外部聘用求职者而不是从内部提拔现有

① Chris Pentilla, "Got It Covered: If You Can't Afford to Offer Employee Benefits on Your Own, Why Not Join Forces with a PEO?" *Entrepreneur* 32, no. 2 (February 2004): 66–68; Bill Leonard, "Small Firms Prepare for Aging Workforce," *HR Magazine* 53, no. 5 (May 2008): 32.

② Robert Rodriguez, "Filling the HR Pipeline," *HR Magazine* 49, no. 9 (September 2004): 78–84; James W. Walker, "Perspectives," *Human Resource Planning* 25, no. 1 (2002): 12–14.

的员工，因为他们过高估计不熟悉的求职者，而过于贬低熟悉的人。[①]这可能是因为经理人还不太了解外部求职者的不足，却十分清楚内部求职者的缺点。有些时候，超一流的员工却被阻止晋升到其他部门，因为现有的经理人不愿意失去他们。

Matthew Bidwell的研究表明，忽略内部候选人是错误的，因为他们有可能超越外部候选人。Bidwell以金融行业不同职位上的5 300名员工7年的数据进行观察。虽然多支付外部雇用的人20%的报酬，但他们在工作的前两年绩效考核却获得了非常低的分数。从外部雇用的人有61%容易被解聘。另外，有新员工的业务单位和团队，其生产效率会受到影响，因为团队要花时间帮助新员工了解他们的工作并成为熟手。[②]

当外部符合条件的员工被录用后（他们通常要经过培训），企业中现有的员工理想破灭，开始到外面找工作，即使外部人被录用时他们仍非常称职。最近对100个公司的调查显示，缺乏职业发展是员工离职的主要原因。[③]

当有经验的员工离开组织时，他们会带走公司多年难以取代的技术决窍。有迹象表明，公司需要更加努力地培养内部人才，如图表5-5所示。为了减少失去一流员工的机会，一些经理人积极地识别有离职"风险"的员工，并采取措施留住这些人。

图表5-5 **人才疲软的警示标志**

1.需要很长时间来填补关键职位
2.关键职位只能通过外部雇用填补
3.对那些用来填补关键职位的人的能力没有信心
4.职务替换通常在履行他们新的职务时失败
5.在心血来潮、偏袒或裙带关系基础上进行晋升

Source：Adapted from William Rothwell，*Effective Succession Planning*（New York：AMACOM，2000）.

1.内部职位发布

内部职位发布是快速找到符合资质而本人又有兴趣的员工的办法。小企业可能只是在休息室的公告板上贴一个通知。大公司通常会在企业网站上公布职位空缺。有些公司的企业内部网会选择对岗位感兴趣的员工。当有职位空缺时，企业会检索对该职位感兴趣的员工名单，以及员工被审查的记录，选择可能的候选人面试。以电子方式通知员工面试计划，以电子方式跟踪他们不同的雇用阶段。[④]

2.通过绩效评估辨别人才

有效的执行者通常是好的晋升候选人。识别和发展所有的员工是所有管理者必须重视

① "Heading for the Fast Track：New Studies Examine Who Gets Promoted and Why，"Knowledge@Wharton（August 10，2005），http//www. knowledge.wharton.upenn.edu.

② Matthew Bidwell，"Paying More to Get Less：Specific Skills，Matching，and the Effects of External Hiring versus Internal Promotion，"*Administrative Science Quarterly*（2011）：369-407.

③ Pamela Tate，"Calling on Career Development，"*Talent Management*（January 7，2014），http：//www.talent-mgt.com.

④ "The Pros and Cons of Online Recruiting，"*HR Focus*，*supplement* 81（April 2004）：S2.

的一项工作。一种称为九方格图（9-box grid）①的工具正帮助如通用电气、Novartis以及其他公司鉴定与评估数据，它将鉴定和评估的数据编译成一个单一可见的参考信息。这个表格是一张可以比较的图表，它使管理者很容易地看出雇员的实际绩效和潜在绩效，然后帮助管理者确定雇员发展需要的是什么以及在组织内雇员的下一步应该怎样走？图表5-6是九方格图的例子。

图表5-6　**九方格图的例子**

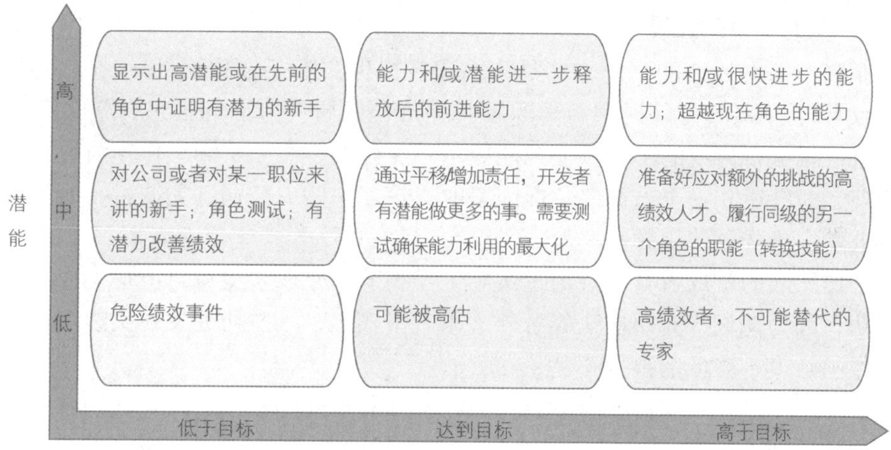

Source：©RapidBI.com 2000—2008.

3.技能档案和技能量表

正如我们在第2章所讨论的，公司运用技能档案来跟踪员工教育、过往工作经历、职业兴趣、特殊能力和技能、赔偿史、工作任期，以便能人尽其才。宝洁公司和汇丰银行就是以这种方法跟踪员工的，它们根据员工的能力将其安置到空缺岗位。对于接续计划来说，技能量表是一个很重要的工具，它为雇员的技术、兴趣和经验提供了一个指标。在美国通用电气公司里，对于每一个主管或高于主管的职位来说，当现有从业人员提升后，通常会在两三个人当中确定哪位能胜任。②

同样，正如我们在第2章中所讨论的，多数公司正以电子方式搜索公司每一位雇员的信息，并且用这些信息来确定可获得工作的潜在候选人。像Oracle和SAP等公司在开发自动化的招聘和技能管理软件方面都处于领先地位。类似于前面提到的技能量表，这些信息系统使组织迅速地为内部的空缺职位筛选出合适的候选人。这些数据同样能够用来预测雇员的职业生涯，预测什么时候、在什么职位将会出现晋升机会。③

---

① 九方格图：鉴定与评估数据的比较图，可以让经理们很容易地看到员工实际和潜在的绩效。

② Stanely Ragalevsky，"CEO Succession：Five Best Practices for Internal Candidates，"*Community Banker* 17，no. 2（February 2008）：24-25.

③ "How to Implement an Effective Process for a New HR Management System，"*HR Focus* 82，no. 1（January 2005）：3-4；Connie Winkler，"Job Tryouts Go Virtual，"*HR Magazine* 51，no. 9（September 2006）：131-134.

5.3 提高招聘的有效性

公司从各种来源招聘的结果如何？某些来源比其他来源更有效吗？企业的招聘者招到足够的人来满足公司的各种需要（包括关键人员）吗？招聘者填补空缺很快还是比较慢？一线经理人对招聘过程和员工的资质满意吗？聘来的员工对工作满意吗，愿意留在公司与公司一起成长吗？人力资源经理有许多可用的工具来评估他们的工作并加以改善。现在让我们来看看这些方法。

5.3.1 实际工作预演

组织提高招聘有效性的一个方法是为求职者提供实际工作预演（realistic job preview，RJP）①。实际工作预演可以提供给求职者关于工作的所有方面的信息，包括期望的和不期望的方面，相反，传统的工作预演只能展示工作好的一面。实际工作预演也包括对工作地点的参观、对健康和安全方面的负面因素的讨论。一些大公司，如波音、西尔斯，现在YouTube上发布工作预演视频。

实际工作预演的赞成者认为经历过实际工作预演的求职者更有可能在工作中任期更长并获得成功，因为他们少有不愉快的意外之事。事实上，一些研究发现实际工作预演会有更好的工作满意度、更低的离职率。

有些公司把本公司的实际工作预演传到网络上。SunTrust银行报告这样做之后使银行出纳人员的招聘成本削减了一半，同时至少增加了出纳员10%的保留率。求职者可在自己方便的时候上网，回答SunTrust所列示的问题，并执行各种模拟的出纳员任务，如查看账户信息和进入客户的数据库。在线工作预演比工作描述更能让求职者对工作有好感，它们同样可以帮助雇主筛选潜在的优秀求职者。②

5.3.2 调查

改善公司招聘效果的另一个方法是向经理人调查他们对招聘过程的满意度。经理人愿意花时间招聘新员工吗？他们介入这一过程的程度如何？最终招聘员工的整体质量如何？为什么这样，或者为什么没有达到效果？为了找到招聘合适类型的求职者的方法，一些公司开发了员工档案，调查他们的一流员工，他们喜欢做什么，参加什么活动，他们访问哪些网站，他们期望如何被联络和招聘。可以调查新聘用的人，观察他们的满意度如何。最后，那些拒绝工作的人通常可以提供有价值的信息，他们为什么不接受公司的聘请。

5.3.3 招聘指标

正如我们在本章前面解释的，招聘者应该跟踪统计从各种来源被招聘的求职者，以及每个来源的雇用成本。从各种来源招聘各类员工所花的时间以及招聘的质量是招聘者应该收集和研究的其他统计信息。这样做可以帮助他们了解哪个招聘来源对不同的员工最好，以便让他们更快地并低成本地找到更好的员工。下面是一些经常被使用的指标。

---

① 实际工作预演：告知申请人工作的所有方面，包括期望的和不期望的方方面面。

② Connie Winkler, "Job Tryouts Go Virtual," *HR Magazine* 51, no. 9(September 2006): 131-134.

1.补充时间和补充质量

补充时间是指从一个职位空缺开始到最后找到人为止的天数。通常来说，更低的补充时间统计数据更好。然而，填补空缺的补充时间和所需要的补充质量之间应该达到平衡。员工的聘用质量也是招聘者首要的关注点。一些企业试图发展补充质量，评估新聘用的员工如何快速跟上绩效要求，以及他们的保留率。

聚焦HRM 5

如何计算关键的招聘指标

1.补充时间

例如：

职位	职位批准日期	同意录用日期	开始工作日期	遴选时间（天）	开始时间（天）
工程师	10/10/2011	2011/30/2011	12/15/2011	51	15
营销经理	10/2011/2011	2011/24/2011	12/16/2011	44	22
销售员	10/12/2011	2011/14/2011	2011/20/2011	32	7
行政助理	10/13/2011	2011/7/2011	2011/14/2011	25	7
收银员	10/13/2011	10/30/2011	2011/14/2011	17	15
平均				33.8	13.2

2.补充质量

补充质量=（PR+HP+HR）÷N

其中：

PR=新聘用员工的平均工作绩效率

HP=新聘用员工在固定时间范围内达到可接受的生产率的百分比

HR=新聘用员工一年之后的保留百分比

N=绩效指标数量

例如：

PR=5个中平均为3.5个=70%

HP=聘用的100个人中，75个符合可接受的生产率水平=75%

HR=20%流动率=80%保留率

N=3

聘用质量=（70+75+80）÷3=75%

3.招聘成本

$$\frac{SC}{H}=\frac{AC+AF+RB+NC}{H}$$

其中：

AC=每月广告成本总支出（例如：32 000美元）

AF=每月代理费用总支出（例如：21 000美元）

RB=支付给雇员奖金总额（例如：2 600美元）

NC=无成本招聘，如上门求职者、由非营利机构介绍的应聘者等（例如：0）

H=招聘总量（例如：119）

将例子中的数字代入所给出的公式：

$$\frac{SC}{H}=\frac{32\,000+21\,000+2\,600+0}{119}=\frac{55\,600}{119}=467.23$$（美元）（这个来源的每次招聘成本）

2.收益率

收益率（yield ratio）有助于看出哪一种招聘来源在提供合格的求职者方面是最有效的。收益率是用成功地进入下一轮筛选的求职者的人数除以某种来源的求职者的人数。例如：一家就业机构收到了100份简历，有17个人收到了面试的通知，则收益率就是17%。

在每一个筛选过程中都可以计算出收益率。在筛选的每一个阶段中（例如，在最终决定录取前的一遍遍面试中），这个收益率都可以计算出来，并且可以计算出一个累计的收益率。对每一个招聘来源收益率的累计进行比较，就可能找出产生优质申请者的来源。收益率的计算可用于决定一个企业需要吸引多少求职者，以及在招聘过程中推进到不同阶段所要填补的不同职位。

3.接受率

接受率是指企业提供给求职者工作之后其接受工作的百分比。例如，一个企业一年中给100位求职者提供工作，他们中有90人接受，则这个企业的接受率是90%。一个企业可以跟踪其总的接受率或部分接受率。正常来说，高接受率更好。

低接受率或下降的接受率要求企业和它的人力资源专员判断个中原因。是工资没有竞争力？企业及它的品牌化有问题？招聘者、经理人、员工没做好向潜在求职者“销售”企业的工作？企业是从正确的来源寻找招聘求职者的吗？如果接受率很低，企业可能会考虑雇用私人就业代理机构帮助其改善招聘效果。

4.招聘成本

各种招聘程序的成本可以用非常简单的计算公式计算出来，参见聚焦HRM 5。当结合收益率信息时，这些计算可以为经理人提供有关不同方法以及不同招聘来源的无价信息。比如，尽管广告和员工推荐都能获得合格的求职者，但经理人会发现推荐是一个更经济的选择。

求职者跟踪系统（ATS）有助于企业自动跟踪我们所讨论过的求职者指标。求职者跟踪系统用于公开职位空缺、筛选上传的档案和/或求职者简历，将他们排序，通过电子邮件通知他们面试。求职者跟踪系统跟踪求职者的来源——他们申请工作的各个网站及在应聘过程中走到哪个阶段——以及招聘员工所用的时间和成本。观察这一数据可以帮助招聘者调整策略，即到哪招聘以及如何招聘。[①]谷歌不是采用求职者跟踪系统，而是使用了大量的数据和分析来找出为什么在招聘多元化候选人时存在问题，尤其是女性工程师。该公司还开发了一种算法，来预测候选人获聘成功率最高的概率。谷歌发言人说，公司决心像

① “Applicant Tracking System,”SearchCIO.com, accessed March 18, 2011 at http://searchcio.techtarget.com.

它做工程决策那样严谨地做人事决策。[①]

5.4　职业生涯管理：即时开发人才

作为经理人和企业主，当你需要人才时从外面招聘进来，但为什么你要一直帮助员工开发他们的职业生涯呢？企业通常都是这样做的。它们的职业生涯开发和招聘是一个反应性过程，当有职位空缺时它们会定期地进行。前瞻性的企业将职业发展和招聘功能视为一个战略需要，因此是一个持续的过程。并非等职位有空缺时才招聘，这些公司的人力资源经理一直在结合组织图、工作分析信息、外部工厂（如劳动力市场）和竞争力来研究公司战略，并主动地、持续地进行招聘。Container Store这家经常荣登《福布斯》“100家最值得为其工作的公司”就是一个好的例子，公司把招聘视为一个持续的过程。每个经理每周花两到三个小时进行内部和外部求职者的招聘活动，不管是否有职位空缺。

不管员工招聘的来源是哪——内部或外部——经理人在扩充企业人才池时起到了关键作用。优秀的经理人通过倾听员工的诉求、充当教练、辨别他们的优势和改善空间、对他们的绩效给予持续的反馈，使人才“成长”。他们确保员工接受培训，获得自我评估工具以及有关组织和可能的职业生涯路径的信息。正如你所知道的，内部招聘是非常有效率的。它在企业和员工之间建立了忠诚度，在今天基于交易的劳动力市场，忠诚度似乎是供不应求的东西。

图表5-7表明职业生涯管理过程的步骤。整合职业发展与其他人力资源项目将创造协同效应，人力资源重新强化了各个方面。例如，为了规划他们的职业生涯，员工需要组织的信息——企业能提供的有关战略规划、预测、继任计划以及技能档案的信息。同样，他们也获得了有关自己的信息，利用它来规划自己的职业生涯。员工也需要了解组织内部的职业路径以及管理者是如何看待他们的绩效的。

5.4.1　目标：使个人和组织的需求相匹配

在最后的分析中，一份职业生涯开发计划应当被视为一个使组织和雇员的需求相匹配的动态过程，每一方都扮演着不同的角色。

1.雇员的角色

因为成功的职业生涯涉及创建自己的职业生涯路径——而不仅仅是跟随组织已经创立好了的路径——每一个人在规划自己的职业生涯时都要发挥积极的作用，尤其是在职场变化如此之快，正以光速变化的时候。这包括辨别自己的知识、技术、能力、兴趣和价值观，与他们的经理一起寻找关于职业选择的信息。经理人应当为员工提供帮助，把员工的绩效不断地反馈给员工本人并且给员工提供自我评估的工具，为员工提供培训以及组织和可能的职业生涯路径的信息。例如，通用汽车公司准备了一本职业生涯发展指导手册，它把职位按工作领域分类，如工程设计、生产制造、沟通、数据处理、财务、人力和科学技术等，这些分类让雇员知晓在不同领域职业生涯发展的可能性以及从一个领域调到另一个领域的逻辑方法。

---

① John Sullivan, “How Google Is Using People Analytics to Completely Reinvent HR,” *TLNT*(February 26, 2013), http://www.tlnt.com.

图表5-7 职业生涯管理过程的步骤

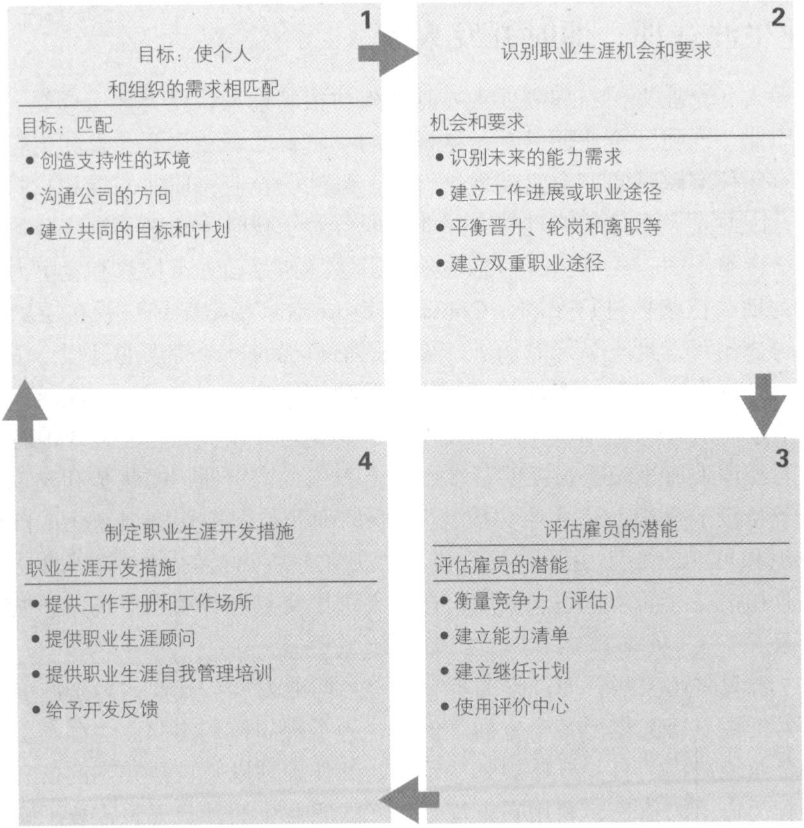

2. 组织的角色：营造良好的职业发展氛围

在理想状态下，高级一线经理人和人力资源部门经理应当共同设计和实施职业生涯发展系统，以反映组织的目标和文化。Container Store的Karyn Maynard说："关于成长机会有经常的、连续的沟通，公司不是让员工顺着其职业生涯的路径走，而是充分发掘员工新的才能和不同的作用，尽可能多地让他们到其他岗位展露才能，在公司里承担更多的责任。"①

3. 融合个人和组织的目标

正如图表5-8所示，组织的需要应当与雇员个人的职业生涯需要联系起来，在某种程度上，这样可以改善员工工作的效果和他们的满意度，并且实现公司的战略目标。例如，一家公司的技术发生了变化，现在需要新的技能，组织会重新培训现有雇员还是雇用新的人才？雇员的数量需要增加、不变还是减少？如果员工不能很好地理解企业的目标，他们可能很难将自己的职业生涯目标与组织的目标相匹配。

① Blake Landau, "The Uncontained Culture of the Container Store," *Human Resources IQ* (March 6, 2008), http://www.human resourcesiq.com.

图表5-8 平衡个人和组织的需求

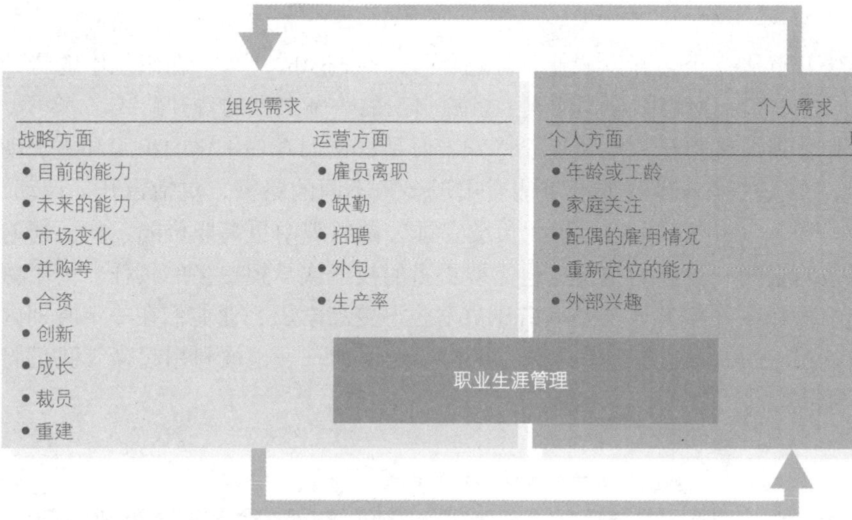

同时，期望个人能充分理解在他们的目标或组织目标的基础上建立他们的职业生涯目标是不现实的。个人随时间而改变，而且由于这一点，他们的需求和兴趣也在变化。同样，组织也会改变它们的方向、调整它们的战略以应对变化。因此，当目标设置非常重要时，保留一定程度的灵活性可能是非常好的做法。

5.4.2 辨别职业机会和需求

为了辨别职业机会和需求，经理人要分析公司所需要的岗位、相关工作的进展，并提供后备（和潜在的）人才，以填补这些岗位。第4章我们讨论了补充人才的各种方法，如通过问卷、面试、与不同群体非正式讨论，像新员工、管理者、老雇员、少数民族雇员、技术和专业雇员，是另外的方法。确认这些群体的需要和问题是组织职业生涯开发的起点。

1.从能力分析开始

在第4章，我们已经讨论了企业如何详细分析岗位，以识别和分配每个岗位所需要的知识和技能的权重。在西尔斯公司使用的系统中，对每一项工作都要衡量三种基本能力：技术诀窍、解决问题的能力和责任心。技术诀窍被分为三类岗位知识：技术、管理和人际关系。解决问题的能力和责任心也有几个维度。每个岗位都根据这三种主要能力被赋予一定的分值，并对每个岗位计算总分。该信息又被用于员工调到另一个岗位时提供以下经验：（1）每一次新任务至少要在一个技能领域有所提高；（2）每一次新任务至少能提高10%的总分；（3）会在不同的职能领域分配新任务。

2.确定岗位晋升和职业生涯路径

一旦确定了岗位所需要的技能，并根据其重要性赋予权重，就有可能规划岗位晋升（job progression）[①]了。一个没有经验的新雇员往往被分配去做“初级岗位”。一段时间后，雇员就有可能被晋升到那些需要更多知识和/或技能的岗位了。虽然大多数的组织都

① 岗位晋升：新员工经历了从“初级岗位”升迁到需要更多知识或技能的岗位。

将开发岗位晋升的重点放在管理性、专业性和技术性的岗位上，但其实可以为各种类型的岗位开发出岗位晋升。

以后这些岗位晋升就成为个人开发职业生涯路径（career path）[1]——在组织中的晋升路线。图表5-9说明了一家大型跨国公司的人力资源员工的一条典型的晋升路线。

职业生涯开发和计划系统曾经主要关注于晋升。但是，在如今扁平化的组织和更加动态化的工作环境中，个人的职业生涯发展可能会出现多条不同的路径，包括晋升、调动、降职——甚至辞退。晋升（promotion）[2]指雇员被安排去做组织中更高职位的工作。新的工作通常会提供更多的报酬和更高的地位，也需要更多的技能或承担更多的责任。为了留住员工，促成他们的晋升，许多大型企业承诺让员工获得更高学历，让他们在一定时期内留在企业。“公司大学”——员工在这个特殊的机构接受培训——也被利用起来（我们将在第7章谈到这些项目）。

图表5-9 **典型的人力资源管理发展路线**

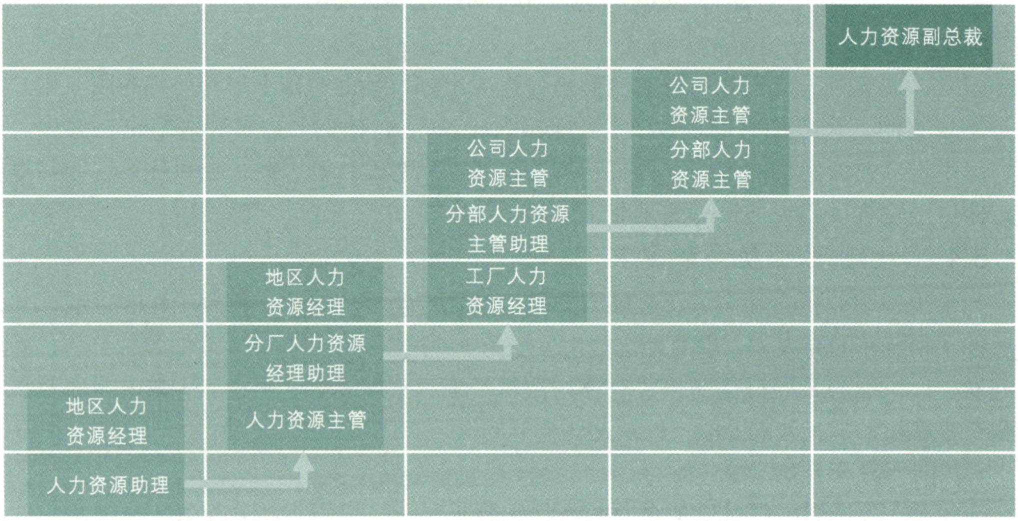

在扁平化组织中，晋升的机会很少，许多雇员通过平级调动的方式实现职业发展。轮岗（transfer）是将一名雇员安排到与前一项工作有相似职责、责任、地位和收入的另外一个工作岗位（虽然这是一种激励措施，但是组织有时会对被调动的员工在薪酬上做小幅增加）。那些希望有机会更多地了解组织并获得不同技能的人会要求轮岗。通常这些员工通过这种方式来努力强化自己的技能，以便他们将来能够更好地晋升。

轮岗可能需要雇员改变工作团队、工作地点、工作手段或组织部门，雇员甚至可能需要调动到另一个地区去。因而，轮岗使组织有可能将雇员安置在最需要他们以及他们可能会获得新的知识和技能的地方。

向下级的轮岗或**降职**是员工变动到一个更低层次但能够提供发展机会的工作。虽然这

---

① 职业生涯路径:组织中职业领域的升迁路线。

② 晋升:雇员被安排去做组织中更高职位的工作。

种变动通常被视为不受欢迎的，但是还是会有一些雇员要求回归他们的“老本行”。例如，对一个组织而言，指派临时领导（尤其是在团队条件下）时附带这样的限制性条款：他们最终将被调离现在的职位而回到他们以前的职位，这是不多见的。

轮岗、晋升和降职都需要个人调整以适应新工作的需要和不同的工作环境。轮岗包括调动到美国境内或境外的一个新地方，这样对雇员有更高要求，因为需要雇员适应的不仅仅是新的工作环境，还有新的生活条件，已经成家的雇员还需要帮助家庭成员适应新的生活安排。有时一些雇主甚至会提供各种重新安置服务（relocation service）——包括负担搬家费，帮助出售房屋，提供文化和语言培训——这总会损失一些生产时间。无论是工作技能还是生活方式，轮岗前培训被认为是减少损失产生的最有效的方式之一。

当然，许多员工会选择离开组织，这是他们职业生涯发展的一部分。当公司内职业发展机会有限并且他或她的技能为外部所需要时，最好的职业生涯选择就是跳槽，或者自己做老板，做咨询顾问或者成为创业者。尽管一些雇员是自愿流动的，但也有一些雇员是被动流动的。即便如此，许多组织经常提供再就业服务（outplacement service）[①]，以帮助流动雇员在其他组织找到新的工作。

Scripps Health公司如果能帮助员工，是不会解雇员工的。这家加利福尼亚医疗集团为那些可能会失去工作的人创立了职业中心。

然而，即使有最好的职业规划，一个人的职业生涯也不可能一帆风顺。人一直在变化，正因为这样，他们的需求和兴趣也在变。而且，成功的职业生涯路径不会与之同步。正如聚焦HRM 6提到的，在创立亚马逊网站前，Jeff Bezos在金融行业做了很多年。许多人都注意到，在他们的职业生涯中，他们要么“天时地利”，要么彻底地为自己开辟了全新的职业道路。

聚集HRM 6

亚马逊网站的创立者Jeff Bezos的职业生涯

1986年毕业于普林斯顿大学，获得电气工程与计算机科学学士学位

1986年受雇于一家电信与信息技术公司Fitel，开发了一套跟踪国际股票交易的软件

1988年受雇于一家利用新的先进计算机系统专门从事风险管理的金融公司——银行家信托公司

1990年晋升为副总裁

1990年受雇于一家投资与对冲基金公司D.E.Shaw

1992年晋升为高级副总裁

1995年创立亚马逊公司

3.跟踪员工职业生涯的各个阶段

当一个人成熟时，知识、技能、能力、态度以及职业期望都会改变。个人在职业生涯相同阶段面临的挑战和挫折却是非常相似的。图表5-10展示了这些阶段的模式，这些阶段包括：（1）工作准备；（2）进入组织；（3）职业生涯早期；（4）职业生涯中

---

① 再就业服务：组织提供的帮助流动雇员找到一份新工作的服务。

期；(5) 职业生涯后期。每一阶段的年龄范围和主要任务也在图表5-10中进行了说明。

图表5-10　　职业生涯开发的各个阶段

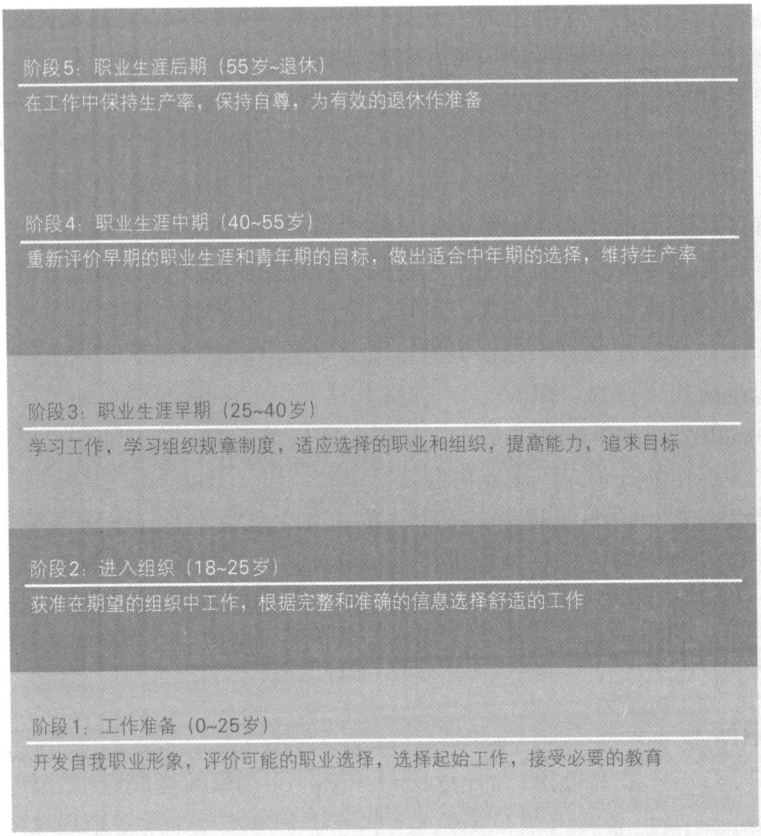

第一阶段，工作准备，包括进入组织以前的时期，通常一直延续到25岁。这是个人必须学习在市场上竞争所需的知识、技能和能力的阶段，也是一个在完备信息的基础上需要仔细规划的阶段。第二阶段，通常从18岁到25岁，主要致力于申请工作和选择合适的工作。在这个阶段，个人也需要为工作做准备。后三个阶段需要适应所选择的职业和组织、修正目标、做出选择、保持生产率并最终为退休做准备。

4.提供不同的职业生涯路径

过去，组织里最具有讽刺性的事情是，最成功的工程师、科学家和专业人员往往被晋升到管理岗位并远离他们的专业领域。他们被晋升到一个他们自己并不了解，也并不喜欢的职位，而不是继续做他们所擅长的事情。

解决这个问题的方法就是开发双重职业路径，从而为信息技术、财务、市场营销和工程等专业领域的相关人员提供与不同层次的管理者具有可比性的补偿。正如第2章说明的，微软公司为软件工程师提供管理和技术专家两个职业生涯路径并允许他们在两个路径中转换。

快速跟踪计划是另一个向员工展示各种不同类型岗位的方法，尤其是有很大潜力的年轻员工，他们寻求有意义的培训任务，而公司则想挽留他们。在快速跟踪计划中，通过向员工展示一系列经过设计的覆行组织各项职能的管理职位，高潜能员工进步很快。通用电气公司有一个类似的密集型两年期计划。参与这项计划的员工可以花几个月的时间在公司亚特兰大能源分部、辛辛那提的航空部门，以及巴西的石油和天然气部门工作。

积极进取的公司努力视其所有的人才都是最宝贵的，而不光是潜力大的员工。一个员工在一个职位上表现极差而在另一个职位上表现优异，或者一个员工因不同的岗位角色由颓废转向重新振作并不常见。

帮助表现平平的员工学习新技能的一种方法是，着眼未来为他确定新的角色，通过允许他们调换或调动岗位来留住他们。美国维珍公司和普华永道公司分别开发了计划，允许乘务员和初入职的员工与在美国和澳大利亚工作的同事调换岗位。BNSF铁路公司允许员工在不同区域和地点调换工作。这种调换被称为“职业生涯发展行动”。①

小企业应用

小公司常有大回报

从前，似乎所有的年轻专业人员都梦想努力向上爬，进入大公司，留在那拿高薪，升到高管职位，每天看着员工下班。然而相反，最近20年的演化趋势却发生了逆转，玫瑰色的公司生活已成过去，没有比这更糟的了。许多新毕业生和经验丰富的专业人士选择为不到500人的企业工作，因为这些企业提供了很多好处，小企业正向这些知识型员工敞开怀抱。

对于处于职业生涯中期和成熟期的专业人员，从一个大公司过渡到较小的一个，往往意味着直接跳到聚光灯下。变化就是恢复活力，当他们发现自己承担了更多责任，参与到新的领域，并能更清楚地看到自己的工作如何影响公司的业绩时，随之而来的是对他的认可。“你的工作和贡献将被注意到，”一位研究下一代职业生涯趋势的管理专家Lindsey Pollak说，“你的想法更有可能被人倾听，并感到你是公司的一个重要部分，你的想法事关重大。”

甚至那些在这个领域没有几年从业经验的人也可能选择在小企业工作。在这些环境中，职位说明往往是不确定的，让员工有机会把自己推到超越工作界限的新方向。与高水平的经理人一起工作时，他们也经常能从中发现自我，直接受教于专家。

各种类型的小企业员工津津乐道的另一个好处是：在小企业工作意味着享受企业和行业的大局观而不是能力被束之高阁的一小方面的工作。“当你在大型公司工作的时候，操作业务就像螺母和螺栓被分开一样。”俄勒冈波特兰市一家建筑设备公司Halton新聘用的物流主管Mike Barnes说。像许多处在他这个位置的人一样，Barnes说，与企业的使命紧密联系，让他有了很久没有感觉到的工作满足感。

然而，选择在小企业工作的人无法期待像在大企业工作那样找到他们想要的每样东西。更紧张的预算意味着小企业有时无法提供大企业那样的工资，它们通常无法提供支持

---

① “Coworkers Get a Chance to Change Places,” *Wall Street Journal*(February 21,2012), http://online.wsj.com.

系统或额外的福利，如慷慨的费用账户、高额的奖金和公司付费的智能手机。但许多小企业主提供诱人的条件，如更短的工作周、少出差，以及工作和生活平衡的奖励，包括远程办公、弹性工作时间。

人们决定在哪儿工作实际上就决定了如何来达到他们的事业和人生目标。管理学作家和分析家Tony Jacowski提醒说："你选择组织时应该基于你的工作经验，而不是组织的规模。如果你是人才并且是专家，你很快就会到达公司阶梯的顶端，而不管公司规模有多大。"

Source：Sarah E. Needleman，"Moving to a Small Company Can Lead to Big Rewards，" *Wall Street Journal*，*March* 5，2008，http：//online.wsj.com；Lindsey Pollak，"The Advantages of Working for a Small Com -pany，" http：//www.lindseypollak.com；Tony Jacowski，"Benefits of Working in a Small Company vs a Corporation，" http：//ezinearticles .com；Jacqueline Parks，"The Benefits of Working for a Small Business，" http：//www.associatedcontent.com.

5.4.3 职业生涯开发的措施

Drake Beam Morin人力资源管理咨询公司研究表明：在企业中最成功的6个职业生涯管理实践包括：

- 确保员工清楚在他们的职业生涯中组织对他们的期望。
- 为雇员提供轮岗到其他工作地点的机会，既包括国内的也包括国外的。
- 为雇员提供一个清晰和全面的继任计划。
- 通过奖励和宣传鼓励雇员提高绩效。
- 给予雇员需要的时间和资源来考虑短期或长期的职业目标。
- 鼓励雇员持续评估自己的技能和职业方向。

1.职业生涯咨询

开发你的人才池的一个关键部分是与你的员工讨论他们目前的工作任务与绩效、个人及职业的兴趣与目标、个人技能以及适合他的职业生涯发展目标。职业生涯咨询可能由人力资源部的工作人员、经理和主管、专业的咨询人员或外部咨询师提供。谈话开始后，要和员工讨论如何实现这些目标，并与组织目标相适应，为员工建立职业"行动"规划。远程通信公司Verizon推出一项计划，即职业顾问与员工一对一地讨论，定期举行职业生涯研讨会和讲习班，为员工提供受教育的机会。公司也有一个在线职业中心，提供了职业生涯路线图，帮助员工绘制自己的职业进展图。[①]

有些组织建立了"职业生涯自我管理"计划，帮助雇员学习如何持续地获得他们的职业反馈和相关信息，通常会通过自我评估来提高他们自己对职业生涯观点和价值的认知。此外，组织会鼓励他们拓宽视野，让他们更多地关注如何在市场上获得机会，如何更多地参加会议，并且和他们的老板或者其他的指导者保持长期的联系（参见本章附录：个人职业生涯发展）。通用电气公司开发了一套广泛的职业发展计划，以帮助员工探索影响职业生涯决策的生活问题。[②]

---

① Tate,"Calling on Career Development."

② "How a Talent Management Plan Can Anchor Your Company's Future,"*HR Focus* 81, no. 10(October 2004):7-10;"Heading for the Fast Track? New Studies Examine Who Gets Promoted and Why,"Knowledge@Wharton(August 10,2005),http://knowledge.wharton.upenn.edu.

2.导师计划

人们往往会提起在工作中对自己有影响的人，他们通常指的是部门经理。部门经理一般作为职业生涯开发者来帮助雇员，但是他们也经常会提到组织中其他的职位比他们高的人，曾对他们的职业生涯开发过程进行过指导和支持，这些为下属提供指导、建议和鼓励的主管和经理人被称作导师（mentor）[①]。例如，通用电气选出20%的优秀员工，让他们从高层管理人员名单中选择自己的导师。

然而，导师不一定非得是经理人和主管。反向指导是指由年轻员工指导老员工和管理人员有关社会媒体趋势、新技术、市场走势的问题。惠普、思科、奥美等公司就执行了反向指导。

奥美的管理人员Spencer Osborn说，他的年轻导师帮他渲染Twitter效果，以前他的Twitter枯燥乏味。在思科，当一些高管有年轻导师的消息传出时，其他管理人员也希望有导师。反向指导计划帮助年轻的员工感受到言传身教的价值，提高了员工的保留率。[②]

指导关系也不是正式关系。实际上，日常的非正式导师制存在于各种类型的组织中。通常来说，导师发起了这种关系，但有时员工为了寻求建议也会接近潜在的导师。大多数导师制关系一直是基于非正式关系发展的，它们也经常以那种方式结束。对15名女性高级管理人员的研究发现：虽然她们中的许多人没有正式的导师，但她们曾成功地应用了“360度”之类的网站：妇女在网站上以点对点的形式交流并且维持和她们的上级、下级和平级的关系，这样有利于她们的职业生涯发展。[③]聚集HRM 7列示了导师关系的一些误区。聚集HRM 8表明，作为员工如何与导师形成正式关系，即使你的公司没有正式的导师计划。

毫无疑问，导师制也可以通过网络实现。

聚集HRM 7

关于导师的认识误区

*导师只存在于职业生涯开发中。*有时导师关注于正式的职业生涯开发，有时他是老师、咨询师和朋友。

*你只需要一位导师。*我们在一生中可能会有多位导师，不同的导师提供的指导不同。

*导师制是一种单向的过程。*学习是双向的，导师也经常从被指导者身上有所收获，教学相长。

*导师必须比被指导者年长。*年龄并不重要，经历和智慧更重要。

*导师应该与被指导者有相同的性别和种族。*寻找与自己不同的导师。

*导师关系是顺其自然地发生的。*天时地利是有所裨益，但不要害怕主动地寻找导师。

---

① 导师：指导、建议和鼓励下属的个人。

② Leslie Kwoh, “Reverse Mentoring Cracks Workplace,” *Wall Street Journal*(November 28, 2011): B7.

③ Suzanne C. de Janasz, Shery E. Sullivan, and Vicki Whiting, “Mentor Networks and Career Success: Lessons for Turbulent Times,” *Academy of Management Executive* 17, no. 4 (November 2003): 78-92; Kate Walsh and Judith Gordon, “Creating an Individual Work Identity,” *Human Resource Management Review* 18, no. 1 (March 2008): 46-61.

知名的人是好的导师。声誉和成功是有用的，但是好的导师是那些能根据你的需求、准备和愿望来挑战你的人。

一日为师，终身为师。经过一段时间后，导师应当退后，但仍应保持联系。关系一直在变化。

聚集HRM 8

与导师建立关系

- 调查这个人的背景。你对你可能的导师了解得越多，就越容易接近他，并建立对你们双方都有效的关系。
- 与这个人接触。让一个共同的朋友或熟人把你介绍给他，或在商业环境中与你的潜在导师接触。这将有助于导师在行动中了解你的技能。
- 在遇到某个特定问题时寻求帮助。让导师知道你敬仰他，并在该领域内请求他提供帮助。例如，你可能说："您在处理客户关系方面是专家，我可以就我的客户问题向您请教吗？"使你的请求简单而明确。
- 考虑你能为他提供什么帮助。导师制是一条双向渠道，如果你能为你的潜在指导者做什么的话，请告诉他。
- 安排一次会面。一旦你的请求被接受了，你就要准备好与导师会面，不要让这次会面冷场。设立目标，确定你希望实现的结果，并准备一些问题。注意听，然后问他你准备好的问题，并请求得到相应的回答。
- 后续措施。在会面后，尝试着你的导师提出的一些建议，并与其分享结果。在此基础上寻求进一步的会面机会。向导师表达你的感激并建议你定期与导师见面，或在临时情况下请求得到帮助。

Sources: Jeff Barbian, "The Road Best Traveled," *Training* 39, no. 5 (May 2002): 38–42; Kathleen Barton, "Will You Mentor Me?" *Training and Development* 56, no. 5 (May 2002): 90–92.

3.学费资助计划

大公司经常为员工提供学费资助，帮助他们进一步深造，如果他们参加的课程与企业经营有关。例如，经理人或为了成为经理人而参加的如MBA研究生课程或其他与专业发展有关的研究生课程，企业将报销费用。每年员工参加的项目不同报销的金额也不相同。有时报销的金额取决于员工学业成绩。当然公司也经常要求报销的员工完成一定课程后在企业呆够一定的时间。

4.职业高原

对员工的职业发展来说，职业高原是普遍的障碍。职业高原（career plateau）是指由于组织或个人的原因使得个人沿着职业阶梯向上走的可能性变得很小的情形。职业高原有3种类型：结构高原、内容高原和生命高原。结构高原标志着晋升的结束，一个人将不得不离开组织去寻找新的机会和挑战；内容高原在个人对工作了解得太多，已经厌倦了日复一日的工作内容时出现；生命高原更复杂，对它的感觉可能像中年危机。正在经历生命高原的人通常已经把工作或其他一些主要因素作为生活中最重要的部分，当他们在那个领域不再成功时，他们将失去自我和自尊。如果经理人发现员工已经进入职业生涯高原陷阱或尝试战胜它，会问如图表5-11列出的一些尖锐的问题。

图表5-11　职业生涯高原问题

1.这个员工接受高可见度的任务吗？
2.员工要继续提高教育水平（包括正规学校的和职业学校的）吗？
3.在组织内，其他领导认可这个员工吗？他会被正常提升或得到回报吗？
4.这个员工是否获得了高绩效评级或大于正常的加薪？
5.这个员工有一个可以衡量的职业生涯计划吗?最近更新了吗？

Source：John Rosche，"Who's Managing Your Career?" *Contract Management* 44，no. 2（February 2004）：20-22.

组织应当在不存在晋升机会时为员工提供横向成长或允许他们自己选择工作的机会，以帮助个人应对高原陷阱。有国际分部的公司可以鼓励员工到海外工作来拓展他们的视野，为公司领导慈善活动，或者让员工休假。休假是指员工返回公司前离开组织去追求其他活动。丰富的职业生涯经验有助于人们更多地了解在公司中什么能使他们满意，以及如果去别的地方什么样的机会能使他们最开心。

5.5　发展多元化人才库

作为雇主，你喜欢雇用极为忠诚的人到你的公司并希望能留住他吗？你是否忽视了这个群体的员工，是他们帮助你提升了公司的业务？

开发多元化人才的原因不仅仅是为了符合法律的要求，也是为了提供平等就业机会。雇主经常开发平等就业机会或实施平权行动政策，来招收和晋升受保护阶层，进而使他们所代表的组织内的所有阶层能够接近其在劳动力市场的比例。

然而，发展多样化人才库的原因不只是法律上的这些——绝对不是。如今，少数族裔接近美国人口的30%。美国人口调查局估计，到2060年，少数族裔的比例会惊人地增长到占总人口的60%，这些群体的购买力在不断地增长。一些研究者预言，未能实现多元化人才库的公司将会面临辨别他们的目标顾客和竞争对手的困难。但是，最重要的是，当公司在美国和国外面临更激烈的竞争时，公司需要有领导能力、生产力、变革和创新等各方面的人才。多元化的人才库扩大了对公司有价值的人力资本的范围。

5.5.1　招聘和培养女性员工

女性占美国劳动力总数的一半以上，构成了最大的受保护群体。女性（无论是有技能的还是无技能的）就业的主要障碍，是我们这个社会中仍然存在的刻板印象。传统上女性有弱势，因为她们不能成为"钻石王老五"网络的一部分。"钻石王老五"网络是一个非正式的国际关系网络，传统上它为资深（男性）会员提供晋升机会的信息，以及向初级（男性）会员推荐其他职业生涯信息。

还有一个障碍是过去的女性工作经验少，不像男人那样受过专业的培训，并且没有做好进入和提升到管理职位的准备，然而，这样的情况正在改变。今天，超过3/5的大学毕业生是女性，按照Pew研究中心的调查，25~32岁之间的女性持有学士学历，比同龄的男性多，并且管理和行政职位的女性人数与男性相比几乎持平（15%对17%）。在IBM，大量的女性管理着资产1亿美元以上的部门。

然而，整个画面不一定是玫瑰色的。平均来看，女性就业人数仍低于男性，有时感觉职场是一个“男人的世界”，女性在管理高层所占的比例在增长，但仍保持极低的比例。[①] 2014年，《财富》500强企业中只有23家由女性管理。而2000年也是20多家。尽管这些数据显示有些进步，但仍有很大的空间打破“玻璃天花板”。

1.消除女性晋升的障碍

玻璃天花板审计由美国劳工部掌管，以识别阻碍符合资质的女性和少数民族向上晋升的行为。劳动经济学家说，特别是黑人妇女处于没有被晋升到其他团队的风险。

越来越多的组织在政府检查之前自己会进行玻璃天花板检查，以避免罚款和外部强制纠正行动，这些检查能够记录它们存在的任何障碍和原因。自我检查是开发多样化劳动力潜力的一个步骤，下面是美国最大的集体诉讼案。沃尔玛曾开展自我审核，现在公司为女性和少数民族设定晋升目标。例如，如果商店经理助理的合格申请者中40%是女性，被录用的40%也应该是女性。JC Penney建立了咨询团队，希望有助于提拔女性代表和少数民族到高级管理层，并希望找到使公司平权行动计划更有效的方法。每个团队由16~18名管理层人员组成。

企业在组织内正在建立专业的团队来帮助少数民族以及女性，让他们互相联系并在组织中为晋升而奋斗。在BNSF铁路公司，有一个女性网络就是为鼓励和促进妇女的职业生涯发展和共享信息、经验和见识而创建的系统，公司基层的女性可以由高层女性来指导。该网络定期邀请公司高管参加有组织的网络会议，以讨论类似于计划、开发和企业绩效方面的问题。网络成员将这些会议看作是公司高管了解那些对开发自己的职业生涯有兴趣并有能力的女性的一种途径。[②]少数民族和女性正在通过开创自己的事业来打破玻璃天花板。正如一位企业家所说：“当你拥有它的时候，就不难突破玻璃天花板。”

2.协调家庭关系

女性面临的主要问题是她要兼顾职业和家庭，尤其对单身妈妈来说，这是一个正在增长的人口群体。当子女处于需要较多关心的年纪时，女性经常会面对对子女的责任和对雇主职责之间的冲突。如果冲突太大，她们可能不得不放弃自己的职业，至少是暂时的放弃，而选择离开。

近年来，许多雇主（包括美国家庭生命保险公司、SunTrust银行、桂格公司、阿伯特实验室、施贵宝公司、IBM公司和毕马威会计师事务所）已经开始实施对职业女性和雇主双方都有利的计划。这些计划包括可选择的职业路径、延长的休假、灵活的工作时间、工作分担和远程办公，从而为平衡工作和家庭提供新的方法。例如，美国家庭生命保险给员工提供家庭自助餐以减轻下班后雇员准备晚餐的压力。公司还资助父母周六晚上的临时

---

① Hope Yen, “Women Gain Ground against Salary Disparity, ” Fort Worth Star-Telegram (December 11, 2103): 6A.

② Louann Brizendine, “One Reason Women Don't Make It to the C-Suite,” *Harvard Business Review* 86, no. 6 (June 2008): 36; Christine Larsen, “NAFE Top 30 Companies for Executive Women,” *NAFE Magazine* 30, no. 1 (Spring 2007): 8-16; Yoji Cole, “Why Are So Few CEOs People of Color and Women?” Diversity, Inc. (November 7, 2007); Herminia Ibarra, Nancy M. Carter, and Christine Silva, “Why Mean Still Get More Promotions Than Women,” *Harvard Business Review* (September 2010), http://hbr.org.

保姆费用，这样他们可以有更多的时间在一起。这些努力是有意义的。例如，IBM和毕马威会计师事务所报告说，他们的计划已经帮助公司保持并且增加了女性员工的数量。

留住双职工家庭的员工是一个挑战，特别是如果员工需要重新安置或频繁出差。为了使员工平稳过渡，组织现在为重新安置工作的员工配偶提供工作协助，包括代为支付就业代理机构、工作咨询公司和猎头公司收取的费用。

组织也与其他雇主共同开发网络关系，为重新安置工作的员工配偶找工作。这些网络提供在社区里“分享财富和人才”的方法，同时协助参与组织的招聘工作。①

重新安置双职工到海外是国际雇主面临的一个主要问题。少有员工愿意被重新安置，如果没有帮助安置配偶的话。很多雇主开发了有效的方法，整合了为同一雇主工作的丈夫和妻子在海外工作的各种津贴。

5.5.2 招聘和培养少数族裔员工

1964年《民权法案》通过后，许多少数族裔享受到了经济和社会地位的巨大提升。越来越多的黑人和西班牙裔成为专业人士、工程师或者管理人员后进入了高收入阶层，但是，进入这些领域的少数族裔所占的比例与他们在总人口中所占的比例相比仍然很低。此外，少数族裔的失业率，尤其是年轻人的失业率，仍然居高不下。

作为主流方法的传统招聘似乎也没有效果。社区行动机构、民权组织以及社区内的教会团体可以为招聘人员提供接近城内居民的机会，针对这部分群体的特殊媒体广告也可能会有效果。在聚焦HRM 9中突出显示了如何针对多样性的规划设计出恰当的方法。

1.为少数族裔员工提供实习的机会

为了与少数有潜力的员工建立持续的联系，实习是一种方法。例如，在传媒产业中，ABC（美国广播公司）、NBC（美国国家广播公司）、CBS（美国哥伦比亚广播公司）、Fox（福克斯电视台）和一家有线电视公司的主持人为Emma L.Bowen基金会做出了巨大贡献。该基金会为少数族裔员工提供了实习机会、大学奖学金和研究生就业机会。《芝加哥论坛报》为那些渴望成为新闻记者的有抱负的少数族裔的新闻工作者提供了编辑室训练计划。在另外一项活动中，Lockheed Martin和企业经营计划（美国管理协会为高中生和大学生组织的暑期计划）为美国历史悠久的黑人院校中的学生提供了为期10周的带薪实习机会。自1937年以来，Inroads公司（一个实习机构）为数千名少数族裔的大学生安排了大企业的辅导和咨询及夏季暑期实习。对企业的好处是更早接近优秀的少数族裔，并接触到更多的在人数不足的工程和商业领域中追求事业的少数族裔学生。

2.提拔少数族裔员工到管理职位

一直对积极的呼吁行动反应非常迟钝的就业领域，现在呼吁让少数族裔成为中层和高层管理者。随着人口变化，以及有少数族裔背景的人的比例的增加，就业领域的这一现象将会改善。越来越多的公司（如雅培公司、莎莉集团）努力增加少数族裔员工在公司管理层的数量。这些公司认为，增加少数族裔雇用人数并提拔他们，对公司的成功至

① Janice Rosenberg, "Dual Career Couples Face Expensive Choices," Bankrate.com (July 2, 2007); Erin White, "Help Increases for Partners of Relocated Workers," *Wall Street Journal* 251, no. 70 (Marcy 25, 2008): D4.

关重要。[1]

人力资源管理学会试图举行年度会议，出于对多元化劳动力负责的目的，该会议为人力资源管理专员提供一个培训和交流的机会。通用电气公司利用少数族裔网络作为渠道，提供给那些需要接近导师和积极争取领导地位的员工，非洲裔论坛（AFF）的工作已经有所进展。[2]为了支持其他少数（族裔）群体，公司也设立论坛或者专业人员团队，如针对亚洲和太平洋美国人、女性、西班牙裔美国人、同性恋者、女同性恋者、双性恋者以及变性人等。

聚焦 HRM 9

工作招聘的多元化

- 确定多样性是否充分代表在该公司的劳动力，可以通过比较公司在该地区的一般劳动力数据统计上的多样性。公司内部的多样性数据应该被打破，可以测量不同类别的数据，如管理、客户服务、会计等。
- 清楚地界定多元化招聘的目标和保留计划，确保各层级的经理人理解它的重要性并支持这一行动。
- 理解劳动力人口统计变化。
- 与少数族裔组织、高校和其他战略性资源建立长期关系。
- 开发多元化的友好文化以确保员工留任率，营造一个对文化敏感的工作环境，成为多元化人才愿意选择的雇主。
- 通过参加招聘会向少数族裔社区展示公司，在针对少数族裔的出版物（如 Diversity Inc.）上发布招聘广告，以及在一些知名网站搜寻多元化人才的简历。
- 利用员工资源。通过制订正式的员工推荐计划证明组织对多元化的承诺。
- 培训招聘经理人以确保多元化申请人在面试中不会因为他有所不同而影响招聘结果。
- 评估招聘的有效性，利用招聘结果改善计划。

Source：Condensed from Patricia Digh，"Getting People in the Pool：Diversity Recruitment That Works，" *HR Magazine* 44，no. 10（October 1999）：94-98. Reprinted with the permission of *HR Magazine*，published by the Society for Human Resource Management，Alexandria，VA，via Copyright Clearance Center.

5.5.3 招募残疾人士

倘若你告诉那些人力资源经理哪里可以找到为数600万、有着一定工龄的员工，这些人不仅可以解决问题，还能为公司带来税收利益，并且这些员工的留任率要比一般员工高，经理人可能会问："是不是有陷阱啊？"事实上，其中不仅没有诈，而且现在有上述潜质的员工确实存在，他们就是那些残疾人士。

据美国残疾人协会统计，美国现有超过500万人（每5人中有1人）患有某种程度的残疾。他们中多数患有与听力、视力和背部相关的残疾。按照美国劳工部的统计，如今约

① Miles White，"Paying More Than Lip Service to Diversity，" *Chief Executive* 242，no. 16（October 2002）：20-22.

② Yeung，"Finders Keepers，"42-44；Janny Scott，"Nearly Half of Black Men Found Jobless，" *The New York Times*（February 28，2004），B1；Sylvia Ann Hewlett，Carolyn Buck Luce，and Cornel West，"Leadership in Your Midst，" *Harvard Business Review* 83，no. 11（November 2005）：74-82.

15%的残疾人没有工作。那些没有工作的残疾人，多数都想拥有一份工作。可是，用人单位持有残疾人不具备把工作做好的能力这样错误的看法，因此这些残疾人遭到用人单位的拒绝。

《美国残疾人法案》及其修订案要求雇主为残疾人提供“适当的便利设施”，这些人患有糖尿病、癫痫、智力障碍、多发性硬化症、肌肉萎缩、癌症以及其他病症等，对残疾人提供帮助的成本，其实是微乎其微的，许多经理人没有意识到这一点。来自残疾人工作劳动办公室部门的数据显示：15%的便利设施为零成本，51%的成本为1美元到500美元，12%的成本为501美元到1 000美元，22%成本超过1 000美元。[①]例如，某个坐轮椅的残疾人，虽然他无法胜任那些涉及身体活动的岗位，但他也许能够胜任坐在椅子上或办公桌前的这一类工作。实际上，残疾人士是值得信赖的，在多数情况下，他们在工作上的高出勤率以及低人事变更率会弥补用人单位提供帮助所付出的成本。

IBM公司在1914年雇用了第一批残疾人士。这并不奇怪，因为公司制作的软件和其他产品可以帮助残疾人减少他们的劳动障碍。IBM公司认为，不能因为员工有残疾而忽视他们，因为也许正是他们才会开发出下一代的软件和硬件而使公司获利。确实如此，一些公司的聋哑研究人士在改变着世界，他们利用新技术正在做世界一流的工作，包括利用语音识别技术。

IBM还为残疾员工提供辅导和实习的机会。残疾大学生劳动招募项目（WRP）就是这样一个实习机构。WRP将数以千计的各种类型大学生以及那些刚刚毕业的正在寻找夏季实习单位或是联邦机构数据显示的毕业生组合起来，对雇主来说，这些数据将是他们可以免费利用的资源。类似地，美国科学促进协会出台了一个名为“入口点”的方案项目。这一项目已使数百名理工科学生获得了在公共或私营的机构实习的机会，后来这些学生中的90%进入了研究生院校或是找到了与科技相关的工作。聚焦HRM 10列出了从雇主得到的有关招募方面的提示，利用各种资源能够成功招聘和留住那些优秀的残疾员工。

5.5.4　招募退伍军人

最近，联邦政府开始要求与它有业务往来的企业，员工中应该有8%的人是退伍军人（残疾人是7%）。企业不是想招募军人，而是想和政府做买卖，这显然是一桩好生意。AT&T、7-Eleven、Amazon、Capital One，以及Lowe's这些公司都发现退伍军人是个有价值的求职者来源。雇主说退伍军人有良好的职业操守，遵守纪律，服从命令，并在各种条件下不折不扣地执行任务，如任务型的操作。“这是你的决策能力——是你在雇用某人。你要相信（退伍军人）为你解决问题的能力，”惠普公司的Dan Piontkowski说。按照CareerBuilder.com网站的研究，65%的雇主说，两个有同等资质的求职者，他们更愿意雇用退伍军人。[②]

很多网站致力于招募退伍军人。这当中有Veterans4Hire、veteranrecruiting.com，以及

---

① “As ADA Turns 20, Harris Interactive Survey Finds Lifestyle and Economic Gaps Still Remain between Americans with and without Disabilities,” Kessler Foundation and National Organization on Disability (press release), July 26, 2010.

② Gregg Zoroya, “Wanted: Military Vets for Good Management Jobs,” *USA Today* (March 6, 2013), http://www.usatoday.com.

Milicruit.com。有些网站还举办虚拟招聘会，这可以帮助退伍军人申请工作，因他们仍有军籍，或者他们身有残疾，或者无法长途旅行到招聘现场。与军队取得联系并建立关系是另外一个方法。大多数军队都为即将退伍的军人建立职业中心。这些通常是军人向平民生活过渡的第一个场所。美国劳工部VETS计划是另一个好的资源。VETS是当地的退伍军人就业代表在全国范围内致力于促进退伍军人就业的计划。[1]

聚焦HRM 10

雇用和留住残疾员工的途径和技巧

这里有成功招聘、雇用、留住残疾员工的七个小贴士。

- 用真实的数据消除误区。当谈到雇用残疾人时，有许多先入为主的思想，它们是就业的障碍。例如，一些雇主错误地认为如果他们雇用了一些残疾工人，他们的员工赔偿保险费用就会增加。这是一个误区。保险费率是基于组织运营和意外事故的风险，而不是员工是否有残疾。另一个经常有的假设是那些残疾工人没有经过培训和教育。事实上，他们中的许多人有本科学历和/或有极为丰富的经验。
- 了解法律。在各种规模和类型的组织里，雇用的经理人应该熟悉有关残疾人的法律规定，尤其是《美国残疾人法案》的规定。雇主有必要知晓法律规定的权利和义务，以便能遵守各项规定。
- 确保公司员工的人身安全。有些雇主不愿意雇用残疾人，因为他们担心有关场所出入安全的成本。例如，他们了解到需要加宽门，提供轮椅坡道，安装轮椅可进入卫生间的设施。然而，总统工作调节网络委员会经常评估雇用残疾人的雇主，发现安装出入安全设施很容易，相对也不贵。
- 界定和分析公司的各个职位和要求，并写下来。撰写职位说明，辨别必要的职位职能并帮助求职者识别哪个职位符合对他或她的资质要求和兴趣，这是确保职位和求职者相匹配的最好手段。
- 设立标准和期望值。有些人认为残疾人接受了特殊的待遇和不公平的优势。但是法律界定“便利设施”的目的是提高个人完成工作任务的能力，而不是降低期望值。雇主需要平等待人和承担责任，但不应该过度负担残疾员工的便利设施。
- 做出公司的承诺。最成功的故事总是出现在公司里，组织的领导承诺雇用残疾人并将这一承诺融入公司文化。
- 与雇用残疾人的类似企业联系。如果组织要探索雇用残疾人的可能性，则应研究其他成功取得这一目标的组织。商会、地方商会和在线论坛提供了有价值的资源，即其他组织如何将残疾员工整合到他们的劳动力队伍中。

Source: Ed Holen and Penny Jo Haney, “Consider Employing People with Disabilities,” *Wenatchee Business Journal* 17, no. 10 (October 2003): A19; Kelly Butler, “Ten Million Ways to Fill the Talent Gap,” *Employee Benefit News* 21, no. 3 (March 2007): 22–24.

5.5.5 雇用大龄劳动力

当今，各机构有雇用大龄员工的明显趋势。另外，许多员工表示有兴趣延长退休年龄

---

① Jessica Miller-Merrell, “How to Recruit Veterans,” *GlassDoor* (June 20, 2013), http://glassdoor.com.

或在退休后做兼职。[①]这一举措都是由于不断变化的劳动力人口数据、医疗保健成本的增长，以及去年的衰退导致的退休储蓄账户缩水的结果。各机构认识到，大龄员工有工作经验，有工作“悟性”且忠实可靠。对于那些兼职或全职很难填满空缺的岗位，他们还是十分优秀的招募资源。

正如我们所指出的那样，已退休的员工常常在雇主的要求下重新返回或继续留在工作岗位。这些老员工是公司长期积累下来的智力资产，他们令人信赖的劳动技能对整个公司团队都有着积极的影响。为防止大批有才能的员工离去，雇主们需要采取相应的人力资源策略来挽留、吸引他们来为本公司工作。而且，随着员工年龄的增长，雇主们需要做一些劳动改善以适应员工出现的身体问题，比如视力和听力下降、行动灵活性降低等问题。

对一些公司，尤其是一些特别的工作而言，吸引并挽留住那些有才能、值得信赖的老员工并非易事。许多老员工更倾向于那些非全职形式的工作，尤其是独立的非全日制用工劳动合同形式的或咨询类的以及那种随传随到的工作（如换班护理、教学），还有那些管理或IT类角色的工作。雇主依靠他们继往开来。

美国退休人员协会——退休人员的宣传小组——有一个“国内雇主群体”网站，在其网页上链接了招募老年工人的企业，这些企业提供灵活的工作时间表和健康福利。家得宝、史泰博和玩具反斗城是网站上比较有特色的公司。

小　结

目标1　公司对人才的决策——不管是否适合招聘、轮岗、晋升、发展、利用——都需要纳入企业战略和优先考虑的范围。作为招聘战略必须回答的问题如下：企业需要什么类型的职位；需要的人才在哪，以及在哪能找到；人才都在哪以及用什么方法找到；如何吸引人才；谁来负责招聘人才并做最后的雇用决策。内部招聘和外部招聘哪一个来源和方法被用于招聘，取决于组织的战略和目标、劳动力市场状况以及被填充职位的具体要求。

目标2　当企业缺乏人才或企业出于竞争的原因要从外部雇用专家并防止组织内的雷同思想时，就应从外部招聘求职者。同时，为了有助于符合平等就业机会的要求以及多元化人才池，企业也要从外部寻找求职者。企业可利用广告、互联网、社交网络、移动设备、就业代理机构、教育机构和专业协会等渠道招聘外部求职者。

雇主通常发现尽可能地利用内部提升和调动来填补入门级以上的空缺岗位是有好处的。从内部招聘使得组织可以从以前对现有雇员的招聘、遴选、培训和开发的投资中获益。内部招聘海报、绩效评估、技能档案、技能量表以及评估中心是公司识别内部人才的方法。

目标3　人力资源经理有许多可用的工具来规范他们的工作，提高他们的招聘效果。利用实际的求职面试、调查经理人和求职者有关招聘过程、检验招聘成本、补充岗位需要

---

① Christopher Reynolds, "Boomers, Act II," *American Demographics* 27, no. 8 (October 2004): 10–12; Theresa Minton-Eversole, "Senate Forum Explores Ways to Keep Aging Workforce Working," *HR Magazine* 48, no. 10 (October 2003): 30; Carly Foster, "Rehiring Retirees among 2008's Top Recruiting Trends," *Employee Benefit News* (January 8, 2008): 5.

的时间以及收益率、录取率等，都是企业评估其招聘效果的方法。求职者跟踪系统能帮助企业自动地跟踪和计算这些统计数据。

目标 4　辨别和开发人才是所有经理人的责任。职业生涯开发计划是一个整合员工个人目标和组织目标的动态过程。通过研究岗位和确定每个岗位所要求的知识和技能可以识别工作机会。一旦这项工作完成，关键岗位就可识别出来，就可以规划工作进程。这些进程可以作为开发员工职业路径的基础。员工需要对组织哲学和目标有所认识，否则将无法知晓自己的目标如何与组织目标相匹配。企业通过为员工提供不同的职业路径和计划，为他们的职业生涯提供建议，建立导师制和学费资助，帮助他们克服职业高原，来促进内部人才的成长。

目标 5　女性职业生涯开发的第一步就是排除晋升障碍。形成女性网络、为女性提供特殊培训、接受女性成为企业有价值的雇员、为女性提供导师以及为家庭提供方便都是有助于女性职业生涯开发的有效方法。

多样化的劳动力形成了许多不同的团体，其中非常重要的一部分就是少数民族群体。除了营造有利于认知和奖励绩效环境外，许多企业设立了特殊项目，如提供动手经历和特殊培训经历的实习制。另外一些值得关注的群体是残疾人、退伍军人、大龄工人、双职工，他们通常需要选择有弹性的工作时间。

关键术语

acceptance rate　录取率

applicant tracking system　求职跟踪系统

branding　品牌

career paths　职业路径

career plateau　职业高原

demotion　降级

employee leasing　员工租赁

employee profile　员工档案

independent contractors　独立合同工

internal labor market　内部劳动力市场

job progressions　工作进展

mentors　导师

mobile recruiting　移动设备招聘

nepotism　裙带关系

nine-box grid　九方格图

outplacement services　职业介绍服务项目

passive job seekers　被动求职者

promotion　晋升

quality-of-fill　补充质量

realistic job preview（RJP）　真实工作预览

recruiting process outsourcing（RPO）　招聘过程外包

recruiting 招聘
reverse mentoring 逆向指导
sabbatical 休假
time-to-fill transfer 补充时间调动
transfer 调动
virtual job fair 虚拟招聘会
yield ratio 收益率

讨论题

1.说出几个和你打过交道的公司，然后讨论你认为雇主的品牌怎样。你想不想为它工作？这些公司怎样改善它们的雇主品牌？

2.私人职业介绍机构与人事代理机构有何区别？它们的员工各有什么专长？

3.请解释什么是真实工作预演。为什么它成为一个有效的招聘手段？

4.职业管理计划如何有助于组织降低运营规模？

5.在许多企业里影响女性和少数族裔晋升的障碍是什么？

HRM 实训

职业管理

我们通常认为成功人士提前规划他们的职业生涯，因此以一种非常有逻辑的方式向他们的工作目标前进。虽然有一些成功是以这种方式设计和实施的，但是其他人的成功往往来自于准备、洞察力和利用出现的机会。

作 业

1.组成一个4~6个人的团队。找出3个人回顾他们的职业生涯，一个人应当处在职业生涯的早期，一个人应当处于职业生涯中期，另一个人应当处于职业生涯的后期。

2.让每个人说明他的职业目标及它发生的变化或个人期望其如何改变。

3.让每个人描述其迄今为止的成长过程，以及他的故事与传统的职业模式匹配性如何。

4.请每个人回答，在职业生涯中是否有什么事他愿意用与以往不同的方式来做。让大家对他应该如何实现他的职业目标提出建议。

案例学习1 本土人才：Mary Barra升到通用汽车的最高职位

当Mary Barra还是个孩子的时候，就喜欢和她的父亲呆在车库里，鼓捣修理汽车。她的父亲——通用的庞蒂克分部终身的模具制造商，没想到有一天他的女儿会成为领导这家主要的美国汽车制造公司的第一位女性CEO。但是2013年这的确发生了。Barra获得了领导通用汽车公司的董事会成员全票通过——当员工们从总部的大喇叭里听到这一决定时不禁欢呼起来。也许他们欢呼雀跃，是因为不像通用汽车的前两任CEO，她是他们的人。自18岁以来，Barra已在通用汽车的多个部门工作过，“没有人能证明比她这个‘汽车人’有更持久的忠诚，”密歇根大学罗斯商学院Ross Gordon说。

Barra是在底特律郊区长大的，一开始是作为通用汽车20世纪80年代一个工作-学习项目的一分子而加入通用，这个项目也被称为合作项目，学生可以边工作（带薪）边上学。Barra拿到了电气工程本科学历，随后通用汽车送她去斯坦福，在那里她拿到了MBA学位。在她的职业生涯中，她在通用汽车轮换到各种岗位。除了在工程和设计部门，她还管理过一个通用汽车的制造工厂，最近她担任全球产品开发和质量控制副总裁。在她的监督下，公司推出了成功的管理模式，帮助公司从破产边缘中摆脱出来。

Barra因这些成果赢得了声誉。她不只是懂汽车，而且她也了解人，知道如何管理他们。2012年当雪佛兰迈锐宝的升级改版因为设计和其他问题而苦苦挣扎时，她动员团队成员在空前短的时间里找到一种方法来解决迈锐宝的问题。她高超的人才管理技巧可能解释了为什么能将通用汽车从破产的边缘拉回来。她曾掌管通用汽车的人力资源部门，这个领域她以前从未涉及。通用汽车把她放在这个职位上是希望能阻止一些关键的人才在破产过程中退出。确实如此。

Sue Meisinger（人力资源管理协会前任主席兼CEO）说，Barra被任命为首席执行官，是在强调人事工作的重要性并了解企业的不同领域。"如果你感兴趣的职业生涯路径远不止于人力资源，你就需要有多个方面的业务经验，"Meisinger说。她指出对许多人力资源专业人员来说，他们的最高成就是成为人力资源主管。然而，Barra升至CEO后，这些专业人员中的许多人改变了他们的职业生涯目标。

思考题

1.因为Mary Barra的父亲也在通用汽车工作，所以这是一个裙带关系的例子？如果你是企业主，你希望雇用亲戚做你的员工吗？这样做有什么优缺点？

2.Mary Barra本人在职业生涯晋升中扮演了什么角色？通用汽车在她的职业生涯"成长"中发挥了什么作用？

Sources：Dee Ann Durbin and Tom Krisher，"Barra Inherits a Stronger GM，" Associated Press（December 29，2013）：www.ap.org；Dee Ann Durbin and Tom Krisher，"GM Picks Woman CEO，" Associated Press（December 29，2013）：www.ap.org；Chris Woodyard，"Who Is Mary Barra，the Next CEO of GM?" USA Today（December 10，2013）；www.usatoday.com；Mary Pyrillis，"Mary Barra，General Motors' Next CEO Breaks Ground for Women and HR，" Workforce（December 11，2013），http：//www.workforce.com.

案例学习2　准备职业生涯发展规划

Mike Scott自高中毕业后就在一家大型公司总部做接待员。Scott对职业生涯发展没做任何特别的规划；尽管如此，他还是很想提高自己的经济地位。认识到自己在教育方面的局限，他开始考虑参加不需要基础的成人教育夜大课程。

Scott还利用了公司的招聘系统的优势，申请公开的空缺职位，尽管他不符合上面列示的要求。经过几次被拒后，他有些灰心丧气。他低落的情绪被公司一个部门经理Sonya Munoz发现了。Munoz邀他到她的办公室一起谈谈他面临的问题。

Scott充分利用这个机会表达了自己的沮丧和失望。当他和盘托出以后，Munoz开始明白了，在面试时他一再为自己只是"高中学历"而道歉，这个态度可能使面试者很难选他而不选背景和技能比他强的人。Munoz建议Scott在面试时采取更主动积极的方式。比如，他可以强调自己在夜大的努力和他是一个可靠、善于合作的人的事实，他愿意为他申请的职位而努力工作。

听从了Munoz的建议，Scott申请了一个发票管理员的职位，她觉得他可以胜任。在面试期间，他做了非常有力、积极的表现，强调了他所拥有的良好品质。运用这一方法的结果是，他得到了这一职位。发票管理员的薪资不比接待员多很多，但这个职位提供了晋升到会计领域的可能的大道，届时他所学的会计课程就有用武之地了。

思考题

1.Scott没有找到或收到来自直属主管的建议有哪些可能的原因？

2.复习完本章之后，向Scott建议他应该采用哪些方法为自己的职业生涯晋升做准备。

附 录

个人职业生涯发展

由于你一辈子工作的时间可能多于你做其他事情的时间，所以，职业规划是必要的。雇主有许多方法可以帮助员工发展职业，并使其职业生涯规划符合组织对人力资源的要求。虽然组织在职业发展中有促进作用，但首要责任还在个人。

A.1开发个人的技术和能力

在规划职业生涯时，个人不应仅仅致力于简单地获得特定的知识和技能。虽然说工作诀窍是必要的，但是个人还必须开发成为成功的雇员所需要的其他技能。要成为一个成功的经理人，一个人必须在沟通、时间管理、自我激励、人际关系和领导关系等领域获得更高水平的技能。

人们写了数百种类似题目的文章或相关书籍，雇主还出资赞助许多研讨会。聚集HRM 11表明了求职者“必须具备”在任何领域开始职业生涯的能力。

A.2选择一个职业

多年前，有人问彼得·德鲁克一些关于职业选择的问题，他回答说：“你所选择的第一个工作就是正确的这一可能性很小。如果你所选择的第一个工作是正确的，说明你非常懒。”这段话的含义在今天也是正确的。个人必须经常调查和改变以选择一条在心理上和财务上都满意的职业路径。

聚焦HRM 11

七项“必须具备”的职业生涯能力

应1998年《劳动力投资法案》而生的一家康涅狄格组织——Capital Workforce Partners对雇主的一项广泛调查显示，以下是“必须具备”的能力。该组织协调了私人和公共项目，这个项目旨在培养熟练的、受过教育的、重要的劳动力。

1.基本技能

- 理解、解释和分析信息。
- 解读书面材料的含义。
- 会解带有整数、小数和分数的基本数学函数。
- 能解释和解出代数方程，并会运用商务数学，如计算折扣和百分比。
- 创建和使用表格和图片，整合来自多个来源的信息。
- 拥有基本的商务写作技巧，包括准确的拼写、发音、语法，并能写商务信件、发邮件以及其他写作沟通技巧。

- 具备有效的口头沟通技巧，包括能很专业地说明以便其他人能理解。

2. 计算机素养

- 有键盘技巧。
- 了解并会使用计算机以及商用软件。
- 会用互联网联系或在线服务。
- 很专业地使用邮件和移动设备。

3. 顾客服务

- 通过从顾客处收集的信息识别顾客的需要，并评估他们对产品和服务的认知。
- 提供准确、周到和及时的信息，包括对顾客评论和问题的反应。
- 沉着应对“发难”或不安的顾客。
- 在团队氛围中工作。
- 解决顾客的问题，了解问题升级时何时向经理汇报。

4. 解决问题和制定决策技能

- 研究并遵循多步的指南。
- 学习、理性并创造性地思考。
- 做恰当、合理的决策。
- 制订工作计划，分清轻重缓急。
- 提出相关问题。

5. 人际关系技巧

- 工作无须监督。
- 能与文化多元化背景的人融洽工作。
- 开发和维护高效的团队关系。
- 与他人合作并接受监督。

6. 个人品德

- 有积极的“我能做”的态度。
- 从我开始。
- 习惯按时到岗，从不早退。
- 有一定的灵活性和适应能力。
- 表现出自我管理和可靠性。
- 指出雇用障碍，如精神药物依赖，需要照顾儿童或相关服务，交通不便，或涉身刑事司法案件。

7. 求职技巧

- 有最新的、准确的专为某一职位设计的简历或在线档案，运用关键词做广告，并列示主要技能。
- 有一个最新的专业参考资料名单。
- 有所获得的教育学历和资格证书的证明。
- 至少有一次通过实习（支付工资或不支付工资）获得的工作经验，该职位或工作经验除了有推荐信，还有该项目主管提供的技能级别鉴定。

Source: Capital Workforce Partners.

A.3 考虑无边界职业

十年以前，在一个公司里，花了一辈子的时间层层晋升是事业成功的代名词。然而，今天个人追求无边界职业生涯，更喜欢把自己看作自主的“自由球员”，通过主动从一个雇主换到另一个雇主，他们会挖掘一系列的就业机会，同时开发和利用自己适合市场需求的技能。如图表5A-1所示，规划出不同的职业生涯组合是有可能的。员工们追求无边界的职业生涯，从行业维度和职业认知角度开发他们的人力资本。也就是说，他们可能是计算机方面或者对银行业发展趋势有超强的洞察力的专家。相比之下，也有人追求更传统的职业发展路径，具体到某一个公司特定的知识。

这两种方法都是有益的，但它们有所不同。在无边界职业生涯模式下，成功取决于持续学习新的技能，开发新的关系，利用现有的技能和关系。这些人重视灵活性，有完成几个不同类型任务的能力，了解新的职位，快速调适到不同团队环境和组织文化，从一个公司、职业或行业转换到另一个公司、职业或行业。他们的就业安全依赖于营销技能而不是他们在一个组织呆多长时间。许多研究表明无边界职业生涯的人对这种状态很满意。

图表5A-1　**坎贝尔兴趣和技能调查**

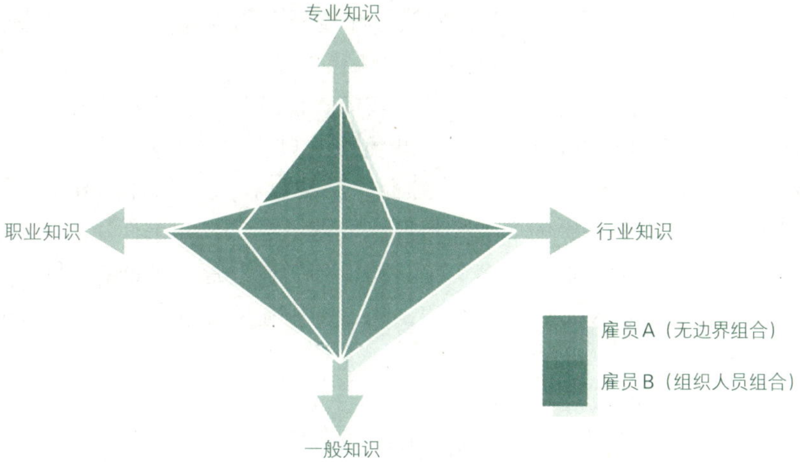

A.3.1 利用有限的资源

在选择满意职业的过程中，有许多资源可以利用。从大学的咨询人员和私人机构中的咨询人员那里都可以了解到与个人评价和职业选择有关的态度、能力、兴趣和价值观方面的情况。就业安置办公室和继续教育中心提供了一些职业生涯规划的援助。除了职业探索，大多数还提供简历写作、面试准备以及就业安排援助。比如About.com的职业生涯规划网站（http：//careerplanning.about.com）包含的丰富信息将帮助你开发职业生涯。大多数招聘网站，包括Monster和Career Builder.com公司，都有免费的职业信息。

A.4 自我评价

成功的职业生涯开发部分地取决于个人正确地评价自己的能力。在进行自我评价时，需要考虑那些对个人非常重要的因素。你喜欢做什么？你喜欢与其他人一起工作吗？你喜欢技术性工作还是创造性工作？你认为你喜欢在办公室工作，还是更喜欢别的环境？你一直梦想做什么工作?

A.4.1兴趣调查表

专业从事职业生涯辅导的心理学家通常执行一系列的测试。由E. K. Strong开发的Strong职业兴趣表（Strong vocational interest bank，SVIB）被视为最常见的兴趣测验。Strong发现，个人对不同职业的兴趣存在很大差异，个人的兴趣模式在21岁以后会变得比较稳定。通过参加他的测验（现在被称为Strong兴趣表），个人可以了解自己的兴趣并且可以与那些在广泛领域内成功的个人进行比较。个人通过使用Strong兴趣表答题纸上的一个特殊的评分方法，可以知道自己的个性类型。这种由John Holland开发的评分方法，提供以下6种个性类型的划分：（1）真实的；（2）爱调查研究的；（3）艺术的；（4）社会的；（5）有事业心的；（6）传统的。这些分类特征不仅是个性的类型，也是一个人所要找的最满意的工作环境。

另外一个调查表是坎贝尔兴趣和技能调查表（Campbell interest and skill survey，CISS），可以在几个在线收费的网站登录，打开兴趣量表。个人的兴趣和技能水平通过200道兴趣题和120道技能题以六点量表（six-point response scale）的形式反映出来。CISS的题目主要涉及7个方面：影响、组织、帮助、创造、分析、生产和冒险。这7个方面又被进一步细化为29个基本量表（scale），如领导和监督，用以识别出建议的职业。人在测试时，会看到建议中每个职业应该 “追求”“发掘”“避免”的。

这些图表可以帮助个人识别自己的兴趣和技能，以及与那些正在工作岗位上快乐地工作的人相比怎么样，在About.com网站有一些免费的自我评估方法，还有其他一些网站，如MyPlan.com、CareerPath和LiveCareer。然而，请注意，人们选择的其感兴趣的职业恰恰可能是技能量表劝阻不要从事的职业，但最终取得了成功。如果你属于这种情况，请不要对你的选择感到灰心。考虑通过实习、信息访谈和工作跟踪（下面将讨论）进一步探索职业生涯。同时也要记住大多数人一生中曾多次变换职业。如果你第一次选择的职业不是你所希望的，你完全有自由去追求另一个。

A.4.2信息访谈、工作跟踪和实习

信息访谈是你同某个人针对你感兴趣的职业进行的一次交谈。你可以请人一起吃午饭或喝咖啡，并问他或她什么工作是其真正喜欢的——好的和坏的，所需具备的资质，出去找工作的经历等。大多数人都会愿意提供职业信息，并乐意谈论他们是怎么做的。然而，要清楚，你不是请求这个人给你一份工作，只是寻找信息。

工作跟踪是观察一个人（他或她）的工作环境并更好地了解他或她做了什么。通常用几个小时到半天的时间来观察。互联网为人们提供了一种虚拟方式来跟踪专业人士。VirtualJobShadow.com就是一个这样的网站，在上面你可以看到有100位不同职业的专业人士解释了他们的工作。该网站还包含有关行业的盈利和职业观、教育要求的信息，并可根据所拿到的大学学历适合的职业提供搜索功能。在该网站注册的人可以问一些所面临的专业性问题。正如我们在本章前面提到的，实习能让你亲身体验某个特定领域的工作，如志愿服务，这是一个最好的方式。请与你的大学导师和就业安置中心联系，寻找诸如此类的机会。

本章中讨论的网络，也可以是一种方法，通过它来了解你可能会感兴趣的不同行业、不同的雇主。下面是一些效果较好的网络：

- 社交媒体网络
- 你的大学校友会或职业办公室网络列表
- 你朋友的父母以及其他家庭成员
- 你的教授、顾问、教练、导师以及牧师
- 你的前任老板以及你朋友和家庭成员的老板
- 俱乐部成员、宗教团体以及其他你所在的组织
- 你的住所或学校周围所有的组织。

A.4.3评价长期就业机会

在进行职业选择时，个人应当尝试确定自己感兴趣的职业领域的长期机会。如我们在第4章讨论过的，美国劳工部O*Net在线网站包含上百种职业的广泛信息，包括它们要求的教育学历，有兴趣做这些工作的人属于哪种类型，工作条件、岗位经验的类型，能拿到的工资以及与岗位有关的就业前景。这些信息是免费的，想考虑特定职业的人首先要研究它。许多图书馆还提供关于工作和职业领域详细信息的出版物。其他的在线来源包括美国政府资助的美国职业资讯网，这个网站提供了地方、州和国家的人口和劳动力市场等信息，而大多数工作公告也提供类似的信息。

A.5选择雇主

一旦个人做出了职业选择，即使是临时性的选择，下一个重要步骤就是确定去哪里工作。对雇主的选择主要基于地点、职位的直接可获得性、起薪或者其他基本考虑。Douglas Hall建议人们基于组织的氛围和组织如何满足雇员的需要来选择组织。根据Hall的说法，拥有高成就需要的人应当选择进攻性、成就导向型的组织。权力导向型的人应当选择有影响、有名气、权力导向型的组织。重视关系的人应当选择温和、友好、支持型的组织。了解雇主和行业信息，可以使你在获得面试机会、工作、谈判薪水方面更具竞争力，也可使用载有私人公司和上市公司信息的企业名录。Hoovers.com是一个网上资源，企业网站是另一个资源。经常登录“投资者”或“媒体”条目，你可以找到你感兴趣的公司发出的新闻稿。这些消息通常显示了该公司购买的产品和拓展的方向。商业、工业和专业刊物也是一个很好的资源。

一旦你有一个面试，将有机会更多地了解用人单位，包括员工类型、企业文化、福利等。如果得到了一份工作，salary.com这样的网站可以帮你确定该公司的薪水是否合适。CNNMoney.com上题为“我的工资能让我去多远的城市”的生活计算器可以帮助你弄清楚换工作可否帮你挣到钱。聚集HRM 12列示了一些在你接受某个公司提供的一个工作机会时应该问自己的一些问题。

聚集HRM 12

在你接受一份工作前应该问自己的问题

- 我是否能得到一份合理的工资？是否比得上同一职位的其他人的薪资？
- 是否遇见过老板？他或她喜欢的人是否可以和我建立良好的工作关系？
- 我是否了解我公司的同事？
- 我现在的办公环境是否舒适？
- 我自己的价值观，态度和目标是否与企业文化一致？

- 我能否做好这项工作?

Source: Excerpted from Dawn Rosenberg McKay, About.com, © 2007 About.com, Inc., a part of the New York Times Company. All rights reserved.

A.6成为企业家

成为一位企业家（entrepreneur）①——一个创立、组织、管理和承担一个企业或其他企业责任的人，为许多人提供了一种比作为一名雇员更好的个人挑战。小企业通常是由那些承担了个人财务风险以拥有一个企业，但同时也直接从企业的成功中受益的企业家来经营的。

打算创立一个小企业的个人可以从小企业协会（Small Business Administration，SBA）那里获得帮助，该协会为上百万个美国小企业提供建议和支持。对于想创立小企业的人来说，从小企业协会、图书馆以及从那些了解他想创立的那类企业的组织和个人处获得尽可能多的信息是非常必要的。例如，可以从退休经营者服务公司（Service Corps of Retired Executives，SCORE）获得有用的帮助，该组织在小企业协会的资助下提供咨询服务。②

由于组建企业的详细内容不在本书的讨论范围之内，图表5-A2只说明创立新企业的基本步骤。

图表5-A2 **创办新企业的12个步骤**

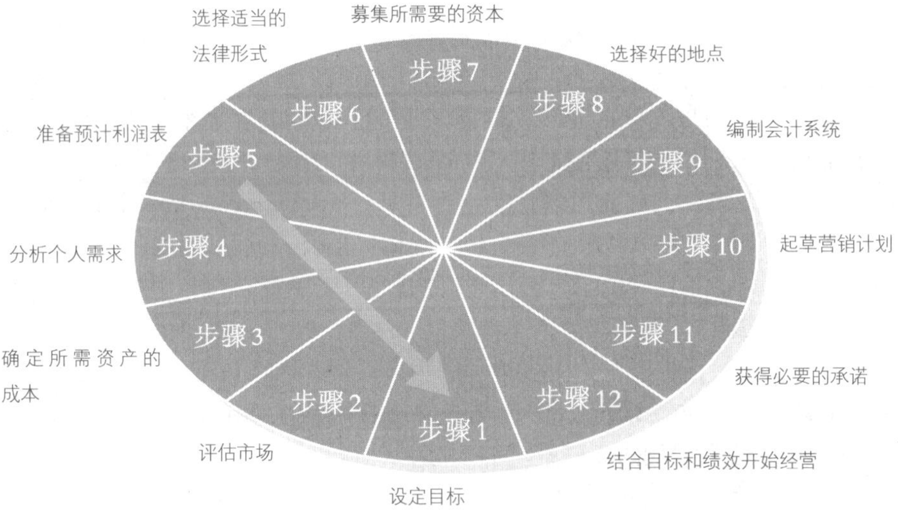

Source: From CUnnIngHAM/AIDAg/BIOCK. Business in a Changing World, 3E. ©1993 South-Western, a part of Cengage learning, Inc. Reproduced by permission. www.cengage.com/permissions.

A.7摆正职业生涯的位置

对大多数人来说，工作是影响他们生活质量的重要因素。不管怎么说，摆正职业的位

---

① 企业家：一个创立、组织、管理和承担一个企业或其他企业责任的人。

② 利用网络：关于创建企业的信息可以在小企业协会的网站上找到。材料及有关退休经营者服务公司（作为一个小企业资源或退休活动）的信息也可以在网络上获得。登录学生资源网站：www.cengage.com/international。

置从而不至于忽略生活中其他的重要领域的做法是明智的。

A.7.1职业之外的兴趣

生活的满足感是由很多因素促成的。不幸的是，按青松顾问（人力资源战略咨询公司）的Randall Craig的说法，当人们抱怨工作-生活失衡时，问题往往不是工作太多，而是“生活”太少。生活中更重要的部分是身体健康、精神愉悦、经济安全、人际关系和谐、压力之外的自由和目标的实现。虽然职业可以提供人的部分满足感，但是大多数人觉得发展自己的兴趣和职业外的活动是必要的。职业外的活动不仅使人们从日常工作中得以喘息，而且还提供了与工作不相关的领域的满足感。由此说来，哪些事情重要以及如何度过你的业余生活都由你自己决定。你的生活自己过，它比你想象的更短暂。

A.7.2平衡婚姻和/或家庭生活

就像我们前面所说的，对家庭来说面临的最大威胁就是重新安置（relocation）。希望在工作中得到晋升和希望留在一个地方的冲突会破坏家庭的根基，从而使家庭处于灾难的边缘。许多雇主目前在该方面提供帮助，包括安置咨询，以努力减少由于安置而带来的痛苦。

除了安置这个最严重的威胁外，在职业和家庭之间还有其他的冲突。与工作相关的冲突包括每周的工作时间、加班的频率、出席一些活动以及非正常的轮岗等。员工工作角色不明确或发生冲突，主管支持力度低，或因未完成工作而产生了失望情绪，都可能影响他或她的家庭生活。冲突的其他原因包括需要花大量时间陪同家庭成员，无论是照顾儿童、老人还是配偶。家庭中就业类型迥异和夫妻职业取向大相径庭是司空见惯的事情，这也耗费员工的精力。

现在，一些雇主提供可替代工作选择来帮助其员工应对这些问题。许多员工也在积极寻找那些有家庭友好政策的公司。《在职母亲》杂志每年为那些在职父母刊登美国前100家公司的调查。要明白“想在事业上取得成功，就需要艰苦地工作、花费更多的时间、持续地努力和专注。想在婚姻中取得成功也需要艰苦地工作、花费更多的时间、持续地努力和专注……每个人得到应有的成果而不改变其他因素，这才是关键”。

A.7.3退休规划

虽然你可能很多年后才退休，但规划退休永不嫌早。20多岁时，你想开始一个储蓄计划，或者还清你的助学贷款。随着年龄的增长，你的目标可能会改变。也许你想买一套房子，这样你就需要首付。不管你生活在哪个年龄段，在你工作的岁月里，你永远不可忽视你的退休储蓄。因为一开始存下的一小笔，年年复利，可达数百万美元。但如果你后来才存，你得存更多的钱才能有那么多。

雇主可以为你的退休规划提供税务优惠计划和个人储蓄计划。在你没有公司提供的保险保障的时候，你的公司甚至可以帮你规划你的健康保险费用。尽管雇主资助的退休前方案可以帮助你（我们将在第11章看到），还是得由你自己规划你的退休。你想旅行或到另一个州或国家生活吗？你的配偶有多少退休金？这些将需要多少钱？你的雇主是不能回答这些问题的。但是，阅读有关退休的内容并且在年轻时关注它，你自己就能够回答这些问题。尽早规划将帮你实现健康和富足的退休生活，无后顾之忧，尤其会避免那些你早点规划就不会产生的焦虑。

关键术语

entrepreneur　企业家

informational interview　信息访谈

job shadowing　工作跟踪

第6章

遴 选

学习目标

通过本章的学习，你应该能够：

目标1 解释员工遴选过程的目标、步骤以及为什么在遴选过程中收集的信息必须是可靠的、有效的。

目标2 描述用于初选求职者的工具、招聘面试的类型和管理的方法，以及面试后企业采用的遴选工具。

目标3 比较不同类型的招聘测验的价值，以及如何评估它们的有效性、可靠性。

目标4 阐明企业如何评价从一群求职者中收集来的信息，并用于遴选员工的战略决策。

无论公司大小，雇用最好的、最优秀的员工会为公司的卓越打下一个坚实的基础。最近人力资源管理协会的一项研究发现：在一个中级职位雇用一个错误员工的代价大约是20 000美元，在一个高级管理职位雇用一个错误员工的代价是100 000美元。此外，《公平就业机会法案》、法院裁决以及《雇员选拔程序统一指南》（在第3章中讨论过）都会促进遴选过程的顺利进行：根据一组研究人员整理的数据，雇主输掉了大约90%的雇用歧视诉讼，而平均每宗案件的支出为150万美元。好的遴选决策会给企业带来完全不同的结果，而糟糕的同样如此。①

6.1 遴选过程概述

假设你开办了一家小企业，有许多人表示有兴趣为你工作。现在你开始选择合适的员工避免选错了人。你应该怎么做？如果没有做好会发生什么事？

遴选是选择一个有资质的人来补充已有或预计会有空缺的职位的过程。图表6-1显示从广义上讲，遴选的总目标是使“匹配（hit）”最大化和避免“不匹配（miss）”。匹配是精确的预测，不匹配是不精确的预测。一种不匹配类型的代价将是雇用那些后来被证明是不理想的员工的直接和间接的花费。另一种不匹配类型的代价是机会成本——有些本能够成为理想员工的人没有得到机会为企业做出贡献。虽然整个遴选规划通常是人力资源部门的正式职责，但是通常一线经理对其本部门招聘的人选做出最终决定。

① Kate Z. Williams, Meline M. Schaffer, Lauren E. Ellis, "Legal Risk in Selection: An Analysis of Processes and Tools," *Journal of Business & Psychology* 28, no. 4 (December 2013): DOI: 10.1007/s10869-013-9299-4.

图表6-1 遴选的目标：使“匹配”最大化

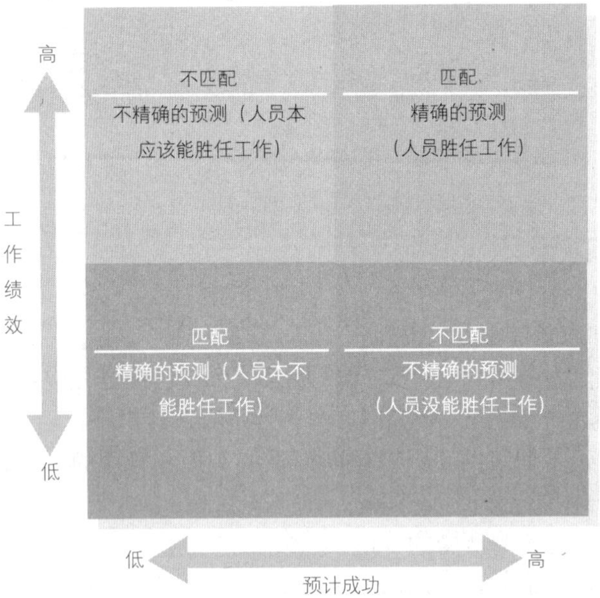

6.1.1 从职位分析开始

在第4章，我们讨论了分析职位的过程。职位说明有助于识别雇员成功所需要的个人能力——知识、技能、能力以及其他促成高绩效的因素（KSAOs）。然后经理人就可以运用诸如面试、推荐、录用前测试等遴选方法，并对比该职位对能力的要求来评估求职者的KSAOs。完整、清晰明确的职位说明有助于识别合格的和不合格的求职者，并减少面试官偏见和歧视的影响。那些KSAOs与职位相符的求职者表现得更好，更令人满意。[①]

通常来说，一线经理对组织内的这些职位所需要的技能、身体素质要求及其他因素都很熟悉。面试官和参加遴选的人力资源部门的其他成员都应该与各部门保持紧密联系，这样他们就可以全面地熟悉各种工作以及明确完成这些工作所需要的能力。除了职位的要求以外，许多组织，比如德州仪器、默克、西南航空和星巴克等公司，都会遴选那些符合组织价值观和组织文化的人。回顾第2章我们知道，这一过程指基于价值的雇用。基于价值的雇用的缺点是导致缺乏多元化，如此以来，企业在雇用太多同一类型的员工时应该谨慎。

6.1.2 遴选过程

遴选过程的步骤的数量和顺序不仅会随组织的不同而不同，而且与被填补职位的种类和层次有关。典型的遴选过程的步骤如图表6-2所示，并不是所有的求职者都会经历所有这些步骤。有些人在初次面试时就被淘汰了，其他人则在测试后被淘汰等。

---

① Misty L. Loughry, Matthew W. Ohland, and D. Dewayne Moore, “Development of a Theory-Based Assessment of Team Member Effectiveness,” *Educational & Psychological Measurement* 67, no. 3 (June 2007): 505-524; Patrick D. Converse, Fredrick L. Oswald, Michael A. Gillespie, Kevin A. Field, and Elizabeth B. Bizot, “Matching Individual to Occupations Using Abilities and the O*NET,” *Personnel Psychology* 57, no. 2 (Summer 2004): 451-488.

如图表6-2所示，企业会通过若干种不同的方法获取求职者的信息。这些方法包括收集简历、收集申请表、面试、测验、体检以及背景调查。内部求职者可能不必经过所有这些步骤。例如，一个公司可能需要求职者提交简历，并通过面试，但不一定有背景调查。

图表6-2 遴选过程的步骤

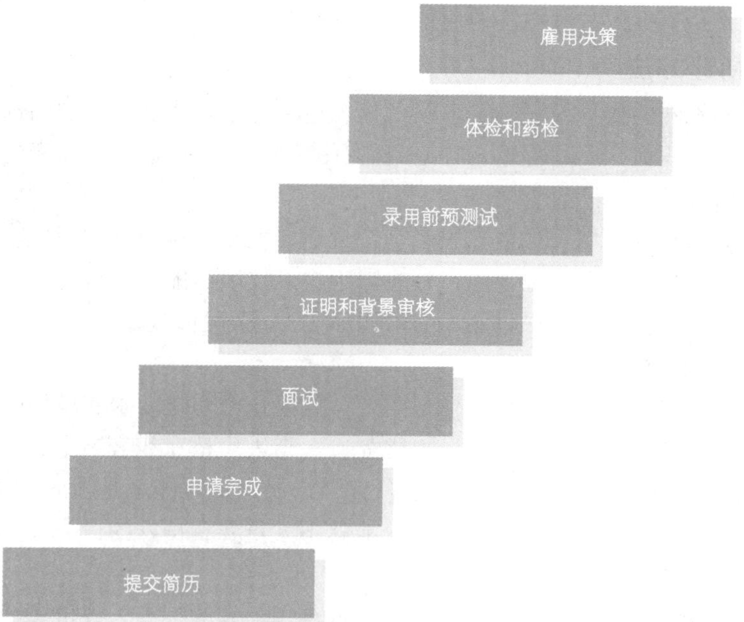

注：步骤可能不同。求职者可能在经历遴选过程中的任何一个步骤后被淘汰。

6.1.3 获得可靠、有效的信息

不论从内部还是外部补充职位空缺，都有必要收集可靠、有效的求职者信息，并且是合法地收集并保护求职者的隐私安全。面试、测验以及其他遴选程序在一段时期内所产生的可比数据的稳定程度被称为信度[①]。例如，除非面试者今天对一组求职者能力的判断与昨天的一样，否则他们的判断就是不可靠的（也就是不稳定的）。同样，对同一个人在前后几天做同一个测试，若其分数大不相同，则这个测试也是不可靠的。

评估者间的信度（interrater reliability）——两个或两个以上评估者之间的一致性——是评估一致性的一种方法。同样，对同一个人的测试结果与相隔几天的得分相差很大，则信度不高。信度也是指用两个或更多方法（如面试和测试）产生相似结果或与彼此保持一致的程度。

除了要有关于求职者与工作是否匹配的可靠信息外，信息也必须尽可能地有效。效度（validity）[②]指的是一项测验或其他遴选程序所测量的内容以及测量的效果。换句话说，遴选过程应该能预测一个人履职情况如何。就像一种新药，在它投入使用前，其遴选过程必

① 信度(reliability)指的是使用两种或两种以上的方法(如面试或测验)所产生结果的相似性或一致性的程度。
② 效度：一项测验或其他遴选程序所测量个人特性的程度。

须被证明是有效的。[①]

6.2 初　选

你想从面试所有有兴趣为企业工作的求职者开始吗？可能不会。那将会非常耗时间，因为时间就是金钱，会非常昂贵。你反而可能首先通过初选，筛掉那些不符合资质的人。接着，我们来看一下采用这种方法使用什么工具。

6.2.1 初选方法

雇主有很多不同的信息源来确定求职者是否适合这个职位。最初的筛选求职者信息的工具包括简历、求职信、应用程序，且通常是互联网、电话筛选和申请表。

1. 求职信和简历

简历和求职信继续被用于评估求职者是否合适，尤其是付薪水的职位。通常，这些文件首先被粗略地审核，根据职位说明，那些因为缺乏技能、能力、教育背景或经验的人被排除在外。求职者要提交一份深思熟虑的求职信吗？或者他或她只是“海投”简历？求职者没有求职信可能会被淘汰。

求职信写得好吗？一封好的求职信很重要，如果这个职位要求有良好的沟通技巧（大多数职位都有这样的要求）的话。所以，比如，一个人申请在线客户服务职位，包括对客户撰写聊天信息，如果提交的求职信有很多打字错误，这可能就是求职者被筛掉的理由。良好的写作技巧对于一个沃尔玛的迎宾员可能就不太重要，良好的口头表达和人际沟通技能对于这个职位来说可能就够了。

评价简历可能是一个主观的过程。评价者很难用一致的标准去评价多个求职者，或者他们采用的一致性标准与在这个职位上取得成功无关。实际上没有撰写简历的固定格式——它们因人而异——让人很难筛选。偏差产生于整个过程当中。例如，一项研究发现，名字不太上口的符合资质的求职者投出15份简历才有一次面试机会，而名字好听的人则送出10份简历就有一次面试机会。[②]

制定明确的评价标准并以结构化的方法来审核简历，有助于减少初选过程中的主观性。一旦明显不合格的求职者被筛掉，一个公司可能会使用如图表6-3所示的评估表来减少这个过程中的臆测。职位说明标准置于表格的左侧栏，然后按照求职者简历和求职信中概述的技能级别与该职位的匹配情况对求职者排序。最后汇总求职者的情况进行比较。

人工筛选和评估求职信的缺点是该公司仅仅为了一个职位而从几百个求职者中筛选。正如你在第5章中了解到的，公司使用软件如求职者跟踪系统来筛选简历。例如，招聘经理人或人力资源代表将明确提出一个职位要求的教育和经验水平以及陈述经验的关键词。软件可以筛选为某个职位收集的简历，拉出合格的求职者名单，按照他们与职位标准匹配的紧密度排序。有些系统还可以预先筛选那些提交简历的人，通过简短的问卷先问他们一

---

① Joe Williams, “Bringing the Human Touch to Recruitment,” *Bloomberg Businessweek* (January 24, 2011), http://bx.businessweek.com.

② Mary-Kathryn Zachary, “Discrimination without Intent,” *Supervision* 64, no. 5 (May 2003): 23–29; Neal Schmitt, William Rogers, David Chan, Lori Sheppard, and Danielle Jennings, “Adverse Impact and Predictive Efficiency of Various Predictor Combinations,” *Journal of Applied Psychology* 82, no. 5 (October 1997): 719–30.

些问题，以决定他们的资质如何。就企业收到简历的数量而论，这项业务正在增长。许多企业，包括TGI Fridays，反映说简历筛选软件发挥了很大作用。① 本章末的案例学习2进一步审视了简历筛选的优劣之处。

图表6-3　**运用简历评估表**

每个求职者的级别分为1～5级，最高级别是5。

数量要求	求职者A	求职者B	求职者C	求职者D
业务水平和/或MBA	5			
两年的管理经验	5			
开发战略的能力	2			
管理预算的能力	2			
质量要求				
展现的人际关系技能	4			
展现的培训和开发技能	4			
管理多样化团队并与其他部门一起工作的能力	4			
灵活性	3			
写作与口头表达技巧	4			
展示的技能	4			
忠诚度	4			
总计	**41**			

2.互联网调查和筛选

正如你所了解的，人力资源专员和招聘经理在决定是否实际邀请申请人进行面谈之前，经常会调查互联网以及在线社交网站。企业也会雇用其他公司为它们做这项工作。Social Intelligence公司就是这样一家企业。这个企业会搜索求职者在互联网留下的信息，注意令人反感的资料，如种族主义言论、露骨的照片和视频，以及非法活动，过滤出是否申请人是受保护阶层成员的信息。②

进行互联网搜索的一个负面性事关求职者的隐私。工作申请人通常不喜欢这样，这对雇用他们的企业来说会留下一个负面的印象。同时也很难验证这些挂在网上的信息的真实性。（求职者真的发布过这些信息吗，还是另有他人？）并且很容易与同名的人混淆，这可

① Michael Luo,"'Whitening' the Résumé,"*New York Times*(December 5,2009),http://www.nytimes.com.

② Alexander Reicher,"The Background of Our Bing: Internet Background Checks inthe Hiring Process," *Berkeley Technology Law Journal* 28,no. 1(Spring 2013):115-153.

能会导致诉讼。有些联邦法院会规定雇主必须确保它们在线收集的信息经过多方来源的验证。另外，企业需要注意它们不应搞什么所谓的“生活方式歧视”来筛选出申请者，因为他们发现通过网上寻找的人有吸烟或饮酒习惯或从事其他事实上是非法的活动。①

短暂的电话面试或筛选面试也是常见的，这是人力资源专员多次使用的方式，以缩小范围，节省经理人的时间，筛掉不可能被雇用的人。视频也常用于预选求职者。iCandidateScreener是一个让求职者通过镜头面试的产品。在经理人对求职者进行面对面的面试前，可以快速地筛选求职者。求职者还可通过上传视频简历到YouTube让雇主“预览”自己。视频简历是一个简短的视频剪辑，强调求职者的资质远超过他们通过简历和求职信所表达的。视频让雇主观察他们如何展示自己并决定是否要面试。然而，有人担心雇主通过视频简历筛选员工可能会基于他们的外表、性别或种族而不是他们的资质。

3. 申请表

申请表是一种提供求职者各种信息的相当快速而系统的方法，它包括诸如求职者是否符合有关经验、教育等的最低要求。例如，麦当劳使用一张简洁的表格，只询问与履职高度相关的问题。大多数大型公司接受在线申请，有些还执行在线筛选测试的预申请。接受在线申请的一个主要优势是，公司能更快地招聘候选人并补充空缺职位。证券经纪商Charles Schwab声称通过互联网招聘，它能在一周之内补充空缺职位。

一些组织使用一种称为“加权申请表”（WAB）的表格，有时也称其为得分表。加权申请表是一种区别成功与不成功雇员的标准化的表格。如果经理们能够界定那些可以预测雇员在过去取得成功的申请要素，他们就可以使用这些信息去筛选其他求职者。很多证据显示，使用加权申请表在降低服务行业员工流失成本方面尤其有帮助。

即便求职者自己带来了精心制作的简历，他们也要填写一份申请表，因为这是收集求职者持续更新的信息的一种方式。即使是处于高职位的人也会经常夸大他们简历上的任职资格并删除不恰当的信息。例如，圣母大学橄榄球队的主教练George O'Leary在承认他谎称曾在新罕布什尔州踢球以及拥有纽约大学的硕士文凭后不得不辞职。同样，Radio Shack公司的首席执行官David Edmondson在宣称他获得神学和心理学方面的大学学位后被迫在2006年辞职，不单单因为他并没有毕业，而且因为在这所大学里根本没有心理学的学位。②让求职者将其特定的简历材料转抄到一个标准格式的求职表中可以有助于缓解这个问题。CareerBuilder.com在2006年研究发现相比于简历来说，在填写申请表时说谎的人要少得多。然后要求求职者签订一份确保表格中的信息全部属实的声明，并接受这样的约定：如果以后发现任何虚假信息，雇主则拥有终止对求职者雇用的权力。③

然而公平就业机会委员会（EEOC）和法庭发现，申请表上的很多问题都不同程度地

① Alexander Reicher, "The Background of Our Bing: Internet Background Checks inthe Hiring Process," *Berkeley Technology Law Journal* 28, no. 1(Spring 2013): 115–153.

② "A New Assistant at Georgia Tech Made False Claims," *The New York Times*(January 29, 2002), D7; Stephanie Armour, "Security Checks Worry Workers; Padded Résumés Could Be Exposed," *USA Today*(June 19, 2002): B1.

③ "Busted," Training Development 60, no. 12(December 2006): 19; Pamela Babock, "Spotting Lies," *HR-Magazine* 48, no. 10(October 2003): 46–51; Tammy Prater and Sara Bliss Kiser, "Lies, Lies, and More Lies," A.A.M. *Advance Management Journal* 67, no. 2(Spring 2002): 9–14.

反映了对女性和少数民族的歧视，并且这些歧视通常是与工作无关的。另外，查阅各州的就业法律，有些州比其他州有更多的限制，如果一个公司想远离法庭，请见聚集HRM 1提供的一些指导性问题，即申请表上该问和不该问的问题类型。因为各州的法律有些差别，企业的经营不止在一个州，所以很难开发一个全国通用的表格。例如，在申请表里，有些城市和州禁止拳击申请者核查他们的犯罪记录，并禁止私人雇主这样做，因为这对少数民族有不利影响。①

聚焦HRM 1

求职申请表里应该包括什么，不该包括什么

- 申请时间。它帮助经理人了解表格是什么时候完成的，让他们对表格上的时间期限有一个概念（如一年）。
- 教育背景。有关高中、大学以及大学毕业时间——但不用填写日期，因为与年龄有关联。
- 经验。实际上任何与职位有关的工作经验问题都是允许的。
- 被捕和刑事犯罪。不要问关于被捕的问题。如果询问与工作无关的一些犯罪和有罪辩护问题都会遭到质疑。一些州禁止询问有关犯罪的问题，平等就业机会委员会已表示，这些会对非洲裔美国人和拉美裔人有完全不同的影响。
- 国籍。不要问求职者的国籍。然而，问这个人是否被法律禁止在美国工作是可以的。
- 参考信息。大多数求职表要求填写姓名、住址、电话号码等信息。
- 残疾人。不要问求职者一些设计好的诱导信息，如是否有残疾、残疾的性质以及残疾的严重程度。但询问其履职能力是可以的。根据平等就业机会委员会最新的指南，雇主可以询问求职者是否需要提供便利设施——如果残疾是很明显的或者求职者自愿披露残疾情况。

免责声明

- 平等就业机会委员会和自愿声明。求职表上声明公司不会有歧视并且是平等就业机会委员会的雇主。如果州的规定允许，表格中应声明所有的员工都是在自愿的情况下被雇用。这给予雇主和员工双方在任何时间无理由结束雇用关系的权利。
- 推荐信核查。用工公司有权联系求职者求职表和简历上列示的前雇主，调查包括语言在内的有关信息。
- 雇用测试。求职者必须参加测试，并在求职表上签署同意测试。
- 信息伪造。告知求职者，他们提供的信息如有任何伪造，可能会导致他们丧失就业机会或终止雇用。

6.3 雇用面试

传统上，雇用面试在筛选过程中起到了核心作用。尽管研究者对它的有效性提出了质

① Max Mihelich,“Check on Background Checks,”*Workforce.com*(September 23,2013),http://www.workforce.com.

疑，但面试仍在进行中，因为：（1）当只有少数求职者时，它尤其实用；（2）它服务于其他目的，如公共关系；（3）面试官在做判断时秉承忠诚和自信。尽管如此，面试可能因主观性和个人偏见问题而备受诟病。

图表6-4表明一些求职者的特性和情境因素可能影响面试官的看法。例如，求职者的种族和性别会促成面试官的期望、偏见和行为，影响面试的结果。即使是对图表6-4所示的变量有一个有限的理解，只要经过周期性的训练也能显著提高面试的有效性。

图表6-4 雇用面试的变量

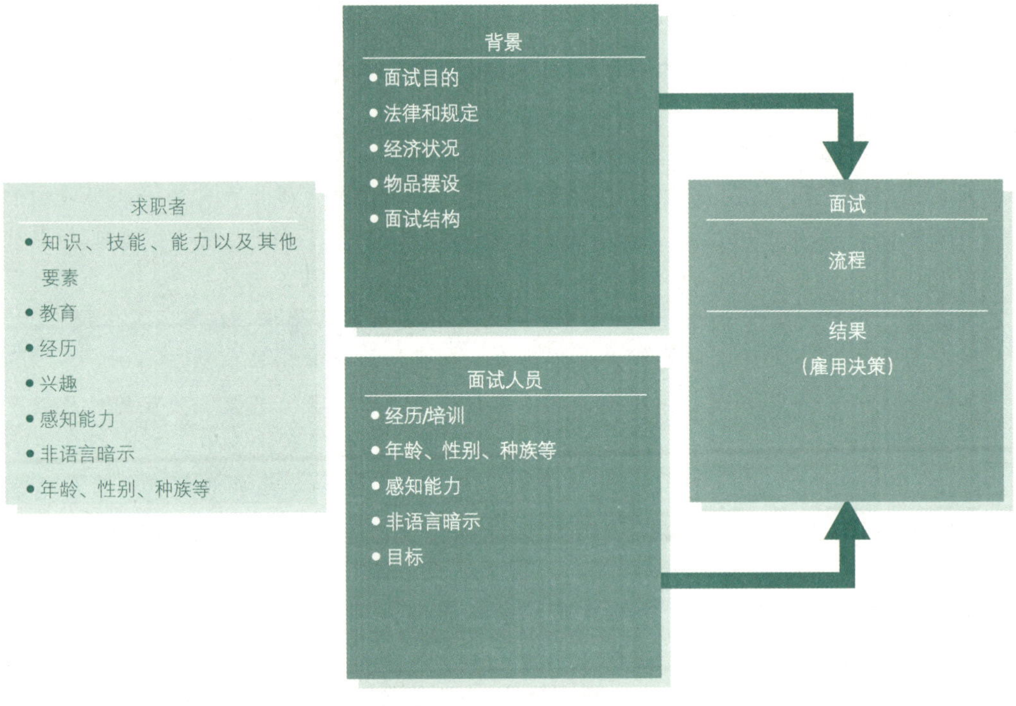

6.3.1 面试类型

面试方法因面试方式的不同而不同。在高度结构化面试中，面试官主导询问每个问题的进程。首先，在较少结构化的面试中，求职者在决定讨论进程中发挥很大的作用。接下来，让我们来看一看从较少结构化到最高结构化面试的不同类型。请注意不同类型的面试和提问的问题可以混合和搭配，以对求职者有全面的认识。

1.非定向面试

在非定向面试[①]（nondirective interview）中，面试者会提出宽泛的、开放性的问题——如“请告诉我有关你上次工作经历的更多的事情”——并且允许求职者自由

① 非定向面试：一种允许求职者在讨论进程中被给予最大程度的自由并且面试人员会尽量不影响其谈论的面试方法。

谈论而尽量不打断他。非定向面试所允许的更大的自由，尤其在带给面试者的有关求职者的任何信息、态度或感觉方面有很大的价值，因为这些可能经常在更结构化的提问中被掩盖。然而，由于面试者决定面试的进程，所以这些面试能够提供给面试者的与其他人进行核实比较的信息就很少，所以非定向面试的信度和效度被认为是最低的。

2.结构化面试

结构化面试[①]拥有一套标准化的问题（基于职位分析）以及一套已经建立的可以评估求职者回答的答案，所以它为评估求职者提供了一个更为一致化的基础。

由美国文官制度保护委员会（MSPB）——一个从事联邦文官保护系统的准司法性机构——所提出的报告显示：结构化面试在预测工作绩效的效果上是非定向面试的两倍。例如，Weyerhaeuser公司的人力资源部门的职员已经建立了一个结构化面试的流程。求职者对五点量表所做的回答反映在定级上，面试官以此作为未来的参考以及应对法律的挑战。结构化面试也比非定向面试更少地被诉诸法庭。

3.情景面试

结构化面试的一种变化形式是情景面试[②]。这种方法会给求职者提供一个假设的事件，然后询问求职者如何处理，把求职者的回答对照事先建立的基准答案进行评估。许多企业使用情景面试法来遴选应届大学毕业生，因为他们没有体验过其所描述的实际职场情景。聚焦HRM 2列示了某一化学工厂遴选系统分析师使用情景面试的样题。

聚焦HRM 2

情景面试样题

问题：

在你去度假的前一天晚上，你的行李已经全部被打包好并且你已经准备好要出发了，就在你要睡觉之时，你接到了工厂打来的电话，出现了一个只有你能解决的问题，要求你去处理此事。在这种情况下你会怎么做？

记录答案：

评分指导：

好：“我将会投入工作，确保事情解决后再去旅行。”

好：“没有只有我才能解决的问题，我会确保一个合适的人去解决这件事。”

中等：“我会试着找其他人去解决这个问题。”

中等：“我会去旅行。”

4.行为描述式面试

行为描述式面试（BDI）[③]集中于被面试者过去的实际工作事件。为了评估一个管理者处理问题员工的能力，面试者可能会说：“告诉我上次你训导员工的情况。”

这个面试方法假定过去的绩效是未来最好的预测，同时也很少受到求职者造假的影

---

① 结构化面试：拥有一套已经确定了答案的标准化的问题的面试。

② 情景面试：给求职者提供一个假设的事件然后询问求职者如何处理的面试方法。

③ 行为描述式面试：询问求职者在某一给定的情形下他实际做了什么的面试方法。

响。另外，最近研究显示行为描述式面试在雇用高职位员工如总经理或执行官时比情景面试更有效。[①]

5.顺序法和小组面试

顺序法面试是一个求职者被多个人面试，一个接一个。顺序法面试很常见。它允许不同的面试官来对一位既定的求职者进行一对一的接触和评价。面试结束后，面试官综合和对比他们对求职者的评价。在小组面试中，求职者会面对一组面试官的轮流提问。面试后，面试官汇总他们对求职者的观察和得分。因为这些面试涉及多个人的输入值，它们可能更可靠，对求职者来说更公平。如果面试小组是由多元化的面试官组成，雇用歧视的可能性可以达到最低。小组面试，相比每个面试官单独面试每个求职者，会在更短的时间内做出决策。

6.3.2 管理面试的方法

大多数面试跟人有关。然而，可以用其他方式来管理，以扩大人才池，使面试更容易、更快、成本更低。

1.视频和电话面试

在一项针对美国500家公司的独立研究中，它们当中10个有6个说公司经常通过网络摄像头和Skype网站进行视频面试。[②] 视频面试很吸引人，因为它的便利性和低成本，也因为它很容易就能面试不同地理区域的人，所以扩大了人才池。然而，一项由加拿大安大略省麦克马斯特大学DeGroote商学院进行的研究发现，求职者不太喜欢视频面试。有些求职者可能在照相机或可用的技术面前比其他求职者更自在些。研究者建议，在最低限度上让所有的求职者用同一种面试方式。[③]电话面试也是有效的，并且实际上有助于扩大企业的人才池。位于度假胜地关岛的Pacific Islands俱乐部通过电话面试来自世界各地想来此地工作的员工。Rebecca Cummings，这个住在美国的女孩就是通过成功的电话面试成为Pacific Islands俱乐部的活动主管。面对面面试成本太高。[④]

2.计算机管理（自动）的面试

耐克、Safeway Cigna Insurance以及Pinkerton Security公司都建立了专家系统来进行信息的收集以及求职者的对比。在计算机管理（自动）的面试中，对面试者提问的问题通过计算机管理。面试可以通过使用公用电话、在线电话或电话进行。有些公司使用自动面试视频服务系统，如Vidcruiter或者Job-applications .com。求职者应邀通过邮件、登录网站输入所给的密码进行面试，然后回答给定的问题，这些问题事先已录好并送到招聘企业。

经理人可以在方便的时候观看面试视频。缺点是它不能基于应聘者的答案再追问求职

---

① Allen Huffcutt, Jeff Weekley, Willi Wiesner, Timothy Degroot, and Casey Jones, "Comparison of Situational and Behavior Description Interview Questions for Higher-Level Positions," *Personnel Psychology* 54, no. 3 (Autumn 2001): 619-44.

② "Survey: Six in Ten Companies Conduct Video Job Interviews," *PR Newswire* (August 30, 2012): http://www.prnewsire .com

③ Julia Thomas, "Video Killed the Interview Star," *DeGroote School of Business* (July 29, 2013), http://www.degroote .mcmaster.ca.

④ Carol Carter, *Keys to Business Communication* (Upper Saddle River, NJ: Pearson, 2012): Chapter 15.

者。因此，组织常将自动面试作为补充形式，而不是取代现场面试。[①]聚集HRM 3列示了求职者面试中常犯的一些错误。

聚焦HRM 3

招聘经理披露面试中求职者常犯的错误

招聘经理经常分享他们在面试某个求职者时发生的令人难忘的错误。以下是其中的一些例子。

- “求职者不会说英语，所以在面试时，把他妈妈找来做翻译。这是一个客户服务的职位。”
- “她不断地跟我说她的婚姻问题。”
- “求职者对所应聘的职位和公司一无所知。”
- “有个人吃了一个三明治。”
- “求职者叫我快点儿，因为她把孩子留在车里。”
- “他告诉我他来这儿的唯一理由是他妈妈希望他找个工作，他已经37岁了。”
- “一个求职者在面试时没有穿鞋。”
- “狐臭如此严重，面试中我不得不把唇膏放在鼻子下以熬过剩下的时间。”
- “一个人在面试中却提到曾被捕，而他的求职表说他从来没有被拘捕。”
- “有人问我们是否有药物测试，我们是否能事先通知（我们是一个药物治疗机构）。”

Sources：CareerBuilder.com，Reader's Digest.

6.3.3 多元化管理：你的问题合法吗?

法庭、平等就业机会委员会以及联邦合同执行计划办公室（OFCCP）对于在面试中可以问的问题的解释大不相同，有时甚至是相互矛盾的。按照联邦法律，没有问题是被明确禁止的。然而平等就业机会委员会似乎不赞成直接或间接询问有关种族、肤色、年龄、宗教信仰、性别或者国籍的问题，我们已在第3章讨论过。

一些面试人员曾经可以随意问的问题现在看来存在着潜在的危险。联邦法庭屡次限制可以提问的范围。例如，如果工作涉及体力劳动，那么面试人员可以询问身体缺陷的问题，但其他工作就不可以。询问女性（或者男性）是否结婚了或者是否有孩子是不合适的。许多州的平等就业法律比联邦立法更加严格。通常来说，如果该问题是与工作相关的，并对每个人都提问，且不是对一部分求职者存在歧视的问题，政府部门是可以接受的。

雇主们经常会给他们的面试人员提供一些避免潜在歧视性问题的指导。聚焦HRM 4中的适当或不适当问题的例子可以作为设计求职表格以及雇用前面试的指导。完整的指南可以从区域的和地方的平等就业机会委员会以及州平等就业实践办公室的当前信息中得到。

---

① Dahl, Darren, "Tapping the Talent Pool…without Drowning in Resumés, " Darren. Inc., 31 no. 3 (April 2009): 122.Jack Welch and Suzy Welch, "Hiring Is Hard Work, " *Business Week Online*, no. 4091 (July 7, 2008): n. p.; Michele V. Rafter, "Candidates for Jobs in High Places Sit for Tests That Size Up Their Mettle, " *Workforce Management* 83, no. 5 (May 2004): 70–73.

聚焦 HRM 4

适当和不适当的面试问题

	适当的问题	不适当的问题
国籍	你叫什么名字？	你的名字起源于什么？
	你曾经使用其他的名字工作过吗？	你是什么血统？
	你会说那些可能与本工作有关的其他外语吗？	
年龄	你满18岁了吗？	你多大了？
	如果被录用，你能证明你的年龄吗？	你的出生日期是哪天？
性别	（什么都别问，除非涉及实际职业资格）	你是男的还是女的？
种族	（什么都别问）	你是什么种族？
残疾	你有会限制你工作绩效的残疾吗？	你有生理缺陷吗？
	如果工作需要你愿意接受体检吗？	你最后一次体检是在什么时候？
身高和体重	（不适合提问，除非涉及实际职业资格）	你多高？
		你多重？
住址	你的地址是哪里？	与你同住的人叫什么名字或你和那个人是什么关系？
军事记录	你有与该工作相关的军事教育经历或经验吗？	你服过哪种兵役？
教育和经历	你在哪上过学？	是一所教会附属学校吗？
	你以前的工作经历都有什么？	你何时毕业的？
	你为什么离开？	你有什么爱好？
	你以前的薪酬如何？	
犯罪记录	你曾经被判过刑吗？	你曾经被拘捕过吗？
公民身份	你有在美国工作的合法权利吗？	你是美国公民吗？
婚姻/家庭状况	在紧急情况下我们可以联系谁，地址以及电话号码呢？	你是已婚、离异还是单身？
		你愿意被称为小姐、夫人还是女士？
		你有孩子吗？他们多大了？

6.4 面试后筛选

当面试官对符合资质的潜在求职者很满意时，有关以前的就职信息以及由求职者提供的其他信息就需要被核查。

6.4.1 推荐信核查

企业可以通过很多方法核实员工的推荐信。通常，电话核实很受欢迎，因为这样可以节省时间并且会更坦诚，而传真、邮件以及电子邮件也同样适用。Prescient InfoTech，一家位于弗吉尼亚州费尔法克斯郡的计算机系统管理公司，首先提出与推荐人建立联系并通过传真或电邮给他们发一份两页的问卷，要求其用数字形式来对与求职者的工作相关的特性进行排序，并在问卷的末尾留出地方，用来写评价和推荐。

最可靠的信息通常来自于主管，他是评价求职者工作习惯以及绩效的最佳人选。求职者前任雇主的人力资源部门所提供的职位、职责、薪酬水平等的书面证明也同样会有帮助。当核查求职者的推荐人时，聚焦HRM 5中包括了一系列有助于询问求职者信息的问题。[①]

作为对所有相关人员的一项法律保护，要求求职者填写表格，以允许向其前任雇主及其他推荐源求证信息，这一点是很重要的。尽管有这些保护措施，许多组织也不愿意为以前的雇员写评价，因为害怕被起诉。基于1974年颁布的《隐私法》(Privacy Act)，个人有权校验其推荐人出具的有关他们的信件（除非他们放弃这一权利）。尽管《隐私法》只对联邦政府机构保存的记录适用，但是大多数州的其他形式的《隐私法》则会影响雇主清理人事档案并向相关雇员开放以便其检查及核实相关信息。其他企业发现它们由于雇用过失被起诉——知道以前的员工对他人有危险但没有揭露这个事实。认识到这种困境后，大多数州已经立法对那些提供诚实推荐的雇主提供免责保护。[②]

6.4.2 背景核查

背景核查需要征得求职者的同意，对许多公司来说已成为标准的程序。而且州法院规定，如果公司因未做充分的背景核查而引起雇用疏忽，要承担责任。例如，联邦法律要求对所有的儿童护理员进行全面的背景核查。它也禁止罪犯从事金融和证券化交易。

这些核查包括社会保障核查、过往的就业经历、教育和认证以及许可证验证。其他一系列与雇用有关的核查也应该进行，包括机动车驾驶记录核查（涉及驾驶的工作）、信用核查（处理与钱有关的工作）、入伍记录核查和犯罪记录核查。为了遵守各种法律，许多公司雇用擅长做背景调查的企业为它们做这些工作或者运用免费的国土安全认证系统。

犯罪记录调查。按照人力资源管理协会的说法，绝大多数企业会核查求职者的犯罪记录情况。然而，正如我们所表明的，平等就业机会委员会发现这对黑人和拉美裔有不同的影响，他们相对于其他群体，有较高的犯罪率和监禁率。

---

① Jack Welch and Suzy Welch, "Hiring Is Hard Work," *Business Week Online*, no. 4091 (July 7, 2008): n.p.; Michele V. Rafter, "Candidates for Jobs in High Places Sit for Tests That Size Up Their Mettle," *Workforce Management* 83, no. 5 (May 2004): 70-73.

② Jessica Clark Newman et al., "The Differential Effects of Face-to-Face and Computer Interview Modes," *American Journal of Public Health* 92, no. 2 (February 2002): 294; David Mitchell, "ijob.com Recruiting Online," *Strategic Finance* 80, no. 11 (May 1999): 48-51.

如果考虑到犯罪史，雇主必须考虑工作的性质。比如，如果求职者有偷窃记录而申请收银员工作，就不符合条件。但她如果有酒驾行为则并非不符合条件。甚至即使被判有偷窃罪，平等就业机会委员会也声明雇主应进一步考虑缓和的因素，如当时的犯罪年龄，发生了多长时间，她是否已成功改造，或犯罪后成功地在同一类型的工作岗位上工作过。[①]

信用检查。信用检查用于进行初次处理财务方面求职者的筛选，如银行职员。今天有相当数量的企业进行信用调查，大约占40%~50%，而且在上升——即使证据尚不清楚，是否好的员工与好的信用得分有明显的相关性。[②]

在美国检查信用情况比在其他国家更普及和便宜，因为美国拥有国家信用报告系统。但是2003年颁布的《公平准确信用交易法案》(FACTA)(除了其他方面外，使身份盗用更加困难)，连同其他法律一起限制一些信用信息的分享。

组织必须核实本州法律来确定使用信用报告是不是合法的。

信用调查通常在其不是真正被需要时以及非法地屏蔽出一定比例的人时被过度地使用。信用检查也可能对符合条件的求职者产生不利影响——他们长期失业，或者面临破产，或者丧失抵押品赎回权——在最近的衰退中这个问题变得越来越普遍。平等就业机会委员会警告雇主，信用调查对一些受保护人群有不同的影响。原因是诸如华盛顿州和夏威夷州禁止信用调查；许多其他州和美国法律制定者正考虑采取类似行动。有些城市和州已视它为非法，是对失业人员的歧视，平等就业机会委员会正密切关注这一事态的发展。

如果组织基于信用报告而决定不录取该求职者，那么它必须提供一份不良行为的通知给此人。尽管该通知可以是口头的、书面的或电子版的，但它必须包括提供该报告的代理机构的名字、地址以及电话号码。雇主也必须提供一份声明，即该报告的代理机构没有权做录取决定，并且该求职者有权得到一份该报告的额外的免费的复本，同时该求职者也有权针对该信息的准确性与报告代理机构讨论。[③]

小企业应用

对小企业员工筛选过程添加结构化选项

小企业如何选择到它们企业工作的员工呢？有些人力资源管理专业人士说，尚没有形成系统化。“不幸的是，我发现通常小企业筛选员工是一项很薄弱的工作，非常常见的是，员工是他们的亲戚或朋友，他们缺乏增强组织获利和成功的能力。”一位主管兼博客博主说。他致力于培训其他商人，帮助他们取得更好的成果。

有时小企业几乎没有进行筛选，因为它急需有人来填补企业空缺的岗位。但是如果雇

---

① Mary-Kathryn, “Labor Law for Supervisors”, *Supervision* 67, no. 2 (February 2006): 22–23; “Some Job-Screening Tactics May Be Illegal,” Fort Worth Star-Telegram (August 12, 2010): 5A; Katherine Erdel, “Changes May Prompt Review of Background Check Policies,” *Corporate Counsel Guide* 24 (2014): 12B–13B.

② Marsha Nielsen and Kristine Kuhn, “Late Payments and Leery Applicants: Credit Checks as a Selection Test,” *Employee Responsibilities & Rights Journal* 21, no. 2 (June 2009): 115.

③ “New Employee Privacy Rights in Oregon and Washington,” *Venulex Legal Summaries* (2007 Q3): 1–4; Barry J. Nadell, “The Cut of His Jib Doesn't Jibe,” *Security Management* 48, no. 9 (September 2004): 108–114.

错了人，那只会使问题更严重。另一个缺陷是对这个职位上的人的“类型”过于自信，从而导致招聘经理在没有对这个职位的资质条件做好规划前，就基于随意的谈话对候选人做仓促的判断。

适当地审查求职者不仅可以招到更好的员工，而且可以帮助保护公司免受歧视的指责。一个企业主能表明自己是按规定雇用员工，则不会有法律方面的困扰。另外，至少有研究发现利用正式的招聘和筛选技术能让员工对公司和老板有积极的看法，并更加忠实于组织。

招聘专家对小企业经理给出了下列建议：增加结构化选项过程不困难。你可以采用类似于图表6-3的格式规划出对职位的资格要求。然后开发一系列开放式和情景式问题，引出候选人的信息，如对职位的了解程度、责任心、对工作的兴趣，以及他或她的与工作有关的人品如何。

一旦你的问题设计好了，就可以问所有的求职者同样的问题。如提供的职位没有变化，则可以重复使用这些表格和问题，当随后有职位空缺时，你就不必再重新走这些过程。

最后，对小企业来说贪污和盗窃是非常严重的行为，所以要对员工进行背景核查，并核查他们的推荐信，即使你了解这个求职者。你可能会对你的发现感到吃惊。

Sources："Selecting the Best，" Elitefts，November 9，2010，http：//www.elitefts.com/；Barbara Reda and Linda Dyer，"Finding Employees and Keeping Them：Predicting Loyalty in the Small Business，" *Journal of Small Business & Entrepreneurship* 23，no. 3 （2010）：445.

6.5 雇用前测试

如果你已经缩小了你正在考虑聘用的候选人名单，但仍不能决定录用他们当中的哪一个，有没有一个测试能告诉你哪一个人比其他人更好？这就是这么多年来人们一直想做的，因而开发了雇用前测试。

雇用前测试是一种用于测量一个人相对其他人的KSAOs的客观的、标准的方法。[①] 1917年夏天，当美国为第一次世界大战做动员时，美国一些最有才能的心理学家合作进行了后来被称为军队α和β的智力测试（α测验针对普通人，β测验则针对国际友人以及阅读能力低的人）。这个测验用来帮助识别潜在的军官候选人以及遴选和任命其他潜在的新兵。从那时起，雇用前测试在公立和私人组织的人力资源规划中都起着重要的作用。[②]

并不是所有的公司都进行雇用前测试，但有越来越多的企业在这样做。雇用前测试的一个缺点是它会产生挑战法律的可能性，求职者声称公司所做的测试存在歧视。例如，联邦快递出于晋升员工的目的，曾执行过基本技能测试，但这一测试却因一场被称为歧视的诉讼而减少使用。其他的考虑是成本、时间、是否易于管理以及评分测试。对某些工作来

① Elizabeth D. MacGillivray, Juanita H. Beecher, and Diedre M. Golden, "Employment Testing: The New Hot Button Issue for Federal Agencies—and Other Legal evelopments," *Global Business & Organizational Excellence* 27, no. 3(March-April 2008): 68-78.

② Judy Greenwald "EEOC Move May Signal More Scrutiny of Employment Tests," *Business Insurance* 41, no. 52 (December 24, 2007): 4-20; Rod Kurtz, "Testing, Testing…," Inc.26, no. 6 (June 2004): 35-38; Gillian Flynn, "A Legal Examination of Testing," *Workforce* 81, no. 6 (June 2002): 92-94.

说，测试的成本可能超过它带来的好处。

也有证据显示要求做的测试越多，被诉讼的可能性越大，并且更重要的是，在这个程序中要显示其可靠性和有效性。歧视性诉讼的相对频率也随着产业和工作岗位的不同而不同。警察、消防以及教师行业——通常要求求职者通过更多的测试——存在更多歧视诉讼的倾向。

这是开发者的责任，即确保它符合公认标准的有效性和可靠性。测试可靠性的数据一般在测试手册中有说明。然而，企业不应轻信开发者的说辞，认为它有效并且可靠。信息来源之一是商业可用的测试——《心理测量年鉴》，它包含了描述性信息，还有专家对各类测试中的批判性评论。该公司还应检查，以确保测试是经过专业验证，并符合《雇员选拔程序统一指南》对员工筛选程序的要求，已审核了它的不同影响，而且法院或平等就业机会委员会对此没有异议。

请记住，即使测试对其他组织的这个职位是可靠并有效的，但它可能对你的组织这个职位却并非如此，因为组织是有所不同的。因此经理人需要做详尽的职位分析，以决定候选人实际需要测试的技能，并消除任何不必要或双重的测试。

6.5.1 测试的类型

我们将在本节后面进一步讨论平等就业机会委员会要求的雇用前测试的有效性。首先，我们先来看一下雇用前测试的类型。

1.职位知识测试

职位知识测试是一种用于衡量人们对特定工作的理解水平或掌握的知识的成绩测验。用于注册会计师的统一CPA考试就是这样一种考试。大多数行政服务类考试，被用来确定申请者是否拥有信息，以及在没有进一步培训的情况下是否了解这个工作。[①]美国陆军、海军、空军和海军陆战队也使用了职位知识测试。

2.工作样本测试

工作样本测试或者职位样本测试，要求求职者完成真正属于工作要求中的一部分任务，如交通管理人员的读地图测试、机械操作员的机床测试、飞行员的综合协调性测试、行政人员对微软办公软件了解的测试。有时使用计算机模拟来辅助进行，尤其当求职者在测试中可能会有危险时。想成为陆海空三军的飞行员并驾驶数百万美元的飞机，必须经历这种测试（案例研究1考察了企业正在使用的各种模拟设施）。像职位知识测试一样，工作样本测试是从专家同意的谨慎设计的概要中创新性地提炼出来的，因此该测试的内容被认为是有效的、可靠的并且是公平的。[②]

3.评估中心测试

评价中心测试是将求职者作为一个群体，要求他们参与一系列的情境，就像他们可能

---

① John Bret Becton, Hubert S. Feild, William F. Giles, and Allison Jones-Farmer, "Racial Differences in Promotion Candidate Performance and Reactions to Selection Procedures: A Field Study in a Diverse Top-Management Context," *Journal of Organizational Behavior* 29, no. 3 (April 2008): 265–285.

② Rachel Suff, "Testing the Water: Using Work Sampling for Selection," *IRS Employment Review* no. 802 (June 18, 2004): 44–49; Leonard D. Goodstein and Alan D. Davidson, "Hiring the Right Stuff: Using Competency-Based Selection," *Compensation & Benefits Management* 14, no. 3 (Summer 1998): 1–10.

需要在工作中处理的那样。有些评估中心，测试要在专业性的指导下进行，采用“生命中的一天”方法。在被观察和记录的状态下，求职者向评估中心“报告工作”，接收吃饭的邮件以及其他打岔的事，按要求扮演不同的角色，处理制造出来的事件。[①]因为这个方法成本很高，所以评估中心测试常用于筛选经理人和高管。

4.认知能力测试

认知能力测试评估一般智力、口头表达的流畅性、数学能力、推理能力等精神能力。学术能力测试（SAT）就是一个例子，还有研究生管理能力倾向测验（GMAT）和贝纳特机械性理解测试。图表6-5列示了一些可用于评估不同认知能力的题目。

尽管认知能力测试的开发是用于评估特定领域（如阅读能力）和空间关系，但仍有许多专家相信认知能力测试的有效性仅仅反映了它们与一般智力的关系。然而，一般的智商（IQ）评估表明，它在各种职位招聘中是很好的预测器。

图表6-5 **认知能力测试问题举例**

言词类	1.“surreptitious”一词是什么意思?	
	a.隐蔽的	c.活泼的
	b.蜿蜒的	d.甜蜜的
数量类	2.50除以0.5加上5等于多少?	
	a.25	c.95
	b.30	d.105
推理类	3.______对于船就像是雪对于______。	
	a.帆，雪橇	c.水，雪橇
	b.水，冬天	d.发动机，水
机械类	4.如果齿轮A和齿轮C都逆时针旋转，齿轮B会发生什么情况?	
	a.逆时针旋转	c.保持静止
	b.顺时针旋转	d.整个系统瘫痪
答案：1.a 2.d 3.c 4.b		

5.传记资料（简历）测试

传记资料（简历）测试收集求职者生平简历信息，它的内容与成功就职有关。求职者被询问对事件和行为的态度、经验、兴趣、技能以及能力。典型的问题涉及一个人的生活中发生的事件，并问通常在这些情况下这个人的行为。对过去行为的看法是未来行为最好的预测器。例如，简历测试可能会问：“过去的六个月中你读了多少本书?”或者“你多长时间把任务放在一边去完成另一个任务，更困难的任务呢?”测试者选择一个预先确定的选项，以与他们过去的行为和经验做最佳匹配。

对单一的简历问题做出响应是没有价值的。相反，简历数据在几种不同的情况下反应的形式，能有力地预测未来的工作行为。尽管简历测试在成功就职中是很好的预测器，但它很复杂，必须被专业性地开发才能有效。另一个缺点是明显与工作有关的测试问题可能

① Stuart Crandell,“Assessment Centers in Talent Management:Strategies,Use,and Value,”*Talent Management*(January 7,2008),http://www.talentmgt.com.

不会出现，因此求职者可能会质疑测试的有效性并认为测试侵犯了他们的隐私权。[①]

6.个性和兴趣档案

20世纪90年代，由美国军队建立的认知能力测试是对士兵们获得工作知识的能力以及他们最终的技能熟练度的最好的预测方法，而个性测试则是对诸如他们的领导能力成果以及其遵守规则的倾向等积极性的更好的预测方法。多年来的研究表明，个性特征可以概括为5个方面。这“5大”要素如下：

（1）外向性——某人善交谈的、善交际的、积极的、进取的以及易兴奋的程度。

（2）宜人性——某人可信的、亲切的、慷慨的、宽容的、诚实的、合作的以及灵活的程度。

（3）责任性——某人可靠的、有组织的以及在工作中坚持不懈的程度。

（4）神经质——某人稳定的、冷静的、独立的以及自主的程度。

（5）开放性——某人智慧的、哲学的、富有洞察力的、创造性的、艺术的以及好求知的程度。

众所周知的人格测试包括加利福尼亚心理量表（CPI）、梅尔斯-布里格斯类型指标（MBTI），以及含有180个问题的Caliper测试，其用户范围从联邦快递公司到芝加哥小熊队。

尽管有证据表明：当结合使用认知能力测试时，个性特征的测量（如责任性）可以帮助预测某人在工作中的绩效表现，但是从历史的观点看这两者之间的关系不大。也有些人注意到，测试很容易被“伪造”，求职者会试图给出招聘公司想要听到的答案。如果个性测试不注意区分个人在不同方面的工作效率，则该测试会出现问题。这就是许多国家严格限制该方法使用的原因。[②]另外，个性测试揭示了个人精神障碍或心理状况，甚至在不经意间违反了《美国残疾人法案》。个性和兴趣档案多用来帮助人们进行职业选择以及职业生涯规划而不是用于雇用决策。

7.测谎器测试

测谎器或者称为测伪仪，是一个测量被询问人的呼吸、血压以及脉搏的装置。典型的问题包括诸如被测试者是否吸过毒，是否曾从雇主那里偷过东西，或者是否曾经犯过没有被发现的严重罪行。反对在雇用情况下使用测谎仪的呼声逐渐高涨，最终以1988年通过《雇员测谎保护法》而告终。该法律在原则上禁止在雇用前的筛选中以及对公司现有职员进行随机测试时使用测谎仪，并禁止所有私人雇主使用，而制药公司、提供健康和安全业务的保安公司以及政府机构可以除外。

立法的其他条款还规定了当授权使用测谎仪时，其测谎人员的资格标准、测试的条件以及信息的披露。由于这项法律，雇主们不得不借助诸如诚实度的书面测试和求职者背景

---

① “Biographical Data (Biodata) Tests,” *Personnel Selection and Resource Center* (Washington DC: U.S. Office of Personnel Management), accessed April 17, 2011, http://apps.opm.gov.

② Frederick P. Morgeson, Michael A. Campion, Robert L. Dipboye, John R. Hollenbeck, Kevin Murphy, and Neal Schmitt, “Reconsidering the Use of Personality Tests in Personnel Selection Contexts,” *Personnel Psychology* 60, no. 3 (Autumn 2007): 683-729; Gregory Hurtz and John Donovan, “Personality and Job Performance: The Big Five Revisited,” *Journal of Applied Psychology* 85, no. 6 (December 2000): 869-79.

调查这些替代方法，其中最受影响的企业是过去很大程度上依赖于测谎仪的华尔街公司、银行以及零售企业。使用测谎仪的企业仅仅占了总数的很小部分，它们普遍被执法机构所使用。

8.诚信测试

由于《雇员测谎保护法》的存在，许多雇主开始使用诚信测试，询问求职者一系列问题。可能出现在诚信测试中的问题列示如下：

- 你发现同事有偷窃办公用品行为时会报告吗？
- 员工在求职表中弄虚作假被发现，他应该被开除吗？

位于堪萨斯的Payless ShoeSource使用诚信测试来减少员工偷盗。在公司开始这项计划前，在它的4 700家商店中损失总计约2 100万美元。而实施这个筛选计划后，库存下降了20%，销售额下降不到1%。

虽然一些研究已经表明，诚信测试有效地预测了工作绩效并避免了广泛的破坏性行为，如盗窃、纪律问题和旷工，但其他一些研究质疑其有效性。有可能测试不起“作用”，不是因为它们预测了行为，而是因为它们无法阻止不诚实的人进入公司。

9.体能测试

除了了解求职者的精神能力外，雇主们经常需要对求职者的体能进行评估。尤其对于那些要求高并且具有潜在危险性的工作，如消防员和警察，诸如对力量和耐力等体力的测试不仅能够很好地预测绩效，而且还能预测事故和伤亡。

体能测试必须谨慎使用。在过去，对诸如力量、敏捷、高度和体重等身体特征的要求通常是由雇主应该要求什么的未经验证的概念决定的。这通常会将妇女和残疾求职者置于不利地位，这种情况通常也会导致诉讼的发生。在爱荷华州麦迪逊的Dial Corp工厂内使用某项力量测试后，该公司发现其正遭受此类诉讼。在使用该测试前，工厂中将近50%的职工是女性，但在该测试实施后，这个比例急剧下降。随后法院裁定该测试对女性存在差别性对待，因为尽管该工厂的伤亡率降低了，但事实上这是该公司建立了新的安全条例后才开始的——这个条例是在该力量测试实施的几年前建立的。①

因此，具有歧视妇女倾向的工作要求都被提出质疑并修改以便描述标准的工作要求。此外，尽管有证据显示平均来看，男性比女性更强壮、更迅速并且更有力量，但是女性比男性拥有更好的平衡力、手指更灵巧、更灵活以及更协调。由于这些原因，很明显，使用体能测试（正如其他遴选潜在员工的方法）应该在工作基本职能的基础上谨慎验证。

10.健康检查

健康检查通常是遴选过程的后期步骤，因为法律禁止在附条件录用他或她之前进行健康检查。健康检查通常是用来确保求职者的健康情况能够符合工作的要求。

《美国残疾人法案》（ADA）对雇主使用的健康询问或检查的种类进行了严格的限

---

① Maria Greco Danaher, "Strength Test Falls," *HRMagazine* 52, no. 2 (February 2007): 115–116. M. S. Sothmann, D. L. Gebhardt, T. A. Baker, G. M. Kastello, and V. A. Sheppard, "Performance Requirements of Physically Strenuous Occupations: Validating Minimum Standards for Muscular Strength," *Ergonomics* 47, no. 8 (June 22, 2004): 864.

制。该法律明确规定了所有的检查必须与工作要求直接相关。此外，该检查必须对申请该工作的所有求职者进行。而且，《美国残疾人法案》禁止企业因为求职者具有较高的受工伤的风险或者由于其健康情况会因为工作要求而恶化的原因而筛选掉有希望的员工。

11. 药物检测

在美国，雇主有权使用药物测试筛选候选人，大约有一半的雇主实施了这项权利。然而不同的州有不同的药物检测法律。有些州，只有候选人通过药物检测，才能给他们提供进一步的工作机会。一个候选人可以拒绝参加药物检测，但这相当于拒绝了这项工作。

自1988年的《工作场所无毒品法案》通过后，从属于联邦承包商、国防部承包商以及运输部门的求职者和雇员按规定都要接受非法使用药物的检验。药物检验最普遍的是尿液、头发、唾液以及汗液的检测。

然而最近很多研究都没能证明药物检测能够使工作场所更安全或有助于员工绩效的改善。而且，很少有求职者会在药物测验中呈阳性（不到4%）。事实上，在工作场所中相对于非法药物的使用，饮酒和处方止痛药似乎会造成更多的问题。而且，有些非法药物，像大麻，是处方药。在华盛顿和科罗拉多州，用于娱乐的大麻是合法的，这使得对毒品的使用检测复杂化了。不同的国家也有不同的标准。例如，在加拿大，严格限制进行雇用前的毒品和酒精测试（以及对现有员工进行随机的药物和酒精检测）。“假阳性”的出现也屡见不鲜，即当他或她没有使用非法药物的时候却错认为其在使用非法毒品。

由于诸如此类的原因，一些公司不再进行药物检测。或者候选人药物检测没有通过，他们允许候选人重新检测以确保其准确性。该证据的重要性显示出药物检测主要适用于在高风险和安全性比较重要的职位任职的职员。美国劳工部建议，如果公司想进行药物检测，应该寻求法律咨询并遵守联邦机构——物质滥用和精神健康服务管理局——的检测标准。当然，没有进行药物检测的企业并不意味着企业不能实施杜绝工作场所为保持头脑清醒而滥用药物的政策。

6.5.2　确定测试的有效性

《雇员选拔程序统一指南》（参照第3章）承认并接受效度的不同方法：实证效度（又称效标效度）、内容效度以及结构效度。

1. 实证效度

某种遴选工具测试与工作行为的重要因素显著相关的程度被称为实证效度（criterion-related validity）。例如，将某个员工在测验中的表现与其实际生产记录、监督评级、培训结果以及其他适用于衡量每种类型的工作是否成功的标准相比较。以销售职位为例，通常使用销售数据作为比较的基础。在生产岗位中，产出的数量和质量可能会是衡量是否胜任工作的最好指标。

实证效度包括两种类型：同期效度（concurrent validity）和预期效度（predictive validity）。同期效度包括从现有雇员中获得标准数据，并大约在同一时间获取测验分数（或其他用于预测的信息）。例如，邀请一位上司对一组行政人员工作绩效的数量和质量进行评分，同时对这些员工进行一组行政能力测试并把测试的分数与上司的评分进行比较，来确定两者之间的相关程度。这个方法的缺点是现有员工有大量的经验，所以他们的分数可能无法与候选人相比较。

另一方面，预期效度包括先测试求职者，在其被雇用并工作一段时间之后再获取标准数据。例如，对求职者进行行政能力测试，并将测试成绩归档以备后续研究。在这些人工作几个月后，邀请不知道他们测试分数的上司对他们工作绩效的质量和数量进行评分，然后把测试的分数与上司的评分进行比较。如果分数与上司的评分水平相当，则这个测试有预期效度，并且可用于测试后面的候选人。很明显这种测试方法相比同期效度将需要更长的时间来开发。

无论使用什么方法，都要进行交互效度分析。交互效度（cross-validation）分析是一个过程，在这个过程中，为了达到验证初始效度研究结果的目的，一项测试或者一系列综合测试允许以不同的人作为样本（从同一总体中抽取）。评估一个测试效度的方法之一是把它用于当前的员工，并创立标准分数，用求职者的分数与它进行比较。这是联邦快递在执行新的测试之前已经认同的做法。

相关性研究方法通常用来确定诸如测试分数和标准数据这样的预测性信息之间的相关性。在图表6-6中的相关性散点显示了一项零效度的遴选测验（A）和一项高效度的遴选测验（B）之间的差别。每个散点代表一个员工。注意在散点图A中，测验分数与是否胜任工作之间没有关系，也就是说，效度是0。在散点图B中，那些测试分数低的人在工作中的胜任度趋向于较低，而那些测试分数较高的人则趋向于较高的工作胜任度，即表明了效度很高。在实际中，我们将会对这个数据应用一个统计公式来获取一个相关系数，我们称之为效度系数（validity coefficient）。效度系数的范围在0.00到+1.00和-1.00之间，0.00表示完全不相关，+1.00和-1.00则分别代表完全正相关和完全负相关。通过结合两种或两种以上的测试或者其他的预测方法（例如面试或者简历）可能会获得较高的效度。整体的效度越高，具有更好绩效的求职者被雇用的机会就越大。

图表6-6 **相关性散点图**

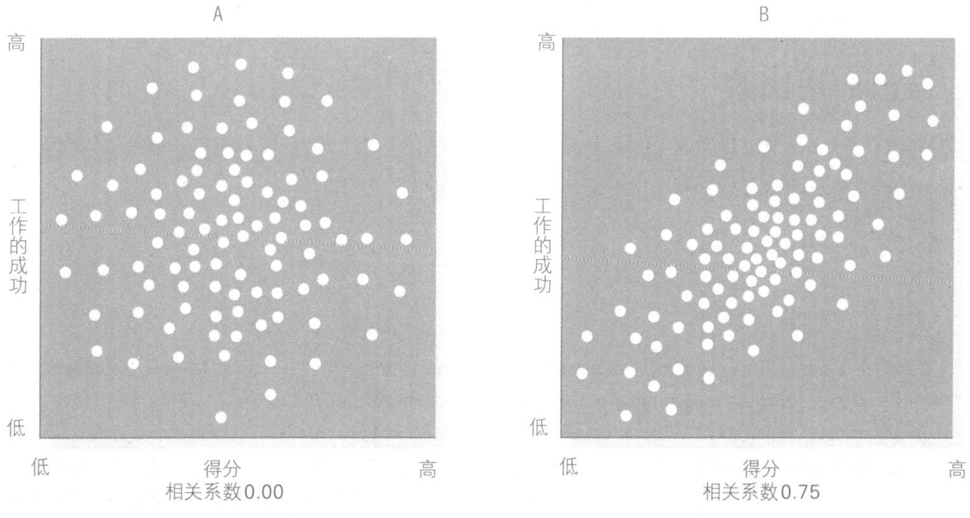

2.内容效度

当实证效度方法通常不可行，经常因为个体样本受限制或有求职者可供测试时，这时可以使用内容效度的方法。当一种遴选方法，如一项测验足以测试某人完成某项特定工作所需要的知识和技能时，就假定存在内容效度。遴选方法的内容越接近实际工作或行为，其内容效度就越高。例如，会计师的公务员考试，当它要求求职者解决一些工作中具有代表性的会计问题时，它就具有高的内容效度。然而，如果要求一位会计人员举起一个60磅重的箱子，那么这项遴选程序只有在职位说明书中指明会计人员必须能够满足这一要求时才具有内容效度。

内容效度是最直接和最简单的评估效度的类型。它通常被用来评估工作知识和进行技能测验，在后面章节会有描述。与实证效度方法不同，内容效度不是用相关性来表达，相反，是通过计算得来的一项指数（通过专家组的评估），表明测验项目的内容和员工的工作绩效之间的相关关系。虽然内容效度确实有它自身的局限性，但它对工作分析程序以及在取样和评分程序中体现专家判断的作用方面都有积极的贡献。

3.结构效度

一项遴选工具衡量某项理论结构或者特征的程度被称为结构效度。典型的结构因素有智力、机械理解力以及焦虑程度。基于对许多离散行为的研究，它们实际上是广泛、普遍的人类机能。例如，贝纳特机械理解测验包括各种对机械理解构造的测试。

衡量结构效度需要表明，心理特征与满意的工作绩效相关，测试能精确地衡量心理特征。目前缺少这一概念在招聘实践中的相关文献，可能是因为要使一个结构有效并表明与工作相关是困难和昂贵的。①

正如你从该讨论中了解的，开发有效的遴选程序，尤其是筛选测试，非常复杂并且需要专业知识。雇主应确保测试和筛选程序不是随意而为。如果筛选程序把受保护群体排除在外，雇主应确定是否有一个同样有效的替代选择程序，该选择程序具有更少的不利影响，如果是，则采用替代程序。因为如果求职者对此质疑，则有效的自定义测试在法庭上能有更好的保护作用。许多大型组织主张对求职者进行多项测试，它们聘请境外厂商与产业组织心理学家来帮助它们开发员工遴选程序。

6.6 做出雇用决策

现在你已经有了想为你工作的求职者的大量信息，你将如何权衡这些信息并做出最终的决定？下面我们将看一看你可以采用的各种方法。

---

① Deniz S. Ones, Chockalingam Viswesvaran, and Frank L Schmidt, "No New Terrain: Reliability and Construct Validity of Job Performance Ratings," *Industrial & Organizational Psychology* 1, no. 2 (June 2008): 174–179; D. Brent Smith and Lill Ellingson, "Substance versus Style: A New Look at Social Desirability in Motivating Contexts," *Journal of Applied Psychology* 87, no. 2 (April 2002): 211–19; Ken Craik, et al., "Explorations of Construct Validity in a Combined Managerial and Personality Assessment Programme," *Journal of Occupational and Organizational Psychology* 75, no. 2 (June 2002): 171–93.

6.6.1 求职者的概要信息

考虑到你所收集的求职者所有的信息，你需要系统地组织有关他们的所有相关信息。摘要表和清单，如图表6-7所示，可以用来确保所有相关信息已经包含在对申请者的评价中。

图表6-7 **求职者评价表**

职位：

求职者姓名：

面试官姓名：

面试日期：

面试求职者时完成评价内容。面试后，再对每一部分评分进行润色，然后把它们加总计入总分中。评分表如下：

评分等级

1. 可忽略不计或不符合要求

2. 有待提高

3. 适当

4. 超出要求

教育

评价：

等级：________

经历

评价：

等级：________

工作知识

评价：

等级：________

工作技能

评价：

等级：________

职位兴趣

评价：

等级：________

问题解决能力

评价：

等级：________

沟通技巧

评价：

等级：________

领导技巧

评价：

等级：________

________总分

评级者评语：

基本上，雇主对求职者能做什么和愿意做什么很感兴趣。以你所收集的求职者的信息为基础，集中在这两点因素上评价求职者，如图表6-8所示。“能做”的因素包括求职者的知识、技能以及学习新的知识和技能的资质（潜能）。“愿意做”的因素包括求职者的动机、兴趣以及其他个性特征。这两种因素都对胜任工作至关重要。有能力（能做）但是没有使用它的动机（愿意做）的雇员并不比缺乏必要能力的员工好。

测量人们能做什么比测量其愿意做什么要简单得多。“能做”的因素很容易便可以从其测试分数和已验证的信息中得到，而“愿意做”只能靠推断。雇主们可以通过求职者面试时的回答、申请表中的问题的答案以及从推荐人那里获得的信息来推断其愿意做什么。

图表6-8　**在遴选决策中的“能做”的和“愿意做”的因素**

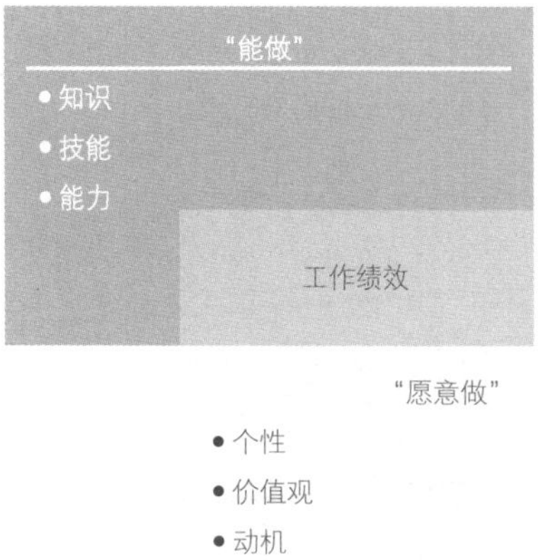

6.6.2　决策制定策略

针对不同的工作种类在做人事决策时的策略是不同的。遴选管理和行政人员的策略，与遴选办事员和技术人员的策略大不相同。在做雇用决策时有许多因素需要考虑，以下就是经理们必须考虑的一些问题：

1.雇用求职者是根据其最大的潜能还是根据公司的需要？

2.求职者的起点工资水平或等级是多少？

3.遴选是应该首先考虑与当前空缺职位匹配的理想求职者，还是考虑求职者在组织中的提升潜力？

4.在什么程度上考虑那些不符合资格但是有提升空间的人？

5.应该考虑那些条件太好的人吗？

6.决策对公司已确定的行动计划和满足多元化考虑有什么影响？

除了这些类型的因素，经理们也必须考虑使用哪种雇用决策的遴选方法。两种基本的遴选方法是：诊断法（个人判断）和统计法。

1.诊断法

使用诊断法做雇用决策时，决策者会审核求职者的全部数据，然后在其对该工作以及胜任该工作的人的了解的基础上做出决策。由于每个评估者对求职者的强势和弱势所分配的权重不同，所以在使用此方法时，不同的人对同一求职者所做出的决策是不同的。不幸的是，个人的偏见和成见通常被那些接受或拒绝某求职者的看似合理的原因所掩盖。此外，它可能导致同质的劳动力，正如你在第5章中了解的，按照吸引-选择-摩擦（ASA）模式，人们倾向于雇用和他们一样的人。

2.统计法

与诊断法相反，使用统计法做决策更加客观。它涉及识别最有效的预测因子并使用诸如多元线性回归的统计方法来对它们进行加权，然后将那些从面试、测试以及其他程序中得到的诸如分数或评级等量化的数据与其权重值结合起来，综合分数最高的人会被选中。诊断法与统计法在各种情境下的比较结果显示出统计法更优越，尽管人们认识到统计法的这一优越性已有数十年，但诊断法仍然是最常用的方法。

使用严格的统计方法，求职者在某一预测方法（例如认知能力测试）中的高分可以弥补在另一种预测方法（如面试）中的低分。因此，该模式被称为补偿模式[①]（compensatory model）。然而，求职者在所有遴选项目中都至少能够达到最低水准通常是很重要的，在这种情况下，对那些所有被考虑项目的分数都高于最低切点的求职者可以使用多切点模式[②]（multiple hurdle model），雇用决策会从那些求职者的子集中产生。

多切点模式的一种变化形式被称为跨栏模式[③]（multiple hurdle model）。这一决策策略是有顺序的。这种决策策略是在求职者通过初步评估阶段后，分数高的人会被暂时接受并会在各个后续阶段接受进一步的评估。在对求职者的最终决策做出之前，该过程会持续经过很多阶段（跨栏）。当测试或培训程序漫长并昂贵时，此方法尤为有用。

每种统计方法都要求确定出切点的位置——该点用以确定分数，高于此分数的人被接受，低于此分数的人被拒绝。求职者必须达到此切点分数。出于对劳动力的供应情况以及对多元化和反歧视的考虑，在必要时可降低或提高此切点分数。

图表6-9说明了提高和降低切点分数的影响。其中的每个散点代表了测试分数（或加权的综合测验分数）与求职者的成功标准之间的关系。在此情况下，正如图表6-9中椭圆模式的散点所表示的，该测试具有相当高的效度。注意，分数高的人集中在工作成功的满意区域中，而分数低的人则集中在不满意的区域中。

如果切点分数设在A处，则代表只有区域1和2内的求职者会被接受。他们中的所有人几乎都会成功。如果需要更多的求职者，切点分数可以降低到B处，在这种情况下，许多可能失败的求职者会被接受，如象限2和4所示。即使切点降低到C处，遴选到的满意的求职者总数（由区域1、3、5的散点表示）也超过了遴选的不满意的求职者的总数（区域2、4、6）。因此，该测试起到了使可能成功的遴选最大化且使可能失败的遴选最小化的作用，这是我们对工作成功预测的全部期望：遴选到成功的求职者的比例大于不成功的求职者的比例。

① 补偿模式：一种遴选决策方法。在这种方法中，在某一预测方法中的高分可以弥补在另一种预测方法中的低分。

② 多切点模式：一种遴选决策方法，要求求职者在遴选的所有方面能够达到熟练度的最低标准。

③ 跨栏模式：一种序贯策略。在这种遴选决策方法中，只有在初步面试中分数最高的求职者才可以进入后续的面试步骤。

图表 6-9 假定切点的分数散点图

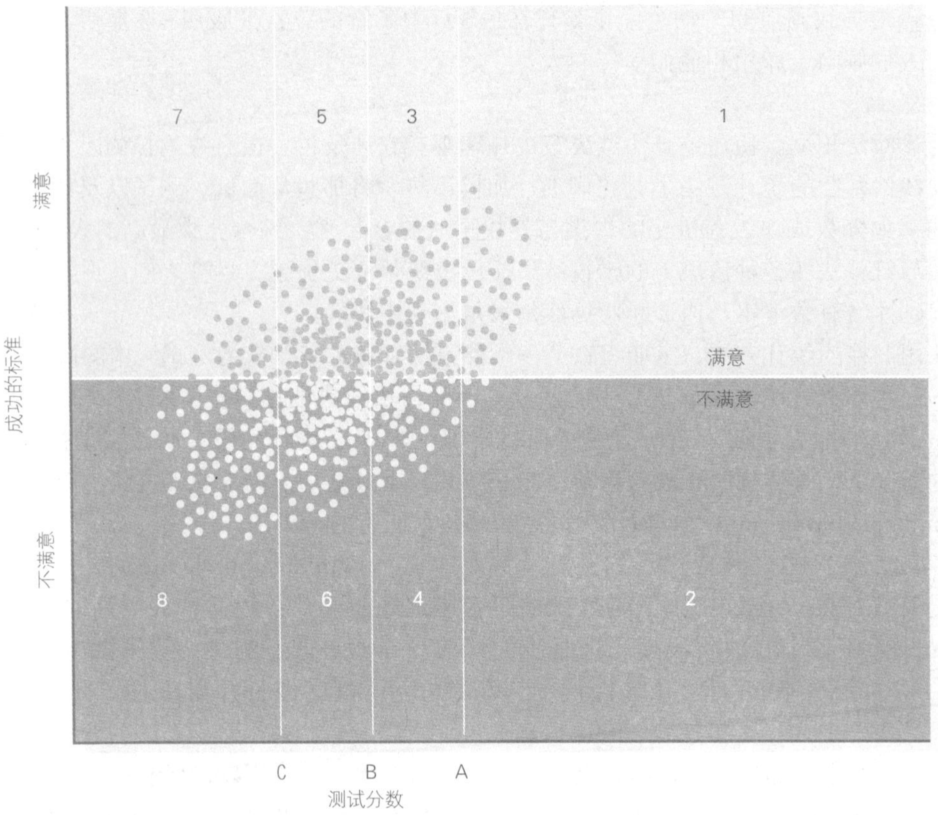

一个相关的因素有助于确保最佳的合格的人被选中：拥有足够多数量的求职者来进行遴选，它通常用遴选比率[①]来表示，它是被遴选了的求职者的数量与求职者总数的比率。例如，0.10的比率意味着10%的求职者将会被遴选，0.90的比率意味着90%的求职者会被遴选。如果遴选比率低，只有最有前途的求职者会被录取，而当遴选比率高时，可能的选择性很小，因为如果要填补企业的职位空缺就不得不录取能力一般的求职者。在这种情况下，企业的经理们就会深受被专家们称为“绝望偏见（desperation bias）”之害——由于你处在紧要关头而选择某些人。由于经理们受到时间和操作上的限制，所以他们常会遇到此类问题。

6.6.3 最终决策

在大型企业中，经理人或主管通常会做出最终决策，然后再与人力资源部门沟通。

公布已被雇用的求职者名单以及发放录用通知，通常都是人力资源部门的责任。人力资源部门应该确定工作细节、工作安排、工时、薪金等，并规定求职者必须做出决定的最后期限。如果在这时求职者的健康检查或药物测试结果还没有出来，雇用就通常会依据求职者是否通过该测试而定。这个信息刚开始可以口头传达。第一次联系求职者通过电话通

① 遴选比率：被遴选了的求职者的数量与求职者总数的比率。

知是很常见的。录用应以书面提出，一般以一封信发给求职者。

通知内部候选人的过程稍有不同。通常招聘经理会个别联系候选人并通知他们这个决定。然而，如果一位内部候选人被选中，发出书面录用通知仍很重要，以免引起歧义和争议。

拒绝内部求职者和外部求职者是一个困难的任务。但是拒绝内部求职者尤其棘手。大多数正在寻求晋升的内部求职者都是有价值的员工，而企业不想失去他们。向员工传递坏消息的经理人应该向员工解释，得到工作的人的技能，更符合该公司的需求，组织通过这个过程更好地了解了她或他的背景，未来有工作机会时会考虑。而且还要强调，这一决定是基于客观标准以系统性方法做出的，这是一个很难做出的决定。①

最后组织不应不通知没有被录用的求职者。这经常发生在内部求职者和外部求职者身上。外部求职者是他们所申请的公司的客户并不罕见。不让他们知道就职决定可能危害到关系。对内部求职者同样如此。一位员工感叹说，在申请工作后，没有一个人和他或其他候选人联系，告诉他们没有得到这份工作。他们只是在一个经理发了一封邮件后才了解到有新人得到这个职位。“为这家公司工作了10多年，我觉得我应该得到更好的待遇。”这个员工说。

小　结

目标1　员工遴选过程始于职位分析。遴选过程的步骤和结果不仅因组织而不同，也因补充的职位类型的级别而不同。应该提供尽可能多的有关求职者的可靠的、有效的信息以便他们的资格可以与工作要求相匹配。所获得的信息应该是与工作显著相关的或者能够预测工作成功的并且不存在潜在歧视性的信息。信度是指不同时间和测量方法的测试分数的一致性，效度是指测试或其他筛选程序所测量的准确度以及如何准确测量。

目标2　初步的求职者筛选工具包括：简历和求职信、求职表、推荐信、上网检查和电话筛选，有时是简短的电子问卷。尽管有有效性的问题，面试仍是筛选过程的中心。根据职位的类型，求职者可能被一个人、一个工作团队中的成员或者组织的其他人面试。针对求职者的表现，结构性面试被认为比非结构性面试是更好的预测器。有些面试是情景式的，可以专注于模拟的情景或求职者以前的工作经历的实际行为描述。大多数面试有人来主导，但也有通过视频、电话或计算机（自动）管理。面试后筛选工具包括推荐信和背景调查，其中包括犯罪调查和信用调查。

目标3　雇用前测试相比面试更客观，并且让经理人对不同求职者的能力有更全面的认知。目前有各种各样的测试。认知能力测试对口头表达、定量分析和推理能力的评估特别有价值。个性和兴趣测试在人员配置和职位发展方面最有用。工作知识测试和工作样本测试是确定求职者不进行进一步培训是否能完成工作职责的成绩测试。体能测试可以用来避免意外和工伤，尤其适用于体力劳动。然而，如果它们对受保护群体的求职者进行区别对待则禁止使用。健康检查和药物测试应该视提供的就业职位条件进行管理。测试的有效

---

① “Considering and Evaluating Internal Candidates for Senior-Level Nonprofit Positions,” *Bridgestar*, accessed March 27, 2011, http://www.bridgestar.org.

性可以基于工作规范（内容效度）、测试的分数与绩效标准是否相关（预期效度），以及是否准确地评估它所声称的量度（结构效度）来进行评估。

目标4　在做决策过程中，所有的“能做”的和“愿意做”的因素应该系统地加以组合和权衡，以便最终的决策可以在综合最可靠和最有效的信息的基础上做出。尽管诊断法比统计法更多地被用来做决策，但是前者比后者缺乏精确性。补偿模式允许求职者以在某一预测因子上的高分来弥补另一预测因子上的低分。当使用多切点模式时，只有分数高于最低切点水平的人才可以继续竞争。跨栏模式是多切点模式的一个演变，包括若干阶段和跨栏。组织不应不通知没有被录用的求职者。对被选中的人应以书面形式发出录用通知，上面明确同意录用并给出接受或拒绝录用的最后时间限制。

关键术语

assessment center test　评估中心测试
behavioral description interview (BDI)　行为描述式面试
compensatory model　补偿模式
computer-administered　计算机管理
(automated) interview　(自动) 面试
concurrent validity　同期效度
construct validity　结构效度
content validity　内容效度
criterion-related validity　实证效度
cross-validation　交互效度
multiple cutoff model　多切点模式
multiple hurdle model　跨栏模式
negligent hiring　过失雇用
nondirective interview　非定向面试
panel interview　小组面谈
predictive validity　预期效度
preemployment test　雇用前测试
reliability　可靠性
selection　筛选
selection ratio　遴选比率
sequential interview　顺序法面试
situational interview　情景面试
structured interview　结构化面试
validity　效度
video interviews　视频面试
video résumés　视频简历

讨论题

1. 有没有“最佳的”雇用过程步骤？第一步和最后一步是什么？

2. 简要比较本章所述的雇用面试的主要方法，你愿意使用哪种方法？为什么？

3. 职位知识测试和工作样本测试有什么特点，为什么它相比其他类型的测试常更易被人接受？

4. 在人员遴选中“标准”一词意味着什么？举出一些你熟悉的使用标准的工作例子。

HRM 实训

设计遴选标准和方法

雇用决策是一位经理所做的最为重要也是最困难的决定。没有充足的信息，经理们几乎无法做出正确的选择。他们可能会用占卜板。该流程始于对该工作的充分了解：工作任务、职责及与其相关的责任，完成该工作所需要的知识、技能和能力。必须做好职位分析，以确保所有的经理人已经掌握了确定人员和工作相匹配的所有信息。然而，这些信息并不足够，其他的关于公司价值观和理念等信息也同样重要，以便确保人员和组织的匹配。

作业

1. 4~6人为一个小组，选择一个你们熟悉的工作并界定出胜任该工作所需要的最重要的知识、技能、能力以及其他特征。

2. 然后，确定你将用来选择符合资格要求的求职者的方法。你会使用申请表、面试、认知能力测试、工作样本还是其他方法？解释你使用这些方法的原因并确定使用每种方法所需的成本和时间。

3. 在你们确定遴选的标准和方法后，在一个真实的企业中进行一次“实际检验”。采访一位为那项工作雇用过某人的经理。例如，如果你选择的工作岗位是销售人员，去本地的一个企业学习他们是如何为销售岗位遴选员工的，将你认为的好的遴选方法与你从该企业所学到的方法进行对比。

4. 找出你们的和他们的方法存在差异的原因，这些原因是正当合理的吗？

案例学习1 求职者评估走向虚拟化

模仿工作职能的雇用前测试日益增多，这些测试通过计算机或在网上进行。你可以把它比作视频游戏，只不过是在工作环境中。丰田、星巴克、涂料制造商宣伟以及数量众多的金融企业如SunTrust Bank、KeyBank和National City Bank都已成功地使用虚拟工作模拟来评估求职者。

在丰田，参加模拟的求职者观察仪器刻度盘和仪表、现场的安全问题，并运用其能力解决问题，同时他们的综合学习能力被评估。求职者可以从丰田现有的员工身上观察和听到他们所申请岗位的工作情况。National City Bank已运用虚拟评估办法测试呼叫中心的求职者和分行经理候选人。呼叫中心求职者被要求解决客户服务问题，而分行经理候选人则通过模拟来评估他们如何处理与客户的关系以及所做的人事决策。

虚拟评估工具，由Shaker Consulting Group、Profiles International以及其他不便宜的公司开发。尽管购买它们需花费数千美元，大型企业却纷纷解囊，认为物有所值。好处在哪呢？能招到优秀的候选人、更快地招到人和较低的员工离职率。KeyBank说通过使用虚拟测试工具，因为更低的离职率每年节约175万多美元。

求职者好像也喜欢这种评估方式，因为它们提供了真实工作预览，并使他们觉得因工作而被选，而不仅仅是根据面试中他们的个性或表现。“这是一个非常有洞察力的体验，让你考虑在职场什么是你喜欢的和不喜欢的，以及你是否真的很乐意帮助客户并有耐心这样做。”一位求职者测试了客户服务工作以后如是说。

不论是X一代还是Y一代求职者都喜欢这种视频游戏的测试。“我们没有发现有什么不同的影响。”SunTrust Bank的首席人事官Ken Troyan说，“有一些误区——如果你会觉得——老年人不太熟悉计算机，但不是这样的。”一项研究发现，模拟结果也表明，相比用纸和笔测试，少数族裔和白人求职者之间的差距趋于缩小。

人力资源专家警告说，公司需要确保它们不是简单地购买花哨的模拟程序，它不是对招聘职位的最好的诠释。而且，这些筛选工具有可能剔除那些在计算机模拟和计算机上遇到麻烦的人，但他们却可能成为优秀的员工。你仍应该使用美国劳工部“整体的人员法”，一位人力资源专业人士说。整体的人员法因素包括了各种已被接受的测试，再加上先前的实际表现和面试结果，会获得员工或求职者最完整的信息。

思考题

1.你认为虚拟测试最主要的优势和劣势是什么？

2.你认为这个系统有需要平等就业机会委员会关注的东西吗？

3.你认为虚拟工作测试更适合哪些工作？

Sources：Karen Vilardo，“KeyBank's Success with the ‘Virtual Job Tryout’，” *Journal of Corporate Recruiting Leadership* 5，no.4（May 2010）：24；Ira S. Wolfe and “Success Performance Solutions，” *The Total View Newsletter*（May 12，2010）；Connie Winkle，“HR Technology：Job Tryouts Go Virtual，” *HR Magazine*（September 1，2006），http：//www.shrm.org/；Gina Ruiz，“Job Candidate Assessment Tests Go Virtual，” Workforce Management Online（January 2008），http：//www.workforce.com；“Clients and Case Studies，” *Shaker Consulting Group*（March 27，2011），http：//www.shakercg.com.

案例学习2　厘清简历的利弊

电子求职提交系统让人力资源和招聘经理陷入海量的简历和求职信中。有些大型的零售商一年会收到上百万份甚至更多的简历。甚至小企业也发现它们那里成灾了。例如，位于路易斯安纳州的一家快餐连锁店Raising Cain将在达拉斯设立办公室，公司需要雇用35个人。它接到了10 000份简历，不得不雇用外部公司帮它分拣这些简历。忙碌的人力资源专员、经理人和企业主越来越多地使用求职跟踪系统和其他类型的简历筛选软件并不奇怪。Ayax Systems和Kenexa这两个公司提供了近1 000个在线评估系统，一个测试系统的价格从几美元到50美元不等。许多工作委员会现在把筛选问题特征化，通过它的算法推荐求职者，类似于亚马逊根据一个人过去购买的产品推荐新产品。

然而并非所有的人力资源专业人士都是简历筛选软件的粉丝。经理人往往会罗列大量关键词以至于只有很少的申请人可以通过筛选，宾夕法尼亚大学Peter Cappelli教授说，他写了一本书《为什么优秀的人找不到工作》(*Why Good People Can't Get Jobs*)。不同的软件也有不同的漏洞。其中许多软件无法读取无衬线字体，如罗马字体，这些简历就被拒之门外了。有些系统忽略了页眉和页脚。所以如果求职者把他或她的联系信息放在页眉，就可能被筛掉了。在另一些情形中，不符合条件的求职者了解了这其中的“利害”，他们的带有关键词的简历则通过了简历筛选软件的筛选。

在接受《华尔街日报》采访时，Cappelli讲述了一件事，一位人力资源经理把他自己的简历放到公司的筛选程序中结果遭拒。在另一个实例中，一个工程公司收到了25 000多个求职简历，但没有一个求职者通过它的电子筛选程序。

在这一过程中，也很缺乏对人的接触和判断。经理人最终失去了对简历的兴趣——简历来自那些能把自己的技能或人生经验转化到工作中的人。结果，许多将可能成为优秀员工的人却未被看上一眼。

有些招聘人员已经找到了方法，即避免“导致混乱”，减少自动简历筛选的应用。他们利用社交网站来抓取他们正在寻找的那类员工的关键词，而不是张贴招聘广告。一家位于纽约的公共关系公司Propheta Communications的总裁Kevin Mercuri，是他们当中的一个。Mercuri厌倦了被淹没于简历之中。现在当他需要招聘人员时，他会在他的LinkedIn主页上挂一条招聘信息。“我找人为申请人担保，这样我不用花时间整理简历，”他说。

思考题

1. 你认为简历筛选工具对人力资源部门有什么影响？对一线经理呢？你会利用软件来筛选简历吗？

2. 如何克服简历筛选软件的缺点？

Sources: Dave Wessel, “Software Raises the Bar for Hiring,” *Wall Street Journal* (May 31, 2012), http://online.wsj.com; Darren, Dahl, “Tapping the Talent Pool ··· without Drowning in Resumés,” Inc. 31 no. 3 (April 2009): 122; Anne Kadet, “Did You Get My Résumé?” Smart Money (February 27, 2009), http://www.smartmoney.com; Drew Robb, “Screening for Speedier Selection,” *HR Magazine* 49, no. 9 (September 2004): 143-147.

第 7 章

培训与开发

学习目标

通过本章的学习，你应该能够：

目标 1　讨论培训与开发的范围与战略。

目标 2　描述如何进行培训需求评估。

目标 3　描述设计培训项目时应考虑的因素。

目标 4　识别组织使用的多元化培训方法的类型。

目标 5　解释如何评估培训项目的有效性，描述由企业主导的一些额外的培训项目。

职场培训很开放。它主要教导员工做一些特定的活动——操作机器、处理工作等。然而，当职场已经从“技术型劳动力”向“知识型劳动力”转变时（见第1章），培训的焦点也发生了改变。公司已认识到员工不仅要懂得技术诀窍，也应有丰富的工作经验；具备有关竞争力、行业和技术趋势的知识，以及不断学习和利用新信息的能力。这些特征更好地帮助一个组织适应和创新，在当今快速发展的全球商业世界更有效地参与竞争。由于培训在培育、强化和拓展一个公司的竞争力方面起到了核心作用，因此成为战略管理的基础部分。

7.1　培训的范围

许多新员工具备开展工作所需要的知识、技能和能力，其他员工在准备为组织做出贡献之前需要接受各方面的培训。培训这个词通常被简单地描述为由组织发起的，其做出的任何努力都是为了促进组织成员的学习。但是许多专家对培训与开发进行了区分，培训通常侧重于近期目标，重点放在提高员工当前的工作绩效；开发，就像在第5章所学到的，更趋向于以扩展个人技能为导向，提高其面向未来职业的能力。这两个词通常被整合为一个单一的短语——培训与开发，用来定义组织为提高雇员的基础技能而采取的整合活动。

研究显示一个组织的收益以及总体的利润率与组织提供给员工培训的金钱投入正相关，根据《培训》杂志对行业的连续报导，美国企业每年为每个员工提供平均37个小时的正式培训。[①]相比之下，根据《财富》杂志的报导，美国前100强企业提供给员工的培训大约是平均水平的2倍，有时甚至更多。里兹·卡尔顿酒店的新入职员工每年都会有将近300个小时的培训。其中有大量的资金用在行政人员的发展和管理培训方面，这部分资

① “2013 Training Industry Report” *Training*(November-December 2013):22-35.

金的大部分用于普通员工和管理者的培训。

大型公司设有自己的“大学”，在此培训它们的员工和未来的经理人，这并不罕见。汉堡大学，是由麦当劳在芝加哥附近设立的，这可能是最知名的公司大学，通用电气有一个占地53英亩的培训大学，建在纽约，每年大约有1万人参加课程学习。坎贝尔浓汤宝公司开设了坎贝尔大学，它有一个个人领导力开发的两年项目，主要针对有抱负的、有经验的管理者。候选人由他们所在的业务单位或机构领导人提名。

美国的企业在非正规教育上花费了将近4倍的时间，但它们却在正式的指导下进行教学。在数百万美元的模拟装置上进行非正式的指导，范围从简单的在职指导到复杂的技能培训。其他类型的培训包括对新员工的常规培训、客户服务和沟通技能培训——作为各种法律授权的结果，是培训员工必须接受的，如平等就业机会委员会的要求或《职业安全和健康法案》的要求。航空公司必须接受由联邦航空管理局进行的强制性安全培训。列车员每年必须参加联邦铁路局规定的培训。

7.1.1　培训的战略方法

经理人应该密切关注企业的目标和战略，并进行相应的培训。例如，开发新的产品线是企业的目标吗？如果是这样，这个目标如何影响企业的培训计划？企业在试图降低产品成本以便利用低成本战略来捕捉新的业务吗？如果是这样，培训计划能保证执行这一战略吗？

不幸的是，一些组织没有把培训和组织的目标联系起来。相反它们“不管现在的竞争是什么，我都要参与”，结果，培训计划经常偏离方向，缺乏计划性，没有充分评估——更别说浪费钱财。第一，不是所有的企业战略举措都可以通过培训来完成。第二，不是所有的培训项目——不管它们是否已被其他企业广泛采纳——根据你的企业战略都势在必行。

由于企业条件变化很快，因此使技术与企业员工的培训类型同步进行以保持竞争力是一个挑战。如果员工始终未能达到他们的生产力目标，这可能就是需要培训的信号。否则，如果组织接到过多的顾客投诉，这也显示出企业培训不到位。大型企业包括通用电气、沃尔玛和IBM，有时也会设所谓的首席学习官①。这些人是企业的高层管理人员，他们的责任是定期在企业举办培训，主要专注于企业战略问题。

为确保企业培训与开发的投资发挥出最大的效用，一个战略性、系统性的方法应包含四个阶段：（1）基于企业战略目标的需求评估：企业真正需要培训的是什么？（2）项目设计：对提出的需求，培训项目应如何加以完美地设计或勾画？（3）实施：项目应如何实施——通过什么？（4）评估：企业如何判断培训项目真的发挥了作用？如图表7-1所列示的元素，我们将把它作为框架来安排本章内容。

7.2　第一阶段：进行培训需求评估

如果你有（或管理）一个企业，你怎么知道你的员工需要什么类型的培训？以下是一些最常见的培训员工的类型。

- 新员工的定向培训

---

① 首席学习官：一位在公司里直接负责培训员工、促进员工发展的高级管理者。

- 管理培训
- 对新员工进行基本的在职培训
- 销售培训
- 行政人员培训
- 法规（规定）培训
- 信息技术/计算机培训
- 道德培训
- 客户服务培训
- 多元化培训

为了回答这些问题，你需要进行培训需求评估。有些类型的企业相比其他企业更需要不同类型的培训。然而，几十年前由美国培训和开发协会进行的一项研究发现，组织做需求评估的还不到50%。这种情形已在某种程度上有所改善，部分是因为越来越紧的培训预算迫使企业确保它们的培训符合其目标。能够快速评估员工的培训需求对小企业尤其重要，因为它们可能没有时间或资源进行长时间的需求评估分析。做需求评估不一定是费力的工作，正如本章小企业特征所表明的。[1]

图表7-1 培训的战略模型

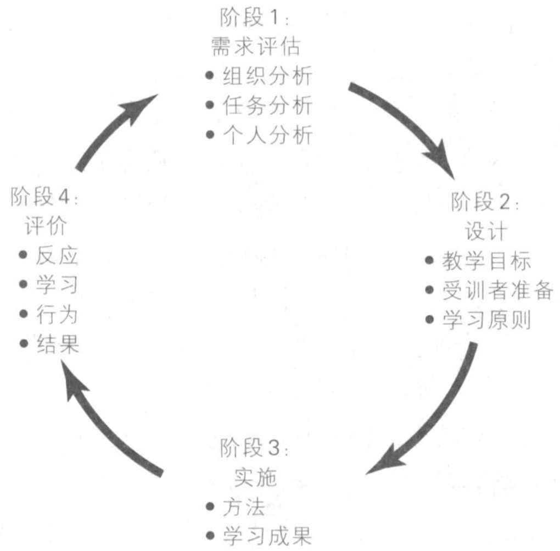

如图表7-2所示，培训的需求评估包括三个方面：组织分析、任务分析和个人分析。这几个方面的具体内容将在下面进行讨论。

7.2.1 组织分析

组织分析[2]是通过对企业的环境、战略和资源的审核来确定培训的重点。出于这个目的，人力资源专员通常会收集数据，如他们提供的产品或服务的质量、旷工数、营业额和

---

① Lori Freifeld, "Best of the Best," *Training* 45, no. 2(February 2008): 8.

② 组织分析：对组织的环境、战略、资源进行审核，然后确定培训的重点。

图表7-2 培训的需求评估

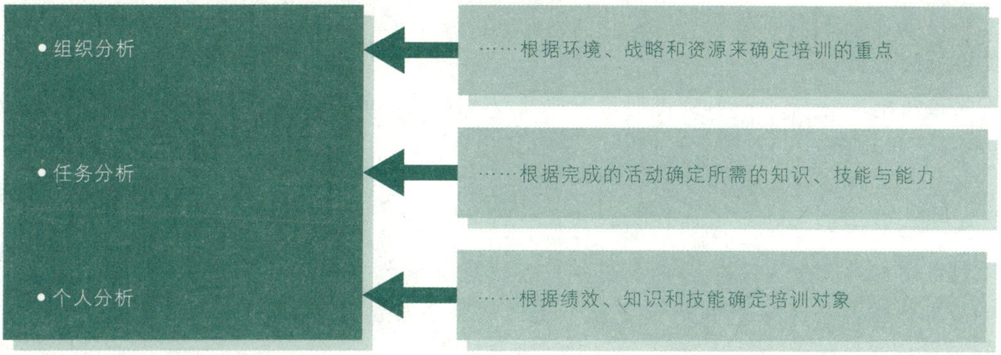

事故数，来决定什么类型的培训是必要的。潜在的替代人员的可用性以及培训所需要的时间是组织分析的重要因素。其他问题如技术变化、全球化、质量改进、员工授权、兼并与收购以及重组都需要培训。为什么？因为它们经常需要员工，尤其是企业新的领导人，承担新的角色和职责，适应新的文化和经营业务的方式。

经济和公共政策问题也影响企业的培训需求。例如，自“9・11”恐怖事件发生以来，美国机场安保人员的培训有了实质性的增加。航空公司的飞行人员、运输行业的员工、在核电站工作的工人，甚至在主题公园工作的安保人员的培训都有所增加。[①]最后，劳动力自身的发展趋势影响一个组织的培训需要。另外，随着老员工即将退休，年轻的员工需要获得能使他们接替老员工位置的技能和知识的培训。

在进行组织分析的过程中，也要对企业的技术、资金、人力资源进行严格检查，这样可以有效地进行培训。人力资源部门在持续的压力之下，最大限度地使用培训费用。一些公司（如摩托罗拉、福特和默克）发现，通过使用智能信息技术，它们明显削减了培训预算。其他公司则外包培训项目，或者至少把其中的一部分外包给外部企业，以降低培训成本或利用其所缺乏的专长。其他组织则购买由培训公司开发的而不是自己开发的“现成的培训”课程资料。对于企业来讲，一个新的发展趋势是它们在供应链方面与其他企业联手，共同培训它们的员工，这样可以更有效地控制成本。[②]

小企业应用

小企业快速评估培训需求指南

对组织进行详细的调查。持续地观察你所在的行业和组织，以便预期即将到来的培训需求。在这个过程中争取员工和管理者的帮助。质疑经理人的战略目标及其对组织的影

---

① David Dubois and William Rothwell, “Competency-Based or a Traditional Approach to Training?” *Training and Development* 58, no. 4 (April 2004): 46-59; See also Irwin L. Goldstein and J. Kevin Ford, *Training in Organizations: Needs Assessment, Development and Evaluation*, 4th ed. (Belmont, CA: Wadsworth, 2002). For the classic citation on needs assessment, see William McGehee and Paul W. Thayer, *Training in Business and Industry* (New York: John Wiley and Sons, 1961).

② 随着老员工即将退休，年轻的员工必须接受接替老员工位置所需的技能和知识的培训。潜在的替代准备和培训所需的时间是在组织分析中必须考虑的两个因素。

响，并据此进行相应的分析。

对内部进行详细的调查。决定什么技能是你所在的组织当前和未来最为重要的。哪些能提供最大的回报？

收集组织的数据。以你公司的绩效数据（如错误、销售额和顾客投诉）以及员工数据（如离职率和缺勤率）为起点可能是非常有帮助的。

开发一个计划。一旦识别出所需要的培训项目，就要找到不同的方法来解决它并考虑每个方法的成本和收益。决定什么样的增长或其他评估是培训的合理结果。

利用州和地方政府项目。许多州和地方政府有帮助小企业培训员工的项目。例如，得克萨斯工作委员会为该州的小企业每个新入职的全日制员工支付1 450美元并在地方大学受训（对每个现有员工的培训支付725美元）。

使需求评估过程得以持续。当你的企业需求发生变化时重复这些活动。

Sources: "TWC Launches Small Business Employee Training Program," *Your Houston News* (November 20, 2010), http://www.yourhoustonnews.com; "Employee Training Tips," D&B.com, http://smallbusiness.dnb.com; Ron Zemke, "How to Do a Needs Assessment When You Think You Don't Have Time," *Training* 35, no.3 (March 1998): 38-44.

7.2.2 任务分析

培训需求分析的第二步是任务分析。任务分析包括审查工作说明和工作要求，以确定在特定岗位上的工作任务和完成这些工作所需要的知识、技能、能力以及其他特征（KSAOs）。对于一个公司当前的工作，这个信息通常可以从职位分析中得出。如果这个职位是新设的或者工作发生变化，则任务分析的第一步是列出这项工作包含的所有任务或职责，第二步是列出员工完成每项任务或职责所采取的步骤。只要完全理解了这项工作，就可以定义所需的与绩效相对应的技能和知识的绩效类型（如操作、讲解、辨别）。例如，在拍摄胸部X光片的任务中，放射人员准确地把病人安置在适当的地方（操作），给予特别的指示（讲解），并检查病人离X光显像管的适当距离（辨别）。受训者所需要的技能和知识的类型可以通过观察和询问有技能的工作人员或温习工作说明书来确定，这些信息有助于训练师遴选课程要点，选择最有效的培训方式。

在快节奏的环境中，工作正在迅速改变。所以，公司发现不应该注重任务的固定程序，为了以更好的方式工作，员工需要具有灵活应变的能力。能力评估[①]侧重于雇员成功所需要的整套技能和知识，尤其是决策导向和知识密集型的工作。但是能力评估不仅是简单地描述一个员工要成功地完成一项工作应具备的特点，而且要描述这些特点在一个组织的环境和文化下怎样应用。这可能包括一个员工的积极性、人际交往能力等。“一流的员工能成为某个领域的专家，但‘人才工厂’重点打造通才。”一位人力资源顾问解释说。

聚焦 HRM 1

一个管理岗位的能力评估

对每一条，圈出你认为能最恰当描述经理的特点的数字。对于不适用的条目，圈NA（不适用）；对于你缺少足够观察的或书面证明的，圈DK（不知道）。

① 能力评估：决策导向和知识密集型工作所需要的一套技能与知识的分析。

4-可作为典范
3-专家
2-有进展
1-需要协助
NA-不适用
DK-不知道
能力1：行为专业，并能鼓励其他员工这样做
4 3 2 1 NA DK
依据：
能力2：行为有道德，并能鼓励其他员工这样做
4 3 2 1 NA DK
依据：
能力3：使用多种方式交流并能完整和清楚地传达信息
4 3 2 1 NA DK
依据：
能力4：从各个层次进行投入并能表现出公平性和一致性
4 3 2 1 NA DK
依据：
能力5：进行开放式的管理并且以开放式的态度接受主管和下级的批评
4 3 2 1 NA DK
依据：
能力6：探索并融入创新的解决方案，以改进企业部门的项目和产品
4 3 2 1 NA DK
依据：

安利公司没有像往常那样，列示培训计划的详细清单，而是为全世界17 000多名员工建立了工作能力档案。能力指的是针对每个员工的工作所需要的特殊技能，并给予他们获得此技能的培训“路线图”。该公司还摆脱了与它的业务目标无关的现有培训课件。[①]聚焦HRM 1列举了一个用于评估管理者部分能力的评估工具的例子。

7.2.3 个人分析

个人分析涉及决定员工所需要的培训，以及哪些是重要的，哪些是不重要的。它帮助组织避免把所有的员工都送去培训，而有些人是不需要培训的。另外，当准学员进入培训时，个人分析有助于经理人决定他们能做什么，以便在设计培训计划时着重于他们能力不足的领域。绩效评估信息也被用于个人分析。然而，尽管绩效评估可能会揭示哪个员工不符合企业的期望，但它们通常不能显示为什么。如果绩效缺陷是由于能力问题，培训就可能是好的解决办法。然而，如果绩效缺陷是由于缺乏激励或员工无法控制的外部因素，培

① Alexander Reicher, “The Background of Our Bing: Internet Background Checks in the Hiring Process,” *Berkeley Technology Law Journal* 28, no. 1 (Spring 2013): 115-153.

训可能不起作用。进行一种更深入的绩效诊断将在第8章绩效评估一节中讨论。最终，经理人不得不与员工坐下来讨论改进的领域，以便他们能共同决定培训或其他利益最大化的方法。

7.3 第二阶段：设计培训方案

一旦培训需求确定了，下一步就是设计强化学习所需的学习环境的类型。专家认为培训过程的设计应至少关注4个相关的问题：(1) 培训的教学目标；(2) 受训者的准备与动机；(3) 学习原则；(4) 培训者的特点。下面我们将逐个讨论。

7.3.1 开发教学目标

在进行组织、任务和个人分析之后，经理人对公司的培训需求应该有更全面的理解。基于这些信息，他们可以在写教学目标时更正式地阐明培训应达到的效果。一般来说，教学目标描述员工所要获得的技能或知识和/或员工需要改变的态度。一种以绩效为中心的教学目标被广泛地使用。以绩效为核心的目标通常包含准确的词语，如“计算”“修正”“调整”“创建”“集合”“分类”。[①]例如，一个培训项目陈述的目标可能是：“以团队方法培训的员工可以在6个月内完成团队成员的不同工作。”

7.3.2 评估受训者的准备和动机

影响受训者成功的两个前提条件是：准备和动机。受训者的准备涉及受训者的经验和知识是否足以吸收培训内容。他们有必要的背景知识和技能来吸收培训所展示给他们的内容吗？

因此，通常根据他们的能力进行分组，由他们的测试分数或其他的评估信息来确定，然后为需要培训的人提供相应的教学类型。培训课程参与者的接受情况和准备程度能够通过他们完成问卷来增强，问卷主要涉及他们为什么参加培训，通过培训希望达到什么效果。

学习的另外一个前提条件是受训者的动机。组织需要帮助员工理解他们投入到培训中的努力和回报之间的联系。为什么培训很重要？如果没有培训，会怎么样？而且，培训对员工个人来说意味着什么？通过关注受训者本身，而不是培训师和培训的主题，经理人可以创造一种有助于学习的培训环境。

大多数员工借培训机会开发自身的技能并推进他们的职业生涯。然而这些需求的相对重要性是不同的。例如，刚毕业的大学生通常会对发展有更高的期望，已经确定了职业生涯的具体目标。对于即将退休的老年雇员来说，情况可能不那么简单。让员工在他们想从事的领域接受培训，而不仅仅是给他们分配某些培训活动，也可以很有动力。[②]让员工去体验他们想要的培训领域而不是仅仅派他们参加一定的培训活动，能很好地激励员工，所以可以支持员工用他们了解的信息去培训另一些员工。在一个组织中，有谁不想被人称为专家？

---

① 教学目标培训计划的期望效果。

② “A New Assistant at Georgia Tech Made False Claims,” *The New York Times*(January 29, 2002), D7; Stephanie Armour, “Security Checks Worry Workers; Padded Résumés Could Be Exposed,” *USA Today*(June 19, 2002): B1.

7.3.3 学习的原则

什么类型的培训比其他的更有效？培训必须在组织和员工之间架设桥梁。在转变过程中，最重要的一步是要充分考虑学习的心理原则，也就是培训计划的特征是帮助员工掌握新的教材内容，理解它在生命中的意义，并运用到工作中。在考虑了所有因素后，如果综合了图表7-3所示的学习原则，培训课程有可能变得更有效。

图表7-3 学习的原则

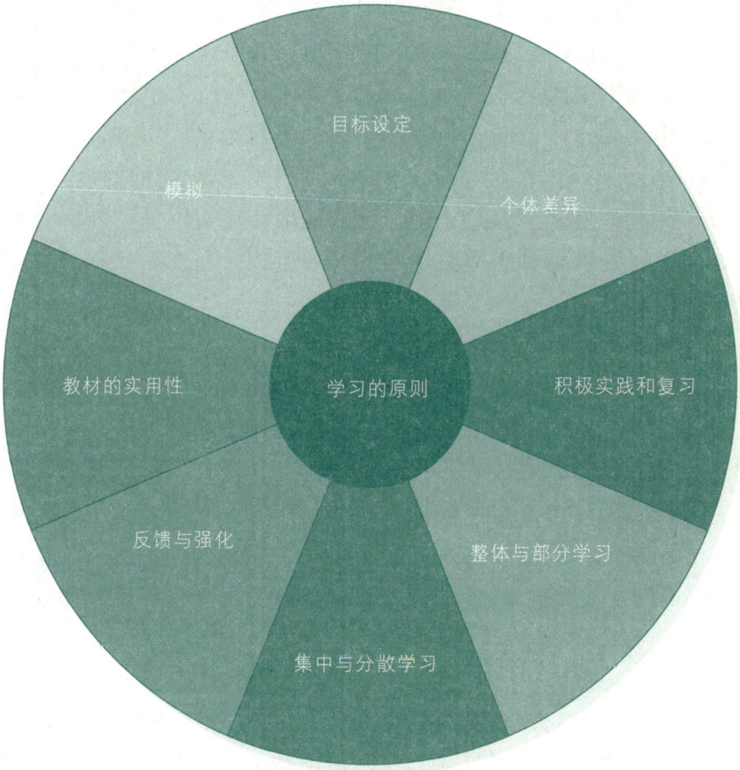

1. 目标的设定

当培训师花费时间向受训人解释培训的目标和目的时，或鼓励受训者建立他们自己的目标时，与培训直接相关的兴趣、理解水平和努力程度将会提高。在某些情况下，目标设定可以简单地采取课程/计划、目标和学习点的“路径图”的形式。

2. 呈现的意义

很简单，受训者如果能把新的信息与他们所熟悉的东西联系起来，他们将能够更好地学习新的信息。这就是培训师通常采用多样化的例子让受训者自由联想的原因了，这些例子使教材更有意义。此外，培训教材应该根据积累的经验进行修订。以这种方式，受训者可以把这些经验整合到知识和技能的实用形式中去。

3. 模拟

俗话说“一幅画胜过千言万语”，这也适用于培训。就像实例能增强实际教材或培训中新知识的实用性一样，模拟会凸显出行为培训的特点。换言之，人们通过模仿别人学习。例如，如果你想学习骑马，那先要看他人给你的示范，然后自己上马练习，这要比你看书、听讲座并期望自己能做好更容易些。[①]

模拟有很多种形式。现场展示或录像展示通常都是有用的，甚至照片和图画也能够起到传播视觉信息的作用。关键是模拟说明了期望学习的行为或方式。在一些情况下，错的行为模拟是有用的，因为它向受训者展示了什么该做，什么不该做。

4.个体差异

每个人的学习速度和方法不同。视觉学习者通过图片、表格和演示来吸收信息。语言学习者最好通过口头或书面语言吸收信息。类似地，有些学生害怕在大庭广众下演说，但是在小组讨论里却滔滔不绝。

培训师可以采用多种方法帮助学员适应不同的学习方式。例如，培训师可以将各种方法融入他们的课程中，而不仅仅是靠说。他们应使用可视化的辅助设备，鼓励学生参与，包括向他们论证，并向他们提问有关他们自己的经历。在实践活动中，为特定活动将大组分为较小的组，也可以帮助培训者适应不同的学习方式。[②]

5.积极地实践和复习

那些我们每天做的事情已成为所需技能的一部分。应该给予培训者更多的机会以公司期望的方式完成他们的工作任务。应该给予正在学习如何操作一台机器的员工实地操作的机会。而正在学习如何培训的经理人，在其培训时应该给予指导。

实践的价值在于它使得行为成为第二本性。例如，当你第一次学习开车时，你把部分的精力集中在这个机制上："我的手放哪儿，脚放哪儿，我将开多快?"随着你练习的增多，你考虑的关于机制的问题会变少，而会更多地考虑到公路、天气和交通状况。其他的学习方式也大致相同。通过练习，受训者会忘记具体的操作动作，开始在运用它们的微妙之处上集中注意力。

6.整体与部分的学习

大多数的工作和任务都可以分解为几个部分，以便进行进一步的分析。确定完成每个部分的最有效的方法，然后为提供具体的指示给出依据。例如，学习卖一种产品是由几种技能组成的，而这些技能正是整个过程的一部分。尽管这个过程听起来令人畏惧，但是它可以分解成几个不连续的步骤：发现市场机会；通过调研了解潜在客户的需求，并刺激潜在客户的需求；以迎合这些需求的方式来展现公司的这种产品；最后，学习在何时、怎样让消费者买这款产品（完成交易）。在评估整体与部分的学习时，有必要考虑学习任务的性质。如果这项任务可以被成功地分解，那么它应该被分解，以便更好地学习，否则，就

---

① Max Mihelich, "Check on Background Checks," *Workforce .com*(September 23, 2013), http://www.workforce.com.

② Amy Maingault, John Sweeney, and Naomi Cossack, "Interviewing, Management Training, Strikes," *HRMagazine* 52, no. 6(June 2007): 43; James Bassett, "Stop, Thief!" *Gifts & Decorative Accessories* 104, no. 1(January 2003): 130-34; Richard A. Posthuma, Frederick Morgeson, and Michael Campion, "Beyond Employment Interview Validity: A Comprehensive Narrative Review of Recent Research and Trends over Time," *Personnel Psychology* 55, no. 1(Spring 2002): 1-8.

应该进行整体培训。

编程教学，也被称为自定进度的学习，经常被用于打破学习顺序，按他们自己的进度学习。当信息按小模块展示时，受训者要在计算机上做出反应或选择来回答问题。如果反应是对的，受训者则接着做下一个（或看屏幕）；如果反应不正确，则给出进一步的解释信息，受训者被告知再试一次。

7.集中与分散的学习

另一个影响培训有效性的因素是每期培训时间的长短。应该对受训者进行5次每次两个小时的培训，还是10次每次一个小时的培训？在大多数情况下，间断地进行培训，会使受训者学得更快，记忆得更持久。这就是分散式学习的原则。

依据错误或成功来衡量一个人的培训进展，可以标示在称作“学习曲线”的图表上。图表7-4就是一个获得工作技能时常见的学习曲线的例子。在许多学习情况中，会出现不再进步的时候。这一期间表现在曲线上，就是相对水平的直线，这被称为高原。高原可能是由于缺乏激励或是因受训者一直不能像期望那样完成一个新任务而变得沮丧导致的。其实，这是学习过程中的自然现象，学习者稍后自然也会恢复过来，如图表7-4所示。

图表7-4 典型的学习曲线

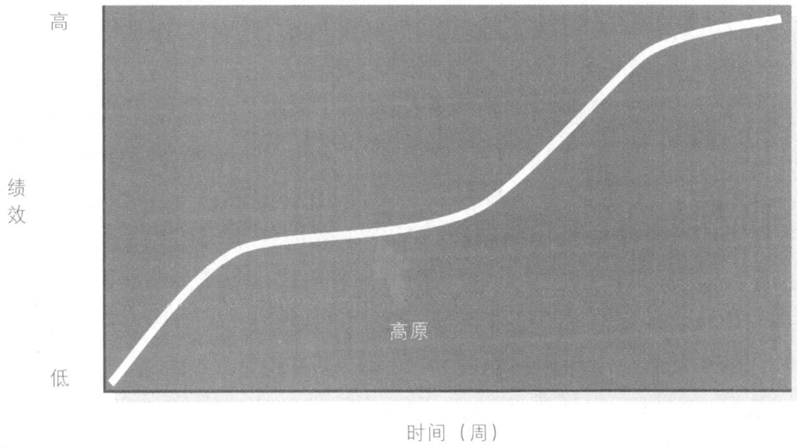

8.反馈与强化

没有反馈会有学习吗？有些反馈来自于受训者自身监督，而有些是来自于培训者、受训者的同事等。反馈能帮助个人关注他们现在做的事情中哪些是对的或哪些是错的。考虑一下，当你第一次学习打棒球、骑自行车或游泳时，有人，可能是父母，会告诉你你做的什么是对的，什么是应该纠正的。随着你不断地纠正这些事，你可能会做得更好。有些反馈出自受训者自我监督，而其他反馈来自培训师及同期的受训者。

多年以来组织使用行为矫正（behavior modification），该技巧使用原则是：受奖励的行为——正向强化——在未来将会被更频繁地展示，而被处罚或不被奖励的行为发生的频率将减少。例如，在安全培训中，我们可以知道什么是安全的行为，即那些能确保更少事故发生的行为，以及什么是不安全的行为。在培训之后，或作为培训的一部分，经理人可以使用相对简单的奖励方式来鼓励并保持那些他所期望的行为。如孟山都、塔吉特、宝华特公司（美国最大的报纸制造商）都发现口头上的鼓励和反馈是最能强化员工行为的方式。然而，口头上的鼓励或是更多有形的报酬，如奖金、奖品和典礼，都有助于强化公司理想的行为。

当一个学员成功地完成某项任务时，立即给予鼓励是最有效的。这就是为什么一些雇主制订了现场奖励计划，即当员工们在培训期间或在岗位上某件事做得特别好时，“当场”奖励他们。奖励包括现金、礼品卡、假期或其他员工认为有价值的东西。

7.3.4 培训者的特点

任何培训努力的成功都主要取决于教学技能和那些负责组织培训的人的个人特点。那么区分优秀的和平庸的培训者的标准是什么呢？一般优秀的培训者会展示出更多的努力或更多的教学准备。然而，培训者的个人行为和特点也会影响培训，比如他或她的学科知识、热情和真诚度、对学员的兴趣、幽默感、沟通能力、向受训者提供帮助的意愿。因为他们在职场有很大的影响，组织应该奖励这些也是优秀培训师的经理人。更经常的是经理人没有认识到他们在人力资源管理这一重要方面的贡献。

7.4 第三阶段：实施培训方案

你曾参加过不算太好的培训课并认为自己可以“找到更好的方法超越材料的限制”。也许其所缺乏的正是培训的方法。培训方法正是在执行培训计划时“派上用场”的。从众多培训方法中进行选择的最主要的考虑因素是哪些方法适合所学习的KSAOs。为了组织对各种培训方法的讨论，我们把它们置于如图表7-5所示的持续学习中——从反应式、被动式学习到主动学习。例如，如果培训材料是实际性的，或者设计成在员工的态度上创造一个转变，那么讲座、课堂教学或程序教学方法可能是较好的。但如果培训涉及大量的行为或技能部分，那么在职培训、模拟或是基于电脑的培训（CBT）也许会更有效。[①]换句话说，方法应该与你要取得的学习成果相匹配。

请记住这些方法中有很多可用于培训非经理人和经理人，虽然有些更多用于其中的一群人。另外，多种训练方法经常用于配合不同的学习者。运用多种训练方法被称为混合式学习。如图表7-6所示，由老师讲授的传统课堂教学仍然是正式培训员工的一种培训方式。然而，我们将要简单讨论的混合式学习是第二个最常用的方法。

1.在职培训

到目前为止，对非管理人员培训的最常用方式是在职培训（on-the-job training, OJT）。有些人估计，80%~90%的员工通过在职培训的方式进修。在职培训在正常工作环境下，有提供亲身实践的优势，还为培训者——经理人或高级员工——提供与新员工建立良好关系的机会。一些人认为，在职培训可能是在工作场所中方便学习的最有效的方式。

---

① Yen-Chun Chen, Wei-Chi Tsai, and Changya Hu, “The Influences of interviewer-Related and Situational Factors on Interviewer Reactions to High Structured Job Interviews,” *International Journal of Human Resource Management* 19, no. 6 (June 2008): 1056-1071. Jesus F. Salgado and Silvia Moscoso, “Comprehensive Meta-Analysis of the Construct Validity of the Employment Interview,” *European Journal of Work and Organizational Psychology* 11, no. 3 (September 2002): 299-325.

图表7-5

培训方法不同学习成果不同

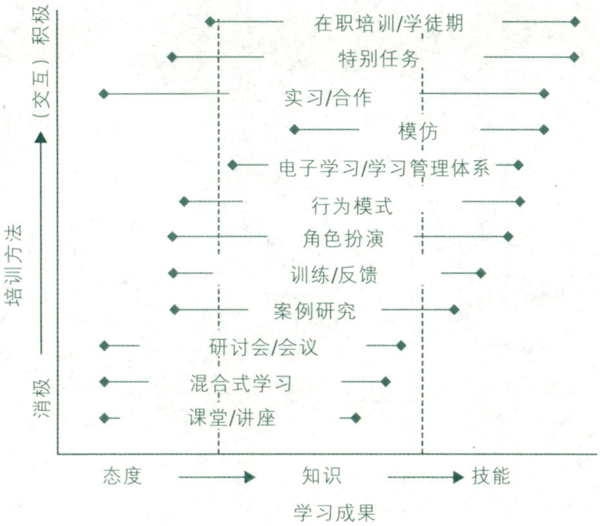

图表7-6

培训方法

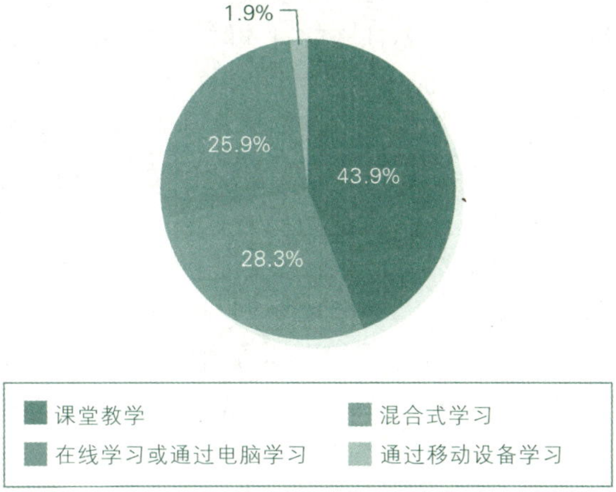

Source：Adapted from “2013 Training Industry Report” *Training*（November-December 2013）：22-35.

虽然在职培训应用于各种不同类型的组织，但是由于它的非正式性，通常也是实施效果最差的一种培训方法。为了克服这些问题，培训专家建议如下：

为每个受训者设计特殊的培训时间表。培训结束后进行周期性的评估，以防止员工忘记所学的东西。

图表7-7显示了一个在职培训过程的基本步骤。例如，荷兰皇家航空公司（KLM Royal Dutch）用在职培训的方式来培训客舱服务人员。航空公司启动了一项培训计划，先对客舱服务员进行一段时间的课堂培训，然后在评估性飞行中，对他们进行其他的培训。在这些飞行中，有经验的客服人员依据一张明确的工作任务列表，对受训者进行在职培训。诸如提供正餐和点心的任务，是在培训者向乘客提供实际服务的过程中展示出来的。其他任务可以在非就餐时间、在远离乘客的地方展示给受训者。

图表7-7 **在职培训的正确方法**

P	准备(prepare)。确定受训者需要被教授的内容。找出最佳的培训步骤或顺序。确定如何最好地说明这些步骤。准备好教材、资源和设备。
R	保证(reassure)。使雇员放松。了解他或她以前的经验,并据此进行相应的调整。试着让受训者感兴趣、放松并有学习的动机。
O	导向(orient)。向受训者展示完成某个岗位工作的正确方法,并解释原因。讨论这个岗位如何与其他岗位相关。让他或她问大量的问题。
P	实施(perform)。当雇员准备就绪时,让他们亲自完成岗位工作。给他们机会实践,并随时进行现场指导。刚开始提供帮助和支持,然后慢慢放手。
E	评价(evaluate)。检查雇员的绩效,并问他们如何、为什么、在何时和在何地应该做的事情。纠正错误并重新进行指导。
R	强化和检查(reinforce and review)。给予赞扬和鼓励,并对雇员所做的事情进行反馈。持续进行沟通并表达对他或她做此项工作的信心。

Source：Scott Snell，University of Virginia.

在职培训的一种延伸是学徒式①培训。用这种方法，个人在进入行业，尤其是机械工、实验室技术人员、电工这样技术性强的行业时，通过在职培训和脱产培训得到全面的理论和实践指导。例如，Bonneville电力管理局和GP战略公司为变电操作员工开发了一种学徒式培训计划，给员工提供电学理论方面的技术基础知识，还为员工提供在变电站实际操作设备以锻炼动手能力的机会。后来，这项计划也被设计用以提高未来电力操作员对危险事件的应变能力。一般来说，一个学徒开始的工资是一个熟练工人的50%，但随着学徒的工作技能的提高，工资将定期增加。当这个学徒成功地完成其学徒生涯时，他就成为一名具有熟练水平的工人，也会得到全额的工资。

学徒计划作为同业公会制度的一部分，起源于几个世纪前的欧洲，至今仍在广泛使用。德国就有成百上千个质量合格的学徒。德国的大学生通常也都会成为学徒，他们的时间分为学习和获得在职经验。通常来说，这种计划涉及组织与工会、行业与政府，或组织与当地的学校系统之间的协作。

在美国，有数千个组织在美国劳工部的学徒培训局（Bureau of Apprenticeship and Training，BAT）和州机构登记了它们的计划。学徒式培训在各个行业被广泛地使用，包括建筑、制造、电信、艺术和健康领域。

2.特别任务

特别的工作任务（第5章讨论过）指的是将受训者分派到不同的领域、不同的岗位，更经常的是不同的地区和国家。在有些情形下，他们在经理人的训练下被分派去做重要的工作。工作轮换和横向调动也为学员提供了各种实际操作经验。特别项目和初级董事会给学员一个机会，研究组织面临的挑战，据此做出决策，讨论项目的哪些方面是正确的，哪

① 学徒式：培训员工的一个好的方式，尤其在专业技术行业。

些方面是错误的，规划并开始新的举措。

3.联合培训、实习生培训和政府培训

和学徒式培训类似，联合培训[1]计划把实际的在职培训经历和正式的课堂教学结合起来。例如，一个学生可能会选择在一个组织工作一个学期（为了挣工资），然后下学期去学校。在教育联合培训项目上，许多组织（包括房利美、通用汽车、汉堡王、Champion International、Cray公司和UNUM保险公司）向关联的高中和大学投资了数百万美元。

我们在第5章讨论的实习培训计划[2]——学院、大学和各种组织共同支持的一项培训计划——向学生提供获得实际工作经验的机会，同时，学生们也可以知道自己在组织工作中表现如何。组织也可以从实习生为了完成任务而展现出来的新思想、活力和热情中受益。一些大学和社区学院都允许其学生在拥有成功的工作业绩并且履行了既定的计划要求的基础上获得学分。

联邦政府和各州政府与私企老板一起，在全国范围内通过一站式就业中心（有时叫作“工作服务”或“劳动力发展”中心），对新雇员和现任雇员的大量的培训计划进行赞助、支持。在明尼苏达州的成功计划中，一站式就业中心帮助工人找工作，也帮助雇主找到合格的工人，并且提供就业培训和其他的雇用服务，这些问题都可以在一个地方解决（因此被叫作一站式）。3M、西北航空公司、霍尼韦尔公司和通用磨坊公司只是参与一站式计划的几个公司。

4.模拟方法

有时用实际工作中的设备对员工进行培训是不切实际的或不明智的。最明显的例子就是培训员工操作飞机、宇宙飞船和其他高科技且昂贵的设备。模拟方法强调设备的真实感，并且以最少的成本和最大的安全性进行培训。

位于达拉斯Love Field的西南航空公司飞行操作培训中心，有10架全动感波音737飞机模拟器。在一个模拟器内的每期四小时的培训情境中，根据飞行员遇到的很多不正常的飞行情形，美国联邦航空管理局研发了一种复杂的模拟器，加速对航空交通管制员的培训，这个过程需要长达5年的时间。一些控制变量，如风速、降水量和被管理的飞机数目，能够通过模拟器来调整，从而可以测试受训者的能力。模拟器就像是把病人融入到医疗训练里一样。

像西南航空公司移动的驾驶舱模拟器、拥挤的航班工作人员，与基于计算机的模拟之间的区别已经模糊。为培养叉车操作员，Alcoa铝业公司使用一种称为safedock的计算机仿真。在模拟中，受训者执行普通的任务，如从一个装卸区移动载重物到另一个区域。如果受训者移动错误，他或她瞬间就能看到后果：叉车可能最终会驶离码头或撞到另一个叉车上。这些类型的技术正以新的和不同的方式使得培训更为容易。

模拟技术也被用于帮助员工和经理人做战术决策。联邦紧急管理机构已用模拟技术帮助经理人更好地对危机做出反应。在计算机模拟化学云吞噬城市时，管理者试图动态地响

① 联合培训：一种把实际的在职培训经验和正式的课堂教学结合在一起的培训计划。

② 实习培训计划：学院、大学和各组织共同支持的一项培训计划，向学生提供获得实际工作经验的机会，同时，学生们也可以知道自己在组织工作中的表现如何。

应各种问题。在万豪国际酒店，一个所谓的商业头脑计算机项目被用于训练非酒店业内的经理人对酒店经营的细节。该项目模拟酒店经营情形，如预算决策。

然而，模拟并不一定需要计算机。摩托罗拉开发了一个不用计算机的管理模拟，叫“平等就业机会：这就是你的工作”，来讲授平等就业机会原则。受训者在比赛中收获了竞争精神，并在同一时间吸收和记住政府法规。他们也开始意识到他们自己的日常决策如何影响他们的雇主遵守这些法规。

5.电子学习

我们之前讨论过的培训方法正发展成现在培训师所指的电子学习。电子学习包括许多应用程序，如网络培训、计算机培训（CBT）和虚拟教室。它通过互联网、专用网和外联网、电视、DVD、CD-ROW、MP3播放器甚至游戏平台等“第二生命”所建立的“虚拟教室”，来传送学习的内容。

越来越多的电子学习涉及使用学习管理系统，这个系统把公司的电子学习、员工评估工具以及其他培训职能融入一个电子工具，由软件开发者为企业量身定制。利用软件，经理人能够评估员工的技能，记录他们学习的课程，当他们需要或想要它们时，把互动的学习模块直接传到员工的桌面，跟踪和评估员工是否进步，并且确定他们什么时候应该被晋升。

购买学习管理系统并不能减轻人力资源部门和公司的经理人进行彻底的需求评估的责任，尤其是因为这个系统很贵。进行过彻底的需求评估后，获得软件，最终选择最有效的系统。

在一些方式上，电子学习改变了学习过程。第一，正像我们所说的：公司可以通过电子学习对员工进行培训，并且通常是更有效、更具成本效益的。核电站行业是一个恰当的例子：核电站培训是经常性的、耗时间的。从工人们脱下防护服，然后到一个单独的培训场地，就要花费一个小时或更多的时间。而一个核电站公司采取电子学习的方式，仅一年就可以节约将近100万美元，每个员工会节省10 000个小时的时间。

电子学习也允许公司为个人随时随地地提供培训软件。随时随地为员工提供培训软件，被称为实时培训，它有助于缓解受训者在整个培训课程中的厌烦感，他们更愿意掌握能让他们马上就能用的信息。微软的产品专家制作了几百个简短音频和视频，该公司的销售人员可以下载到他们的移动设备上以备不时之需。长期的培训课让人们无法从事销售，同时又有新产品不断推出，如果他们还得经常参加培训会，就很难跟上新产品的速度。而且，如果他们不能马上用到培训的技能，也无法记住培训的内容。

社区实践是一种基层培训，让人们可以通过社交工具分享知识和相互协作。博客和维基——正如他们在维基百科上一样，他们可以在网站上发布信息——正是通过社交实践这个工具来促进学习的例子。美国部队有一个社交实践网站。当士兵使用手榴弹发射器遇到问题时，指挥官会把问题发到网上。很快，经历过类似问题的人会回帖告诉简单的解决方案。芝士蛋糕工厂连锁餐厅通过让员工下载和分享与工作有关的话题的视频片段来培训员工，包括怎样准备一定的食物，以及提供一流的顾客服务。咨询公司埃森哲建立了社交实践网站，允许员工为最佳答案投票。

电子学习系统不需要花大价钱。许多电子培训系统都使用现有的应用软件，这些软件是员工熟悉的，如PowerPoint、Word和Adobe Acrobat，并且音频和视频文件可以很容易地上传，使用计算机及移动设备即可在线观看或收听。大型开放式网络课程（慕课）能为企业减少培训费用。慕课是任何人都可以参加的在线课程。这些课程允许人们按自己的进度学习，可以自动反馈他们做得如何，并自动获得评分。

尽管慕课首先被学术界所使用，但它很可能会改变企业培训员工的形式——从识别新的员工到帮助现有的员工掌握工作岗位所需要的能力。全球钢铁制造商Tenaris已采用慕课平台向世界各地数千名员工传递培训项目。为了帮助客户企业找到HTML的Web开发人员，招聘企业Aquent推出了慕课。有数千人注册了Aquent主办的HTML课程。上百人在上面找到了工作。①

像其他类型的在线学习一样，缺乏与其他人的联系是一些学习者面临的问题。有些慕课允许学生与其他人进行虚拟讨论。还有的允许指导者录下有关每周课程进展情况的音频评论或视频。②

6.行为示范

一种技术往往结合了几种不同的培训方法，因此学习的原则是行为示范技术。行为示范包括以下四个基本组成部分：

（1）学习要点。例如，学习要点可能描述了经理人反馈给员工建议采取的步骤。

（2）示范。参与者观看视频，里面示范的经理人被描绘成努力改善员工绩效的形象。该示范显示了具体如何处理这种情况，并演示了学习要点。

（3）实践。接下来受训者实践示范中的行为。

（4）反馈和强化。培训者和其他受训者强化受到称赞、认可、鼓励和关注的行为。将会议进行数字化录音也是非常有益的。

按照各种研究结果，行为示范看起来很有用。军事训练是行为示范的一个典型例子。军事示范向新兵示范所期望做到的行为，反过来，通过模仿，形成纪律和自信。③

7.角色扮演

角色扮演包括扮演其他人的角色，经常是主管或下属面临某一问题时，如发生意见分歧或遇到执行问题时。角色扮演不仅适用于培训经理人，也适用于培训销售人员，向顾客提问以理解他们对产品和服务的需求。健康护理专业人员也致力于角色扮演，以学习向病人提问，保持热情，对他们的事体察入微。维珍美国航空利用角色扮演练习来帮助员工学习如何处理愤怒或不守规矩的乘客。

正确地计划和实施角色扮演，可以带入现实并洞察所陷入的困境并收获经验，否则可能无法体验。可以模仿角色扮演的计算机程序已经开发出来了。SimuLearn公司的产品——虚拟领导人就是这样一个程序：受训者与动画中的“员工”互动——他们当中的

---

① Garry Kranz, "Online Learning Gets Massive, Open," *Work-force Management*, August 13, 2013, http://www.workforce.com.

② Geoffrey Fowler, "An Early Report Card on MOOCs," *Wall Street Journal*, October 8, 2013, http://online.wsj.com.

③ T. L. Stanley, "Be a Good Role Model for Your Employees," *Supervision* 65, no. 5 (January 2004): 5–8; Gary May and William Kahnweiler, "The Effect of a Mastery Practice Design on Learning and Transfer in Behavior Modeling Training," *Personnel Psychology* 53, no. 2 (Summer 2000): 353–73.

一些人比其他人更合作。接下来受训者在每种情形下运用他们的管理技能情况会反馈给计算机。

8. 训练

训练包括从经理人到下属的持续指令、意见和建议。相比之下，导师制通常不是说员工直接向导师报告，训练也不仅仅是发出一系列指令。它是一系列鼓励和支持，意味着不仅是正确地做工作而且是取得领先，成为领导者。

训练的一部分涉及与员工谈论他们的目标是什么并且对取得这些目标很兴奋。甚至它意味着优秀的员工最终会离开你的部门，并且你不得不用新员工代替他们开始一个新的过程。一旦经理人理解了员工的目标，经理人就能想方设法来提高他们的技能，通过采取新的领导职责、培训和指导其他员工、推动项目，向个人提供他或她做得如何的反馈。①

培训员工成为经理人的一个方法是让他们参与管理人员会议。这有助于他们了解发生在其接触的领域之外的问题和事件以及其他经理处理暴露在他们面前的问题的思路和想法。然而请注意，接受训练对所有的员工都很重要——不只是那些有管理志向的员工。许多高级管理人员以及普通员工说，如果没有培训，他们将永远不会为他们的组织完成他们所可能拥有的成就。

9. 案例研究

课堂学习情境中一个特别有用的方法是案例研究。美国联邦调查局综合案例情景法被用于所有新的联邦调查局特工为期16周的培训的一部分。运用记录的例子，参与案例研究的人学习如何分析（拆开）和合成（放在一起）事实，意识到管理决策都是基于许多变量做出的，通常会提高他们做决策的技能。②图表7-8提供了一套何时以及如何进行案例研究的指南。

图表7-8 **案例研究**

当使用案例研究时……

- 决定哪一个目标最好是通过案例研究来实现的。
- 识别可用的案例或者考虑自己写。
- 安排活动，包括材料、房间或地点、日程。
- 让每个参与者有机会参加讨论和活动，尽量把团队化小。
- 将案例研究中的理论与组织实践联系起来。

Source: Adapted from Albert A.Einsiedel, Jr., "Case Studies: Indispensable Tools for Trainers," *Training and Development* (August 1995): 50-53.

① Avery Augustine, "How to Coach Your Really Good Employees," *Forbes*(January 22, 2014), ttp://www.forbes.com.

② Chris Whitcomb, "Scenario- Based Training to the F.B.I.," *Training and Development* 53, no. 6 (June 1999): 42-46; Anne Hoag, Dale Brickley, and Joanne Cawley, "Media Management Education and the Case Method," *Journalism and Mass Communication Educator* 55, no. 4(Winter 2001): 49-59.

10.研讨会和会议

研讨会和会议，像课堂教学，是很有用的。它把一群人聚在一起培训和开发。就开发经理人而言，研讨会和会议可以用来沟通思想、政策或程序，也有助于抛砖引玉或讨论问题（通常借助于一个有资质的领导者），不设答案或解决方案。基于这个原因，当目标变化时，经常举行研讨会和会议。

外部研讨会和会议通常是由大学和咨询公司共同举办的。协会和第三方机构，如美国管理协会、董事会会议以及创新领导力中心，也经常提供许多不同类型的管理研讨会。建筑和采矿设备制造商Caterpillar就是这样一家公司，它联合一家外部咨询公司，制订了一项到2020年培训一批新的管理人员的计划，使他们能够有效地管理公司。Caterpillar展开了一系列高水平的见面会和战略会议。在这些见面会和战略会议中，该公司寻找具有11个特征的经理人和领导者。

11.混合式学习

混合式学习是一种方法，它将课堂讲授与计算机、在线指导、音视频资料（如幻灯片）的使用结合起来。录像可用于说明一个程序的步骤，如安装电子设备或与遇到问题的员工一起工作。为了指导飞行乘务员，航空公司播放事先录好的意外事故的实际驾驶舱音频。听完录音后，受训者要讨论危机中乘务员的行为。受训者本身的记录也可以利用。高尔夫球和网球教练经常记录他们球员的行为，让他们观察自己的错误。

通常，自定进度的方法（将在下面讨论）也是混合式学习的一部分。混合式学习因为不同的人以不同的方法学习而更有效，它打破了单调乏味的课堂学习。图表7-6表明混合式学习是公司培训员工的第二个最普遍的方法。

12.课堂（讲座）教学

最终，但也许不是最后的方法，是课堂教学。为什么企业现在还使用课堂培训，你会感到奇怪吧？课堂教学的一些优势与动力、参与度有关。你参加过没有课堂环境的自定进度的课程吗？如果有，你可能会很难完成它。正如一位教授指出的：“说到学习，上一堂课就成功了一半。”另外，如果受训者遇到了问题，一个活生生的指导者通常是帮助受训者的最佳人选。

课堂培训不一定在课堂上进行。Electronic Data Systems公司利用视频会议来培训世界各地的员工，而不是让他们飞到某地。公司进行了一个“培训领导人”的计划，通过视频会议向41个国家的1 500名经理人演示。

7.5 第四阶段：评估培训课程

你能弄清楚你所进行的培训课程是否成功吗？有许多方法可以用于评估一个公司的培训计划是否改善了学习，是否影响了工作中的行为并且对组织的基础绩效产生冲击。图表7-9显示了评估培训的四个基本标准：（1）反应；（2）学习；（3）行为；（4）结果。这些标准中的一些项目比其他的更容易测量，但是每一个标准都很重要，因为每一个标准都能提供培训课程成功与否的不同信息。综合这些标准，就会有全面的培训课程，以帮助经理人员找到问题所在，课程哪方面应该改进，以及是否继续执行培训课程。

图表7-9 评估培训的标准

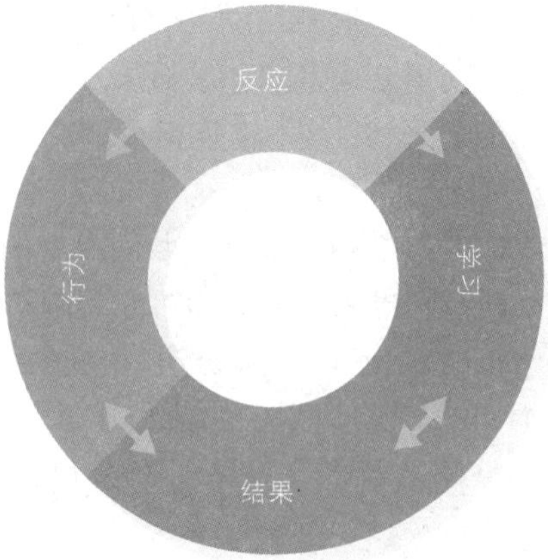

7.5.1 标准1：反应

评估一个培训课程最简单、最常用的方法之一，就是评估参与者的反应。另外为表示他们是否喜欢培训，他们可以给出他们认为最有用的内容和技术的洞见，他们可以批评指导者或者针对如何改善或是否找到方法以继续进行下去给出建议。

然而，对培训课程的积极反应或是否它们应该继续下去，并不能保证培训一定是成功的。可能会很容易就收集到来自受训者的热烈评价，但是令人满意的信息，对组织未必是有用的信息，除非它转化为有形的，基于该公司的战略目标改善的工作绩效。反应评估不应阻止评估培训的娱乐价值。[①]

7.5.2 标准2：学习

不考虑参与者对培训的想法，他们究竟学到了什么？在培训前后都测量受训者的知识和技能，这样有助于确定他们是否有所改善。也可以将接受培训的员工的知识和技能，与没有接受培训的员工进行对比。联邦快递公司就采用这种方法。公司对20名只参加了一周入职培训的货车司机进行了研究。公司把过去接受过在职培训的20名司机作为控制组，然后公司将这些工人的绩效与控制组进行比较。联邦快递公司发现，接受过正式培训的司机较少地犯包裹处理错误，每个接受过培训的司机会为公司节省500美元。

7.5.3 标准3：行为

培训转化[②]是指员工如何将他们所学到的应用到工作中。可以采用几种方法评估所学到的技能是否转化到工作中。例如，在施乐公司，培训者会观察回到工作中的受训者，会向受训者的经理询问培训后他们是否进步了，还会检查他们接受培训后的绩效评估。

---

① Heather Johnson, "The Whole Picture: When It Comes to Finding Out How Employees Feel about Training, Many Companies Fail to Get a Clear Picture," *Training* 47, no. 7 (July 2004): 30-35; Martin Delahoussaye, "Show Me the Results," *Training* 39, no. 3(March 2002): 28-29; Reinout van Brakel, "Why ROI Isn't Enough," *Training and Development* 56, no. 6(June 2002): 72-74.

② 培训转化：向员工演示期望的行为和给予员工实践的机会并且通过角色扮演那些行为然后收到反馈的一种方法。

你可能很惊讶在培训项目中学了很多却没有用到工作中。为了实现培训转化的最大化，经理人和培训师可以采取几种方法：

（1）特征相同的要素。把培训课程中的情况与工作中的情形尽可能地紧密联系起来。例如，比起口头上解释一个制造过程，在工人工作的场地进行演示是更好的方法。

（2）如果有必要的话，重视通用原则。当工作变更或工作环境不能完全匹配时，培训者通常强调培训的通用原则，而不是关注机械的行为。这种方法有助于受训者学习如何将主要的学习要点应用到不同的工作环境中。

（3）营造转化环境。在有些情况下，受训的行为没有被执行，是因为其他经理、同事和员工依然按照旧的方式和常规方法做事。为了避免这种问题出现，经理们需要支持、强化和奖励受训者应用他们的新技能和知识。

（4）为员工提供转化战略。特别是在不利于转化的环境中，经理也应该为受训者提供应对转化环境的战略和策略。一种被称为预防复发（relapse prevention）的方法，教导每个受训者如何预见和处理他们在工作中遇到的不可避免的挫折，那就是回到先前的行为。①

7.5.4 标准4：结果或投资收益率

正如我们前面提到的，人力资源经理要显示他们的培训课程产生的“底线（bottom-line）”结果。②今天，大部分组织依据投资收益率（return on investment，ROI）衡量他们的培训，有时也称为是培训费用带给公司的效益。一个公司的ROI是指通过相对于培训员工花费的成本，培训员工带给公司的利益。

这些利益可能是更高的营业收入、生产量增加、质量提高、更低的成本、更高的顾客满意度、更高的工作满意度以及更低的员工离职率。下面是当经理计算一项培训课程的利益时，应该尝试回答问题的种类：

- 由于培训课程，质量改善了多少？
- 对利润有多大的贡献？
- 培训后公司的人员流动和废料减少了多少？
- 生产率提高了多少，成本下降了多少？

为回答这些问题，人力资源经理使用各种数据，如销售数据、人力资源和财务数据、员工调查以及从组织中收集的多种资源的对照组数据。

当然，培训课程的成本也需要测算。一个企业的培训成本既包括培训的直接成本（材料、员工差旅费、场地费、设备费、培训工资或费用等），也包括培训的间接费用（参与人的工资，以及因他们参加培训而失去的生产率）。ROI公式可以简单地列示为：

ROI=收益÷培训成本

如果投资收益率>1，则它的利益超过了它的成本；如果投资收益率<1，则培训成本就超过了带来的利益。例如，假设电信公司有一个培训呼叫中心代表的计划，以更好地帮

---

① Andreas Putra, "Evaluating Training Programs: An Exploratory Study of Transfer of Learning onto the Job at Hotel A and Hotel B, Sydney, Australia," *Journal of Hospitality and Tourism Management* 11, no. 1 (April 2004): 77-78.

② Delahoussaye, "Show Me the Results," 28-29; van Brakel, "Why ROI Isn't Enough," 72-74.

助客户解决他们的互联网接入问题，公司要花费225 000美元。如果由于接入问题放弃他们服务的顾客数量下降了1 250人次，平均每年每次获得150美元，结果就少了187 500美元。ROI可计算如下：

ROI=187 500÷225 000=0.83

由于ROI小于1，这个计划的成本就超过了它的收益。

一个公司的培训ROI也可以根据达到培训利益前要花费多久的时间来测量。这项分析通过成本去除单月实现的收益来完成。这个结果也暗示这个培训总共要花的时间。①

一些人力资源专家认为经理人过于沉迷于ROI的计算，为什么？因为通常培训的好处是无形的，或者是要花很长时间好处才会显现出来。当然测量参与者的反应可以立即进行，但是要测量员工技能、顾客满意度的改善等会花费很长时间，除了培训，其他的因素也能影响这些测量。最后，培训能够促使开创性的新产品或流程的开发，但是这要用很多年来实现，同时通过这些发展能够改变一个组织。

标杆

标杆是为了确认应发展的领域，将自己的运营，如培训，与行业领先者进行对比的过程。美国培训协会从数百个不同公司中遴选出培训标杆，其他公司可以与其比较培训成本、员工配备情况、管理、设计、开发和培训课程的教授方法等数据。

这些活动的标杆有助于评估组织现有的和将来的培训课程。聚焦HRM 2展示了在培训职能方面领先的培训标杆中的某些方面，并且给出了这些方面的计算方法，包括培训经费占工资的百分比、每位雇员平均受训时数等。

随着电子学习不断地改变培训方式，它的标杆也在改变。如学习程度的评估，进入学习内容，下载，并由用户给出评级，即一个公司的培训计划进展如何，可能成为一个新的评估措施。②无论如何，改善培训计划有效性的关键是持续评估它。评估生成的信息会反馈到培训过程的第一阶段，如图表7-1所示。通过将培训与关键绩效指标紧密结合，然后测量培训对它们的影响，一个公司将以一个更好的视角来改进它的程序。③

---

① Adapted from Richard J. Wagner and Robert J. Weigand, "Can the Value of Training Be Measured? A Simplified Approach to Evaluating Training," *The Health Care Manager* 23, no. 1 (January-March 2004): 71–78; Ron Drew Stone, "ROI Is Like a Box of Chocolates," *Chief Learning Officer* (January 2011): 36; Howard Prager and Susan Vece, "Simplified ROI: Measuring What Matters Most," *Chief Learning Officer* (November 2009): 28.

② Richard J. Wagner and Robert J. Weigand, "Can the Value of Training Be Measured? A Simplified Approach to Evaluating Training," *The Health Care Manager* 23, no. 1 (January-March 2004): 71–79; van Brakel, "Why ROI Isn't Enough," 72–74; Sarah Fister Gale, "Measuring the ROI of E-Learning," *Workforce* 81, no. 8 (August 2002): 74–77; Earl Honeycutt, Kiran Karande, Ashraf Attia, and Steven Maurer, "A Utility-Based Framework for Evaluating the Financial Impact of Sales Force Training Programs," *Journal of Personal Selling and Sales Management* 21, no. 3 (Summer 2001): 229–38.

③ "Three Quick and Easy Ways to Gauge Your Training Outcomes," *IOMA's Report on Managing Training & Development* (January 2005): 4–5; "Use This Eight-Step Process to Predict the ROI of Your Training Programs," *IOMA's Human Resource Department Management Report* (December 2004): 4–5; Ellen Drost, Colette Frayne, Keven Lowe, and J. Michael Geringer, "Benchmarking Training and Development Practices: A Multi-Country Comparative Analysis," *Human Resource Management* 41, no. 1 (Spring 2002): 67–86; Daniel McMurrer, Mark Van Buren, and William Woodwell, "Making the Commitment,"

聚焦HRM 2

人力资源培训的标杆管理

测量项目	计算方法
培训经费占工资的百分比	总的培训经费÷工资总额
每名雇员的培训费用	总的培训经费÷雇员总数
每名雇员平均受训时数	培训总小时数÷雇员总数
每年受训雇员比例	接受培训的雇员总数÷雇员总数
1 000名雇员中从事人力资源开发（HRD）的雇员	人力资源开发雇员总数÷雇员总数×1 000
培训支出与成本节约的比率	在废料方面节约的总额÷培训经费
每年每名雇员创造的利润	全年利润÷雇员总数
每小时的培训成本	培训总经费÷培训总小时数

7.6 其他培训和开发方案

除了我们提到的反映特定工作的知识、能力与技能外，很多雇主开发可以满足员工特定需要的培训。在本章最后的部分，我们将总结一些这样的培训课程，包括引导培训和入职培训、基本技能培训、团队培训和岗位轮换培训、道德培训以及多元化培训。

7.6.1 引导培训和入职培训

引导培训[①]是让新员工熟悉组织、他们的工作和工作单元的正式过程。像培训一样，它强调培训什么和如何培训。引导培训强调为什么培训。它被设计用来影响员工对他们即将要做的工作和他们在组织中的作用的态度。它定义了组织规则背后的哲学，并提供了一个与工作相关的任务框架。

人力资源部门通常负责协调介绍活动和提供新雇员雇用条件的信息，如工资、福利和其他并不直接隶属于主管的指示信息。

在许多情况下，组织会为那些负责执行引导的人设计清单，以免忽略对员工重要的条目。这个清单应该包括：（1）向其他员工介绍新雇员；（2）培训大纲；（3）期望出席、处理和露面的场合；（4）雇佣条件，如工作时数和发薪日；（5）工作职责、标准和评估标准的解释；（6）安全规定；（7）命令链列表；（8）组织的目的和战略目标的说明。聚焦HRM 3向新员工提供了各种资料的种类和可以使新员工很快过渡到工作岗位中的步骤。[②]为了确保这些材料不被忘记，公司经常把这些引导材料贴到企业内部网上，然后为新员工提供进入网站的密码。

---

① 引导培训：新员工正式熟悉组织、他们的工作和工作单元的过程。

② Mike Frost, "Creative New Employee Orientation Programs," *HR Magazine* 47, no. 8 (August 2002): 120–21; Marilyn Moats Kennedy, "Setting the Right Tone, Right Away," *Across the Board* 36, no. 4 (April 1999): 51–52.

一些组织把引导培训和基于电脑的培训结合在一起。Macy公司因为使用基于计算机的培训将引导培训的时间缩短了一半，引导2 500名员工仅用了6周的时间。新雇员通过SumTotal系统——一个总部在华盛顿的电子学习公司Bellevue开发的系统，可以在网上浏览公司的各个部门，并由世界各地的公司主管介绍。当然，这些补充的课程不会取代面对面引导的价值。[①]

聚焦HRM 3

引导新员工的列表

引导培训信息的内容

- 欢迎信息列出了公司的背景、公司愿景以及使命宣言
- 设备的方位图，包括停车的信息
- 计算机密码、安全卡和停车标识
- 当前的组织系统图
- 有关去哪儿找到公司的新闻、内部网站以及公告牌的信息
- 重要人物和服务台人员的电话、e-mail地址和位置
- 员工的特定工作目标和说明书的副本
- 行业、公司和工作中独树一帜的用语列表
- 培训班时间表
- 安全紧急程序
- 公司政策手册，平等就业机会委员会政策、办公时间、着装规范、假期、e-mail规则和内部网使用规则
- 员工福利列表，其中包括保险计划
- 假日安排

后续活动

- 确保员工完成必要的凭证手续，包括完成福利登记表
- 再次强调业绩标准
- 安排首次绩效考核会议

入职培训是一个系统性地、有条不紊地让新员工适应社会生活以使其与组织同舟共济的过程。入职培训不仅仅是培训新员工适应新环境，它也是带领他们融入组织并使其感受到成为组织的一部分。这很重要，因为新员工有退出的高风险。

许多新员工跳槽并不是因为他们不能处理与他们相关的任务，而是因为他们在新的组织中受到了文化冲击。当新员工很快离职时，公司经常不得不再经历一轮重新招聘、面试并筛选候选人。如果一个公司不能够留住员工，再好的招聘和筛选过程也是没有价值的。

为了帮助新员工避免文化冲击，有些公司制作了视频和播客给新员工，让他们开始工作之前观看。一个组织的使命和目标、小型旅行的装备、与新员工谈论他们感兴趣的话

---

① Emmanuella Plakoyiannaki, Nikolaos Tzokas, Pavlos Dimitratos, and Michael Saren, "How Critical Is Employee Orientation for Customer Relationship Management? Insights from a Case Study," *Journal of Management Studies* 45, no. 2 (March 2008): 268-293.

题，这些都有作用。高管们往往也扮演了重要角色，这有助于新员工尽早了解他的组织里都有谁。

在有些企业里，有经验的同事以自愿的方式，成为即将入职的新员工的"指导者"或教练。这种办法对新员工有实质性的帮助，有经验的同事代表了关于这个工作组的规范和细节信息、组织文化和组织期望行为的重要资源。这些人际关系对新员工的社会化、在组织中获得长期成功都是至关重要的。百事可乐公司开发了一个新员工伙伴系统。巴塞罗那的分公司已经创建了一个YouTube视频，解释了新员工第一天要去哪儿，可期待什么。他们还得到了一套书面资料以及一盒薯片和一瓶苏打水作为欢迎礼物。

西南航空公司入职有欢迎派对。"派对很有趣，并提供了很多信息。（公司）向我们表明我们是一个大家庭。"一位经历了西南航空公司入职过程的满怀热情的新员工评论说。[①] 在citymax.com，新员工总是从周五入职，这是一家位于不列颠哥伦比亚省温哥华提供建设网站服务的公司。周五，工作不那么紧张，人们有更好的心情，更放松，每个人都有时间介绍他或她自己。[②]

7.6.2 基本技能培训

对成年人补救性的或基本技能的培训已经成长为一个成熟的教育产业。如今，企业每年在这个产业花费数十亿美元。最近由国家艺术基金会报道总结说，雇主认为新员工缺乏读写能力是最大的缺陷。虽然今天的文化水平类似于1970年，但是经济从那时起已经发生了翻天覆地的变化。今天大部分的美国工人为了成功，需要能够读懂和分析复杂的、通常是高技术的材料。最近，Pew研究中心对介于18到34岁的年轻人进行了一项调查，发现他们当中的大部分感觉缺乏教育和培训，由于上大学的高成本，这种局面在恶化。"没有技能的工作已经脱离了美国或者说是没有最低工资的工作了。"Timothy Shanahan（前任国际阅读协会主席，城市教育教授，就读于芝加哥的伊利诺伊大学）说道。员工所必备的基本技能除了阅读、写作和计算，还包括说、听、解决问题、团队合作和引领他人。[③]

史密斯-韦森、惠普、摩托罗拉以及菲尼克斯公司针对员工表现出的一定程度的缺陷，制订了基本技能评估计划，向员工传授阅读、数学和沟通技巧。

许多公司包括福特、宝丽来、联合科技和美国电话电报公司都在向员工提供辅导课程，通常这些课程都是在公司内部进行的。

全国扫盲协会把雇主、学习者、志愿者、社会服务提供者同其他50个州和全美范围的扫盲计划联系起来。员工和雇主只需要登录协会的网上目录和打出他们所在的位置，就可以找到离他们最近的识字帮助中心。许多州对于那些提供给员工辅导培训（及其他培训

---

① Kathryn Tyler, "Take New Employee Orientation off the Back Burner," *HR Magazine* 43, no. 6 (May 1998): 49-57; Noel Tichy, "No Ordinary Boot Camp," *Harvard Business Review* 79, no. 4 (April 2001): 63-70.

② Leigh Buchanan, "How to Make New Hires Feel at Home," *Inc.* (June 8, 2010), http://www.inc.com.

③ "Corporate America Can't Write," Work & Family Newsbrief (January 2005): 4; Matt Bolch, "School at Work," *Training* 39, no. 2 (February 2002); Slav Kanyba, "Community Colleges React to Job-Training Request," *San Fernando Valley Business Journal* 9, no. 2 (June 7, 2004): 1-2.

种类）的企业提供商业税收减免政策。[①]

认识到技能差距正在拉大，学院和公司已经开始合作弥补这个缺口。例如，Pierce学院，加利福尼亚一个两年制的学院（以前是一个致力于四年制的学院），现在为圣弗尔南多谷区的30多家公司的办公室员工提供辅导，学院就建在这里。[②]为了成功地实施基础性和补救性的技能培训课程，经理人应该做到：

（1）向员工解释这种培训为什么和如何有助于他们的工作。

（2）使培训与员工的目标相关。

（3）尊重并且考虑参与者的经历，并使之成为可利用的资源。

（4）使用任务导向或问题导向的方法，以便让参与者在“干中学”。

（5）对满足他们学习目标的进步员工给予反馈信息。

7.6.3 团队培训和岗位轮换培训

像我们在本书前面提到的，组织依靠团队来达到战略目标和营运目标。无论这个团队是全体机组人员、研究小组，还是制造或服务单元，团队成员的贡献不仅是每个成员知识、技能与能力的函数，也是团队成员间相互作用的函数。团队培训技巧如图表7-10所示。

可口可乐公司的上游制造商（为可口可乐和健怡可乐制造糖浆）为它的生产员工开发了团队培训。课程强调三种技能：（1）技术的；（2）人际关系的；（3）团队的行动。技术部分被称为是四维培训，意思是考虑到团队弹性，每个成员应该学会4种不同的工作。人际关系技能部分，称为态度冒险，强调倾听、冲突解决、影响力和协商能力。团队行动培训强调团队领导、会议管理、团队角色、团队动力和解决问题的能力，所有的技能都需要以一个团队的形式有效地进行。[③]

与团队培训密切相关的是岗位轮换培训[④]。进行岗位轮换培训的员工学习怎么做组织内不同的工作和他们自己的工作。岗位轮换的部分动机是它能够给予公司灵活的能力。无论何时何地需要员工，他们都可以被动态地调换到某一岗位。岗位轮换体现了一种从亨利·福特的装配线生产到柔性生产的转变。

在美国，许多公司正在使用岗位轮换的培训方法来保持它们的工人和工厂可以与国外的公司抗衡。Pace Worldwide，一家总部位于马里兰，销售焊接设备的公司，发现它的所有竞争者都迁至海外。为了赶上国外低成本竞争对手的生产力，Pace把工人分成小组，然后对每一个小组进行培训，建立起一个完整的可以生产差异产品的生产线。“有些人只可以做某些事情，如果他们没有工作，那么他们只会干等着。”一位Pace的经理人说道，“现在他们掌握了所有工作。”由于员工的计时工资会随着他们掌握更多的技能

---

① Michael A. Verespej, “The Education Difference,” *Industry Week* 245, no. 9 (May 6, 1996): 11-14; Richard D. Zalman, “The Basics of In-House Skills Training,” *HR Magazine* 34, no. 2 (February 1990): 74-78; Ron Zemke, “Workplace Illiteracy—Shall We Overcome?” *Training* 26, no. 6 (June 1989): 33-39.

② 工作要求的特殊性和常用技能对事业成功都是必要的。

③ “Behavior-Based Sales Team Training Produces a 56% Increase in Revenues,” *Managing Training & Development* (April 2004): 1.

④ 岗位轮换培训：培训员工做组织内多种工作的过程。

图表7-10 团队培训技巧

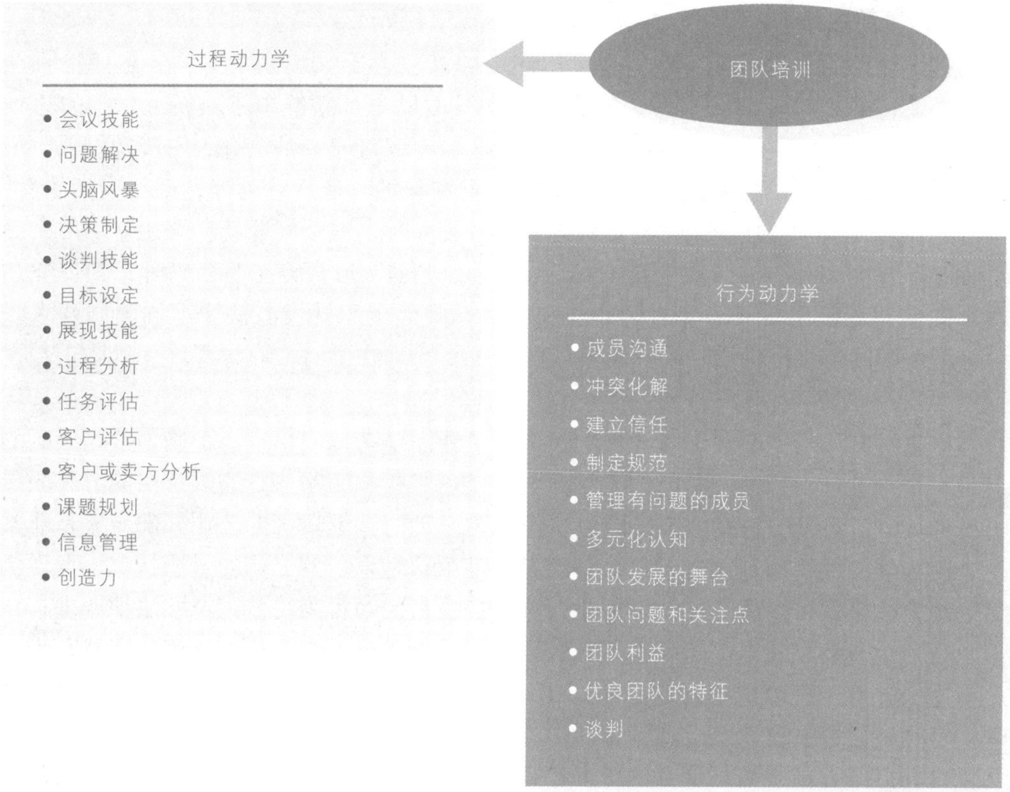

Source: George Bohlander and Kathy McCarthy, "How to Get the Most from Team Training," *National Productivity Review* (Autumn 1996): 23–35.

迅速增长，所以他们有学习的动机。如今Pace建立了满足顾客实际需求的产品线，而不是储存存货，后者是更昂贵的，它可以缩短生产时间，并把它的业务移进一个一分为二的厂房中。

通过保持员工的兴趣和积极性，岗位轮换培训可以减少员工离职率，提高生产效率，降低劳动成本，奠定员工的事业基础而不是无出路的工作。在波士顿的美味比萨饭店，员工从他们工作的第一天就开始了岗位轮换培训。员工通过执行饭店前台和后勤的每项职能，然后规划出他们自己的岗位轮换课程。如果他们对酒吧的工作感兴趣，那么他们就会有在酒吧的多种职位工作的机会；对那些想学习整个操作过程，想成为经理或做特许经营的人，这个过程可能会花费他们8~12个月的时间。[①]另外，除了使他们生产力更强，研究表明岗位轮换培

---

① J. K. Winch, X Cai, and G.L. Vairaktarakis, "Cyclic Job Scheduling in Paced Assembly Lines with Cross-Trained Workers," *International Journal of Production Research* 45, no. 4 (February 2, 2007): 803–828; Lisa Bertagnoli, "The Ten-Minute Manager's Guide to …Cross-Training Staff," *Restaurants & Institutions* 114, no. 18 (August 15, 2004): 26–28; Wallace J. Hopp and Mark P. Van Oyen, "Agile Work-force Evaluation: A Framework for Cross-Training and Coordination," *IIE Transactions* 36, no. 10 (October 2004): 919–41.

训能给员工“大的图景”，使员工更富创造力并且成为更善于解决问题的人。[①]

7.6.4 道德培训

继引人注目的公司丑闻不断出现，如在2001年安然公司出现的丑闻，道德培训在公司培训中变得越来越普遍。当然，21世纪公司丑闻已不是新鲜事了。新近增加的恐怕是司法部、劳工部、平等就业机会委员会以及其他机构调查雇主不法行为的资金投入。最常见的违反道德行为，如性骚扰、健康和安全、工资和工时违规行为等，都与雇佣法有关。一项研究发现，当公司处于经济困难时期要削减成本时，这个问题就会恶化。

政府承包商和分包商签订为期120天或以上、超过500万美元的合约时，须遵守法律所规定的商业道德法案并遵守有关政策和程序。其他组织则没有法律上的强制要求。然而，根据美国联邦量刑指南，在违反规定的情况下，那些具有“有效程序，以防止和发现违反法律”的公司将被降低处罚。

那些负责有关道德问题工作领域的员工，可能需要特殊的培训。那些为公司采购的员工就是一个例子。同样，一些公司要对那些工作在腐败和贿赂盛行的国家中的海外职员提供特殊的培训。聘请一位受过道德或以价值观为基础的管理培训的公司外部专家是非常有用的，因为他们可以通过调查员工、管理者，甚至顾客来了解公司的道德状况，发现仍需改善的地方。公司可以做的其他努力是，确保各级员工的行为符合道德和法律要求，包括建立免费道德热线和安全电子邮件地址，让员工可以私下报告他们注意到的违法行为。

有些公司甚至任命道德规范总监，这些高级管理者直接负责培育组织内的道德氛围。公司道德企业圆桌会议协会、道德资源中心、道德与合规官协会是另外一些人力资源管理者可以转向以开发道德培训计划的资源。记住，无论如何，员工都是从高层经理人那里寻找线索，并以他们的行为为榜样。如果这些人有违反道德的行为，那么在公司范围内就没有什么道德培训计划是有效的了。

7.6.5 多元化培训

设计多元化培训计划旨在应对日益的全球化、对多元化劳动力人口的认识、反歧视政策的挑战、固有管理模式的改变、劳动力价值观的变化以及不同的人为了共同目的引发的劳动力价值和潜在竞争报酬的改变。多元化培训基本上有三类：（1）意识的构建，有助于员工认识到多元化的益处；（2）培训是为了防止歧视、性骚扰以及相关的法律诉讼，这是一些公司进行培训的主要原因；（3）技能构建，向员工提供其与不同的人（种族、性别和年龄）共事所需要的知识、技能与能力。[②]

在Lindsey McLean事件出现后，旧金山淘金者（也称旧金山49人）队接受了多元化培训。这个队的退休教练Lindsey McLean公开承认他是同性恋，而且在与49人队相处的24年里他忍受着他们的嘲讽和羞辱。49人队的一位经理人说：“我们试着努力创造一种环境，让我们可以讨论这些事情并消除可能发生的问题和暴力事件，帮助其理解他们可以创

---

① Lorraine Mirabella, "Productivity Gains in Maryland Mean Less Hiring But More Job Cross-Training," *The Baltimore Sun* (via Knight-Ridder/Tribune Business News) (April 17, 2004).

② Gary Stern, "Small Slights Bring Big Problems," *Workforce* 81, no. 8 (August 2002): 17; Bill Leonard, "Ways to Tell If a Diversity Program Is Measuring Up," *HR Magazine* 47, no. 7 (July 2002): 21.

造一种环境，即让不同的人都能融入的工作环境。”①

然而，对多元化培训的有效性有很多争论。对美国830多个中大型工作场所31年的全面调查数据发现，多元化培训之后少数民族和女性仍很少有被晋升到企业的管理层。但是，这并不意味着多元化培训本身就导致很少提拔妇女和少数民族。而且，调查发现，不是所有的多元化培训都是无效的。相反，它表明，强制程序——完全避免歧视诉讼的责任——是问题所在。当多元化培训是自愿的，承担提高意识的任务，并推进公司的业务目标时，它可以是相当有效的。②

渐渐地，多元化培训与其他培训课程结合在了一起，有些人认为多元化的主流纳入到了组织正面对的其他战略问题中，如道德问题。例如，霍尼韦尔公司将多元化培训包含在为期一周的先进管理课程中，并且将其作为销售培训课程的一部分，通用电气采取课程培训教练和学徒形式，这种课程并没有说明多元化的动机，但对妇女和少数民族显然是有帮助的。

小　结

目标1　针对员工的各类培训从简单的在职指导到花费数百万美元在模拟器上进行的技能培训，不一而足。培训计划涵盖的主题涉及个人的所有层面。培训的目标服务于组织的总体战略目标。为了拥有有效的培训课程，应该有系统的方法。该方法包括4个阶段：（1）需求评估；（2）课程设计；（3）实施；（4）评估。

目标2　需求评估是以组织分析开始的。经理人必须为培训确立内容，决定哪方面需要培训，怎样与公司的战略目标联系在一起，如何将公司的资源最有效地用于培训等。任务分析用于确定员工需要什么知识、技能与能力，个人分析是用于识别哪些员工需要培训。

目标3　在设计培训课程时，经理人必须考虑学习的两个基本前提：受训者的准备与动机。此外，为了创造一种有利于学习的环境，必须考虑学习的原则。这些原则包括目标的设定、教材的实用性、个体差异、积极的实践和练习、整体与部分学习、集中与分散学习以及反馈与强化。

目标4　有很多方法适用于对非管理人员的培训。在职培训是最常用的方法之一，因为它可以提供给受训者实际的操作经验并且可以让他们与他们的主管及同事建立关系。学徒式培训和实习制也是特别有效的方法。在职经历包括辅导、实习、工作轮换、平级调动、项目与成员委派以及员工会议。脱产经历包括案例研究分析、角色扮演和行为模拟。

课堂培训仍然是非常流行的培训员工的方法。然而，程序教学、基于计算机的培训、模拟法和利用远程会议、视频会议、在线研讨、社区实践的互动式电子学习，以及其他方法变得日益流行。同时使用多种方法或所谓的混合式学习方法被认为是最有效的。

---

① “49ers Decide to Add Diversity to Training Camp,” *The New York Times*(July 8,2004):D3;Irwin Speizer, “Diversity on the Menu:Rachelle Hood,Denny's Chief Diversity Officer,Has Boosted the Company's Image. But That Hasn't Sold More Breakfasts,” *Workforce Management* 83,no. 12(November 1,2004):41.

② Shankar Vedantam, “Most Diversity Training Ineffective, Study Finds,” *Washington Post*, January 19, 2008,http://www.washingtonpost.com.

目标5　培训课程的评估应该注意几个标准：参与者的反应，学习、工作中的行为转变以及财务盈亏底线（如投资收益率）。培训的转化是通过受训的行为应用到工作中的程度来计量的。标杆和效用分析有助于评估培训的影响，并且为进一步的需求评估提供信息。

除了为特殊岗位的需要进行培训外，许多雇主还开发了基于各种目的的培训。引导培训让新员工更快地获得知识、技能并提高他们在组织中成功的概率。入职培训则超越引导培训，让新员工更快地融入组织，以便让他们觉得他们是组织中的一部分。这很重要，因为新员工有高退出风险。基本技能培训、团队和岗位轮换培训、道德培训以及多元化培训是组织进行的另外一些普遍的培训计划。

关键术语

apprenticeship training　学徒式培训
behavior modeling　行为模拟
behavior modification　行为矫正
benchmarking　标杆
blended learning　混合式学习
chief ethics officer　道德规范总监
chief learning officers　首席学习官
competency assessment　能力评估
cooperative training　协作培训
cross-training　岗位轮换培训
e-learning　电子学习
instructional objectives　教学目标
just-in-time training　及时培训
learning management system（LMS）　学习管理系统
on-the-job training（OJT）　在职培训
onboarding　入职
organization analysis　组织分析
orientation　引导
person analysis　个人分析
spot rewards　点回报
task analysis　任务分析
transfer of training　培训转移

讨论题

1.什么样的经济、社会和政治因素使员工培训在当今比过去更重要？
2.确定组织培训需求时，应该做哪些分析？需求确定后，下一步做什么？
3.你所在的班级体现了哪些学习原则？你会以何种方式把其他的原则带进你的班级？
4.假设你是一家大公司的应收账款部经理。现在你要换一个新的账务和档案记录系统，这一新的程序需要培训3名主管和28名员工。你会采用哪种（或哪几种）培训方法？为什么？

HRM实训

培训和学习的原则

很多培训课程在设计中并未明确纳入学习的原则（如目标设定、模拟、个体差异和反馈），这是令人惊讶的。事实上，将学习原则纳入培训课程中并不是那么困难——即使对非常简单的教学课程来说。为了证实这一点，做下面的任务——折一个纸飞机。

任务

1.4~6个人为一组。在小组中找出一个会折纸飞机的人，让这个人担任培训员。

2.再从小组中找出一个人担任观察员或记录员。这个人不参与培训，但会记录下在教学过程中使用多少种（和多有效）学习原则：

a.目标设定

b.模拟

c.教材的实用性

d.个体差异

e.整体与部分的学习

f.集中与分散的学习

g.积极的实践

h.反馈

3.培训员用10~15分钟的时间来培训组员折纸飞机。观察员/记录员会记录下有效和无效的培训技巧（展示学习原则的培训技巧）。

4.从每组中选出除培训员以外的某个志愿者到教室前面进行一场友谊赛。指导者给每位参赛者两分钟时间折纸飞机。为了增加趣味性，他们可以比比看谁的纸飞机飞得更远。像往常一样，不要下赌注。

5.最后，观察员/记录员应引导组员对任务中所体现的学习原则进行讨论，并进一步讨论，那些在本次作业布置中所体现的学习原则，为什么它们不能被用在其他的培训设计中。

案例学习1　惠而浦混合式管理培训：闭环式方法带来完整的学习循环

大多数人对惠而浦都很熟悉。惠而浦位于密歇根州本顿港，经营了一个多世纪，可能是最知名的洗衣机和烘干机生产商。但公司也生产冰箱、冰柜、厨房用品，但是是在世界各种其他品牌下贴牌生产（Amana、Maytage、KitchenAid，以及Roper是其中的一些）。

也许它能经营这么长时间并不令人惊讶，直到2008年，惠而浦大学这个位于公司总部、占地100英亩的学习分部都在依赖于历经一个世纪之久的教学方法：传统的课堂教学。惠而浦没有在线学习。一系列30分钟的模块学习被用于帮助新入职的员工熟悉惠而浦。另外，惠而浦开始采用“闭环式”方法培训。比如，不像其他公司在做的那种流行的培训类型，惠而浦从调查经理人开始，以找到惠而浦真正需要的培训类型，以及什么类型的培训不行，然后基于这些特殊需要设计培训计划。

因为经理人是员工培训和开发的核心，并且处于观察和指导普通员工的最佳位置，所以惠而浦开始致力于培训经理人。公司长达12个月之久的间歇培训计划称为领军人计划。“过去，我们把领导人带进教室，用三天教他们监管技巧，然后，把他们送回岗位，不再谈论这个话题。” Patrick说。

除了课堂培训，领军人计划还包括混合式学习，工作前的模块由经理人在网上做，其次是课堂培训，经营项目，并与高层管理人员研讨。一个经理人的直接报告提供了一个对他或她的技能的初步评估，经过培训后再评估一次。

作为培训的一部分，给经理人提供建议和指南，有助于鼓舞员工，让他们觉得电子学习是有吸引力的，大学的主管Tamara Patrick说。

近来的经济衰退改变了这一切，家电销售下滑，惠而浦被迫裁员几千人。尽管预算缩水，但惠而浦迫切需要培训经理人，以带领公司走出低谷。在这一点上，惠而浦的CEOJeff Fettig坚持让惠而浦大学找到低成本、达到预期效果的培训方法。

为了帮助实现目标，大学购买了一个学习管理系统，开始进行翻转式学习，并利用新学到的技能评估其影响。经理人稍后会调查培训起到的作用如何，以及如何改进。换句话说，会有一个反馈系统，因而有“闭环式”的绰号。以这种方法设计、传播、再设计培训是一个连续的循环，并不断地改进，Patrick说。

James Crawford（来自惠而浦芝加哥分部）说，培训帮助他成为更好的领导者。“它帮我在我的领导实践中找出薄弱点，然后给了我一个策略，把这些弱点转化为优势，” Crawford说。

思考题

1.对惠而浦这样的企业来说为什么进行需求评估和持续培训很重要？

2.对惠而浦来说，侧重于培训经理人和主管而不是普通员工是一个好的战略吗？

Source: Garry Kranz, “Whirlpool Adopts E-Learning for Leadership,” *Workforce* (November 14, 2012), http://www.workforce.com; Tamara Patrick, “Unleashing a Learning Partnership with Managers,” ATD (August 16, 2012), http://www.astd.org; Tamara Patrick, “Whirlpool University ReInvents in the Face of the Recession,” *Management Innovation Exchange* (September 16, 2011), http://www.managementexchange.com.

案例学习2　Loews酒店：四钻级及以上服务的培训

大多数人期望能在四钻级酒店得到更多的服务。但对Loews酒店来说却不够。作为组约连锁酒店，它遍布美国和加拿大的16个城市，以高品质的住宿、令人印象深刻的环境、个性化服务、周到的设施给每位客人以豪华的体验。

Loews酒店成功的一个关键元素是为员工提供广泛的培训。每年，它要花50 000多个小时培训员工。不管他们是否在前台工作，作为客房服务员、收银员或营销经理，他们都要学习公司的大图景目标，以及在酒店经营方面一个公司与另一个公司服务品质上有何差别。“组织各部门培训的关键是以客户为中心，”公司董事长Jon Tisch说，“为客户着想不能停留在营销和销售部门。生产、研发、战略、管理等所有的部门都要致力于满足客户的需求和期望。”

Loews酒店面向客人的员工要经过课堂培训，包括角色扮演和模拟如何与客户打交道。“生活在Loews”，一个为期两天的培训项目，不仅教员工细节礼仪，而且教员工如何真正地推销 Loews 体验——甚至当事情出错时。"这个培训的部分内容是如何应对压力，这是任何一个行业的员工都会面临的事情。我们都是人，所以势必会出错。" Tisch解释说，"但当他们做错时，我们培训同事给我们的客人留下一个非常好的印象，我们希望他们会记得更多。"

培训课程，如"绿色"培训、"Loews会议体验"、"Loews游泳池礼宾"计划、"温泉101"以及"您的第一次"客户忠诚计划等，确保客户接受的所有类型服务都是一流的。

但是，培训并非以课程来收尾。培训结束后，培训经理们就要进行实地检查，向员工提供反馈，确保培训真的很"棒"。培训培训者计划以及其他管理职场计划，如"沟通在Loews"，提升了酒店品牌并鼓舞了员工也这样做。一个广泛的行政人员培训计划涵盖了从沟通和销售到公开演讲和展示技能的主题。

Loews也尝试着提高自己的能力。它的高潜力项目提供额外的培训、开发计划并给予期望成长的员工额外机会。例如，大多数培训经理从一线的岗位或运营岗位被晋升，这样他们知道公司的流程以及原始的文化。公司还有学费资助项目。

为了招聘研究生，Loews支付夏季实习工资，让学生在各个领域工作，如客房部、餐饮部、营销部以及人力资源部等。每个实习生都有一个导师，通过参加业务会议让他们有建立工作关系的机会。在实习结束时，他们要撰写一个有关他们经历的报告。连续的一年期实习让他们面对另一些职能领域、项目工作、管理经验，并最终与加入公司管理培训项目的机会联系起来。

因此Loews的培训是成功的，甚至培训师也印象深刻。擅长接待培训的Kennedy培训网的创立者和总裁Douglas Kennedy说，当他在Loews各酒店进行培训时，他受到了冲击："我从没有收到如此真正的、贴心的、令我愉快的欢迎词，在经历了漫长的一天的培训甚至是夜晚的旅行之后，总是受到如此温暖的款待。每一个欢迎词都是个性化的写法，不是标准的'欢迎来到我们的酒店，祝您在这儿过得愉快'的便条。我还沉浸在超级舒适的客房和享受独特的当地餐饮选择、装饰和整个酒店的氛围中。""我不得不说，我现在已经变得有点被宠坏了，我相信下个月我会有一个不礼貌的行为，当我回到更多典型的高档酒店时。"

思考题

1.Loews关于公司经营战略的培训项目是如何做的？

2.为什么公司鼓励员致力于满足客户需要而不是其他标准？

Sources：Amy Bertrand，"Luxury Hotel Trends to Watch，" *St.Louis Today*，(February 4，2014)，http：//www.stltoday.com；Jill Busch "Training Reveals Rankings for 2011 Top 125，" *Training Magazine*，(February 8，2011)，http：//www.trainingmag.com；Ann LaGreca，"Loews Hotels CEO Jonathan Tisch on the Essence of Customer Service：Experience，Service and Quality，" *Knowledge@Emory* (July 11，2007)，http：//knowledge.emory.edu；"Loews Hotels Named Among 'Top 125' by Training Magazine，" *Hotel and Motel Management*，(March 9，2009)，http：//www.hospitalityworldnetwork.com；Holly Dolezalek，"We Train to Please" *Training* 45，no.3 (March-April 2008)：34-35.

第8章

绩效管理

学习目标

通过本章的学习，你应该能够：

目标1　解释什么是绩效管理，以及如何建立目标、持续的绩效反馈机制，使评估过程成为其中的一部分。

目标2　描述不同的绩效管理信息来源。

目标3　阐述用于评估员工绩效的不同方法。

目标4　概述有效的绩效评估面谈、反馈会议的特征，以及员工改进绩效的方法。

8.1　绩效管理制度

在前几章里，我们论述了管理者获得和开发一流员工的一些最有效的方法。但是你怎么知道你的努力都真正地转化为员工在其工作中所做出的贡献呢？

绩效管理①是一个创造工作环境的过程，在这个环境中人们可以表现出他们最好的一面，以符合公司的目标要求。它是一个整体的系统，来自公司目标。图表8-1列示了绩效管理过程的步骤。

绩效评估也称为绩效评价和绩效审核，它是管理者根据对员工的岗位的要求，对员工的表现进行评估，并使用这些信息表明这个员工哪些地方需要改进以及为什么。评估是一个组织用以维持和提高员工的生产率并促使他们向战略目标迈进的工具。

美国联邦政府从1842年就开始评估员工，因为当时国会通过一项法案要求对部门内的员工进行年度绩效总结。今天，绩效评估开始在公共和私营部门的大大小小的组织中出现。

典型的绩效评估一年一次或两次。最近对1 350位人力资源经理进行了一项调查，他们中的76%的人说他们公司一年进行一次，12%的人说他们一年进行两次。②有些组织发现一个季度进行一次很有用。在许多组织中，新员工经常在被雇用的30天、60天或90天后被评估，通过持续的工作，最后视对他们表现的满意度而定。然而，正如你在图表8-1所看到的，绩效评估是绩效管理过程的一部分。调整员工的目标，以与公司的目标相吻合，持续为员工提供其表现的反馈，并对干得很棒的给予鼓励和奖励，也是至关重要的。

---

① 绩效管理：一个创造能让雇员表现出最好的一面的环境的过程。

② "Infographic: 2013 Employee Performance Appraisal Practices," *HR.BLR.com* (July 9, 2013), http://hr.blr.com.

图表 8-1　绩效管理过程的步骤

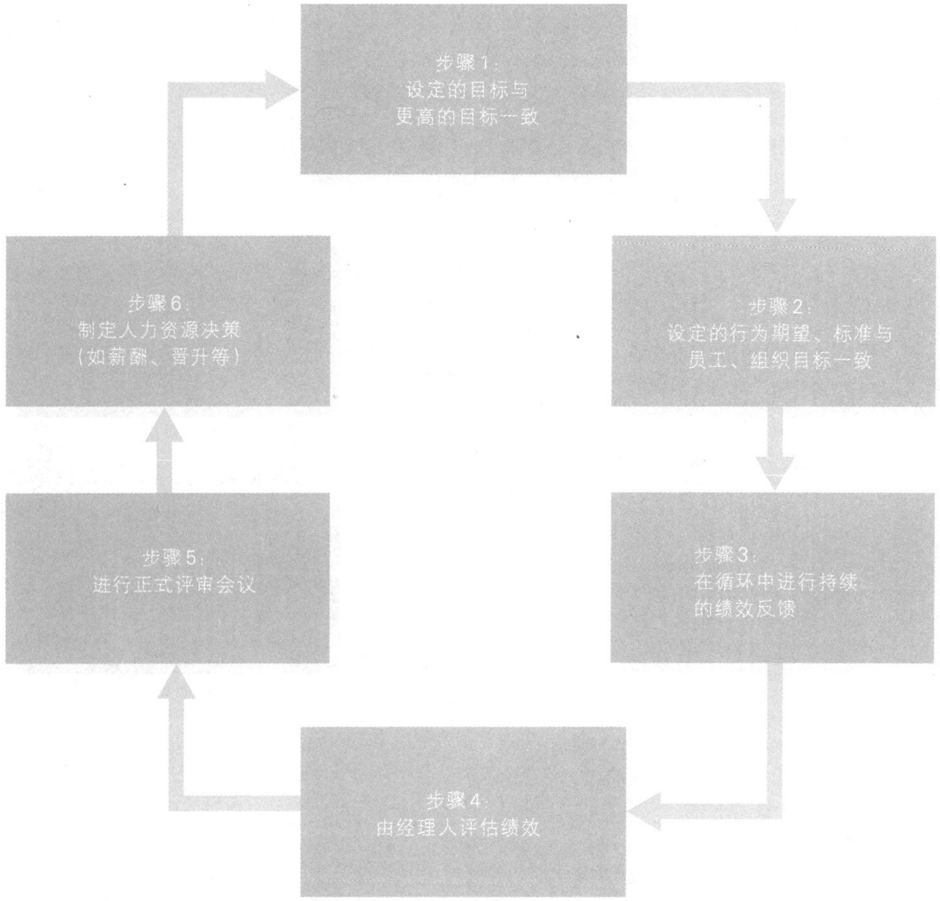

在大学，你可能会通过测试做绩效评估的比较。测试会激励你吗？测试是否让你想真正超越自己，或者你只是想通过测试？现在比较一下你的测试经验以及你的老师告诉你关于你的职业生涯计划，称赞你的表现，给你改善的建议。那也许是对你更大的鼓励。

我们希望你能看到我们正在做的类比。雇主评价你，就像你在大学会有测试以确定你符合社会期望的资质可以毕业。但你的绩效在任何情况下所包括的不止这么多。这就是为什么组织需要把绩效管理系统当作一个整体来看待，而不仅仅是评价。评价是日常绩效管理过程的逻辑延伸。[①]

---

① Susan Scherreik, "Your Performance Review: Make It Perform," *Business Week*, no. 3762 (December 17, 2001): 139; Dick Grote, "Performance Evaluations: Is It Time for a Makeover?" *HR Focus* 77, no. 11 (November 2000): 6-7; "Employers Need to Do a Better Job of Performance Management," *Managing Training & Development* (April 2003): 8; Christopher D. Lee, "Feedback, Not Appraisal," *HR Magazine* 51, no. 11 (November 2006): 111-114; R. L. Cardy and B. Leonard, *Performance Management: Concepts, Skills, and Exercises* (M. E. Sharpe, Inc., 2011).

8.1.1 绩效管理的目的

有人说“所测即所做”，优秀的绩效管理系统有能力影响员工行为并改进组织绩效。一项研究表明，具有较强绩效管理系统的组织有40%~50%的可能在收入增长、生产率、收益率、市场价值等方面比竞争对手做得更好。[①]除了提高企业的整体绩效和利润外，图表8-2表明绩效管理计划其他两个最普遍的目的是管理和开发。

图表8-2 绩效评估的目的

开发	管理
• 提供绩效反馈	• 记录人事决定
• 辨别个人的优点和缺点	• 确定晋升的候选人
• 识别个人绩效	• 决定调动和委任
• 支持目标确定	• 识别不良绩效
• 评估目标的完成情况	• 决定留用或解雇
• 确认个人的培训需求	• 决定临时解雇
• 决定组织的培训需求	• 确认选择标准
• 巩固权力结构	• 满足法律需要
• 允许雇员讨论其所关心的问题	• 评估培训项目或进程
• 改善沟通	• 人事计划
• 提供领导帮助的平台	• 做奖励或薪酬决定

1.管理的目的

绩效管理程序提供的数据，可用于整个范围内的人力资源管理活动，如晋升、调动、解雇、薪酬确定等。在所有类型的组织中都有“按绩效支付薪酬”的做法——基于员工的绩效付酬。研究已表明员工对按绩效付酬更为满意。[②]绩效评估的数据也可以用于人力资源规划，在工作评估计划中确定工作的相对价值，也可以作为招聘特定类型的员工以及使选拔测验有效的标准。

绩效评估提供了一个可能引起诉讼的人力资源管理行为的书面记录。由于政府的平等就业机会和平权行动的指示，为了在遇到人力资源管理中晋升、薪酬和解雇等方面的歧视诉讼时保护自己，雇主必须保持员工绩效记录的精确性和客观性。最后，组织还必须意识到整个人力资源规划的成功依赖于一种认知，也就是和组织为员工设立的目标相比，员工的绩效如何。

2.开发目的

绩效管理系统为经理人提供了一个具体的框架，他们可以用来收集员工的绩效信息，

---

① Dana Jarvis, “Why Should We Continue Performance Appraisals If We Can't Give Raises,” *Workforce Management*(September 2010), http://www.workforce.com.

② Janet Wiscombe, “Can Pay for Performance Really Work?” *Workforce* 80, no. 8(August 2001): 28–34; Charlotte Garvey, “Meaningful Tokens of Appreciation: Cash Awards Aren't the Only Way to Motivate Your Workforce,” *HRMagazine* 49, no. 8(August 2004): 101–106; Lisa D. Sprenkle, “Forced Ranking: A Good Thing for Business?” Workforce.com.

为员工提供反馈，并讨论员工的目标，以及如何与组织保持一致目标责任。目标用来建立员工的优势、消除潜在的劣势，在改善组织绩效的同时也推进他或她的个人职业生涯。通过对绩效管理过程采取开发的方法，经理人帮助员工了解他们得到的反馈，这个设计是为了提升他们未来的竞争力和推进他们的职业生涯，而不是简单地对他们进行裁决。

像Best Buy和EDS（惠普的一个业务单位）这样的公司已经重新设计了它们的绩效评估系统，以便更多地关注于员工的开发和学习。以EDS公司为例，它整合了绩效评估系统，为公司的学习和职业生涯管理的目标一致性服务。对企业中的每个职位，系统均配有详细的职位描述、业绩评价信息以及追踪员工的长期目标的职业规划者，它也可以访问公司的自动化职业生涯图书馆。该系统最终与企业陆续出台的政策相联系。通过创造这种全面的系统，EDS公司希望把经理的角色从“裁决”转变为“指导”。

8.1.2　评估计划有时会失败的原因

绩效考核往往在挖掘潜力方面有欠缺。人力咨询公司Watson Wyatt有一项持续的员工态度调查，仅有30%的员工说他们公司的绩效管理过程真正地改进了员工的绩效。仅有20%的人认为它有助于绩效差的员工改善表现。[①]

许多人质疑正式的评估过程。他们认为，只关注员工个人绩效而不是他们的团队或企业所应达到的目标会使团队工作士气低落。（谁得到最好的评价和最大的提高？谁没有？）另一些人认为，评估对一些极端的情况有用——对那些效率极高和效率极低的员工有效——而对大多数表现介于其间的员工没有用。其他一些人指出，评估经常针对短期绩效而不是长期绩效和学习的改善。仍有一些人抱怨他们得到的唯一反馈是正在评估中，或者他们根本没有做。这在小企业中尤其是个问题，正如本章“小企业应用”中表明的。对经理人来说，把新员工直接领到工作台上，让他们自己工作，或者基于常规给他们分派工作，却很少或几乎没有对他们已完成的工作进行反馈的做法并不罕见。图表8-3列出了一个更全面的清单，表明导致正式评估失败的主要原因。

图表8-3　　**导致绩效评估失败的原因**

绩效评估系统不能有效实施的原因有很多。一些最常见的问题如下所示：

- 经理准备不足
- 在绩效开始初期，没有给员工明确的目标
- 经理不能观察绩效或掌握所有的信息
- 绩效标准不明确
- 主管的评估标准不能保持一致或者不同主管的评估标准不一样
- 经理评估的是个人而不是绩效
- 晕轮效应、对比效应或者其他感知偏见

---

① Matthew Boyle, “Performance Reviews: Perilous Curves Ahead,” Fortune 143, no. 11 (May 28, 2001): 187–188; Susanne Scott and Walter Einstein, “Strategic Performance Appraisal in Team-Based Organizations: One Size Does Not Fit All,” *Academy of Management Executive* 15, no. 2 (May 2001): 107–116; “Study Questions Performance Appraisal,” *Australasian Business Intelligence* (May 1, 2003); Drew Robb, “Building a Better Workforce: Performance Management Software Can Help You Identify and Develop High-Performing Workers,” *HRMagazine* 49, no. 10 (October 2004): 86–93.

续图表

• 时间跨度不合适（太短或太长）
• 过度强调不具代表性的绩效
• 由于经理不想处理“坏消息”而造成评价结果被高估
• 书面评估中主观的或模糊的语言
• 组织政策或个人关系使判断混乱
• 没有针对绩效问题的诱因进行彻底的讨论
• 经理没有接受关于评估或反馈的培训
• 在评估后没有跟踪和指导

Source：Patricia Evres，“Problems to Avoid during Performance Evaluations，” *Air Conditioning，Heating & Refrigeration News* 216，no.16（August 19，2002）：24- 26；Clinton Longnecker and Dennis Gioia，“The Politics of Executive Appraisals，” *Journal of Compensation and Benefits* 10，no.2（1994）：5- 11；“Seven Deadly Sins of Performance Appraisals，” *Supervisory Management* 39，no.1（1994）：7-8.

小企业应用

小企业需要正式地评估它的员工吗？

现在你有自己的企业了。那就意味着你可以摈弃那些讨厌的、耗时的、每个人都惧怕的绩效评估吗？作为员工，你从来都不喜欢评估。实际上，它们可能让你禁锢了为自己工作的愿望。为什么当你成为经理人、企业家或小企业主时就喜欢评估了呢？

不要这么快就丢掉正式的绩效评估。没有它们，当面对某些重要的绩效指标时会“两眼一黑”。“尤其在小企业里，绩效评估就像仪表——它给了你关于质量、工作知识和客户服务的数据，”Alcott 人力资源集团（一家提供人力资源和其他服务的专业雇主组织）人力资源主管Robert Chanin说，“如果没有仪表，你就不知道你的企业运行得好还是不好。”

相比之下，一个好的绩效管理系统是否到位，关键是限度，一位人力资源专家和劳动法律师Barrie Gross说。“它们是企业的工具之一，用来让员工更多地参与，提高他们的创新能力，帮助他们取得成功。”Gross解释道。评价你的员工，也让他们知道他们不是生产过程中一个无足轻重的人——你在关心他们，企业需要他们的参与，以及他们个人的目标。这有助于小企业留住一流的员工而不是让他们跳槽到大企业，而那里通常更缺乏人性化。反馈可以是口头的，如果评估仅仅是出于开发的目的。然而，如果评估与加薪和晋升相联系，则需要书面反馈。法律专家建议雇主保留书面记录，以便为自己提供更多的法律保护。

只有几个员工或者刚推出绩效管理系统的小企业，可以利用现成的系统，包括纸质的形式或软件。流行的软件品牌包括Success Factors 绩效管理系统、Evaluation Smart以及 Halogen电子评估产品，后两者是基于网络的。通常，经理人可以通过从属性和行为的列表中选择一个描述在职接任岗位的要素，定制软件包中的评估表。

记住，绩效评估不是走形式，它是一个双方博弈、双方受益的事。除了你的员工可以了解他们如何改善绩效，评估也能帮助你了解如何改善自己。

Sources：Amy Linn，“Boost Performance with Performance Reviews，” *Small Business Review*，http：//smallbusinessreview.com；David Javitch，“How to Survive Employee Appraisals，” *Entreprenur.com*，http：//www.entrepreneur.com.

由于这些原因，相当数量的组织，包括Adobe Systems、Kelly Services，以及SAS

Institute，不再进行正式的评估，但继续利用指导、个人发展计划或其他反馈系统来代替。其他组织，包括施乐、摩托罗拉以及宝洁，已经修正了它们的绩效评估系统，尽量改进它们。[①]在RoundPegg，一个开发社交应用的雇用程序启动，所有的员工每个季度评估一次，或者进行20分钟的“反馈会议”。“我们的工作就是确保我们的员工成功，如果他们没有成功，一定是我们做错了事情。”RoundPegg的联合创始人兼首席运营官Brent Daily说，“在这儿我的工作不只是确保每个人能注意细节并认真做事——我的工作是扫除障碍，并让他们做其能做得最好的事。”[②]

因为在当前组织中团队工作很重要，所以其他公司正开始利用众包作为它们绩效管理系统的一部分。在人力资源背景下，众包可以持续地收集反馈信息和来自不同的人的表扬及建议，它将被“社会认可”的应用程序安装在公司的计算机和员工的移动设备上。Achievers和Globoforce是这样的两家品牌公司。（你可以思考一下某某人在Facebook做的类似于“喜欢”某事的应用程序。）当他们被其他同事重新认识时，员工得到的积分转化为金钱和其他奖励。3M公司、万豪酒店和喜达屋连锁酒店以及艾莉·礼来制药公司就利用这类软件。喜达屋酒店相信它让所有的员工都聚焦于企业绩效的重要驱动力上，树立团队精神，有助于公司识别和奖励佼佼者。

8.2 建立有效的绩效管理制度

人力资源部门通常负有监督和协调绩效管理系统的责任。可是，来自公司运营部门的经理也必须积极参与，尤其是在建立目标的时候，以确保与公司战略目标和实际调整在职岗位的努力及行为一致。当员工有机会参与计划的开发时，他们更容易接受绩效管理系统并对其满意。要求有经验的员工帮助识别重要的工作行为也有助于保证系统注意到组织中所有需要做的工作任务，尤其是当企业和岗位发生重要变化时。[③]

8.2.1 什么是绩效标准

绩效标准应该是以与工作相关的要求为基础的，其中的要求来自于工作分析和反映员工职位描述的信息。真实的、特定的绩效标准是可评估的，并且应向员工传达准确的书面信息。例如，“处理客户订单的能力和意愿”不是一个好的绩效标准，而应为“在4小时内填好所有客户的订单，准确率为98%”。当标准以特定的、可评估的术语表达时，就可以对比一个员工的绩效，并有更准确的结果反馈。正如图表8-4所示的，当建立绩效标准时，有几个要素必须考虑：战略相关性、标准缺失、标准混淆和可信度。

① Jonathan A. Segal, “86 Your Appraisal Process?” *HR Magazine* 45, no. 10 (October 2000): 199-206; Barry Witcher and Rosie Butterworth, “Honshin Kanri: How Xerox Manages,” *Long-Range Planning* 32, no. 3 (June 1999): 323-332.

② Ladan Nikravan, “A Needed Change: Make Reviews Proactive, Not Reactive,” *Forbes* (September 29, 2013), http://forbes.com.

③ David Javitch, “How to Survive Employee Appraisals,” Entreprenur.com, accessed April 23, 2011 at http://www.entrepre-neur.com.

图表8-4 建立绩效标准

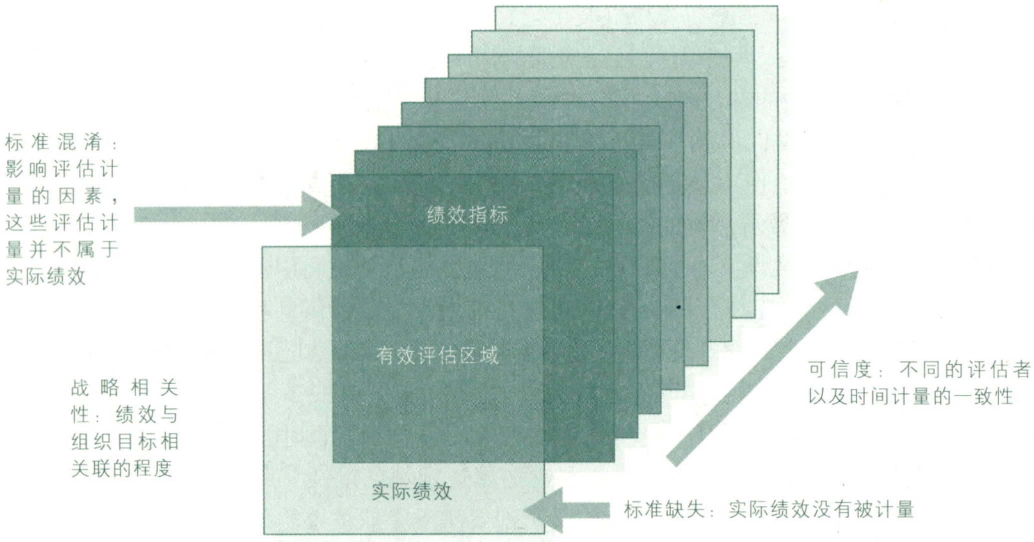

1.战略相关性

战略相关性是指绩效的标准与组织的战略目标相联系的程度。如果一个组织建立了"使95%的客户抱怨在一天内能够解决"的标准，那么它就与客户服务代表的评估标准相关。像3M和Buckman实验室这样的组织有自己的战略目标，即它们的销售额的25%~30%是来自过去5年里开发的产品，之后这些目标就转变成员工的绩效标准。通用汽车和惠而浦公司的战略目标包括成本、质量和速度等内容，这两个公司开发了全球性的用于辨别和比较绩效的标准。以战略为导向的绩效评估过程也提供给人力资源经理所需要的文件材料，以便证明企业多方面的培训花销的合理性，这些花销是为了填补员工现在的技能和将来执行公司战略所需的技能之间的差距而形成的。而且，因为它们提供了个人绩效的证明，基于企业战略的评估标准，在法庭上更有辩护力。①

2.标准缺失

在建立绩效标准时需要考虑的第二个问题就是这个标准让员工承担责任的程度。当绩效标准集中于单一标准（如销售收入），而排除了其他重要但不可量化的绩效维度（如客户服务）时，那么就说明绩效管理系统存在标准缺失。

3.标准混淆

就像绩效标准可能会有缺陷，它们也可能被混淆。超出员工控制之外的因素的存在也

---

① Doug Cederblom, "From Performance Appraisal to Performance Management: One Agency's Experience," Public Personnel Management 31, no. 2 (Summer 2002): 131-140; "Anonymous 360-Feedback Drives Vauxhall Strategy," *Personnel Today* (August 19, 2003): 16; Cindy Romaine, "Staying Relevant: Competencies and Employee Reviews," *Information Outlook* 8, no. 7 (April 2004): 21-25; Jerry K. Palmer and James M. Loveland, "The Influence of Group Discussion on Performance Judgments: Rating Accuracy, Contrast Effects, and Halo," *Journal of Psychology* 142, no. 2 (March 2008): 117-130; "When Promotions Are on the Line, Follow Your Criteria and Beware Supervisor Bias," *HR Specialist: Ohio Employment Law* 3, no. 12 (December 2009): 2.

能够影响他们的绩效。以比较生产工人的绩效为例，不应该把那些用新机器工作的工人和没有用新机器工作的工人绩效混淆起来。比较旅游销售人员的绩效时，不能把地区不同销售潜力的情况混淆。[①]

4.可信度

正如我们在第6章讨论过的，信度是指标准的稳定性和一致性，或个人在不同时间维持一定绩效水平的程度。就等级评定而言，可信度可以通过由同一评估者或两个不同的评估者做出的有关联的两组评分结果来进行量化。例如，两个经理可能会评估同一员工，并判断他或她是否适合晋升。这时将他们评估的结果加以比较来确定评估者的可信度。

一些公司现在使用一种被称作校准的新的程序来确保经理人始终如一地评价员工。在校准的过程中，一些监督者，在经理人的领导和专业的人力资源人士的帮助下，讨论员工的个人绩效，来确保所有的经理人对公司所有的员工能够应用相似的标准。监督者以评定员工极好或极坏的表现作为过程的初始阶段。他们力图评定处于中间阶段更容易说谎的员工，然后尽力使得员工的行为与绩效达成一致。最初，评定很可能会相当简单，因为一些经理人是严厉的评价者，而其他人不是。然而，在接下来的评估阶段和校准会议，开始集中于一点，或者变得更加相似。

正如所讨论的，校准会议在培训经理人和评估新员工时尤其有帮助。在公司合并或并购上，尤其是全球性的公司时，也是极其有帮助的。为什么呢？因为公司文化和公司评估标准的差异可能导致同样的员工得到截然不同的评估结果。例如，Lawson Software，一个总部位于明尼苏达州的公司，从在3个国家拥有1 400个员工增加到在30个国家拥有4 000个员工，它成功地运用校准来确保世界各地的经理人能够准确地评定员工。[②]也请记住，评估在国家之间是有差异的。例如，本章稍后会讨论下属对他们的老板表现的评价。在一些国家，员工对上级进行评价在文化上是无法接受的。

5.公平性和可接受性

员工最关心的问题之一就是他们所在的公司绩效评估系统的公平性。组织的政策、公司的文化、经理人的定位、历史以及现在的竞争状况都可能影响到管理者如何管理和评价他们的员工。[③]有时，经理人可能给予员工过高的评价，因为他们想让他们的员工拿到更多的薪水，或者因为下属较好的评估结果能使他们看起来更像是一个优秀的经理人。如果不是这样，那么当经理想要摆脱惹麻烦的员工时，也可以通过提高评估结果而把员工推向其他部门。

即使评估应该是被信任的，员工也总是怀疑评估过程是不是公平的，或者至少他们认

---

① Jason D. Shaw and Nina Gupta,"Job Complexity, Performance, and Well-Being: When Does Supplies-Values Fit Matter?" *Personnel Psychology* 57, no. 4(Winter 2004): 847-880.

② Joanne Sammer,"Calibrating Consistency," *HR Magazine* 53, no. 1(January 2008): 73-75.

③ Kathryn Bartol, Cathy Durham, and June Poon,"Influence of Performance Evaluation Rating Segmentation on Motivation and Fairness Perceptions," *Journal of Applied Psychology* 86, no. 6(December 2001): 1106-1119; Anne P. Hubbell,"Motivating Factors: Perceptions of Justice and Their Relationship with Managerial and Organizational Trust," *Communication Studies* 56, no. 1(March 2005): 47; Rebecca M. Chory-Assad,"Room for Improvement," *Training* 40, no. 11(December 2003): 18-20; Deanna M. Merritt,"Appraising the Performance Appraisal," *Supervision* 68, no 4(April 2007): 3-5.

为他们应该这么想。认为评估系统是不公正的员工更可能认为评估面谈是浪费时间，而且面谈结束后的感觉是遭到讽刺和让人沮丧的。正如我们在前面讨论的，在选择开发一个管理绩效系统时，如果让员工了解什么是良好的绩效以及绩效系统是如何运作的，他们更有可能觉得是公平的。结果，计划更有可能成功。

可接受性关系到管理和使用绩效管理系统的难度或困难。如果使用它很耗时或很困难，或者如果很难看到它是如何真正帮助组织的，系统很可能会失败。

8.2.2 你的评估遵守法律了吗？

由于绩效评估被用于制定多项人事决策，因此它必须满足相应的法律要求。最高法院裁定绩效评估要与选择程序一样经受标准有效性的检验。[①]周密定义的、可计量的绩效标准是有必要的。在一个有代表性的Albemarle纸业公司起诉Moody公司的案例中就涉及了对有效性的检验（第3章讨论过）。美国最高法院发现，员工是被一个模糊的标准评定的，该标准取决于上级个人的解释。[②]这个裁定推动了组织尽力消除在描述诸如态度、合作性、可信赖性、主动性和领导能力等方面的模糊性。例如，如果用员工的迟到和/或无理由的缺勤等术语来描述，那么可以使“可信赖性”这一特点的模糊性少得多。总而言之，减少主观判断的空间会改进整个评估过程。

此外，其他的法庭裁定表明，评估结果表明员工的绩效处于可接受或高出正常水平，但该员工晋升的机会却被忽略，或由于绩效不好而受处分、被裁员或解雇。在2012年宣判的一个案例（Catherine Eno 诉 Lumbermens Merchandising Corp.）中，一个员工宣称她因公司认为她工作态度不好而被解雇。问题在哪儿？对她的评估称她能“愉快地以专业的方式处理自己的工作”，她“在东部脚踏实地地工作，在部门中表现出色。东部的同事都喜欢她”。法庭裁定她胜诉。[③]其他的公司如固特异和福特也被告上法庭，原因是它们的绩效评估被认为歧视年长的工人。因此，从法律角度来看，绩效评估是一把双刃剑。作为一名管理者，你需要它们促使员工更好地表现，记录员工的行为，但是如果做得不好或不准确，或者你不基于它们做决定，你会发现自己陷入法律困境。从这些法庭案例中可以看出，绩效评估应该满足以下法律原则：

- 绩效评估一定要与工作相关，绩效标准[④]要以职位分析为基础来制定。对于有效的工作绩效来说，只有评价这些领域是必要的。
- 员工一定要在评估前拿到文本形式的工作标准，以便他们了解需要做什么才能拿到最高分。
- 执行绩效评估的经理人必须能观察到他们要评估的行为。这就意味着在比较员工行

---

① Brito v. Zia Company, 478 F.2d 1200(10th Cir. 1973); Treena L. Gillespie and Richard O. Parry, “Fuel for Litigation? Links between Procedural Justice and Multisource Feedback,” *Journal of Managerial Issues* 18, no. 4 (Winter 2006): 530–546.

② Albemarle Paper Company v. Moody, 422 U.S. 405(1975); Terry Gillen, “Appraisal: When Best Practice Is Bad Practice,” *People Management* 11, no. 19(September 29, 2005): 58.

③ Ladan Nikravan, “It's Not Just About Performance: Time to Think Differently,” *Forbes*(September 29, 2013), http://www.forbes.com.

④ 特别地，可衡量的标准有助于消除工作绩效考核的模糊性和主观性。

为时需要一个可计量的标准。在对雇员评估时会产生并涉及文件问题。如果雇员采取法律行动，这种信息可能是决定性的。如果雇主能够通过记录业绩不佳的情况支持业绩评级，就加强了雇主的信誉。

- 不允许不检查绩效问题。如果发生这种问题，文件就会出现问题，并把它归因于员工评估。当一个员工采取法律行动时，这个信息可能是决定性的证明。通过将绩效较差的表现文件化，可以增强其对绩效评价分数的可信度。
- 上级应当接受正确使用评估表格的培训。他们应当学习在做判断时如何应用评估标准。
- 企业的人力资源部门应该审核评估结果，以观察少数团体是否受到影响。
- 评估应当与员工进行公开的讨论，并为绩效差的员工提供咨询和正确的指导来帮助他们提升绩效。开放员工被调换到其他岗位的可能性，以更好地与他们的能力相符。
- 应当建立申诉程序，以使员工能够表达对评估的不同意见。①

人力资源专业人员也应审核主管们的评价意见，包括那些可能表明企业没有遵守法律的意见。“2014年Ted缺席了几周，这多少影响了业务运行。”如果Ted的缺席有些是与《家庭医疗休假法》有关，这个评价意见可能会用于法庭，表明Ted被剥夺了根据这一法案休假的权利，而不应被报复。②有主管的上级审核评估意见也能减少评估偏差和法律上有问题的评价。

8.2.3 谁来评估员工的绩效

就像有许多标准可用于评估绩效一样，也有很多人可以对员工绩效进行评估。考虑到今天工作的复杂性，一个人就能完全观察和评估员工的绩效是不现实的。在IBM公司，高潜能的员工通常由公司各个部门的领导来评估，而不仅仅是他直接的上司。如图表8-5所示，评估者可能包括上级、同事、团队成员、自己、下属和客户。每一方或多或少地可能有助于我们之前讨论过的管理和开发两个目的。

1.经理/主管评估

经理/主管评估（manager and/or supervisor appraisal）③是评估员工绩效的传统方法。在大多数情况下，主管是执行该功能最好的人选，但是这样做并不总是可行的。经理经常抱怨他们没有时间去全面观察员工的绩效。这些经理必须依靠绩效记录来评估员工绩效。如果得不到可靠的和有效的方法，那么这种绩效评估的结果可能不太准确（回忆我们之前讨论过的标准缺失和标准混淆问题）。此外，研究表明经理对于他们认识不到一年的员工

---

① Gillian Flynn, "Getting Performance Reviews Right," *Workforce* 80, no. 5(May 2001): 76-78; David C. Martin, Kathryn.M. Bartol, and Patrick E. Kehoe, "The Legal Ramifications of Performance Appraisal: The Growing Significance," Public Personnel Management 29, no. 3(Fall 2000): 381; Deanna M. Merritt, "Appraising the Performance Appraisal," *Supervision* 68, no. 4(April 2007): 3-5; Kevin R. Murphy, "Perspectives on the Relationship between Job Performance and Ratings of Job Performance," *Industrial & Organizational Psychology*(June 2008): 197-205; Cindy Miller, "Performance Appraisals in a Legal Context," *HR Info*(July 8, 2008), http://cindymiller.wordpress.com/.

② "Loose Lips Lose Lawsuits: Screen Performance Reviews for FMLA comments," *Business Management Daily*(August 31, 2010), http://www.businessmanagementdaily.com.

③ 经理/主管评估：由雇员的经理做出而且经常由比经理高一级的管理者审查绩效评估的结果。

图表8-5 评估的可能来源

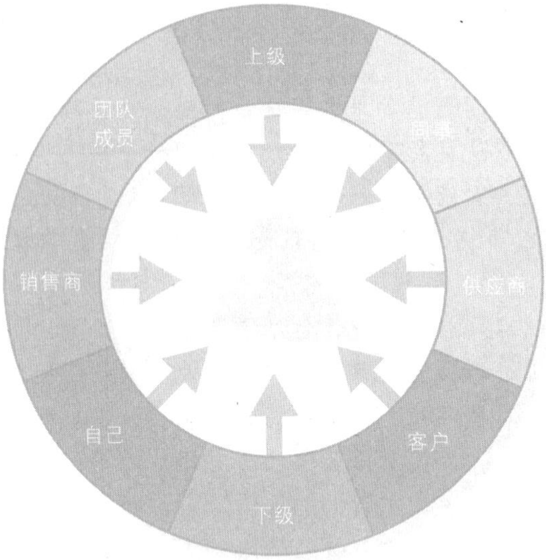

的评估是不太可靠的，这可能是一个缺点，完全依赖于管理人员的信息。[1]

2. 自我评估

许多企业要求员工在自我评估表中对自己进行评估。自我评估能提高审核过程中员工的参与感，并让员工思考他或她的优势和劣势。换句话说，这是讨论的催化剂。员工和他或她的经理针对工作绩效问题进行讨论，并且达成最终的评估。

员工在对自己进行评估时往往更加宽容，更倾向于高估自己，或者相信他们在评估结果上有更多的影响力，这并不罕见。如果那个期望没有满足，员工就会变得很消极。由于这个原因，自我评估最好用于开发目的而不是管理目的。[2]

3. 下属评估

在大型和小型公司中，下属评估（subordinate appraisal）[3]用于给经理提供下属是如何看待他们的信息反馈。[4]下属是评估他们上级的最好人选，因为他们经常与上级接触，并

① Joan Brett and Leanne Atwater, "360-Degree Feedback: Accuracy, Reactions, and Perceptions of Usefulness," *Journal of Applied Psychology* 86, no. 5(October 2001): 930-942; Bruce Pfau, Ira Kay, Kenneth Nowak, and Jai Ghorpade, "Does 360-Degree Feedback Negatively Affect Company Performance?" *HR Magazine* 47, no. 6 (June 2002): 54-59; Maury Peiperl, "Getting 360-Degree Feedback Right," *Harvard Business Review* 79, no. 1 (January 2001): 142-147; Robert Gandossy and Tina Kao, "Talent Wars: Out of Mind, Out of Practice," *Human Resource Planning* 27, no. 4(December 2004): 15-20.

② Corey E. Miller and Carl L. Thornton, "How Accurate Are Your Performance Appraisals?" *Public Personnel Management*(Summer 2006): 153-162; Edward J. Inderrieden, Robert E. Allen, and Timothy J. Keaveny, "Managerial Discretion in the Use of Self-Ratings in an Appraisal System: The Antecedents and Consequences," *Journal of Managerial Issues* 16, no. 4(Winter 2004): 460-484.

③ 下属评估：由下属对上级做出的绩效评估，和管理用途相比更适合于开发用途。

④ Jeffrey Seglin, "Reviewing Your Boss," *Fortune* 143, no. 12(June 11, 2001): 248; Ann Harrington, "Workers of the World, Rate Your Boss!" *Fortune* 142, no. 6(September 18, 2000): 340-342; Robert Thompson, "Management Lite: Less Control, More Innovation," *HR Magazine* 44, no. 8(August 1999): 10.

且占据一个特殊的位置来观察上级相关的绩效表现。下属评估也可以用于提高管理者的绩效。最适合由下属来评估的绩效维度包括管理者的领导力、授权能力、员工的支持度等。经理人可能会对这个体系的执行与否产生犹豫，尤其在下属评估结果会用于确定薪酬决策时更是如此。但是，当信息用于开发目的时，管理者就能比较容易接受了。有证据表明当管理者留心下属的建议时，他们自身的绩效就会有实质性的提高。不过为了避免潜在问题的发生，下属评估应该匿名进行，并且还要综合考虑多个评估者的意见。[①]

4.同事评估

在一起工作的同一级别的同事越来越多地参与到相互之间的评估。同事评估（peer appraisal）[②]，是由同事对员工进行评估。这种形式的评估通常汇编成某一方面的资料，并且提供给上级用于最终的评估。上级经常看到员工展现出来的优点，而同事通常可以看到更加实际的情况。同事们可以很容易地识别他们的同事的领导能力和人际交往技能以及其他优缺点。例如，让上级对一个外勤人员“处理公共事务”的能力进行评估，上级可能会没有很多机会去观察它。相反，他的同事们就有比较多的机会去观察这种行为。

对于与同事相处得不好的员工，这个评估也提供了一个揭开问题和解决冲突的平台，同时也提供了一个给予表现的机会。[③]然而，同事评估就不能用于诸如工资、奖金、晋升以及其他主要的关于员工的管理决策。他们也应该保密，以免导致员工间的对立或情感伤害。评级应计算综合得分，并由员工的主管总结评论意见，而不是用个人评价以及来自员工同事的评级来代替。

5.团队评估

同事评估的另一个扩展就是团队评估（team appraisal）[④]。在团队工作的环境中，突出个人的贡献几乎是不可能的。为了处理这个问题，从波音公司到德州仪器公司，再到Jostens & Ralston食品公司，都开始开发用于评估团队整体绩效的评估标准。[⑤]这些公司相信团队评估有助于打破员工个人之间的壁垒，鼓励他们共同努力。经常地，这个制度作为团队激励或团队可变工资的补充（见第10章）。

6.客户评估

客户评估（customer appraisal）[⑥]是绩效评估信息的另一来源。外部客户评估已经在评估酒店人事方面应用了较长时间。然而，像联邦快递、百思买和五十铃等公司也同样开始

---

① Brett and Atwater,“360-Degree Feedback,”930-942; Paula Silva and Henry L. Tosi,“Determinants of the Anonymity of the CEO Evaluation Process,”*Journal of Managerial Issues* 16, no. 1(Spring 2004): 87-103.

② 同事评估：由同事做出的绩效评估，通常把它汇编成一份资料以供雇员经理在绩效面谈中使用。

③ John Drexler, Jr., Terry Beehr, and Thomas Stetz,“Peer Appraisals: Differentiation of Individual Performance on Group Tasks,”*Human Resource Management* 40, no. 4(Winter 2001): 333-345.

④ 团队评估：在全面质量管理理念基础上进行的绩效考核，承认团队成就，而不是个人表现的绩效评估。

⑤ Scott and Einstein,“Strategic Performance Appraisal in Team-Based Organizations,”107-116; Debbie Kibbe and Jill Casner-Lotto,“Ralston Foods: From Greenfield to Maturity in a Team-Based Plant,”*Journal of Organizational Excellence* 21, no. 3(Summer 2002): 57-67; Simon Taggar and Mitchell Neubert,“The Impact of Poor Performers on Team Outcomes: An Empirical Examination of Attribution Theory,”*Personnel Psychology* 57, no. 4(Winter 2004): 935-969.

⑥ 客户评估：与基于全面质量管理理念的团队评估相似，寻求来自外部和内部客户评价的绩效评估。

应用外部客户评估。西尔斯在公司技术人员为用户提供服务以后，经常打电话给客户，让他们提供对技术人员的反馈意见，并查看他们执行得怎么样。其他一些企业也会调查他们的销售商和供应商，把它作为评估过程的一部分。通过将公司的合作伙伴引入绩效评估，管理者们希望可以得到更客观的评估、更有效率的员工、更满意的客户和更好的公司绩效。

与外部客户相比，内部客户包括企业内依靠员工工作输出的任何人。例如，在有关甄选和培训服务部门的人力资源经理时，他们可能会成为这个部门进行内部评定的候选人。对于开发和管理两个目的，内部客户能够提供极其有用的有关员工或团队员工所增加价值的回馈。

8.2.4 把它们整合在一起：360度评估[①]

如上所述，诸如英特尔和摩根士丹利这样的公司把绩效评估信息的不同来源整合起来创造一个多人评估和反馈系统——360度评估。工作是多面的，不同的人看问题的角度也不同。就如名字暗含的，360度的反馈试图把所有的视角（上级、同事、下属、客户等）整合在一起，为员工提供尽可能准确的有关他们个人绩效的信息。

图表8-6显示了一系列赞成与反对360度评估的观点。当英特尔公司建立360度系统时，公司发现以下措施可以确保系统的最佳质量和可接受性：

图表8-6 **赞成和反对360度评估的观点**

赞成的观点
• 系统由于收集到了多角度的反馈，所以更加全面
• 信息的质量更好(反映的质量比数量更重要)
• 它通过强调内部或外部客户和团队补充了全面质量管理
• 可能会减少偏见，因为反馈源自更多的人，而不仅仅是一个人
• 从同事和其他人处得到反馈有助于促进员工的个人发展
反对的观点
• 系统由于综合了所有的反馈而变得复杂
• 反馈可能具有威胁性，如果员工感到反馈是联合做出的，那么可能会导致不满
• 可能存在冲突的观点，虽然它们从各自的角度来看可能都是对的
• 系统需要培训以便使其运行得更加有效
• 员工可能会在系统中勾结或通过提供他人的无效评估信息以进行博弈
• 如果评估者的评估是匿名的，那么他可能是不可信的

Source: Compiled from David A. Waldman, Leanne E. Atwater, and David Antonioni, "Has 360-Degree Feedback Gone Amok?" *Academy of Management Executive* 12, no. 2 (May 1998): 86–94; Bruce Pfau, Ira Kay, Kenneth Nowak, and Jai Ghorpade, "Does 360 - Degree Feedback Negatively Affect Company Performance?" *HR Magazine* 47, no. 6 (June 2002): 54–59; Maury Peiperl, "Getting 360-Degree Feedback Right," *Harvard Business Review* 79, no. 1 (January 2001): 142–47; Joyce E. Bono and Amy E. Colbert, "Understanding Responses to Multi - Source Feedback: The Role of Core Self - Evaluations," *Personnel Psychology* 58, no. 1 (Spring 2005): 171–205.

---

① 使用因特网：可以向一些公司购买帮助准备360度评价系统的软件。例如，领导软件开发的Coach/360软件，结合了全面质量管理(TQM)、管理教练的风格和360度绩效评估。登录学生资源网站：www.cengage.com/inernational。

◎确保匿名。确保没有员工知道团队其他成员的反馈（不包括上级的评估）。

◎使回答可信。上级应该讨论每个团队成员所填写的评估，使得每个成员知道自己是否正确地使用了表格，自己的回答是否可信，以及其他的参与者是如何评价别人的。

◎防止系统的“博弈”。有些员工可能会通过给予某位员工过高或过低的评估来帮助或伤害他人。团队成员可能会试图串通他人而互相提供过高的评估。上级应该检查这种明显无效的回答。

◎使用统计程序。使用经过加权平均的数据或其他量化的方法来综合评估结果。上级应该谨慎地使用这种主观的综合数据，这种数据肯定会削弱系统的作用。

8.2.5 培训评估者

许多绩效评估计划的弱点在于经理和上级没有针对评估任务接受足够的培训，因此他们提供给下属的反馈就没有多大帮助，而且，通常是无指导性的或无意义的。这可能就是有些专家认为公司不应该再对员工执行绩效评估计划的原因。然而，培训评估者可以大大地改进绩效评估的过程。就像一位人力资源经理所说：“评估表格和计量范围是不重要的，重要的是经理人能够有目标地观察员工的绩效并且在此基础上有目的性地给予反馈。”然而在一份来自大中型企业的55名人力资源经理的报告中，一半多的经理人认为他们的公司做得很少或根本没有对于经理如何做好评估采取相应行动。除了给经理人提供培训外，企业应该准确地评估和开发一个下属执行的标准，通过这个标准，他们的主管本身也被评估。

1.建立一个评估计划

当评估者培训计划是从对绩效评估体系目标进行解释开始的一个系统过程时，它是最有效的，评估者了解评估的目的也是很重要的。例如，评估是用于薪酬决策还是开发目的，这可能会影响评估者评估员工的方式和内容，也可能改变评估者关于应当如何填写评估表的看法。评估体系的机制也应当解释清楚，包括评估的频率、指导者以及绩效标准是什么，如何着手进行评价。此外，评估培训应当让评估者了解评估体系的缺点，以便让他们避免这些问题的发生。

2.消除评估者错误

消除管理者在评级过程中所犯的主观错误是评估员工绩效的一个重要组成部分。我们在第6章讨论过“晕轮错误”，当我们观察筛选员工时，如果主考官没有认真研究员工被评级的行为时就可能会发生这种错误。“晕轮错误”的相反一面是晕轮效应。当经理关注于员工的一个消极方面并把它扩大化使得整个评估等级过低时，晕轮效应就产生了。经理和他的下属之间的个人冲突增加了晕轮效应的可能性，而且如果没有及时更正，那么就可能会大大增加员工的沮丧感。[①]

分布误差。当对一组员工的评估趋于一个单一值时，就会发生分布误差。例如，那些不愿意为员工做出过高或过低评估的评估者就犯了趋中错误（error of central

---

① Gary P. Latham and Kenneth N. Wexley, Increasing Productivity through Performance Appraisal, 2nd ed. (Reading, MA: Addison-Wesley, 1994), 137.

tendency）[1]。普遍常见的是有些评估者倾向于过高或过低地评估员工。

例如，经理可能错误地宣称“我所有的员工都非常优秀”或者“我的员工没有足够出色的”。这些想法就引发了我们所说的过松或过严错误（leniency or strictness error）[2]。

减少这种分布错误的一种途径是向评估者解释，当面对大量的员工时，评估者应该发现他们中的重要差异。应清楚地定义绩效的特点或维度，同时提供有意义的行为描述，这些行为描述在评估表中被称为“锚”。另一个方法是要求按照强制分配比例进行评估，有时也称为末位淘汰。经理用强制分配的方法来评估员工，把特定比例的员工放入不同的绩效等级中。例如，可能要求把10%的员工列入差（或优秀）的等级中，这类似于一些学校的老师按照正态分布曲线对学生进行分级。这是同行排名的一个变化，对一个团队中的雇员从最好到最坏进行排名。强制分配法的变形就是同事分级（peer ranking），它是指把一个工作小组的员工按照绩效从好到坏的顺序进行分级。

尽管强制分配和同事分级可能会解决过松或过严的错误，但它们又会产生其他的问题，尤其是当大多数员工的绩效在标准之上、中间或低于标准时。此外，如果制度对于一个受法律保护的群体存在一种与绩效不相干的影响时，诸如少数民族或者是老年人这种因素，它就能导致或已经导致歧视诉讼的发生，通用电气在众多的企业中就是第一个碰壁的。即使这样，更多的组织仍在使用强制分配制度。然而，其他的公司包括福特和固特异这一类的公司在诉讼案之后放弃了它们的强制分配制度，低迷的斗志、团队协作的减少以及有害的员工竞争环境在它们使用该制度后接连发生。同样，对于同行排名，三名员工绩效接近相同的水平，也将必须排出第一，第二，第三。这就产生了一幅关于个人绩效程度的误导性画面，这反过来影响了他们的报酬、利润等。此外，并不是所有的公司文化都适合强制分配制度。以星巴克为例，它促进企业形成以团队为基础的文化，使用强制分配制度可能反而达不到预期目标。

由于与强制分配制度有关的法律问题的存在，所以使用这些方法的公司明显需要谨慎地对评估者进行培训。但是并不是所有的公司都放弃了这种做法。雅虎最近建立了这一制度。有人猜测，此举是为了这家互联网企业能摆脱那些只是“上班打卡”却对企业无多少贡献的员工。

暂时误差。有些评估错误是暂时的，其中绩效审核有利还是不利，主要取决于评估者在这段时间内所做的选择、评估和组织的信息。例如，当评估只是基于员工近期行为的好坏时，评估者就犯了近因误差（recency error）[3]。经理人因为相信某位员工正在慢慢改进而给予他较高的评估时，经理人就犯了近因错误。在没有整个评估期的工作记录文件时，评估者就不得不回忆雇员近期的行为从而对他做出评估。让评估者在整个评估期内详细记录员工的成功与失败，就可以使近因错误发生的可能性降到最低。经理人可以使用的一个方法是持续地记日志。

对比错误。当员工的绩效由于和前面评估的员工进行比较而被高估或者低估时就产

---

① 趋中错误：所有员工在绩效上均被评为平均水平的绩效评定错误。
② 过松或过严错误：评估者通常趋向于给出高的或是低的评定结果的绩效评定错误。
③ 近因误差：评定是以雇员最近的行为而不是整个评审期的行为为基础的绩效评定错误。

生了对比错误（contrast error）[①]。例如，一个平均水平的员工在与绩效水平差的雇员进行比较时会显得他的绩效更好。相反，同样的员工在与前一个明星员工进行比较时会显得绩效较差。在评估者需要从好到坏排列雇员的绩效时最容易发生对比错误。谷歌经常对员工团队进行绩效评估，为员工编制了一个“认知偏差”列表，让员工在讨论评级时参考。

相似错误。当评估者过高估计那些在某方面与自己相似的员工时就产生了相似错误（similar-to-me error）[②]。例如，当经理和员工都来自一个州或者上同一所学校，那么经理可能不自觉地对这个员工产生较好的印象。相似错误的影响可能是非常强大的，当相似性是基于种族、信仰、性别或其他受保护的类型时，就可能导致歧视。

进一步说，评估者应当注意到自己可能对某一特殊群体持有思维定势。例如，一项研究表明，处于家庭和事业矛盾中的男性员工和没有这些矛盾的男性员工相比，他们得到了较低的评估结果和较少的推荐。另一方面，无论女性是否经历家庭与事业的冲突，她们的评估结果并没有什么不同。[③]

像西尔斯和惠好等公司已经开发了正式的培训计划来减少在评估过程中通常发生的主观性错误。这些培训是值得的，尤其是当参与者拥有机会去：（1）观察其他经理所犯的错误；（2）积极主动地发现自身的错误；（3）实施与工作相关的任务来减少他们可能会犯的错误时。谷歌也经常根据员工们的数据进行绩效审核，它汇总了“认知偏差”的员工名单，以供参考，以讨论评级。[④]

3.反馈培训

一个针对评估者的培训计划应该提供一些忠告，管理者可以用来在正式的评估和反馈会议上向员工提供连续的绩效反馈。尤其在正式的评估中，许多经理人对于员工接到的反馈非常紧张。有时，他们只是希望评估早点结束。当这种情况发生时，管理者不会在评价过程中与员工进行谈话，这是一个主要的缺点。

管理者需要了解员工是想知道他们做得怎么样以及如何提高绩效的。他们不太渴望被评估或被判断，这就是经理人在正式的评估中为员工提供持续的反馈而不只是“推给他们”这一选择如此重要的原因。如果一个员工正在做的事是错的，等到年终正式评估时才沟通这一信息就是错误的方法。这个人需要立刻被纠正。

甚至当评估一个优秀的员工时，经理人经常不愿意评估员工的绩效。有时它跟经理缺乏执行有效的绩效评审会议的技能一样愚蠢；有时没有足够的钱来识别一流的员工。所以

---

① 对比错误：由于与前一位刚评估完的雇员比较，结果不是偏高就是偏低的绩效评定错误。

② 相似错误：由干评估者可能会因为雇员与其有相似的地方而评价过高的绩效评定错误。

③ Adam B. Butler and Amie Skattebo, “What Is Acceptable for Women May Not Be for Men: The Effect of Family Conflicts with Work on Job-Performance Ratings,” *Journal of Occupational and Organizational Psychology* 77, no. 4 (December 2004): 553–564; Cheri Ostroff, Leanne E. Atwater, and Barbara J. Feinberg, “Understanding Self-Other Agreement: A Look at Rater and Ratee Characteristics, Context, and Outcomes,” *Personnel Psychology* 57, no. 1 (Summer 2004): 333–337; Mike Schraeder and Jim Simpson, “How Similarity and Liking Affect Performance Appraisals,” *Journal for Quality & Participation* 29, no. 1 (Spring 2006): 34–40.

④ Adam Bryant, “Google′s Quest to Build a Better Boss,” *New York Times* (March 12, 2011), http://www.nytimes.com.

评估被拖延或者草草了事，结果可能是组织中最好的员工沮丧、愤怒、失望和泄气。

评价的目的相互矛盾，也会妨碍员工接到反馈的有效性。一个评估计划被用于决定一个员工未来工资，同时鼓励这个人更好地表现，这两个目的就终结了彼此的矛盾。通常在绩效评估期间讨论工资决定时，它们倾向于成为谈话的中心议题，经理人要花大量的时间判断员工工资的决定正确与否。结果，提高员工未来工作绩效的讨论却很少。

反馈培训应当至少覆盖3个方面的内容：（1）有效沟通；（2）诊断导致绩效问题的根本原因；（3）设定目标和目的。像聚焦HRM 1那样的检查表可以帮助上级做好绩效评估面谈的准备，以便他们的下属尽可能地从这一结果中获得最好的信息。

聚焦HRM 1

上级用于绩效评估的检查表

计划表

1. 计划面谈并提前10天或两周通知员工。

2. 要求员工通过回顾他们的绩效、工作目标和发展目标来为面谈做好准备。

准备面谈

1. 回顾一年来收集到的绩效文件材料，注意所开发的工作模式。

2. 为高于平均绩效水平和低于平均绩效水平的员工准备特定的例子。

3. 如果绩效得到满足或超出预期，讨论这个结果并计划如何强化它。当绩效没有达到预期时，确定需要做出什么改变。

4. 在写好评估后，把它放在一边，过几天再看一遍。

实施面谈

1. 选择一个舒服和不受干扰的地方，这个位置应当有助于进行开诚布公的谈话。

2. 每次只讨论一个主题，同时考虑它的优缺点。

3. 运用明确和描述性的语言，不要做一般的和判断性的结论，报告所发生的事而不是评估它们。

4. 讨论你们之间的差距并尽量缩小它，寻求对评估结果的认同。

5. 共同讨论和设计为了成长和开发应采取的改进行动计划。

6. 维持专业化和支持性的方式来讨论绩效。

8.3 绩效评估方法

现在你对绩效管理有了更多的了解，但问题是，如何计量或评估它呢？绩效评估方法可以宽泛地分为特征法、行为法和结果法。特征法虽然具有一定的主观性，但它基于人们的特性，一直是比较受欢迎的方法。行为法能提供更多的与员工行为相关的信息，因此可能是最好的开发方法。结果法越来越受欢迎，因为它更关注员工为组织所创造的可计量的贡献。

8.3.1 特征法

绩效评估的特征法是设计用来衡量员工拥有的那些被视为对组织和工作非常重要的特定特点（如可信赖性、创造性、主动精神和领导力）的程度的。实际上，特征法最受欢迎的主要原因在于它在很大程度上易于开发。然而，如果没有在工作分析的基础上谨慎设计，那么特征法评估就很可能带有明显的偏见和主观性。

1.图解评估表法

在图解评估表法（graphic rating-scale method）[①]中，每种被评估的特征以表格的形式出现在评估表中，评估者根据员工拥有这些特征的比例对员工进行评估。聚焦HRM 2就是一个图解评估表的例子。图解评估表中有很多变量，其中的区别在于：（1）个人被评估的特点或维度；（2）绩效维度被评估者所定义的程度；（3）评估表中的评估点的清晰程度。在聚焦HRM 2中，维度定义得比较简单，对表中的评估点的定义做了一些尝试。同时，对表中的维度和评估点进行尽可能精确的定义，这可以在一定程度上减少主观性的偏见。而要想精确地定义难度和评估点，则需要通过对评估者进行培训和确立包括在绩效评估指南中的描述性评估的原则得以实现。

同时，评估表应当提供足够的空间用于书写对每个实证效度行为的评论。这些评论能提高评估的准确性，因为它需要评估者使用可以观察到的员工行为来进行描述，从而在评估面谈阶段能提供特定的例子与员工进行讨论。

聚焦 HRM 2

用于评估的图解评估表

按给出的项目对雇员绩效进行评估。选择最适合的方格并以“√”表示。评估者可以自由使用“评论”部分，以提高评论的准确性					
1.工作知识 理解工作及相关方面的术语	需要指导 ☐	拥有自己的及相关工作所需要的知识 ☐	☐	☑	拥有自己的及相关工作所需要的独特知识 ☐
	评论：尤其擅长内燃机				
2.主动性 提出和开发思想以及行动的能力	缺乏想象力 ☐	☑	达到要求 ☐	☐	非常有价值 ☐
	评论：当被问到时，他有好的主意，但是不会主动说出来，有一点缺乏自信				
3.应用能力 注意力和应用于自己工作的能力	浪费时间，需要严密监督 ☐	☐	稳定和主动的雇员 ☑	☐	非常勤奋 ☐
	评论：能接受被指派的新工作				
4.工作质量 工作的完整性、整洁性以及准确性	需要提高 ☐	☐	一般能达到所需要的标准 ☐	☐	持续维持最高的质量水平 ☑
	评论：他的工作表现总是达到最高质量水平				
5.工作量 可接受的工作量	应当提高 ☐	☐	一般能达到所需要的水平 ☑	☐	产出非常高 ☐
	评论：如果他不花太多的时间在检查和再检查上，他的工作量可以提高				

2.混合标准表法

混合标准表法（mixed-standard scale method）[②]是基本评估表法的一个变形。评估者不是只根据一个单独的标准进行评估，而是为每个特点给出3种特定的描述。这些描述反

① 图解评估表法:此绩效评估的特点在于其按照拥有特征的比例而评定员工。

② 混合标准法:和其他评估方法类似,但是它是以高于标准或低于标准为基础而评定。

映了绩效的3个层次：高于平均水平、平均水平和低于平均水平。在为每个特点确定3个层次后，这些描述会被随机打乱形成一个混合标准表。如聚焦HRM 3所示，上级通过指出员工的绩效是好于、等于还是低于每个行为的标准来对员工进行评估。

聚焦 HRM 3

混合标准表的例子

指导：请说明个人的绩效是高于（+）、等于（0）还是低于（-）以下标准：

1.____在陈述问题以及提供可行的解决方案时员工有很好的判断力，但是并不采取行动防止问题的发生。（一般问题解决能力）

2.____员工缺乏管理技能，经常不能很好地处理员工之间的问题，有时好争论。（低领导力）

3.____员工非常具有合作性，可能在开发员工间合作性方面起带头作用，并以积极的态度完成工作任务。（高合作性）

4.____员工拥有有效的管理技能，能够有效地提高生产力，提高产品质量，注重自身的整体发展。（中等领导力）

5.____员工通常以争论性或防御性的态度对待同事和工作分配。（低合作性）

6.____员工通常易于相处，但当分配工作时有时好争论，能与其他员工合作共事。（中等合作性）

7.____员工不擅长解决问题，判断力差，不能预计到潜在的困难。（低问题解决能力）

8.____员工能预计到潜在的困难，能提供富有创造性的、积极的解决方法，有好的观察力，值得效仿。（高问题解决能力）

9.____员工表现出技能导向作用，能有效地配合单位活动，通常起到领导作用，并能激发其他员工的高绩效。（高领导力）

3.强制选择法

强制选择法（forced-choice method）[①]要求从陈述中进行选择，陈述都是成对的，它看起来既是有利的也是不利的。然而，陈述的设计是用来区分成功和不成功的绩效的。例如，强制选择法可能包括以下内容：

（1）________a.工作努力　　________b.工作速度快

（2）________a.显示主动性　　________b.对客户负责

（3）________a.生产质量差　　________b.缺乏好的工作习惯

评估者从一对陈述中选择一种陈述，这发生在事先不知道哪种陈述正确地描述成功的工作绩效行为的情况下。因为它不是立刻显现，所以它反映的结果可能有些高，与结果稍有偏差。

强制选择法也有局限性，主要局限在建立和维持其有效性的成本上。实际上，它是一种可能会令一些评估者感到沮丧的方法，因此有时这种方法被排除于评估计划之外。此外，它作为一种工具不能像其他那些用来开发员工的方法那么有效。

① 强制选择法：要求评估者区分成功和不成功的业绩报表的绩效评估方法。

4.描述法

不同于评估表那样提供一个用于评估的结构性表格，描述法（essay method）[①]要求评估者以文字的方式描述正在接受评估的员工。评估者通常描述员工的优缺点，而且对员工的未来发展提出建议。通常描述法是与其他评估方法结合使用的。例如，描述法可能会提供一些员工绩效的额外信息，这些可能在结构性的评估表中没有体现出来。描述法提供了一个很好的方法，用来指出员工的与众不同的特点。当要求上级就员工晋升的可能性、特殊才能、技能、优缺点中的某一点进行特别描述时，这种方法的优势就显现出来了。

这种方法的一个缺点是，尝试写一份包括员工的所有必要特点的报告是非常耗时的（虽然与其他方法结合使用时，这种方法并不需要较长的陈述）。另一个缺点是绩效评估的质量会受到上级的写作技能和写作方式的影响。文笔好的上级可能只能产生更有利的评价。最后一个缺点就是这种方法有些主观，因此可能不能集中在与工作绩效相关的方面。

8.3.2 行为法

如前所述，绩效评估的特征法的一个潜在缺点就是其所描述的内容可能是模糊的和主观的。我们之前讨论过一种改善评估表的方法，就是对行为进行描述。这些描述帮助评估者轻松地辨别出员工在哪一点上不能满足量表的要求。行为法就是用来描述哪些行为应当（或不应当）出现在工作中。

1.关键事件法

关键事件法在之前的第4章与工作分析相关的部分已经提到过，它也可以作为一种评估的方法。当雇员的行为导致工作的某一方面不同寻常地成功或失败时，关键事件（critical incident）[②]就发生了。一个有利的关键事件的例子是，一个看门人在下班后发现一个装有保密文件的文件柜的门没有锁，看门人叫来了公司的保安人员，保安人员采取措施解决了此问题。一个不利的关键事件的例子是，一个邮递员没有及时将一份快递邮件送出，相反把邮件放在了两个小时后寄出的普通邮件之中。在绩效评估过程中，评估者为每位雇员记录日志，并且特别标明与雇员绩效表现相关的关键事件。

当完成评估表时，评估者可查阅关键事件日志并使用这个信息来为员工在特殊绩效方面或者全部的绩效方面中的突出表现、满意度和不满意度的评定做证明。这个方法也可以帮助评估者在员工的绩效问题还不严重的时候对员工进行劝告。当要求评估者使用工作绩效标准来为评估结果做辩护时，这种方法也增加了评估的客观性。

2.行为列表法

行为列表法要求评估者检查列示员工行为特点的表格的陈述。一个销售电子产品的销售人员开发的检查表可能包括许多类似下面的陈述：

________提出问题的客户的要求。

________识别出客户需要的产品。

________能跟随技术领域中的新发展。

________正确地处理订单。

---

① 描述法：要求评估者撰写一份描述员工行为的声明的绩效评估方法。

② 关键事件法：不寻常的事件指的是雇员在部分工作中的优或劣的表现。

3.行为锚评估表法

一个行为锚评估表（behaviorally anchored rating scale，BARS）[①]包括一系列纵向的量表，通常由5~10个组成，每一个表都是经过工作分析后得到的确定绩效的重要维度，这些维度是由一些工作分析中的关键事件确定的。关键事件置于表中，并且根据专家的观点被赋予点值。一个消防员的行为锚评估表列于聚焦HRM 4中，注意这个特殊的量表是为“救火战略：火的特点的知识”而设定的。

聚焦 HRM 4

行为锚评估表和行为观察表的例子

Municipal救火公司行为锚评估表的例子

救火战略：火的特点的知识。该领域的绩效关注的是消防员利用火的特点的知识，从而制定最佳救火战略的能力。它包括以下行动：观察火和烟的情况并确定火源；估计火的大小并寻找合适的灭火方法和通风方法；应用热和流体机制方面的知识预先判断火的发展趋势；区分和选用水枪或水帘把潜在的危险物淋湿；区分、转移或保护易燃或危险物品。

高	7	——在没有人发现的时候首先发现火
	6	——正确选择进入点灭火
	5	——根据烟的类型判断火的类型
平均	4	——了解基本的水的知识
	3	——不能通过观察火焰的颜色说明火的种类
	2	——不能确定火的方位
低	1	——不愿意改变灭火战略，即使回火以及其他加速险情的现象出现

行为观察表的例子

指导：请考虑销售代表在上一个评估期工作中的表现。仔细地阅读每一项陈述，然后选出能说明他所表现出的有效或无效的行为的程度。

对每一种观察的行为使用下面的量表：

5 代表几乎总是	95%~100%的时间
4 代表经常	85%~94%的时间
3 代表有时	75%~84%的时间
2 代表偶尔	65%~74%的时间
1 代表几乎从不	0~64%的时间

销售生产率	从不				总是
1.与经理审核个人生产率的结果	1	2	3	4	5
2.向同事提出建议来提高销售量	1	2	3	4	5
3.揭示每次接触的具体要求	1	2	3	4	5
4.更新利润计划	1	2	3	4	5
5.遵循客户导向	1	2	3	4	5

Source：Adapted from Landy，Jacobs，and Associates.Reprinted with permission.

① 行为锚评估表法(BARS)：由一系列的垂直尺度组成，且每一项都是工作绩效的重要维度的方法。

行为锚评估表通常是由一个包括下属和上级的委员会负责开发的。委员会的任务是辨别与工作相关的所有的特点或维度。这时就会为每个工作维度建立起陈述表格中的行为锚。一些参与者要检查行为锚的陈述，然后指出工作维度中每个行为锚所表达的含义。每个维度中只有那些被70%以上的人认同的行为锚才会留在表中。最后，行为锚与它们所说明的工作维度相结合，并根据小组对它的价值的评估将其放在表中合适的位置。[①]

目前还没有强有力的证据表明行为锚评估表能减少之前所有提及过的评估错误。但是，有些研究显示这种表能够产生更加精确的评估结果。行为锚评估表的一个主要优点在于人力资源部门以外的员工也可以参与该方法的开发过程。员工的参与可能使他们更容易接受绩效评估过程和绩效评估本身。开发行为锚评估表所遵循的程序同样也使得这种方法的内容有更高的有效性。行为锚评估表的主要缺点在于它需要花费较多的时间和精力来开发。

4.行为观察法

行为观察法（behavior observation scale，BOS）[②]与行为锚评估表的相似之处在于它们都是以关键事件为基础的。然而，聚焦HRM 4说明行为观察表不是用来要求评估者选择最具代表性的行为锚，而是用来计量每种行为被观察到的频率。

行为观察法允许评估者充当观察者而不是判断者的角色。在这种情况下，评估者就能更加容易地为员工提出建设性的反馈，而且员工也会更情愿地接受。像AT&T、惠好等公司已经使用了行为观察法，而且研究表明，使用者更愿意采用这种方法而不是行为锚评估表法或特征法。其主要的原因在于：（1）保持客观性；（2）能辨别出绩效表现好的员工和绩效表现差的员工；（3）提供反馈；（4）发现培训需要。[③]

8.3.3 结果法

许多组织评估员工的贡献不是通过关注员工的特征或是员工在工作中的表现，而是通过关注他们在工作后所获得的结果。结果法的提倡者认为这种方法对于员工来说是客观的，并且能授权给员工。观察如销售数据、生产产出这一类的结果涉及更少的主观性，因此可能比较不容易出现有偏见的情况。另一方面，结果评估法通常使员工对自己的产出负责，因此他们在选择完成工作所使用的方法时会比较谨慎，这就是授权所起到的作用。

1.生产指标

用于评估绩效的大部分计量结果是能够得到的。销售人员的评估是以他们的销售量为基础（包括销售的单位数量和收入总额）的；生产工人的评估是以他们生产的单位数量为基础的，可能还包括检测出的次品率；主管人员的评估通常是以公司利润或成长率作为基础的。每一种衡量方法都与员工有利于组织的业绩和结果有直接联系。这样，结果评估就直接把员工的目标和组织的目标结合起来。

---

① 使用因特网：回顾一下密歇根州行为锚评估表法的例子。登录学生资源网站：www.cengage.com/international。

② 行为观察法：通过测量所观察到的行为发生的频率而进行评估的方法。

③ Latham and Wexley, *Increasing Productivity*; Tziner, Joanis, and Murphy, "A Comparison of Three Methods of Performance Appraisal," 175–190; Simon Taggar and Travor Brown, "Problem-Solving Team Behaviors: Development and Validation of BOS and a Hierarchical Factor Structure," *Small Group Research* 32, no. 6 (December 2001): 698–726; Paul Falcone, "Big-Picture Performance Appraisal," *HR Focus* 84, no. 9 (September 2007): 1–15.

但是结果评估方法也存在着一些问题。首先，回忆我们之前讨论过的标准混淆。结果评估可能会受到员工自身不能控制的外部因素的影响。处于极差的市场中的销售代表和不能得到材料从而不能充分发挥自己能力的生产工人就是例子。在这种情况下，让这些员工对那些不受他们控制而被外部环境影响所产生的评估结果负责，对他们来说是不公平的。此外，结果评估可能无意中鼓励员工在短期中做表面工作，而忽视长期的结果。例如，生产线经理可能会减少维修费而使设备受损。

对于以服务为导向的工作来说，仅看生产量或销售数据是不够的。例如，合作、适应性、主动性和关注人际关系等对员工工作上的成功都是很重要的。如果这些因素是重要的工作标准，那么它们应当被加进评估审核中。因此在实际应用中，结果和实现结果的方法或过程都应当被考虑进去。①

2. 目标管理

一种尝试克服结果评估局限性的方法就是目标管理（management by objectives, MBO）②。目标管理作为一种管理哲学，其主要由员工通过与直接上级讨论设立目标（如生产成本、单位产品销售额、质量标准和利润等），然后以这些目标作为评估的基础。目标管理是一个从设立组织共同目标开始，最终又回到这一步的循环系统（参见图表8-7）。这个系统展示了目标设立的过程，目标包括组织的目标和度量（步骤1）、部门的目标和度量（步骤2）以及上级和下属的目标和度量（步骤3）。

如图表8-7所示，循环的一个重要特点就是由员工设立特定的目标，但是这些目标是以上级对员工责任心的广泛陈述为基础的。员工设立目标时要与上级进行充分的讨论，共同研究和改正，直到双方都对目标感到满意为止（步骤4）。目标陈述伴随着一个详细的行动说明，这个说明是由员工提出的，目的是实现目标。

在阶段性回顾时，要先获得相关的目标数据，然后评估员工所取得的进步（步骤5）。此时，目标可能会由于获得了新数据或附加数据而需要改变。在一段时期（通常是6个月或1年）的总结阶段，员工要对自己的成绩进行自我评估，并尽量用实际的数据来支持自我评估。面谈是由上级和员工双方对员工的自我评估进行检查的过程（步骤6）。最后一步（步骤7）是回顾个人和组织的绩效联系。注意，目标管理计划与本章开头的图表8-1有相似之处，但不一样的地方更多。

通过目标管理其他计划设定目标，可以显著提高员工绩效，因为它帮助他们明确地关注为了达到目标需要做什么，也有助于员工经常评估他们自己设定的目标完成得怎样。以下指导性原则有助于目标管理的成功：

（1）长期或短期制定的目标应当是定量的和可度量的目标。而且，目标陈述应当包括对如何实现目标的描述。

① Daniel Bachrach, Elliot Bendoly, and Philip Podsakoff, "Attributions of the 'Causes' of Group Performance as an Alternative Explanation of the Relationship between Organizational Citizenship Behavior and Organizational Performance," *Journal of Applied Psychology* 86, no. 6 (December 2001): 1285–1293; Susan Leandri, "Measures That Matter: How to Fine-Tune Your Performance Measures," *Journal for Quality and Participation* 24, no. 1 (Spring 2001): 39–41.

② 目标管理（MBO）：通过由员工和管理者相互协商而设定的目标的完成情况来评定绩效的一种管理理念。

图表8-7 **目标管理计划下的绩效评估**

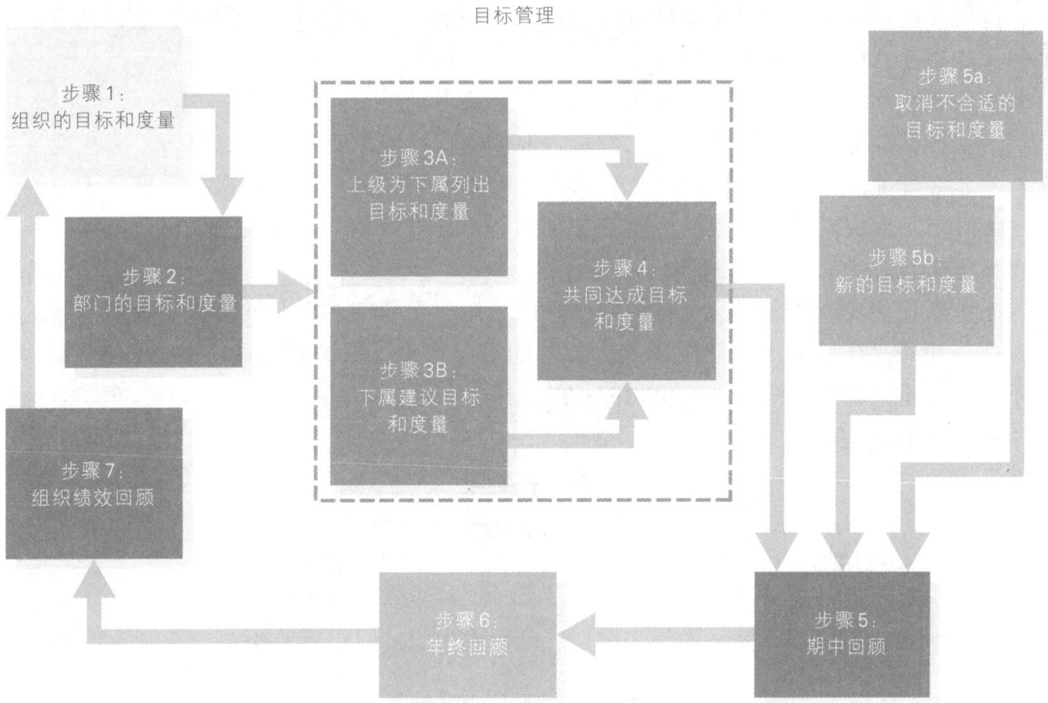

（2）期望的结果必须在员工的控制之下。经理必须愿意授权给员工依靠自身完成目标，给他们自行决定的自由，采用他们自己的方法（但要控制他们为结果负责）。

（3）企业的目的和目标必须是连续的，或者前后一致的，连同不同层次的员工，包括高层管理者。

（4）必须建立审核和评估目标的时间框架。

3.平衡计分卡

我们最初在第2章讨论过的平衡计分卡能够用来评估员工个人、团队、企业部门和企业本身。平衡计分卡模型的含义已在第2章中说明过，评估模型包括4个部分：（1）财务；（2）客户；（3）过程；（4）学习。这些包括产品研发、服务等之类的内部过程对于营造客户满意度和忠诚度是非常关键的。客户价值创造反过来推动财务绩效和盈利性。聚焦HRM 5展示了一个如何将平衡计分卡转变为员工个人计分卡的例子。公司的目标已经在计分卡上分解开来。在公司团队和雇员个人的目标编入后，公司不同部门的目标也添加了进去。这样做的好处是每位员工能够更加清晰地看到他们的绩效是如何和公司总体目标联系在一起的。按客户分类的计分卡（未显示）的目标可能包括客户满意度、保留率、客户交货情况等。

和目标管理相似，平衡计分卡能够使管理者以逐级渗透的形式将宽泛的公司总体目标转化成部门的、团队的、个人的目标。许多公司都使用平衡计分卡的方法，但它是一个复杂的存在缺陷的绩效管理系统。为确保平衡计分卡的成功应用，特提出以下建议：

- 把战略转化为计分卡的明确目标。由于平衡计分卡的过程是从战略目标开始的，除非这些目标是清晰的，否则系统将注定是模糊的并且有失败的潜在可能。把战略转化成目标，这样经理和第一线的员工就拥有了更加易于理解和实现的目标。通常说来，拥有较少的目标能够使其更加清晰和集中。

• 使标准和目标相联系。计分卡上的目标必须可计量，且可评估。

• 依据标准提供绩效反馈。员工们符合他们的目标要求吗？为什么符合，为什么不符合？除非经理提供给员工关于他们工作情况的有效反馈，否则系统就很有可能是无效的。

• 对员工授权以改善绩效。平衡计分卡的一个好处就是，它为员工提供了持续改善以获得最佳实践方法的空间。

• 重新评估战略。来自这个过程的信息应该用于重新评估企业战略，并做出持续的调整。那些使用平衡计分卡方法取得最大成功的组织认为，该系统有助于改善沟通和学习，而不是将组织禁锢在一个机械式机构的控制之中。①

聚焦 HRM 5

个人计分卡

公司目标

• 在7年内使公司价值翻一番 ☑公司

• 以平均每年20%的速度提高我们的收入 □业务单位

• 内部回报率超过资本成本的2% □团队/个人

• 下一个10年产量提高20%

公司目标				计分卡标准	业务单位目标				团队/个人目标
2015	2016	2017	2018		2011	2012	2013	2014	1.
财务（百万美元）									
100	120	160	180	收入					
35	55	85	100	净利润					
15	35	65	75	净现金流量					2.

① Jack Steele, "Transforming the Balanced Scorecard into Your Strategy Execution System," *Manage* 53, no. 1(September-October 2001): 22-23. See also Robert Kaplan and David Norton, "Strategic Learning and the Balanced Scorecard," *Strategy & Leadership* 24, no. 5(September-October 1996): 18-24; Robert Kaplan and David Norton, "Using the Balanced Scorecard as a Strategic Management System," *Harvard Business Review*(January-February 1996): 75-85; Joe Mullich, "Get in Line: People Talk about Aligning Corporate, Departmental and Employee Goals, But Not Many Actually Do It," *Workforce Management* 82, no. 13(December 2003): 43; "Good Appraisal Is Simple, Happens Often, Experts Say," The Orlando Sentinel (via Knight-Ridder/Tribune News Service) (December 3, 2003); Li-cheng Chang, "The NHS Performance Assessment Framework as a Balanced Scorecard Approach," *International Journal of Public Sector Management* 20, no 2(2007): 101-117.

续图表

公司目标				计分卡标准	业务单位目标				团队/个人目标
运营									
35	35	40	50	产品和开发成本					
30	30	35	30	管理费用和运营成本					
100	105	108	110	年总产量					3.
团队/个人标准					目标				
1.									
2.									4.
3.									
4.									

Source: Robert Kaplan and David Norton, "Using the Balanced Scorecard as a Strategic Management System," *Harvard Business Review* (January-February 1996): 75-85.

8.3.4 使用哪种绩效评估方法

图表8-8列示了特征法、行为法和结果法的优点和缺点。尽管研究人员和人力资源经理都相信，越复杂和花时间越长的方法，越能提供有用的信息，当然不会总是这样。产业心理学家和人力资源管理顾问Ronald Gross这样说："我不能仅仅通过文书工作就判断一个绩效评估系统的好坏。评估系统的简单性也很重要。我见过许多系统失败了，就是由于其本身过于复杂，太浪费时间而且工作过于繁重导致的。我也从没有见过一个系统的失败是因为它过于简单。"①评估一个组织的绩效评估系统是否有效的方法就是通过使用一个对于经理和员工在一段时期内都能完成的调查工具来进行一次年度性的或者阶段性的审计。这就会有利于人力资源部门更好地判断绩效评估过程是否改进了。

当然，如果上级只是把信息束之高阁的话，即使有一流的评估方法也不见得好。即使是一个初级的系统，如果在经理和员工之间开展一次讨论，也会真正地促进部分员工取得更好的绩效。

① Deloris McGee Wanguri, "A Review, an Integration, and a Critique of Cross-Disciplinary Research on Performance Appraisals, Evaluations, and Feedback," *Journal of Business Communications* 32, no. 3(July 1995): 267-293; Tziner, Joanis, and Murphy, "A Comparison of Three Methods of Performance Appraisal," 175-190; "Good Appraisal Is Simple, Happens Often, Experts Say"; Joanna Haworth, "Measuring Performance," *Nursing Management—UK* 15, no. 3(June 2008): 22-28.

图表8-8 几种评估方法的概括

方法	优点	缺点
特征法	(1) 开发成本低	(1) 很可能出现评估错误
	(2) 使用有意义的维度	(2) 对员工咨询没有什么用
	(3) 易于使用	(3) 对分配奖金没有什么用
		(4) 对晋升政策没有什么用
行为法	(1) 使用特别的绩效维度	(1) 开发和使用消耗时间
	(2) 员工和上级都可接受	(2) 开发成本高
	(3) 有助于提供反馈	(3) 有可能出现评估错误
	(4) 对奖励和晋升政策来说是公平的	
结果法	(1) 较少主观偏见	(1) 开发和使用消耗时间
	(2) 员工和上级都可接受	(2) 可能会太注重短期绩效
	(3) 把个人绩效和组织绩效联系起来	(3) 可能会使用混淆的标准
	(4) 鼓励共同制定目标	(4) 可能会使用有缺陷的标准
	(5) 有助于做出奖励和晋升决策	

8.4 绩效评估面谈和会议

当你用一两种方法评估了员工的绩效以后，你是否开始通过评估会议或反馈会议把这些信息传递给他们呢？评估会议或反馈会议的形式将在很大程度上取决于它的目的、使用的绩效管理系统的类型以及企业评估形式的组织。会议的会期应该提前一定的时间通知员工，让下属和经理人有时间准备讨论。通常10天到两周是比较充足的时间。

有时讨论员工过去的绩效和未来发展目标会使一个评估会议或反馈会议时间太长。在有限的评审时间里，让上级扮演评估者和咨询者两个角色是非常困难的。评估面谈可分为两个部分：一部分是绩效评审，另一部分是雇员的成长计划，这样很有帮助。分割这一过程也可以改善当事人之间的沟通，因此能减少可能产生的压力和防卫性。

8.4.1 绩效评估会议和反馈会议类型

绩效评估会议或反馈会议基本上有3种形式：告知并使之接受、告知并倾听、解决问题。

1.告知并使之接受

告知并使之接受面谈形式的这个技能要求以一定的方式劝说员工改变他或她的行为。这可能需要员工开发新的行为，需要评估者或者管理者有技巧地使用相应的动机激励措施。由于在员工方面沟通得较少，这种方式并不理想。不管怎样，它还是可用于其他方式不起作用、员工抗拒变化或者员工不愿意参与讨论的情况。

2.告知并倾听

告知并倾听这种方式要求评估者和主管在面谈一开始就与员工沟通其工作绩效中的优缺点。在面谈的第二部分，应深入探究员工的内心情感。告知并倾听面谈使管理者和员工有机会释放和消除他们可能有的挫折感。

3.解决问题

这种形式是最主动的。倾听、接受和情感反应是解决问题面谈的必要元素。然而，这种方法超越了对员工情感的兴趣。它追求的是通过它寻求员工的认同，以一个相互商定的方式来克服障碍，且实际上提高了个人的实际绩效。经理不应该认为这种方式是适用于评审会议的。他们应当依据讨论的主题或所评估的员工的行为使用一种或多种方式。

8.4.2 实施绩效评估会议或反馈会议

对于如何实施评估没有一成不变的规则，一些指导性原则可能会有利于员工愿意去讨论他们的绩效并改进它，并接受来自上级的反馈，这也有利于提高员工对反馈过程的满意度。

1.要求自我评估

正如在本章之前已经说明的，让员工在评估面谈之前评估自己的绩效是非常有用的。

最近的研究表明，当员工参与评估过程时，他们会感到更满意。自我评估也让雇员开始考虑经理人和员工得出的不同结论——当去解决问题的时候，不是过多地揭露“真相”，而是找到解决问题的方案。自我评估还能确保雇员知晓评估的标准，从而对评估结果不会感到意外。

2.邀请参与

大多数专家建议主管鼓励员工自由发言，并认真听取员工所说的。这些专家强调沟通应该是双向的。员工参与讨论的积极性越高，那些导致绩效不好的原因和障碍就越容易被挖掘出来，也更容易为提高绩效找到建设性的方法。此外，研究表明，员工的参与性与他们对评估反馈的满意度，员工相信评估是公平的和有价值的程度，以及他们改进绩效的意愿呈高度相关的关系。作为一条原则，上级在整个面谈中发表意见的时间应当只占30%~35%，余下的时间应当用来倾听员工的回答以及他们对问题的反应。

3.给予赞赏

因为表扬是一种非常有用的激励工具，并且员工往往在找寻正面的反馈，所以在评估面谈的开始阶段对员工表现优秀的方面进行表扬是非常有好处的。令人惊奇的是，不是所有的主管真的想这么做。他们应该这样做。绩效评估是面对面告诉员工他们的价值的最好时机，尤其是一流的员工，这样他们会受到鼓舞和激励，继续夜以继日地工作并留在企业。

在会议的开始阶段要谈论员工表现出色的方面，这样可以消除员工的防御心理，他们也更可能谈论自己工作表现不是很理想的方面。然而，上级应当尽量避免使用明显的“三明治技巧”，即正面的陈述后紧跟着负面的陈述，然后又跟着正面的陈述，如果这样做，个人可能不太喜欢接受这种正式的表扬，而是视它为坏消息做铺垫。进一步说，如果员工接到常规的有关他们绩效的反馈，就没有必要用这种好消息中夹着坏消息的三明治技巧。

4.提供帮助并显示你的关心

一个比较好的使员工参与问题解决过程的方法就是，经理应提出“我能帮你做些什么”。员工经常会把绩效问题归结为真实的或是感觉上的障碍（如官僚程序或资源不足）。经理采取公开和支持的态度就向员工传达了一个信息：他们将尽力消除外部障碍，并会和员工一起实现较高的绩效标准。优秀的经理人也会在评估中和工作中不只是支持员工的工作成果，提出改善绩效的方法，他们也会关心员工个人，并希望帮助他们得到其想要的生活。没有人只想成为一名“无名小卒”。

5.批评最小化

即使是最坚强的员工也只能在开始防卫之前接受一定的批评。如果员工有许多方面需要改善，那么经理应当集中在其中几个问题最大或对工作最重要的客观问题上。换句话说，批评应当一次少提一些。

以下是建议性的使用批评的一些技巧：

- 考虑它是否真的有必要。员工由于绩效问题而招致批评进而感受到的挫折感略多于由于管理者的视而不见而感受到的挫折感。管理者要确保批评集中于经常发生的问题或者员工能够控制的持续性的行为表现上。
- 考虑一个人对待批评的能力。每个人对待批评是不同的，有些人能处理得很好，另一些人哪怕只是稍微批评一下，就会有很大的负面反应。
- 特殊处理但不要夸大。有时我们过于夸大问题是为了具有说服力或者显示我们的关心。试着使批评简单化、事实化和准确化，避免使用像“总是”、“完全”或“从不”等术语。
- 注意你的时间选择。对员工进行批评的成败还取决于所选择的时机。例如，在快结束一天的工作时，如果员工已经疲劳了，即使是好的评论也会引起紧张情绪。可以在茶歇的时间，或另找一天。
- 将改善作为目标。坦率地说，仅通过一次谈话，很难改变员工的行为，因此“把它放在那里”可能也不失为一个好主意。与其陷入一个“责备游戏”中，让经理人和员工陷入一个潜在的无休止的讨论，还不如集中在一个问题上，并制订一个解决方案。①

6.建立目标

既然评估会议或反馈会议的一个主要目的是改善员工未来的绩效，那么他或她的经理人应该把注意力集中到将来而不是过去：

- 强调员工能做什么，而不是需要克服缺点。
- 去掉无效率的任务。

---

① Kwok Leung, Steven Su, and Michael Morris, “When Is Criticism Not Constructive? The Roles of Fairness Perceptions and Dispositional Attributions in Employee Acceptance of Critical Supervisory Feedback,” *Human Relations* 54, no. 9 (September 2001): 1155-1187; Ted Pollock, “Make Your Criticism Pay Off,” *Electric Light & Power* 81, no. 1 (January 2003): 31; “Five Ways to Tackle Poor Performers,” *Law Office Management & Administration Report* 6, no. 12 (December 2006): 9.

- 聚焦于在员工目前的职位框架内存在的成长机会并放弃非生产性的任务。
- 在合理的一段时间内，把成长计划限定于几个重要的可以实现的主题上，并说明每个目标将如何达成。这些行动计划可能牵涉到随后的一系列交流、资源的利用以及确保它们符合要求的时间安排等问题。
- 强调如果目标实现，员工和公司会如何超越。

7.持续执行

经理和员工往往都很高兴结束正式的绩效评审，然后把评估表归档。正如我们所强调的，一个比较好的办法是定期进行非正式的谈话，或许可以按季度进行，以跟踪在评估面谈中出现的问题。它把经理放在指导者的角色而不是裁判员的角色上。如果你是销售经理，你一年会评估员工一次还是两次？也许都没有。大概你会去监督他们的周和月销售情况。某个销售员这周达到了他或她的合同签约数了吗？为什么达到了，为什么没达到？这个销售员是否与他或她接触的人签约了？如果到了6个月的期限，这个销售员没有达到他或她的目标，而你没有给这个人提供持续的反馈，你怎么帮这个人呢？要弥补这个销售漏洞是很难的。

不只是销售人员需要持续的反馈，各类员工都可以从与经理人持续的绩效谈话中受益。经理人需要在谈话中不断地鼓励下属。一旦经理人和员工讨论了一系列的问题，如有士气低落和流动的想法，一些因素就会成为潜在的企业内部改善的催化剂。[①]最终这个目的对双方都有益。

在持续的基础上向员工提供反馈，也有助于他们了解当他们接到正式的评估时所处的位置。因而，在正式的评估过程中，他们的焦虑往往得到缓解，他们的上司可以和他们进行更有意义的谈话。如果员工惊讶于他们的评价，主管们不继续给他们提供反馈可能是安全的。

8.4.3 改善绩效

如果你的一个员工绩效不佳怎么办？你要做什么来帮助员工做得更好？这需要对具体情况做出一些诊断。尽管绩效管理系统经常能告诉你谁的绩效不好，但是系统经常无法揭示原因。

1.找出无效绩效的来源

个人的绩效受多种因素的影响，但是这些因素可以被归结为3个主要方面：能力、激励和环境。每个人都有自己的优缺点，但是有才能却没有被充分激励的员工是不容易成功的。此外，工作环境中的其他因素甚至是外部环境因素，包括个人、家庭和社会的关注，都会以积极的或消极的方式影响绩效。图表8－9提供了更好的图示，说明了这3个因素（能力、激励和环境）是如何影响绩效的。

我们建议集中以这3个相互作用的因素对绩效较差的员工进行诊断。如图表8－10所示，如果员工的绩效没有达到标准，原因可能是技能问题（知识、能力和技术能力）、努力问题（做好工作的动力）和/或一些外部工作环境的问题（差的经济情况、供给短缺、销售困难的地域），这些问题领域的任意一个都会影响绩效。

---

① "Focus on Success," *Aftermarket Business* 115, no. 2 (February 2005): 1.

图表 8-9 **影响绩效的因素**

能力	激励	环境
• 技术能力 • 人际关系能力 • 解决问题能力 • 分析能力 • 沟通能力 • 身体限制	• 职业志向 • 雇员冲突 • 挫折 • 公平/满意 • 目标/期望	• 设备和物资 • 工作设计 • 经济情况 • 工会 • 规则和政策 • 管理支持 • 法律和规章

图表 8-10 **绩效诊断**

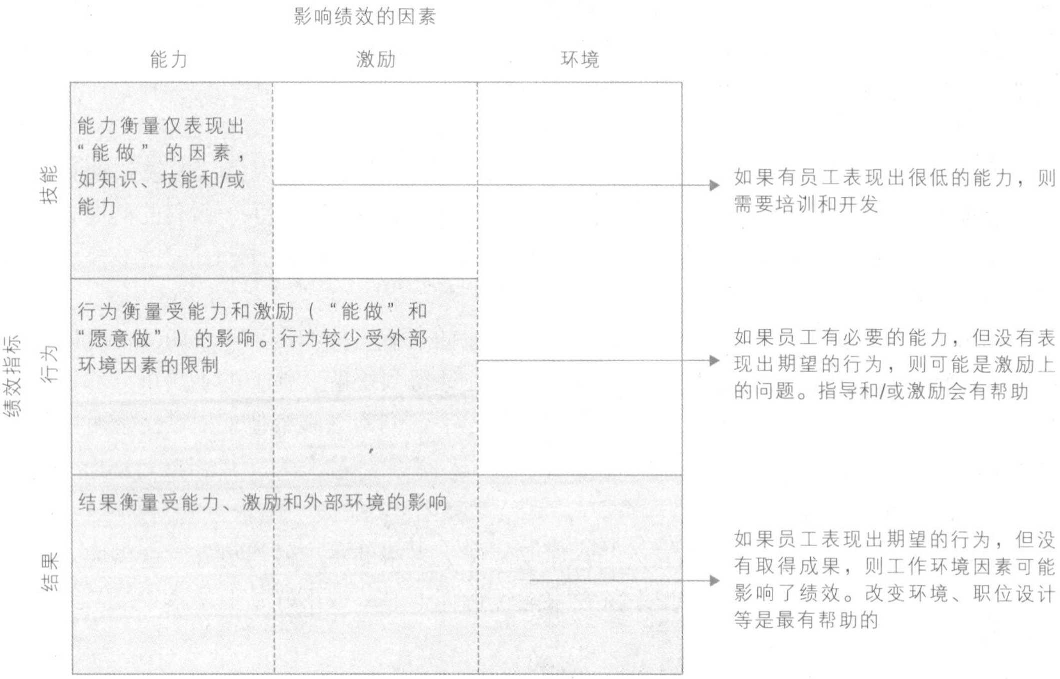

然而，更经常的是，经理人假设绩效差是归因于：第一个是能力的缺乏，第二个是缺乏激励，第三个是员工面临的外部条件。具有讽刺意味的是，研究显示，我们对自己的绩效找原因时却做相反顺序的归因。我们把绩效不好首先归因于外部约束，如运气不好或我们无法掌控的因素。如果问题是内部的，我们经常会归因于临时的因素，如激励或能量（“我今天不顺利”）并且最后承认由于我们能力不够或没有能力。这两方意见的差别在于，如果没有正确处理的话，结果会是一个负面的反馈。假设员工没有受到激励或没有能力的经理人可能会开始区别对待员工（或许会更密切地监视他们或留意他们犯的下一个错误）。这可能实际上降低了员工努力的动机，并导致他们离开。看到这也许会证实经理的最初信念，即员工无可“救药”。正如你可能会说的，这种“建立-失败”综合征可以自我实现和自我加强。

2.绩效诊断

那么绩效诊断能为我们发现不良绩效的真实原因做些什么呢？特别是，经理如何才能识别造成不良绩效的根本原因，并努力解决问题以改善绩效？通过比较不同的绩效评估方法，经理开始对绩效问题的潜在原因有了一些想法。

例如，如图表8－10所示，结果衡量不能辨别能力、激励和绩效的情景决定因素，所以如果有人不能达成期望的结果，可能是由于能力、激励和环境的原因。另一方面，行为衡量较少受到外部限制条件的影响，因此如果有人表现出了所有的期望行为，但是没有达成期望的结果，在逻辑上可以认为这可能是由于他或她所不能控制的因素所造成的。

通过比较不同的绩效指标，可以诊断其他类型的问题。只有在正确诊断产生绩效问题的原因的基础上，经理和员工才有可能去改善它们。

3.管理无效绩效

一旦找到了绩效问题的根源，就可以规划要采取的行动了。该行动可能是提供本领域的培训，这个培训可以提供实现有效绩效所需要的知识和/或技能。转换到其他工作或部门可能为员工提供一个成为组织中更有效成员的机会。在其他情况下，应当把注意力集中于如何激励个人方面。有时，绩效差的人可能不理解想要他们做什么，如果无效的绩效仍然存在，就需要更换员工、采取惩戒行为或者解雇员工。无效的绩效不仅很可能会影响经理和整个组织，而且还可能会影响员工的同事。然而，一旦他们的责任厘清了，他们就有必要采取纠正措施来改善其表现。

4.关注变化的行为而非人

一个绩效差的员工可能使他或她的主管工作很困难。主管应尽可能把员工与其行为分开看——员工本人不是坏的，而是他或她在岗位上表现的行为有问题。与这个员工沟通的方法之一是，不是建议其改变其个性，而是更多地建议其改变工作方法。例如，不是抓住员工的“不可靠性”，而是要关注这个员工“这个月已经迟到了七次”。让一个员工彻底改变自身很难，但改变他们如何做事容易得多。

如果一直是工作绩效很差，就有必要让这个员工转岗，采取纪律处分，或将该人从组织中清退。不仅无效的行为会影响经理人，组织作为一个整体，他也可能影响这个人的同事。无论采取什么行动，都应该依法行事，理解当事人的感受。一位新经理很有可能要在这个领域接受培训，因为这是成为一位经理最困难的方面之一。

小　结

目标1　绩效管理是创造工作环境的过程，在此人们最佳地发挥个人能力以符合企业的目标。绩效评估和反馈会议经常用于管理和开发的目的，是经理人根据相关岗位要求，约见一个员工和评估其绩效，并用信息表明员工哪儿需要改进以及为什么要改进的过程。评估是绩效管理过程的一部分。员工的目标与企业的目标应一致，并给他们提供持续的反馈，奖励他们也是至关重要的。尽管有些企业认为绩效评估是无效的，不再使用它，大多数组织仍在这样做。绩效评估计划最终的成败取决于其背后的哲学，它与企业经营目标的关联性，以及那些负责管理的人的态度和技能。

目标2　有关员工表现如何的信息可取自各种来源，包括员工本人、他或她的主管、同事、顾客、供应商及下属。运用多种来源通常是好主意，因为对于一个员工的绩效，不同的人会看到不同的方面。

使用绩效管理系统必须遵守法律，如筛选测试，是与工作有关的，是有效的、可靠的，没有法律漏洞，不被诟病。员工必须预先了解他们的绩效标准，评估者必须能观察工作绩效，受过培训，建立上诉程序。有些公司举行校准会议，比较员工的行为，并确保他们的管理者准确地评估他们的绩效。

目标3 许多方法可用于绩效评估。这些方法包括特征法（如图解评估表、混合标准表、强制选择法和描述法）、行为法（如关键事件法、行为列表法、行为锚评估表和行为观察表）以及结果法（如目标管理）。方法的选择取决于评估的目的。特征法开发和完成比较简单，但是它有主观性并且对反馈没有太多用处。行为法为反馈提供更多具体的信息，但是开发比较耗费时间和成本。结果法更加客观，也可以把个人的绩效与组织整体的绩效联系起来，但是它可能忽略长期的视角（如年度目标），也可能不包括微小但重要的绩效方面。

目标4 尽管有很多方法来评估绩效，但研究建议员工参与并设定目标会使满意度更高，使绩效得到改善。与员工讨论问题、表现出支持、最小化批评以及奖励有效的绩效也有利于绩效评估。在面谈中，可以讨论绩效的不足以及改善计划。

关键术语

behavior observation scale（BOS） 行为观察表
behaviorally anchored rating scale （BARS） 行为锚评估表
calibration 校准
essay method 描述法
performance evaluation 绩效评估
forced-choice method 强制选择法
performance management 绩效管理
forced distribution 强制分配
graphic rating scale method 图解评估表法
recency error 近因误差
contrast error 对比错误
leniency or strictness error 过松或过严的错误
self-evaluation 自我评估
critical incident 关键事件
management by objectives（MBO） 目标管理
similar-to-me error 相似错误
customer evaluations 客户评估
manager and/or supervisor evaluation 经理人/主管评估
subordinate evaluation 下属评估
error of central tendency 趋中错误
mixed-standard scale method 混合标准表法
subordinate evaluation 团队评估

360-degree evaluation　360度评估

peer evaluation　同事评估

讨论题

1.描述绩效评估与员工筛选、培训以及开发之间的关系。

2.下面的来源可用于评估员工哪种工作绩效？

a.销售代表

b.电视修理工

c.医院护士主管

d.人力资源经理

e.飞行调度员

3.本章描述了三类评估会议。

a.每一类要求有什么不同的技能？人们期望从使用这些不同技能中获得什么反应？

b.一个经理人怎么样提高召开解决问题型会议所必备的技能？

c.你觉得哪种办法最值得期待？为什么？

4.讨论你如何与员工进行有关绩效问题的对话。列出几个想到的因素。

HRM 实训

绩效诊断

对经理来说，绩效管理是一个重要的但需要谨慎处理的过程。绩效管理中最难处理的问题就是做出某人为什么绩效不好的评估。虽然可能比较容易说出谁表现不好，但是很难诊断出不良绩效背后的原因（如激励、能力和外部约束）。不过如果没有正确的诊断，是不可能解决问题的。经理人也有必要指导员工改善绩效。

作业

下面是对3名不同员工的描述。说明每种情况下绩效不好的可能原因，并针对每一种可能原因找出恰当的解决方法来提高绩效。

1.Carl Spackler是Bushwood乡村俱乐部的绿地看守人。在过去的几个月里，俱乐部成员抱怨说金花鼠（gopher）正在破坏道路，并在草地上挖洞。虽然Carl已经在傍晚和周末时工作，以处理这种情况，但是问题仍然存在。不幸的是，他的老板只对结果感兴趣，因为仍然有金花鼠，所以他认为Carl没有干好自己的工作，他指责Carl失职，并威胁要解雇他。

2.Clark Griswold在一个生产非营养食品添加剂的化学公司从事研究和开发工作。他最近的任务是开发一种不粘锅的烹调用喷雾剂，但是项目较预先计划延后了，而且似乎没有什么进展。首席执行官Frank Shirley非常不安，并威胁说如果问题得不到改善，他今年将会像去年一样不发奖金。Clark感到非常沮丧，因为如果没有奖金，他就不能和家人一起去度假了。

3.小汤米·克拉汗经过七年的学习最近从大学毕业，重新回到家乡俄亥俄州桑达斯基。他爸爸老汤米·克拉汗是克拉汗电机厂厂长，给了他一份在一家制作刹车片的汽车零件厂的工作。这个工厂除非新刹车片的销量有急剧的增长，否则工厂面临生存危机。小汤米必须沿着理查德的路走（他是老汤米的得力助手），竭尽全力来挽救公司。但小汤米散漫，没有经验，也缺乏自信。即使前景看好，打了几个销售电话后也被拒。客户表示对刹车片质保有一定的关注，但理查德认为，小汤米的经验不足和笨拙的方法是大问题。

案例学习1 “氧气项目”拯救了谷歌绩效差的主管

为了开发新产品并生产更好的产品，收集数据并加以分析，在这方面没有比谷歌做得更好的公司了。最近谷歌决定利用其信息技术专长来回答一个重要的问题：既然人们在好公司和坏公司中做了区别，那么能否利用大数据的分析方法提高谷歌的人力资源管理功能呢？这种方法已在Billy Beane发挥了作用，那么它真的会对谷歌有用，不是吗？回顾第2章奥克兰运动家队的经理人Beane，他戏剧性地利用数据和统计数据极大地提高了运动员和球队的成绩。（演员布拉德·皮特饰演了根据Beane的真实经历改编的电影《点球成金》）

谷歌想知道的一件事是它是否能“打造”好的主管。为什么？因为尽管许多谷歌的员工拿到了很多工作津贴，但谷歌员工的离职率仍然惊人地高。据说众多的理由之一是因主管而离职。谷歌真的是这样吗？如果是这样，能确切地描述好的主管的行为并用于改善那些不好的主管的绩效吗？谷歌的研究者想找出来。他们也希望用来自组织的、对谷歌（而非其他组织）有用的数据来回答这些问题。

为了回答这些问题，一个超过25人的谷歌研究团队和科学家开始利用主管们的绩效审核、对员工的调查、面谈以及对主管们行为的观察来研究谷歌的主管。他们收集了100个变量中的10 000多人次的观察值来确定主管的绩效如何。起初，并不是所有的主管都很兴奋，不少人不愿意被下属“放到显微镜下”，结果，这一努力在谷歌的高级管理层倒是有一些“市场”。事实上，有研究人员指出，员工给不同的经理人的总体评分有戏剧性的差异，有些团队比其他团队表现得更好，这助推了“氧气项目”（大概一个好的主管让你有喘息的空间，而不好的主管会把你的命都吸走，这个项目因此而得名）落地。

“氧气项目”结束后获得了大量的信息，其中一些反映传统智慧，有一些则没有：评分较高的经理人团队绩效更好，他们的员工都是快乐的，他们呆在公司的时间更长。相比其他因素，经理人对员工如何看待其工作有更大的影响。然而，它证明最好的主管不是那些谷歌之前所预计的，有高超技术专长的人，相反却是那些性格平和，帮他们的团队想办法解决问题（而不是控制团队成员），并给予团队成员关心的人。谷歌接着利用这些收集到的信息进行培训并指导，更快地改进那一大部分绩效差的经理人的工作质量。

谷歌提出八个你想成为好的主管应该注意的行为（至少在谷歌如此）：

1. 成为好的指导者。

2. 授权给你的团队而不是控制。

3. 对团队成员的成功和个人幸福表示出兴趣。

4. 有效率并以结果为导向。

5. 成为好的沟通者并聆听你的团队成员的意见。

6. 帮助你的员工进行职业生涯开发。

7. 有清晰的团队愿景和战略。

8. 有关键的技术技能以为团队提供建议。

思考题

1. 为什么在谷歌大量的技术性人才没有成为好的主管？

2. 谷歌对经理人的绩效研究令你惊讶了吗？为什么或为什么没有？

Sources：Adam Bryant，"Google's Quest to Build a Better Boss，" *New York Times*（March 12，2011），http：//www.nytimes.com；Meghan Casserly，"Google' s Failed Quest to Find Managers Are Evil，and Why You Should Care，" *Forbes*（July 17，2103），http：//www.forbes.com；Judith Aquino，"Eight Traits of Stellar Managers as Defined by Googlers，" *Business Insider*（March 15，2011），http：//www.businessinsider.com.

案例学习2 绩效管理系统助推Freeport-McMoRan切换战略齿轮

当你的组织因变化的市场地位或竞争原因而需要彻底转换战略时，你该怎么做？在今天快速变化的商业环境中这些情况是很常见的。企业如何管理像这样的剧烈变化？一个优秀的绩效管理系统很有帮助。

Freeport-McMoRan Copper & Gold是正处于这种情况的一个例子。这家公司位于凤凰城，是世界第二大铜矿开采公司。它雇用了近35 000名工人，采矿业务覆盖五大洲。它的市场条件不好也不差，这引发了Freeport-McMoRan的转型。这是一个蓬勃发展的行业。20世纪90年代和21世纪的大部分时间，铜的价格很低——每磅75美分——开采利润相比过去少了。因此对Freeport-McMoRan而言，开采大量的铜不如保持低成本开发来得重要。然而，之后铜的价格开始蹿升至每磅4.5美元，Freeport-McMoRan意识到需要转换战略——并且要快。它需要加大产量，投入新人和设备以便在铜价高的时候尽可能多开采一些。问题是如何进行改革。实际上是要整合每个单独运行的矿井。企业的高层经理人甚至不知道在独立的矿井每个员工是如何被组织起来的，更不用说他们的目标是什么，或者他们期望取得什么样的指标。公司已经兼并了竞争对手的采矿公司——Phelps Dodge——达到了两倍的规模，这使得协调员工和运营的绩效更加困难。2013年，Freeport-McMoRan引进了一个全新的生产线——石油和天然气——使协调更加困难。

为了使公司里每个人的目标达成一致并达到各矿井满负荷生产能力，Freeport-McMoRan需要一个新的绩效管理系统。这个系统应有望使公司快速地执行并监督所需要的变革，同时能灵活地适应战略的再次变化，如当铜价下降时。

许多在矿井和油田工作的员工在工作中不常使用计算机。基于这个原因，公司引进了一个基于网络的员工可以在家使用的管理系统。起初，该公司以500名员工作为该系统的试点方案。当它经证明是成功的后，整个公司开始使用这个系统。

这个系统使组织中的每个人关注公司最重要的目标，它对企业财务绩效有很大的影响。它有助于组织评估员工的贡献，基于他们的绩效培养、激励和奖励员工。"经理人需要可靠的、真实的数据并用实用的电子工具来评估、识别、分析和了解组织中人的能力——未来需要什么能力来竞争。"PA咨询集团（一家IT与管理咨询公司）的Jonathon Hogg解释说。绩效管理系统随着公司战略转向石油和天然气看起来对Freeport-McMoRan起到了作用。2013年，公司发布公告给股东分红19%，尽管铜价再一次骤然跌落。

思考题

1.Freeport-McMoRan为什么需要一个绩效管理系统？它可能会如何帮助企业调整战略？

2. 你认为传统绩效管理系统和Freeport-McMoRan采用的基于网络的系统一样有效吗？为什么有效或为什么无效？

Sources：Josh Bersin，"Performance Management Creates Agility in Copper Mining，" Bersin & Associates [blog]（February 24，2008），http：//www.bersin.com；Jessica Twentyman，"Talent Management：Software Highlights Stars and Slackers，" *Financial Times*（April 20，2011），http：//www.ft.com；David Lee Smith，"You Can't Afford to Pass Up Freeport-McMoRan，" *Motley Fool*（April 5，2011），http：//www.fool.com；Matt DiLallo，"Freeport-McMoRan Copper & Gold Inc's Big Oil Deal Still Looks Smart，" *DailyFinance*（January 23，2014），http：//www.dailyfinance.com.

第四部分

实施薪酬与安全性措施

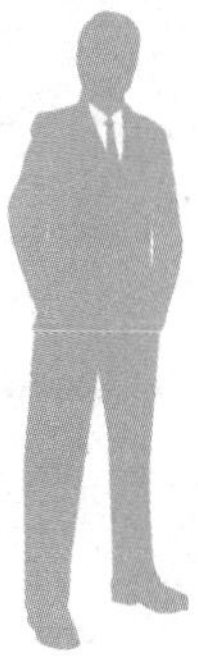

第9章

薪酬管理

学习目标

通过本章的学习，你应该能够：

目标1　区别战略性薪酬方案与非战略性薪酬方案。

目标2　确定如何设计工资系统。

目标3　估计公司内部的薪酬体系是否与行业标准和政府法律相一致。

目标4　能够设计一个薪酬计分卡。

随着企业走出经济增速放缓的困局，高管薪酬正在上升。报告显示，2013年美国历史上首次出现两位公司领导人年薪超过10亿美元的情况。位居榜首的是马克·扎克伯格，年薪约23亿美元。另有9位公司领导人的年薪约为1亿美元。[①]实际上，美国其他雇员的薪酬也在上涨。例如，专业人员如医生、会计、人力资源经理以及工程师的年薪在2014年上涨了约3.7%。[②]

薪酬是提高员工忠诚度的方法之一。它被看作降低员工被竞争对手挖走的可能性的一种方法，它反映了公司的战略动向，表明员工是公司成功最重要的组成部分。[③]那么，为什么要关注薪酬？为什么不更好地筛选出更忠诚的员工？为什么不改善培训计划或评估体系？答案很简单。薪酬直接与员工的生活息息相关。即使员工能接受更好的培训、有良好的成长机会并对其工作和环境非常满意，但如果没有工资回报，就无法让他们工作。

9.1　什么是薪酬？

薪酬主要包括直接薪酬、间接薪酬和非财务补偿三部分。直接薪酬包括员工工资、薪金、激励、奖金和佣金；间接薪酬包括提供给员工的许多福利；非财务补偿包括员工认知计划、有回报的工作、组织支持、工作环境、满足员工需要的弹性工作时间等（如图表9-1所示）。

---

① Susanna Kim, "CEO Pay Report Shows Big Gains; Facebook's Mark Zuckerberg Gets $2.3B." ABC News (October 22, 2013).

② Steven Miller, "Rise in Professionals' Starting Salaries Outpaces Wage Gains," SHRM: *Society for Human Resource Management* (October 29, 2013), http://www.shrm.org/hrdisciplines/compensation/articles/pages/professionals-starting-salaries.aspx.

③ Shad Morris, Sharon Alvarez, Jay Barney, & Janice Molloy, Human Capital Bundling and Competitive Advantage (working paper, 2013), accessed January, 2014.

图表9-1 薪酬的组成

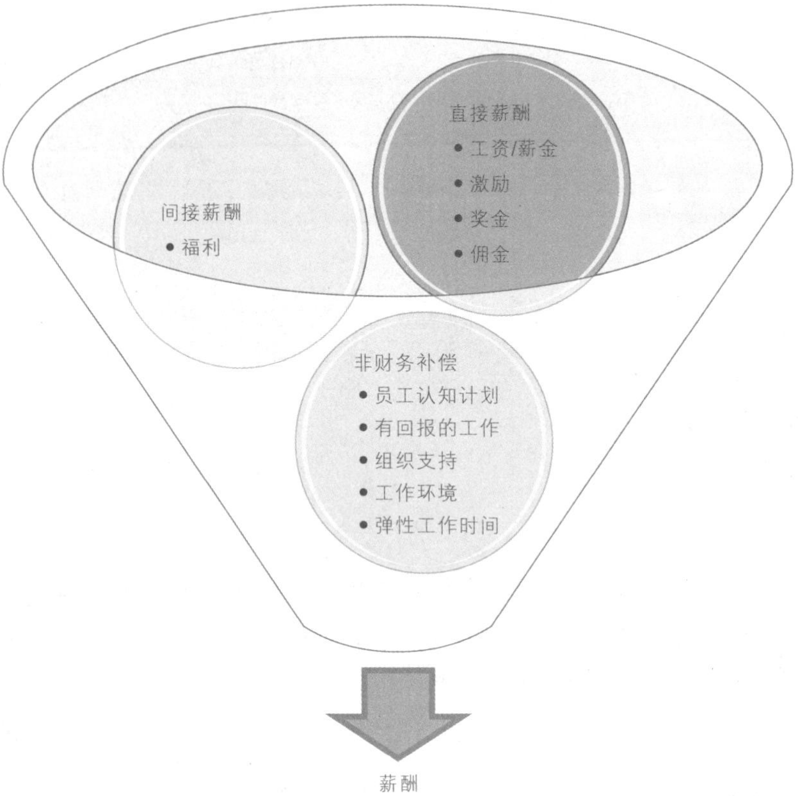

这三种支付薪酬的方法向员工传递这样的信息，即管理者认为什么重要以及鼓励何种行为。[①]此外，对于雇主而言，工资是企业运营成本的重要组成部分。Towers Perrin咨询公司的专家Ravin Jesuthasan声称："劳动力成本对于任何组织而言都是很大的开支，更有甚者，其占据开支的绝大部分，但是组织却仍为与经营无关的项目支付费用。"[②]因此战略薪酬计划很重要，它既可以促进组织员工的工作效率的提高，又可以使劳动力成本保持在一个合理的范围内。要达成这样一个平衡实属不易。

在本章，我们将帮助你学习如何战略性地将这三部分的薪酬与公司的目标保持一致，基于薪酬战略设计一个薪酬组合，利用一系列支付工具实施这一组合战略，用计分卡评价薪酬体系。我们也将讨论政府管制如何影响这些薪酬决策（详见图表9-2）。在第10章，我们将审视员工财务激励计划。第11章将讨论总薪酬包的另一部分——员工福利。

---

① Debra L. Nelson and James Campbell Quick, *Understanding Organizational Behavior*, 3rd ed. (Mason, OH: South-Western, 2008), Chapter 5.

② For a frequently referenced book on strategic compensation planning, see Edward E. Lawler III, Strategic Pay: Aligning Organizational Strategies and Pay Systems (San Francisco: Jossey-Bass, 1990). See also Susan E. Jackson and Randall S. Schuler, *Managing Human Resources: Through Strategic Partnerships*, 9th ed. (Mason, OH: South-Western, 2006), Chapter 9.

图表9-2 薪酬一致性

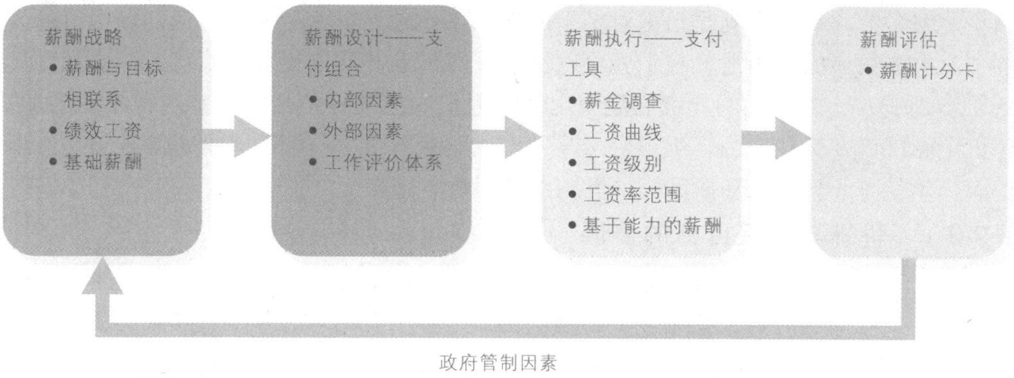

9.2 战略薪酬计划

什么是战略薪酬计划？简言之，就是加强激励和促进员工成长，并且把员工的努力与组织的目标结合起来的方式。战略薪酬重新定义了薪酬的作用和贡献。当战略性薪酬成为确保竞争优势的工具时，它不再仅仅是“经营的成本”。

开发一个薪酬战略时，首先要分析组织目标。公司到底想以什么闻名？它的成长规划是什么？它的核心能力是什么？一旦你了解了这些，就能决定对什么样的行为和技能予以回报。通过对特定技能和行为支付报酬，可以表明你愿意对绩效而不是仅仅对员工的出勤予以回报，最后，作为你的战略的一部分，你需要基于各类工作以最适合的方式确定薪酬。例如，你可能更希望基于佣金支付销售代表工资，而对经理人则希望支付年薪。

战略薪酬不是根据市场利率确定员工的工资，尽管市场利率是薪酬计划的影响因素之一。战略薪酬是有目的地与组织使命和一般的业务目标联系起来的。例如，当公司为所有员工增加底薪的决定是比市场利率更有竞争力的战略动向时，公司应该意识到底薪不是万能的。例如，一位产品开发经理说：“（在其他公司）我可以比在谷歌挣得更多，但我选择谷歌是因为它成长的灵活性和令人兴奋的开发新产品的工作……另外，哪个地方能随时有一个厨师为你做早中晚餐呢？”[①]在这方面，谷歌不仅薪酬与外部市场保持一致，也与它期望的灵活且具有创造性的公司核心能力在创新性员工身上得以挖掘保持一致。在评论战略薪酬对组织成功的重要性时，两位薪酬专家Gerald Ledford和Elizabeth Hawk说：“很多公司开始重新思考它们的薪酬体系以获得竞争优势。”

此外，战略薪酬计划把为员工制定的货币报酬制度与人力资源举措——如招聘、选拔、培训、保留和绩效考核——紧密地连接在一起。例如，视某人是否会申请一个职位而在起薪上有所区别。一位薪酬专家对本书的作者之一说：“工资水平与劳动力市场的关系是一个战略方针的问题，它通过吸引和留住有价值的员工，从而对组织的相对薪酬预算产生影响。”例如，费耶特维尔市的阿肯色大学、布里奇沃特州立大学、门罗学院、布朗马基学院等学府知道如果它们的薪酬战略处于缺乏竞争性的市场工资率水平，那么将无法吸引和留住那些能力强的、资深的教授。

① Personal interview with Product DevelopmentManager at Google.

很多快餐店，例如汉堡王、塔可钟、泰龙等传统的低薪雇主，已经不得不提高起薪，以吸引足够多的求职者来满足组织对员工的需要。如果工资率足够高的话，那么申请人就会增加，形成很大的申请池，组织就可以提高录取标准并雇用更优秀的员工，这又反过来降低了培训成本。当员工的业绩表现突出时，他们的绩效评估会保证其获得相应的加薪。由于以上原因以及其他原因，组织应当开发正式的管理员工薪酬的人力资源计划。这项计划的第一步就是开发一个薪酬战略，并与组织目标相适应。

9.2.1 薪酬与组织目标的协调

2007—2010年的金融危机改变了薪酬的格局。现在股东、政府以及公众都十分仔细地检查公司到底向它的员工支付多少薪酬。例如，鉴于舆论对联邦政府膨胀的薪金、华尔街银行家过高的奖金以及汽车业从业人员过于丰厚的福利的抨击，管理层正试图确保他们的薪酬计划严格符合组织的目标。

彭博社全国民意调查显示，超过70%的美国人认为应该取消华尔街公司的奖金——理由是这些奖金都是纳税人的钱。2010年7月通过了一项法律，要求银行在其高管薪酬方面给股东更多的解释。[①]华尔街银行现在更加谨慎，仅当员工的绩效与组织目标一致时才给予其薪酬。此外，前美国总统奥巴马颁布了一项为期三年（2011—2013）的冻结联邦政府工资的法案，以帮助政府实现减少赤字的目标。奥巴马总统说："（冻结）将节省……未来5年内的累积储蓄将达280亿美元。"[②]部分由于其战略决策的失误，通用汽车承担了高额养老金、工资和福利成本，以致在金融危机中难以为继。结果，通用汽车在金融危机中共解雇了10 700名员工。[③]当汽车工人工会将部分原因归于在该公司工资和福利计划方面缺乏灵活性时，其也怪罪通用汽车的经理人未将组织薪酬与外国汽车业竞争对手保持一致。[④]

新的薪酬计划要求经理人的薪酬决策更具有战略性。经理人必须首先了解组织所在的产业组织的战略目标。接下来，他们需要把支付特定职位或级别员工报酬转向基于员工个人能力或对组织做出的贡献支付报酬。实际上，总部在美国、欧洲、亚洲的《财富》500强企业的例子表明，绩效工资与组织目标挂钩是大多数薪酬体系的主要组成部分。[⑤]另一项研究表明，91%参与调查的企业把它们的支付战略与组织绩效挂钩。研究发现，一个书面薪酬计划表明高级管理层已了解并承诺工资与他们的经营战略相吻合，指出根据组织目标调整薪酬可以从正面影响公司绩效。[⑥]

---

① Catherine Dodge, "Banning Big Wall Street Bonuses Favored by 70% of Americans," Bloomberg Businessweek (December 13, 2010), http://www.bloomberg.com/news/2010-12-13/banning-big-wall-street-bonus-favored-by-70-of-americans-in-national-poll.html.

② Boyer, David, "Obama Proposes Federal Pay Hike after 3-year Freeze," *The Washington Times* (August 30, 2013), http://www.washingtontimes.com/news/2013/aug/30/obama-proposes-federal-pay-hike-after-3-year-freez.

③ Douglas Mcintyre, "The Layoff Kings: The 25 Companies Responsible for 700,000 Lost Jobs," Daily Finance, AOL Money and Finance (August 18, 2010), http://www.dailyfinance.com/2010/08/18/the-layoff-kings-the-25-companies-responsible-for-700-000-lost/.

④ Sanford Jacoby, "GM: What Led to the Downfall of a Corporate Giant," *UCLAToday* (October 15, 2008); Chris Bury, "Autoworker Pay Clip," http://www.youtube.com/watch?v=27PNuaDAeVk; ABC World News.

⑤ Jonathon Trevor, Can Pay Be Strategic: A Critical Exploration of Strategic Pay in Practice (London, England. Palgrave Mac-millan, 2011).

⑥ Fay Hansen, "Control and Customization," *Workforce Management* 86, no. 19 (November 2007): 42.

越来越多的薪酬专家寻求一揽子薪酬计划（包括福利、基本工资、奖励等），这个一揽子计划的各个部分既相互独立又相互联系，不断地为组织和员工创造价值。经理人经常问这样一些问题："这个工资计划怎样帮助留住并激励有价值的员工呢？""这个福利或工资实施后会影响管理成本吗？"那些无法使员工（或组织）不断发展的薪酬项目，将被从薪酬项目中移除。[①]对组织来说，建立特定的目标，把组织目标和薪酬计划结合起来并不少见。[②]规范化的薪酬目标服务于经理人确保工资和福利政策取得其预期的目的。更多的常见的战略薪酬政策目标如下：

（1）奖励员工的过往绩效。[③]

（2）保持组织在劳动力市场上的竞争力。

（3）维持员工之间薪酬的公正性。

（4）促进员工的未来绩效与组织目标的有机结合。

（5）控制薪酬预算。

（6）吸引新员工。

（7）减少不必要的人员流动。[④]

为了实现上述目标，必须制定政策以便在做决策时进行指导。薪酬政策的正式描述主要包括以下几个方面：

（1）组织内部工资水平与目前平均工资水平相比，孰高孰低。

（2）工资计划为员工所接受并激励员工发挥最大能力的程度。

（3）招聘员工的薪酬水平以及新员工和高级雇员之间的薪酬差异。

（4）加薪的时间间隔以及优异绩效和（或）资历对加薪的影响程度。

（5）工资水平的确定是否有利于与组织所提供的产品或服务相关的良好财务状况的形成。

9.2.2 绩效工资标准

"各家公司正在想方设法根据绩效细分劳动力，以有助于识别最有价值的贡献者。回报一流的执行者对公司持续的成功是十分必要的，"Mercer咨询公司——一家位于曼哈顿的人力资源咨询公司的总裁、薪酬专家Stephen E.Gross说。[⑤]为什么他将绩效工资描述得

---

① Hai-Ming Chen and Yi-Hua Hsien, "Key Trends in the Total Reward System of the 2lst Century," *Compensation and Benefits Review* 38, no. 6 (November-December 2006): 64.

② George T. Milkovich, Jerry M. Newman, and Barry Gerhart, *Compensation*, 10th ed. (Boston: McGraw-Hill Irwin, 2010).

③ Patricia K. Zingheim and Jay R. Schuster, "What Are Key Issues Right Now?" Compensation and Benefits Review 39, no. 3. (June 2007): 51. See also "Reward 'Stars' and Pay for Performance Lead in Pay Control Strategies," *HR Focus* 84, no. 11 (November 2007): 3.

④ Valerie L. Myers and Janice L. Dreachslin, "Recruitment and Retention of a Diverse Workforce: Challenges and Opportunities," *Journal of Healthcare Management* 52, no. 5 (September-October 2007): 290.

⑤ Stephen Miller, "2008 Pay: More Ties to Performance," *HR Magazine* 52, no. 10 (October 2007): 26. See also Jay Schuster, Paul Weatherhead, and Patricia Zingheim, "Pay for Performance Works: The United States Postal Service Presents a Powerful Business Case," *WorldatWork Journal* 15, no. 1 (First Quarter 2006): 24. See also Stephen Miller, "Pay-for-Performance Plans Would Increase Productivity, Employees Say," SHRM: Society for Human Resource *Management* (August 10, 2010), http://www.shrm.org/hr-disciplines/compensation/Articles/Pages/Productivity.aspx.

如此重要？绩效工资标准，正如本书第11章将讨论的，大多数员工相信他们的薪酬应该直接与其相关的绩效挂钩。

专业术语“绩效工资标准”是一个范围很广的薪酬概念，包括基于绩效的工资、奖金、薪金奖励、工作工资组合、小组或团队奖励以及各种各样的收益分享计划（收益分享计划将在第10章中详细阐述）。上述薪酬体系中的各个部分都致力于区分绩效平庸者和绩效优异者。美国第二大木材供应商Plum Creek木材公司兼并其他公司时，基于工作重要性的新型薪酬幅度和个人及组织的绩效紧密联系的奖励制度，着力建立绩效工资观念，形成新的薪酬范围，并将奖励直接与个人和公司业绩挂钩。

令人遗憾的是，设计合理完善的绩效工资标准并非易事。员工绩效的衡量是必须考虑的首要问题。例如，在装配线上，衡量员工的产量是相对容易和客观的，但当员工提供的是服务时，衡量相对而言比较困难和主观。其他值得关注的问题包括加薪中货币性收入比例、加薪员工的范围、付薪的方式及间隔时间等。

成功的绩效工资标准体系最令人关注的是感知薪酬决策的公平性。冻结联邦政府员工工资至2014年的决定，可能在减少赤字方面有意义，但同时也可能令许多联邦工人有不公平的感觉。[①]媒体报告显示，当私营部门的同行获得绩效提高的回报时，联邦员工会对该决定感到很失望。许多同行收到了大量的绩效提高。例如，一名员工讽刺地说：“作为一名联邦员工，我当然希望在下一个经济繁荣期，私营部门的员工能分给我一份有奖金同时又能升职的工作。”[②]

1.员工薪酬激励

薪酬是对员工相对价值的定量衡量。对大多数员工来说，薪酬不但直接决定了其生活标准，而且决定了其从工作中及从工作之外所获得的社会地位和认可。因为工资代表了雇员在付出劳动后收到的奖励，根据公平理论，薪酬是员工贡献的交换所获得的回报，薪酬需要与贡献相吻合。员工的薪酬与贡献和其他员工的薪酬与贡献相比较必须是公平的。

2.薪酬公平

简言之，公平包含各种公正的概念。公平理论也称为分配公平理论，是一种激励理论，阐述员工根据对自己付出的跟实际得到的进行对比所产生的一种感受。理论的核心内容是动机感知的作用以及员工之间薪酬差距的实际比较情况。它说明了员工的产出（能力、技能和经验）与回报（薪酬和福利）的比率关系。通过在组织内外将自己的产出及其所得报酬的比例与其他相似员工的产出与回报比率进行比较，如果比例与他人的产出回报比率相等，那么他们会感到公平，不会感到紧张。如果感觉到产出与回报比率相对于他人而言不公平，那么就会感到紧张、有压力，这会激励他们努力去消除或减少这种不公平状况。激励的强度与感受到的不公平的程度是成正比的。图表9-3描述了薪酬公平与激励之间的关系。

---

① Carrie Mason-Draffen and Bill Bleyer, "Cool Response on LI to Federal Salary Freeze," *Newsday.com* (November 30, 2010), http://www.newsday.com/long-island/cool-response-on-li-to-federal-salary-freeze-1.2503160.

② Letters to the Editor, "The Fairness of a Federal Pay Freeze," *Washington Post* (December 4, 2010), http://www.washingtonpost.com/wp-dyn/content/article/2010/12/04/AR2010120404289.html.

图表9-3　**薪酬公平与激励之间的关系**

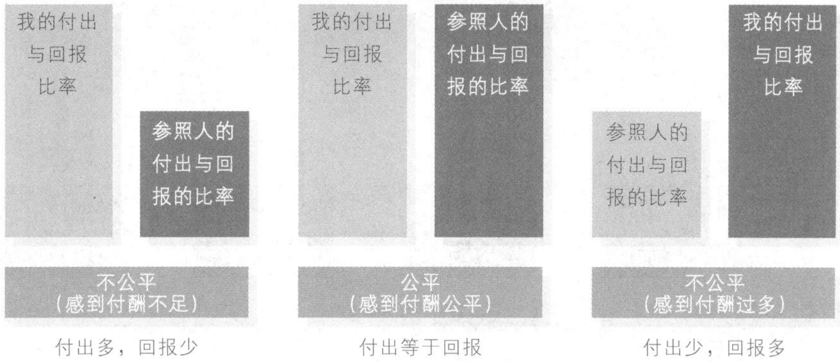

感知到个人的付出与回报比率同参照人的付出与回报比率差异的幅度越大，减少不公的激励就越大。

对员工来说，当所得薪酬与工作表现绩效价值相等时，员工才会感到薪酬公平。有三种薪酬公平：

（1）外部公平——人们会将自己与其他不同组织里同类岗位的人对比。

（2）内部公平——人们将自己与同一组织内不同岗位的同事对比。

（3）个人公平——人们将自己与组织内做同一工作的其他人对比。

研究清晰地显示：员工的薪酬公平或不公平的感觉，对他们的工作行为和生产效率都有巨大的影响。因此，经理需要开发满足内外部公平的薪酬战略实践活动。

3. 期望理论和薪酬

另一个有助于确定薪酬战略的工具是期望理论。期望理论预期一个人的激励水平取决于所寻求的回报的吸引力以及获得那些回报的可能性。[①]该理论是由心理学家开发的，他们认为人是有思想的、有推理能力的、有自己的信念和对未来的期望的。因此，期望理论认为，员工有理由认为可以得到有价值的回报，他们将会更加努力工作以实现这种期望。[②]为了激励这种努力，任何货币性回报都应具有吸引力。员工相信雇主重视优秀的绩效，并为他们带来期望的回报。

图表9-4显示了绩效工资和激励的期望理论的相互关系。模型说明：首先，付出的努力越多，获得的绩效（期望）就会越高。例如，如果一名员工相信自己拥有工作所具备的技能和能力，那么他越努力工作，其绩效就越会得到改善或提高。其次，高绩效应得到相应的有价值的、值得称赞的回报。当员工的高绩效得到了有力的回报时，一揽子薪酬的各个部分被认为是一种很好的工具。正如前面所述，绩效工资使薪酬满意度得到提高，这种满意度将会加强员工的努力程度。

---

① Victor H. Vroom, *Work and Motivation* (San Francisco: Jossey-Bass, 1994). This landmark book, originally published in 1964, integrates the work of hundreds of researchers seeking to explain choice of work, job satisfaction, and job performance.

② Joseph Champoux, *Organizational Behavior: Integrating Individuals, Groups, and Organizations*, 3rd ed. (Mason, OH: South-Western, 2006), Chapter 8.

图表 9-4　　绩效工资与期望理论

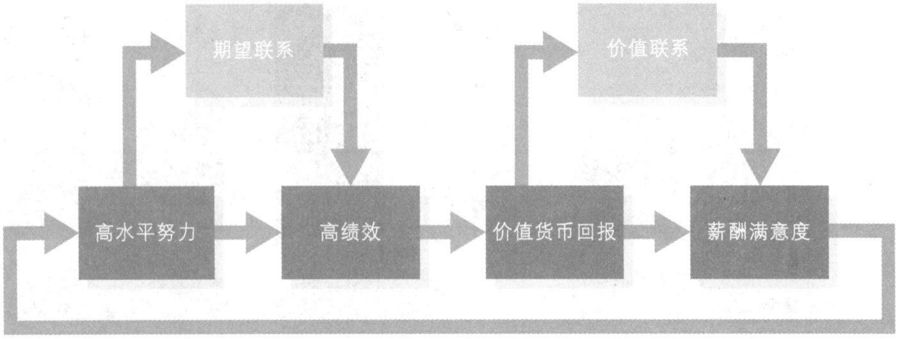

因此，员工对薪酬的观点和看法是确定薪酬激励价值的一个重要因素。此外，有效的薪酬信息沟通机制与员工信赖管理制度的组织氛围，有助于加深员工对薪酬的准确认知。员工的薪酬认知同时会受到知识的精确性和员工对战略目标清晰认知程度的影响。

4.薪酬保密

薪酬保密将会造成关注薪酬公平与绩效的员工的误解。有理由相信，在薪酬体系中保密能产生不信任，减少员工的激励，抑制组织绩效。然而事实上，薪酬保密在很多组织中司空见惯，员工公开或是隐晦地透露薪酬信息都是被禁止的，甚至有的组织对此有明文的规定。[①]美国的一项调查发现，19%的被调查者说他们在工作场合讨论工资是“被正式禁止的并且（或）一旦被发现将受到惩罚”。另有31%的被调查者说其雇主不鼓励讨论工资，仅有16%的被调查者说员工之间可以讨论工资。[②]经理人认为薪酬保密是正当的，大多数员工倾向对自己的薪酬保密。可能采取薪酬保密策略的原因之一是：经理人不想承认自己在薪酬管理体系中拥有更多的自主权，薪酬决策不公开也就没有必要阐释或辩护薪酬策略。[③]员工不了解其他人的薪酬水平，因此就不会对自己的薪酬产生抱怨和不满意的情绪，薪酬保密同样可以掩盖组织内部薪酬结构中的不平等。例如，Lilly Ledbetter，一场浩大的平等雇用歧视案Ledbetter对固特异轮胎的原告发现，她所得的工资比做同样工作的男性少，而如果她被允许可以询问其他工人的工资，或许能更早一些改正这个问题。此外，薪酬保密环境下的决策使员工相信绩效和薪酬没有直接有效的联系。

在互联网的薪酬调查数据面前，经理实施的薪酬保密策略遭到了挑战。员工很容易就能获取网上免费的薪酬调查数据，比较自己的薪酬和别的地区或全国范围内的薪酬水平。这些信息使经理处于尴尬境地：员工会发现自己的薪酬低于类似组织的员工薪酬。

---

① “Supreme Court Decision Touches on Employees Sharing Pay Data,” *HR Focus 84*, no. 10 (October 2007): 12. See also Doll, Jen, “How Keeping Salaries Secret Makes Employees Complicit in Wage Inequality.” *The Wire* (May 31, 2012), http://www.thewire.com/business.

② Press Release by Caroline Dobuzinskis, “Pay Secrecy and Pay-check Fairness: New Data Shows Pay Transparency Needed,” *Institute for Women's Policy Research* (November 16, 2010).

③ Brian Hindo, “Mind If I Peek at Your Paycheck?” *Business Week* (June 18, 2007): 40.

9.2.3 薪酬的基础

传统上许多私营企业、公共组织和非营利组织的员工的薪酬都是以小时为基础计算的，与计件工作相比，可称其为计时工作①。计件工作②是指员工的薪酬取决于生产产品的数量。现实中，作为薪酬的支付方式，计时工资比计件工资更受欢迎。

按小时付薪酬的员工被称为钟点工或小时工，那些以周、双周或月作为支付期间的员工称为领薪水员工。钟点工根据他们的工作时间来确定薪酬。与钟点工不同的是，领薪水的员工不管其工作的时间超过还是少于固定的工作期间，他们每个固定工作期间都领相同的薪水，同时也会得到钟点工所不能得到的某些福利。

确定薪酬的另一个基础是根据《公平劳动标准法案》的有关规定，确定员工是属于非豁免的还是豁免的。非豁免员工③在法案的规定范围之内，他们每周工作40小时以外的时间将获得1.5倍的工资。在州际商业领域中，大多数员工属于《公平劳动标准法案》规定的非豁免员工。《公平劳动标准法案》没有规定和覆盖的员工为豁免员工④。经理人、主管以及大多数的白领工人属于豁免范围之内。美国劳工部对豁免作了狭义的定义："组织把员工归为豁免员工必须经过劳工部的审核，这些员工在从事活动时必须进行独立的判断以及以其他标准为参考。"因此，在确定员工是否可以享受豁免待遇之前，雇主需要理解豁免的准确定义和适用条件（参照图表9-5）。为了帮助做这些类型的决策，更大的公司通常会使用薪酬顾问。一项研究表明，大约86%的大型美国公司使用薪酬顾问帮助其进行薪酬战略和薪酬组合。

图表9-5　六类被排除在外的员工群体

类别	岗位职责要求
行政型的	首要职责是管理企业，或者管理通常被认可的部门或者企业的下属分支机构；必须习惯并定期指导至少两个或两个以上的全职员工或其同等的工作；必须有权雇用或解雇其他员工，或者对有关员工雇用、解雇、提拔、晋升或者其他员工地位的其他变化的建议或推荐给予一定的权重
管理型的	首要职责是执行办公事务，或者直接与管理有关的非人工工作，或者雇主或雇主客户的一般业务；以及包括行使酌情权和与重大事务有关的独立判断权
学习型的	首要职责是执行需要先进知识的工作，这个工作被定义为智慧型的工作，要求有持续的自由裁量权和判断力；先进的知识必须是科技领域或学习领域的；先进的知识必须从长期的专业知识指导课上获得
创造型的	首要职责是执行要求在艺术或创造性努力的领域有发明、想象、原创或天赋才能的工作
计算机型的	必须雇用作为计算机系统分析员、计算机程序员、软件工程师或其他在计算机领域类似技能的员工。首要职责包括：（1）系统分析技术和程序应用，包括用户咨询，确定硬件、软件或系统功能参数；（2）设计、开发、建档、分析、创建、测试或修改计算机系统或程序，包括样机，基于并与用户或系统设计参数有关；（3）设计、建档、测试、创建或修改与机器操作运行系统有关的计算机程序；（4）上述职责相结合，履职需要有同样的技能水平

① 计时工作：按小时支付工资。

② 计件工作：按生产的单位数量支付工资。

③ 非豁免员工：《公平劳动标准法案》中的加班条款所覆盖的雇员。

④ 豁免员工：不被《公平劳动标准法案》中的加班条款所覆盖的雇员。

续图表

类别	岗位职责要求
驻外销售型的	首要职责是销售（《公平劳动标准法案》中有定义），或者获得订单，或者服务签约，或者使用户或客户考虑为使用设备付款；必须习惯和定期离开雇主驻地或业务驻地
高薪型的	法规包括“高薪型的”员工特别规则，他们的年薪高达100 000美元或更多。高薪型员工在满足条款13（a）（1）中的以下条件时可豁免：年薪达100 000美元或更多，包括每周455美元底薪；首要职责包括执行办公事务或非人工工作；习惯并定期至少豁免执行行政人员、管理人员或专业人员的一项职责
其他类型的	教师是豁免的，如果他们的主要职责是教学、辅导、指导或传授知识的讲课活动，并且他们受聘和从事这项活动是在教育机构。法律或医学实践：持有效许可的员工或有资格从事法律或医学工作是豁免的，如果员工实际上从事这类活动。一个持有一般实践所需学术学位的雇员，如果他或她从事的是一个专业的实习或居民计划，也可以豁免

Source：Adapted from Vicki M. Lambert，“The top three FLSA violations and how to avoid them”，ADP，2008.

为了有助于做出这些类型的决策，大公司通常会利用薪酬顾问。一项研究表明，86%的美国大型公司利用薪酬顾问帮助它们建立薪酬战略和工资结构。最大的四家薪酬咨询公司是Towers Perrin，Mercer Consulting，Frederic W. Cook & Co.，以及Hewitt Associates。[①]

9.3 确定薪酬——薪酬组合

员工可能会问经理：“我的工作薪酬是如何确定的？”在实践中，内外部因素结合会直接或间接地影响员工的薪酬水平。这些因素以及因素彼此之间的相互作用共同组成了薪酬组合（如图表9-6所示）。例如，地区级别的行政助理的薪酬组合为11.50美元/小时，由于出色的绩效表现，雇主会为其支付14.25美元/小时的薪酬。政府立法对薪酬组合的影响将在下一章中具体阐述。

图表9-6 薪酬组合的影响因素

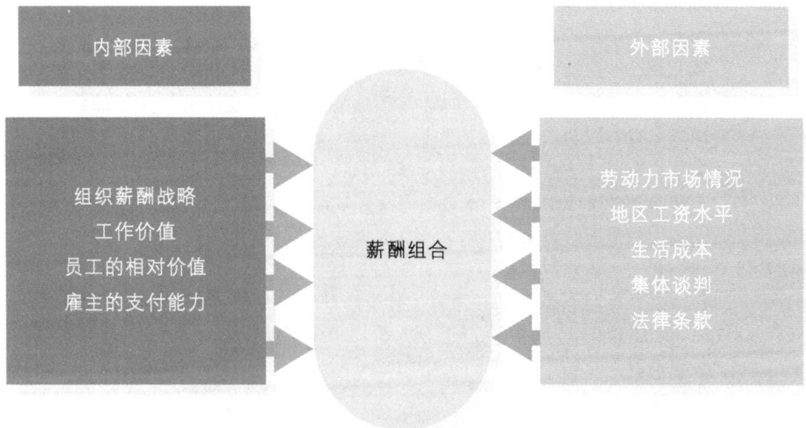

① Martin J. Conyon, “Compensation Consultants and Executive Pay,” in Kent Baker and Ronald Anderson (eds.), *Corporate Governance: A Synthesis of Theory, Research, and Practice* (New Jersey: John Wiley and Sons, 2010).

9.3.1 内部因素

影响工资水平的内部因素包括组织的薪酬战略、工作价值、满足工作需要的员工的相对价值、雇主的支付能力。

1.薪酬战略

聚焦HRM 1说明了Tri Star Performance公司和Preventive Health Care公司两个组织的薪酬战略。其中Preventive Health Care想要成为行业的薪酬领袖，而Tri Star Performance追求有竞争力的薪酬制度，两个组织都尽力推行内部公平的薪酬政策。

Tri Star Performance与Preventive Health Care和其他的组织一样，建立了大量的积极影响薪酬支付的薪酬目标。至少，无论组织是大是小都需要建立薪酬政策以反映：(1) 工资和技能水平之间的内部工资关系；(2) 外部薪酬的竞争力或雇主支付薪酬相对于其他竞争者而言的情况；(3) 奖励员工绩效的政策；(4) 组织薪酬体系的相关规定，如加班津贴、付酬期限、短期或长期激励策略。

聚焦HRM 1

薪酬战略对比

战略薪酬和目标可能在大企业、小企业以及私营企业中差异很大。下面是Tri Star Performance 公司和Preventive Health Care公司的薪酬战略：

Tri Star Performance 公司	Preventive Health Care公司
● 推动基于绩效的薪酬实践	● 成为保健行业的薪酬领袖
● 支付具有市场竞争力的薪酬	● 提供公开、可理解的薪酬实践
● 实现薪酬的内外部公平	● 确保公平地对待员工
● 薪酬项目的简洁化	● 提供福利满足员工个人需要
● 努力提高员工忠诚度并提供合作的工作环境	● 提供薪酬以奖励员工的创造力和业绩
● 实现薪酬、福利中的性别公平	● 提供薪酬以强化企业的战略使命
● 遵守政府所有的薪酬规定	● 员工参与薪酬的开发实践
● 使固定成本增长最小化	● 采取多样化的薪酬和股票期权强化绩效

2.工作价值

在没有正式薪酬计划的组织中，工作的价值主要基于组织对员工的工作熟悉程度的主观判断。在这种情况下，工资率会受到劳动力市场极大的影响，对于加入工会的组织而言，还会受到集体谈判的影响。然而，不同的是有正式薪酬计划的组织可以依靠工作评价体系来确定工资率，甚至在工资率受到集体谈判的影响时，工作评价能帮助组织在一定程度上控制薪酬结构。

无论在公共组织还是私营企业里，工作评价都得到了广泛的应用。芝加哥市和迈阿密市都使用工作评价来建立薪酬结构，就像谷歌、高盛和通用电气公司一样。应用工作评价最多的职位是办事员、技术员和各种蓝领工人，其次是管理层和高级经理。

在竞争日益加剧的今天，薪酬专家及从业人员认为工作的价值以超过市场价格或仅仅以内部工作评价计划为基础。恰恰相反，工作的价值在于其贡献给组织的全部价值，也就是说，不管内部评价如何，某些工作对组织成功的贡献更大、地位更重要（相对于其他工作而言）。[①]有价值的工作不但促使组织对重要工作进行有效的定价，而且可以提供一项工作如何影响整个组织成功的真知灼见。此外，有价值的工作可以适当地吸引和留住合适的人才以提高组织绩效。[②]

3. 员工的相对价值

无论是计时工作还是领薪水的工作，员工的绩效都可以通过晋升和各种激励体系得以反映（激励体系主要在第10章进行讨论），也可以在组织中建立各工种的工资调整范围，在允许的范围内采取加薪的方式来奖励高绩效的员工。如果加薪有其他缘由，那么需要建立有效的绩效评价体系来判别谁应当加薪，谁不应当加薪。此外，该体系必须提供在绩效和加薪之间的明显的、清晰的关系。不幸的是，太多所谓的绩效考核制度都是自动地加薪，结果导致员工更容易由于表现好而不是生产效率的提高得到奖励。同样，如前所述，当组织的薪酬预算很低时，大多数的加薪会导致员工缺乏动力。[③]

4. 雇主的支付能力

组织赚取的利润和其他可获得的财务资源也会影响组织的薪酬水平。财务负担重的企业明确表示要削减员工的薪酬水平。例如，小企业往往受到经济衰退的拖累，发现它们获得资金支付员工的机会比他们较大的竞争对手有限得多。此外，组织的薪酬支付能力部分取决于员工的生产能力，生产能力不仅是员工的绩效表现，也是组织用于购买节省劳动力设备的结果。一般随着资本投资的增加，将会减少所需要的员工数量，从而提高其为已雇用员工提供更高薪酬的能力。

雇主所面临的经济环境和竞争状况在很大程度上影响着其支付的薪酬水平。竞争和经济衰退会使产品价格下降，减少企业收入，而薪酬就是出自于收入。在这样的情况下，雇主别无选择，只有降低工资和（或）解雇员工，更糟的是企业会破产倒闭，小企业尤甚。一项对1 000多家企业的调查表明，美国35%的小企业削减了工资，23%的小企业解雇了有价值的员工。[④]

小企业应用

小企业薪酬

当薪酬成为小企业最大的成本之一时，员工们首当其冲被裁。同时，应了一句古老的格言："付了钱，你就是老大。"吸引和留住有才能的员工的能力很大程度上取决于公司提供的合意的薪酬。对小企业而言，应当考虑其与大企业的适当区别在哪儿。

大企业能通过广泛的薪酬方案（包括股票期权、连续的加薪、安全以及有时甚至是大厅的星巴克咖啡免费喝）吸引求职者而小企业无法提供这些，它们能提供更多的客户化薪

---

① David Lepak and Scott Snell, "The Human Resource Architecture: Toward a Theory of Human Capital Allocation and Development," *Academy of Management Review* 24, no. 1 (1999): 31–48.

② James R. Bowers, "Valuing Work: An Integrated Approach," *World at Work* 12, no. 2 (Second Quarter 2003): 28–39. See also Robert L. Heneman, Peter V. LeBlanc, and Tim L. Reynolds, "Using Work Valuation to Identify and Protect the Talent Pool," *World at Work* 11, no. 2 (Third Quarter 2002): 31–41.

③ Kathryn Cohen and Alison Avalos, "Salary Budget Increases: Slow but Steady," *Workspan* (September 2007): 29.

④ "The State of Small Business Report: June 2010 Survey of Small Business Success," *Network Solutions*, LLC and University of Maryland (July 2010).

酬方案来应对员工个人的需求。[①]例如，没有复杂的、官僚的薪酬体系意味着一个小公司可以更容易地调整员工的工资，来与外部市场相匹配。此外，小公司为提升和成长提供更多机会，并有机会更快地加薪。

如果小企业是私人的，通过底薪加公司股票的形式，有很多机会吸引和留住一流的人才。通过提供私人企业股份作为支付薪酬的方式，私人企业为员工提供了未来赚大钱的可能性。提供股份或购买股份的期权是一种非常有吸引力的薪酬形式，当年轻的公司最终上市并在股票市场上出售时员工们能赚很多的钱。实际上，这种薪酬形式（低工资加私人公司股份）足以使员工获得安全感，离开高薪的大公司。例如，当谷歌2004年8月18日成为上市公司时，这个公司股价是85美元/股。早期在公司的一些员工以0.3美元/股作为回报拿到股份。正如你所能想象的，有人以这个价格拿到谷歌10 000股时，很快就成为百万富翁。实际上，上百名员工成为了百万富翁。

当然，该来的躲不掉。现在谷歌成了一家大公司，并流失了一些人才，这些人跳槽到了那些不一定会提供更高工资的公司。大型上市公司雅虎和谷歌因为新兴公司（如Facebook）而流失了一些员工，后者提供股票和股票期权，如果公司上市可以成倍增值。[②]结果，小企业里精明的经理人可以提供含有低薪的薪酬方案，通过发放股票和股票期权作为工资组合方案的一部分，提供未来财富增长的更多机会。

下面是小企业能做的与大企业竞争的薪酬方案的一些具体事项的清单：[③]

1.根据员工需求和愿望调整薪酬组合方案。例如，一名员工可能会看重更多的奖金机会而不是基础工资，而另一名员工可能希望公司支付的工资中有健康保险。

2.在高成长环境中提供股票期权。有潜力的员工会发现有机会成为一个高增长公司的一部分，同时也有令人兴奋的、潜在的赚钱的风险。

3.提供更快的晋升。让员工很快进入新的、令人兴奋的岗位，而没有大公司那种官僚习气。

4. 提供与高层管理者频繁接触的机会。能否与高层管理者进行互动并接受其指导是一个年轻的人才主要关注的问题。小一点的企业能提供比大企业更多的这种类型的成长机会。

5.提供更多的个人参与感。小企业的一个优点是对待员工像家人一样。在这样一个去个性化的10亿美元公司当道的时代，一种归属感（你知道公司在关心你），可以长期地弥补较低工资带来的困扰。

9.3.2 外部因素

影响工资水平的主要外部因素包括劳动力市场情况、地区工资水平、生活成本、集体谈判（雇员已加入工会）以及法律条款。薪酬的法律条款在本章后面进行讨论。

---

① Robert L. Heneman, "Job and Work Evaluation," *Public Personnel Management* 32, no. 1 (Spring 2003): 1-25.

② Bruce Einhorn, "India's Outsourcers Should Worry about Delta's Move," *Bloomberg Businessweek* (April, 20, 2009), http://www.businessweek.com/globalbiz/blog/eyeonasia/archives/2009/04/indias_outsourc.html.

③ Jasinowski, Jerry, "Reshoring Means More Jobs," *uffington Post* (October 25, 2013), http://www.huffingtonpost.com/jerry-jasinowski.

1.劳动力市场情况

劳动力市场反映了一个地区合格劳动力的供给和需求状况，会影响到招聘和留住有能力的员工所需要的工资水平。但是，我们必须认识到，有些因素会减少劳动力市场供求对工资水平的整体影响。例如，工会的经济实力会阻止雇主在工会成员失业率很高的时期降低工资水平，政府法规也会阻止雇主提供比市场最低工资水平还要低的工资。

2.地区工资水平

正式的薪酬结构应当与本地区其他组织的类似工作的薪酬水平相一致。本地区的工资水平的相关数据可以从该地区的薪酬调查报告中获得。例如，美国亚利桑那州的经济安全部每年都会对本州的各个城市的大小企业进行薪酬调查。薪酬调查数据也可以从其他途径获得，包括美国管理协会、行政管理协会、美国劳工部、联邦储蓄银行等。像Woodsmith Corporation和Golden State Container这样的小公司，通常使用政府的调查报告为新雇员和高级员工确定工资水平。很多组织，例如亚特兰大城、西北航空和Progress能源公司，都是自己进行薪酬调查。而其他组织则通过合作的方式获得薪酬信息，或是使用各种专业协会的调查数据。大部分的薪酬数据调查成本都很低，一般不到100美元，因此无论组织的规模大小，它们大都可以轻易获取这些数据。

薪酬调查（在本章后面将详尽阐述）的重要功能在于比较调查企业和周边其他竞争企业之间的薪酬水平，以保证企业的薪酬体系具有外部公平性。重要的是，地区薪酬调查数据可以防止企业的薪酬水平过度高于或过度低于同地区的其他企业，保证薪酬水平的相对公平性。当企业的工资水平过度高于所在地区的工资水平时，企业的劳动力成本会急剧上升。相反，要是过度低于地区工资水平，则企业将很难招到和留住有能力的员工。薪酬调查数据必须考虑以各种福利形式支付的间接薪酬。

3.生活成本

由于通货膨胀，薪酬水平不得不定期向上调整，以维持员工的购买力。雇主需要在消费者物价指数（CPI）①的指导下对薪酬水平做出适当的调整。消费者物价指数是对一个固定的消费品篮子的价格的衡量，主要反映消费者支付的商品和劳务的价格变化情况，也是一种度量通货膨胀水平的工具，以百分比的变化作为表达形式。消费者物价指数以消费者在日常生活中消费的食品、服装、住房、燃料、运输、医疗服务以及其他产品和服务为基础。美国劳工统计局收集每个月的价格信息，计算全美国的消费者物价指数以及不同城市的平均消费者物价指数，根据美国的不同地区和城市的规模建立分类索引，以便于查看使用。很多雇主密切关注消费者物价指数的变化，以CPI为基础确定企业的薪酬决策。

CPI数据对组织的士气和生产能力有举足轻重的作用。薪酬建立在生活成本的基础上，会挫伤高绩效表现员工的积极性，并导致有价值的员工离开组织。从传统上来看，获得生活成本薪资被员工认为是自己的一种“权利”，与其个人的绩效表现无关。此外，管理者希望不满意的员工，特别是无法得到绩效加薪的员工的生活成本不再增加。

---

① CPI：对一个固定的消费品篮子价格的衡量，主要反映消费者支付商品和劳务的价格变化情况，也是一种度量通货膨胀水平的工具，以百分比的变化为表达形式。

那些参加工会合同的雇员会通过劳动协议中的自动调增条款（escalator clauses）[①]获得加薪。这些条款规定，企业需要在CPI变化的情况下，根据薪酬条款中的生活成本进行调整（cost-of-living adjustments，COLA）。最常有的调整策略是CPI每变动0.3或0.4个百分点，工资调整1美分/小时。在通货膨胀时期，工会倾向于实施生活成本调整策略。

4.集体谈判

工会的一个重要功能是根据雇用情况进行集体谈判，其中最重要的部分是薪酬。工会每一个新协议都是以提高实际工资水平[②]为目标的，即使工资的增长幅度超过CPI的增长幅度，以改善员工的实际购买力和提高其生活水平。此目标包括获得一个绩效工资解决方案，在这个方案中员工的工资会等于或高于本区域内其他工会的工资。

工会协议的谈判是为了在本地区的劳动力市场建立工资水平模式，结果导致工会力量雄厚的地方工资水平比较高。为了招聘和留住有能力的员工，避免工会的影响，非工会成员的雇主必须达到或超过这些工资水平。合同给定的最低工资成为普遍的工资水平，所有在政府合同管理下的雇主，必须考虑最低工资标准。因此，集体谈判的影响可能延伸到工会成员以外的劳动力。然而，如果这些谈判导致公司和外部市场所承担不起的工资，那么它将威胁企业提供持续就业的活力。这将导致公司将更多的就业机会送给那些工会压力较小的地区。

9.4 工作评价体系

正如我们前面所讨论的，工作价值是薪酬组合的重要组成部分。组织通过工作评价的过程确定工作的价值。工作评价[③]是确定组织中各项工作的相对价值，以确定组织内部哪些工作应得到更高薪酬的系统过程。工作评价帮助企业建立起不同工作之间的薪酬内部公平性。一项工作的相对价值可以通过与组织内部的其他工作的比较，或根据其对组织目标的重要程度来获得。此外，每种比较方法都是以整个工作或以各个工作的组成部分为基础进行对比的。[④]

三种传统比较方法为工作评价系统打下基础：

（1）将工作的价值从高到低排列。

（2）把工作分类，以便内部和外部标准一致。

（3）每项工作的奖励分数基于它们与组织目标的联系紧密程度如何。

这种工作评价体系能有效地证明不仅在设计薪酬方面而且在决定一项工作是在本地签约还是离岸外包——这个重要决定应该考虑工作的价值——方面很有效。例如，达美航空公司把4 500多个客户服务岗位从海外带回美国。他们说："乘客们对（海外）服务不满意。"[⑤]根据波士顿咨询集团对遍及各行业的200位公司决策人的调查，正计划或考虑重新

---

① 自动调增条款：根据消费者物价指数的变化调整季度的生活成本的一种协议。

② 实际工资水平：工资的增长高于物价指数的增长，就是工资的实际收益。

③ 工作评价：确定组织中各项工作的相对价值，以确定组织内部哪些工作应得到更高薪酬的系统过程。

④ Robert L. Heneman, "Job and Work Evaluation," *Public Personnel Management* 32, no. 1 (Spring 2003): 1–25.

⑤ Bruce Einhorn, "India's Outsourcers Should Worry about Delta's Move," Bloomberg Businessweek (April, 20, 2009), http://www.businessweek.com/globalbiz/blog/eyeonasia/archives/2009/04/indias_outsourc.html.

增持股份的高管们从2008年的37%升至2009年的54%。“过去的几年中，我们已计划提升美国制造业的竞争力，到2015年将有助于驱动美国制造业复苏，”波士顿咨询集团高级合伙人以及这项研究的合作者Harold L. Sirkin说，“我们最新的调查结果表明，人们的态度已开始发生深刻的转变。”①

我们将从简单的非量化方式开始，以更通行的定量体系为结束，还将讨论工作评估——这被认为是工作评价的最新方式。除了使用此类方法外，所有的工作评价都需要有不同程度的管理层判断。工作评价必须参照《美国残疾人法案》相关条款（参见本书第3章）。

9.4.1 工作排序体系

最简单的、历史最久远的工作评价方法是工作排序体系（job ranking system）②，它以工作的相对价值进行工作排序。一种工作排序方法是根据工作的重要程度，对评价者列出的每项工作的任务和责任卡片进行排序。工作排序可以由一个了解所有工作的人进行，也可以由管理者和员工代表组成的委员会进行。

工作排序的主要缺陷是无法对每项工作的价值进行精确的衡量；另一个缺点是最终的排序可以显示工作的相对重要性，但却无法衡量不同工作之间的重要性的差异程度。最后，工作排序的局限是只适用于少数工作（可能不会超过15种）。此方法非常简单，因此适合小企业使用。

9.4.2 工作分类体系

工作分类体系③是根据事先确定的工作等级进行工作的分类汇总。成功的等级划分需要考虑工作责任、技能、知识、能力或其他因素，根据不同的工作对各种因素进行比较。例如，联邦政府的工作等级GS-1描述如下：

GS-1包括这些种类的职位——直接监督下的工作职位；只有很少或没有自主决策权的职位，主要包括在办公室、商业或财务作业中从事最简单的日常工作，或是在专业性、科学性或技术性很强的领域从事基础工作的技术人员。

对不同工作的描述形成了工作分类制度，并在类别中比较不同工作的特殊性。随后，管理者对不同薪酬等级的工作描述进行比较对照，以便把不同的工作放入合适的等级中。此方法简单易用，是对工作的全面描述，因此精确度比点体系低。联邦政府行政部门的工作分类体系是该体系中最著名的一种。工作分类体系被广泛运用于市政府和州政府。

9.4.3 点体系

点体系（point system）是一种通过计算分给工作的点数来确定工作的相对价值的定量工作评价方法。此方法被成功用于很多知名企业，像数字设备公司、Met Life、Johnson Wax、Prudential金融集团、TransAmerica以及其他公共和私营企业（无论是大企业还是小企业）。虽然点体系的建立很复杂，但是一旦建立起来，理解和使用它就相对容易了。点体系的主要优势是提供比工作排序法和工作分类法更精确的判断，因此，得到的结果更

---

① Jasinowski, Jerry, “Reshoring Means More Jobs,” *Huffington Post* (October 25, 2013), http://www.huffingtonpost.com/jerry-jasinowski.

② 工作排序体系：最简单的、历史最久远工作评价方法，以工作的相对价值进行工作排序。

③ 工作分类体系：根据事先确定的工作等级进行工作的分类汇总。

加有效，其缺点是不易操作。

点体系以组成工作的因素或元素为基础，对工作进行定量评价，这些因素或元素通常被称为薪酬因素。技能、努力、责任和工作条件是常用的主要薪酬因素，用于区分不同工作的重要程度。现如今财务责任、领导能力、团队合作、项目责任等也成为薪酬因素，组织的特点和被评价工作的属性决定了薪酬因素的数量。一旦薪酬因素确定，就需要根据其对组织的重要性，确定其权重。例如，如果责任对组织极其重要，可以赋予它40%的权重。然后，每个薪酬因素又被细分为更多的等级，而等级代表了与每个因素相关的不同水平的难度。

1.点开发手册

点体系需要使用点开发手册，实际上，点开发手册是用来描述工作内部的薪酬因素以及因素之间相互关系的手册和指南。同时，点开发手册需要借助于表格——每个因素的点数以及因素细分后的点数组成的表格。一项工作所分配的点值代表每个薪酬因素的数量等级的价值总和。

2.使用点手册

点体系的工作评价需要将职位说明、岗位规范等各个因素与点体系中的因素——等级说明逐个比较。工作的每个被评价因素根据点开发手册被赋予一定的点数，然后根据手册中已确定的点数计算出工作的总点数，最后根据总点数确定工作的相对价值。

9.4.4 工作评估

工作评估是最近出现的工作评价体系，迎合了动态多变的商业环境。工作评估[①]的基础是工作的价值与组织的商业目标的相关性，而不是应用于内部的点数——因素的工作评价体系。正如一个薪酬专家所言："有价值的工作不但可以有效地对个人的工作定价，而且也阐释了工作如何影响组织总体目标以及这种影响对组织成功的贡献程度。"此外，工作评估为对组织目标至关重要的工作提供直接的现金薪酬。

在工作评估中，工作的价值通过直接来自于经营目标的标准进行衡量。例如，对工作价值的衡量可以通过对组织的财务状况、组织的运作状况以及顾客服务目标的实现程度的衡量来实现。各种工作、员工角色、组织工作的方式（比如团队）都需要进行评估。工作评估以建立起各种工作对组织的价值的大小来界定工作的等级结构，工作等级最终需要通过薪酬调查来确定员工的工资水平。

9.4.5 管理职位的工作评价

由于管理职位的工作很难界定而且它的某些要求是低层次工作所不具备的，所以一些组织试图将管理职位评价排除在小时工的工作评价体系之外。管理职位的工作评价通过使用标准的方案或自定义点方法以适应特定的工作要求。针对经营和管理职位的员工的点计划方案即使被接受，也会与其他类别员工的方案相似。

为评价经营、管理和专业职位而开发的标准工作评价体系中极为著名的一个是由Edward N.Hay开发的海氏剖析法（Hay profile method）[②]。在评价表中有3个重要因素：知识（专有技能）、智力活动（解决问题）和职能。海氏剖析法之所以使用3个因素，是因

① 工作评估：测量工作价值对于组织的价值大小的工作评价体系。

② 海氏剖析法：使用知识、智力活动、职能3个因素去评估管理职位的工作评价方法。

为这3个因素覆盖了经营和管理职务的最重要方面。通过赋予3要素中每一个要素价值比例形成职位描述，然后以每个要素为基准进行职位排序，根据职位排序的百分比值级别分配组成职位描述的点值。

9.5 薪酬执行——工资工具

薪酬设计系统，如工作评价体系，提供了内部公平，是确定薪酬水平的基础，但并不是它们本身确定了工资水平。以排序、分类、点或者货币价值的形式进行的工作价值的评价，需要转化为小时、日、周或月薪。为了适当执行薪酬方案，必须纳入特定的工具。薪资调查是确定工资水平不可或缺的工具。

9.5.1 薪资调查

薪资调查（wage and salary survey）[①]是指对相关劳动力市场的各个组织支付的薪资进行调查，调查的范围（包括地方、地区和全国）由工作性质决定。劳动力市场通常定义为雇主获得某些类型员工的场所和区域。不同类型的工作，劳动力市场的范围有所不同，文职人员的劳动力市场是地区性的，而工程师的劳动力市场却是全国性的。薪资调查为组织的薪酬政策的外部公平性提供了依据，即本公司的薪酬水平与其他提供类似工作的组织相同。

工作评价和薪资调查数据联合使用，为组织薪酬的内外部公平性提供了可能。虽然调查主要为了获得竞争性的工资水平，但同时也会收集员工福利或组织薪酬实践方面的信息(例如加班工资率或轮班差额)。

1.收集调查数据

很多组织自己实施薪资调查，然而，一系列的“事先”薪酬调查可以满足大部分的公共组织和非营利性组织的需求，劳工统计局是薪资数据的主要发布者，劳工统计局发布的全国性的薪酬调查报告——这是一个涉及工资、薪酬和福利信息且统计上有效、覆盖广泛的薪酬规划（参见聚焦HRM 2)。正如劳工统计局网页所描述的，全国性的薪酬调查是保护伞项目，使劳工统计局的各种薪酬规划综合在一起成为一个工具，利用该工具制作地方、地区和全国的薪酬福利的水平、趋势和特征的统计数据。

聚焦 HRM 2

美国国家劳工统计局的薪酬调查

国家薪酬调查数据为大型或小型组织的经理和薪酬专家所使用，用来回答下列问题：

- 我必须为在佐治亚州的亚特兰大的会计支付多少工资
- 在制造业中，与其他雇主相比，福利提高3%是否具有优势
- 我们的远景是否涵盖了东北部的大型企业的利益
- 上一年工资成本是如何变化的

国家薪酬调查是如何运行的

国家薪酬调查是一个基于地区的薪酬调查。工资和福利数据是来源于事先确定的分布在美国50个州和哥伦比亚特区的154个城市。这些人员是事先安排的。薪酬信息从像田

① 薪酬调查:对相关劳动力市场的各个组织支付的薪资进行调查。

纳西州的诺克斯维市、宾夕法尼亚州的匹兹堡市、内华达州的利诺市和华盛顿州的Richland-Kennewick-Pasco等各种各样的地区开始收集。所有被选地区都是为了对九大地理区划和四大区域进行区域性的估计。

在每个地区选择一个具有代表性的企业代表本地区的所有企业。一个“企业”是一个物理地点，如一个工厂、仓库、企业办公室或零售商店。州和当地政府办公室同样参与此次调查。

一旦选择了一个被调查企业，美国国家劳工统计局的经济学家就在此企业里选择一种职业代表该企业的所有职业。劳工统计局限制选择不常见的职业以减少雇主的调查负担。数据来源于所选择职业中的所有在职者。

美国国家劳工统计局随后对选择的职业按人口调查局的职业分类体系进行分类。人口调查局把大约450类职业划分为10组，如销售员、职业专长者、技术员、机器操作员、装配工和检查员。美国国家劳工统计局收集所选职业的工资和福利信息。包含在薪酬调查收集范围中的项目有基于时间的工资、计件率、佣金、危险工作工资和其他直接与所涉及的工作相关的数据。多样化的福利数据包括带薪休假、带薪病假、值班津贴和非生产性奖金。

很多州以市或郡、县为基础进行薪酬调查，并将相关信息数据提供给雇主。除了政府性的调查以外，行业组织（如达拉斯雇员协会、行政管理协会、人力资源管理协会、美国管理协会、全国职业工程师协会和财务主管协会）为满足成员的需要会进行特别的薪资调查。跨国公司可以通过购买大型咨询公司的国际调查结果获得所需要的数据和资料，TPF & C可以提供20个国家的海外薪酬调查报告。所有的第三方薪酬调查既有优势，又有弊端，并且会受到各种限制。公开公布的调查面临着两个问题：调查不总是与雇主的需求相一致；使用者无法确定究竟需要哪些特定类型的数据。为了克服以上问题，组织应当收集自己公司的薪酬数据。

2.人力资源信息系统和薪酬调查

薪资调查数据可以从大量的网站获得，前文提到的全国性薪酬调查就是一个具体事例，也可以通过http：//www.salary.com提供的商业化产品获得。Survey Finder拥有一个包括数百份薪酬调查的数据库，主要由50多个独立的供应商提供。经理和薪酬专家可以通过购买或参与的形式取得所需要的、适用的薪酬调查数据。

3.雇主发起的薪酬调查

雇主自行实施薪资调查，首先选择要调查的工作和识别那些提供相似工作以争夺员工的组织。对组织所有的工作进行调查是不实际的，通常是仅对关键工作（也称基准工作）进行调查。

关键工作的薪酬调查问卷通常会对10～15个与其争夺员工的代表性企业进行调查。

精确定义所需要的薪酬数据，将会提高收集数据的准确性和用于组织若干目标的精确度。[①]一旦调查数据列成表格，薪酬结构就完成了。

---

① John H. Davis, *Statistics for compensation: A practical guide to compensation analysis* (Hoboken, NJ: Wiley, 2011); Charles H. Fey and Madhura Tare, "Market Pricing Concerns," *World at Work* 16, no. 2 (Second Quarter 2007): 61.

9.5.2 工资曲线

工资曲线是用来表示工作的相对价值和工资水平之间的关系的。该曲线可以显示组织目前支付给员工的工资、根据工作评估而确定的新工资水平，或在劳动力市场上其他组织支付给类似工作的工资水平。工资曲线表现为由一系列当前工资水平组成的散点图，如图表9-7所示，手绘曲线可以在一簇点中间画出，这样留在曲线以上的点与曲线以下的点数量基本相等。工资曲线可以是直线，也可以是曲线。工资曲线可以用来确定工作价值与曲线上给定的任一点的工资二者之间的关系。

图表9-7　　**手绘的工资曲线**

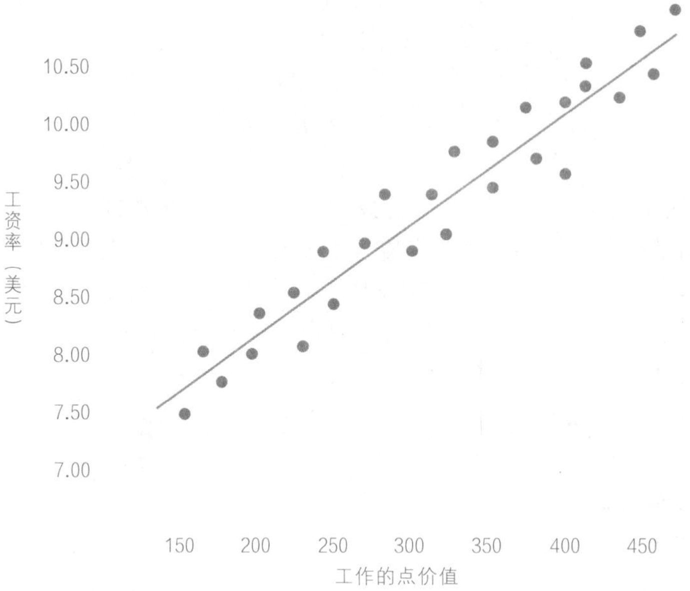

9.5.3 工资等级

从管理者角度来看，通常会将组织的工作划分为工资等级（pay grades），在特定的等级里，其工资水平或工资幅度保持不变。当使用工作评价中的类别体系时，工作被分成几个等级，这是工作评价过程的一部分。不同的是，在使用点体系时，工资等级必须建立在选定的间隔之上，工资等级既反映点数，又反映这些工作的货币价值。图表9-7列出一系列工资等级，这些等级以50点为间隔进行排列。

薪酬结构中的工资等级数量可能有所不同。[①]其数量的多少由工作曲线的斜率、结构内的工作数量及其分布、组织的薪酬管理策略和晋升制度等因素决定。薪酬结构中所使用的等级数量应足够多以区别彼此难易程度的不同，但是也不能过多，否则会使相邻工资等级之间的区别不明显。

---

① Curt Finch, "How to Create an Effective Pay Structure," *Employee Benefit Plan Review* 61, no. 10 (April 2007): 26. See also Gregory A. Stoskopf, "Choosing the Best Salary Structure for Your Organization," *World at Work* 11, no. 4 (Fourth Quarter 2004): 28-36.

9.5.4 工资幅度

如图表9-8所示，虽然可以为每个工资等级设定单一比率，但是，更常见的是为其设定一个工资幅度。如图表9-9所示，不同等级之间的幅度相同，或者幅度随着等级的提高按比例增加。工资等级建立在后者的基础之上，为员工工资等级的提升提供更多的激励。

图表9-8

单比例结构

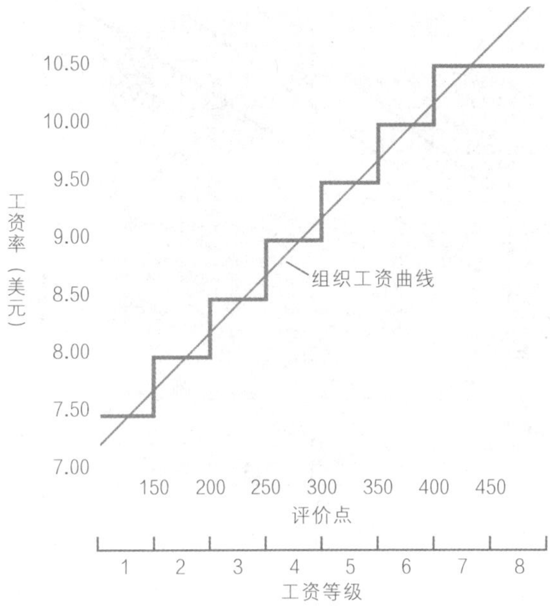

工资幅度通常分为一系列等级，员工加薪以绩效或资格或两者结合为基础，一级级向上增加，直到达到最高级。大多数薪酬结构在相邻等级之间会有重叠的部分，这样做的目的是使经验丰富的员工可以获得与经验少但工资等级高的员工一样的甚至是更多的薪酬。

构建薪酬组合的最后一个步骤是在确定工作价值的基础上，把每项工作放入适当的工资等级之中。通常，工作价值是由工作要求决定的，与员工的工作绩效表现无关。在这个体系之下，员工的绩效表现超过工作要求的水平，将会在本层工资等级中得到绩效加薪或是晋升到更高一级的工资等级范围，从而体现组织对员工工作的认可。[①]

当员工的资历很高或晋升机会缺乏的时候，组织会支付超过工资幅度最大值的工资水平。超过工资等级最大值的薪酬称为红点比率（red circle rates）[②]。因为这些比率超出组织的薪酬结构范围，雇主通常采取“冻结”策略，直到市场薪酬的调整导致组织的所有工资幅度向上调整时才可以解冻。

---

① Organizations may have a compensation program that pays a differential based on geographic location. See Thomas J. Atchison, “Branch Office Salary Structure,” *Compensation and Benefits Review* 39, no. 3 (June 2007): 35.

② 红点比率：超过工资等级最大值的薪酬。

图表9-9 工资等级逐渐提高的薪酬结构

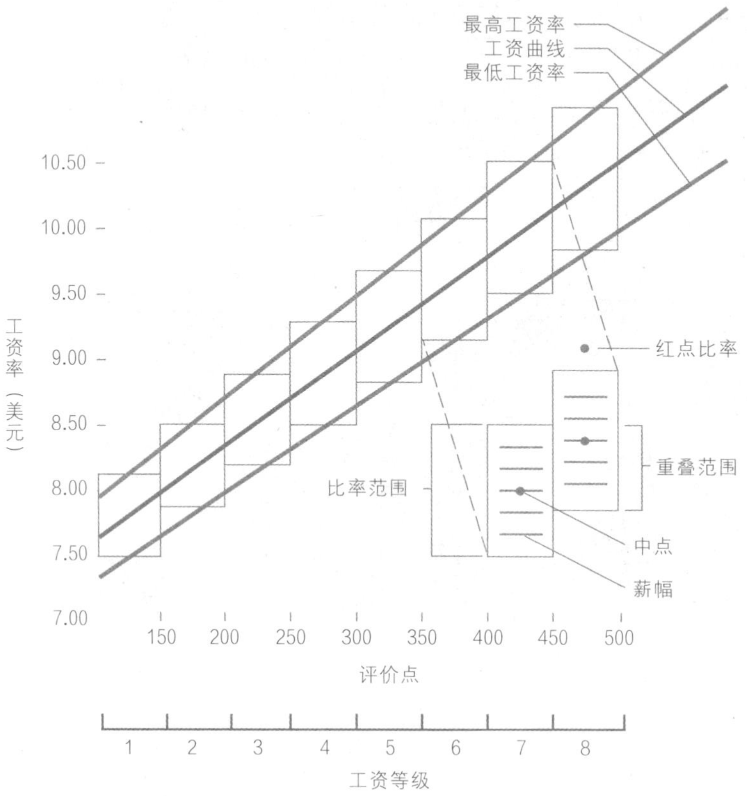

9.5.5 基于能力的工资

基于工作的体系是确定员工薪酬的主要方法。遗憾的是，这个体系无法激励员工掌握知识（和技能），也无法鼓励员工学习新的相关工作技能。此外，基于工作的薪酬体系无法提高员工参与组织文化的程度，或在满足总生产和服务需要时，缺乏灵活性。因此，Frito-lay公司、Nortel Networks、Sherwin-Wilhams公司、霍尼韦尔公司等已引进了基于能力的薪酬计划。

基于能力的薪酬也称为技能工资或基于知识的工资，通过员工所掌握的不同技能或知识的程度支付薪酬，而不是基于指定工作类型中的工作来付薪。这些工资计划主要激励员工通过扩大工作技能范围或者提供一系列适合组织需求的能力使自身获得更高的基本工资。例如，在制造业企业，新任务包括实施特定生产系统或一系列的稳定技能所需要的多种组装和装配能力。在服务性组织中，员工需要获得先进计算机系统或会计程序的新知识。根据事先确定的标准，当员工精通和运用每项技能或知识时，组织应当提高员工的薪酬。

基于能力的薪酬体系反映管理人员在如何管理工作和如何为员工的努力提供薪酬方面的态度转变。这种薪酬体系的反复被提及的优点包含高的生产效率、提高学习能力和加强对工作的责任感、增强员工满足生产和服务需要的灵活性以及降低缺勤率和离职率，因此经理可以根据需要合理地安排员工进行工作。当组织需要新的、现代化的技能时，此薪酬体系可以鼓励员工参加培训以获得组织需要的技能。

不幸的是，基于能力的工资体系也带来长期问题。即使员工掌握了新技能且具备了组织需要的能力，某些计划还是限制了他们可获得薪酬的总额。因此，在达到组织最高工资等级之后，员工就不愿意继续参加组织的教育培训活动了。基于能力的工资体系所面临最大的挑战，可能就是如何开发适当的标准去衡量员工的技能、知识和能力。对工作所需要的独特知识和技能进行描述，以及建立起对员工获得的知识和技能的精确衡量标准都是非常困难的。

宽带薪酬

采取基于能力或技能的薪酬体系的组织经常使用宽带薪酬制度来构建其薪酬策略。宽带薪酬就是简单地把传统意义上的工资等级压缩为几个较宽的工资等级带。宽带可能有中点和四分点，有较宽的工资幅度或者根本没有工资幅度。宽带强调为从事需要不同技能的多重工作支付薪酬，鼓励员工掌握和精通横向的技能结构。此外，宽带可以消除对等级的迷恋，鼓励员工从事能发展自己职业生涯和增加组织价值的工作。宽带薪酬制度促使组织在把员工分配到宽带时考虑到工作责任、个人技能、能力以及职业流动模式。总之，这种工资工具有助于更有效地实施薪酬战略。

9.6 政府薪酬法规

除了薪酬调查和基于能力的分配，薪酬如何得以执行要受到州和联邦法规的制约。大多数州都有最低工资法，或者由工资委员会根据各个行业的基准设立最低工资率。当员工处于州和联邦两种最低工资法的管制下时，员工有权利选择二者中较高者。大多数州也对工作时间和加班工资制定了规则。

影响工资的3个主要联邦法是《戴维斯-培根法案（1931）》、《沃尔什-海利法案（1936）》和1938年《公平劳动标准法案》。这些法律颁布于20世纪30年代，目的是防止支付不正常的低水平工资，鼓励更广范围内的员工彼此之间分享工作。最后一个法案的目标是强制组织为加班工作支付额外补贴（工作时间超过规定时间的部分）。

9.6.1 《戴维斯-培根法案（1931）》

《戴维斯-培根法案（1931）》又称《普通工资法案》，于1931年通过，是3个法案中最古老的一个，该法令规定，凡是同联邦政府签订价值2 000美元以上合同的承包人，支付的工资率不得低于现行工资率，加班要支付1.5倍的工资。该法案受到批评，是因为现行工资率通常是该地区工会制定的工资率，其通常高于非工会工资率。

9.6.2 《沃尔什-海利法案（1936）》

《沃尔什-海利法案（1936）》，官方称为《公众合同法》，于1936年通过，覆盖受雇于那些同政府签订10 000美元以上合同的日用品设备以及材料供应商的雇员。该法案要求供应商支付的工资率不得低于有关地区由劳工部决定的“同等工人和技工普遍享有的”工资率，1天超过8小时或1周超过40小时的加班时间，需要支付1.5倍的工资，具体取决于哪个计算方法提供更高的额外补贴。

9.6.3 1938年《公平劳动标准法案》（已修订）

《公平劳动标准法案》，通常又称为《工资工时法案》，于1938年通过，在此之后又被修订了很多次。涉及从事州际商业以及对外贸易的商品生产工作的雇员，也包括与生产相关或生产不可或缺的其他雇员。法案同样包括农业工人以及某些销售量超过一定标准的零售和服务企业的雇员。《公平劳动标准法案》的主要条款涵盖了最低工资率、加班补贴、使用童工和平等权利等方面。

聚焦 HRM 3

世界各地最低工资（美元/小时）

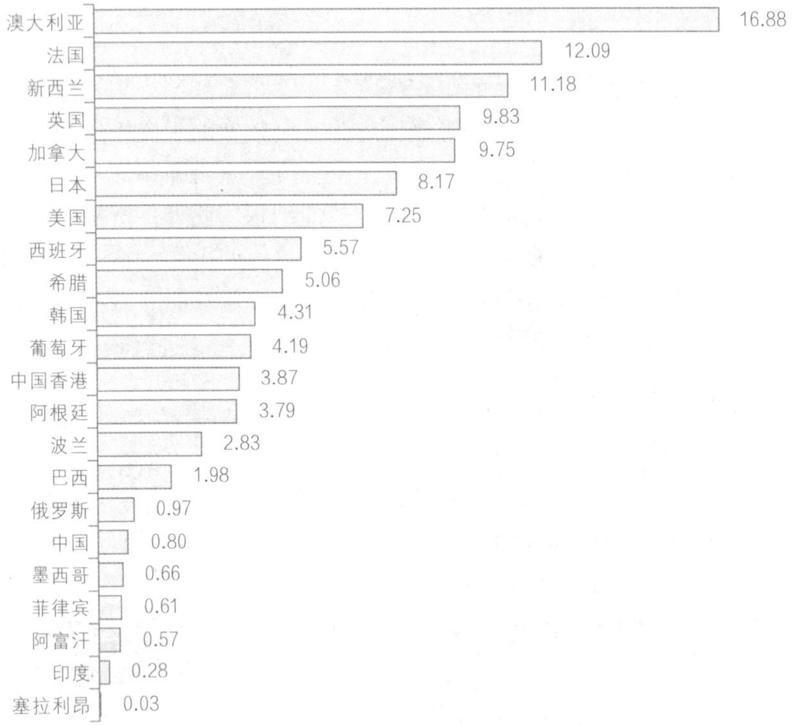

1. 工资工时条款

联邦法律规定的最低工资率已经被提高了很多次，从最初的每小时25美分到2009年7月24日的每小时7.25美元（参见聚焦HRM 4，这是联邦最低工资公告，雇主必须按规定执行）。最低工资每隔几年需要评估一下，以保证随生活成本因素（如消费者价格指数）而调整。最低工资率为现行收益率，但是最低工资率中不包含加班补贴。如果一周工作时间超过40小时，那么超过的部分加班雇主必须支付1.5倍的工资。对包括加班补贴的基本工资率进行计算的时候，必须包括工作期间的奖励报酬和奖金。当员工有事请假，事后弥补，这时超额部分的时间依然按1.5倍工资来计算。然而，《公平劳动标准法案》对解雇费、病假、假期以及假日不作要求。

此外，根据《公平劳动标准法案》的规定，雇主需要对“容许或允许”员工做的工作支付薪酬，即使是工作发生在工作场所之外，即使没有达到预期目标，也必须按规定支付薪酬。这种情形常发生在远离组织总部且无法被监督或远程工作的员工身上。

聚焦 HRM 4

联邦最低工资公告

《公平劳动标准法案》

规定的雇员权利

美国劳工部工资和工时司

联邦最低工资

5.85美元/小时	6.55美元/小时	7.25美元/小时
2007年7月24日执行	2008年7月24日执行	2009年7月24日执行

加班工资　超过每周40小时正常工作时间以外的部分雇主要支付至少1.5倍工资

童工　劳工部规定，大多数非农工作岗位的雇员应至少超过16周岁，大多数非农危险工作岗位的雇员应至少18周岁。14～15周岁的青年可以在非上课时间从事满足下列条件的各种非制造性、非采掘性、非危险性的工作岗位：

并且要求工作时间不得超过：

- 每上课日3小时或每上课周18小时
- 每非上课日8小时或每非上课周40小时

同时，除了6月1日和劳动节可以延长到晚上9点外，其余的工作时间不得早于7点或晚于7点。在农业雇用中适用不同的解释。想了解更多的童工使用细则，请访问童工细则网站，网址是www.youthrules.dol.gov

小费保证　如果雇主实施“小费保证”违反最低工资水平规定，雇主需要支付至少每小时2.13美元的现金工资，如果工作支付的小费收入加至少2.13美元/小时现金报酬之后依然低于最低小时工资，那么雇主需要补足差额。同时还需满足其他的一些条件

强制执行　雇员所得到的工资过低以致违反相关法律时，劳工部可以通过行政或法院强制执行使之恢复到规定的工资水平。同时也可以通过民事或刑事诉讼维护雇员的权利

对违反本法案中童工条款的雇主处以不低于11 000美元的罚款，对故意或多次违反最低工资及加班工资条款的雇主处以不低于1 100美元的罚款。本法案禁止歧视或解雇提起诉讼及参与诉讼的员工

例外情况
- 某些职业或企业可以不受最低工资或加班工资条款的限制
- 某些特定的条款适用于美属萨摩亚群岛和北马里亚纳群岛
- 某些州提供更好的雇员保护措施，雇主需要同时遵守州和联邦的规定
- 法案要求雇主将布告张贴在员工可以轻易看到的地方·
- 年龄小于20周岁的雇员在其工作的前3个月里雇主要为其支付4.25美元/小时的工资
- 某些特定的全职学生、学生学习者、学徒、残疾工人等可以在劳工部允许的情况下，获得低于平均工资水平的工资

你可以通过以下方式得到相关信息：

电话：1-886-487-9243

U.S. Wage and Hour Division

传真：1-877-889-5627

网址：WWW.WAGEHOUR.DOL.GOV

美国劳工部　雇佣标准管理部　工资和工时司

WHD文件1088（2007年6月修订）

2.最低工资标准和工资缩水

有观点认为最低工资的增长导致工资缩水。工资率缩水是指在低工资岗位和高工资岗位的工资差在缩小。当经验少的员工（通常是新员工）因为起薪高，挣得跟经验多的员工一样多的时候，就出现了工资缩水。例如，幼儿教师每小时的工资是8.19美元，而幼儿教

师助手每小时的工资是7.25美元，如果最低工资提高到8美元，将有基本相同的起点工资（美国幼儿园教师工资中位数是10.50美元，而最低工资有10%的增长，达到了8.19美元）。

不只是低工资工作有工资缩水的风险，高工资工作也有工资缩水的风险。其原因通常是基于市场而非政策。例如，由于缺少计算机、工程以及其他专业和技术领域的符合资质的申请人，所以迫使这些职位的起薪具有或接近有相当经验和资历的人员的工资。当小时工达到了工资级别的最高级时也会发生工资缩水，他们所赚得的仅仅稍低于经理人中最低一级的水平。

识别工资缩水及其原因比执行组织政策减轻其影响要简单得多。希望化解该问题的组织可以采取下面的工资政策：

- 为高绩效和高价值员工提供更高的加薪。
- 设计小时工和主管之间工资差异化的薪酬结构，以拉开彼此的薪酬距离。
- 使高绩效的员工得到升职，进入更高等级的薪酬带。
- 为受工资率压缩影响大的员工提供公平合理的调整。①

工资率缩水为是内部工资公平所主要关注的，如果内部工资不公平，将影响低薪员工的士气，导致员工绩效低下、员工之间结怨、更多的缺席率和离职率，甚至犯罪行为，如员工盗窃。

3.童工条款

另一个与最低工资有关的是“保底工资（floor）”，它使高中学生和年轻人找工作越来越难。许多雇主可能会愿意雇用这些人却不愿意支付他们相同的工资率，因为他们缺乏经验。非熟练工人，按照《公平劳动标准法案》，允许雇主以每小时6.16美元的培训工资在其第一个90天的就业培训中雇用年龄小于20岁的员工，提供就业而不是取代其他工人。

《公平劳动标准法案》禁止雇用16~18周岁的未成年人从事采掘、伐木、木材加工业、肉类加工业等其他制造类型的危险工作。除了在获得父母或监护人的许可或获得劳工部签发的临时工作许可证之外，任何人或任何组织不得雇用未满16周岁的未成年人从事州际贸易工作。

4.平等权利条款

对《公平劳动标准法案》最重要的修订是1963年通过的《平等工资法案》。1967年修订的《联邦年龄歧视法案》通过禁止对40周岁及40周岁以上的员工实施工资歧视，进一步延伸和扩展了平等权利条款的范围（详见第2章）。尽管如此，这些法案都没有禁止基于年龄和性别之外的各种因素的歧视性工资，这些因素包括资历、能力和个人激励计划等。

尽管颁布了这些法案，但今天的许多公司里仍然有工资歧视。例如，2010年B&H Foto电子公司不得不支付430万美元的工资福利给149名员工，因为他们的工资低于相同工作的非西班牙裔同事。该公司因为国籍问题没有提供健康福利和晋升而被提起诉讼。作为解决措施之一，该公司同意支付西班牙裔员工与其同事相同的工资，并形成了书面的非

① Susan Ladika, "Decompression Pay," *HR Magazine* 50, no. 10 (December 2005): 79.

歧视政策。[1]自20世纪90年代早期开始，各个组织在缩小男女收入差距方面的进程大大减缓。2012年，全职的女职工年均收入为37 791美元，相比之下男性的年均收入为49 398美元。图表9-10进一步检验了基于种族和性别的工资不平等。

图表9-10　基于种族和性别的工资不平等

种族和民族	男性周收入	女性周收入	女性收入对男性收入的比率（%）
所有种族	854	691	81
白种人，非西班牙裔	879	710	81
黑人或非洲裔美国人	665	599	90
亚洲人	1 055	770	73
西班牙裔或拉丁裔（任何种族）	592	521	88

Source: Bureau of Labor Statistics, Current Population Survey, "Table 37: Median Weekly Earnings of Full-time Wage and Salary Workers by Selected Characteristics, 2012," Annual Averages (2013). http://www.census.gov /hhes/www/cpstables/032010/perinc/new05_001.htm

9.7 重要的薪酬问题

作为经理人，不是让你的薪酬体系建立并运行起来就万事大吉了。一旦它运行起来，评估你的薪酬体系的有效性就成为与薪酬战略紧密联系重要工作。恰当的评估可以：（1）帮助公司检查潜在的薪酬问题；（2）做出更明确的补偿决定；（3）提高薪酬决策与组织目标的一致性。薪酬计分卡收集并展示了所有用于监督和对比公司内部部门或单位的评估结果，计分卡创造了比较工具，在组织内部能强化独有的公司战略所期望的结果。

没有薪酬计分卡的经理人很难知道他们所做的晋升、加薪、奖金和薪酬调整与组织的其他部分及战略是否是一致的。计分卡改进了员工如何被奖励的透明度，使经理人对如何花公司的钱负有责任。大多数的薪酬计分卡由人力资源专员每年记录一次。

例如，图表9-11代表了薪酬计分卡的一个样例。公司中每个智能部门要报告其员工得到从1（低）至5（高）的平均业绩评价。这个评估有助于表明经理人在评价员工的哪些方面。平均值的增长也容易收集。平均来看，公司所做的预算金提供4%的工资增长是足够的。如果你给员工的平均值超过4%的水平，那么其余的补偿员工的钱则需要从公司其他地方获得了。级别膨胀是平均工资级别分配的上升或下降。它表明你是否以年为基础在调整工资。对比率是衡量根据职能给出的工资是否恰当。从本质上来说，这是一个内部的工资标准。对比率低于100的部门要考虑其员工工资低于公司的正常标准。最后，与组织目标相关的年度奖励的百分比有助于评估是否一个部门符合其组织目标，并按照这些目

① HR Policy Association, "DOL embroiled in its own FLSA overtime dispute…," (December 2, 2010), http://www. hrpolicy.org/issues_story.aspx? gid=384&sid=3955&miid=8.

标给员工奖励。[1]

图表9-11　　薪酬计分卡样例

部门	平均业绩分数（1～5）	平均值增长（预算的4%）	级别膨胀（%）	对比率（%）	年度奖励（占目标的%）
营销	3.4	4.3	-3	101	100
研发	3.2	4.4	0	98	102
生产	4.0	4.2	12	96	105
销售	4.1	3.4	8	99	100
客户服务	3.6	3.6	17	88	110

注：级别膨胀通过计算对比前一年每个级别员工数量变化的百分比来决定。

对比率由实际薪水除以工资范围内的中位数得到。它是一个衡量组织的薪酬范围是否合适的标准。

直接相关性是过去三年间利润增长与LTI费用之比。

Source：Reprinted by permission of The Segal group，inc.，parent of The Segal Company and its Sibson Consulting Division.

小　结

目标1　建立战略薪酬计划，需要对与特定的就业目标有关，即为持续增长而留住员工的组织目标进行评估，薪酬分配是为了确保员工感觉被公平对待。要与员工沟通薪酬方法，以提高员工对目标的理解，坚持成本效益预算。薪酬需要奖励过去的绩效表现（绩效工资），激励员工的未来绩效。薪酬计划的内外部公平性影响到员工对公平的认知。组织既需要保证公平性，又需要保持其竞争性，要在控制劳动力成本且保持在国内外竞争性薪酬的情况下具备吸引合适的雇员的能力。

目标2　薪酬支付的组成以及方式对员工的生产能力和完成组织目标有着巨大的影响。薪酬内部影响因素包括雇主的薪酬政策、工作价值、员工绩效和雇主的支付能力。薪酬的外部影响因素包括劳动力市场情况、地区工资水平、生活成本、集体谈判以及法律法规等。

目标3　薪酬调查决定了工资的外部公平性。运用调查所得的数据来帮助建立组织的薪酬政策，确保组织的薪酬水平与相关劳动力市场的薪酬水平相同。薪酬结构应基于薪酬调查，但应依据职能和个人技能差异而有所不同。公司运用工资曲线、工资等级和工资幅度来对工作进行分组，允许员工个人因工作类型不同而有差异。这些工资结构将取决于法律对工资的规定要求。

目标4　薪酬体系的有效性可以通过使用薪酬计分卡来评估。计分卡收集并显示所有

---

① Jim Kochanski and David Insler, "The compensation scorecard: What gets measured gets done," *WorldatWork Journal*, (June, 28, 2010).

部门和职能相关薪酬的设定情况。它提高了薪酬体系的透明度、经理人的责任感，有助于使企业的薪酬决定与组织目标保持一致。

关键术语

Broadbanding宽带薪酬
Compensation Scorecard 薪酬计分卡
Competence-based Pay基于能力的薪酬
Consumer Price Index （CPI） 消费者物价指数
Escalator Clauses自动调增条款
Exempt Employees豁免员工
Hay Profile Method海氏剖析法
Hourly Work小时工
Job Classification System 工作分类体系
Job Evaluation工作评价
Job Ranking System 工作排序体系
Nonexempt Employees非豁免员工
Pay Equity 平等工资
Pay Grades工作等级
Pay Rate Compression 工资率压缩
Pay-for-Performance Standard绩效工资标准
Piecework 计件工作
Point System 点体系
Real Wages实际工资
Red Circle Rates红点比率
Wage and Salary Survey 薪资调查
Wage Curve工资曲线
Work Valuation工作评估

HRM 实训

为什么我的薪酬这么少？

经常有人会问这个问题："为什么干同样的活，他挣得比我多？"答案基于你对本章讨论的薪酬组合的理解。我们不赞成某个人说的干同样的工作有人拿的多，有人拿的少的想法，内外部因素都会影响公司对某一工作或特定的人的最终支付水平。然而，有时候，我们可以通过获得额外的工作经验或资历，或在工作知识或技能方面有所精进来提高我们的工资。

作业

下面给出了2010—2011年度《职业前景手册》中列出的年度工资的中位数。研究这些职业的工资支付水平并回答后面三个问题，分析为什么会存在工资差别。将这些原因与教材中所讨论的薪酬组合的内外部因素联系起来。

职业	年薪中位数（美元）
空乘服务员	40 010
图书馆管理员	53 710
建筑工人	29 150
计算机系统分析员	77 080
警察	53 210
重型卡车司机	37 730
律师	113 240

1. 造成不同职业薪酬的巨大差异的因素有哪些？
2. 造成同一企业的相同职位的薪酬差异的因素有哪些？
3. 影响不同企业相同职位的薪酬差异的因素有哪些？

你可以独自或者以小组的方式完成此基础技能的训练。《职业观察手册》是由美国劳工部公布的，你可以从其网站（http：//www.bls.gov）找到相关内容。

讨论题

1.Tomax公司拥有400名员工，希望开发一个能够适应动态多变的商业环境的薪酬策略。公司希望雇用到能适应竞争加剧的商业环境的高质量员工。请设计与Tomax公司的商业目标相吻合的不同的薪酬方案。

2.由于员工的工作绩效方面会有所不同，基于员工对组织的相对价值来确定每个员工的工资水平是否可行？请解释说明。

3.描述进行薪资调查的基本步骤，应考虑哪些因素？

反对按一定百分比加薪的原因之一是那些努力实现收支平衡的低薪员工得到的加薪少，高薪员工得到的加薪多。你认为这种说法正确吗？请阐释理由。

4.什么是薪酬计分卡？它是如何将企业的战略与薪酬体系保持一致的？

案例学习1　Performance运动公司的薪酬决策

Katie Perkins在罗克福德州立大学时的职业目标是获得小企业管理学位，毕业后开办自己的公司。她的终极愿望是把自己对体育的爱好和对营销的兴趣结合起来，创立一家专门为高尔夫初学者提供邮购服务的设备公司。

在制定了战略规划，并从中小企业管理处贷款75 000美元后，Performance运动公司正式开业了。根据市场计划，企业重视速递、无差别客户服务以及较大价格折扣，Performance公司成长得非常快。目前，企业雇员16名，8名客户服务代表每人的收入为11.25美元/小时到13.50美元/小时，4名装卸和接收助理每人的收入为8.5美元/小时到9.5美元/小时，2名办事员每人的收入为8.25美元/小时，一名经理助理的收入为15.25美元/小时，一名总经理的收入为16.75美元/小时。经理和经理助理以前都是客户代表。

Perkins试图设立一个新的管理岗位——采购代理来处理从众多设备生产商购买高尔夫设备的复杂业务。同时，邮购目录应当扩展到完备的网球设备。由于采购代理的职位是新职位，Perkins不知道应当提供多少薪水。她希望聘用一个有5～8年运动设备购买经验的人。

在参加一个在内华达州的拉斯维加斯举办的设备生产商大会时，Perkins了解到自己的竞争对手East Valley运动公司是在客户代表绩效的基础上为其提供加薪。受其触动，Perkins要求经理助理George Balkin调查这种薪酬战略的利弊。这个要求是十分必要的，因为上周有两名客户服务代表对自己的工资不满，抱怨说他们感到与其为企业创造的销售收入相比，他们的工资水平太低了。

思考题

1.Perkins和Balkin在为采购代理职位设定工资时应当考虑哪些因素？他们可以利用哪些资源来帮助确定这个职位的薪酬？

2.为Performance运动公司提供有关基于绩效的薪酬策略的优势和劣势的建议。

3.为客户服务代表设计一个新的付酬计划，提出自己的意见。

案例学习2 一个In-N-Out薪酬战略：Costa Vida公司决定提高工资

在当今很多企业勒紧裤腰带的时期，工资决策必须战略性地确保员工被公平对待且能保证有效地留住员工。这要求了解你的竞争对手支付给员工的工资情况，并知晓你自己的工资预算，但知道你的竞争对手的工资情况既有价值也很痛苦。

作为Costa Vida——一家快速成长的新开办的墨西哥连锁餐厅第一大股东和前CEO，Nathan Gardner知道在薪酬体系方面他和一些连锁餐厅存在竞争。Costa Vida是一家新开的餐厅，以烧烤为主，每天都有新做的来自巴扎灵感的食物。到墨西哥巴扎海岸的Cabo San Lucas旅行之后，Costa Vida创始人JD和Sarah Gardner被此地风景激发了一个灵感：把当地的新鲜的美食与充满活力的生活方式带到美国。2001年他们创立了第一家餐厅，13年之后Costa Vida发展到50多家店，遍布亚利桑那州、加利福尼亚州、科罗拉多州、爱达荷州、新墨西哥州、密苏里州、俄克拉荷马州、得克萨斯州、华盛顿州、犹他州，而且于2013年在加拿大开办了两个店。Costa Vida面临的一个重要挑战是客户和员工的激烈竞争。"你会惊讶于在企业的各领域有好的员工会有多么大的差别，" Nathan评论说。

"对于快速休闲食品产业来说，" Nathan评论说，"你依赖于你的员工。如果你对员工不好，你将没有生意可做。"几个月以来，Nathan苦苦思索如何才能制订有竞争力的薪酬计划，以与组织的目标相匹配，他感到与各个独立拥有特许经营权的连锁餐厅的紧张预算有紧密关系。他说："我们当然会向各个特许经营业主公布最终的薪酬决定，我们确实能教育和说服我们的特许人要有竞争力和公平性。从长期来看，这也是他们维持超一流的顾客满意度的密诀。"

Nathan指出，In-N-Out 汉堡是一个强有力的标杆。In-N-Out起家于加利福尼亚州，以其优厚的薪酬而闻名。他们新入职的员工每小时起薪最低10美元。他们还提供灵活的时间表来满足员工就学和其他活动，提供带薪休假、免费工作餐以及401K退休计划。他们为全职员工提供医疗、牙科、视力、生活和旅行保险。他们支付高薪的理由是基于低离职率和更忠诚的员工将提供更好的服务。"In-N-Out员工确实是了不起的，" Nathan评论说。"我们经常看到员工从一家快餐连锁店跳到另一家店，但我们很少看到有人从In-N-Out离开。"

Nathan面临一个艰难的挑战：说服他的特许经营业主和经理人更多地从战略上考虑

他们的工资体系。他有必要帮助他们认识到，提供比竞争对手更好的工资和其他薪酬福利，虽然从眼前来看边际利润低一些，但是从长远来看会有更多的回报。他也有必要提供证据来表明这不是公平不公平的问题，而是战略上的考虑。餐厅生意是一个快速休闲食品行业，一直有公司在进出这个行业。对Costa Vida来说，从长远考虑应该何去何从呢？

思考题

1. 工资外部公平为什么很重要？

2. 公资内部公平为什么很重要？

3. Costa Vida的薪酬战略看起来怎么样？提示：公司的目标是什么？员工工资如何支付才能达到这些目标？

4. 薪酬结构应该是什么样的？你推荐什么样的薪酬组合？

5. Nathan应该如何向他的特许经营业主和经理人解释这个新的薪酬战略呢？

6. 支付更高的工资从短期来看会对Costa Vida有什么影响？从长期来看会有什么影响？请解释。

Source：Adapted from Kevin Ford，"Competencies in the Real World：Performance Management for the Relationally Healthy Organization，" Compensation and Benefits Review 33，no. 4 （July–August 2001）：25–33.

第10章

绩效工资：激励性报酬

学习目标

通过本章的学习，你应该能够：

目标1　实施战略激励方案。

目标2　洞察什么时候以及什么类型的个人激励是恰当的。

目标3　在Scanlon计划和通过分享提高生产率计划的收入分成体系下，分别如何与员工分享收益。

目标4　区分利润分享计划并解释个人与小组激励体系的优缺点各是什么。

目标5　了解如何针对专业人员和行政人员运用不同的激励体系。

2008年的金融危机极大地改变了绩效工资的前景。现在公司更倾向于将薪酬与绩效紧密地联系起来。[1]无论你是在华尔街令人瞩目的大银行还是在威斯康星州勒紧裤腰带的小商店，你都想让你的钱包鼓起来。对许多人来说，这意味着员工个人的利益与公司的利益一致。最好的一个方法是根据绩效来支付员工报酬，但这可不是一个小任务。这个过程包括：（1）基于组织目标选择恰当的激励计划；（2）设立绩效措施；（3）管理这些激励计划似乎有点令人畏惧——如果执行得不好，就会发生很多错误。

有个公司执行得很好，那就是Lincoln电子公司（www.lincolnelectric.com），这是一家领先的焊接产品制造商。Lincoln电子公司位于俄亥俄州克利夫兰市，它实行绩效工资作为战略的重要组成部分已经有178年了。Lincoln的工资战略是慷慨地奖励员工的高生产率、高质量、成本降低理念以及对公司的贡献。年末奖金有时是员工平时工资的两倍。平时工资基于整体的生产水平。大体上绩效工资体系包含三个主要部分：

第一，基于你所生产的焊接产品数量的工资。你生产的件数越多，你得到的工资越多。第二，基于你生产的产品质量、成本降低的理念以及对公司的贡献的工资。这在每年年末以奖金的形式进行评估和兑现。第三，基于公司的整体运营状况的工资。通过这种方法，你可以分享公司创造的利润。[2]

在本章中，我们将讨论他们想到达到的目标的激励计划，以及可能会影响其成功的各种因素。因为许多组织已针对不同的员工及其绩效实施了宽幅的激励方案，出于讨论的需要，

① "Tech Industry Hiring on the Rise; CFO Compensation to Increase, but Tied More Closely to Performance." *Worldat-Work* (March 2, 2011), http://www.worldatwork.org/waw/adimComment? &id=48817&printable.

② Frank Koller, Spark: How Old-Fashioned Values Drive a Twenty-First Century Corporation: Lessons from Lincoln Electric's Unique Guaranteed Employment Program (Perseus Books Group, 2010).

我们把激励计划分组，分成三大类：个人激励计划、团队激励计划以及企业激励计划，如图表10-1所示。[1]本章结尾我们也讨论了一些针对专业雇员和高管人员的特殊激励计划。

图表10-1 激励计划的种类

个人激励计划	团队激励计划	企业激励计划
计件工作	团队报酬	利润分享计划
标准小时计划	Scanlon计划	股票期权计划
奖金红利	通过分享提高生产率计划	员工持股计划
绩效工资		
总额绩效工资		
奖励		
销售激励计划		
专业员工激励计划		

10.1 激励计划的战略动因

战略性薪资管理的一个主要元素是使用激励计划——也称为可变薪酬（variable pay）计划。可变薪酬计划包括奖金、激励以及对卓越工作的认可。可变薪酬比固定工资有更大的灵活性（工资、小时工资），可变工资在固定成本的基础上，在经营条件允许的条件下灵活支付给员工或多或少或不变的工资。[2]更多的人力资源经理人视可变工资为战略性计划，因为它使组织将员工的兴趣和成果与组织的保持一致。

然而，人力资源经理似乎忘记了可变工资的另一项战略意义：可以用来在组织内部行使公平和公道。结果，可变工资不仅激励员工做组织所希望其做的，也确保员工感受到组织是公平的，并对他们个人的贡献做出了回应。

例如，有人说“好心没好报”。对于做出了有价值的贡献的员工来说，有时就是如此。James Oldroyd和Shad Morris两位教授指出，那些具有“高潜力”的人相比表现平平的同事更可能在激情殆尽之后离开组织。原因就是其认为工资制度不公平。许多高绩效的员工感觉由于他们的高绩效而被要求做更多的工作，任务如泰山压顶，却没有额外的工资。结果，如果没有附有额外的工资，挑战就变成了鞭打快牛。[3]

---

① Patricia K. Zingheim and Jay R. Schuster, “Designing Pay and Rewards in Professional Service Companies,” *Compensation and Benefits Review* 39, no. 1 (January-February, 2007): 55.

② Kerry Chou, “Hedge Your Bets with Variable Pay,” *WorldatWork* (2011), http://www.worldatwork.org/adimComment? id=48615.

③ James Oldroyd and Shad Morris, “Catching Falling Stars: A Human Resource Response to Social Capital's Detrimental Effect of Information Overload on Star Employees,” *Academy of Management Review* (July 2012): 396-418.

困难时期公司所面临的难题之一就是要求员工勒紧裤腰带，而高绩效者知道他们的市场价值，并希望获得回报。此外，绩效不太高但工作更为努力（看起来更快乐）的员工也值得奖励。[①]通过确保经理人区分员工的绩效，并给予适当的奖励，壳牌公司经过大量的努力，证明了其绩效计划的公平和公正。总体来说，员工认为，高绩效者期望得到更高水平的薪酬。实际上，员工绩效越好，他们所关心的基于绩效的激励回报应该越多。[②]

激励报酬完全以绩效奖金为基础（参见第9章）。激励薪酬建立了一种绩效“门槛”（基础绩效水平），员工或者是团队只有达到这个“门槛”才有资格加入激励薪酬计划。一位薪酬经理指出：“绩效门槛是员工所具备的想要取得可变薪酬资格的最低水平。”此外，激励计划强调通过为组织内全体员工扩展更多的激励机会来分享组织的目标。激励计划创造了一种相信每个人都有助于组织的绩效成功的互利互信的运作环境。

10.1.1　与组织目标相联系的激励计划

近年来，激励计划讨论的焦点主要集中于将个人和团队的薪酬与组织的目标联系起来。明确的组织目标可以降低劳动力成本，提高顾客满意度，扩展产品市场，维持较高的生产率和较好的产品质量等，从而改善在全球经济环境下美国产品和服务的市场地位。通过将薪酬与组织目标相联系，管理者相信员工将会承担工作的“所有权”，继而提高工作的能力和工作绩效。制订激励计划可以激励员工更加努力地完成他们的工作任务——尽管这种努力在计时和（或）以年资为基础的报酬体系中不能体现出来。作为吸引和留住高绩效水平员工的薪酬计划，激励报酬计划是具有很高价值的。[③]图表10-2总结了研究人员及人力资源专家指出的激励报酬计划的主要优势。

图表10-2　**激励报酬计划的优势**

- 激励计划集中了员工在特定绩效目标方面的努力，能够提供真正的激励来发掘重要的员工并带来组织收益
- 激励性支出是与结果紧密联系的可变成本。基本工资是与产出无关的固定成本
- 激励薪酬与运作绩效直接相关，如果达到了绩效目标（数量和（或）质量），就会得到激励报酬；相反，如果没有达到目标，就不会得到激励报酬
- 当对个人的激励是以团队工作结果为基础时，激励会增强团队的凝聚力
- 激励是对雇员为实现成功付出努力的一种分享方式
- 当薪水预算很低时，激励是回报或吸引高绩效员工的工具

激励计划有用吗？回答是双方面的。与单个的组织一样，很多研究表明激励计划与提

---

① Jean Martin and Conrad Schmidt, “How to Keep Your Top Talent,” *Harvard Business Review* (May 2010): 54-61.

② Anthony Nyberg, “Retaining Your High Performers: Moderators of the Performance—Job Satisfaction—Voluntary Turnover Relationship,” *Journal of Applied Psychology* 95, no. 3: 440-453.

③ John A. Menefee and Ryan O. Murphy, “Rewarding and Retaining the Best,” *Benefits Quarterly* 20, no. 3 (Third Quarter 2004): 13-21; Anthony Nyberg, “Retaining Your High Performers: Moderators of the Performance-Job Satisfaction-Voluntary Turnover Relationship,” *Journal of Applied Psychology* 95, no. 3 (2010): 440-453.

高组织绩效有明显的相关关系。[①]然而，激励计划取得成功的程度取决于以下两个因素：通过衡量员工的工作绩效来确定组织衡量的标尺；制订的激励计划可以有效地衡量员工的产出并对员工出色的表现予以奖励。[②]例如，在得克萨斯州立大学M.D.Anderson抗癌治疗中心，医护人员能否有资格得到10%的加薪取决于他们能否达到或者超出医院重要绩效的期望值。更重要的是，一项评价医院激励薪酬方案的调查显示，员工的反应显示了医院的目标与员工薪酬和工作绩效之间的高度相关性。[③]在AFLAC Insurance，实现销售业绩的员工将会通过公司的网站和内部期刊得到有重要意义的红利、奖品和公司嘉奖。[④]由于这些实践，AFLAC连续被《财富》杂志评为百佳公司之一。[⑤]

不幸的是，研究也表明可变薪酬计划也可能无法实现组织预期的目标或者无法促使组织发展。首先，激励计划有时不能满足员工对于薪资的需求。其次，管理层不能对激励计划的制订和实施给予充分的重视，导致员工对于激励方案的实施感到困惑。再次，员工没有能力影响绩效的标准。最后，激励计划的成功依赖于组织内部的环境，士气高昂的激励计划，在员工能得到公平的待遇、员工与管理者关系和谐的组织中更可能实现。[⑥]

10.1.2 成功激励计划的要求

激励计划要想取得成功，员工必须信任这个计划。这种信任在一定程度上会受到管理层如何引入激励计划并使员工确信激励计划的好处的影响，鼓励员工参与计划的制订和管理，可以增加员工接受激励计划的可能性。

员工必须清楚地了解到激励计划与其工作绩效的联系，如果员工可以通过客观的质量或者数量标准来衡量他们的工作绩效，那么这种联系是显而易见的。员工对于达到这些标准的承诺对于激励计划的成功也是十分必要的。这就需要员工和管理者之间的相互理解和信任，只有通过公开、双渠道的沟通才能够实现。管理者不应该允许将激励报酬看作一种应得的权利，相反，应该将这种报酬看作必须通过努力工作才能得到的回报。如果激励工资通过另外单独的支票发给员工，这种概念将得到强化。研究薪资报酬方面的专家Joanne Sammer指出，成功的激励计划具有如下特点：[⑦]

---

① Enno Siemsen, Sridhar Balasubramanian, and Aleda V.Roth, "Incentives That Induce Task-Related Effort, Helping, and Knowledge Sharing in Workgroups," *Management Science* 53, no. 10 (October 2007): 1533.

② Ann Bares, "Incentive Plan Design Begins with Good Questions," *Workforce Management* (October 2008); Fay Hansen, "Control and Customization," *Workforce Management* 86, no. 19 (November 5, 2007): 42, http://www.workforce.com/articles/14112; Luis R. Gomez-Mejia, Pascual Berrone, and Monica Franco-Santos, *Compensation and Organizational Performance: Theory, Research and Practice* (Armonk, NY: M. E. Sharpe Publishing, 2010).

③ Avery Comarow, "US News Best Hospitals 2013–2014," *US News and World Report* (Accessed May 24, 2014); Corey Helm, Courtney L. Holladay, Frank R. Tortorella, and Christine Candio, "The Performance Management System: Applying and Evaluating a Pay-for-Performance Initiative," *Journal of Healthcare Management* 52, no. 1 (January–February 2007): 49, http://health.usnews.com/best-hospitals/rankings/cancer.

④ Leo Jakobson, "All It's Quacked Up To Be," *Incentive* 181, no. 9 (September 2007): 24.

⑤ Leo Jakobson, "All It's Quacked Up To Be," *Incentive* 181, no. 9 (September 2007): 24.

⑥ M. Franco-Santos, "Performance Measurement Issues, Incentive Application and Globalization," in L. R. Gomez-Mejia and S. Werner (eds.), *Global Compensation: Foundations and Perspectives* (London: Routledge, 2008), 41–56.

⑦ Joanne Sammer, "Weighing Pay Incentives," *HR Magazine* 52, no. 6 (June 2007): 64.

（1）确定重要的组织衡量标准来激励员工的行为。

（2）员工参与。激励方案从员工的角度看是公平的。

（3）制定恰当的薪酬计算公式。薪酬计算公式应该是简单易懂的。

（4）建立绩效和薪酬之间明确的联系。

此外，管理最佳的激励报酬计划要求清楚、明确，并且不断地与员工进行沟通，这在经济繁荣或者萧条时都是适用的。薪酬顾问Roisin Woolnough指出："相互交流你在做什么，并且指出这么做对取得成功的重要性。每个人都必须明确目标是什么，并且知道达到目标将有什么样的回报。"[①]有前瞻性的组织发现，不断地评估可变薪酬方案的实施和管理是必要的。

10.2　制定绩效衡量指标

正如我们在第7章"评估和管理绩效"中讨论的，在员工中衡量和区分绩效是管理者面临的一项最艰巨的任务，尤其需要把评估用于分配奖金的时候。[②]你需要区分贡献是属于个人还是属于团队的。你要避免基于个人好恶、不同个性以及政治立场的偏见制订计划。在团队层面，你要区分一个团队相比另一个团队贡献的大小，即使他们所做的工作是高度相互依赖的。[③]总而言之，衡量个人、团队以及公司层面的贡献是极为复杂的。使员工感到他们被不公平对待的衡量方式会导致严重的问题。应该采取的和不该采取的激励绩效措施详见图表10-3。

图表10-3　**应该采取的和不该采取的激励绩效措施**

	个人工资	团队工资	企业工资
应该采取的	• 以可量化的、简单的方法进行绩效评估 • 独立于他人的贡献进行绩效评估 • 衡量工作与绩效之间的关系的方法	• 评价时考虑工作是团队相互依赖完成的 • 衡量工作与绩效之间的关系的方法	• 绩效评估时考虑工作是组织相互依赖完成的 • 衡量员工所能控制的结果 • 衡量工作与绩效之间的关系的方法
不该采取的	• 基于个人好恶进行绩效评估 • 基于个性进行绩效评估 • 基于政治偏好 • 没有考虑同事的贡献就进行评价	• 没有考虑其他团队的贡献 • 除非团队有一种评估机制管教自己团队的"懒虫"，否则就进行绩效评估	• 除非员工能看到他们的工作实际上对企业的贡献如何，否则就进行绩效评估 • 没有考虑环境的影响（如经济下滑）

① Roisin Woolnough, "How to Set Up an Incentive Scheme," *Personnel Today* (February 14, 2005): 22.

② M. Franco-Santos. "Performance measurement issues, incentive application and globalization," in L. R. Gomez-Mejia and S. Werner (eds.), *Global compensation: Foundations and Perspectives* (London: Routledge, 2008), 41-56.

③ J. M Welbourne and L. R. Gomez-Mejia, "Team-based Incentives," in L. A. Berger and D. R. Berger (eds.), *The Compensation Handbook: A State of the Art Guide to Compensation Strategy and Design* (New York: McGraw-Hill, 2008).

激励计划的问题往往可以追溯到绩效指标。[①]因此，量化的、简单的、能清楚体现所需提高的绩效之间关系的绩效指标是最好的；过于量化的、复杂的绩效指标应该避免。同时，选择绩效衡量方法时，需要评估涉入其中的员工对这些绩效指标的影响程度。最后，必须警惕"棘轮效应"的绩效目标——不断尝试超越以前的结果。这将最终导致员工灰心丧气，并怀疑这个标准无法达到，从而对管理层不信任，继而会强烈抵制整个激励方案。

然而，如果做得好，这种绩效指标能与已确立的组织目标的重要性联系起来。例如，如果组织想成为质量方面的领导者，那么绩效指标应该关注顾客满意度、及时生产或者是零差错率。如果将低价格生产商作为目标，那么就应该强调低成本或者在可接受的质量水平基础上提高生产率。绩效选择的多样性也是可变的，大多集中于质量、成本控制或者是生产率。聚焦HRM 1提供了建立和维持一个有效的绩效指标方案的5种指南。

聚焦HRM 1

设定绩效指标的关键

无论是大规模的组织还是小规模的组织都建立了绩效指标来提高组织运营的成功性，同时也对员工出色的工作绩效予以褒奖。如今管理层所面临的一项重要且艰巨的挑战就是如何建立一个有效的绩效指标方案。管理层确定绩效指标之前应该考虑如下几个原则：

（1）组织各个层面上的绩效指标必须与组织的目标紧密相连。一定要避免无关的指标，还要避免衡量的标准与组织所从事的商业活动或者是员工的工作无关。

（2）明确绩效指标并且加以广泛宣传。事实证明，绩效指标是一种好的管理方法，可以留住是企业成功的那些经理人员和员工。

（3）员工参与。制订任何绩效指标方案的关键步骤就是形成员工参与战略，员工参与战略包括员工参与、执行的性质以及绩效计划的管理。以工作性质和潜在的影响进行工作分工，还要考虑到哪些衡量标准需要顾客参与其中。一旦员工参与到整个过程中，他们会更加愿意接受绩效指标方案。

（4）制定绩效指标时要考虑到企业文化和员工的统计资料。与灵活度较高、控制性较低的扁平型组织结构相比，拥有传统等级结构的组织需要花费更长的时间来引进绩效衡量指标。

（5）广泛沟通和传播绩效指标的重要性。与员工沟通他们应该达到的绩效水平及为什么组织需要达到这些标准时，提供绩效信息是最主要的方法和指导性原则。

10.3 管理激励计划

尽管基于生产率的激励计划可以降低直接劳动力成本，但是实现其全部的有益之处必须进行严谨的思考、执行和维持激励计划。一个重要的原则是：周密的计划必须与

---

① Jim McCoy, "How to Align Employee Performance with Business Strategy," *Workforce Management* 86, no. 12 (June 27, 2007): 55.

“谨慎前进”相联系（更多信息详见小企业应用专栏“管理小企业激励计划”）。薪酬经理反复强调一系列与激励计划的有效管理有关的观点，以下三个重要观点得到了一致的认同：

（1）只有当经理愿意为个人、团队或者组织的绩效提供不同的激励时，激励机制才会有效使得激励薪酬从激励的动机性目的转变成薪酬的保障。激励薪酬计划的首要目的不是在所有情况下都能取得成功，而是绩效的提高。因此，如果激励计划想要取得成功，就不能奖励差的绩效。

（2）有足够多的年度薪酬预算来奖励优秀绩效。如果薪酬预算是用来保证工资的增加不会超过一定的限制（通常是按照工资或者是销售总额的比例来设定），这些限制会影响对出色的个人或团体绩效的奖励。

（3）确定与激励计划的实施和管理有关的管理费用。这其中包括建立绩效标准的成本以及记录增加的成本。与员工沟通激励计划，回答任何疑问，以及解决任何与此计划相关的抱怨的时间也要包括在这些成本中。

小企业应用

管理小企业激励计划

有些激励措施在小企业运行得很好。例如，如果达到目标，就会有年度奖励计划，包括期权或会员权益期权以及有限的所有权。这种奖励计划是一把双刃剑。它提供了一个很好的方式来调整员工与所有者的利益，但管理它们可能相当费时，并有可能导致不公平的感觉。许多小企业不实行绩效工资计划，是因为它们觉得这个计划过于复杂，而且可能弊大于利。

尽管激励机制的这个潜在缺点在小企业是个大问题，但是其潜在的利益却值得冒这个风险。关键是理解这些风险并管理之。下面列出了小企业所能做的有助于管理激励计划的一些事情：

1．使激励计划简单化。对员工来说越容易了解他们是如何被奖励的，他们越买激励机制的账。

2．把这个计划当作一个持续改进的过程。小企业主需要向员工公开计划，通过交流，向他们解释计划的目的是尽力以公平和平等的方式奖励员工。持续改善计划的关键是听取反馈意见。

3．围绕平均绩效构成设置最低要求。员工需要知道只有在其超过一般的期望之后才能得到额外的奖励。第一，这可以确保员工不用太关注于维持基础工资。第二，它表明一般绩效所带来的利润仅仅能维持公司的运营。第三，这也表明高绩效有高回报，如果你为公司做得够好，就会给自己带来好处。

4．决定什么时候给员工提供奖励。你的激励与绩效联系得越紧密，你就会越多地保持这种行为。

5．独立于员工常规的工资。当员工们看到他们实际上获得了一些基于绩效的额外的东西，他们就会区分出仅仅做做样子的工作和做出实际贡献的工作。这对于确保让组织中的其他人知道这些奖金也很重要，既奖励员工所做的工作也奖励行为本身。

6．完善你的措施，确保员工很愉快地接受它们。确保激励计划成功的关键是与员工沟通，不要只实施了一个月，就废弃它们。

10.4 个人激励计划

“灵活性”描述了个人激励计划的设计。[①]例如，科学技术水平、工作任务和职责，或者是组织的目标（如作为低成本生产商）都会对组织的激励报酬方案的选择产生影响。激励性报酬可能由产量、某个特定绩效目标的实现或者整个组织内部生产率的提高来决定。另外，激烈竞争的行业，如食品业和零售业，较低的盈利率将会影响用于激励性支出的现金量。这些影响说明传统和企业的宗旨以及经济和科学技术都会影响个人激励计划。

10.4.1 计件工资制

最古老的激励计划之一是基于计件工作的。在直接计件工资制[②]中，员工根据其生产的每一单位产品获得一定比率的工资。员工的收入取决于其在一个薪酬期内生产产品的总量。以办公设备制造商Steelcase为例，员工通常能够通过他们切割金属或者组装椅子的计件工资制获得比他们基本工资高出35%的工资。在差额计件工资制（differential piece rate）[③]中，产量超过一定标准的员工会得到比没有达到此标准的员工更高的工资率。

雇主在薪酬战略中引入计件工资制有多方面的原因。首先，采用计件工资使每个员工的工资便于计算，因为每单位产出的成本均相同，企业可以准确预测其劳动力成本。其次，计件工资制仅适用于产量可以计算、产品质量居于次要地位、工作标准化程度高以及产量可以维持的情况。

1.计算计件工资

尽管时间标准说明了完成一定数量工作所需要的时间，但是标准本身不能决定激励工资是多少。激励工资必须以小时工资为基础，而小时工资也是由工作的类型决定的。例如，一项每小时支付12.75美元的工作，生产单位产品的标准时间是12分钟，那么计件工资是2.55美元，计算过程如下：

60（每小时分钟数）÷12（单位产品的标准时间）=5（单位/小时）

12.75（小时工资）÷5（单位/小时）=2.55（美元）

2.计件工资的缺点

尽管计件工资有包括直接与绩效工资相联系的种种优点，但同时也存在一系列的降低其应用性的缺点。与其他基于个人努力的激励计划一样，计件工资的一个重要的缺点也是不能总是有效的。如果员工认为他们产量的增加会引起其他员工的不满（通常指“生产率促进者”），他们就会避免尽最大的努力工作，因为他们认为同事的满意比赚取更多的工资更加重要。另外，工作中个人的贡献是难以区分和衡量的，或者是工作中多采用机械化生产，或者员工不能控制产量等均不适合采用计件工资。总之，计件工资在以下几种情况下可能不适用：

---

① George T. Milkovich and Jerry M. Newman, *Compensation*, 10th ed. (Boston: McGraw Hill Irwin, 2010).

② 直接计件工资制：员工生产每单位产量得到一定工资的激励计划。

③ 差额计件工资制：产量超过一定标准的员工会得到比没有达到此标准的员工更高的工资率的激励计划。

（1）产品的质量重于数量。

（2）技术更新快。

（3）作为计件工资基础的生产率标准很难提高。

更重要的是，计件工资制可能会与促进员工相互合作、提高创造能力和培养问题解决能力等组织文化发生冲突，因为这种组织文化会占用员工个人的时间，影响个人生产率，最终影响个人的激励报酬。

10.4.2 标准小时计划[①]

另一个比较常见的激励方式是标准小时计划，它是以事先设定完成一项工作的“标准时间”为基础来设定激励薪酬率。如果员工在预定时间内完成工作，他们的薪酬仍旧是完成这项工作的标准时间乘以小时工资率。标准小时计划在汽车代理商的技术支持部门应用比较广泛。例如，如果在卡车上安装发动引擎的标准时间是5个小时，工程师用了4.5个小时完成这一工作，那么他所得到的工资就是小时工资率乘以5个小时。标准小时计划特别适合周期长、没有重复性且需要多样化技能的工作和任务。然而，若想通过标准小时计划激励员工生产更多的产品，雇主必须保证设备的维护和产品的质量不会受到员工努力通过更快地工作来赚取额外收入的影响。

10.4.3 奖金红利

奖金红利[②]是一种给予员工的超过他们正常基本工资的激励报酬。奖金红利通常在年终发给员工，并且不会成为基本工资的一部分。奖金的优点在于对员工的努力工作给予更高的报酬，而同时员工仍然有基本工资作为生活保障。奖金红利在管理层和行政人员中比较常见，但是最近的趋势显示越来越多的奖金奖励面向整个组织的员工。[③]例如，非营利组织RAND的一项研究表明，美国国防部现金奖金在不断增加，在籍军人个人奖金收入增长了大约20%。[④]奖金增长既为美国国防部节省了钱，也有助于战胜频繁调度和长期部署有不利影响的看法。

奖金对提高未来绩效是一个有力的工具。例如，如果工资和绩效之间的联系已清晰地建立起来，奖金就成为提高未来绩效的一个最有影响力的工具。例如，一项有关奖金与实际工资增长的研究表明，通过绩效加薪来提高一个人的工资，每增长1%，未来绩效会增长2%。然而，同样的钱如果用于工资-绩效奖金，一个员工的绩效将增长15%。实际上，用奖金来强有力地把工资-绩效挂勾，会显著提高员工生产率。[⑤]

基于谁将会受到奖金红利的影响，激励薪酬将会以成本的降低、质量的提高或者是组织绩效标准的建立为基础来确定。例如，在管理层，绩效标准可能包括收益的增加或者是

---

① 标准小时计划：是一种以预先设定完成一项工作所需时间为基础的激励计划。

② 奖金红利：一种对基本工资有补充性作用的激励薪酬。

③ Patty Kujawa, “Private Firms Recognize Value of Cash Bonuses,” *Workforce Management* 86, no. 21 (December 10, 2007): 11.

④ Beth J. Asch, Paul Heaton, James Hosek, Francisco Martorell, Curtis Simon, and John T. Warner, *Cash Incentives and Military Enlistment, Attrition, and Reenlistment* (Santa Monica, CA: Rand Corporation, 2010).

⑤ Michael C. Sturman, “Using Your Pay System to Improve Employees' Performance: How You Pay Makes a Difference,” *Cornell Hospitality Report* 6, no. 13 (2006): 4-20.

企业特定的一致同意的目标。

奖励一些特殊员工的贡献时会用到现场奖金[1]。顾名思义，现场奖金是现场给的，一般会奖励给那些与建立的绩效标准没有直接关系的员工。例如，一位客户服务代表会因为花了很长时间完成一笔大的订单而受到现金奖励。作为保留和激励员工的工具，现场奖金受到了推崇，特别是在公司时务紧张时期。Watson Wyatt Worldwide公司的薪酬专家Lauren Sejen指出："我认为现场奖励是未被充分利用的报酬形式之一，员工会对这种奖励形式有很好的反应，并且这些计划是很有意义的。"[2]

10.4.4 绩效工资

绩效工资计划（绩效加薪）将员工的基本工资与怎样成功地完成一项工作的绩效联系起来。与奖金不同的是，绩效加薪一旦确定，就成为员工基本工资的一部分。绩效加薪通常以员工完成某项目标的绩效标准为基础发放给员工（尽管管理人员对于下属工作绩效的主观判断在绩效加薪时起到很重要的作用）。如果员工认识到自己得到的绩效加薪与所需要达到的绩效水平密切相关，那么绩效加薪就可以起到激励作用。

除了行为科学研究以外，激励理论也为绩效工资计划和其他的绩效工资计划提供了有力的证明。然而，研究表明，作为薪酬激励，绩效加薪在7%～9%的范围内是必要的。员工更能接受较低的工资数额比例，但是低工资的增长可能无法促使员工为了企业的目标努力工作。因此，低工资预算（参见第9章）以及想要奖励高绩效员工的企业会把工资预算分给这些个人。有意义的绩效加薪计划会在吸引高绩效员工的同时向低绩效员工发出警示。战略性的薪资计划要严格区分出色的工作绩效和一般的工作绩效。此外，以工作绩效为基础的加薪应该与基本生活成本或者是其他总体加薪区别开来。

绩效加薪的问题

绩效加薪并不总能完成预期目标。与奖金不同，即使在绩效已经下降的情况下，绩效加薪仍旧会年复一年地维持下去。一旦这种情况发生，员工希望可以加薪，并将薪水当作权利，而与其工作绩效无关。此外，通常所说的绩效加薪最终会被证明是在年薪或是个人喜好基础上的加薪。管理者对于下级带有偏见的评估对绩效加薪有重要的影响。虽然能否加薪是由员工的工作绩效决定的，但是通货膨胀或者是很高的收入所得税也会抵消员工的收入。薪酬专家指出，绩效工资计划的问题主要体现在：

（1）能够用于绩效加薪的钱可能无法满足提高所有员工基本工资的要求。

（2）在确定和衡量绩效时，经理人员没有绩效指导方针[3]，这会使绩效奖励的标准变得模糊。

（3）员工不相信工资是与他们的努力和工作绩效相联系的，他们也不能将绩效工资计划与其他类型的工资增长区别开来。

（4）员工和经理人员对影响工作成功的因素持不同的看法，绩效激励计划会使员工有工资不公平的感觉。

---

① 现场奖金：一种与已经确立的绩效指标无关的，对员工的努力工作进行褒奖的非计划性奖金。

② Chris Taylor, "On-the-Spot Incentives," *HR Magazine* 49, no. 5 (May 2004): 80–84.

③ 绩效指导方针：是一种与组织绩效目标相联系的奖励绩效加薪的指南。

（5）绩效加薪计划可能会使员工产生工资不公平的感觉。

但是，对于这些问题却没有有效的解决办法，组织通常使用真实、有效的绩效工资计划，这个计划通常以与绩效评估有关的绩效指导原则的工资增加百分比作为基础。例如，超过平均水平3%的话，一定程度的加薪就会与一定的绩效评估相联系。这个比率每年都会发生变化，这主要是由于公司内部和外部不同的关注点导致的，比如消费价格指数预示的利润水平或者是国家的经济状况。为了防止所有的员工都被评为“优秀”或者是超过平均水平，管理人员需要根据事先设定的准则来区分绩效等级（比如，只有前10%的人可以评为“优秀”）。此外，在制定绩效百分比指导方针时，组织应该考虑到个人绩效受到培训、经验以及当前收入等因素的影响。

10.4.5 激励性奖金和认同

激励性奖金和员工认同是员工绩效工资激励计划战略的重要组成部分。2011年的研究发现，43%的员工感到他们受到不多的非货币性奖励和对他们在工作中所做贡献的认同。实际上，1/3（32%）的员工暗示他们下一年要另谋高就。①

许多公司认识到这一趋势，并投入了相当大的努力增加了它们的奖项和表彰程序。40%的公司表示2011年增加了激励和表彰。②例如，诺德斯特龙提供标兵奖和全明星服务奖。标兵奖由销售人员中排名前10%的人获得，他们的净销售额达到或超过了所在部门的年度销售目标。个人在公司年会上被表彰并得到现金奖励、诺德斯特龙库存商品以及这一年更高的商品折扣。销售全明星奖是每月评一次，客户服务全明星奖是每季度评一次，这个奖项是在该公司的表彰大会上提出的，员工的家庭成员获邀参加，获奖者会得到高达33%的商品折扣（从20%起）、100美元现金、特制的带有照片的名片。

奖励是用来表彰生产力的提高、特别贡献或成就，以及为组织服务。最受欢迎的非现金激励计划包括商品、个性化礼物、电影票或者体育赛事入场券、假期、外出就餐、礼品券或者礼品卡以及个性化的服装。带有正能量的信息的有形奖励可以使员工感觉受到重视同时也会重视公司的价值。

研究清晰地表明，奖励与有意义的员工认同方案联系在一起时，非现金奖励是最有效的激励方式。员工认同专家Tyler Gentry指出，非现金激励性奖励的重要性在于“认同和回报与其说是由于某些人的‘出色和超越’性表现而被给予奖励，不如说它使员工认识到自己是有价值的并受到上司欣赏的。认同是使员工知道公司欣赏他们的努力、天赋以及他们对公司的贡献的一个通道”。雇主应该将绩效与奖励谨慎地联系起来并且及时、真诚并以特定的方式给予奖励。一般来说，越是公开的认同，就会产生越有力的效果。③

---

① Donna M. Airoldi, “Two New Studies Show Significant Lack of Workplace Satisfaction and Employee Recognition,” *Incentive* (March 9, 2011), http://www.incentivemag.com/News/Industry/Articles/Two-New-Studies-Show-Significant-Lack-of-Workplace-Satisfaction-and-Employee-Recognition/.

② Leo Jakobson, “Where the Incentives Are,” *Incentive* (March 2011), http://www.incentivemag.com/Incentive-Travel /United-States/Articles/Where-the-Incentives-Are/.

③ Alison Avalos, “Recognition: A Critical Component of the Total Reward Mix,” *Workspan* (July 2007): 33. See also Scott Dow, Tom McMullen, Richard S. Sperling, and Bill Bowbin, “Reward Programs: What Works and What Needs to Be Improved,” *WorldatWork* 16, no. 3 (Third Quarter 2007): 6.

更重要的是，非现金激励奖励计划应该对公司的目标起到支持的作用。O.C.Tanner的客户解决方案主管Greg Boswell指出："雇主应更加战略性地思考激励与员工认同，因为这种激励方案是与公司的目标密切相关的。"①例如，如果公司的目标是提高产品质量，那么员工认同就应该与促进实现质量提高的行为联系起来。另外，如果员工认为奖励是有价值的，那么激励性奖励的效果是最好的。在广告部，合同工可以开老板的玛莎拉蒂。聚焦HRM 2为以在同一年龄段的员工组为基础的非现金激励奖励提供了一些建议。

聚焦 HRM 2

制定非现金激励奖励

薪酬专家指出，成功的非现金激励计划会给员工提供多种可选择的奖励方式——可以吸引不同的员工以及有个性员工。没有什么"万全之策"，吸引年轻员工的奖励方式未必对年龄大的员工有吸引力。一家市场调研公司根据年龄层次给出了认同与奖励的一些特点：

（1）传统一代（64岁及以上）。这些人不会在自己身上花太多的钱。比较有吸引力的奖励方式包括娱乐门票、假期以及高科技产品，他们通常也会喜欢保健方面的福利。

（2）繁荣一代（44～64岁）。个人认同十分重要。这一代人需要有人欣赏他们为工作所做出的贡献，同时如果他们感到自身的价值被低估或者不被认同，就极有可能会换工作。繁荣一代喜欢旅游、奢侈品、保健方面的福利以及个性奖励的激励性奖励。

（3）X一代（28～44岁）。这一代人重视工作与生活相互平衡的生活方式。X一代人喜欢有价值的小发明、高科技产品以及灵活的工作时间和可以自己支配的休假时间。灵活的工作休假日会吸引这些人。

（4）Y一代（17～28岁）。这类员工希望得到直接的绩效反馈。他们进入工作环境，带着他们扮演重要角色的期望，他们将被给予自主权，并有事业上的进步。月员工计划对这些员工很有吸引力。作为直接的绩效认同的奖励，时尚商场的购物卡、礼品券以及电影票会更加有吸引力。

Source：Adapted from Alison Avalos，Recognition：A Critical Component of the Total Reward Mix，Workspan（July 2007）：33.

10.4.6 销售激励计划

大多数销售工作需要热忱和动力，因此需要对销售人员进行非常有效的激励。这个事实与销售的竞争性本质一同解释了对销售人员广泛采用经济激励的原因。这些激励计划会提供一系列的激励，而这些激励将促使员工的相互合作与信任。对于那些不在办公室工作，很难受到监督同时又需要有高度自我约束的员工来讲，激励是十分重要的。

1.销售激励计划独特的要求

由于销售工作的多样化，对于销售人员的激励计划也是相当复杂的。从百货商场电话销售的售货员到McGraw-Edison公司提供咨询和高技术服务的行业销售人员，他们的

① Charlotte Garvey,"Meaningful Tokens of Appreciation," *HR Magazine* 49, no. 9 (August 2004): 102.

工作绩效通常用销售量或者吸引新客户的能力来衡量。其他衡量绩效的指标包括促销新产品或服务的能力，以及为不同类型的顾客提供多种服务的一类不能直接带来销售收入的指标。[①]

由于销售人员的绩效通常受到难以控制的外部因素的影响，因此绩效标准是很难确定的。经济性和季节性的波动、销售的竞争、需求的变化以及销售领域本身的性质都会影响到个人的销售记录。因此，销售量可能就不能成为销售人员努力工作的准确衡量指标。

为销售人员设计激励计划时，管理者通常会遇到诸如怎样奖励员工额外的努力，同时对那些不能直接或者立刻对销售产生作用的行为的补偿之类的问题。另一个问题是销售人员必须有一定的底薪。

2.销售激励计划的类型

销售人员的薪资计划包括直接工资计划、纯佣金计划、工资加佣金计划以及工资加奖金计划。直接工资计划[②]允许员工由于从事不能直接反映其销售量的各项工作而得到工资。这使得销售人员可以有更多的时间为顾客提供服务，在没有影响到自身收入的情况下与客户建立良好的关系。直接工资计划的主要缺陷在于不能激励销售人员尽自己最大的努力使销量最大化。

另外，以销售量的百分比为基础的纯佣金计划[③]使得激励能够最大化，并且便于理解和计算。例如，全部现金报酬可能等于销售总量乘以销售额的百分比（如2%）。在激烈竞争的行业中，纯佣金计划是极具激励性作用的。纯佣金计划允许销售人员提取工资，预先提取的工资要在得到佣金之后立刻返还。

但是，纯佣金计划存在以下缺点：

（1）销售人员将主要推销高价产品。

（2）忽视售后服务。

（3）企业景气和不景气时期员工的收入会有很大的波动，在不景气的时期，培训销售人员的费用会增加。

（4）销售人员会做出价格让步。

销售激励计划应用最广泛的是工资加佣金计划[④]。对于销售人员最普遍的混合支付工资的方式是50%的基本工资加上50%的可变工资。支付佣金的基本工资率应该与组织的目标相适应。

例如，西门子的楼宇技术分部期望它的销售人员在公司任职一定年限时能通过佣金制拿到底薪两倍的工资。实际上，高绩效的销售代理商有时能拿到底薪三倍的工资，使其成为公司的高薪人员。正如一位销售人员所说的："数年后我被视为有很大潜力

---

① Michele Marchetti, "Rethinking Compensation Plans," *Sales and Marketing Management* 159, no. 7 (September 2007): 14.36. Paul R. Dorf and Lisette F. Masur, "The Tough Economy Prompts Companies to Shift Their Approach to Sales Compensation," *Journal of Organizational Excellence* 23, no. 2 (Spring 2004): 35-42.

② 直接工资计划：是一种允许员工因从事不直接反映在销售额中的各种任务而获得工资的工资计划。

③ 纯雇佣金计划：是以销售额的百分比为基础的工资计划。对个人强有力的激励可以使纯雇佣金计划更好地实现销售业绩。

④ 工资加佣金计划：是一种包括直接工资和佣金的报酬计划。

的人。他们希望我能升到管理层。然而，如果我那样的话，我的薪水会降30%，销售部就是赚钱的地方……只要你够优秀。”以下优点说明了工资加佣金被广泛使用的原因：

（1）如果以合适的比例与工资相联系的话，工资加佣金计划是一种合适的激励性报酬，它同时拥有直接工资计划和纯佣金计划的双重优点。

（2）工资加激励报酬计划具有更大的设计灵活性，并且可以帮助公司实现利润最大化。

（3）这个计划可以产生最有利于销售支出的比率。

（4）可以激励销售人员实现除了销售量以外的其他的企业特定的目标。

葛兰素史克制药公司的销售代表的工资是工资加奖金的形式。在工资加奖金计划[①]中，工资的支出以销售人员所完成的一系列目标（如打销售电话、客户服务以及销售质量等）为依据，按照月份、季度或者是年度来支付。

10.5 团队激励计划

对于降低成本和全面质量管理的强调使得很多组织引入了多种多样的团队激励计划。大多数组织单位或者是独立的工作团队都认识到团队激励计划能够使员工共享效率提高的好处。这些计划能够避免利己主义，鼓励员工之间的相互合作，并且根据他们对组织的贡献进行奖励。当工作环境使得个人绩效难以衡量时，这种计划非常有用。

10.5.1 团队报酬

如果团队完成或者超额完成了预先设定的绩效指标，团队激励计划[②]会奖励团队成员。团队激励旨在营造一种促进员工间相互合作并且以完成组织目标为共同愿望的氛围。尽管团队激励计划同样强调以绩效工资为主，但是建立有效的、明确的团队激励计划并非易事。

制订团队薪酬计划的难题之一在于并不是所有团队都是相像的（参见第4章）。例如，跨职能员工组成的团队、自我指导型团队以及特别工作组这三种不同类型的团队不可能使用同一类型的团队激励计划。团队的多样化导致管理者很难采用一致的衡量标准或支付公式来支付团队的工资。Hay公司的经理Steven Gross指出：“每种类型的团队都需要特定的薪资结构，才能使其激励作用完全发挥。”聚焦HRM 4列举出一些制订团队激励计划所需考虑的重要条件。

聚焦HRM 3

汲取教训：设计有效的团队激励计划

你的团队激励计划是成功的吗？尽管不能准确地说激励计划是否成功，但是团队薪酬专家列举了以下一些制订有意义的团队激励计划要考虑的重要因素。

（1）组织的成员（包括员工和经理人员）是否赞同团队激励计划？是否存在对团队薪酬的“文化准备”？如果激励计划发生了变化，要向组织成员传达哪些信息？

（2）列举出所有员工和管理者对激励计划的支持。尽管高层管理者的支持至关重

---

① 工资加奖金计划：是一种支付给完成销售目标的员工工资和奖金的薪酬计划。

② 团队激励计划：是一种完成或者超额完成了生产或者服务的目标时，所有的团队成员都会得到激励性奖金的一种激励计划。

要，但是如果没有与激励计划直接相关的员工以及中低层管理者的支持，团队激励计划一定会失败。

（3）制订新的激励方案的过程中一定要包括受这一方案影响的所有的因素——劳动、管理方式以及员工。员工参与能够建立起对计划方案的理解和信任，以及对组织成功的重要性。

（4）建立有效、公平、明确的衡量标准。绩效衡量指标的选择是影响组织成功的关键因素，但是不要把多有事情都量化为指标，而且员工应该能够直接影响到所选的绩效指标。此外，绩效指标应该具有挑战性，同时又是现实的、可以达到的。绩效指标应该鼓励员工在工作中自愿地投入更多的努力。

（5）激励性的支付计算方式应该是公平的、便于员工计算的、能够经常性支付的，并且足以对未来员工的努力工作进行奖励，目的是营造绩效工资的氛围。如果员工没有达到绩效标准，应解释未得到奖励的原因。

（6）决定如何对激励性奖励进行分配：团队成员将会得到同等的现金奖励还是会以某些因素（如资历、技术水平、工资率、成员的个人贡献等）为基础得到不同的工资奖励。

（7）沟通，沟通，还是沟通。不断地向员工宣传激励性奖励的好处以及他们对公司成功所做的贡献。

当团队薪酬已经确定，组织通常采用以下三个步骤建立团队激励计划。首先，设定绩效衡量指标，这是激励性薪酬的基础。常见的衡量指标包括生产率和产品的质量的提高或者是原材料或劳动力成本的降低。例如，团队的劳动力成本占团队销售收入的30%，并且企业为节省劳动力成本提供奖金，那么当劳动力成本低于销售收入的30%时，节省下的资金就会作为激励性奖金发放给团队成员。有关于激励性奖金数额多少的信息每周或者每个月公布一次，而且应该解释是否得到奖金的原因。其次，激励性奖金的数额必须是预先确定的。在Thrivent Financial，健康保险承保人员可以拿到基本工资10%的激励性奖金，但是激励性报酬的准确数额取决于团队的绩效以及公司一整年的绩效完成情况。Thrivent公司的激励性报酬是按年支付的。最后，制定激励报酬计算方式并且向员工做详尽的解释说明。团队的奖金可能会等量地分给员工，或者按照基本工资的一定比例分给员工，或者以他们对团队的贡献为基础来分配。运用便于计算的公式，管理者（某种情况下是团队成员）自己就可以给团队成员分配报酬。

团队激励计划并不是完美的，以下是其与团队报酬共同的缺点：

（1）团队成员会认为“他们”对于团队的成功或者为获得激励性报酬能做的贡献很少。

（2）团队内部人际关系问题。团队成员会担心个人的过于出色使其他人的工作看起来不够好，或者与其他员工一样努力工作也能够得到等量的报酬，也就是“搭便车”行为。

（3）复杂的支付报酬计算公式，或者是激励性报酬的不足。

10.5.2　收益分享计划

收益分享计划[①]是一种用来提高生产率、降低劳动成本以及与员工分享货币性收益的

① 收益分享计划：是组织和员工根据事先确定的反映生产率以及盈利能力提高的计算标准来共同分享财政收入的激励计划。

组织激励计划。这种激励计划以数学计算公式为基础，通过将给定时期内实际的生产率与绩效基准线进行比较来实施。如果生产率超过了基准线，那么员工就能分享预先设定的节约的数额。收益分享旨在通过有效地利用组织的资源，使员工提高生产效率。

尽管有很多种方式衡量生产率，但是通常都是以产出与投入的比值来计算。销量、产量、销售额、总标准成本、劳动力收入以及客户的订单等都是常见的产出指标。投入通常以原材料、劳动力、能源、存货、购买的产品或者服务以及总成本等进行衡量。如果达到以下条件，生产率往往会提高：

（1）以较少的或者等量的投入获得更多的产出。

（2）以较少的投入获得等量的产出。

收益分享计划包括多种形式，然而具有代表性的是Scanlon计划以及通过分享提高生产率（Improshare，即improved productivity through sharing）计划。Scanlon计划强调员工参与管理并通过与员工分享削减的成本来鼓励员工降低成本；Improshare计划则以预先设定时期内员工工作小组生产产品的数量为基础。

1.Scanlon计划

Scanlon计划是一项特殊的收益分享计划。它的本质在于员工该为生产率的提高提供建议和意见，最终他们的建设性意见将会得到奖励。Scanlon计划的支持者认为，有效的员工参与（也就是员工所代表的委员会的作用的发挥）是Scanlon计划最重要的特点。生产率的提高或收益通常来自“更灵活的工作，而不是更努力的工作”。图表10－4说明了Scanlon计划的建议过程，其中包括两个重要团体——销售（shop）委员会和审查（screening）委员会的任务和职责。

图表10-4 Scanlon计划

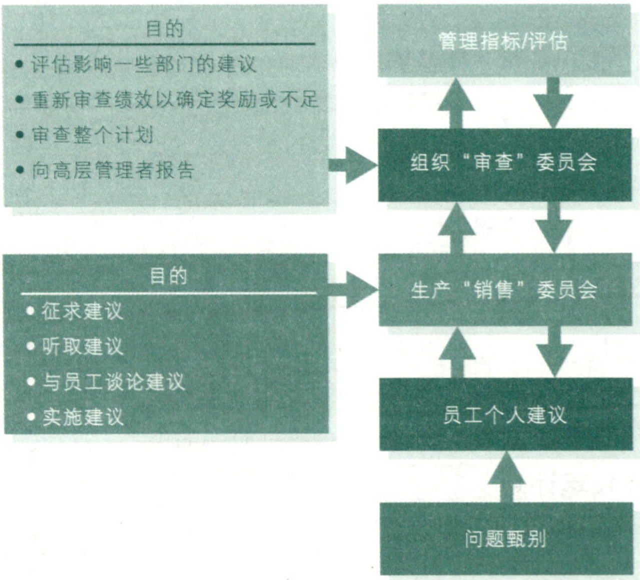

Scanlon计划的财务激励通常是在一个预先确定的公式的基础上发放给所有员工（这

是该计划主要的特点）。这个计算公式是以员工劳动生产率的提高为基础的，这主要是由为劳动力成本设定的准则标准决定的。尽管算不上一种通行方式，但是在诸如American Value，TRW，Weyerhaeuser（惠好公司，世界500强企业之一）以及Watermark Credit等公司，Scanlon计划（以及它的多种演变形式）已经成为重要的管理方式。有关Scanlon计划的更确切的信息可以从Scanlon Leadership Network上获得，这个网站已经帮助制造业、运输业、医疗健康业、通信业、仓储业以及其他行业建立了Scanlon计划。

2.通过分享提高生产率计划[①]

另一种收益分享计划是通过分享提高生产率计划（Improshare计划）。个人产量奖金激励计划是以一个员工生产的产量超过标准产量多少为基础，而通过分享提高生产率计划是以整个团队的生产率为基础的。通过分享提高生产率计划的产出量通常是以一定时期内团队所生产的产品数量来衡量的。因此，直接生产性员工和间接生产性员工都参与到奖金的制定过程中。

奖金以生产率的提高为基础，生产率的提高正是缩短生产产品的时间的最终结果。由于生产率的提高，员工和公司将各得到50%的收益。相互合作的工作氛围对所有人都有利，分享提高生产率计划促进了员工和管理层之间的相互联系和支持。Hinderliter Energy Equipment等公司将奖金以开具独立支票的形式支付给员工，强调它是额外的收入。

3.Scanlon计划及Improshare计划的经验总结

Scanlon计划及Improshare计划（以及其他任何的收益分享计划）最重要的经验总结是任何期望通过员工的合作获得生产率提高的组织必须让员工从心理上和经济上都参与到公司中。一旦员工尽到了自己最大的努力，就会产生参与感和对组织的认同感，这在传统管理层级的组织关系的组织中是无法实现的。

收益分享计划本身不会促成员工间的合作，因此，员工间的相互合作对于成功管理收益分享计划是非常必要的，这一点对于每个组织都是十分重要的。此外，管理者的态度对于收益分享计划的成功有重要的影响作用，一旦管理者显露出不自信或者不信任他的员工，那么这个计划必会失败。然而，当建立起信任关系时，收益分享计划如Scanlon计划和Improshare计划会形成更高的公司投资回报。

10.6 公司激励计划

公司激励计划与个人或者团队激励计划的不同之处在于组织的所有员工都会参与到计划之中，并且会得到奖励报酬。公司激励计划以一个延长的时间段（通常是一年，或者更长时间）的整个组织的成功为基础奖励员工。通过培养组织所有员工相互合作以及团队合作的精神，公司激励计划试图创造“所有权的企业文化”。常见的公司激励计划包括利润分享计划、员工股票期权计划以及员工持股计划（ESOPs）。

10.6.1 利润分享计划

利润分享是雇主支付给员工的，或者提供给所有员工的基于组织利润的特定的现金额或延期支付的数额。顾名思义，利润分享是指在给定的时间段内向表现出色的员工提供现

① 通过分享提高生产率计划(improshare):是一种以团队生产率提高为基础的奖金激励计划。

金支付，这种利润分享形式有别于另一种利润分享形式——员工养老基金。

利润分享计划试图为员工创造获得更多收入的机会——只要他们为组织利润的增长做出贡献即可。这些贡献的直接效果可能是改进产品质量，降低操作成本，改进工作方法，以及建立良好的工作意愿，而不仅仅是生产效率的提高。利润分享计划有助于鼓励员工从公司合伙人的角度去思考，从而有助于员工将自己和组织视为一个整体。这个激励计划的目的在于激励员工从整体上实现对组织的承诺，而不是仅仅让他们在某一方面做出贡献。

成功的应用利润分享计划的案例之一是林肯电气公司（Lincoln Electric Company）[①]——一家弧焊设备和用具的制造商。这个计划是1934年该公司的总裁J.F.Lincoln发起的。每年，根据员工的工资水平和绩效考评结果，该公司都会拿出大部分利润分发给员工。员工的年度奖金超过年薪的50%是很平常的。林肯电气公司激励计划的成功有赖于每个员工的高水平贡献。毫无疑问，无论是管理者还是员工都会高度遵守公司的目标以及利润分享[②]计划。

1.利润分享计划中的变量

不同的利润分享计划在分享利润的比例和支付的分配方式等方面有所不同。与员工分享纯利润的比例从5%～50%不等，大多数计划会分享纯利润的20%～25%。利润的分配形式可能是对全体雇员平均分配，或者是基于固定工资或是考虑了工作资历和（或）绩效考核结果。支付的方式可能是现金支付也可能是延期支付，还可能是二者相结合的形式。

2.利润分享计划的缺点

利润分享计划除了潜在的优势之外，也存在着一定的缺点。与员工分享的可能是组织因囤积库存、气候因素、经济状况、国家进入紧急状态或者是其他员工不可控的因素取得的利润。正如一位人力资源经理指出的："因为员工的行为与他们的利润基本上没有联系，因此员工就会缺乏参与的积极性。"相反，员工的贡献达到最大化时，还可能会发生损失。每年支付或者是延迟到退休时才支付的利润会降低其本身的激励价值。如果连续几年都不支付分享的利润，会给生产率以及员工的士气带来不利的影响。

10.6.2 员工股票期权计划

苹果电脑、谷歌、可口可乐、星巴克、耐克、桂格燕麦（Quaker Oats）以及莎莉集团（Sara Lee）有何共同点？答案是这些组织都向自己的员工提供股票期权计划。股票期权已经成为激励和支付小时工、领薪水的员工以及高层管理人员的最受欢迎的方法，而且这一调查结果不受行业和组织规模的影响。[③]

---

① 林肯电气公司的网站提供了关于其激励管理系统的详细介绍，同时也包括了公司职位的具体信息，有关学习资料请访问www.cengage.com/international。

② 利润分享：是雇佣者支付给员工的，或者提供给所有员工的基于组织利润的特定的现金或者是延期支付的数额。

③ Jason Kovac, "Stock Options," *Workspan* (August 2006): 23.See also Seymour Burchman and Blair Jones, "The Future of Stock Options: From Starring Role to Ensemble Player," *WorldatWork* 13, no. 1 (First Quarter 2004): 29-38.

股票期权计划的实施有时作为员工福利计划的一部分，有时则作为员工的努力与组织的绩效相联系的企业文化的一部分。为员工提供股票期权激励计划的组织相信这一计划是有激励价值的。通过允许员工购买公司的股票，组织希望员工以此提高生产率，成为企业的合伙人，并最终促使股票价格的上升。此外，股票期权计划已经成为鼓舞那些处于削减预算以及裁员困境中的企业员工士气的最有效的方法。

股票期权计划授予员工在特定的时间段内以一定的价格（期权价格）购买一定数量公司股票的权利。尽管股票期权的种类繁多，但是大多数的股票期权都是以市场公允价值出售。常见的股票期权计划是通过扣除一定工资总额来购买公司股票。聚焦HRM 4详细解释了员工股票期权计划。

不幸的是，伴随着各种各样的企业丑闻不断地被揭发出来，员工股票期权受到了来自股东、政府机构以及社会大众各方的压力，批评大多集中于高管人员股票期权计划的滥用和可疑的公司会计程序。尽管有这些缺点，股票期权计划依旧是激励员工和管理者绩效薪酬的最有效和最受欢迎的方式。如果股票的价格上升，那么员工股票期权计划最终将回报员工。

聚焦 HRM 4

员工股票期权计划

2013年，国家员工所有权研究中心估计超过1 000万名员工参与广泛意义上的股票期权计划中。超过50%的全职员工都被授予享有员工股票期权的权利。

传统意义上的股票期权计划是一种用来奖励高管人员或者是公司的重要员工，将他们的利益与公司及股东的利益联系起来的一种方式。现在公司使用股票期权的方式来吸引、奖励和留住各个级别的员工。股票期权计划是一种与员工分享企业的所有权并获得对组织目标一致承诺的有效方式。

什么是股票期权？

股票期权授予员工在一定时期内以固定的价格购买一定数量的公司股票的权利。期权所提供的股票价格就是所谓的“公允”价格，通常也是被授予的股票期权的市场价格。被授予股票期权的员工希望股票价格上涨，这样他们就能低买高卖从而获利。

股票期权是怎样运作的？

这是一个典型的股票期权计划的案例。一个员工以每股5美元（“公允”价格）的当时市场价格购买了1 000股公司的股票。这个员工可以以每股5美元的价格买进股票期权（通常这个买进价等于授权期股票的价格）。股票期权计划允许员工在几年之内或者是公司的股票达到一定价格之前买进期权。如果公司的股价涨到每股20美元时，员工就可以将其以每股5美元买进的公司股票以现在的市场价每股20美元卖出。

公司有时会重新对可以买进的期权的价值进行估价。例如，当公司的股票价格低于当初的买进价格时，价值重估就会发生，公司将重新估计买进价作为留住员工的方式。

Source：Employee Stock Option Fact Sheet，National Center for Employee Ownership at http：//www.nceo.org.

10.6.3 员工持股计划[1]

国家员工所有权研究中心的Corey Rosen指出，2013年，已有超过11 000个组织对其员工实行了员工持股计划。[2]如Columbia Forest Products，Hy-Vee，Publix Super Markets，Herff Jones，The Tribune Co.，U.S. Sugar，The Bureau of National Affairs，以及Scheels ALL Sports等组织都建立了员工持股计划。W.L.Gore & Associates同样认为员工持股是一种有效的且有激励作用的方式。

如同《国家税收法典》第401条规定的免税员工的信托资格一样，员工持股计划是雇主建立的一种信托资格。在员工持股计划中，员工并不真正地买进公司的股票，而是公司用现金买进本公司的股票（通常从现在的公司所有者手中购买股票），或者更常见的是以公司作为抵押贷款买入股票。公司、员工以及卖方会在这一运作过程中得到税收上的好处。员工持股计划为员工持有公司的股票，他们会经常了解账户的价值。股票的分配应该以员工的工资或者是级别为基础。如果员工退休或者是离开公司，他们可以将持有的股票卖给公司；如果公司上市，则可以在公开市场上进行交易。

1. 员工持股计划的优点

受到联邦所得税法相关条款的鼓励，雇主使用员工持股计划为其员工提供退休福利待遇。如果员工收入的一部分是以股票形式来体现的，那么税收激励计划允许这部分收入免税。由于政府会对股票出让提供资助，雇主就可以以相对低的成本为员工提供退休金福利。员工持股计划还能增加员工作为公司所有者的自豪感，激励他们提高生产率，促进组织的成长与发展。

2. 员工持股计划的问题

一般来讲，与私营公司相比，员工持股计划更能使公众公司实现其目标。私营公司主要的问题是员工退休后，很可能无法将持有的股票卖给公司，员工又不能在公开市场上有选择地出售手中的股票。因此，当大型公司面临财政危机和公司股价下跌时，员工的退休金计划也会受到影响。以下是员工持股计划的其他问题：

（1）如果退休金更多地来自这个计划，那么退休金享有者就会越来越依赖公司的股价，以后的退休人员就更容易受到股票市场的波动和管理失误的影响。

（2）与传统的退休金计划不同，员工持股计划由联邦政府设立的退休福利担保公司（Pension Benefit Guaranty Corporation）担保（参见第11章），对于员工来讲，这一计划最大的缺点应该是，如果其雇主面临严重的财务问题或者公司倒闭，他们将遭受极大的损失。

10.7 专业雇员激励计划

当谈到个人、团队和企业激励机制时，专业的员工——如工程师、科学家和律师——

---

① 员工持股计划：是一种组织出让其股票来建立一种信托责任，其目的是使其员工购买公司股票的一种计划。

② 本研究是2010年在国家员工所有权研究中心（NCEO）指导下进行的。NCEO是一家私人的、非营利会员研究组织，它为那些员工持股计划（ESOP）提供准确的、公正的、广泛的授予员工股票期权及相关程序、股权文化的信息来源，详情请见http://www.nceo.org or by phone at (510) 208-1300.

和其他人并无不同。当专业人员生产力越来越强时，典型的组织倾向于把他们升到管理职位。然而在一些组织中，除非专业人员参与到管理工作中，否则他们在达到薪资结构的一定位置之后，工资水平就不会再提高了。晋升之后他们的专业技能无法再被充分利用。在这个过程中，组织失去了一个好的专业人员，得到的却是一个差的管理者。为了避免这种情况的发生，一些组织已经扩展了等同于或者基本等同于管理职位的专业性职位的工资幅度。如同第7章叙述的一样，这种幅度的扩展提供了双重工资体系，使得不想成为管理者的专业人员依旧有机会获得可比较的工资。

对于许多行业来说，主要的激励制度都是建立在“向上”的基础模型之上。这意味着初级的专业人员被组织雇用以后，给予一定的时间（比如3～6年），为公司创造了足够的有价值的贡献后，将成为合伙人（公司的部分所有者）。在给定的时间内，如果他们没有做出贡献，则中止雇用。多年来，这对专业员工来说是一个有价值的激励体系。然而，这种进出模型对初级专业人员来说会看到很少的成果，他们会愈加质疑这个游戏是否值这个奖金。例如，安永（一家大的会计师事务所）的一位高级经理人说：“我越是接近合伙人的位置，越觉得不会成为他们中的一员。他们的生活质量与给他们的额外工资不匹配。”

专业员工的激励也受各公司间越来越快的人员流动的影响。因为专业人员更多地受制于专业性而非组织，因此他们的技能是通过专业性体现出价值的。[①]例如，一个医生的技能取决于标准化的培训，它可以应用到美国的任何医院。实际上，专业人士跳槽到竞争对手的公司以推进他们的事业，已不再被认为是不道德的，甚至不再被认为是不寻常的。结果，员工流动率自20世纪80年代以来已稳步增长。[②]除了承诺多年以后合伙，专业人员的经理人正考虑其他让员工满意的激励体制。

专业人员能够得到超过基本工资的报酬。例如，高新技术企业聘用的科学家和工程师可以参与到如利润分享计划及员工持股计划这种以绩效为基础的激励计划中。这些长期激励有助于让专业人员感觉到他们是公司的一分子，他们的所有努力会影响他们赚更多的钱的能力。

然而，许多企业经常陷入困境的地方是将同样的个人和团队为基础的工资-绩效原则用于传统的工作中（例如，制造业、文员）。例如，许多公司对完成项目或在截止日期前完成项目的专业人员提供现金奖励。他们也对在一定时间内完成新专利、发表文章或完成一定任务的个人给予奖励。不幸的是，这些对进行某些具体工作的员工有用，但对于那些工作界限模糊、复杂、需要创造性思维的员工来说不起作用。无数的研究已经证明，基于个人和团队的绩效工资计划，实际上对专业人员形成了负效应。[③]结果个人激励限制了一个人的注意力，使他们全神贯注于一件事，这就是它发挥作用的原因。然而，对专业人员来说，任务复杂并且不容易找到解决办法时，激励员工发挥更多的创造力很重要。绩效工资除非是长期激励，否则在这种情况下可能会有问题。

---

① David H. Maister, *Managing the Professional Service Firm* (Simon & Schuster: New York, 1993).

② P. Cappelli, "Talent Management for the Twenty-First Century," *Harvard Business Review* 86 no. 3 (2008): 74-81.

③ Dan Ariely, Anat Bracha, and Stephan Meier, "Doing Good or Doing Well? Image Motivation and Monetary Incentives in Behaving Prosocially," *American Economic Review* 99, no. 1 (2009): 544-555; Karl Duncker and Lynne Lees, "On Problem Solving," *Psychological Monographs* 58, no. 5 (1945).

那么你该如何激励你的专业人员呢？工资仍很重要，但它应更多地基于一段时间的总绩效，并且它不应局限于一组特定的任务。换句话说，工资不应基于一个人工作的影响力，而应基于一项任务的完成。这样的奖励应该：（1）给员工自主权；（2）提供清晰的目标或目的；（3）让员工参与目标设定；（4）拓展新技能的能力；（5）有明确目的（如帮助员工建立一个更好的组织、治疗癌症、缓解贫困）。[①]

10.8 高管人员工资待遇

10.8.1 高管人员薪酬

高管人员薪酬计划包括5个基本组成部分：（1）基本工资；（2）短期激励或奖金；（3）长期激励或股票计划；（4）福利；（5）额外补贴。基于不同的组织目标或者经营的需要，在高管人员一揽子薪酬中，这些因素会起到不同的作用。

1.高管人员基本工资

高管人员基本工资占其总年度报酬的30%～40%。调查显示，长期激励报酬和奖金占高管人员工资很大一部分。世界500强企业的高管人员年度基本工资通常都会超过500 000美元，大企业的高管人员的薪水会更高。经理人市场的竞争性薪资水平会对高管的基本工资产生很大的影响。由董事会成员组成的薪酬委员会会调查和比较公司高管人员的薪酬。[②]例如，一项调查显示，标准普尔500股票指数中96%的企业使用竞争性基准（competitive benchmarking）来设定高管人员工资或者是保持对于高管人员的吸引力。如同《商业周刊》中提到的，公司的董事会认为如果CEO觉得自己挣得没有同事多，那么他就很可能跳槽。这种比较可能会基于组织的规模、销售量或者是行业群体。因此，通过研究公开的研究数据以及组织自己进行的调查，薪酬委员会可以决定与其他组织同等的薪酬一揽子计划。

2.高管人员短期激励计划

年度奖金是高管短期激励的一个重要部分。[③]奖金支付通常会采取现金或者股票的形式，但是支付的时间有所不同。有的是立即支付（通常情况下），有的会推迟一段时间，有的甚至会推迟到退休。很多组织以现金的形式支付其短期激励性奖金（通常以追加支票的形式）来与绩效薪酬计划保持一致。在绩效评估之后提供奖励性报酬可以与员工的努力工作联系起来，这使得现金奖金成为重要的激励工具。延迟发放的奖金用来作为退休收益的来源或者是对正规养老计划的补充。

高管人员的激励性奖金应该是以其对组织的贡献为基础的。为了达到这个目的，已经有多种准则被开发出来。激励性奖金可能以公司总体利润的百分比为基础，或者以超过股东的特定投资的回报率的一定百分比为基础。在其他案例中，激励性奖金要与年度利润计

---

① Shad Morris, Bijuan Zhong, and Mona Makhija, "Going the Distance: Expanding Employees´ Knowledge Reach within the MINE," *International Business Seminar* (working Paper, 2014).

② Edward E. Lawler III and David Finegold, "CEO Compensation: What Board Members Think," *Worldat-Work* 16, no. 3 (Third Quarter 2007): 38.

③ Brandon Cherry, "Executive Bonus Plans: Recent Trends in Equity Compensation," *Workspan* (January 2007): 22.

划相联系，利润是由超过之前一致同意的利润水平决定的。另外，激励性奖金还可能以绩效评估或者是高管人员和董事会共同确立的特定目标为基础。

努力控制市场脉搏的同时，当计算高管人员工资时，更多的企业尝试用传统的经济指标作为操作的标尺，也就是通常所说的平衡计分卡。这些标尺可以衡量诸如顾客满意度、改革能力以及产品或服务的领先优势等内容。[①]Tower Perrin公司的首席薪酬专家David Cates指出，平衡计分卡“使得公司去关注未来的经济价值，而不是仅仅受短期财政结果的驱动”。美孚石油公司使用的平衡计分卡不仅准确地指出公司可以在哪方面取得成功，更指出了需要改进的地方。

3.高管人员长期激励计划

优先认股权是高管人员长期激励计划的主要形式。[②]推动高管人员认购股票期权的主要动力是公司和外部投资者希望高管人员可以使公司取得重大的成功——因为他们为股东创造的价值会影响到他们财富的多少。优先认股权对于高管人员也是十分有吸引力的。例如，2006年，AT&T公司的CEO Edward E. Whitacra赚到了总计38 400 000美元的薪酬；Allegheny Technologies的CEO Patrick Hassey赚到了35 300 000美元的薪酬；Conoco Phillips公司的CEO James J. Mulva赚到了30 400 000美元的薪酬。[③]毫无疑问，制订优先认股权计划的灵活性是没有限制的。图表10-5列示了几种常见的长期激励计划。

图表10-5 **长期激励计划的类型**

优先认股权	授予高管人员在固定某段时间以一定的价格购买公司股票的权利。股票价格通常以授予认股权期间股票的市值来设定
股票增值权	现金或者是股票的激励作用是由高管人员所选择的认股权期间股票价格的上涨决定的，不需要高管人员出资
股票购买	高管人员有机会以市场全价或者折扣价购买公司股票，但通常要由公司提供财政支持
虚拟股票	授予每单位股票与市场价值或者是账面价值同等的价值，一定时期后，高管人员将会得到股票价值增值的部分
限制性股票	以低于市场价的价格授予高管人员股票，但是条件是在特定的雇佣日期之前不得转让或者是出售这些股票，否则有被没收的危险
绩效单位	衡量时期超过一年的，授予高管人员类似于年度奖金的奖励。授予的价值可以是固定的货币金额，也可以转化成一定“单位”总价值之和
绩效股票	授予实际股票或者虚拟股票单位。股票价值是视预先设定的超过一定时期的绩效和股票市场二者的情况而定的

① Darrell Rigby and Barbara Bilodeau, "Selecting Management Tools Wisely," *Harvard Business Review* 85, no. 12(December 2007): 20.

② Brad Hill and Christine Tande, "What's Next for Executive Incentives Now That Options Are Limited?" *Workspan*(September 2007): 47.

③ "CEO Compensation," *Forbes* 179, no. 11 (May 21, 2007): 112.

短期激励奖金由于使得高管人员关注季度的利润目标而损害企业长期生存与发展而受到批评。因此，如Sears，Combustion Engineering，Borden以及Enhart等公司均采取了将高管人员的工资与长期绩效指标相联系的薪酬战略。每个组织都认识到薪酬战略必须将整个企业的绩效考虑在内。对于股东来讲，最重要的绩效结果是每股收益率增加、股东的投资回报以及最终股票价格的上涨。因此，多样性的激励计划已经将报酬与绩效（特别是长期绩效）挂钩。当优先认购期与可行权期相联系的时候（可能是2～4年，这种激励方式被称为“金手铐”），优先认股权可以留住核心高管人员。

优先认股权也会受到批评。[①]一些企业反对这种回报庞大数额的激励方式。优先认股权所希望的绩效与薪酬之间的关系，会因为在公司股票价格下降或者是绩效指数下降时薪酬委员会仍对高管人员授予额外的认股权而受到削弱。世界最大的养老金体系——TIAA-CREF公司的首席法律顾问Peter Clapman指出：“它是那种领先时获利、落后时却可以止损的方法。”对于股东来讲，更糟糕的是股权的稀释。授予高管人员的优先认购权会使其他股东的认购权减少。

4.高管人员福利

高管人员的一揽子福利一般包括和其他团队员工同等的待遇，如健康保险、人寿保险、退休金计划以及假期等不同的福利计划。与其他组织员工不同的是，高管人员的福利待遇更趋向于扩大高管人员的责任范围。另外，高管人员将会得到财政支持，这些支持包括地产整合、抵押资产支出以及法律帮助。[②]

5.高管人员额外补贴

额外补贴[③]是对高管人员的非货币性报酬。额外补贴或者是额外收入，是证明高管人员对组织重要性的一种方式。无论是组织内或组织外的额外补贴都是地位的象征，同时也是权利的表现。公司高管会简单地把额外补贴当作“绩效的标志”。额外补贴不会像收入一样需要纳税，可以帮助高管人员避税。

过分浪费通常被看作额外补贴的缺陷。然而，最近一项研究表明，通过节省高管人员的时间（例如私人飞机或者是私人司机服务）或者维持并进一步提高高管人员的健康水平（如温泉、健身俱乐部或者是公司度假屋），额外补贴可以促进公司生产率的提高。因此，补贴的成本应该以他们所带来的效率和管理的效果来衡量。聚焦HRM 5描述了高管人员几种常见的补贴方式。

聚焦HRM 5

高管人员额外补贴的“甜蜜”

如Coopers、Lybrand LLP、WorldatWork以及Hewitt Associates一类的薪酬咨询公司会定期对全国性的公司作调查，来确定它们对高管人员和其他高层管理者提

① Peter Burrows, "He's Making Hay as CEOs Squirm," *Business Week* (January 15, 2007): 64. See also Saado Abboud, "Best Buy Uses Flexibility and Choice to Improve Long-Term Incentive Design," *Workspan* (October 2007): 32.

② Pam Delaney, "Filling the Executive Benefits Gap," *Workspan* (November 2007), 69.

③ 额外补贴：是对高管人员的一种特殊的非货币性福利，通常指补贴。

供的补贴。以下是一些受欢迎的高管人员的额外补贴。

- 公司汽车
- 公司飞机
- 高管人员用餐设施
- 财务顾问
- 公司支付的停车费
- 个人责任保险
- 不动产计划
- 一流飞机旅行
- 家庭电脑
- 私人司机服务
- 儿童教育
- 夫妻旅行
- 体检
- 移动电话
- 大型保险政策
- 所得税准备
- 乡村俱乐部成员
- 午餐俱乐部成员
- 个人房屋维修
- 贷款
- 法律咨询
- 度假屋

10.8.2　高管人员薪酬：责任和道德规范

2011年，美国500强公司的主管得到了16%的集体加薪。相比之下，美国的平均工资只增长了3%。[①]如同以往一样，2007年高管人员的薪酬再一次打破了纪录。以下是2007年几位高管人员年度总薪酬：[②]

马克·扎克伯格，Facebook	2 270 000 000美元
梅尔·卡马金，Sirius XM Radio	255 300 000美元
蒂姆·库克，Apple	143 800 000美元
拉尔夫·劳伦，Ralph Lauren	66 650 000美元

给予了高管人员丰厚的薪酬一揽子计划后，很多人有这样的疑问："高管人员得到的薪酬和奖金与他们的价值相匹配吗？"不同的人有不同的回答。公司的薪酬委员会采用以

① "America's Highest Paid CEO's," Forbes (April 4,2012),http://www.forbes.com/sites/scottdecarlo/2012/04/04/americas-highest-paid-ceos/.

② http://www.theguardian.com/business/2013/oct/22/best-paid-chief-executives-america.http://www.theguardian.com/business/2013/oct/22/best-paid-chief-executives-america.

下方式来确定数额庞大的奖金：[①]

（1）大量的经济激励是奖励杰出绩效的方式。

（2）商业竞争充满压力和需求。

（3）好的高管人员是稀缺的。

（4）有效的高管人员为股东创造价值。

其他人认为较高的薪水是企业生活的真实写照，也反映了市场化薪酬的趋势。

然而，在大量裁员、低工资增长率以及幸免于裁员的员工的工作量逐渐增多的时期，我们能够听到对高管人员过高的货币性奖励的强烈的批评之声。此外，奖励给高管人员丰厚的薪酬一揽子计划，唤起了对于绩效问责以及对薪酬公开的呼声。许多人认为，这种过高的工资差距不仅损坏了企业薪酬方面的声誉，而且这种差距可能会在一般人群中造成不满——威胁已建立的工资绩效的根本。想想华尔街的那些抗议，为什么抗议在过去的几十年里增加了。并不是所有高管人员的工资都是过高的，也不是所有高管人员的工作绩效都是低效的，然而，气愤的员工、工会团体、政府机构以及股东都在呼吁改变这种状况。

10.8.3 高管人员的薪酬改革

一些重要的变化会影响到未来高管人员的薪酬。首先，美国国家税务局（Internal Revenue Service，IRS）会不断地在高管人员薪酬一揽子计划中寻找违背税法的侵权行为。IRS打算让高管薪酬成为公司审计的一部分。[②]其次，2007年7月，美国证券交易委员会公布了新的工资披露政策，政策指出首次在纽约股票交易所和纳斯达克挂牌交易的公司必须披露高管人员的工资。企业现在必须详细披露总价值超过10 000美元的养老金福利计划、递延薪酬优厚待遇以及额外补贴。此外，公司要绘制简单易懂的表格来说明高管人员不同形式的薪酬。[③]再次，财务会计准则委员会（Financial Accounting Standards Board，FASB）规定利润表中须将优先认股权列为支出。公司和薪酬委员会现在必须衡量优先认股权计划所带来的收益及相对要承担的潜在的责任。[④]最后，2010年，《多德-弗兰克华尔街改革和消费者保护法》已签署生效。另外，法律赋予公司股东“决定报酬”的权利，这意味着一个公司的高管薪酬方案必须获得股东审议通过方可执行。

小　结

目标1　激励报酬计划成功与否取决于该计划运行的组织环境、员工的信任以及该计划对于员工和组织的需要的满足程度。更重要的是，员工必须将激励报酬计划看作公平的，并且是与他们的绩效相关的。绩效衡量指标应该是量化的、便于理解的以及能够证明

① Steven N. Kaplan, “Are CEOs Overpaid?” *WorldatWork* 16, no. 3 (Third Quarter 2007): 22. See also Ira Kay and Steve Van Putten, Myths and Realities of Executive Pay (Cambridge, MA: Cambridge University Press, 2007); Jessica Marquez, “5 Questions: in Defense of CEO Pay,” *Workforce Management* 86, no. 16 (September 27, 2007): 8.

② Louis Lavelle, “Everybody Should Be a Little Nervous,” *Business Week* (December 22, 2003): 42.

③ Seymour Burchman and Blair Jones, “A New Day for Executive Compensation,” *Workspan* (January 2007): 15. See also “Out at Home Depot,” *Business Week* (January 15, 2007): 56.

④ Mark Gimein, “The Bottom Line on Options,” *Business Week* (April 3, 2006): 32. See also Peter Burrows, “Is Steve's Job Untouchable?” *Business Week* (January 15, 2007): 28.

其与组织绩效之间的关系。

目标2 计件工资计划根据其完成的每一件合格品为员工支付工资。如果产量是便于计量的并且生产过程是标准化的，雇主就可以采用这一计划。奖金是支付给个人或者团队的高于基本工资的激励性报酬，用来激励员工更努力地工作。标准小时计划为完成一项工作设定标准时间，在短于预先设定的工作时间内完成工作将得到激励报酬，这一激励计划常用于有固定完成时间的工作。

直接付酬给员工，可以使他们更加关注除销售量之外的其他任务，如售后服务以及良好的客户关系。直接雇佣金计划使得销售人员更加重视销售量的多少。工资加佣金（或者是奖金）计划具备了直接工资计划和直接佣金计划的双重优点。

目标3 Scanlon计划和Improshare计划为员工提供与利润水平无关的奖金。这些计划通过提出提高组织绩效建议的方式鼓励员工的相互合作以及实现绩效最大化。Scanlon计划以组织的产品销售价值来衡量节约的劳动力成本为基础向员工支付奖金。如果员工生产产品的产量超过了预定的目标量，Improshare计划将向员工支付奖金。

目标4 利润分享计划以组织的利润水平为基础向员工支付一定数额的奖金。在规定的时间段（通常是一年）向合格的员工提供现金支付。利润分享计划的主要目的是通过让员工参与到实现组织目标的过程中来增加员工的额外收入。员工对于提高生产率、改进产品质量以及建立良好的客户关系的贡献都会促进组织的成功，最终也会带来员工收入的增加。如果员工的工作绩效与组织的成功与否没有关系，利润分享计划就收不到预期的收益，这有可能是经济状况、其他企业的竞争或者是环境因素变化的结果。利润分享计划如果不能持续地激励员工，其结果可能会带来消极的影响。

目标5 专业人员如果不希望被晋升到管理职位，通常会有不同的晋升路径，可以继续获得加薪和职位晋升，而不需要进入管理层。这意味着这些专业人员在公司决策中有更多的话语权……甚至比他们的经理人更有话语权。如果公司运行得好，高管们通常能获得很丰厚的奖励。因为高管们会从他们所做的决策中获得很多，但他们也经常失去更多。

关键术语

Bonus奖金

Combined Salary And Commission Plan工资加佣金计划

Differential Piece Rate差额计件工资

Employee Stock Ownership Plans（ESOPs）员工持股计划

Gainsharing Plans收益分享计划

Improshare通过分享提高生产率计划

Merit Guidelines加薪原则

Perquisites额外补贴

Profit Sharing利润分享

Salary Plus Bonus Plan工资加奖金计划

Scanlon Plan Scanlon计划

Spot Bonus现场奖金

Standard Hour Plan标准小时计划

Straight Commission Plan 直接佣金计划

Straight Piecework 直接计件工资

Straight Salary Plan 直接工资计划

Team Incentive Plan 团队激励计划

Variable Pay 可变薪酬

讨论题

1.以一个人或小组为单位，找出影响激励计划成功的因素。

2.比较直接计件工资制、差额计件工资制以及标准小时计划的不同，并指出每种计划适用于何种情况。

3.关于绩效加薪最常见的抱怨是其对督促员工努力工作的作用不大，造成这种认识的原因有哪些？提出提高绩效加薪激励作用的建议。

4.对于销售人员用不同的支付方式暗含的原因有哪些？

5.Scanlon计划以及Improshare计划成功的原因分别是什么？

6.由于行业内激烈的竞争，你决定对员工采用利润分享计划，讨论利润分享计划的优点，指出确保计划成功的特征有哪些。

7.请列出公司提供给对管理职位不感兴趣的专业人员的几种不同类型的激励措施。

HRM 实训

奖励性工资的增长

由于绩效工资是影响工资增加的重要因素，管理者必须维护他们为员工设计的薪酬计划。如果他们想要奖励工作绩效出色的员工，绩效工资政策下的绩效加薪必须以客观的绩效评估为基础。如同管理者所知道的一样，他们也必须处理其他影响薪酬计划的因素，这些因素包括员工的同事的意见以及情有可原的具体情况（如疾病或家庭责任）。该实训的目的是为你提供在员工的工作绩效和其他信息的基础上提高员工工资的相关经验。

课后题

以下是5个员工的工作记录。作为他们的上级，你刚刚完成了对他们的年度绩效评估的评审，并且即将对他们日后的工资水平提出建议。你的部门今年可用于工资增长的预算是5 780美元，根据对下属的描述来分配这5 780美元。

a.Janet Jenkins现在的收入是41 000美元，她的绩效评估分数非常高，她受到同事的尊敬，并被视为团队中重要的一员。目前她离婚了，需要抚养3个孩子。

b.Russell Watts目前的收入是36 000美元，他的年度绩效评估位于平均水平。工作团队中的几个成员都向你反映过Russell Watts工作的难度，他们都感觉那是要求很高且难以完成的工作，他已经尽力了。

c.Jack Perkins现在的收入是31 250美元，他的绩效评估结果低于平均水平，并且他很难与同伴协作。Jack今年很不顺，妻子在上半年去世了，最近父母又被诊断出患有绝症。

d.Rick Jacobson目前的收入是28 000美元，他的绩效评估结果高于平均水平，他受到同事的尊敬，并且是大家公认的“好人”。

e.Paula Merrill现在的收入是28 850美元，她的绩效评估结果非常高。但是同事认为她的努力工作只不过是为了赚取第二份收入，并且同事认为她喜欢炫耀。

与你的同学分享你的结论，并解释这样分配的原因。

案例学习1　美国汽车行业垫底而CEO工资居高不下

金融危机期间，许多高管的工资被压低、减少甚至停发。危机中损失最惨重的是汽车行业。当汽车业越来越不景气时，股东会、工会领导人、政治官员，以及公众都要求降低汽车行业高管的高薪。例如，福特对高管和员工进行了大幅削减。

这就是为什么人们对2011年福特的CEO Alan Mulally获得了5 650万美元的股票奖励感到震惊。甚至在今天，它也是汽车行业顶层高管的最高薪之一——它甚至在甚嚣尘上的诟病高管高薪之后照常支付。是不是太多了？

那要看你问谁了。对于大多数人来说，一个老板的工资超过一般工人的1 000倍，这似乎是不合理的。然而，如果你问的是福特的工人，当他们见证了掌舵福特的Mulally将福特从破产的边缘拉回来时，他们可能不会有太多抱怨。如果你问的是福特的股东，他们将很难忽略这样一个事实：福特股票下跌到1.56美元而Mulally接手时首次超过14美元。如果你问的是福特经销商，他们可能因为忙于销售福特某个强大的产品线汽车而无暇回答你。

当然，没有人能真正知道除了Mulally，谁最适合坐在福特CEO这个位置上。一方面，有充分的因素，如全美经济复苏改善了福特的处境，这显然不是靠Mulally一己之力所能做到的；另一方面，如果他预知自己的公司将在Mulally领导福特时反弹，有很多公司愿意支付5 000万美元。

思考题

1.CEO和重要的公司高管值公司付给他们的高薪吗？请解释。

2.彼得·德鲁克说公司的高管们应得到的薪酬不再是大于小时工工资的一定百分比了，你认同这种说法吗？请解释。

3.《多德-弗兰克华尔街改革和消费者保护法案》赋予股东们投票决定高管工资的权利，未来会影响高管的工资规模吗？请解释。

Source：Adapted from Phil LeBeau，"Mulally and Bill Ford Collect $100 Million Pay Package，" CNBC，(March 8，2011).

案例学习2　基于团队的激励性报酬：不同以往的办公室

Done-Deal纸业公司的经营业务遍及宾夕法尼亚中部地区，在Scranton，Harrisburg，Altoona三市设有办事处。它为宾夕法尼亚中部多数地区提供纸张和纸质品需求，Done-Deal是这一地区两大行业领军者之一。

2014年1月，Done-Deal的一个办事处经理Conner Carell说服公司总裁兼CEO Bailey Zucker改变销售代表的激励方式。其理由是："把我们销售代表组成团队，不仅会增强公司的力量，而且也会增加销售……现在失去了太多的销售机会，如果由团队一起努力就会获胜。"大多数时间里，面向客户的销售需要多数代表的相互协作。Bailey同意Conner的说法，并提出团队也能提高士气和协同效果。基于这些评价，Conner把20名销售代表分成五人一组共四个团队。无论是谁发起和参与销售，销售团队都会共享他们的佣金。第一年实施这个基于团队的激励计划之后，这四个团队的销售佣金出现了戏剧性的变化。例如，拿到最高佣金的一个团队，其员工平均比佣金最低的团队成员高50 000美元。

2012年8月，Conner向全体20名销售代表发了一份有关团队满意度（尤其是基于团队的激励奖金计划）的问卷调查。虽然调查结果总体上是积极的，但不是人人满意。反馈的问题有以下几类：

1.有些销售代表相信许多团队成员并没有团队的理念，只是搭了更高绩效的销售代表的便车。

2. 有一种普遍的感觉是，一些团队被指派到一些困难的地区，阻止了他们实现更高的销售量。

3.团队并没有一直都显示出所期望的激励和协同，因为在明星代表和表现较差的代表之间普遍有“争吵”。平均绩效者抱怨明星代表使他们看起来很差。

4.至少有1/3的销售人员感觉激励奖金计划不公平，并要求恢复个人销售激励。[1]

思考题

1.调查结果是否说明了员工对团队计划，特别是团队激励报酬计划的不满？为什么？

2.为了改善激励奖金计划，你会建议做出什么改变？请具体说明。

3.管理层是否能从员工参与计划的设计与实施中获益？请解释。

---

① Fictional case adapted from the Network Cable, Inc. case.

第11章

雇员福利

学习目标

通过本章的学习，你应该能够：

目标1　检验战略公司所使用的开发福利计划是成本有效的。

目标2　识别和解释法定雇员福利。

目标3　描述雇主可提供的工作或生活福利的种类。

目标4　描述退休计划、养老金计划以及有关条例的不同类型。

薪酬是人们在接受工作时最看重的因素，而福利是人们考虑的次重要的因素。当美国政府通过1935年《社会保障法案》时，福利开始普及到所有员工，这确保了员工从雇主的福利中得到安全的保障。为了吸引员工而由公司提供的福利以及给予雇主的税收优惠条款，导致今天80%的福利是自愿提供的。

然而，提供福利的成本也在急剧攀升。由于工资中福利比例的上升，“员工们正日益意识到他们所得到的福利并把它与其他公司提供的福利进行比较。”例如，谷歌拥有一个高度认可的员工福利计划，这使它摆脱了吸引和留住人才的竞争。假设你接受了一份年薪45 000美元的工作，那么在实际中除了薪水外，你的公司将付出18 000美元甚至更多的福利。

11.1　一项成功的福利计划的要素

福利约占员工工资总收入的50%，这取决于提供的福利类型。有些福利是法律要求的，其他的则是由雇主自愿提供的。图表11–1表明了平均来看美国各机构工资总额中各种福利支出的比例和分配形式。

这足以说明福利是昂贵的，这就是为什么企业要密切关注它们。卫生保健成本的增长，已经是通货膨胀水平的2倍和3倍，这是特别值得关注的问题。经理人也关注2013年底实施的经济实用的保健法，它要求雇主向其员工及家属提供一定规模的医疗保险，或向联邦政府缴纳罚款。我们将在本章稍后讨论医疗改革以及企业正在实施的医疗成本控制措施。

企业必须权衡多方力量，并保持平衡的福利计划，以得以持续发展。例如，一个企业的经理人必须考虑如何建立自己的福利方案并延续它以及与之相关的税收结果。公司员工的需求也必须考虑，因为企业之间的福利差别很大。如果企业所在的行业成立了工会，将会影响企业所提供的福利类型。这也会惠及竞争对手及其组织战略目标。例如，微软为美国员工及其家属的医疗买单，这是不寻常的。但是企业这样做是出于它的战略目标的

图表 11-1

美国雇员1美元薪酬的分配情况

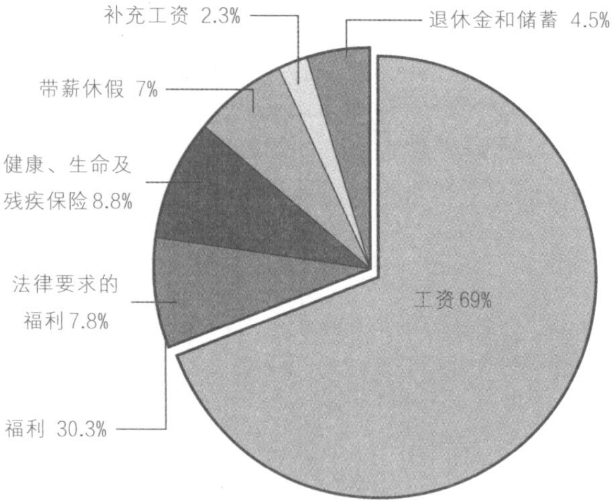

考虑——吸引这个国家的一流人才。福利计划还需要与组织的战略薪酬计划相兼容（见第9章），包括其总奖励战略。[①]

11.1.1 选择福利

设计福利计划时，企业可以购买一个具体的薪酬数据库或在设计过程中雇用外部公司来帮忙。引入一个新的福利方案之前，首先需要征询员工意见后再决定。这很重要，因为对福利很满意的员工更可能对工作满意。让员工参与设计福利方案有助于确保管理满足于员工需要。许多组织建立了由雇主和员工管理的委员会，来解释和监督他们的福利政策。意见调查也是获得员工想法的方法。

例如，弗吉尼亚大学在执行一项医疗福利计划之前曾利用专题小组来确定员工的偏好。员工们提出，他们宁愿获得更高的未计保费的工资，而从医疗保险中定期扣除更低的保险费。专题小组还告诉管理层，员工会议是与员工沟通最好的方式。[②]

为了调查整个劳动力队伍而避免烦琐，人力资源专员可以利用一些网站，让员工在网上填写信息。EmployeeSurveys.com 就是这样一个网站。人力资源经理简单地给员工发个邮件，写上链接，就可调查并要求他们完成。当然，没有计算机终端的员工需要通过另外的方法来调查。

考虑灵活性

为了服务他们的预期目的，员工福利计划必须反映社会中不断发生的变化。正如你所了解的，现在在职场有三代员工，每个职位在福利方面有不同的优先性。结果，公司不得不考虑设计出能吸引每个群体的福利战略。例如，Y一代员工相比婴儿潮一代可能不太关心养老金问题，负责养家的X一代员工，相比婴儿潮一代和Y一代，更喜欢家庭

---

① 总奖励战略是为了吸引、激励和留住员工而采用的工具。总奖励包括员工从雇佣关系中获得的所有的有价值的东西。

② Nina D. Cole and Douglas H. Flint, "Opportunity Knocks, Perceptions of Fairness in Employee Benefits," *Compensation and Benefits Review* 37, no. 2 (March/April 2005): 7.

友好型的福利以及给予家属的医疗福利。在过去的几十年中，职场中出现了更多的单亲家庭和双职工家庭，福利方案需要考虑更为多元化的职场，以吸引高素质的员工。

为了更容易给不同员工个人提供便利，越来越多的组织开始提供弹性福利计划（flexible benefits plan）①，或称自助式计划（cafeteria plan）。不同于清一色的单一计划，这些计划使雇员能各取所需（福利），也避免了某些雇员不需要而强加于他们的福利浪费。此外，企业认识到如果给员工更适合现阶段家庭生活状况的福利待遇，企业将可以得到更好的回报。②

通常，雇员享有一些基本或核心福利：人寿和医疗保险、病假和休假。一套基本的福利使雇员享有最低限度的保障来抵御意外的发生。随后雇员还享有“购买”他们各自所需的福利的权利。其他福利选择可能包括预先支付的法律服务、理财计划或长期医疗保险。一些不寻常的选择包括养老保险、公共交通票证，甚至宠物保险。不是每个人都需要或想要这样的服务，因此可以选择。薪酬管理专家们认为弹性福利计划是一种理想的福利计划。雇员选择对他们来说最有价值的福利，而雇主通过限制雇员福利金额来管理福利成本。

11.1.2 管理福利

由于现今雇员福利的种类极多，管理组织的福利计划是一件既费钱又费时的事情。甚至对于仅有30~40名雇员的小企业来说，记录并弄清每个雇员的福利或申请福利的支付，都是一件相当麻烦的事。

好在对于大多数的大型或小型公司，在线员工福利系统成为主要趋势。系统给每位员工提供一个密码，允许他们获得福利方案的信息，在他们选择的方案中注册，修改保险项目，或简单地询问他们的各种福利账户的状态，而无须联系人力资源代表。网上福利系统创造了一种自助式福利管理，在福利管理方面显著节省了成本。③Hewitt Associates公司的医疗管理电子商务负责人Mindy Kairey说：“网络把福利信息提供给真正需要它的人。雇员想要追踪他们的权利，审视他们的福利水平，并比较他们的选择。他们想对他们的医疗计划负责。”④

正如系统本身带来的福利，它有助于企业通过要求员工“启动测试程序”来调查和采纳从不同的系统中获得的反馈意见，员工们能从网站上找到他们想要的福利吗？如果不能，或者很难利用网站，他们最终一定会打电话给人力资源部寻求帮助，那么这个系统就失败了。

11.1.3 传递雇员福利信息

尽管员工们日益意识到福利是有成本的，但他们中的许多人仍没有准确地认识到雇主究竟付出了多少，或者说为什么他们正努力地削减成本。Towers Perrin的研究指出，很大

---

① 弹性福利计划（自主福利计划）：使雇员能够选择最适合自己特定需求的福利计划。

② Michelle Conlin and Jane Porter, “The Shape of Perks to Come,” *Business Week* (August 20, 2007): 61.

③ Ashley Haynes, “Drowning in Paperwork: Self-Service Benefits System Provides Relief for Non-Profit Hospital,” *Workspan* (January 2007): 43.

④ Online Benefits Expected to Become Predominant,” *Best Review* 105, no. 12 (April 2005): 106.

程度上是因为缺乏针对福利问题的沟通和对员工的信任。[①]有趣的是，福利管理专家们认为，一个成功的福利计划的真正评价标准是雇员对它的信任、理解和赞赏程度。[②]

自从1974年《雇员退休收入和保障法案》通过以来，传递雇员福利信息发展十分迅速。该法案规定雇员有权知道他们的养老金和其他福利是以何种方式计算出来的。另外，雇员可以因为在医疗和福利保险上受到误导而控诉他们的雇主。当管理者与一组雇员进行讨论或与雇员一对一谈话时，问题就出现了。当经理说组织提供的保险不包括某些特殊情况但实际上包括，产假是120天而实际规定是60天时，在这些情况下，经理有可能误导雇员。这些潜在的问题说明准确、清楚地传达福利信息是很重要的。[③]

在传递员工福利信息时，最好的建议就是利用多媒体技术。[④]不同的员工群体有不同的了解和识别他们如何接收信息的方法，并且要传递的福利信息的复杂程度可能决定媒体的选择。[⑤]由于宜家公司有1/3的员工属于Y一代，公司担心如果它只寄出福利信息，这些员工中的许多人不见得会不怕麻烦地打开信。所以另外又把信息用推特发送了福利网站的链接，提醒员工福利注册的截止日期。“我们想以同事们所用的讨论方式跟他们谈，”北美宜家公司的信息经理如是说。[⑥]

英特尔和升阳微系统公司使用博客来传递福利计划信息，并鼓励员工与他们对话。员工可以在博客上发问并得到答案，它对其他有同样问题的员工有帮助。升阳公司使用第二生命的虚拟世界来举办福利论坛。

无论借用何种媒体设计福利信息应包括以下一般性的忠告：

- 设计福利时避免用复杂的语言，必须用清晰、简洁、易于理解的语言。
- 应解释福利背后的目的和它给予员工的价值，预先说明不同福利计划的利弊。
- 尽可能利用图表，使信息一目了然。
- 提供大量的例子说明福利的选择如何影响不同类型的员工，并且取决于个人的状况。

甚至员工可以进入福利信息在线网站，大多数公司会定期寄出福利报表，里面有详细的员工福利状况说明。请见聚焦HRM 1，其中介绍了基于工资和福利计算的薪酬。注意它强调了员工的总薪酬是如何计算的，以便很容易看到福利的总价值。

1.成本控制战略

许多企业已开始要求员工支付一部分福利成本，或者如果已经这样做了，会提高保险额、自费额和免赔额。另外，大公司会一次性地削减提供给退休人员的医疗计划，这并不

---

① Stephen Miller,“Survey: Employees Undervalue Benefits,”*HR Magazine* 52,no. 8 (August 2007): 30.

② Lisa Patten,“Communicating the New Benefits Deals,”*Benefits Quarterly* 23, no. 2 (Second Quarter 2007): 33.

③ Patricia Wiley,“What Keeps Human Resources Professionals Awake at Night?”*Benefits Quarterly* 23, no. 2 (Second Quarter 2007): 13.

④ Dennis Ackley,“Communication: The Key to Putting the ‘Benefit’ Back in Benefits,”*Workspan* (February 2006): 32.

⑤ JoAnn Davis,“Communication: It Is More Than Distributing Information,”*Employee Plan Benefits Review* 62,no. 1 (Ju1y 2007): 5.

⑥ Jeremy Smerd,“Tweeting Benefits in 140 Characters or Less,”*Workforce Management* (August 2009), http://www.workforce.com.

罕见。

2.控制医疗福利成本

是什么导致了医疗成本的上升？上升有许多因素。一是消费者过度使用昂贵的医疗保健服务。这是企业纷纷转向健康储蓄账户和高抵扣健康保险计划（HDHPs）的部分原因。结合高抵扣健康保险计划，企业还给员工提供了医疗保健支出账户（HSA），这些都是在税前基础上。另外，当员工支付收入所得税时，可以扣除他们已交的这些金额。医疗保健支出账户的优势是这些基金都保留在账户里，年底时返给员工，甚至是他或她离开公司。员工往往喜欢高抵扣健康保险计划，是因为要从工资中扣除常规的保险费普遍低于其他类型的卫生保健计划等（如健康维护组织（health maintenance organization，HMO）和优先提供者组织（PPO））的保险费。

高抵扣健康保险计划的缺点是，当员工接受治疗时，他们自己也要支付一部分或者全部费用，直到达到免赔额的最高临界值。这些费用通常比其他类型计划的自费额和免赔额高。由于这个原因，员工们更加意识到医疗成本。他们有动机精打细算自己的医疗基金，随着时间的推移，他们的健康储蓄账户的价值不断增加。鉴于此，高抵扣健康保险计划有时也被称为消费者驱动计划。

高抵扣健康保险计划的确看起来能控制成本。然而，因为它发挥的作用不同，并要求员工现付的费用更高，人力资源经理需要详细地解释它们如何运行，并向员工说明他们应该为长期医疗积累多少长期储蓄。同时，有些研究表明，有医疗保健支出账户的员工倾向于把预防保健拖后，以让他们的医疗保健支出账户金额增加。这可能犯了一个错误，如果员工拖延，可能阻碍了疾病的早期筛查和治疗，发展成重大的、成本高昂的疾病。

由于健康维护组织（HMOs）和优先提供者组织有贴现率，因此它成为削减成本的另一个动力。健康维护组织由内科医生和其他医疗专家组成，在预先付款的前提下，向预约者及其家人提供多种医疗服务。员工们支付一个很小的固定费用，叫自费额，通常是25美元或30美元，随时接受治疗。健康维护组织在一特定的居住地区内以某一固定费用为每名雇员提供日常的医疗服务。雇主每年要向健康维护组织支付一定的费用，这一费用负担了其雇员医疗费用的大部分。健康维护组织必须在一定的费用下提供各种各样的服务，通常着重于预防性医疗保健和早期介入。报名参加这一计划的员工必须选择一名来自健康维护组织医生名录的全科医生，叫作初级护理医师。他们的初级护理医师为其提供基本的医疗保健服务。然而，要看一个专科医生，员工需要有初级护理医师的推荐。这有助于降低成本，也因为专科医生的收费通常比初级护理医师的收费高。员工支付给专家的自费费用通常也略高，这激励员工首选初级护理医师。

优先提供者组织是由一组医生建立的组织或网络，它向雇主保证，降低服务费用或同意控制成本（例如减少每个雇员的诊断测试）。不像健康维护组织，在那里员工要看医生时，他们的选择有限，优先提供者组织允许员工从更广的范围选择医生（会诊医生）。正常情况下，根据医疗需求的不同，有大量的医生可供选择，员工看专科医生，无须推荐。小额的自费费用也是优先提供者组织的一个特点。员工也可选择优先提供者组织以外的医生，但花的钱也多。

雇主有时因税收优惠账户的不同类型而同时加入优先提供者组织和健康维护组织，员工可用于支付他们的现付医疗费用，如他们的自费额、处方药成本等。健康补偿账户（HRA）允许员工向公司报销现付费用。员工报销的金额不用交税，如果报销的费用是以他们的薪水支付的。弹性支出账户（FSA）是另一种员工用于支付其有关健康费用的账户，是以员工工资里扣减的钱建立的账户。扣减的钱是不交税的，没有这些账户，员工将在医疗保健上花更多的钱。公司也会把一些钱放到弹性支出账户里。弹性支出账户的缺点是到计划年末基金没有用完要回到雇主的账户上。

另外，许多公司——甚至是《财富》500强的公司——正在限制员工可以选择的计划，而选择那些最便宜的，并进行审计，以确保那些不符合资质的员工家属不予保险。

3.包括牙科、眼科及心理健康的福利成本

设计的牙医计划用于帮助支付牙医费用，鼓励员工定期接受牙医检查。像医疗计划一样，牙医计划由保险公司运作，牙医服务公司包括蓝十字/蓝盾计划执行机构、健康医疗组织以及牙医提供商团体。值得一提的是，保险公司支付一定比例的费用，用户支付剩余部分。眼科福利也是类似的运作方式。这些福利通常涵盖或报销每年一到两次看眼科的成本以及定期购买隐形眼镜和框镜的成本。

作为计划的一部分，几乎所有参加健康保险的员工都有心理健康的福利。然而，2009年以前，大多数计划通常都限制比它们的医疗保险高的住院治疗和门诊费用。《2008年心理健康平等和毒瘾治疗权益法案》改变了这一切。在成本和介入治疗方面，法律要求团体健康计划与治疗心理健康计划在做治疗和外科手术时同等对待。[①]

4.包含附加费用

美国人口老龄化、高肥胖率和健康问题是医疗费用不断上涨的三个原因。为了解决这些问题，公司引导员工养成健康的生活习惯和行为来降低医疗保险费。健康计划（已简单讨论过）是这项努力的一部分。相反，企业也针对员工不良习惯（如吸烟），收取他们更高的医疗保险费。北卡罗来纳州有越来越多的组织对那些病态肥胖而不减肥的员工收取更高保费。[②]为了帮助应对日益增长的药品成本，公司正在鼓励员工使用非专利药品，并对通过指定药店邮购90天药量的员工提供折扣。

一个更令人注目的变化是一些公司正在放弃免赔额，如果员工愿意到海外接受治疗，而在那里所需费用经常只及美国国内的一部分，公司会支付这笔费用。IDMI Systems，一家位于佐治亚的公司，就是这样的。它的员工和家属自筹资金加入了分布在世界各地的29家医院、4家牙医诊所的医疗计划——这些医院和诊所都有经美国的董事会认证的在职医师。[③]到海外进行治疗的实践被称为医疗旅游。图表11-2列示了美国人海外医疗常去的国家，以及常规的海外医疗成本占在美国花费的百分比。

---

① Lydell C. Bridgeford, "Mental Health Parity and Addiction Equity Act Signed into Law," *Employee Benefit News* 22, no.15 (December 2008): 44.

② Susan J. Wells, "Getting Paid for Staying Well," *HR Magazine*, 55, no 2. (Februrary 2010): 59-62.

③ Georgia Firm Adds "Medical Tourism to Benefits," *HR Specialist: Compensation & Benefits*, 5, no. 5 (May 2010): 7.

图表11-2 **常规的海外医疗成本占在美国花费的百分比**

医疗旅游国家

为医疗而最常去的5个国家

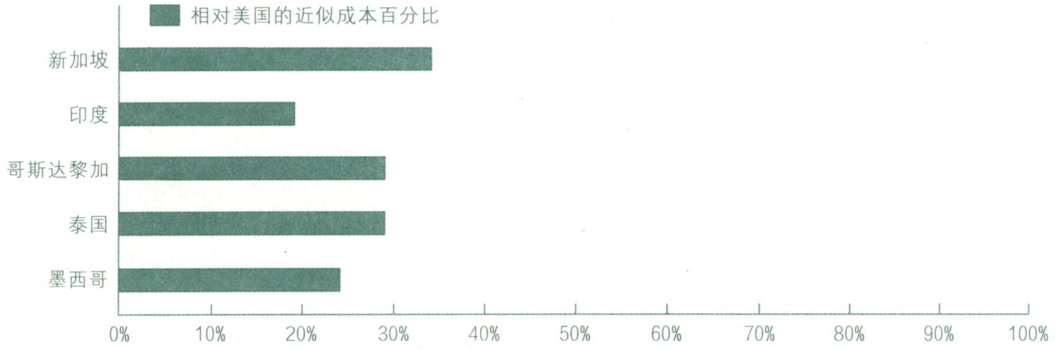

Source: Adapted from Reuters, Deloitte, and the research findings of Joseph Woodman, the author of *Patients without Borders*.

5.基于价值的医疗新方案

有一小部分但越来越多的雇主开始转向所谓的基于价值的健康新方案。基于价值的新方案更多地关注于成本削减。追求这一战略的公司要权衡员工最常用的和最需要的医疗项目，瞄准面向员工的福利和健康项目。例如，Cerner公司，是一家位于堪萨斯城的软件公司，它建立了六项医疗条件，节省了30%的公司总成本。糖尿病是其中的一个。它采取积极措施帮助患有糖尿病的员工，平均每年花在治疗患有这种疾病的员工身上的费用下降了2 500美元/人。

Pitney Bowes公司追求的是另一个基于价值的健康医疗新方案。该公司以员工最有可能患上的一种慢性疾病为主，如哮喘、高血压和糖尿病，并提出了用药物来治疗这些疾病，尽可能廉价甚至免费给员工。这种观念鼓励员工寻求治疗和管理身体，以避免出现花费更高的并发症。“我们看到很少有人看急诊，我们也看到员工们能够来工作，更有效率，” 公司的全球福利计划行政主管Andrew Gold说，“这将为公司和员工创造一个综合福利。”①

6.健康计划

健康计划是由雇主资助的计划，用于鼓励员工保持并改善他们的健康状况，通过定期体检、适当的饮食、运动、管理他们的压力水平，来避免昂贵的医疗费用和慢性疾病。通常员工只需接受基本的健康评估就可以确定他或她是否有健康问题，通过一个健康计划改善身体状况。例如，一个员工可能要做一个测试，问他有多少运动量，是否抽烟、喝酒等。基于这些信息，开发一个计划来改善员工的身体状况，降低他或她患病的风险。有些公司向员工提供健康风险评估措施。俄亥俄州哥伦布市一家制造商Franklin International为员工提供价值50美元的礼品卡。建立室内健身设施或给员工办卡到公司外的健身场馆锻炼也是公司提供健康计划的普遍做法。

① Joanne Sammer,“Big Picture on Drug Benefits,” *HR Magazine* 55, no. 3 (March 2010): 32-38.

然而，许多企业发现它们要做的远不止于给员工提供健康评估并告诉他们注意锻炼。利用健康教练或私人教练有助于鼓励员工持续参与这些项目。加利福尼亚一家生产天然和有机食品及饮料的公司Clif Bar & Company聘请了免费的私人教练，在健身馆里员工可以随时请教。公司还向购买通勤自行车的员工提供营养咨询和500美元的补贴。这一战略符合公司的整体使命，为消费者提供健康的产品。在纽约广告公司J. Walter Thompson，员工健康管理计划包括两个：心血管健康与营养健康。公司的北美分部总裁Bob Jeffrey说："员工可以在减压室放松，得到免费的按摩和瑜伽课或营养课，参加公司的运动队，并有一位私人教练可供咨询。"①其他的健康计划有：向达到健康目标的员工提供奖励。奖励包括更低的医疗保险费、钱和奖品。

7.疾病管理计划

疾病管理计划借助接受过医学培训的人员，向病人及其看护者提供关于监控和治疗疾病的信息，同时协调医疗消费者、医疗服务提供者、雇主和雇员之间的沟通与交流。当管理者面临患糖尿病、哮喘和抑郁症的雇员高缺席率的情况时，芝加哥的第一银行（Bank One Corporation）实行了疾病管理计划。疾病管理计划也可以与在工作中受伤的员工的康复结合在一起使用，以帮助他们更快地恢复，快速安全地返回工作岗位。

8.员工援助计划

为了帮助员工应对各种干扰他们工作的问题，各类组织，包括纽约大都会队、联合服务汽车协会、洛杉矶警察局、利维·斯特劳斯等组织开发了员工援助计划。一个员工援助计划通常针对酒精或药物滥用、情绪障碍、经济或家庭困难问题提供必要的诊断、咨询和转诊建议或治疗。②主要目的是帮助员工解决个人困难或至少防止问题进一步恶化，以免影响他们的工作效率。为了处理危机，许多员工援助计划提供24小时热线，员工可以随时拨打。在Cerner公司，为员工提供了员工援助计划以后，该公司的心理健康门诊医疗费用下降了近41%。

9.咨询服务

员工援助计划的一个重要组成部分是它向雇员提供咨询建议服务。当大多数组织希望经理人与下属协商时，许多雇员都有问题需要专业咨询员的服务。大多数组织把问题雇员委托给外部服务机构，如家庭咨询服务、婚姻咨询员和心理健康诊所。一些组织有临床的心理医生、咨询员或类似的专业人员，可以把雇员委托给他们。聚焦HRM 1表明了我们这里没有讨论的企业削减有关医疗成本的其他一些方法。

11.2 法定雇员福利

法律所规定的福利约占雇主提供的所有福利的19%，其中包括社会保障保险、失业保险和工伤赔偿保险。我们将逐一讨论这些福利。

---

① Christina Fuoco-Karasinski, "Building More Fit Employees: A Massachusetts General Hospital Case Study," *Workspan* (April 2007): 65.

② Ira J. Morrow, "The Integration of Employee Assistance, Work/Life, and Wellness Services," *Personnel Psychology*, no.4 (Winter 2006): 961.

聚焦HRM 1

福利成本个性化报表

ABC Corporation

报表年度截至2010年12月31日

你的总薪酬报告

附上为你量身打造的个性化财务报表。这个报表表明了你为公司做出的贡献而获得的总薪酬方案。当你审阅报表时，会看到你的福利价值，再加上年薪，就得到你的总薪酬。报表表明你的服务对公司贡献了多少价值。

感谢你的服务

总裁Jonathan Bigg

部门：营销部

（年中活动适用：最近加薪是2010年6月1日）

Chris Smith
123 Maple Street
Pittsburgh, PA 15212

基础工资		其他现金福利		公司支付的福利		总薪酬
40 000美元	+	1 600美元	+	19 579美元	=	61 179美元

工资（美元）	
基本工资总计	**40 000**
工资	40 000
其他收入总计	**1 600**
假期奖金	200
年度奖金	500
绩效奖金	900

总薪酬方案
（基本工资+公司支付的福利）

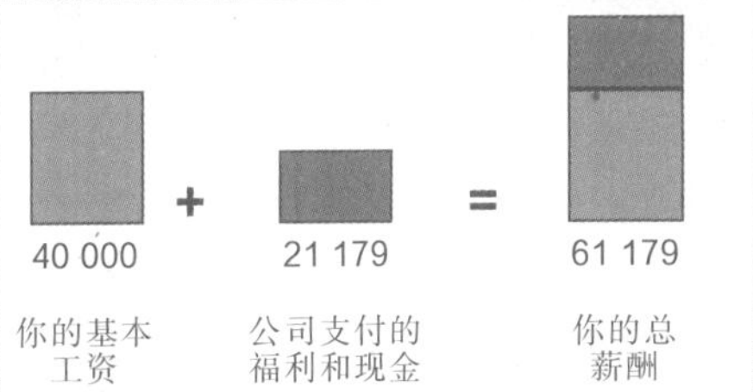

53% 你的公司支付的福利和现金表明除了你的基本工资外，另有53%的福利

额外的公司福利
免费咖啡
年度节日联欢晚会
公司年度野餐

福利	公司贡献（美元）	你的贡献（美元）
保险福利总计	**6 917**	**4 703**
健康保险	5 770	2 885
牙科保险	577	288
视力保险	344	–
短期伤残险	133	–
长期伤残险	93	–
Aflac公司短期伤残险	–	680
Aflac公司个人意外伤害险	–	522
Aflac公司癌症险	–	328
退休福利总计	**3 425**	**4 175**
社会保障	2 579	2 579
老年保健医疗	596	596
401（k）	250	1 000
时间福利总额	**3 320**	–
带薪休假	3 320	–
规定的福利总额	**1 747**	–
联邦失业险	56	–
州失业险	179	–
员工薪酬	1 512	–
特殊福利总计	**4 170**	–
免费泊车	2 400	–
快乐星期五食品节	250	–
手机/电脑/技术	600	–
教育/培训	920	–
福利总计	**19 579**	**8 878**

69% 你的公司支付的福利占你总福利的69%

声明：ComPackage软件公司和雇主对利用ComPackage软件生成的报告所产生的错误不负法律责任。本报告的内容仅限于说明的目的，不意欲成为也不构成薪酬方案的最后报表。计算的总额因四舍五入而稍有误差。对你的薪酬方案有任何疑问请直接咨询你的雇主。版权所有COMPackage Corp © 2010 。总薪酬报表由COMPackage Corp生成。

COMPackage Corp © 2010 This Total Compensation Report was created by © COMPackage Corp. http://www.compackage.com

11.2.1 社会保障保险

《社会保障法案》[①]旨在保护那些因年老、失业而失去收入的个人。这一法案后来被修改为包括残疾或抚养者死亡的遗属。因而这些计划合在一起称为老年人、遗属和残疾人保险（Old Age，Survivors，and Disability Insurance，OASDI）。按照社会保障管理机构的数据，2014年有超过60万人领取了退休福利与社会保障。

老年人、遗属和残疾人保险已在美国运行得相当普遍，涵盖了美国96%的劳动大军。铁路工人和公务员被排除在外，他们和农场主、国内工人以及收入不符合一定的最低要求的自谋职业者一样，有自己的系统。[②]社会保障计划是通过对雇员的收入征税而实现的，所以必须与雇主的每个支付期匹配。2014年，税率是6.2%。但是这个百分比可以有不同。例如，在过去的经济衰退中为了刺激经济，2011年，员工支付的比率暂时降到4.2%。自谋职业者支付的比率则从12.4%降到10.4%。税收主要用于支付三项福利：（1）退休福利；（2）残疾人福利；（3）遗属的保险福利。由于立法及管理规则的持续变化，以及个人社会保障构成的复杂性，我们将从大体上描述这些福利。

1.退休福利

要享有退休福利，个人必须达到退休年龄并且完全投保。一个完全被保险人（fully insured person）必须有40项投保记录——每年最多4次，持续10年，以年收入为基础。每月的社会保障退休福利也以收入为基础，根据通货膨胀率进行调整，过了保险年龄，就可享有社会保障福利。[③]依据社会保障准则，个人的完全退休年龄（full retirement age）取决于他或她的生日。[④]1938年之前出生的人，65岁可以享受全额福利。因为预期寿命延长，因而那个日期之后出生的人，领取全额福利的年龄已逐渐提高到67岁。

目前，个人到62岁的时候就可以领取社会保障福利，但是每个月所领取的金额要少于完全退休年龄时所领的数额。另外，许多已经62岁或过了62岁但还没到完全退休年龄的许多稍微年轻一点的人或者做兼职的人也有社会保障福利。然而，在政府开始减少每月的社会保障检查之前，他们只能赚那么多的钱（2013年收入限制在15 120美元）。然而，一旦劳动者达到了完全退休年龄，对他们赚的钱就没有限额要求了；他们的社会保障检查也不会减少。当人力资源经理开发计划是为了留住和吸引老年员工时，需要记住这一点。

2.社会保障体系下的残疾人福利

社会保障体系向那些无法从事“基本有偿工作”的残疾人提供残疾人补助。但是，要有资格享受这种福利，个人的残疾必须已持续至少一年或者将导致死亡。有些政府计划为部分残疾或短期残疾的人提供金钱，社会保障体系则没有。[⑤]另外，支付给员工的残疾费

---

① 网络链接：利用互联网，在社会安全管理网址你可以下载软件，对你的个人SS利益进行评估。可以通过网址www.cengage.com/international来获取学生资源。

② 由于社会保障法一直在不断修正，读者应参考最近的社会保障局提供的最新资料，上面提供了有关税率和福利条文的最新资料。

③ *How You Earn Credits*, Social Security Administration, SSA Publication No. 05-10072 (January 2007).

④ *How Work Affects Your Benefits*, Social Security Administration, SSA Publication No. 05-10069 (January 2007)

⑤ 例如，社会保障局管理补充保险收入（SSI）计划，这个计划仅向低收入的65岁及以上的老人、盲人或残疾人支付。然而，补充保险收入不是通过社会保障税支付，而是通过美国财政部一般基金支付。

用包括给员工家庭成员的费用，如配偶超过62岁并且有需要抚养的子女，可以根据员工工作年限获得福利。社会保障局采用五个步骤来决定有残疾的工人是否有资格领取福利。聚焦HRM 2概括了这个过程。

3. 遗属的保险福利

遗属的保险福利是人寿保险的一种，用于支付给符合规定的死者的家属。[①]遗属的福利只有在死者生前工作时支付了相当数额的保费时，才予以支付。确切的支付数额取决于死者的年龄。如前所述的其他福利，遗属福利的数额取决于死者生前工作时向社会保障所做出的贡献。

4. 老年保健医疗

美国社会保障局也管理老年保健医疗方案，它由单独的工资税筹集基金。65岁或65岁以上退休的人可以得到老年保健医疗，它包括医疗保险（medical and hospital insurance）和处方药保险（prescription drug coverage）。[②]这项方案有助于分担医疗保险的费用，但不包括所有的医疗费和大部分的长期治疗费用。[③]工资税的一部分是由工人支付，相应地雇主也要支付一部分。2011年，员工和雇主分别支付员工工资或周薪的每一美元的1.45%。老年保健医疗资金来自每月从社会保障资金账户中扣除的医疗保险费。

雇主关心的一个问题是老年保健医疗符合条件的年龄。正如我们所解释的，通常是65岁，但立法者正在考虑把年龄提高到67岁，因为它们与社会保障无关。如果是这样，员工到65岁或更大年龄可以继续享受公司提供的医疗保险而不是老年保健医疗。这可能会导致雇主为这一群体的员工支付两倍以上的医疗保险，而与工会签约的退休者在其合同中会要求其前公司覆盖这一保险，除非有老年保健医疗。按照一项调查的结果，雇主支付的医疗保险成本花在符合老年保健医疗资质的平均费用在4 654美元/人，相比之下，在符合老年保健医疗条件之前的退休人员平均费用在10 872美元。[④]

聚焦HRM 2

谁有资格领取《社会保障法案》的残疾人福利?

如果你身有残疾，社会保障局会同州属机构将通过以下五个步骤来确定你是否符合条件享有这一福利。

1. 你有工作吗？如果你有工作，并且每月你的平均收入高于一定的额度，你通常不会被视为残疾人。这个额度每年都有变化。如果你没有工作，或者你的每月平均收入达到这一额度或更低，州属机构将检查你的身体状况。

---

① Survivors Benefits, Social Security Administration, SSA Publication No. 05-10084 (August 2007).

② Social Security Administration. OASDI and SSI Program Rates & Limits, 2013.

③ 你可能觉得医疗救助和医疗保险是一回事。实际上，它们是两个不同的项目。医疗救助是由国家运行的项目，为低收入和很少或没有经济来源的人提供医院和医疗保险。每个州都有自己的规定，谁有资格获得以及医疗救助的范围。有些人既符合医疗保险的条件，也符合医疗救助的条件。有关医疗救项目，请联系你当地的医疗援助机构、社会服务机构或福利办公室。

④ "Raising Medicare Age Could Cost Employers $4.5 Billion," *Workforce Management* (March 2011), http://www.work-force.com.

2. 你的身体状况很严重吗？州属机构将确定你有残疾，你的身体状况必须是显著限制你做基本的工作行为——如行走、坐，并且记住——至少是一年。如果你的身体状况不严重，州属机构将不会视你为残疾人。如果你的状况是严重的，州属机构将继续完成下面三个步骤。

3. 你的身体条件在障碍列表内吗？州属机构有一个障碍列表，详述了自动地视为符合法律规定的严重的身体条件。如果你的身体条件（或者结合医疗条件）不在列表内，州属机构会看你的条件是否与列表里所列的条件一样严重。如果你的医疗条件的严重性符合或等同于已列示的障碍，州属机构将确定你是残疾的。如果不是，则州属机构将进行第四步。

4. 你能像以前那样工作吗？在这一步，州属机构确定是否你的医疗条件妨碍你做以前一样的工作。如果不是，州属机构将确定你不是残疾人。如果是这样，州属机构将进行第五步。

5. 你能做其他类型的工作吗？如果你无法做以前的工作，州属机构会看你是否能做其他工作，它会评估你的医疗条件、年龄、受教育程度、过往的工作经验、做其他工作的技能。如果你无法做其他工作，州属机构将确定你是残疾的。如果你能做其他工作，州属机构将认为你不是残疾人。

Source: Disability Benefits, SSA Publication No. 05-10029 (Washington, DC: U.S. Social Security Administration, 2010), www.ssa.gov/diplan /dqualify5.htm.

11.2.2 失业保险

失业保险是由美国劳工部管理的基于《社会保障法案》的一项国家计划的一部分，并与各州的计划保持协调。它保护本身无过错而失去工作的员工。雇主完全可以通过工资税为这项福利买单，这在各州有不同的规定。企业支付的比率也取决于它们的裁员记录，或者被称为经验值。一般而言，一个公司有大量的裁员记录，将不得不支付比其他企业更高的比率。这意味着，公司可能因解雇员工而不得不支付更高的失业税，最终将失去老员工。另外，这些税率各州都不相同。正如你看到的，当他们决定在哪里经营，并雇用员工以及解雇他们时，失业税是人力资源经理人必须考虑的问题。

通常符合失业条件的雇员可以在失业期间享有26周的失业保险补贴。在高失业时期，联邦政府有时会通过立法来延长失业员工获得福利的周数。然而有些州还不到26周。2011年尽管失业率很高，但密歇根州是第一个因失业基金赤字而把领取失业福利的时间缩短为20周的州。[①]人力资源经理需要及时了解国家和各州的变化，以便及时向员工传达正确的信息。

有资格领取失业福利的员工必须向其所在州属机构递交失业保险申请书，并登记他所适合的工作，表示愿意在失业期间接受他能胜任的工作。但是“适合的”这个词使个人有相当大的自由来接受或拒绝工作。雇员能接受的失业补助金额在各州间有区别，但主要取决于他们当前的工资额和工作时间。

① Annie Lowery, "Putting the Squeeze on Jobless Benefits," *Slate* (May 6, 2011), http://www.slate.com.

11.2.3 工伤赔偿保险

工伤赔偿保险（workers' compensation insurance）[①]是由雇主购买的私人或国有公司的保险，基于这个系统以保护在工作过程中受伤的员工。工伤赔偿法律由每个州自行制定并管制。因此，具体的法案会根据地区的不同而不同。例如，每个州对于失业补助的数额和持续时间有不同的规定，包括提供医疗、康复服务，每个州的监管体系也有所不同。《工伤赔偿法》也向未亡配偶和家属提供死亡抚恤金（death benefit）。

不论员工在规定的工作地点或其他地点，还是在工作过程中遭遇车祸，工伤赔偿保险涵盖所有在工作中受伤的雇员。此外，领取补偿的工人不能因为工伤而起诉雇主，除非因雇主的严重过失导致工伤或雇主缺乏法律所要求的保险水平。员工是否有过错，这无关紧要。另外，除非是因为雇主的重大过失导致员工受伤，或者雇主没有按法律要求为员工投保必要的保险，享受工伤赔偿的员工不能起诉雇主。工伤赔偿保险还包括某些特定的职业病。在工伤赔偿要求被批准前，必须确定伤残与工作有关。同时，在索赔过程中，由职业医师鉴定索赔人伤残成立也是必要的过程。

虽然各州的雇员都支付"工伤赔偿"保险，但他们通过税收支付的金额是不同的。与失业保险费率一样，雇主保险的税率取决于其经验评级，这基于不同的因素，包括公司雇员受伤的频率和严重程度（称为一个公司的经验费率）。毫无疑问，组织为了保持较少的公司税，应尽力保持一个良好的安全记录（参看第12章有关安全工作环境的内容）。

11.2.4 《统一综合预算协调法案》

我们曾在第3章讨论过《统一综合预算协调法案》，回顾《统一综合预算协调法案》（Consolidated Omnibus Budget Reconciliation Act，COBRA），它要求雇主向雇员及其配偶和赡养者提供医疗保险，直到雇用期结束、死亡或离异。[②]保险提供的时间应该在18周到36周之间，这取决于规定的指导原则。这样，正式雇员及其家庭因为自己交的健康保险费要比个人投保人低而获益。只要正式雇员交保险费，雇主就不得不按规定程序为雇员及其赡养者交保险费。

11.2.5 由《患者保护与平价医疗法案》提供的福利

2010年《患者保护与平价医疗法案》通过。这项法案与2010年《卫生保健和教育协调法案》构成了2013年卫生保健改革纲领，到2013年底生效。雇主需要考虑以下一些主要条款：

- 到2014年，企业雇用50人或50人以上，员工每周工作30小时或30小时以上，没有给他们提供医疗保险，应向政府缴纳罚金。并且，有200人以上全职员工的企业要自动为新入职的全职员工注册医疗保险计划。
- 雇主要为员工的子女提供保险，直到他们满26岁。
- 对于某些基本的医疗保健服务，主要是与一般的预防保健相关的，不必为员工及其家属缴纳费用或者不收费用。
- 在一些关键医疗福利方面不允许有终身保险限制。
- 员工不能因为他们或雇主在保险申请中无心的过失而失去保险。

---

① 工伤赔偿保险：为雇员提供的国家强制保险，用于支付因工伤而导致的收入减少或治疗成本。

② COBRA，P.L. 99-272，100 Stat. 82（1986）.

聚焦HRM 3

《事假和病假法案》下雇员的权利和责任

雇主必须为雇员提供《事假和病假法案》总则，它要张贴在工作场所（或以电子形式发送），并在员工手册中列明，或在新员工被录用时提供。

基本休假权利

《事假和病假法案》要求雇主提供12个工作周的无薪休假，基于以下任一理由：

- 怀孕期间、产前检查或孩子出生；
- 雇员照顾新生婴儿或进行幼儿看护；
- 雇员照料患病的配偶、儿女、父母；
- 雇员身体状况极差，难以完成工作。

军人家属休假权益

符合条件的有配偶、儿子、女儿或是父母在军队的，或者称为现役状态，或在国民警卫队或后备役为应急行动而提供支持的员工，可以申请12周休假。紧急请假可能包括参加一定的军事活动，安排可供选择的幼儿托管，解决某些财务和法律安排，参加一定的辅导，参加张贴军人安置重返社会简报。

该法案还包括一个特殊的休假权利，允许符合条件的员工一年有26周的假期来照顾符合条件的军人，这些军人是武装部队的现役人员，包括国民警卫队或后备役受到严重的伤害或有疾病的现役军人，导致其无法履行军人职责，正在进行医疗、疗养或治疗，或在诊治状态，或在临时伤残退役名单。

工作福利及其保护

在符合《事假和病假法案》要求请假期间，雇主在采取任何“集体医疗计划”的时候，必须把请假雇员包括在内。

在雇员结束假期返回岗位时，大多数雇员必须能返回到他们原来的或等同的工作岗位上，能获得同等的报酬、福利以及适用其他雇用条款。

《事假和病假法案》规定离职不能使雇员再遭受任何福利上的损失。

资格要求

他们为适用范围内的雇主工作了至少1年，而且在过去的12个月中工作时间超过1 250个小时，公司在75英里的范围内至少有50名雇员。

严重健康状况的定义

严重的健康状况是一种疾病、伤害、损害或身体或精神状态，包括过夜治疗，或需有医护者的持续治疗，家人无法正常上学或进行其他日常活动。

受某些条件的限制，继续治疗的要求可能是在一段时间连续多天的无行为能力，加上至少两次看诊或一次看诊并继续治疗，或由于怀孕，或由于慢性疾病导致的无行为能力。可能满足持续治疗定义的其他条件。

使用假期

一个雇员不需要在一段时间内用完这个休假权利。休假可以采取间歇或根据治疗需要减少休假。员工必须做出合理的努力，安排请假时间，进行有计划的医疗，以不过分破坏雇主的正常运营。请假也因发生紧急情况而紧急申请。

无薪休假的替代

当根据《事假和病假法案》请假时，员工会选择或雇主会要求使用带薪休假。为了依据《事假和病假法案》而申请带薪休假，员工必须遵守雇主的正常带薪休假政策。

员工的责任

当预见有请假需求时，员工须按照《事假和病假法案》提前30天通知。一旦提前30天不可能，雇员必须在切实可行范围内尽快通知，遵守雇主正常的程序。员工应向雇主提供充分的信息来确定是否符合《事假和病假法案》规定。充分的信息包括员工无法执行工作职能，家庭成员无法进行日常活动，需要就医，由医护者提供持续治疗，或出现需要支持军队而休假的情况。员工也必须通知雇主要求离开并是有原因的，请假是按照《事假和病假法案》提前进行的或符合规定。员工也有必要提供证明并定期提交新的请假证明。

雇主的责任

符合条件的雇主必须通知员工，要求他们请假符合《事假和病假法案》。如果他们这样做了，该通知必须说明任何额外的信息要求，即员工的权利和责任。如果他们不符合请假条件，用人单位必须提供不予准假的原因。

符合条件的员工必须通知雇主请假是受《事假和病假法案》保护的，并且请假的天数符合请假的资格要求。雇主确定请假不受《事假和病假法案》保护，必须通知员工。

雇主的非法行为

根据《事假和病假法案》规定，任何雇主都不得：

- 干涉、限制或者制止《事假和病假法案》下任何权利的实施；
- 对任何反对《事假和病假法案》下不合法行为的雇员或者牵涉到《事假和病假法案》相关进程中的人，不得解雇或歧视。

条例执行

美国劳工部被授权调查处理相关违规申诉。

符合条件的雇员对违规的雇主有权提起民事诉讼。

《事假和病假法案》不会影响到任何禁止歧视的联邦或州立法令，也不会取代各州和各地法律或者是那些提供更多事假和病假权利的集体谈判合同。

《事假和病假法案》 109条（29 U.S.C. § 2619）要求《事假和病假法案》必须通知到员工，张贴该通知的内容。法规 29C.F.R. § 825.300（a）可能要求有额外的披露。

For additional information:
1-866-4US-WAGE (1-866-487-9243) TTY: 1-877-889-5627
WWW.WAGEHOUR.DOL.GOV

WHD
U.S. Wage and Hour Division

U.S. Department of Labor | Employment Standards Administration | Wage and Hour Division   WHD Publication 1420 Revised January 2009

注：联邦政府要求的其他公告参见第3、9和12章。

在这些条款中，雇主最为关心的是他们要向员工子女提供医疗保险直到孩子26岁为止。不得不为每周工作30小时的员工缴纳保险也是一个要关注的问题，因为条款规定提供给雇主的联邦补助金是为参加医疗保险的退休人员提供处方药保险。

然而，对雇主来说，与医疗改革有关的，也有一些好消息。小公司的薪酬相对较低，如果公司为它们的员工提供医疗保险，则有资格获得可观的税收抵免，以抵销它们的成本。有些商人认为这些惠让有助于他们在与大公司基于福利竞争时保持同一起点。其他人认为法律提供的保费最小化使员工意识到公司所提供的标准福利。结果，提供较多福利的那些公司能更有效地获得竞争优势。

11.2.6 《事假和病假法案》

《事假和病假法案》（The Family and Medical Leave Act，FMLA）于1993年8月5日通过并生效。[①]该法案适用于拥有50名以上雇员并存在了20个星期以上的企业。一个符合要求的企业必须保证12个月中由于以下一个或几个原因而给予雇员每年12个星期的假期：

（1）照顾新生儿。

（2）抚养孩子。

（3）家庭成员（配偶、子女或父母）病重时的紧急照料。

（4）员工病重。[②]

《事假和病假法案》要求在其适用范围内的雇主为雇员提供12周的无薪留职假期，使他们能应对某些家庭事务和病假。雇员必须符合以下条件才可以享受假期：他们为适用范围内的雇主工作了至少1年，而且在过去的12个月中工作时间超过1 250个小时，公司在75英里的范围内至少有50名雇员。雇主可能要求请病假的雇员提供相关的医生证明，聚焦HRM 3列出了联邦政府的公告。在研究该公告时，注意其他重要的规定，如强行的非法行为，这些都是管理者应关注的。

这个法规会影响组织内的各种福利计划：它规定了医疗保险的期限；它禁止累计福利损失；它提供雇员请假后的福利恢复；它允许将带薪病假和度假转换为现金；它规定传递和接受信息是一种义务；它禁止自动放弃福利。在享受了事假和病假后，雇员必须重新回到与他先前工作对等的岗位上。对等的工作是指与原来的工作具有相同的收入、福利和其他工作条件的工作。

雇主也要检查各州的员工请假法律。有些州赋予员工比《事假和病假法案》更多的权利。威斯康星州就是一个例子。有两个州——加利福尼亚州和新泽西州——要求雇主提供分娩或收养子女的父母带薪假。[③]

2008年1月，国会通过《国防授权法案》，它修正了《事假和病假法案》中符合条件的雇员，其中也规定了正在服兵役的雇员的休假权利。具体来说，如果符合条件的雇员是

---

① FLMA，P.L. 103-3，107 Stat. 6（1993）.

② 员工病重是指一段时间内与病人健康有关的生病、受伤、损伤，或者物理或精神状况的伤残或治疗。

③ Janet Walsh，"Americans Value Moms，but Policies Don't，" *Huffington Post*（May 5，2011），http://www.huffingtonpost.com.

其丈夫、妻子、儿子、女儿、父亲、母亲或是至亲，当他们的亲人处在重大疾病的康复期或是长期伤残需要照看时，雇员在12个月之中可享有26周的假期以照顾他们。重要的是，经理和主管关于《事假和病假法案》方面存在法律上和行政上的问题，建议他们在处理雇员事假和病假的请假要求前，应该先咨询人力资源部门的工作人员，并且在雇佣、晋升、调任、培训和纪律处分等一系列雇佣过程中，雇主不能因为员工申请事假和病假而处罚员工。

11.3 工作生活自由裁量福利

Eddie Bauer，一家户外服装和装备供应商为员工提供外出聚餐和一年一次的“平衡日”。eBay在加利福尼亚圣何塞市的校区留出房间，作为雇员的祈祷和冥想室，员工可以在工作时间“减压”。Raytheon，Procter & Gamble，Unilever，Nortel Networks，Comcast，Yahoo，Google和Apple公司则为员工提供课程，帮助他们的员工应对压力，集中他们的注意力。Ben & Jerry的员工有休息室。金融服务公司Lincoln National为员工的孩子配有专门的老师，开通“家庭作业辅导服务热线”。非营利性研究机构Mitre为员工提供一周的带薪假期，以帮助他们考察或建立志愿者项目。这些组织，像许多其他组织一样，正在试图创造一个工作或生活（也称为家庭友好的）的组织氛围，以使雇员们平衡工作与个人需要。

Mellon财务、人力资源与投资者解决方案公司的一项全国调查显示，受访的86%的雇主聘用兼职员工，88%的企业提供与工作有关的学费报销，81%的企业为雇员提供员工援助方案，71%的企业提供弹性工作方案，50%的企业可以在家远程办公，44%的企业压缩了工作周，54%的企业提供家庭成员病假，47%的企业提供无薪酬的家庭事假，超过《事假和病假法案》的要求。根据这个研究，企业提供工作/生活方案的理由，包括提高士气（74%的受访者），加强招聘工作（73%的受访者）和保持竞争力/行业形象（72%的受访者）。

公司也在改变工作/生活方案，以适应开始工作的Y一代。这一新群体对工作场所和职业都有自己的看法，一个工作/生活方案可以帮助他们实现理想。①Y一代的员工也有着无私的、愿为社会负责的声望。为了吸引这一人口群体和关心环境的其他员工，一些公司已经开始向员工提供“绿色”福利。Clif Bar & Company，本章前面提到的公司，给每位员工6 500美元购买混合动力汽车。按照位于纽约的Buck咨询公司的一项调查，47%的高管相信绿色项目有助于吸引和留住一流的人才。②

11.3.1 儿童看护和老人护理

思考这些数据：

（1）全职父母因为孩子生病每年休假5~29天。

（2）每天有多于350 000名小于14岁的孩子因为生病而不能去学校或幼儿园。

---

① Kathy Kacher and Rachel Hastings, “Training Managers to Meet Business Goals Using Work-Life Strategies,” *WorldatWork* 16, no. 4 (Fourth Quarter 2007): 56.

② Jessica Marquez, “5 Questions: The Balance Workers Want,” *Workforce Management* 86, no. 18 (October 22, 2007): 8.

（3）21%的不定期缺勤是与家庭有关的，在劳动效率与福利花费的损失达每年数十亿美元。

这些数字说明了对儿童保育安排的前所未有的需求。现在福利包括了经济补助、可选择的工作计划和家庭休假。[①]例如，Fel-Pro、默克、Syntex、迈阿密的Baptist医院以及Ben and Jerry’s提供的本单位幼儿园或附近幼儿园。企业赞助的看护花销，可以使雇员在支付看护孩子的税款之前，不必担心他们所承担的花销。谷歌的新手妈妈爸爸在其新生宝宝出生后的前三个月，叫外卖的费用高达500美元。

对于儿童患上短期疾病而给雇员提供的越来越多的福利是轻微疾病儿童护理中心。轻微疾病儿童护理机构与传统的日托制最主要的不同在于医疗监护。轻微疾病儿童护理机构帮助患感冒、流感、中耳炎、链球菌咽炎、水痘以及其他轻微疾病的儿童恢复健康。患上以上疾病的儿童暂时不能去普通学校或者日托。这些机构既可以独立运营，以医院为基础，又可以是儿童康复中心的附属机构。另外，还有急诊室患儿的特殊照顾的福利。[②]

雇员中越来越多的人要负责照顾年迈的父母及其他亲属，这已成为生活中的另一现实问题。根据美国退休者协会和全国看护联盟的调查，当今超过1 000万的美国人需要照顾年迈的父母。正如研究所提出的："照顾老人的问题已经迅速成为员工和他们家庭面临的最大问题。"照料老人的成本使雇主平均每年花费2 110美元。40%要照顾上年纪的家庭成员的员工，每年需要17天的无薪假期。[③]老年人护理（elder care）[④]这一术语被用于有关雇佣的方面时，通常是指雇员在坚持工作的同时照顾老年人亲属的情况。承担这种老年护理工作的大部分是女性。

除了降低组织生产效率和更高的员工成本损失，雇主对员工照顾问题的负面影响越来越受关注。毫无疑问，由于要照看家人的员工感到无法平衡工作与家庭的需求，会承担着较大的压力。[⑤]为了减少因给予护理而对生产率造成的负面影响，各类组织将提供老年人护理咨询、培训和专题讨论会、印刷资料、支持团体以及特殊的弹性工作时间安排和请假。[⑥]药品生产商Schering-Plough使用了800条电话线提供老年护理咨询，而IBM公司有一个全国性的电话网络，拥有200多家以社区为基础的咨询机构。雇主们也可以为了更好地护理老人而联合起来。老年人护理合作组织（Partnership for Elder Care）——一个由美国运通公司、J. P. 摩根·大通公司和菲利普·莫利斯公司组成的共同体——与其他公司共同使用纽约市政府老年局的资源。这是一个公共信息和老年人服

---

① Vicki Powers, "Green Benefits Helpful in a Down Economy," *Workforce Management* (May 2009), http://www.workforce.com.

② Jessica Marquez, "5 Questions: The Balance Workers Want," *Workforce Management* 86, no. 18 (October 22, 2007): 8.

③ Leah Dobkin, "How to Confront the Elder Care Challenge," *Workforce Management* at http://www.workforce.com/section/09/ feature/24/85/10/index.html.

④ 老年人护理：为仍在工作的雇员的老年亲属提供护理。

⑤ Scott Dingfied, "Senior Care Trends Expected to Mirror Child Care Industry," *Employee Benefit Plan Review* 62, no. 6 (December 2007): 20.

⑥ Bill Mulcany, "Why You Should Be Caring for Your Caregivers," *Workspan* (June 2007): 37.

务机构。另外，当员工自己走不开时，越来越多的雇主为员工的长者和孩子提供照顾或补贴，以让他们返回工作岗位。这个福利被称为“后备关怀计划”。例如，家得宝公司就为员工提供这种后备关怀计划。这个计划为那些需要即刻照顾的员工提供补贴，以让他们能返回工作岗位。

11.3.2 带薪休假

带薪休假这类福利包括带薪休假及假期内的补贴、法定节假日、带薪病假、临时服兵役、直系亲属去世的带薪丧假或者是其他个人事假。图表11-1表明这些福利构成了另外一项巨大的开支——平均来说占雇主总的工资成本的7%。①

但是在美国，休假照付工资不是强制的。这与世界其他国家的政策，包括奥地利、秘鲁、西班牙、阿拉伯联合酋长国、芬兰和意大利等国家的政策形成鲜明对比，在这些国家，员工每年必须有30个带薪休假日。

1.带薪休假

尽管美国不强制要求有假期工资，但大多数雇主都普遍认为，假期对员工的福利是至关重要的。②研究表明，员工休完自己的假期后更高效，不容易产生工作倦怠。③人们普遍赞成一个观点：为了让雇员更好地工作，为其安排一定的假期是非常必要的。假期的长短随着企业、场所和组织规模的不同而变化。在美国，为大型公司工作的雇员通常每年有10天带薪假期。如果要获得较长的如3周、4周或5周的假期，雇员就应该分别有7年、15年或20年的工龄。

大部分公司都会要求员工到年底休假或放弃休假（“用光或丧失”）。越来越多的员工说他们工作太忙了，把所有的假期都占用了。按照Expedia.com网站的调查，美国人每年给他们的雇主退还了210亿美元的未使用的假期薪水。④然而有些公司允许员工把一些假期“滚动”到下一年。如果是那样的做法，根据人力资源管理协会的调查，公司允许员工平均滚动20天。⑤

2.法定节假日

联邦政府允许有10个法定假日，如图表11-3所示。私人雇主无须为雇员提供法定假薪酬，但许多公司都这样做。那些在节假日仍办公的组织（紧急服务提供者，如医院、交通公司等）经常给员工额外的工资。许多组织也给员工额外两三天，由他们个人支配。当然，并不是所有的员工都在庆祝他们公司认可的所有假期，特别是基督教假期。可以为这些员工做各种安排。例如，可以允许他们在假日上班，以在其他一些天休息作为替代。或者他们可以利用个人假期、休假期，或者作为最后的一个度假日，即作为他们不想无薪工作的假日。另一个趋势是给员工一定天数的带薪假，在他们需要的时

---

① Bureau of Labor Statistics. U.S. Department of Labor. Employer Costs for Employee Compensation. September 2013.

② Michelle Conlin, “Do Us a Favor, Take a Vacation,” *Business Week*, May 21, 2007: 88.

③ “HR and the Recession: 7 trends, 7 Solutions,” *HR Specialist* 7, no. 7 (July 2009): 1-2.

④ Catherine A. Allen, “Burned Out?” Life Science Leader (May 3, 2011), http://www.lifescienceleader.com.

⑤ “No One in the Private Sector Gets Unlimited Vacation and Sick Leave,” *Politifact* (January 28, 2011), http://www.politifact.com.

候可以随时休。

图表11-3 美国联邦政府法定节假日

- 1月1日新年
- 1月的第三个星期一，马丁·路德·金日
- 5月的最后一个星期一，阵亡将士纪念日
- 7月4日，独立日
- 9月的第一个星期一，劳动节
- 10月的第二个星期一，哥伦布日
- 11月11日，万圣节
- 11月的第四个星期一，感恩节
- 12月25日，圣诞节

小企业应用

创造性的福利战略有助于小企业竞争

对小企业主来说，控制福利成本是很关键的。然而，吸引并留住员工也很关键。尽管与大企业在福利方面竞争看起来是不可能的，但小企业主仍然能打出大企业所无法打出的"牌"。例如，如果他们不能提供广泛的福利，就在本公司为员工提供股票或股份却并不罕见。如果企业很成功，这个福利是很可观的。弹性的工作时间和安排也是一个小企业能提供给员工的低成本的战略福利，而无须打破公司的各种禁忌。在一项调查中，87%的员工声称工作弹性是他们在决定是否接受一项新工作时极为重要的考虑。

正如我们在本章前面提到的，新的医疗改革法案也有助于企业在同一起点竞争。它允许小企业在支付员工医疗费用方面以相对低的平均工资率获得高达50%的税收抵免。另外，小企业可以基于州交易池购买医疗保险，称为小企业健康期权计划（SHOPs）。这些交易池将所有小企业主的风险聚在一起，使保险率更实惠。政府也向员工不到100人并推出新的健康福利计划的企业提供了2亿美元补助金。卫生和人事服务部门通过 "小企业健康网站"，提供免费下载的工作场所健康计划。简单的赞助内部体育运动队项目可以成为小企业主激励他或她的员工运动以及员工之间友情的一个好方法。

发现难以负担员工福利的企业可以通过与员工沟通他们实际上正在享受的和想要的福利开始，新泽西一家为其他公司提供人力资源服务的CheckPoint人力资源公司福利主管Patrick Carragher说。"许多公司购买福利计划并实施多年，为了省钱淡化了福利，"Carragher解释说，"实际上它们应该审视员工正在享受什么福利以及想要什么福利。""例如，一个医院分娩福利，仅用于4%~5%的人口，后来取消了这项福利，提供给自愿额外支付小额保费的员工。" Carragher建议看看竞争对手提供了什么福利。

小企业可以增加的另一个福利计划是通过与公司合作，向员工提供折扣方案。不能为员工提供验光福利的雇主可以选择验光折扣计划。折扣计划涵盖业主、汽车和团体人寿保险、牙科、按摩、健身俱乐部会员、体重控制，小企业可以代其员工获得这些娱乐活动票和产品折扣票。

最后，如果小企业想让它的员工有福利，但又不想提供或管理福利计划，它可以联系

专业雇主组织（PEO）。回顾第1章，PEO通常是大公司，它有偿接管小企业人力资源管理工作，为这些小公司的员工提供小企业无法给予的福利。

Source：Gwen Moran，"The Business of Better Benefits，" Entrepreneur （May 2011），http：//www.workforce.com；Vicki Powers，"Green Benefits Helpful in a Down Economy，" *Workforce Management* （May 2009），http：//www.workforce.com；"Cost Shifting Initiatives，" Broad Reach Benefits ［blog］（February 15，2011），http：//broadreachbenefits.com/blog.

3.带薪病假

当雇员由于生病或受伤而不能工作时，他们可以通过多种方式得到补偿。大多数政府雇员和许多私人企业的雇员每年可获得一些病假日来弥补他们的缺勤。一旦得到许可，雇员没使用的病假可以积累起来，形成更多的病假日。当病假日用完时，累计的假期有时可作为一种额外收入来源。一旦雇员长期残疾，一些雇主所办理的团体保险能提供收入保障。如前所述，由工伤引起的缺勤所造成的损失，通过职工赔偿保险，雇员是能得到赔偿的，至少是获得部分赔偿。

4.学术休假

学术休假是员工在返回工作岗位以前可以带薪（或不带薪）休息四周或四周以上进行自我充电学习。从历史上看，休假与学术界有关，但在20世纪60年代，一些公司，包括麦当劳，开始采纳这个福利。《财富》杂志已经把学术休假添加为最值得为其工作的百佳公司的标准。[①]美国退休者协会（AARP）实际上要求员工有一个月的带薪学术休假。在食品生产商通用面粉公司，员工可以选择带薪或无薪的"创新"个人学术休假，它要求员工从事对公司有益的活动才予以准假。

学术休假也被用于开发人才，包括为承担新的责任并得以有机会证明自己。对于需要暂时削减工资成本的小企业，无薪休假可以在短期替代裁员并奖励有价值的员工，他们可能从未想象能有大量的时间去从事其他活动。

5.离职金

那些离职的员工可得到一次性补偿。作为离职金，可能只相当于几天或几个月的工资。离职金通常取决于员工的工龄。然而，离职金也可能取决于离职原因、员工的工资或等级、员工在组织中的地位、层次或者是以上因素的综合。企业为了减少裁员所带来的负面影响，常会采用离职金的方式。其他诱因包括岗位淘汰、自愿离职计划、拒绝重新分配或重新安置。（这些人通常不会有离职金。）接受离职金的员工通常还要签署解职协议书，宣布放弃采取任何不利于企业的法律行为。为了避免采取法律行动，公司有时会向被解雇的员工提供离职金。

6.补充失业福利

虽然法律没有要求，在周期性行业，有些企业会建立补充失业福利（supplemental unemployment benefits，SUBs）[②]。采矿业就是一个例子。如果矿石价格急剧下降，公司的开采量会下降，直到价格再次上升为止。补充失业福利有助于吸引员工留在这个行业。福

---

① Catherine A. Allen，"Burned Out?" Life Science Leader （May 3，2011），http://www. lifescienceleader.com.

② 补充失业福利（SUBs）：除国家失业补偿之外，雇员可以每周从雇主专门为此设立的基金处获得的福利。

利的数额通常取决于员工的服务年限和周工资率。

11.3.3　人寿保险

最古老也是最常见的雇员福利之一就是人寿保险。人寿保险为雇员提供死亡福利，同时也可能提供意外死亡和意外受伤福利。保险费通常由企业支付。人寿保险的价值相当于雇员年薪的两倍。这些计划一般允许雇员购买极少部分的额外保险。当企业实行自助式福利计划时，雇员可选择额外人寿保险。另外，许多公司允许员工通过公司计划为其配偶和家属购买人寿保险。这是一个吸引人的福利，因为员工通过公司计划购买保险的费率通常比较低。

11.3.4　长期健康保险

长期健康保险用于支付雇员年老时的家庭护理费用和其他与医疗有关的费用。由于劳动力的老龄化以及人们的寿命延长，一小部分但越来越多的雇主发现，长期护理保险可以成为吸引和留住员工的战略福利，尤其是照顾年迈父母和亲属的员工。这些员工中的许多人都有切身体会，即照顾他们所爱的人，但却无法恰当地为自己的长期需求做准备。企业赞助的长期健康保险的一个优点就是可以确保参与的员工获得更多的保险计划，而且这些员工可以不必进行体检。与人寿保险一样，雇主提供的长期护理保险通常更便宜，因为公司具有个人所缺乏的购买力。

11.3.5　其他福利和服务

当今企业提供各种各样的福利是很普遍的。然而，企业提供特定的服务还是取决于其规模、支付能力、产业格局或者雇员和组织的需求。有些企业的雇员福利待遇是标准的，如住房和搬迁费用、各种食品服务（如食堂或自动售货机）、运输公摊协议和可以购买打折产品。其他的福利更加新颖，反映了社会的变化。例如，收养费用①、法律服务、财务规划（包括纳税和养老金计划）以及身份盗用保护。②许多企业也提供多种体育活动，员工可以自愿参与。保龄球、垒球、高尔夫、棒球、网球往往都包含在活动内。信用社和教育援助经常是提供给雇员的两项重要福利。

1. 信用社

信用社在许多组织中都存在，用以满足雇员的融资需求。它们提供各种存款和其他银行服务，也为其成员提供贷款。虽然雇主能提供办公空间和工资扣减（deduction）服务，但是信用社是在联邦和州法律监督下由员工经营的。由于信用社由成员所有，所以他们经常收取较低的银行费用，并以较低的利率提供贷款。一般信用社都设在雇主的附近，为员工办理银行业务提供快速方便的服务。接受服务的员工更常得到相比大银行更个性化的服务。

2. 教育援助

以雇主角度前瞻性地提供教育援助，也称为学费资助（tuition aid），这种资助可以为

---

① Candace E. Blair Cronin, "Adoption Policies That Work for Your, Company," *Workspan* (January 2008): 43. See also Carrie Boerio, "Adoption Benefits: Why They're Good for Business," *Workspan* (October 2007): 65.

② Guillaume Deybach, "Identify Theft Protection as an Employee Benefit," *Employee Benefit Plan Review* 61, no. 7 (January 2007): 15.

人才管理提供战略性的商业工具，保证人力资本投资。[①]教育补偿计划也被认为可以鼓励就业和解决人才流失的问题。雇员想要获得教育援助的资格，必须满足受教育的时间长度，并且说明课程对工作绩效或在组织中的职业发展有帮助。雇主会支付部分或全部的培训费用，如书籍和相关支出。

为了帮助员工应对孩子和其他家庭成员上大学的费用，越来越多的公司开始提供由雇主资助的529大学储蓄计划。通常这些储蓄计划完全由员工自己的税后收入筹集。但是这些计划积累的资金是免税的，员工不必通过雇主建立529储蓄计划。他们全靠自己来完成。通过雇主来建立这个计划的一个优点是它自动从员工的工资里扣减，更容易把大学费用省出来。雇主必须支付的管理该计划的投资费用还可以低于个人所支付的费用。

图表11-4表明公司所提供给员工的在本章里没有提到的其他一些福利。总而言之，尽管福利成本很高，但它们是使公司独秀于林、树立雇主"品牌"、吸引一流员工并留住他们的一个好办法。然而，小企业主和大企业主需要战略性地执行他们的福利计划，同时也要继续监控其效率和成本。

图表11-4 **组织提供给员工的其他福利**

- 商务旅行保险
- 参加孩子学校活动的时间
- 在家工作/远程办公
- 员工食堂和带回家的食物
- 洗衣、干洗和美发
- 员工推荐奖金
- 捐赠礼品搭配
- 收养补助
- 上门护理和诊治
- 为通勤者提供接送服务
- 上门按摩服务
- 大学奖学金

3.退休计划

飞行员法律要求到65岁退休。然而，大多数其他职业在美国没有法律强制的退休年龄。因而，一个员工是否选择退休取决于各种因素，如个人的财务状况、健康状况、家庭义务、他或她对工作的满意度以及应对变化中的工作需求的能力。

4.退休前和阶段性退休计划

当大多数人热切地期盼退休时，许多人发现他们需要有一个重要的财务生活方式的调

① Faith Ivery, "Tuition-Aid Programs Are an Integral Part of Career Development," *Workspan* (January 2007): 29.

整。雇主有时会提供退休前的规划研讨会及工作室，让员工意识到当他们退休时可能需要做出调整。这些主题包括养老金计划、健康保险计划、社会保障和医疗、个人理财计划、健康和生活方式以及与配偶7天24小时相伴的调整过程。美国退休者协会的大量出版物，包括大众杂志《大众安全保障》，是很有价值的信息来源。

为了帮助老年雇员习惯退休这一概念，一些组织用退休排练（rehearsal）来进行实验。比如，Polaroid公司就提供了一项为期3个月的没有薪水的离职项目，为雇员提供了一个尝试退休的机会。他们还提供了一个项目：允许雇员在退休之前逐渐减少工作时间。这类计划被称为阶段性退休。正式的阶段性退休计划在其他国家很普遍，但在美国却很鲜见，因为员工通常直到65岁才能得到雇主为他们缴的医疗保险。只有达到这一点医疗保险才能延续。然而，当更多的婴儿潮一代希望继续工作，而雇主也想留住他们，阶段性退休计划的数量有望增加。当有着重要知识、才能以及行业记忆的人突然退休时，这个计划有助于组织应对“人才流失”。①

聚焦HRM 4

雇主控制医疗福利成本的方法

- 提供外科手术证明。
- 福利的限制额或最高额。
- 给予病人外科就诊和化验的门诊治疗财务激励。
- 对外科手术进行二次鉴定。
- 可供选择的医疗保健诊治，如草药疗法或类似医疗。
- 鼓励医疗保健用户对其医疗成本和治疗承担更多的权利和义务的教育计划。
- 建立网站或印制材料，列出普通条款、诊治、药物价格、疗效。
- 贯彻阶段疗法计划，在进行高昂治疗前采用伤害小、花费低的治疗方法。
- 建立覆盖面广的医院网络体系，允许雇员根据服务条款低、中、高共同支付额来选择不同的医院。
- 鼓励门诊治疗与住院治疗。
- 采用可变的共同支付额（例如，普通医师30美元，专家50美元）。
- 如果工作的配偶不同意雇主所提供给他或她的就医范围，需要雇员支付额外的成本。

11.3.6 养老金计划

自从1935年颁布《社会保障法案》以来，养老金计划被用来增加由社会保障提供的最低保障水平。养老金通过员工退休时给他们提供收入回报员工为公司服务数年的努力。然而，同其他酌情提供的福利一样，是否提供一项养老金计划还要取决于雇主。

1.养老金计划的类型

有两种主要的方法对养老金计划进行分类：（1）根据雇主投入的金额；（2）根据所支付

---

① Janet Kidd Stewart, “For Some, Retirement Just a Phase,” *Chicago Tribune* (April 4, 2009), http://chicagotribune.com.

的养老金的数额。在参与供款计划（contributory plan）[①]中，养老金计划的缴费是由雇员和雇主共同完成的。在非参与供款计划（noncontributory plan）[②]中，雇主作为唯一的缴费方。

如果根据支付养老金的数额来划分，有两种基本类型：收益确定型计划和缴费确定型（固定缴费）计划。在收益确定型计划[③]中，雇员在退休后得到的保险金数额是明确规定的，这个数额通常是根据雇员服务的年限、在规定时间内的平均工资、退休时的年龄来确定的，有各种各样的公式来计算该养老金福利。最常见的是根据雇员的平均年龄（通常是退休前的3至5年的时间）乘以雇员在这个公司服务的年限。年龄在65岁以下的雇员每年都会被扣除一定数额的养老金。比如，一个提前4年退休的雇员，他的年薪是55 000美元，工龄是30年，那么他每年都能得到23 000美元的养老金。

固定缴费计划[④]是建立在雇员向养老金缴费的基础上的。缴费可以通过利润分享、慈善（thrift）计划、相应的雇员缴费、雇主建立的个人退休账户以及其他各种方式完成。雇员在退休时得到的保险金数额是由他们退休时账户里累计的基金以及用这些基金所买的投资回报在一段时间内增长如何决定的。换句话说，员工得到的数额是不确定的。结果，这些计划对员工来说相比固定收益计划有更多的财务风险。但是，雇主更倾向它们，因为雇主不必承担这些计划的所有资金。1989年，39%的私人部门的员工参加了收益确定型养老金计划。而今天，只有18%。[⑤]甚至《财富》100强企业也在削减它们的收益确定型计划。按照人力资源咨询公司Watson Wyatt的一项调查，今天《财富》100强企业对新员工只提供固定缴款计划。

2.401（k）储蓄计划

401（k）储蓄计划于20世纪80年代开始成为极其流行的员工储蓄工具。它是以《国家税收法案》中的401（k）节条款命名的。401（k）储蓄计划允许雇主通过工资抵扣来进行储蓄，并且由雇主对他们的缴费进行分配。通常，雇主给每名雇员分配的缴费额是25~50美分。然而，一个组织的缴费额可以是雇员缴费的0~2倍。[⑥]

401（k）储蓄计划被各家公司广为接受，以取代成本较高的收益确定养老金计划。今天，在已退休员工家庭中有60%有401（k）储蓄计划。[⑦]然而，不同于基于服务年限收入有保证的收益确定养老金计划，401（k）储蓄计划不能保证任何收益。收益完全取决于投入的金额、投资收益率和所投资企业的股票价格。正如一位福利专家所说："也许市场风险是雇员退休储蓄最大的威胁。"[⑧]实际上，在过去的10年中，经济下滑和股票市场崩盘使401（k）储蓄计划损失惨重。

---

① 参与供款计划：雇员与雇主共同参与供款的养老金计划。

② 非参与供款计划：仅由雇主供款的养老金计划。

③ 收益确定型计划：雇员在退休时可获得的退休金在事先已作详细规定的养老金计划。

④ 固定缴费计划：建立在雇员向养老金缴费基础上的养老金计划。

⑤ Wiatrowski, William J. "The Last Private Industry Pension Plans: A Visual Essay," *Bureau of Labor Statistics*. Rep. 2012.Print.

⑥ Howard Gleckman, "A Nest Egg, That's a No-Brainer," *Business Week*, (April 25, 2005), 108.

⑦ E. S. Browning, "Boomers Find 401(k) Plans Fall Short," *Wall Street Journal* (February 19, 2011), Print.

⑧ Joe Goldberg, "Educating Employees Can Increase 401(k) Participation," *Employee Plan Benefits Review* 62, no. 1 (July 2007): 18.

对于组织来说，最近的一种趋势是允许雇员在投资他们的401（k）储蓄计划时有相当大的控制权，包括投资于其他公司的股票。由于雇员经常在做出恰当的投资决策时需要帮助，劳动部为雇主提供了“完备的信息”标准，以使参加者合法地控制他们的投资。401（k）储蓄计划数额在不断增长，越来越多的雇员让专业的理财规划师管理401（k）储蓄计划。这样便催生了新的服务——管理账户，它可以帮助那些缺乏投资经验的雇员，以得到更高的回报率，面临更低的风险。

2006年国会通过《养老金保护法案》，该法案的主要内容包括：

（1）允许雇主自动将员工加入收益确定型计划。[①]

（2）允许更高的401（k）储蓄计划的缴费限额，使退休的工人持股更多。

（3）给予员工所投资的账户更大的控制权。对组织来说当前的趋势是允许员工考虑控制向401（k）储蓄计划的投资，包括对其他公司股票的投资。[②]

3.现金平衡储蓄计划

除了401（k）储蓄计划之外，在养老金计划中，发展最快的就是现金平衡储蓄计划（cash-balance saving plan）。[③]现金平衡储蓄计划需要雇员每年向一个雇员退休储蓄账户中存钱，[④]缴费的幅度一般是根据雇员缴费的一个比例——通常为4%，而且雇员的账户每年赚取的利息通常是30年期的国库券利息。比如一名雇员的年收入是35 000美元，那么每年他的账户将会收到1 400美元，一年后，账户会收到一个利息存款数额，一般是5%，通常，雇员换工作的话，他可以把他的账户转成个人退休账户。

一名雇员能否从现金平衡退休计划中获取收益取决于该雇员的年龄以及他在公司服务的年限。20多岁或30多岁且在公司中工作年限很短的雇员，可以在年轻的时候建立一个数额较大的退休储蓄账户。然而，40多岁、50多岁或60多岁且在公司工作很长时间的雇员，如果把他们传统的养老金计划转化成现金平衡计划就会损失20%~50%的养老金。为了减少对老年雇员的经济影响，一些企业相对于年轻的雇员可能会增加老年雇员每年支付的存款数额。其他一些公司允许老年雇员保留他们传统的养老金计划直到退休，或者在老年雇员开设现金平衡账户时给予他们一个“增幅”。Federated Department Stores、Verizon to Colgate-Palmolive，甚至哈佛大学等都实行平衡养老金计划。

4.联邦政府对养老金计划的规定

在《雇员退休收入保障法案》下，个人的养老金计划从属于联邦管辖范围，包括保留退休金权利的规则。保留退休金权利是保证养老计划的参与者当他们达到退休年龄时将得到退休金，不管他们当时的就业状况如何。换句话说，即使雇员不再为公司工作，这个福利也不能被撤销。保留退休金权利防止公司在员工退休前还没有拿到养老金就被公司

---

① Patrick W. Spangler, “The Trend toward Automatic Enrollment in 401(k) Plans,” *Employee Benefit Plan Review* 62, no. 5 (November 2007): 5.

② Patrick W. Spangler, “The Trend toward Automatic Enrollment in 401(k) Plans,” *Employee Benefit Plan Review* 62, no. 5 (November 2007): 5.

③ essica Marquez, “Cash-Balance Plans Make a Comeback,” http//www.workforce.com/section/02/feature/25/16/23/index.html.

④ Richard J. Bottelli, “Born Again: Cash Balance Plans Get New Lease on Life with Latest Rulings, Pension Reform 2006 Legislation,” Benefits Quarterly 23, no. 1 (First Quarter 2007): 28.

解雇。

在《雇员退休收入保障法案》下，所有的养老金计划必须使雇员在达到最低要求的服务年限（比如5年）后从累积福利中获得既得权利。例如，一个员工达到最低服务年限后离开公司，这个人可能会失去一些公司为他或她缴的养老金。但是，如果福利的现值很少，雇主可以向离职雇员支付既得的福利。

《雇员退休收入保障法案》也要求有最低额的基金标准，以确保当雇员退休时能得到福利。[①]但是，许多大公司的养老金资金不足。通用、克莱斯勒、美国钢铁、达美航空公司等就是其中的一些。另外，由于大衰退，许多州和当地政府也面临数十亿美元的养老金短缺。同样令人担忧的是，数个养老金计划也在面临完全失败的危险。

《雇员退休收入保障法案》也催生了养老金福利担保公司（PBGC）——一个联邦政府代理机构。在计划终止之后，退休金津贴担保公司确保支付计划参与者的最低收益。当公司进入破产程序时，它们通常会试图取消养老金义务，让员工依靠养老金福利担保公司所给的退休收入。另一个日益受关注的是——养老金福利担保公司本身每年正在增长的340亿美元的赤字——无法满足它的财政义务。[②]养老金福利担保公司是由雇主支付的保险费支持的。为了改善其资金状况，该机构要求国会允许它提高每位雇主的缴费。

11.3.7 同居伴侣关系福利

越来越多的雇主为建立同居伴侣关系的员工提供福利，包括同性和未婚的异性伴侣。很多知名企业为雇员的同性伴侣提供福利。例如，维亚康姆（Viacom）、甘尼特公司（Gannett Company，《今日美国》的出版商）、李维·斯特劳斯、硅谷图形公司（Silicon Graphics）、华纳兄弟娱乐公司、斯坦福大学就为同居伴侣员工提供福利。大多数《财富》500强公司现在也为同性伴侣提供福利。

然而对同居伴侣的理解是多种多样的，苹果电脑公司对此的描述是具有代表性的。苹果电脑公司的描述是，一个同居伴侣是“与唯一另外一位成年人同住且年龄满18岁的成年人，并且伴侣之间有责任给予对方幸福的关系”。同居伴侣标准定义应包含如下内容：

（1）最低年龄要求。

（2）伴侣一同生活的要求。

（3）在金钱上相互依靠的说明。

（4）对关系稳定的要求。

（5）彼此没有血缘关系的要求。

为同居伴侣提供福利的组织仅仅是扩大了现有福利的范围，通常，全面的医疗及保险计划还是面向所有员工的。[③]然而，雇主为没有结婚的员工提供福利，不同于为已婚的雇

---

① Carolyn Hirschman, "Overseeing Pension Management," *HR Magazine* 49, no. 7 (July 2004): 66.

② Michael A. Fletcher, "Pension Benefit Guarantee Corp.Running $34 Billion Deficit," *Washington Post*, November 2012.

③ Michael S. Travinski, "Employee Benefits for Domestic Partners and Same-Sex Spouses," *Journal of Pension Benefits* 13, no. 2 (Winter 2006): 29.

员配偶提供福利，根据联邦法律是应缴税的。[①]此外，1996年国会通过的《婚姻保护法案》规定，根据联邦法律规定，同性的伴侣不应该按照已婚配偶来对待。[②]因为同性伴侣在税收上没有优势。谷歌决定基于公司支付的同性伴侣福利给员工补贴其缴纳的额外的联邦税。当法院在决定对《婚姻保护法案》的合宪性如何被废除应予以通过（声称它违反了平等保护的第五修正案，奥巴马政府已经拒绝在法庭上捍卫这一法律的合宪性）时，这种福利对其他公司来说是吸引这类群体成员的一个好办法。

《婚姻保护法案》的另一个含义是已婚同性伴侣没有资格为他或她的伴侣提供《雇员退休收入保障法案》下的社会保障生存福利，大多数人都受《雇员退休收入保障法案》的保护。然而，将同性伴侣视为继承人作为补充的额外形式却是有可能的。当员工要照顾同性伴侣时也不受《事假和病假法案》的保护，尽管在《事假和病假法案》下有很多雇主为员工提供了类似的假期，以作为酌情发放的福利。有关同性伴侣福利的人力资源决策也需要考虑当地和所在州的情况，以及应当如何执行。例如，加利福尼亚有几个城市包括伯克利、洛杉矶、奥克兰以及旧金山都通过了一项条例，要求与该城市签约的公司扩大那些住在这个城市或因与这个城市有工作合约的同性伴侣员工的福利。[③]

小　结

目标1　医疗保险计划成本成为员工福利领域的一个主要关注点。组织正在采取各种方法控制医疗成本。这其中包括经理人和员工偏好的福利，每项福利的估计成本、整个福利方案可用的总额度，以及与竞争对手相比如何。通过委员会规定以及相关调查，可以开发一揽子福利满足雇员需求。通过使用弹性福利计划，雇员能选择最符合他们个人需要的福利。

目标2　雇主提供的一揽子福利中近1/4是法定的。这些福利包括雇主为社会保障、失业保险、工伤赔偿保险和国家残疾人保险所缴纳的费用。从雇主和雇员处收取的社会保障税款被用于三个主要的福利：（1）养老保险福利；（2）残疾人福利；（3）遗属保险福利。工资扣除和税收也是法律上要求的：为政府计划——医疗保险提供资金。医疗保险为65岁以上的人提供医疗保险和处方药。

目标3　包括非工作时间支付（payment for time not worked）的福利种类有带薪假期（vacations with pay）、带薪假日（paid holidays）、病假以及离职金。有些公司为员工提供学术假期。美国典型的做法是提供10天的假期（vacation leave）和10个休息日。除了假期，大多数雇员尤其是白领，有许多病假。当雇员被解聘时还有一次性支付的离职金。其他类型的可酌情发放的典型福利包括雇员援助计划、儿童和老年人护理假。

目标4　在美国的大多数行业中，没有强制性退休年龄。涵盖的主题包括养老金计划、健康保险覆盖、社会保障和医疗保险、个人理财计划、健康和生活方式以及退休阶段前的一般调适过程。

---

① Debra A. Davis, "Employment Issues for Employee Benefit Plan: Designing Benefits for Domestic Partners," *Journal of Pension Benefits* 15, no. 1 (Autumn 2007): 56.

② Public Law No. 104-199, 110 Stat. 2419 (September 21, 1996).

③ http://www.nmbar.org/AboutSBNM/sections/Employment-LaborLaw/Enewsletters/Benefitsdomesticpartn.pdf.

是否提供养老金计划是雇主的特权。但是一旦计划订立好，雇主就要遵从《雇员退休收入保障法案》下的联邦立法，以确保雇员退休时能享受到福利。有两种传统的养老金计划——收益确定型计划和固定缴费计划。雇员退休时收到的退休金数量基于工作的年限、平均收入、退休年龄。养老金福利通常与社会保障福利相结合。两个最重大的趋势是401（k）工资计划和现金平衡养老金计划的发展，这两项计划都是固定缴费计划。今天的一个关注点是养老金计划和联邦政府的偿债能力不足。

关键术语

backup care program 后备关怀计划
contributory plan 缴费计划
defined benefit plan 收益确定型计划
defined contribution plan 固定缴费计划
disease management programs 疾病管理计划
elder care 老年人护理
employee assistance programs 雇员援助计划（EAPs）
flexible benefits plans （cafeteria plans）弹性福利计划（食堂计划）
health maintenance organizations（HMOs） 健康维护组织
high-deductible health insurance plan （HDHP） 高抵扣健康保险计划
noncontributory plan 非缴费计划
phased retirement 阶段性退休
preferred provider organization （PPO） 优先提供者组织
sabbatical 学术休假
severance pay 离职金
supplemental unemployment benefits （SUBs） 补充失业福利
vesting 既得收益权
wellness programs 健康计划
workers' compensation insurance 工伤赔偿保险

讨论题

1. 许多组织都关心雇员福利成本的增加，同时质疑它们对组织和雇员的价值。在你看来，对于雇员来说，什么福利是最有价值的？对于组织呢？为什么？

2. 雇主按法律规定为雇员提供具体的福利。什么法律以及这些法律中的哪些具体条款规定了雇员福利？

3. 三四个人为一组，假设你的团队作为一个福利咨询小组被一家拥有50~60名雇员的小公司雇用。考虑到有限的资源，你认为这个雇主应提供什么福利？请说明提供这些福利的理由。

4. 描述401（k）养老金计划，列出其优点和缺点。

HRM实训

了解企业的福利计划

什么是当今美国保守得最好的秘密？答案是，根据美国商会在报告中所称的“隐性工资”——雇员的福利。报酬的调查表明大多数雇员无法准确地说出所得的福利，并且他们大大地低估了雇主的付出。

这个练习会帮助你全面了解本章之前所讨论的福利。另外，你还可以详细地探讨你的雇主和你所在地区的雇主所提供的福利。

作业

4~6个人一组，了解你的雇主或本地区的其他雇主所提供的一系列福利。一旦收集到信息，你应该能够识别：(1) 每个雇主所提供的福利；(2) 为雇员带来的好处；(3) 雇员的资格（如果需要的话）；(4) 如何支付福利待遇（雇主、雇员或是两者结合）。比较不同的福利计划，并与同学讨论你的发现。

案例学习1 Adobe公司的家庭友好福利：不曾预料到的强烈反对

Adobe咨询服务（ACS）公司是一个人力资源软件程序系统供应商，以其向雇员提供各种福利计划为荣。除了医疗、养老金和假期福利，该公司也提供吸引人的家庭友好型一揽子福利，包括弹性工作计划、儿童和老年人护理帮助、咨询服务、收养（adoption）帮助等。不幸的是，在最近几个月中，该公司的积极的工作和生活政策受到了几名雇员的强烈反对，请见下列案例的说明。

2011年3月，Teresa Wheafly被Adobe公司雇用为软件客户经理（accounts manager）。由于具有极佳的管理和技术才能，加之拥有在Adobe公司的主要竞争对手Adaptable软件公司4年的工作经验，Teresa成为公司的市场营销团队中有价值的一员。作为有一个二年级孩子的单身母亲，Teresa被允许周五不上班，她也获得同意早退或迟到以满足她孩子的需求。Teresa是Adobe公司11个软件客户经理之一。

Adobe公司，尤其是市场营销主管Janis Blancero的问题是从2011年秋天开始的。9月15日，Dorothy McShee引用“人事原因”——这是她拒绝讨论的——要求一周工作4天，为此她愿意减少20%收入。当Dorothy要求减少工作日时，她讽刺地说：“我希望我不是必须有孩子才能得到这样的工作时间。”10月3日，Juan Batista，一个世界级的马拉松运动员，要求弹性的工作时间安排，以配合他早晨、下午的训练时间表。Juan报名参加了2013年5月英国伦敦的马拉松。就在Juan的要求之前，Susan Woolf在12月生下她的第一个孩子后要求并被同意有一个延长的产假。如果这些未预料到的要求还不够的话，Blancero已经从高级客户经理那里听到一些有关雇员好像取得“特权”的评论，而经理的工作时间很长，他们被要求24小时满足客户的需求。Janis有足够的理由相信公司的弹性工作时间计划存在潜在的危机。现在，Adobe公司在弹性工作计划上没有正式的政策。此外，随着公司业务的发展、软件客户经理工作负担的加重以及一些客户要求持续服务，Blancero认识到她不能同意她的雇员所有关于弹性工作计划的请求。

思考题

1. 当评估员工个人要求与员工个人工作表现时，像Janis Blancero那样的经理人会面临做更复杂的决策吗？

2.a. Adobe公司是否应该制定一个允许员工弹性工作计划的政策呢？请解释原因。

b. 如果你回答“是”，那么应该包括什么政策？

3. 如果你是Janis Blancero，你怎么来解决这个难题？请解释理由。

案例学习2　评估你公司的工作-生活环境

你公司的工作生活环境质量怎么样？下面是由Work and Family Connection公司提供的一项你的组织氛围的“案例分析”。对这20个问题的回答将为你的公司在工作-生活平衡方面的定位提供清晰的见解。

你是否同意下列陈述：

1. 我的经理或主管对我的工作-生活需求很敏感。
2. 对我来说通常很容易管理我的工作和生活需求。
3. 我的职业发展因家庭生活需求的压力而受到了限制。
4. 我在这家公司的工作使保持了我想要的生活质量。
5. 当家庭生活问题干扰我的工作时，我的经理或主管很支持我。
6. 我的经理或主管关注结果而不是我坐在办公室里有多长时间。
7. 我的经理或主管对弹性工作时间非常了解。
8. 如果我要求弹性工作安排，我的经理或主管会支持我。
9. 我的经理或主管对我的个人要求通常不会有弹性安排或不敏感。
10. 我的经理或主管对我很尊重。
11. 我相信我的经理或主管会允许我做非正式的弹性安排，只要我把工作做完。
12. 我的经理或主管有对待我们像孩子一样的倾向。
13. 我的经理或主管对我的工作很少给予表扬或认可。
14. 我的经理或主管似乎很关心我。
15. 我会把这家公司推荐给别人。
16. 我做的这个工作对公司的成功无足轻重。
17. 如果我能找到另外一份薪水更好的工作，我会离开这家公司。
18. 如果你能找到另外一份很尊重我的工作，我会接受它。
19. 如果我能找到另外一份更有弹性的工作，我会接受它。
20. 我全心全意地为这家公司工作。

对3，4，9，12，13，16，17，18，19题回答“否”，对1，2，5，6，7，8，10，11，14，15，20题回答“是”，得满分。

满分20分，错一题扣一分。

如果你的得分在18~20分：恭喜你！你的组织的工作弹性和支持度在全国领先。

如果你的得分在14~17分：你的组织可能比大多数组织有更高的支持度和工作弹性，

你还有成长的空间。

如果你的得分在11~13分：如果因为人才竞争的关系，你应该接受其他的工作。

如果你的得分在10分或低于10分：你的经理管理21世纪的劳动力还需要帮助。

Source：Used with permission of the Work and Family Connection，5195 Beachside Drive，Minnetonka，Minnesota 55343；1-800-487-7898，or http：//www.workfamily.com.

第12章

改善安全与健康

学习目标

通过本章的学习，你应该能够：

目标1　概括《职业安全与健康法案》的一般条款。

目标2　描述管理层如何创建安全的工作环境。

目标3　找出可以用来控制和消除健康危害的措施。

目标4　描述组织运用的促进员工健康的计划。

良好的健康与安全实践是一流组织的象征。Great Place to Work （GPTW）机构每年都调查企业，并编制美国最佳工作场所。最近的一项调查中，在这个机构所称的百佳公司工作的96%的员工，对他们的工作场所是否是安全的回答是“通常是”或“几乎是”。雇主们也意识到执行安全和健康计划的重要性，因为这样做的收益远远超过与病假、残疾支付、雇员受伤或身亡后找替职人员的成本。利宝相互保险公司最近的调查发现，雇主每在工作场所投入1美元，就会节省3美元。[①]

雇主受成本和声誉的激励而维护员工的安全与健康。多数组织给员工提供良好的工作条件：（1）因为这样做是正确的；（2）因为企业认识到人是它们所拥有的最重要的战略资产，真正积极进取的公司可以走得更远，请见第1章我们讨论的全面质量管理。全面质量管理是一系列原则和实践，它的核心思想包括了解顾客的需求，首先要做正确的事，并且不断地改进。有趣的是，研究发现那些取得了全面质量管理成效的公司不仅维持了高于平均水平的收益、生产率和成长率，而且显著地提高了员工的安全水平。也许部分原因是像全面质量管理这样的计划导致了更大的员工激励。我们将在本章后面更多地讨论员工敬业度和安全。

12.1　健康与安全：法律的规定

考虑以下事实：

（1）根据职业安全与健康管理局的统计，2011年在私人企业里有300万名雇员受伤或生病。

（2）受伤的背后，多数受伤事故是由于不正确的抬举，这是这个国家职场安全的首要

---

① Yueng-Hsiang Huang, Tom B. Leamom, Theodore K.Courtney… “Financial Decision Makers' Views on Safety: What SH&E professionals should know.” *Business of Safety. American Society of Safety Engineers.* (April 2008): 38.

问题。

(3) 每年职业病和工伤成本花费1 560亿美元。

(4) 2012年美国有4 383名员工死于工作事故。

(5) 90%的致命工伤事故涉及私有企业的工人。[①]

为工人提供安全健康的环境不只是对企业有好处而且是正理。这是法律的要求。国会于1970年通过了《职业安全与健康法案》(Occupational Safety and Health Act, OSHA)。[②]《职业安全与健康法案》的使命是:"制定执行标准以保障美国工人的安全和健康;提供培训、宣传和教育;建立伙伴关系;鼓励不断改善工作场所的安全和健康。"尽管提起了上文所引用的数据,但是该法案有效地减少了因工伤引起的时间浪费,降低了特定工伤的发生率,如背伤,同时也减少了因工死亡的事故数量。例如,2011年员工的事故死亡率是0.35‰,而1996年员工的事故死亡率仅仅是0.04‰,增长了875%。今天,大多数员工报告说组织的安全条件很好。

12.1.1 职业安全与健康管理局的管理范围

职业安全与健康管理局管理所有州和地方政府私人部门和公共部门的员工。自谋职业者不在法律保护范围内。每个联邦机构都必须建立与执行受职业安全与健康管理局监督的安全与健康计划。估计当前大约一半的州政府都拥有由职业安全与健康管理局批准的计划。有关私人部门的州计划已经由联邦政府批准,且该计划也符合联邦标准,则州政府执行原来由联邦政府行使的职能。[③]

12.1.2 职业安全与健康管理局的标准

职业安全与健康管理局的责任之一就是开发和执行强制性的工作安全与健康标准。职业安全与健康管理局的标准主要有4种类别:一般行业、渔业、建筑业与农业。这些标准涵盖工作场所、机械设备、原材料、动力来源、加工过程、防护性衣服、急救设备和执行要求。雇主有责任熟悉那些用于他们开发并且确保他们的雇员安全所需要的个人防护工具和设备的标准。雇主如果不依照职业安全与健康管理局的标准执行,就会被罚款。[④]

职业安全与健康管理局可以通过它自己创办或其他方(包括健康与人员服务部,Health and Human Service)和全国职业安全与健康学会(National Institute for Occupational Safety and Health, NIOSH)的申请来开发标准设定程序。可以创立标准设立程序的其他主体是州与地方政府以及任何全国公认的标准制定组织、雇主或劳工代表。不过,全国职业安全与健康学会是标准的主要来源。作为健康与人员服务部的一个机构,它负责进行各种安全与健康问题(包括涉及的心理因素)的研究。[⑤]

---

① 改编自劳动统计局和职业安全与健康管理局的统计数据。

② P.L. 91-596, 91st Congress, S. 2193, December 29, 1970.

③ U.S. Department of Labor, Occupational Safety and Health Administration, All about OSHA, rev. ed. (Washington, DC: U.S. Government Printing Office, 2013), 4.

④ 职业安全与健康管理局出版了许多有关法案的小册子,如员工工作场所权利和自愿合规计划。所有的职业安全与健康管理局出版物可以到该机构的网站上下载,网址是 at http://www.osha.gov; 也可拨打电话(800) 321-OSHA or fax arequest to (202) 693-2498.

⑤ All about OSHA, 14.

12.1.3 执行职业安全与健康管理局的标准

职业安全与健康管理局有权力对工作场所进行检查，签发处罚令，并对雇主处以罚款。近些年，职业安全与健康管理局加强了执法活动。2012年，职业安全与健康管理局对51 000个工作场所进行了检查。违反职业安全与健康管理局标准排名靠前的行为是工人没有戴呼吸防护面罩，危险能源控制措施不力，电气系统设计不当。执行这些标准的结果之一是美国工人死亡率下降——平均来看，1970年每天38名工人死亡，到2012年每天12名工人死亡。①

1.工作场所检查

在该法案下，"向所有者、经营者或代理负责人出示有效证件"，职业安全与健康管理局委派的监察员（compliance officer）有权进行以下行动：

（1）随时随地进入任何工厂、机构、建筑工地或其他地区、工作场所或雇员工作的任何环境。

（2）在日常工作时间和其他合理时间，在合理的限度内，以合理的方式，对任何雇佣地点和所有相关的条件、结构、机械、仪器、装置、设备及其材料进行检查和调查，同时也可以私下询问任何雇主、所有者、经营者、代理人或雇员。②

职业安全与健康管理局进一步建立了一套优先检查体系：③

第一层级：检查紧急遇险情况的处理。

第二层级：调查灾祸、死亡和导致5名或5名以上雇员受伤住院的意外事故。

第三层级：调查有关违反标准或者不安全或雇员提出抱怨的不健康工作条件。

第四层级：针对特定高危行业、职业或危害健康的物质进行特别检查。

通常，职业安全与健康管理局的检查员不预先通知就抵达工作场所，并要求与雇主代表进行会谈。会谈当中，检查员会解释来访的意图，描述整个检查的过程，并要求检查雇主的安全与健康记录。雇主可以自觉地配合检查工作，或者要求检查员出示检查单以表明检查的合法性。

该法案赋予雇主和雇员陪同检查员巡查的权利。之后，职业安全与健康管理局的检查员将会举行结果会谈，以告知雇主和雇员代表检查的结果，并指出具有危险性的条件或操作，如果理由充分还会签发书面处罚令（citation）。④

2.处罚令与罚款

职业安全与健康管理局的处罚令可以在检查之后即刻发出，或者稍后以邮寄形式发出。处罚令说明雇主和雇员违反了哪一条规定和标准，并勒令他们在一段时间内整改。雇主必须在违法行为发生的工作现场或者附近张贴每份处罚令的复印件3天，或者直到违法情形减轻，甚至更久的时间。

根据《职业安全与健康法案》，职业安全与健康管理局可以援引下列违法行为的界定

---

① 大多数统计数据请参见https://www.osha.gov/oshstats/commonstats.html. Accessed July31,2014.

② All about OSHA,21.

③ Ibid.,22.

④ Ibid.,25.

和处罚建议：

(1) 轻微的：违法行为是与工作安全、健康直接相关的，但是并不会造成死亡或严重的身体伤害。这种处罚可以低到100美元。然而，《职业安全与健康法案》根据情况对每种违法行为进行高达7 000美元的罚款。

(2) 严重的：违法行为极有可能导致死亡或严重的身体伤害，并且这种危险雇主知情或者应该知道。OSHA对严重违规行为的平均罚款现在为3 000~4 000美元。《职业安全与健康法案》建议对每种违法行为处以高达7 000美元的强制性罚款，或对每名员工处以75 000美元的罚款。

(3) 蓄意的：违法行为是雇主故意实施的行为，或者因为雇主对法案不关心而造成的违法行为。《职业安全与健康法案》建议对每种违法行为处以高达70 000美元的罚款。

假如蓄意的违法行为导致一名雇员死亡，职业安全与健康管理局可对个人处以高达250 000美元或对公司处以500 000美元的罚款、最多6个月的拘役，或者两者并处。职业安全与健康管理局开出的最大罚单是2009年做出的，原因是石油巨头英国石油公司得克萨斯的一个炼油厂在2005年爆炸，造成15名工人死亡和170人受伤。(英国石油公司因2010年所属墨西哥湾钻井平台"深水地平线"的致命爆炸而面临更多的罚款。) 职业安全与健康管理局会根据雇主的诚信 (good faith) (如努力遵守法案的表现)、违法前科和公司规模来下调处罚的力度。[①]当然，该机构也可以上调处罚的力度。职业安全与健康管理局的严重违反执法程序会识别雇主多次违反的情况，严肃引证，并针对其他方面进行高频次、全方位的工作场所检查，并处以更高的罚金。法律允许雇主与雇员在特定情况下提出上诉。

12.1.4 职业安全与健康管理局的咨询帮助

除了帮助雇主分辨与矫正特定的危险，职业安全与健康管理局也可以帮助雇主开发和执行有效的工作场所安全与健康计划，以进一步防范雇员受伤与患病。

1.工作场所的咨询

职业安全与健康管理局提供免费的工作场所咨询服务。来自州政府或私营公司的咨询员帮助雇主分辨危险的情况并提出正确的措施。雇主也会接受教育培训的服务。[②]处罚令不会签发给有业务联系的咨询机构或公司，同时咨询员的档案也不能被用于职业安全与健康管理局的检查。

2.合作方案

雇主、雇员、工会和职业安全与健康管理局之间的自愿合作关系可以有效地替代职业安全与健康管理局传统的执法程序，可以更有效地确保工人的安全与健康。有4个具体的合作方案——联盟、战略伙伴关系、志愿保护计划和安全与健康成果识别程序。[③]

联盟 (alliances)。联盟可以促使组织和职业安全与健康管理局合作，避免雇员在工

① Ibid.,27.

② 关于遵守职业安全与健康管理局标准或法规的更多列示参见联邦法规汇编第29个专题，www.osha.gov 或拨打电话 (800)321-OSHA.

③ All about OSHA,31.

作场所受伤和生病。职业安全与健康管理局参与组织制订、实施计划并达到一系列短期和长期目标以提高工作场所的安全与健康系数。

战略伙伴计划（strategic partnership programs，SPPs）。雇主同职业安全与健康管理局的战略伙伴关系是长期协议，旨在减少严重的工作事故，达到更高的安全与健康水平。

志愿保护计划（voluntary protection programs，VPPs）。志愿保护计划代表了职业安全与健康管理局把雇员保护扩展到职业安全与健康管理局标准所要求的最低限度之上的努力的一部分。有三种具体的志愿保健计划——明星、价值和演示——分别旨在识别、激励或建立雇主同职业安全与健康管理局的合作关系。[①]

安全与健康成果识别程序（safety and health achievement recognition program，SHARP）。安全与健康成果识别程序可以识别出在工作场所安全与健康方面表现突出的小企业主。接受安全与健康成果识别程序的企业可以豁免执行职业安全与健康管理局计划，或定期接受检查，只要它们的资格认证仍然有效。

12.1.5 职业安全与健康管理局规定的责任与权利

1.雇主的责任与权利

除了提供一个无危险状况的工作场所和遵守适用的标准之外，雇主还必须告知所有雇员关于职业安全与健康管理局的安全与健康要求。特别的雇主责任列示于职业安全与健康管理局的出版物《职业安全与健康管理局综述》（All About OSHA），并且在聚焦HRM 1中有所展示。雇主还必须持续记录、编撰并张贴年度中与工作相关的受伤和疾病事件的简报。从这些记录中，组织可以计算意外事故发生率、既定年份中每百名全职雇员中受伤与患病的人数。计算意外事故发生率的标准公式如下，其中200 000表示每百名全职雇员（每年工作50周，每周工作40小时）的基数：

$$\text{意外事故发生率}=\frac{\text{受伤与患病的人数}\times 200\,000}{\text{所有雇员某段时间工作的总小时数}}$$

要注意的是，相同的公式也可用不同变量计算意外事故率：（1）因为受伤或患病导致缺勤的天数；（2）未导致缺勤的非致命受伤和患病的人数；（3）与受伤或患病相关的事件。

聚焦HRM 1

在《职业安全与健康法案》下雇主和雇员的责任

假如你是一个遵守《职业安全与健康法案》的企业雇主，你必须：

- 尽到你日常的责任，提供一个无危险的工作场所。
- 使雇员了解《职业安全与健康法案》以及与他们相关的安全与健康事项。
- 以负责的方式遵守职业安全与健康管理局的标准、规则和规定。
- 熟悉强制性的职业安全与健康管理局标准。
- 回顾相关要求，为雇员复印适用的标准。

---

① U.S. Department of Labor, Occupational Safety and Health Administration, All about VPP, rev. ed. (Washington, DC: U.S. Government Printing Office, 2013).

- 评估工作场所环境。
- 清除或减少潜在的危险。
- 确保雇员拥有并使用安全、适当的维修工具和设备（包括适当的个人防护设备）。
- 警告雇员潜在的危险。
- 建立或者随时更新操作流程，并告知雇员。
- 在需要时提供医疗检查。
- 提供职业安全与健康管理局标准所规定的培训。
- 在8小时之内，通报任何导致3人或3人以上雇员死亡或住院的意外事故。
- 保留职业安全与健康管理局所要求的与工作相关的受伤和患病记录，除非另有规定。
- 第一年张贴《职业伤害与疾病日志和摘要（OSHA300）》(OSHA300—Log and Summary of Occupational Injuries and Illnesses)，之后每年整个2月都要张贴，除非另有规定。
- 在工作场所引人注目的地方张贴职业安全与健康管理局公告（OSHA2203），告知雇员权利和责任。
- 使雇员、离职雇员和他们的代表在合理的时间以合理的方式拿到OSHA300表格。
- 允许雇员取得医疗记录和暴露于危险环境下的记录（exposure record）。
- 同职业安全与健康管理局委派的监察员合作。
- 不能对那些在《职业安全与健康法案》保护下行使投诉权利的雇员持有偏见。
- 在工作地点或附近张贴职业安全与健康管理局处罚令和避免或减少危险情况的注意事项。
- 在指定时间内更正违法行为。

假如你是一名遵守《职业安全与健康法案》的雇员，你必须：

- 在工作场所阅读职业安全与健康管理局公告。
- 遵循所有适当的职业安全与健康管理局标准。
- 遵照所有的雇员安全与健康规则和规定，并且在执行工作时穿着或使用防护性的装备。
- 向主管报告危险情况。
- 通知雇主任何因工作而导致的伤害或疾病，并寻求适当的治疗。
- 与职业安全与健康管理局委派的监察员合作进行检查。
- 在《职业安全与健康法案》下以合理的方式行使你的权利。

虽然职业安全与健康管理局没有列举雇员违反其责任的条款，但是每一名雇员必须遵守依据《职业安全与健康法案》而颁布的所有适当的标准、规则、规定和命令。不过，职业安全与健康管理局并不期望每名雇员会为了护栏、地板清洁、设备维护、人工呼吸器、培训或其他安全与健康措施而花钱。

Source：OSH Act，OSHA Standards，Inspections，Citations and Penalties（Washington，DC：Occupational Safety and Health Administration），accessed May 20，2011，at http：//www.osha.gov.

意外事故发生率可以用来比较工作团队之间、部门之间和一个组织中相似单位之间的情况。同样，意外事故发生率也可作为比较不同组织做相同工作的基础。劳工统计局和其他组织，如国家安全委员会（National Safety Council），可以设定雇主与其他组织进行比较的基准点的数据，从而为这些比较提供一个起始点，用以分析问题范围、工作环境的变化，激励个人促进安全与健康。

确保每名雇员必要时使用防护性装备也是雇主的责任。因此，雇主必须致力于安全培训的工作，并且准备好约束没有遵守安全规则的雇员。同时，雇主不能对那些在法案保护下行使投诉权利的雇员持有偏见。雇主在法案保护下也拥有很多权利，大多数权利与获得信息、申诉标准的矛盾之处（applying for variances in standards）和对处罚令提出异议有关。[①]

2. 雇员的责任与权利

雇员必须遵守所有适用的职业安全与健康管理局标准，汇报危险的情形，遵从所有的雇主安全与健康规则和规定，包括那些使用防护装备的规定。雇员有权利要求有安全与健康的工作环境而无需担心受到惩处。同时，他们也拥有许多保留要求和获得有关安全与健康条件信息的权利。[②]例如，大多数州——以及联邦法律——要求雇主为雇员提供处理化学危险品的信息。通常被称为知情权的法律法规，这些法规要求雇主和生产商给员工提供关于他们可能接触到的有毒有害物质的信息，以及这些物质与健康相关的危害是什么。由于州的知情权法律比联邦法律更严格，因此，鼓励雇主联系州健康和安全机构，索取相应的危险通识标准的副本。[③]

12.1.6 职业安全与健康管理局的执行记录

也许没有比职业安全与健康管理局被批评得更严厉的联邦政府机构了。[④]工会和安全团体却一直担心职业安全与健康管理局在监督与组织的协议上过于松懈，这些团体倾向于支持强制性的标准，而不是针对问题自愿性的指导原则，如因重复动作而导致的工作伤害，这将在本章后面进行讨论。[⑤]

同时，雇主认为标准不切实际，或者过于严格。一位安全经理说："看起来职业安全与健康管理局似乎是在象牙塔里进行研究工作和制定职业安全与健康标准，他们并不清楚或者不在乎这些标准是否能在现实世界中行得通。" 也有其他的批评说，职业安全与健康管理局设定的标准严重落后于时代。

然而，大多数针对职业安全与健康管理局的申诉是不同的行政机构执法力度不一样。[⑥]在某些行政管理下，执行的程度一直被认为实际上是不存在的（或至少非常松散）；而在其他行政管理下，常规性的执行似乎更积极主动。近些年来，职业安全与健康管理局

---

① All about OSHA, 13.

② Ibid., 5.

③ Fred S. Steingold, The Employer's Legal Handbook: Manage your Employees and Workplace Effectively, (Berkeley, CA: Nolo Press, 2013).

④ Michael Blanding. "OSHA Inspections: Protecting Employees or Killing Jobs?" – HBS Working Knowledge. Harvard Business School, 21 May 2012.

⑤ David J. Walch. Employment Law for Human Resource Practice. [St. Paul, Minn.]: Thomson/West, (2012): 516.

⑥ Juerden Jung and Michael D. Makowski. Regulatory Enforcement, Politics, and Institutional Distance: OSHA Inspections 1990-2010. Towson University Department of Economics. Working Paper No. 2012-02. (2013).

的资金有所增加，并加强了执法措施。

12.2 创造安全的工作环境

通常企业的人力资源部门或者产业关系部门负责安全计划。虽然安全计划的成功绝大部分依赖于经营部门的经理和主管，但人力资源部门传统上还是会就执行安全通报与培训计划、保存职业安全与健康管理局所要求的安全记录表，与经理和主管紧密配合，以使计划取得成功。

有正式的安全计划的组织，通常有一个由雇员与管理层组成的安全委员会，包括管理层、每个部门或者制造/服务单位的代表以及雇员代表。安全委员会一般进行意外事故调查，并且负责公告安全规则及其执行的重要性。

12.2.1 创造安全文化

人们普遍认识到激励较低级别的经理和主管是健康与安全管理的基石。[①]实际上，在一个由美国机械工程师协会（American Institute of Plant Engineers）进行的研究中，调查结果显示，管理者对工作场所安全承诺的增加与意外事故的减少是直接相关的。然而，当今的企业创造一个安全的组织文化比管理经营过程和减少事故更加重要。[②]安全文化依赖于组织中的每个人都有意识地致力于改善其安全和健康状况。人力资源经理在此过程中扮演关键的角色。

美国化学品安全委员会（U.S. Chemical Safety Board，CSB）主席Carolyn Merritt表示："人力资源主管应该是创造和确保企业安全文化存在的关键人物，他们能够掌握组织文化的脉动。"[③]

此外，美国化学品安全委员会提倡安全文化，特别强调安全生产指标（process safety metrics）。例如，除了评估受伤程度，经理应该主持多个单位会议，每季度召开并评估目标的实现程度。Gallagher Bassett服务公司（安全顾问）的总经理Greg Andress说："你会想要评估组织内部驱动组织文化变革的动力。"[④]

1.面试时对安全性和适合性进行测试

人力资源经理为了有助于创造组织安全文化，一个方法就是鼓励主管将安全融入招聘面试中。你知道有人经常发生事故吗？有几乎没有经历过刮碰的人吗？一些研究人员报告发现，不同的员工和其安全倾向之间有相关性。尽管禁止询问应聘人关于他们经历的伤害，但面试官可以通过询问他们对行为类型的其他问题来探察他们的安全倾向。例如，面试官可以问应聘人关于他们亲历的不安全事故以及是如何处理的。

有些企业定期对其现有的员工进行适合性评估。适合性评估与预招聘考试类似，但却是在雇用期间进行的。他们要确定员工在身体上、精神上和情绪上的适合性，常针对安全或安全敏感岗位进行。例如，联邦条例要求核电厂员工在岗位上接受随机的适合性评估，

---

① Roy Maurer. "Making Safety Committees Work". *Society for Human Resource Management*. (August 8, 2013): 1.

② Ibid.. 2.

③ Jessica Marquez,"Creating a Culture of Safety," *Workforce Management* 86,no. 8 (April 23,2007): 1.

④ David L. Goetsch,"Checking Your Culture," *Occupational Health and Safety* 76,no. 10 (October 2007): 22.

以确定是否服用酒精或药物。

2. 主管的关键角色

当然，主管比面试应聘人的安全倾向能做得更多。正如我们解释的，像人力资源经理一样，主管在员工安全计划中扮演了关键的角色。主管最主要的责任之一就是与雇员进行安全工作必要性的沟通。[①]对于新进雇员的工作指导，要不断强调安全的重要性。应该对工作涉及的适当的工作流程、防护性衣物与装备的使用和潜在危险性等问题进行透彻的解释。[②]此外，雇员对于这些影响因素的了解，在培训时要加以确认，并且也应该鼓励雇员提出建议，主动采取行动以保持对工作安全的高度重视。换句话说，应指导他们在安全问题发生之前发现隐患。而且主管必须在工作场所连续观察雇员的工作行为，以增强其安全作业的观念，并立即纠正其不安全的行为。[③]

3. 前瞻性的安全培训计划

安全培训不但很有意义，而且法律要求必须进行安全和健康培训。例如，《危险液体运输和安全法案》要求雇主在安全的环境下训练员工。当训练时，雇主必须保存员工培训的所有确切资料。如果违反该法律将受到刑事处罚。

大部分组织需要通过不同的媒体宣传安全意识方案。安全讲座和课程、印刷品和视频资料是企业经常采取的形式。[④]例如，好市多和亚马逊成功地运用了一个叫作“安全的游戏”(Safety Bingo)，来激励员工每天创造一个安全意识氛围，并提醒他们安全的目标。[⑤]

当然，网络也成为一种传播安全培训材料的流行方式。一位安全经理竟然把公司的内部网描述为“互联网是组织的特警队，开发并执行及时有效的安全与健康计划”。另外，职业安全与健康管理局可以通过电子工具（eTool、技术链接、CD-ROM和幻灯片演示来传递有关帮助信息。职业安全与健康管理局还开发了在线模块，叫作电子工具，用于处理各种有关安全和健康问题，并为雇主和员工提供有关职业安全与健康管理局的规定如何应用于他们的工作场所的信息。[⑥]图表12-1列示了职业安全与健康管理局设计的电子工具，帮助员工安全地搬运行李。

人力资源专家和安全主管尤其要倡导雇员参与设计和制订安全计划。[⑦]雇员可以提出有价值的意见，特别是针对安全与健康问题、教学方法和适当的教学技巧等方面。此外，当员工体验到教学计划中的归属感时，更有可能接受安全培训。[⑧]

---

① Robert Pater,“Next Level Safety Cultures,” *Occupational Health and Safety*. May 2008.

② Oregon OSHA,“Supervisor Responsibilities” *Health and Safety Resource Magazine* Vol 21 (December 2011): 7.

③ Carol Leaman,“The Future of Safety Training,” *Occupational Health and Safety*. September 2013.

④ Ismael E. Garza,“Increasing Safety Awareness in the Workplace: Measuring the Emotional, Cognitive and Rhetorical Effectiveness of Informational Illustrations Used in Safety Documents,” University of Houston-Downtown,(December 2009): 80.

⑤ “How to Make Safety Training Fun,” *Workplace Safety Experts*, June 2011.

⑥ http://ww.osha.gov; click on e-Tools.

⑦ Aruna Vayuvegula,“Learning Activities for Making Safety Training Fun,” CommLab India, January 2012.

⑧ E. Kevin Kelloway, and Cary L. Cooper,“Occupational Health and Safety for Small and Medium Sized Enterprises,”Edward Elgar Publishing,(2011): 45.

图表12-1　**职业安全与健康管理局搬运行李的电子工具**

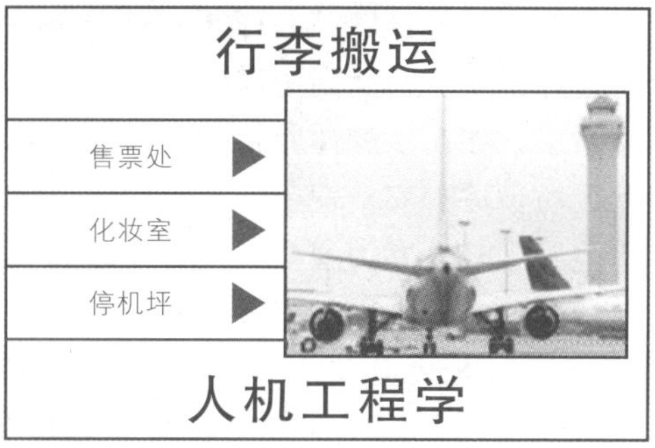

Source: http://www.osha.gov/SLTC/etools/baggagehandling/index.html.

聚焦HRM 2

测试你的安全智商

请回答下面的小测验，测试你对安全与健康问题的了解程度。答案在本章后面。

1. 判断对错：雇主应该听从职业安全与健康协调人员对工作场所检查的意见。

2. 判断对错：雇主有权利委派一名公司代表陪同职业安全与健康管理局人员进行是否符合其规定的检查。

3. 判断对错：职业安全与健康管理局要求雇主向雇员公布医疗记录。

4. 有多少比例的美国人口因背伤而受影响？

a.23%　　b.47%　　c.60%　　d.80%

5. 判断对错：为了解决潜在的卫生和安全问题，雇主有权知道向职业安全与健康管理局投诉的员工姓名。

6. 哪一个能够引发更多的意外：是不安全的行为还是不安全的环境？

7. 列出在新雇员的工作适应期关于安全的5个方面。

8. 判断对错：雇主必须提供职业安全与健康管理局要求的培训。

9. 判断对错：雇主允许职业安全与健康管理局的检查人员进行突击检查。

10. 判断对错：雇主被要求在24小时之内向职业安全与健康管理局报告意外死亡事件的结果。

12.2.2　强化安全规则

企业以各种方式传达特定的安全规划和法规，包括通过主管、公告通知、员工手册，以及贴在设备上的标志告知。为了让员工意识到危险，有些组织为其员工提供小的由职业安全与健康管理局印制的“快速卡片”。这张卡上包括简要的、易于遵守的安全和健康信息，员工可以放在手边，必要的时候参考一下。图表12-2列举了一张快速卡片的例子。安全准则也可以通过日常的安全会议、新进员工指导和标准操作流程手册来加以强调。①

① Barbara Mulhem, “Safety Sense: Developing and Enforcing Safety Rules,” *PLANET Professional Landcare Network*, January 2009.

对于违反安全规则的处罚，需要明确记载于雇员手册中。有很大比例的组织对于违反安全规则雇员的惩罚与违反其他规定的惩罚是一样的。对于第一次违反的雇员进行口头或书面警告，重犯给予停职处置，第三次违反则予以解雇。然而，严重违反的情形，即使是头一次也有可能导致致命的结果，如在易燃性原料附近吸烟。

虽然这些纪律也许可以让雇员更加安全地工作，但是安全部门的管理者知道，最有效率的执行手段是使雇员自愿地遵守并且成为安全规则与程序的拥护者。当管理层主动邀请雇员参与各方面的组织安全计划时，这个目的就会达到。这很重要，因为涉及安全计划的员工不仅仅是更敬业的员工，而且是更有安全意识的员工。按照人力资源管理协会的研究，涉及安全工作的员工发生安全事故的可能是不涉及安全工作的员工1/5，在损失工时伤害方面以后者少1/7。另外，不涉及安全工作的员工发生安全事故的平均成本是392美元，而涉及安全工作的员工是63美元。

有很多方法让员工参与安全计划。除了全面质量管理计划，还包括：(1) 与管理层共同设定安全标准；(2) 参与安全培训；(3) 参与特殊安全培训计划的设计与实施；(4) 参与设立安全激励和奖励；(5) 参与意外事故的调查工作。在岗位分析过程中，当评估岗位风险时，要征求涉及安全工作的员工的看法和意见。看法的背后是帮助识别潜在的危害和制定事故发生前的保护措施。另外两种方法是，建立员工安全建议计划并要求员工正式加入观察同事安全行为的过程。因此公司在考虑购买工具时要征求员工的意见。在伯灵顿北方圣太菲（BNSF）铁路公司，不仅员工对公司正在购买的工具提供建议，而且公司的机械小组为使员工更安全而创造新的工具或进行改造也是很常见的。

安全激励方案是鼓励工作场所健康与安全的有效方式。[①]固体废物管理公司联合废品工业的管理层提供双语在线/离线安全奖励计划，称为安全生产专项奖励计划。[②]该计划鼓励员工积累安全凭单以获得更多的奖励，并通过公司定制的Web站点的目录规定了详细奖项。然而，关于奖励需要慎重：它们可能提供了员工不报告事故的激励。实际上，2012年职业安全与健康管理局发表了一篇批评公司安全激励计划的文章，这个计划会阻止员工报告事故或工伤。[③]

许多公司在其工作场所显要位置展示连续多少天没有发生操作事故，而不是奖励。这个想法是为了激励员工保持无事故记录并尽可能形成新的无事故执行记录。

12.2.3 调查并记录意外事故

每一次意外事故，即使是很轻微的，都应该由主管和安全委员会的成员进行调查。经由调查工作可以判定导致意外事故的因素，也可表明矫正工作的必要性以避免再次发生。矫正工作也许需要重新安排工作站、安装安全防卫或控制装置，或者更常见的是给予雇员额外的安全培训和重新评价他们为保障安全所需的激励。

职业安全与健康管理局要求有11名或11名以上雇员的雇主保存雇员因工作而受伤或

---

① Michelle M. Smith, "7 Steps to Safety Incentive Success," *Occupational Health and Safety* 76, no. 9 (September 2007): 52.

② Joe Truini, "Allied, RecycleBank offer Rewards in Northern Ohio," *Waste and Recycling News*, July 2009.

③ Ira Ozer, "Tangible Incentive Programs Improve Safety Results," Occupational Health and Safety, June 2013.

图表12-2　　职业安全与健康管理局快速卡片

OSHA® QUICK CARD™

链条锯安全守则

操作链条锯有危险。潜在的损伤可以通过正确的人员防护设备和安全操作程序降至最低。

使用链条锯之前

- 检查控制装置、链条张紧力，以及所有螺栓和手柄，以确保它们正常工作，并根据制造商的指示进行调整。
- 确保链条始终锋利，油箱是满的。
- 在地上打开锯或找人进行技术支持。
- 一旦开始不允许放弃。
- 远离加油区域至少10英尺，握手刹开动链条锯。

给链条锯加油

- 使用经批准的运送燃料的容器。
- 在加油、施工时远离火源，至少10英尺。加油时禁止吸烟。
- 用漏斗或柔性软管向链条锯加油。
- 在链条锯工作时或锯体温度高时禁止加油。

链条锯操作安全

- 清理链条锯里的污垢、碎片、小树枝和碎石。在切割前查看树上有无钉子、尖状物以及其他金属。
- 在提着锯遇到硬地或不平的地形时，应关掉锯或刹住手刹。
- 用手握住链条锯手柄，操作锯时保持平衡。
- 操作锯时必须佩戴正确的人身防护设备，包括手、脚、腿、眼睛、脸部、耳朵以及头部防护。
- 不要穿宽松的衣服。
- 小心不要让树干和树枝遮住锯。
- 紧密注意树枝，当它们被砍时可能会突然撅起来。
- 气动链条锯必定装有最大限度地减少链条锯反冲的保护设备。
- 小心链条锯反冲。为避免反冲，不要用锯尖，把锯尖套好放置。

更多完整信息请见：

OSHA® Occupational Safety and Health Administration

U.S. Department of Labor

www.osha.gov　(800) 321-OSHA

OSHA 3269-12N-05

Source：http：//www.osha.gov/OshDoc/data_Hurricane_Facts/chain_saw_safety.pdf

患病的记录。如前所述，职业安全与健康管理局也要求组织认真填写工伤与疾病日志（OSHA Form 300）。所有需要记录的事件都要一一填写到工伤与疾病日志里。应记录事件

（recordable case）[1]是指因任何工伤或疾病而导致的以下情形：死亡、缺勤、限制性工作（restricted work）或调换到其他岗位，或者急救之后的医疗行为。其他雇主必须记录的与工作相关的问题包括由医疗专家诊断的重大伤害或疾病而导致的丧失意识或语言能力的症状。[2]图表12-3展示了在相关法律下职业安全与健康管理局的意外事故分类图表。日志里所写的每一件要记录的事件，都要在工伤与疾病意外事故报告（OSHA Form 301）中填写完整。OSHA Form 301要求回答有关事件的问题。每年都需要完成OSHA Form 300-A（伤害与疾病摘要），并把它张贴在醒目的地方，或雇员习惯看通知的地方。记住，在填写完所有职业安全与健康管理局的表格时，如果事件涉及"隐私问题"，雇主不要把受伤或患病的雇员姓名写在上面，包括性侵犯、感染艾滋病和精神疾病。

图表12-3 《职业安全与健康法案》下应记录事件的指导

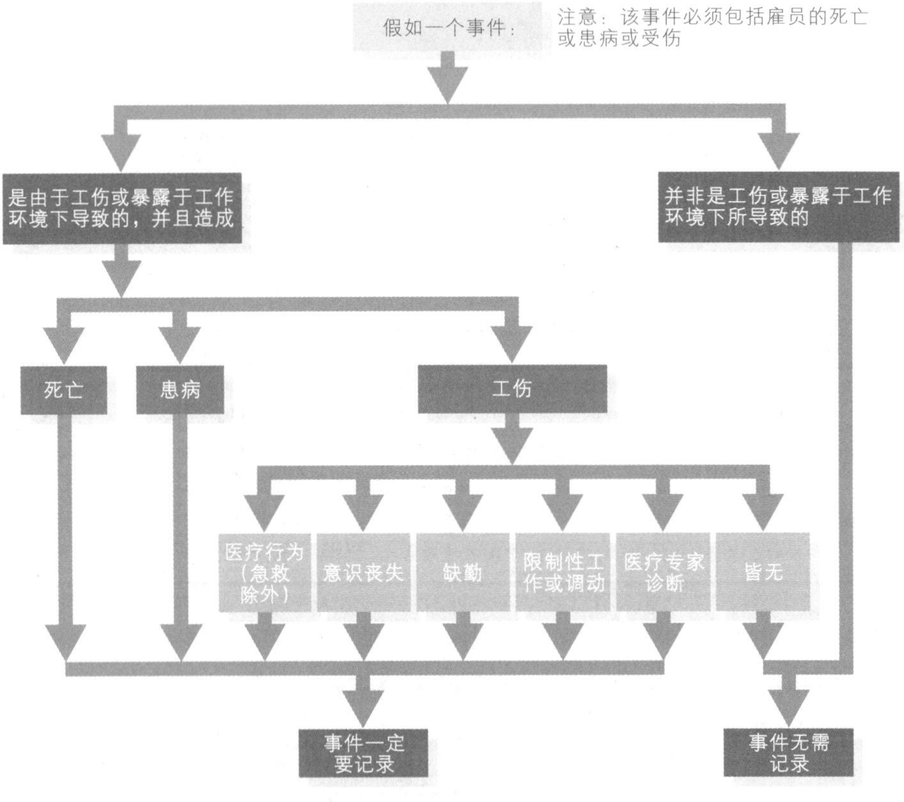

最后，我们以展示雇主需要在工作场所张贴的职业安全与健康管理局公告（参见聚焦HRM 4）作为讨论职业安全与健康管理的总结。

① 应记录事件（recordable case）：任何职业死亡、生病或受伤被记录在日志（OSHA Form 300）。

② For complete information on the recording and reporting of illnesses and injuries, see OSHA Publication 3169, Recordkeeping, particularly Sections 1904.5 (determination of work-relatedness) and 1904.7 (general recording criteria). See also the OSHA website at http://www.osha.gov.

12.2.4 安全危险与问题

员工们在工作中面临很多危险，这取决于其职业的不同而有差异。本章不可能讨论所有的问题，但是，我们将讨论近来人力资源经理和企业非常关注的一系列危险。

1.疲劳

最近几年的安全问题不外乎是员工疲劳。你可能已经听说了，空中管制员在岗位上睡着了，试图联系他们的飞行员都没能叫醒他们。疲劳在连续运转或有夜班的组织里更是一个问题。研究表明，按照波士顿布莱根妇女医院睡眠治疗主任Charles Czeisler博士的一项研究，30%~50%的夜班员工报告说一周至少有一次在岗位上睡着了。[①]

对大多数工作来说，疲劳不会危及生命。尽管如此，经理人、员工及公众都很关注它对职场安全和绩效的影响。某些行业的法规限制员工每个班次工作的时长。航空业就是这样一个行业。然而，即使有限制，员工们发现他们仍很疲劳。有些专家说裁员可能是一个因素，因为越来越少的工人被要求做更多的工作。最近，美国政府郑重宣布额外给各班次的空中管制员一个小时的休息，以与疲劳作战。大陆航空公司已允许其飞行员如果太疲劳不能飞，可以电话通知并报告。

尽管职业安全与健康管理局现今还没有疲劳标准，但它正在想方设法制定一个，工会也日益增加了疲劳合约。得克萨斯陶氏化学自由港的员工与工厂协商，已在新的劳动合同中加入了疲劳标准。在新协议下，员工连续有3个16小时的工作日，必须有24小时的休息。正常班次的员工如果连续工作21天，应有48小时的休息。[②]

2.分神驾驶

你知道每年员工死亡的主要原因是什么吗？机动车碰撞占据第一位。而且，根据国家公路交通安全管理局的研究，开车时发短信造成碰撞事故的概率是正常驾驶的23倍，而且分神驾驶占所有事故当中的80%。当涉及大规模运输时，分心驾驶的后果可能是灾难性的。例如，2008年，一列洛杉矶通勤火车与另一列火车相撞。25人死亡，包括火车司机，另有135人受伤。事后调查发现，当天司机发送了或接到了57条短信，包括发生碰撞前22秒发送的一条。

为了有助于防止分神驾驶事故，越来越多的雇主对其雇员采取强制性的手机政策。由国家安全委员会对2 000多名雇主进行的一项调查发现，58%的雇主制定了工作场所手机使用的政策，大约有1/4的受访者禁止某些员工或全体员工在驾驶时使用手机或免提设备。[③]其他公司正在做的远不止制定政策。它们在员工的手机上安装如手机卫士软件，防止司机在以10英里或以上的速度行驶时发短信、浏览网页或查收邮件。

职业安全与健康管理局对于分神驾驶没有特别的规定。然而，该机构宣称，如果有雇主鼓励或给员工分神驾驶的奖励，它将会根据职业安全与健康管理局“一般责任”条款下

---

① Randolph P. Schmid, “Odd Work Schedules Pose Health Risk,” *ABC News* (April 16, 2011), http://abc-news.go.com.

② L.M. Sixel, “Working: Beyond Exhausted, but Still on the Job,” *Houston Chronicle* (May 5, 2011), http://www.chron. com.

③ Julie Ferguson, “Distracted Driving and Employer's Policies,” *HR Web Café* (November 1, 2009), http://www.hrwebcafe. com.

的不安全环境规定对公司施以罚款。一般责任条款5（a）（1）节明示每个雇主“应为员工提供……免于公认的危害，造成或可能导致死亡或严重的身体伤害的就业场所。”这一条款用于执行广泛的安全和健康的规定，关于违法的具体规定还没有实施。2013年10月，有12个州禁止驾驶时打手机，并且有41个州禁止所有的司机驾驶时发送短信。[①]

移动电话并不是唯一的电子安全的罪魁祸首，由于员工戴耳机听MP3从而听不到外界的声音也带来了风险。一个航空航天制造商禁止它的1 500名员工在工作时使用这些设备。“尽管没有骚乱，但有飞机、铲车、卡车等在周围移动。我们觉得员工应始终集中精力，”公司的发言人说。[②]

3.工作场所暴力

全国职业安全与健康学会是这样定义工作场所暴力的：在工作中，任何人身攻击、恐吓或辱骂行为，包括但不限于殴打、刀刺、自杀、枪击、强奸、接近自杀（near suicides）、心理打击（如威胁、猥亵电话、恐吓）以及任何性质的骚扰（如跟踪、咒骂或呵斥）。

2011年，近300万非致命的工作场所暴力事件被报道，攻击的形式包括：袭击、抢劫、盗窃、绑架人质、绑架、强奸和性侵。[③]与公众接触的雇员；兑换货币的职员；运送乘客、货物或服务的司机；在医疗、社会服务或犯罪环境中的工作人员；或单独或在人数少的公司工作的人，在工作地点遭遇攻击的风险更大。

按照劳工统计局的说法，相比男性有更多的女性在职场遭遇了暴力。实际上，继交通事故之后，谋杀是导致女性死亡的第二个主要原因。

性骚扰是女性在职场所遭遇的最常见的暴力。少数民族女性尤其是弱势群体。2011年发生在知名的曼哈顿酒店的涉嫌性侵两名女服务员事件，引发了对少数民族女性在职场面临的风险的极大关注。酒店安全顾问Anthony Roman说，过去的30年来有数十件涉及女服务员的此类事件。这起袭击事件法庭判定的是由醉酒引起的强奸。“这不是罕见的事件，”Roman说。[④]

对男女员工的欺凌行为也是人力资源经理开始关注的问题。欺凌行为是一种暴力；它是由一人或多人对一人或多人进行的多次、有害身心健康的虐待。它包括口头辱骂或侮辱性的行为，即威胁、侮辱、恐吓，或阻扰某人的工作能力。Zogby民意调查显示，35%的美国成年人有在工作中被欺负的经历。欺凌行为不仅导致士气下降，它可导致致命的自杀、暴力和工作场所中的凶杀案。[⑤]世界上有些国家，包括法国和瑞典，已经制定了反欺凌行为的法案。大约有1/4的州已考虑或正在考虑制定反欺凌行

---

① Distracted Driving Laws, Governors Highway Safety Association: The State's Voice on Highway Safety. November 2013.http://www.teensafedriver.com/doc/distracted-driving-survey-of-states.pdf. Accessed July 31, 2014.

② Teresa Long, "Are Your Employees Dangerously 'Intexicated'?" *Workforce Management* (October 2009), http://www.workforce.com.

③ Bureau of Labor Statistics, Workplace Injury and Illness Summary of 2012. November 2013.

④ "Sofitel Maids Allowed to Wear Trousers," *Daily Mail* (May 26, 2011), http://www.dailymail.co.uk.

⑤ Roy Maurer, "Workplace-Bullying Laws on the Horizon?" *Society for Human Resource Management*, (July 2013): 3.

为法案。[①]

减少工作场所暴力。除了保护处于极易遭受攻击的员工，职业安全与健康管理局建议企业分析其工作场所，以发现潜在的暴力领域，为他们的员工制定预防暴力的方案并进行培训。首先，对求职者进行背景调查，以确保他们没有攻击性或暴力倾向的历史。[②]请记住，如果雇主不采取这一步骤，不小心雇用了这样的人，结果在工作场所发生伤害事件，雇主会被起诉。管理者、主管和雇员也应该接受培训，以识别如图表12-4所示的暴力特征。

减少职场暴力的其他措施包括把员工编成两人一组而不是独自工作，并进行环境调整，如提高灯光亮度，锁住入口，以防止未经授权的人进入设备室，提供个人移动电话、对讲机以及紧急呼叫装置。继曼哈顿酒店女服务员遭性侵事件之后，Pierre and Sofitel酒店决定安装紧急呼叫按钮。Sofitel酒店还更换了女服务员的裙子，改为裤子。[③]

图表12-4 **暴力特征：得知预警性信号**

许多人在实施暴力行为之前会露出蛛丝马迹。同样，有过暴力行为的离职雇员在被解雇之前或之后流露出不满情绪就遗留了其意图的预警性信号。在评估潜在暴力情况时，需要很慎重地看待以下行为：

- 直接或暗地里的威胁语言
- 近期绩效下降，包括注意力分散问题和过多的借口
- 情绪或行为明显改变；意志消沉
- 预藏刀、枪或其他武器
- 故意破坏工作场所的设备；怠工
- 沉迷于暴力小说
- 不计后果或反社会的行为；以前攻击行为的证明
- 侵犯行为或恐吓
- 暴力内容的书面信息；夸大的不公平感觉
- 个人生活的严重压力
- 伤害特定团体或个人的强烈欲望
- 暴力伤害家人
- 物质滥用

Source：Adapted from Violence in the Workplace：Risk Factors and Prevention Strategies，NIOSH Bulletin #59；David D. Van Fleet and Ella W. Van Fleet，Preventing Workplace Violence：The Violence Volcano Metaphor，*Journal of Applied Management and Entrepreneurship* 12，no. 3（July 2007）：17；Bella L. Galperin and Joanne D. Leck，Understanding the Violent Offender in the Workplace，*Journal of American Academy of Business* 10，no. 2（March 2007）：114.

---

① 按照healthyworkplacebill.org网站的数据，美国有25个州引入了反欺凌行为法案；有11个州有提案，但没有获得通过。

② W. Barry Nixom and Kim Kerr，"Background Screening and Investigation：Managing Hiring Risk from the HR and Securities Perspectives，" *Elsevier*（August 2011）：28.

③ Laura Walker，"Facing the Unthinkable：Fatality Prevention in the Workplace，" *Occupational Hazards* 70，no. 1（January 2008）：32. See also Jean Thilmany，"In Case of Emergency，" HR Magazine 52，no. 11（November 2007）：79；Lynn Lieber，"Workplace Violence—What Can Employers Do to Prevent It?" *Employees Relations Today* 34，no. 3（Fall 2007）：91.

最后，至少企业的人力资源部门必须有效地与企业员工沟通，对暴力行为零容忍。[①]连锁餐厅Garden Fresh、出租汽车公司Rent-a-Car、捷蓝航空公司以及里兹·卡尔顿饭店，都有正式的工作场所暴力预防政策，告知员工这种侵犯性的行为将不被容忍。应鼓励员工们把可能的或观察到的事件报告给公司的人力资源部门。有些公司还为员工设立了热线电话，可以无顾虑地举报事件。

4.工作场所突发事件

因为一个组织的人力资源部门面对每一个员工，所以它是率先制订应急计划的理想角色，应对突发事件，并在事后为员工提供援助。按照职业安全与健康管理局的要求，工作场所突发事件是一个威胁员工、顾客或公众的无法预见的情形，它会破坏或关闭作业，或造成物理或环境损害。突发事件可能是自然的或人为的。除了工作场所暴力，还包括以下方面：

- 水灾
- 飓风
- 龙卷风
- 火灾
- 有毒气体泄漏
- 化学品溢漏
- 放射性事故
- 爆炸
- 城市骚乱与恐怖主义

职业安全与健康管理局要求企业有应急行为预案，以应对这类事件。在其他事情中，应急预案必须包括报告火灾或其他急救程序、疏散设施，并考虑员工疏散。预案必须包括留在设备的员工的程序，以确保关键的工厂设备持续运行，也包括员工执行抢救和医疗工作的程序。应急预案的副本全体员工人手一份，或者放在员工方便获得的位置。有10人或更少员工的组织允许与员工口头上沟通应急预案。

聚焦HRM 3列示了一个由组织准备好的评估清单，以确定它们是如何准备紧急情况的。职业安全与健康管理局发布令3088号《如何应对工作场所的突发事件以及疏散计划》对雇主是一个有帮助的指南。为了帮助小型的、低风险的服务或零售企业执行应急预案，并遵守机构应急标准，职业安全与健康管理局还有一个电子工具。

尽管不必要，但职业安全与健康管理局建议组织预备一个通信中心或计算机服务器，以防设备被破坏或无法进入。厂区外的物理或网络空间可用于存储原件或会计记录、法律文件的副本、急救联系人列表，以及其他必要的记录。例如，Amazon.com有一个计算机运行服务，允许企业除了自身在其服务器上存储数据，还有代替自己的服务器。人力资源经理应确保员工知道出现紧急情况时联系谁，以及联系方式。西雅图地震后，星巴克使用语音系统告诉员工打电话或发短信给公司，以确保每个人都能联系上。

---

① Marcia K. Korow, "How Reflective Is Our Policy?" *Nursing Management* 39, no. 1 (January 2008): 37; see also Scott R. Gane, "Avoiding Violent Outcomes," *Security Management* 51, no. 6 (June 2007): 140.

在卡特里娜飓风之前，万豪酒店就建立了由800名员工和经理人组成的公司各种设施受飓风影响的状态更新系统。①一个企业的网络也可用于传播员工、新闻媒体及其他主体需要的危机信息。

5. 危机管理团队

像摩托罗拉和Circle K公司这类组织都有正式的危机管理团队。这些由小时工和管理雇员所组成的团队进行最初的风险评估调查，开发应对暴力情况的行动计划，更重要的是在危机或潜在危机期间实行危机干预行动。例如，危机管理团队会针对雇员通报的威胁事件进行调查。该团队的任务是搜集有关威胁事实，决定组织是否应该介入，以及如果介入，选定最适合的执行办法。图表12-5表明危机管理团队的成员或其他管理者安抚一名愤怒的雇员的例子。

图表12-5　**安抚愤怒的雇员**

如果你想缓和紧张的局面，请记住，人的愤怒通常源于被不公正地对待、被误解，或者未被重视的感觉。记住以下诀窍对你会有所帮助： • 在雇员处于愤怒的对抗状态，努力维护他的尊严。不要用鲁莽的语言攻击一个人，也不要任其混乱的思路继续下去 • 对所有对话保密。不要让雇员制造对他或她自己、对你或者对其他雇员窘迫的公开局面 • 永远保持冷静。源于你这一方的愤怒或攻击会触发雇员相似的反应 • 以开放的心态不带偏见地倾听雇员的述说，给雇员把话说完的机会 • 分辨雇员正当的关注点或感觉。承认雇员具有有效的观点，并且你将努力地矫正问题 • 如果雇员非常情绪化或者对峙的局面似乎失控了，那么安排会谈延后，以便大家都有时间冷静下来 • 尽量让讨论保持客观。关注手头要解决的问题，而不是个人的人格问题。“解决问题，而非人身攻击”的认识是解决冲突的基础 • 如果雇员显出过分的攻击性，快速脱身，并在与该雇员的进一步谈话之前寻求专业人士的帮助 • 如果未能使雇员冷静下来，将情况报告给你的经理、保安或人力资源部门的工作人员

Source：Adapted from professional literature on crisis management and seminars attended by the authors.

当然，不可能为每一个可能会影响公司的紧急情况或灾难做准备，所以危机管理团队通常做的是从过去的事件中吸取经验教训，并制定应对策略，以应对未来的危机。2001年9月11日对世界贸易中心与五角大楼的攻击就是一个绝佳的例子。袭击使美国公司，尤其是那些引人注目的行业，如航空业、体育设施、能源工厂和水坝、高科技公司、金融机构以及公共和商业建筑，更深刻地认识到恐怖主义的威力，以及该如何去应对。②有空前数量的企业开始寻找提高安全的运作方式。继“9·11”事件之后，企业对所有的设施采取门禁措施，为员工提供电子门卡；检查来访者的身份；安装视频监控，设置警报器，大楼安装防弹玻璃；加固车库和停车设施的入口和安全；保护计算机系统，防止未经授权进入系统和盗走数据。

关于在紧急情况之后员工重返工作岗位以及按时支付工作，危机管理团队和人力资源

---

① Sonya F. Premeaux and Denise Breaux, “Crisis Management of Human Resources: Lessons from Hurricanes Katrina and Rita,” *Human Resources Planning* (September 2007), http://www.entrepreneur.com.

② Rita Katz, “Web of Terror,” *Forbes* 179, no. 10 (May 7, 2007): 184.

经理人也发挥了关键作用。例如，卡特里娜飓风之后，里兹·卡尔顿酒店的人力资源管理部门设立了一个中央指挥部。来自全国的人力资源主管帮助受飓风影响的员工快速转移到新的地点。[1]有些员工在经历了惊吓之后可能不想返回工作岗位。一个接受底特律消防部门援助计划的员工Jim Martin指出，事件发生之后，员工会经历震惊、内疚、悲伤、冷漠、怨恨、愤世嫉俗及其他情绪。[2]这时员工援助计划可用来帮助员工，告诉他们可利用哪些福利，在有些情况下，甚至确定其来源。在飓风卡特里娜之后，美国邮政包裹公司通过员工援助计划派出一个团队，穿着印有标语USPS EAP的T恤，找到了40名员工及其家庭成员，把这些人送到新奥尔良体育馆，那里是受伤者的避难所。[3]危机管理团队有责任传播公共信息并发布新闻公告。

12.3 营造一个健康的工作环境

单从标题来看，《职业安全与健康法案》很明显是为了保护雇员的安全与健康而设计的。然而，因为工作场所意外事故具有强烈冲击性，经理人和雇员更多地关注于这些事故而忽略那些对他们健康有害的工作环境。事故发生得很突然，但危害健康的影响在一段时间以后才会显现。但是当它们显现出来时，会不利于员工、员工的家庭以及公司。

聚焦 HRM 3

应急准备清单

准备评估

你的企业如何应对紧急情况的？	是	否	不确定
1. 你的企业知道什么紧急情况可能会从内部和外部影响企业吗？	□	□	□
2. 你的企业是否有书面、全面的应急计划，有地方安全安置员工使其得到照顾直到援助到来吗？	□	□	□
3. 你的企业创建并实施紧急情况下快速疏散并找到庇护所的程序了吗？	□	□	□
4. 你的企业创建了紧急情况下与员工沟通的计划了吗？（实例包括：在本公司网站上设置一个电话呼叫树、密码受保护的页面、电子邮件警报或声音记录呼叫，以及包括紧急联络信息的联系人列表）	□	□	□
5. 你的企业与公用事业服务供应商讨论了潜在的选择，并确定了备选方案吗？	□	□	□
6. 你的企业确定了紧急情况后需要第一时间切断和运行的业务了吗，如何恢复关键的业务？	□	□	□

① Sonya F. Premeaux & Denise Breaux, "Crisis Management of Human Resources: Lessons from Hurricanes Katrina and Rita," *Human Resources Planning* (September 2007), http://www.entrepreneur.com.

② Nicola Guy and Keith Guy, "In Traumatic Times," *Occupational Health* 59, no. 8 (August 2007): 23.

③ Sonya F. Premeaux & Denise Breaux, "Crisis Management of Human Resources: Lessons from Hurricanes Katrina and Rita," *Human Resources Planning* (September 2007), http://www.entrepreneur.com.

7. 为了业务的持续性和保险的目的，你的企业创建存货和设备的清单了吗，包括计算机硬件、软件以及外围设备（如备份/保护记录和关键数据）?	□	□	□
8. 你的企业是否已针对紧急情况与保险提供商面见审核现有的保险?	□	□	□
9. 你的企业是否促进了家庭和个人的准备（如急救预案信息通过员工会议、简报、公司内部网、定期的员工电子邮件，以及其他内部沟通工具传播)?	□	□	□
10. 是否针对如锅炉、自动送料或其他操作开发了紧急关机程序，而不是简单地紧急疏散任其运行?	□	□	□
11. 你的企业是否与所在的社区在应急预案上协同工作并帮助社区恢复重建?	□	□	□

准备的结果

计算你回答“是的”数量，加计得分。你的分数是你的企业对应急预案在业务运行以及如何准备方面的总体反映。

如果你在8~11项回答“是的”，则你的企业已用自己的方式部署建立了一个全面的、有效的计划。

如果你在4~7项回答“是的”，则你的计划有些方面是到位的，但还需要做些工作填补空白。

如果你在1~3项回答“是的”，则应该立即为企业开发应急预案计划。这个培训计划是最伟大的第一步!

Source: National Safety Council.

12.3.1 人体工程学

用于消除职场上的健康风险的方法之一是借助人体工程学。回顾第4章，在审视职位设计时讨论过人体工程学。人体工程学技术的重点是确保工作的安全性和有效性，同时提高用户的安全性、舒适性和工作绩效。人体工程学使重新安排工作台变得简单，把部件放在容易够得着的范围，只需要几个必要的步骤就可以拿到部件或整理部件。人体工程学的一部分，包括设备的设计和使用它的操作员的体力。人们搬动物体的方式因个人的身材、性别、年龄及其他因素而有实质性的变化。设计设备控制系统时必须与操作它们的人的身体特征和反应能力相一致，同时人们工作的环境也是极为重要的。人体工程学也要考虑各种工作场所的要求及包容性。例如，缺乏力量的女性操作设备要求有相当的体力，身材矮小的亚裔美国人无法控制设备。

在康柏计算机公司、3M公司、惠普公司以及美国邮政包裹公司，人体工程学被证明有成本-效益，它们取消或至少减少了许多重复性的运动损伤，尤其是那些背伤和手腕伤。在塞斯纳（Cessna）飞机公司，员工使用特别设计的手动工具来缓解手臂紧张程度。罗克韦尔自动化有限公司购买了液压叉车来抬举金属模具，减少了冲床操作员的肩伤，之前这个工艺过程是人工操作的。Maple Landmark Woodcraft公司开展人体工程学培训，以减少因重复捶打动作造成的肩伤。成功的人体工程学计划的关键因素如图表12-6

所示。①

图表 12-6 **成功的人体工程学计划的关键因素**

开发了人体工程学奖励计划的公司列出了如下常见的成功因素： • 张贴注意事项并对员工进行培训。执行公认的人体工程学政策，或者展示现行的安全政策或培训课程方面的人体工程学信息。对在基层工作场所工作的雇员、主管和经理进行人体工程学方面的培训 • 进行预防伤害评估。调查工作场所和工作流程潜在的伤害，并采取措施避免人体工程学风险因素的发展。回答下列问题："某个工作领域比其他领域更易于导致人体工程学伤害吗？" • 雇员参与。雇员参与评估风险、认识肌肉骨骼疾患症状、设计特殊工作设备或工具以及设定工作绩效规则和指导原则 • 计划与执行。将人体工程学责任列入所有雇员的绩效计划中，并要求对计划的成功负责任
• 将损伤报告归档。鼓励尽早报告肌肉骨骼疾患症状或损伤。将雇员送到公司的医疗机构或雇员的家庭医生处进行治疗 • 评价和评估人体工程学计划。周期性地对人体工程学计划的有效性进行审查。假如该计划看起来没有效率，找出失败的原因，并提出改善的方法

12.3.2 健康危害与问题

健康危害曾经一度主要与工业生产操作的工作相关。然而，最近几年中，工作之外的危害却在工厂之外（如在办公室、医疗机构和机场）被识别出来，并采取了防护性的手段。替代的原材料、改变流程、封闭或独立流程、发放防护性设备和改善通风状况都是一些常见的防护性做法。这一节将回顾几个与员工和雇主有关的更为重要的健康问题。

1. 重复性累积伤害

肉贩、鱼贩、厨师、牙科矫正师、纺织工、小提琴家、空乘人员、计算机终端人员，以及其他需要手指、手或胳膊重复运动的工作者，近年来正不断出现伤害。②如大家所知的重复性累积伤害（cumulative trauma disorders）③或重复性运动损伤（repetitive motion injuries），这些肌肉骨骼疾患（musculoskeletal disorders，MSDs）主要是对肌肉、神经、肌腱、韧带、关节和脊椎的伤害，大多是因为重复的压力和紧张造成的。更常见的情况之一是腕管综合征（carpal tunnel syndrome）。腕管综合征是一个比较常见的现象，其特征是当腕部的骨骼和韧带构成的腕管（tunnel）变狭窄，压迫到通往手指和拇指根部的神经时，手指会麻木或刺痛。如果没有得到适当的治疗，患腕管综合征的雇员的手将完全失去感觉。另一种在网球运动员中常见的重复性累积伤害是网球肘（tennis elbow）。

① John P. Baeseman and Douglas Newhand, "The Ergonomically Correct Workplace," *Document Processing Technology* 15, no. 7 (December 2007): 20.

② Emil Jacob, "The Future of Computer Ergonomics," Occupational Health and Safety, September 2011; see also Joshua S.Berger and Roy Garvin, "Microcentrifuge Tube Ergonomics and the Required Force of Opening," *Occupational Health and Safety*, July 2010.

③ 重复性累积伤害是指手指、手和手臂的腱伤害，通常表现为由于重复受力而导致的发炎和红肿。

人体工程学技术也成功地应用于改善或矫正那些引发或恶化重复性累积伤害的工作条件。[①]在办公设备、视频显示器终端、工具设计、计算机键盘和可调整的工作位置方面的持续开发，全都是试图使工作条件更舒适，从而使员工更充满希望，有更高的生产率，同时也能减少肌肉骨骼疾患。作一些小小的突破和改变工作位置都是有益的。更重要的是，越早发现这些损伤就越容易治疗。如果早期没有发现这些损伤，他们可能需要几个月或者数年的时间进行治疗，甚至进行外科手术矫正。当然，如果是因工作造成重复性累积伤害，雇员的生产力一定会降低，从而会增加雇主的医疗成本，并产生工伤赔偿金的支付。

雇员肌肉骨骼疾患应被归类为“应记录事件”，并且必须在职业安全与健康管理局的表格上说明。此外，职业安全与健康管理局也将会依照《职业安全与健康法案》的一般责任条款对人体工程学伤害进行判决。为了减少肌肉骨骼疾患，职业安全与健康管理局提供了一些电子工具（eTools），它们可以提供一般意义上的人体工程学危害以及特定的行业和职业人体工程学危害。航空业行李处理工作就是一例（见图表12-1）。

2. 视频显示器终端

图表12-7提供了使用计算机的员工重复性动作潜在问题的清单。计算机和视频显示器终端（VDT）特别受关注。经理人必须面对关于此领域的问题主要有如下三个方面：

（1）视觉困难。视频显示器终端的操作员经常抱怨视线模糊、眼睛酸痛、眼睛红肿和发痒以及屏幕刺眼。

（2）肌肉疼痛。背部、颈部和肩部的疼痛是视频显示器终端操作员经常抱怨的。

（3）工作压力。3/4的视频显示器终端使用者抱怨眼睛疲劳、姿势问题、噪音、培训不足、工作负担过重和工作单调。

为了在保护雇员健康的同时利用视频显示器终端的方便，视频显示器终端和视觉专家James Sheedy博士提供了一些如何降低使用计算机对眼睛和身体负面影响的小建议：

（1）把你的计算机放在视线下4~9英寸的距离。

（2）保持显示器在你的正前方。

（3）选择可以调整高度的椅子。

（4）使用视力保护罩或遮挡物。

（5）肘部贴近身体两侧并有扶手。

（6）手腕和手与前臂保持在同一直线。

3. 化学品危害

美国劳工统计局估计，每年有55 000多人患有直接接触化学原料的疾病。这并不令人惊讶。因此，职业安全与健康管理局的危害通识标准是职业安全与健康管理局标准中最常被引用的。该法律的目的是确保由制造商进行化学品的检测和评估工作，并且传递化学品的相关危害信息给使用者。

---

① Michael S. Zedalis and Keitha Kessler, “Frequently Asked Questions: Ergonomics and Hand Protection,” *Occupational Health and Safety* 76, no. 4 (April 2007): 64.

图表12-7 **计算机工作站人体工程学清单**

使用下面的列表来识别应接受进一步调查的潜在问题。任何"否"的回答都可能存在问题。
1. 工作站是否确保正确的工作姿势，例如：
• 大腿是否与地面平行？
• 小腿是否与地面垂直？
• 双脚平放在地板上还是一只脚放在地板上？
• 手腕是否平直放于桌面且很放松？
2. 椅子：
• 是否很容易调整？
• 是否座位前面是圆形并且带垫？
• 是否有一个可调的后靠背？
• 是否提供腰椎保护？
3. 键盘在工作台面的高度和倾斜是否可调？
4. 键盘可以拆卸吗？
5. 按键动作需要最小的力度吗？
6. 有可调节的文件夹吗？
7. 提供必要的扶手吗？
8. 屏幕光线和反射已经是最小的了吗？
9. 显示器有亮度和对比度控制吗？
10. 膝盖和脚有足够的空间吗？
11. 工作站既适用于右撇子也适用于左撇子？

Source: The National Institute for Occupational Safety and Health (NIOSH), *Elements of Ergonomics Programs: A Primer Based on Workplace Evaluations of Musculoskeletal Disorders* (Washington, DC: U.S. Government Printing Office, March 1997).

所有危险的化学品容器必须贴上标签说明内装物品，并有适当的危害警告。职业安全与健康管理局发布的危险化学品规定被称为危害通识标准，并建立了标识这些警告的系统。危害通识标准中包括了化学品安全技术说明书，化学品安全技术说明书必须有危险物质的化学品名称，使用它的所有风险，包括任何潜在的健康风险；安全的处理措施；个人防护用品；在事故发生时的急救措施；确切的制造商信息。职业安全与健康管理局要求的化学品培训课程包括：告知雇员检测危险化学品的方法，在暴露于危险性化学品时可能引起的身体不适，以及雇员可以保护自己避免危险化学品伤害的方法等。

危险化学品对男性或女性生育能力具有潜在的影响。在一桩关于女性的案例[①]——国际联盟诉强生公司控制案（1991）中，美国最高法院判决雇主应拒绝适孕年龄的女性从事某些性质的工作，因为这些工作，具有让女性无法受孕的潜在风险。[②]法院宣称这种政策是性别歧视的形式之一，并受到联邦公民权利法律的禁止。该判决使雇主意识到主动告知、警告女性雇员关于工作中影响胎儿健康的风险是非常重要的。

---

① 利用网络，化学安全信息可免费从NOAA由提供的化学反应表获得。可从www.cengage.com/international获取学生资源。

② The Supreme Court decision in International Union v. Johnson Controls may be found in 59 U.S. Law Week 4029.

4.吸烟与二手烟

所有的大型组织甚至小型组织都已经详细制定了吸烟政策，在企业中何时何地允许吸烟。在制定吸烟政策时，最好是吸烟者与非吸烟者都参与。许多组织（如默克、Comerica、Hallmark和西南航空公司）都强调雇员参与。

5.血源性病原体

你可能已经注意到，当技术人员为你洗牙或抽血时，他们会戴上橡胶手套、护眼用具、口罩和其他防护装置。有很多职业会接触血液和其他体液，并可能导致雇员感染疾病。最受关注的病原体是人类免疫缺陷病毒（HIV）、乙型肝炎病毒（HBV）和丙型肝炎病毒（HCV）。员工可能因暴露于针刺及其他锐器损伤出血、粘膜出血和皮肤出血而感染。

在一些行业中，员工可能会接触血液或其他体液（比如医疗反应团队、医院和养老院），雇主必须遵守职业安全与健康管理局的众多血源性病原体标准。例如，雇主必须为员工提供保护性装备，处理血液和体液正确地使用消毒设备并处理废物材料，对他们进行培训。雇主必须给员工接种疫苗（如乙肝疫苗），防止工人被感染。另外，职业安全与健康管理局要求对已暴露于血源性病原体的“危险”员工做特别记录。

小企业应用

职业安全与健康管理局给小企业提供的资源

要符合职业安全与健康管理局的要求似乎是小企业的一项艰巨的任务，特别是那些刚营业的店。所幸的是，对企业主和创业者来说，职业安全与健康管理局有丰富的资源和计划，帮助小企业保证员工安全，减少员工受伤、患病、缺席，削减员工薪酬成本，以及因事故而减少设备及产品损坏。该机构估计投入在安全和健康措施的每一美元，可以节省这些项目的成本4~5美元。

我们在本章前面曾提到职业安全与健康管理局的电子工具。除了为小企业设计的许多出版物，该机构还为各行业在其网站上设立了在线“快速启动”的模块。这些模块，是刚刚为企业推出的，包括一步一步的指导方针，雇主可以用来生成一套适合其工作场所的职业安全与健康管理局遵守材料。职业安全与健康管理局一个最受欢迎的资源是其免费和保密的上门咨询程序，这有助于小雇主识别潜在的职业危害。2010年职业安全与健康管理局为30 000个小企业150万名雇员提供免费的在线咨询。为了咨询，雇主只需打电话到他或她的地区职业安全与健康管理局办公室。到了咨询日，雇主、他或她的雇员以及职业安全与健康管理局顾问会到工作场所检查工作条件。顾问将指出安全和不安全的工作条件，并提出改进后者的办法。访问之后顾问会提供一份含有这个信息的书面报告给雇主。顾问也会为企业提供培训和员工教育，如果它符合职业安全与健康管理局有关安全与健康成果识别程序的标准，会推荐企业成为免于职业安全与健康管理局一年期程序上的常规、定期检查。

位于新泽西州的Elizabeth 市的Michael食品公司，在接到职业安全与健康管理局的通知函，要其接受工作场所受伤与患病率检查后，安排了现场咨询。“如果你的公司在健康与安全问题上要行事正确，你最好让职业安全与健康管理局告诉你怎么做，”公司的安全经理Damir Tutundzic说。Michael食品公司所做的远不止咨询。它遵从了职业安全与健康管理局的建议，现在有了安全与健康成果识别程序设计。生产率在上升，有一个配送中心已经安全生产超过1 500天，没有任何损失工时的事故并且超过700天没有报告事故。“所有这些努力导致工人的薪酬成本减少近250 000美元并且100%的员工参与其中，”Tutundzic说。

Source：Small Business Success Stories（Washington，DC：Occupational Safety and Health Administration），accessed May 25，2011，at http：//www.osha.gov.

聚焦HRM 4

工作安全与健康防护公约

你有权利拥有一个安全健康的工作环境，

这是受法律保护的！

雇员

- 你有权利告知雇主或职业安全与健康管理局关于工作场所的危险事件，你也可要求职业安全与健康管理局对你的名字保密。
- 如果你认为你工作的场所具有不安全的因素，你有权利要求职业安全与健康管理局进行调查。你或者你委派的代表可以参与调查。
- 如果因为你提出工作场所安全与健康危险情况的申诉或行使职业安全与健康管理局所赋予的权利而导致雇主对你的歧视，你可以在30天之内向职业安全与健康管理局提出申诉。
- 你有权阅读职业安全与健康管理局对雇主的处罚令。雇主必须在工作场所和违法的现场张贴处罚令。
- 雇主必须在处罚令所指定的期限内清除或整改工作场所危险，并且证明这些危险因素已经被减轻或清除了。
- 你有权复印自己的医疗就诊记录或暴露于有毒及有害物质与环境下的记录。
- 雇主必须在工作场所中张贴这张海报。
- 你必须遵守职业安全与卫生法令下的所有职业安全和卫生标准，并根据这些标准来约束自己的行为和工作行为。

雇主

- 你必须向你的雇员提供一个公认的免于已知危险的工作场所。
- 你必须遵守职业安全与健康法令下签发的职业安全及健康标准。

要申诉、报告紧急事件或寻求职业安全与健康管理局的建议、帮助和相关出版物，请拨打1-800-321-OSHA。欲在线投诉或获取更多关于职业安全与健康管理局的联邦和各州计划的信息，请访问职业安全与健康管理局网站www.osha.gov。

12.3.3 促进员工的身体和情绪健康

随着不断改善危害雇员健康的工作环境，许多雇主认识到员工的身体和情感健康并因此为他们提供维护和改善健康的计划。公司这样做不仅降低了他们的健康成本，而且也因为认识到员工因健康而没有分心，能够更安全地操作。身体更健康不仅能减少缺勤率，而且能提高部分员工的工作效率、有更多的创造力，从而有更好的士气和团队氛围。一个拥有健康、安全、有活力、富有创造力的员工队伍的组织，无疑比一个员工不健康的组织更有竞争力。

回顾我们在11章中讨论的员工援助计划。正如我们所指出的，员工援助计划对其有很多帮助。我们曾提到美国邮政包裹公司如何在飓风卡特里娜中借助员工援助计划安置员工的。员工援助计划对劳动关系、婚姻、家庭问题、愤怒、沮丧、焦虑、压力，以及老人照顾需求都有助益。工作场所问题、吸毒成瘾以及自我提高是员工援助计划为员工提供帮助的其他一些领域。如果出于情势所需，员工援助计划可作为员工家庭内外的顾问或专家。接下来，我们将看到员工援助计划和其他工作场所计划所处理的有关员工身体和情绪上的一些问题。

1.健康与体重问题

在11章，我们提到了健康问题。马里兰州银泉市Discovery Communication公司的健康中心，聘用了医务助理、护师和内科医师，他们能够提供健康服务。例如，压力管理、会诊及疗法、健身方案和足部护理。①谷歌公司鼓励员工通过他们的“小改变”计划来保持身体健康，谷歌总部鼓励员工骑摩托车去开会，在自助餐厅吃更健康的食物，并且检查每份食物的分量，既有活力地投入工作，也积极地锻炼，并配有理疗师和按摩师。②组织可以从职场健康促进联盟和国家健康学会得到有关健康的文章，并大力传播。③施乐公司给员工一本叫Fitbook的书，书中讲述了吸烟、酗酒和滥用药品的危害，营养与体重控制的实质，以及缓解压力和放松的方法。利用健康计划来替代医学方法，实施如放松术、催眠、按摩、针灸、顺势疗法、草药疗法、特殊饮食、推拿等帮助员工应对各种问题的健康计划也是屡见不鲜的。例如，在科罗拉多丹佛市的一位按摩师Paula Cates利用按摩来减少员工压力和紧张情绪，并改善他们的循环系统和肢体活动范围。

在11章，我们也提到了有关体重和肥胖的问题。正如你所知道的，超重会影响员工的健康以及他或她的生产率。一项由杜克大学研究人员对12 000名大学员工体检记录所做的研究发现，肥胖员工的医疗成本比正常体重员工高出5倍多。缺勤率是正常员工的8倍，预计每年给公司带来因生产率损失的成本达55亿美元。④杜克的研究也发现，病态肥胖员工有45%的人提出补救要求，需要很长时间从伤病中恢复过来。⑤

毫不奇怪，雇主正开始特意设计改善计划，通过锻炼和正确饮食帮助员工保持体重或

---

① Judy Ashley, “Building a Culture of Wellness the Discovery Way,” *Workspan* (July 2007): 43.

② The Greatest Team, “The 46 Healthiest Companies to Work For In America,” Greatest, October 2013; see also Joshua Love, “Five Reasons Corporate Wellness is More Important Than Ever,” Forbes, September 2013; see also Mary Lor-enze, “7 Habits of Highly Successful Corporate Wellness Programs,” *CareerBuilder*, July 2010.

③ Wellness Resources: Association for Worksite Health Promotion, 60 Revere Dr., Suite 500, Northbrook, IL 60062, (847) 637-9200; National Wellness Institute, 1045 Clark St. Suite 210, P.O. Box 827, Stevens Point, WI 54481-0828, (715) 342-2969.

④ Dale Kaplan and Park Dietz, “Use Employee Assistance to Manage Risk,” *Occupational Health and Safety* 76, no. 7 (July 2007): 82.

⑤ Roberto Ceniceros, “Firms Weigh Impact of Obesity on Comp,” *Workforce Management* (April 2009), http://www.workforce.com.

减重。[①]例如，一家纽约广告公司把营养成分作为其健康计划的一部分。营养计划着重于以下两种生活方式的改变：（1）加强体育锻炼（散步、慢跑、骑自行车等）；（2）采用新的饮食计划，强调更多食用果蔬、鱼和低热量制品。[②]明尼阿波利斯健康技术与服务公司RedBrick Health的首席健康官Stephanie Pronk指出，当今的雇主试图建立一种“健康文化”，使雇员认为保持健康的体重是第二天性。[③]企业病例管理人员负责因工受伤员工的照顾，当为员工制订恢复计划时，把员工的体重纳入考虑范围，如果他们属于肥胖，让他们得到其需要的资源，比不这样做能让他们更快地返回工作岗位。例如，在他们完全康复之前，他们可能会被放在责任比较轻松的岗位，即要求不高的工作。

2.工作压力和倦怠

今天的员工相比数年前有更多的压力，这并不是秘密。一项盖洛普民意调查发现，30%的员工不满意他们在工作场所所受的工作压力，而2002年这一数字是10%。压力[④]是对个人所要应对的行为（coping behavior）的任何要求。压力基本来自两个方面：身体活动和精神或情绪活动。人体对两种类型压力的反应是一样的。心理学家分别用两个独立的术语来区别积极的和消极的压力形式，尽管两种形式有同样的生理反应。正面压力（eustress）[⑤]就是伴随成就和兴奋的一种积极的压力。[⑥]正面压力能帮助我们克服阻力，勇往直前，是一种有利的力量。对我们有害的是负面压力（distress）[⑦]。当我们开始感觉失去安全感和满足感时，压力就变成了负面压力。无助、绝望和失望都会将压力变成负面压力。

倦怠是痛苦最严重的阶段。当一个人开始质问他或她自己的个人价值时，那么职业倦怠通常也就产生了。简单来说，人将不再感觉自身所做的一切是重要的。失望、挫折以及生产率下降都是倦怠的表现。倦怠主要是因为在工作中缺乏成就感或者绩效没有正的反馈所引起的。当一个组织缩减规模之后，由于剩下的雇员必须与更少的同事做更多的工作，所以他们会感到倦怠。[⑧]当不现实的工作目标无法达成时，人们也会觉得倦怠。[⑨]

工作场所的压力很多。然而，根据国家卫生保健公司Lluminari的研究，影响员工压力的因素主要有4个：

- 大量要求：在极短的时间做过多的事情。

---

① Josh Cable, “Shedding Pounds Good for Bottom Line,” *Occupational Hazards* 69, no. 10 (October 2007): 18.

② Jeremy Smerd, “Young and Unhealthy: Urgent Care Required,” *Workforce Management* 86, no. 15 (September 10, 2007): 36.

③ “Obesity Programs Are Latest Wellness Focus,” *HR Focus* 84, no. 7 (July 2007): 12.

④ 压力：所有由要求处理行为的身体、心理或情绪因素产生的调节需要。

⑤ 正面压力：伴随着成就和兴奋的一种积极的压力。

⑥ Kerry Sulkowicz, “Stressed for Success,” *Business Week* (May 21, 2007): 18.

⑦ 负面压力：有害的压力，特点为丧失安全感和满足感。

⑧ Gary M. Stern, “Employee Burnout: Around the Corner? Already Here?” *Fortune*, CNN Money, May 2012.

⑨ “Beware the Dangers of Workaholism,” *HR Focus* 85, no. 1 (January 2008): 9.

- 过度努力：长时间需要消耗大量的精力。
- 低控制：许多工作不是基于一天的工作进度。
- 低回报：很少接到反馈并且表现出色也得不到认可。

其他工作压力来源于裁员和组织结构调整；与经理或同事的分歧；因为年龄、性别、种族或宗教而产生的偏见；无法投诉；恶劣的工作条件。即使受到轻微的刺激也可以使个人或其他人痛苦。例如，缺乏隐私权、乏味的音乐等其他状况。

工作压力将工作中的男性和女性置于疲惫、高血压、心血管问题、抑郁和肥胖的风险之中，并增加了员工对传染病的易感性。研究表明，与工作有关的压力易于导致受伤和患病。所有这些引发了更高的医疗成本，降低了生产率、工作满意度和员工保留率。[①]压力也是最经常被引用的原因，即员工为什么会离开一个公司。[②]

人力资源专业人士已经意识到职场压力对员工的健康和绩效的负面影响。[③]在一项研究中，雇主认为职场压力造成的负面影响排在前三位的是：工作-生活失衡，人员不足以及拓展非工作期间可用性的技术。[④]有了这种意识，许多雇主已经开发了压力管理课程，以期教员工如何减少与工作压力有关的负面影响。[⑤]一个典型的课程包括针对放松技巧、应对技巧、聆听技巧、人际关系技巧、时间管理、增强自信等方面进行指导。

所有这些技巧主要是用来帮助雇员消除伴随于工作中的紧张情绪和增加对生活的控制能力。有关组织方面的技巧，比如明确雇员的工作角色、工作重新设计和工作丰富化、矫正环境中的物理因素以及有效处理人际关系因素等，都是指导雇员处理压力过程中不可忽视的部分。压力管理顾问推荐了一些减缓工作压力的方法，如图表12-8所示。

图表12-8 **减少工作相关压力的技巧**

- 建立良好的同事关系
- 管理者或雇员能开诚布公地相互谈论工作或个人问题
- 通过关注工作需求方面的变化来为未来做好准备
- 不要做超过自身技能和能力的工作
- 设定合理的截止期限；与管理者协商合理的截止期限
- 马上着手解决问题或予以密切关注
- 设定全心投入的工作时段，在此期间不允许任何打扰
- 当感觉到压力时，找到时间放假或放松
- 不要被琐事困扰；尽快处理或安排给他人
- 在工作区域进行短时间的休息，改变工作节奏

---

① http://www.watsonsyatt.com/research/reports.asp.

② Jenna Goudreau, Gail Edmondson, and Michelle Conlin, "Dispatches from the War on Stress: Business Begins to Recon with the Enormous Costs of Workplace Angst," *Business Week* (August 6, 2007): 74; see also Michael R. Frone, "Are Work Stressors Related to Employee Substance Use? The Importance of Temporal Context Assessments of Alcohol and Illicit Drug Use," *Journal of Applied Psychology* 93, no. 1 (January 2008): 199.

③ "Will Stress Be Your Next Wellness Target?" *HR Focus* 85, no. 1 (January 2008): 12.

④ Tower Watson, "2013/2014 Staying@Work Report: U.S. Executive Summary," *National Business Group on Health*, No. 29407 (2013): 6.

⑤ Ashley Weinberg, Cary L. Cooper, and Dr Valerie J.Sutherland, "Organizational Stress Management: A Strategic Approach" Palgrave Macmillan (September 2010): 234.

3.抑郁症

当情绪影响个人在工作中的行为并干扰他们的工作绩效时，情绪问题和个人危机就成为组织的问题。[①]员工中最常见的问题是涉及婚姻、家庭、财务或法律事务的个人危机。[②]多数个人危机会在一个合理的时间范围内解决。不幸的是，当个人危机挥之不去时，可能导致抑郁症（depression）。抑郁症[③]意味着功能性活跃度的降低，伴随着诸如情绪低落、沮丧、悲伤等症状。全国精神健康学会（National Institute of Mental Health）估计，美国每年有接近7%的成年人遭受抑郁症之苦。[④]

幸运的是，通过有效的治疗，80%的患者在几周之内病情得到很大改观，通常要花数周时间。管理者对于找出工作中的抑郁信号处于有利的位置。[⑤]抑郁症会使员工动力不足、注意力不集中并且记忆力下降、有内疚感、烦躁不安，以及治疗效果甚微的慢性疼痛和不适。面对抑郁的员工，经理与主管应关心雇员的问题，做一个积极的倾听者。如果员工的抑郁状态持续，应建议寻求专业人士的帮助。[⑥]管理者永远不要尝试扮演业余心理学者的角色来试图诊断雇员的状态。[⑦]情绪紊乱（emotional disturbance）与抑郁症一样，本质上是复杂的，并不易于快速诊断。另外，在上述情况下，一个组织应当对工作场所的安全因素给予特别关注，因为通常人们认为，情绪紊乱是大部分工伤事故与暴力事件首要的或者第二位的诱因。

4.酗酒

有近600万名工作中的美国人把酗酒问题带到了职场。[⑧]据估计，工商企业每年由于酗酒问题导致的损失估计达200亿美元。不论年龄、性别、职业，不论蓝领还是白领，都受到酗酒的影响。[⑨]

酗酒是一种比较容易预测的疾病，它一般开始于社交饮酒失控。在这种疾病开始后，酗酒者对喝多少酒失去了控制，并逐渐变得离不开酒——即便是在不当的时机。他们拒绝面对过度饮酒引起的问题，并常常为这些问题责备别人。

帮助酗酒者的第一步是唤醒当事者，使他面对现实。主管应仔细记录下雇员绩效降低的证据，并将证据毫不含糊地示以雇员。雇员应能得到保证，在没有惩罚的情况下得到可行的帮助。由于只是就工作上的落后表现提出评价，主管可以避免直接提及酗酒问题，这

---

① Dale Kaplan and Park Dietz, "Use Employee Assistance to Manage Risk," *Occupational Health and Safety* 76, no. 7 (July 2007): 82.

② Gary M. Stem, "Not Tonight, Dear," *The Conference Room Review* 44, no. 2 (March/April 2007): 38.

③ 抑郁症：消极的情绪状态，表现为在日常活动中情绪低落、沮丧、悲伤和失去乐趣。

④ James Hunter, "Research on Depression," National Institute of Mental Health and PsychCentral. October 2013.

⑤ "Treating Depression Improves Productivity," *Industrial Engineer* 40, no. 1 (January 2008): 11.

⑥ "Depression Outreach Can Boost Productivity," *HR Focus* 84, no. 12 (December 2007): 12.

⑦ The HR Specialist, "ADA Warning for Bosses: You're not Qualified to Diagnose Employees' Mental Illness," *Discrimination and Harassment in Human Resources*, *Business Management Daily*, November 2012.

⑧ Pearl Jacobs and Linda Scaain, "Alcohol Abuse in the Workplace: Developing a Workable Plan of Action." *Research in Business & Economics Journal* (March 2010): 1.

⑨ Mindy Chapman, "Drugs and Alcohol Workplace Trends," *Occupational Health and Safety* 76, no. 8 (August 2007): 32.

样就让雇员可以像遇到其他问题一样去寻求帮助。

雇主应当记住，酗酒在《美国残疾人法案》（见第3章）中是被归入残疾的。酗酒被认为是一种类似于精神损伤的疾病。因此，因酗酒而无劳动能力的人与其他残疾人一样，受到同样的避免工作歧视方面的保护。然而，在《美国残疾人法案》中有规定，如果雇员的工作绩效受酗酒影响很大，以致无法完成工作，雇主可以处罚或解雇该雇员。[①]

5.药物滥用

同酗酒一样，员工的非法药物滥用导致的安全风险、偷盗、生产率降低、缺勤、意外事故等问题每年花掉了企业数十亿美元。包括联邦承包商、私营与公共运输公司等在内的相当多的雇主遵守针对工作场所禁毒的规章。联邦反毒品措施包含以下内容：

（1）1988年的《工作场所无毒品法案》。该法案要求联邦承包商以及联邦拨款的接受方采取特定步骤来保证工作环境无毒品。该法案的主要规定之一是要准备并发布反毒品政策声明，在聚焦HRM 5中有这方面的例子。

（2）国防部（DOD）承包商规则。该规则要求与国防部签约的雇主必须遵守同一项保证工作场所无毒品的条款。

（3）交通部（DOT）规定。该规定要求有安全或相关工作任务的雇员须按交通部规则接受非法毒品检测。

为使雇主能受益于无毒品并进一步地帮助公司维持安全、健康、有效的工作场所，美国劳工部建立了“为工作伙伴提供无酗酒和无毒品的工作场所”（working partners for an alcohol and drug-free workplace）机构。该机构的服务目的是提高组织关于工作场所物质滥用的影响的意识，同时也为雇主提供物质滥用的防范信息。此外，部门的无毒品工作场所咨询师将会为雇主提供有关如何建立和保持杜绝酒精和药物的环境的信息。[②]

《美国残疾人法案》认为严重的、影响生命的滥用药物的人是残疾人，并将其纳入公认的药物治疗计划（recognized drug treatment program）。因此，谨慎的雇主会为该雇员的特殊需求提供合理的安排。合理的安排可能包括利用非工作时间或者调整工作时间以便于治疗。但是，非法药物的使用者不受《美国残疾人法案》的保护。如前所述，雇主在联邦法规要求下的这种操作流程被要求检测在特定情况下的药物使用。[③]

合法药物滥用也能给雇员造成恼人的问题。[④]与大麻、可卡因和其他非法毒品不同，根据Quest Diagnostics（一家血液测试公司）的说法，员工使用和滥用镇痛类药物——如氢可酮和氧可酮——已急剧上升。滥用合法药物（那些内科医生所开的处方药）的员工通常并没有意识到他们已经上瘾，或者他们的上瘾如何改变了他们的行为。此外，管理者也

---

① The Employer's Legal Handbook, see section on preventing discrimination.

② Information regarding the U.S. Department of Labors efforts to create a drug-free workplace can be found at http://www.dol.gov.

③ Kathy Gurchiek, "Employer Testing Credited for Lower Drug-Use Rates," *HR Magazine* 52, no. 6 (June 2007): 36.

④ Andrew Powell, "Prescription for a Hazardous Workplace," *Occupational Health and Safety*, September 2013.

应注意有些员工的医疗处方中含有合法的镇静剂或兴奋剂，并且服用这些药物后也许会影响他们在工作中的行为。

聚焦 HRM 5

“红狮”的物质滥用政策声明

363海上重型直升机中队（或称“红狮”）的政策如下：物质滥用会降低海军陆战队和水手的有效绩效，这对我们的备战是不利的，而且与我们的核心价值观相悖，因此，这是不可容忍的。另外，物质滥用破坏了我们的海军陆战队和水手们的健康、事业，最终影响家庭。作为红狮队员，我们是专业人员并对我们的行为负责，且将被追究责任。那些容忍物质滥用的人让我和中队的战斗力下降。如果你的测试结果是阳性，你将因违反《军事审判统一法典》而被指控并从兵团隔离。

红狮不会参与或容忍别人拥有、使用、运输或分发非法药物或毒品用具——零容忍。物质滥用不仅包括非法药物，任何用于这一目的或过量用药，都构成物质滥用。任何企图获得更多的物质都属物质滥用。我们每天工作在危险的环境中，药物和酒精滥用降低了我们敏捷思考、评估风险、正确反应的能力。这使每个人处于危险之中，这就是为什么无法容忍的原因。

我们会通过预防和及时识别来保护我们的红狮队员。任何被归为沉溺于药物或酒精的人要面见物质滥用控制官，进行筛查、咨询，如果有必要，将送往医疗评估物质滥用咨询中心。如果被诊断为药物或酒精依赖，他们将被送去进行适当的治疗。

我们必须保证HMH-363的成员致力于消除我们中队的物质滥用。各级领导应运用可用的资源来消除物质滥用。我们将采取先发制人的行动，即通过领导、培训、咨询并不断地警告。如果没有这样做，则我们的生命将无必要地暴露于潜在的损耗，破坏了贵重设备，备战能力退化，并无法完成我们的使命。

小　结

目标1　《职业安全与健康法案》尽可能地确保每名雇员有安全与健康的工作环境。总体来说，该法案扩展到了所有的雇主和雇员。职业安全与健康管理局设立标准、确保雇主和雇员可以投诉、提供安全与健康咨询和培训。职业安全与健康管理局规定雇主和雇员都有一定的责任和权利。雇主不仅要提供零危险的工作环境，也要让雇员了解职业安全与健康管理局的要求，并且在必要时要求雇员使用保护性设备。在“知情权”规定下，雇主要让雇员清楚有害物质的相关信息，也要教他们如何避免危险。反之，雇员也要遵守职业安全与健康管理局标准，报告有害情况，遵守雇主所有的安全与健康规定。

目标2　为了给雇员提供安全的工作环境，绝大多数雇主通常都让人力资源经理建立正式的计划。该计划可能包含很多方面，包括提供安全知识并激励雇员使用这些知识，让雇员意识到安全工作的必要性以及奖励安全行为。这些奖励（包括表扬、公众认可和奖金）被用于使雇员参与安全计划。按规定对意外事故调查进行记录，为创造一个更安全的工作环境提供了一个信息基础。

目标3　相对于过去，对雇员健康有害的工作条件正在引起人们更广泛的注意。特别要注意快速增加的有毒化学物质，它们可能会潜伏在身体数年而没有明显的症状。除了工业生产过程中的健康危害，还要注意室内空气污染、视频显示器终端和重复性累积伤害这些当前特殊的问题。二手烟和血源性病原体是近些年来获得更多关注的另外两个健康危险。

目标4　随着给雇员提供更为安全与健康的工作环境，一些雇主也制订了一些鼓励雇员改善他们的健康习惯的计划。一些大公司已经向雇员及其家属提供基本的医疗中心，以提供更好的医疗服务并减少成本。健康计划在组织各层级向雇员强调运动、营养、体重控制和远离有害物质。可选择替代医学的方法，如放松技术、催眠、按摩、针灸、顺势疗法、草药疗法、特殊饮食、按摩等，用来帮助员工应对各种健康问题。

关键术语

Burnout 倦怠

cumulative trauma disorders 累积创伤失调

depression 抑郁症

distress 痛苦

emergency action plan 紧急行动计划

eustress 良性应激反应

fitness-for-duty evaluation 健身评估

Material Safety Data Sheets （MSDSs）化学品安全技术说明书

recordable case 应记录事件

right-to-know laws 知情权法律

stress 压力

讨论题

1. 当1970年实行《职业安全与健康法案》时，其被视为20世纪下半叶保护美国工人最重要的一个新来源。对该法案或其执行的有效性或无效性，你从受其影响的认识的人那里听到的观点是什么？它是否应该扩展，或者是否企业应有更多的自由来决定员工的安全标准？

2. 应该采取什么管理步骤来提高对安全的激励？

3. 不健康的工作环境会降低生产力和士气，增加医疗费用和工伤赔偿成本。思考改善工作环境的方法。

4. 为了拥有更健康的生活，医学人士说，我们需要辨别我们现在做的事情对我们的健康有害还是有益。通过与他人讨论，制订出有利于健康的生活方式的长期计划。

案例学习1　“兰博”施暴

案件事实很简单。一个车间诉位于爱荷华州汉密尔顿的一家汽车零部件制造商，一名工人杀死另一名工人。大约在下午两点，警方接到一份报告称，有两名员工在打架。当汉密尔顿警察局暴力犯罪科的警员赶到现场时，他们发现Mark Lomas已受重伤。Lomas，30岁，3小时后死于Good Samaritan Memorial医院。另一名员工，Thomas Waycross被指控犯有二级谋杀罪。

在案件调查期间，员工们指出Lomas和Waycross在一起工作经常争吵。一名员工评论说Waycross“很强硬”。另一名员工说Waycross有“兰博型”个性。众所周知，管理人员告诉他俩要“学会相处”或辞职。

当问到这个案件时，警察发言人Kathy Calder评论说：“雇主必须提高警惕，监控潜在的工作场所暴力的迹象。”Mark的妻子Nancy Lomas已经提交了对公司过失的起诉。

思考题

1. 雇员可能会显示出哪些暴力信号？
2. 有哪些管理行为可以阻止职场暴力？
3. 雇员应如何保护自己免遭职场暴力？

Source: Adapted from a case known to one of the authors. All names are fictitious.

案例学习2 过度疲劳和压力？由你决定

工作疲劳和压力是雇员和雇主面临的最大问题。不幸的是，当出现抑郁的情况时，试图解决这个问题，可能是困难的，有时会导致冲突，下面这个案例就可以说明。

Donald Knolls是International Gateway Airport（IGA）——为大都市圈服务的空港——空中交通控制主管。2011年，Donald开始出现与抑郁有关的问题，主要是由于工作中严重的压力和疲劳。几个月后，他提出要求，请病假接受治疗。8个月后，他的私人医生，治疗抑郁症专家和执业咨询心理学家认为他已充分恢复，可以重返以前的岗位。

IGA于是将Donald送到当初要Donald休病假离开岗位的那位医生那里，医生得出结论说，虽然Donald已经取得了长足的进步，克服了抑郁症，但他不应立即返回到他以前的监管职位，因为工作的条件并没有改变，他很容易再次压力过大。相反，他建议Donald返回一个非管理岗位，进行为期6个月的试验，直到试验期结束。IGA听从了医生的建议，没让Donald回到主管岗位。Donald对管理层的决定很愤怒，通过IGA替代性纠纷解决程序——一个具有终裁效力的程序——提交了申诉。

Donald和管理层之间进行了多次面谈，雇主坚持他有权依赖医生已经确定的“公平和公正”的医学观点，Donald不应该回到他原来的产生压力的相关情绪问题的岗位。另外，管理层向Donald指出，IGA的病假规定：“如果认为员工不适合回到他或她的前岗位要有适当的医疗文件。”

Donald通过他雇用的律师代表他的立场，回应说请病假离开是没错，但是公司对他有偏见，完全无视医生和心理学家的意见。按照Donald的说法：“如果被解雇了，还需要什么专家医学意见？”他进一步解释说：“我的感觉从未这么好，我真的做好了回到我的岗位的准备了。”最终，Donald的律师争辩说，仅仅基于他以前的抑郁症状态，Donald是歧视的受害者：“如果Donald的病是更平常的身体损伤，那么在Donald身上不会发生这些事情。”

思考题

1. 当出现冲突的医疗意见时，医疗专家的意见比一般医生的意见更重要吗？请解释你的答案。

2. Donald的律师提起歧视诉讼与这个案件有关吗？请解释你的答案。

3. 如果你面临这种情况，你会做出什么决定？请解释。

Source：Small Business Success Stories（Washington，DC：Occupational Safety and Health Administration），accessed May 25，2011 at http：//www.osha.gov.

聚焦HRM 2的参考答案

1. 对
2. 对
3. 对
4. d. 80%
5. 错
6. 不安全行为（占所有意外事故的85%）
7. 有关安全与健康的公司职位

辨别安全的合作者

规则和规定

危害通报计划因素

所在地的安全计划

雇员和雇主的责任

工作场所的安全通报

8. 对
9. 错
10. 错误（8小时）